道徳的責任廃絶論

責めても何もよくならない

ブルース・N・ウォーラー
木島泰三 訳

平凡社

道徳的責任廃絶論

責めても何もよくならない

ブルース・N・ウォーラー
木島泰三訳

平凡社

目次

まえがき　8
第一章　道徳的責任　15
第二章　道徳的責任反対論の根本論証　42
第三章　自由意志を道徳的責任から救出する　80
第四章　階層的自由意志と自然的本人性　102
第五章　すき間《ギャップ》の中に道徳的責任を求める　124
第六章　責任を引き受ける　168
第七章　自ら作り上げた自己に対する責任　187
第八章　道徳的責任の利益は幻想である　215
第九章　性格の瑕疵《かし》と非難の瑕疵　244
第一〇章　道徳的責任の否定からは何が帰結しないか
――道徳的責任なしで道徳的に生きる　286

第一一章　道徳的責任のシステム　322
第一二章　論点先取による道徳的責任擁護論　347
第一三章　道徳的責任は敬意を促進するか？　372
第一四章　究極の責任なき創造的作者性《オーサーシップ》　399
第一五章　道徳的責任なき世界　427
第一六章　道徳的責任の根絶は可能か？　468
訳者あとがき（木島泰三）　496
文献　xi
索引　i

カバー写真　高橋マナミ
装幀　山本祐衣
編集　赤井茂樹

まえがき

本書『道徳的責任廃絶論』は、道徳的責任というシステム[1]への攻撃の書である。つまり道徳的責任のシステムという、私たちの社会と制度の中に深く根を下ろし、私たちの感情の奥底にその根源をもち、アリストテレスから現代に至る哲学者たちが熱心に擁護してきたシステムを攻撃する書、ということだ。そんな攻撃は無謀な試みであり、ドン・キホーテ的な結末に行き着くのが関の山だ、と思われるかもしれない。しかしながら、心理学・社会学・生物学の厖大な研究が、道徳的責任の擁護者たちに重要な問題をいくつも突きつけてきた現実がある。道徳的責任のシステムには、数多くの深刻な欠陥が存在しているのだ。加えて、道徳的責任を擁護する哲学者たちは——このような哲学者は無数に存在し、いずれも想像力と洞察力に長け、また真剣な取り組みを行っているのだが、それにもかかわらず——道徳的責任という砦を防衛するための統一された擁護論を提供するに至っていない。それどころかこれらの哲学者たちは、科学の進歩による異議申し立てに対して道徳的責任を擁護するために、お互いに大きく異なった、しかも相互に矛盾し合う論拠を提供している。道徳的責任の擁護論者たちがこうやって論争し合っているというのは、道徳的責任の廃絶論者[2]からすれば、擁護論者が互いの論拠を潰し合うのを、ただゆうゆうと座って見ているだけで勝利できる状況かもしれない。

現代の哲学者たちによる法外な規模の、かつまた創造的なあらゆる努力にもかかわらず、道徳的責任は私たちの自然主義的[3]・科学的な体系／システム〔観念体系としての世界観と、それを基盤とする社会システム〕の中で生き延びていくことはできない、というのが本書の基本主張である。道徳的責任の安住の地は、神々や、奇跡や、神秘に満ちあふれた世界にあったのであり、人間の行動や、人間の性格を形成する[4]様々な原因に対するかつてよりも深い科学的理解が、道徳的責任のための余地を残すことはないのである。また本書の第二の主張は、私たちが道徳的責任のシステム、および、そのシステムが廃絶されたとき実際に生じるだろう帰結を注意深く見つめるならば、私たちが本当に求めているもの――すなわち、自然的で奇跡ならざる人間の自由意志や、道徳判断や、温かくて意味深い人間関係や、創造的能力や、自分自身で決意し、効果的なコントロールをなしうる状況など――は道徳的責任なしにも生き延びることができるし、そこで失われるもの――すなわち、「正しい報い《ジャスト・デザート》[5]」や、非難[6]と刑罰[7]や、義《ただ》しき応報的懲罰[8]や、特別の報賞[9]、といったもの――がなくとも私たちはうまくやっていける、ということである。そして最後に本書は、私たちは道徳的責任のシステムを排斥し、それを何らかの別のもので置き換えることが現実に可能なのか、を問いかける。このような排斥と置き換えが、個人

1 本書において、「道徳的責任」は社会的に構成された system としても、それを支える思想や信念の system としても表現されている。前者は「システム」、後者は「体系」と訳すのが一般的だと思えたので訳し分け、必要に応じ「体系《システム》」のようにルビを振る。

2 「廃絶論（abolitionism）」はかつて「奴隷制廃絶論」を指すために用いられた用語であり、現在、倫理的に好ましくない制度そのものを廃絶しようとする立場を指すために一般的に用いられ、本書でもそのような含意が込められている。

3 「自然主義（naturalism）」についてはこの後の訳注58参照。

4 「形成する（shaping）」についてはこの後の訳注72参照。

5 desert は「～に相応しい」を意味する動詞 deserve の名詞形で、人の行いに対する「相応しい報い」としての賞罰毀誉、および人にそのような「相応しい報い」を与えるための根拠となる資質等を指す（したがって「相応しい報い」には善行に対する賞賛や報賞と、悪行に対する非難や罰の双方が意味される）。法学では「デザート」という片仮名訳か「功績」の訳が定着しているというが、「デザート」は普及度が小さいと思われるし、「功績」の語を善行や偉業に対する賞賛や報賞の根拠だけでなく、悪行に対する非難や罰の根拠を指すために用いるというのは日常語の慣例を逸脱しており、違和感が大きいと思われる。それゆえ本書では desert を「報い」「相応しい報い」「相応しさ」と適宜訳し分けるという方針を採用する。

6 「非難」は blame の訳で、道徳的悪に対する責任ないし罪を負わせるという基本語として本書で頻出する。

7 ここで「刑罰」と訳した punishment についてはこの後の訳注19（および21）を参照。

8 原語は righteous retribution。retribution には「当然の報復」という意味合いがあり、私的な「仕返し」も、公的な「懲らしめ」も意味する。本書では retribution には「応報的懲罰」、刑罰の目的を retribution に置く刑罰理論ないし刑罰思想としての retributivism には「応報主義」、形容詞 retributive には「応報的」を当てる。

　なお、形容詞の righteous は just や legitimate の類義語だが（この後の訳注30も参照）、「神」などに付される重々しい語感があるようなので「義」の字をあてた。

9 「報賞」は reward の訳。この後の訳注21および253も参照。

のレベルでも、社会のレベルでも、容易なことではないのは明らかだ。とはいえ本書は最終的に、その目標は社会的にも心理学的にも可能であるし、私たちはすでにそれへ向けて前進しつつあるのだと主張する。一言で言えば、道徳的責任の完全な廃絶は、望ましいと共に、実現可能なものでもある、ということである。

謝辞

本書執筆においては、家族、友人、同僚たちからの親切で寛大な支援にことのほか恵まれた。さらに私は、この時代に生きているという幸運にも恵まれている——現代とは、自由意志と道徳的責任をめぐる問題に対して、実に多くの傑出した哲学者や心理学者により、多大な洞察に満ちた貢献がなされつつある時代なのである。

ジョージ・グラハムは私が心理学の文献を渉猟する際の道案内をしてくれた。多くの重要な心理学の研究を見逃さずに済んだのは、彼の頻繁な注意喚起のおかげであった。異常心理、およびその哲学的含意に関するグラハムの研究は、科学の知識に精通した現代哲学者による業績の、めざましい実例である。

よき友人リチャード・ダブルは、長きにわたって、彼が公刊した書物と私的な会話の両方によって、自由意志と道徳的責任を取り囲むさまざまな論点の迷宮をくぐりぬけるための、ガイド役になってくれた。そのずば抜けて明晰な視点と、錯綜した諸問題のもつれ目と交点の所在をすべて明確化できる能力には、はかりしれない価値がある。

二五年前、私はロバート・ケインの初期著作『自由意志と諸価値』(Kane 1985)の書評を書く機会を得た。書評にあたり同書を読む必要があったが、読み始める前は、嘲笑してやろうと待ち構えていたのだった。同書は〔哲学的〕リバタリアン[10]がありきたりな空想話を長々と展開し、結局は失敗に終わるような著作だと決め込んでいたのである。だが、ほんの数ページ読んだだけで茶化すような気持ちはなくなった。悔い改めて神の許しを請う、というほどではなかったにしても、ボブ〔ロバートの愛称〕が展開しているリバタリアンの論拠は、何かまったく新しいものであることがすぐに分かったのだ——それは厳格で、奇跡や神秘のたぐいへ迷い込むことも決してせず、慎重に論証され、科学的知識に裏づけられた論拠だった。私と彼が、この基本的な論点に関して合意したことはかつて一度もなかったが——ロバート・ケインは今もって、本書が攻撃の的とする道徳的責任のシステムを、才覚に富む議論で擁護し続けている――ケインの著作、および彼との実に啓発的な会話は、自由意志と道徳的責任を取り巻くあらゆる論点にわたって私の理解を深めてくれたし、（私の理解の深さが、ボブにはおよばないのは明白だが）この主題への興味をさらにかき立てる刺激にもなったのであった。

最近訪問したタラハシー[11]では、ランディ・クラーク、アル・ミーリー[12]、マイク・マッケンナらと討議する昼食会をもつという嬉しい機会を得た。この会は活気ある愉快な場であったのみならず、いくつかの鍵となる論点に関して、以前よりも明晰な見方をもたらしてもくれた（彼らの目には、私の見方がいまだ大いに混乱していると映っているのではないかという不安はある。とはいえそれは少なくとも、以前に比べれば明晰になっているのだ）。

私は、幅広い多様性をもつ、道徳的責任の擁護論者たちに対抗するため、奮い起こせるかぎりの力で反論を展開してきた。しかしながら、道徳的責任を支持するための諸論拠のたぐいまれな豊かさ、多様性、そして厳密性こそが、この私自身の著作に対する最大の刺激となっていることは、どんな哲学者が見ても明らかなことである。私は、現在なされている活発で興味深い論争を展開してきたすべての哲学者たちに、恩義がある。

私の、ヤングスタウン州立大学の哲学・宗教学科での職務は、最近丸二〇年目を迎えた。ヤングスタウンは、オハイオ・ラストベルト〔rust は赤さびのことで、斜陽化した重工業地帯を指す〕の最北部中央の奥まった地域に位置しており、風光明媚な楽園というわけではないが、うわべをはぎとってその下を覗いてみれば、うるわしい人々が住むうるわしい街であることがわかる。私の学生たちの民族的な出自はこの上なく多様である。現在では放棄されている製鋼所で働くためにこの街にやってきた移民の波はいくつもあり、そのあらゆる波の子孫が彼らなのだ。彼らは必ずしも輝かしい学歴の保持者ではないが、しかし教育に対するとびきり大きな敬意を抱いており、飛び抜けた勤勉さ

10「リバタリアン（libertarian）」は、政治哲学などでは、個人の自由や市場の自由を他のあらゆる価値よりも上位に置く「自由至上主義者」を指すが、自由意志をめぐる哲学論争では、自然法則をも乗り越える強い自由意志の実在を主張する「自由意志肯定論者」を指す（区別のために「哲学的リバタリアン」や「形而上学的リバタリアン」とも呼ばれる）。本書での「リバタリアン」はほぼ常にこの意味で用いられる。

11 タラハシーはフロリダ州西部の都市。フロリダ州立大学がある。

12 Alfred Mele の姓は既存の翻訳書では「メレ」と音訳されている場合も多い。

の能力も備えている。工場の深夜シフトを終え、その後子どもに食事をさせ学校へ送り出し、老いた親の様子を確認した後で授業を受けに来る、ということもよくある。こういう学生はそれでもなお、勉学の意欲満々で大学に到着するのだ。この二〇年間、こうした学生たちのおかげで、私の授業は刺激的で、楽しく、新鮮で、際だって満足度の大きなものとなってきた。本学科を主専攻とするとびきり上等の学生たちが、熱意のある大きなグループを作っているという点でも、私たちは幸運である。最近のある金曜の午後、学生たちが地元のコーヒーショップに三〇人以上も集まり、ジョン・ロックの宗教的寛容思想に関して何時間も講読と議論を行ったことがあった。制約の多い勤務スケジュールをやりくりできさえすれば参加できた学生は、もっといたはずである。私の近年の自由意志セミナーの学生たちに、私はとりわけ恩義を感じている。彼らはこの問題を、多大な情熱と深い洞察力をもって探究してくれたのである。

現在のような、刺激的で、生産的で、気の合った同僚たちと共に仕事ができるという点で、私はとりわけ幸運である。学科のどの人物も魅力的な研究分野に精力的に取り組んでおり、その範囲は、儀式の本性から、イクバール[13]の哲学・宗教詩や、ロボット戦の倫理学にまでおよんでいる。彼らは熱心に、アイデアについて議論し、洞察を共有し、論文や書物を紹介し、さまざまな論証を（たとえそれがどんな奇妙な論証であっても[14]）検討し、私が現在書いているものを読んでくれる。こうした友人であり同僚である人々――トム・シプカ、ブレンドン・ミノグ、リンダ・「テス」・テシア、クリス・バッへ、ヴィクター・ワン＝ターター、ガブリエル・パーマー＝フェルナンデス、ムスタンシル・ミール、デボラ・マウアー、マーク・ヴォパット、アラン・トムへイヴ――彼らへの私の恩義は、とても語りきれないほどに大きい。他の学科もまた、多様な講義を担当する、すばらしい人々に恵まれている。その中には、ジュリー・オールトマン、エリック・ボイントン、ウォルター・カリヴァン、シスター・ナンシー・ドーソン、マーティナ・ヘインズ、ゾレー・「Z」・カーマニ、ジェフ・リンビアン、サラ・ローン、ベルニー・オークス、ジョセフ・ショーンバーガー、ドナ・スローン、アーノルド・スミス、アンドリュー・スティピンスキ、といった人々が含まれる。わが校の〈イスラム研究センター〉のリサーチ・アソシエイトであるジェフ・バッツは、テクニカルな事柄全般について、非常に有益かつ忍耐力を要する手助けをしてくれた。本学科の生命中枢であり、本学科の開放的で、温かく友好的な気風の大きな源であり、かつ、本学科の秩序立った効率性を単独で実現している人物こそ、われらが傑出した学科事務担当者、メアリー・ディリンガムであり、その有能な補佐を務めているのが、才能に恵まれた好人物であるスチューデント・ワーカー、ジナ・ポンツィオである。

私はこの五年間、学科主任を務めてきたが、率直に言えば、これは大変楽な仕事であった——メアリーとジナがあらゆる仕事をやってくれるのである。しかも、手厚く有能な支えを提供してくれる学科長のシャーリー・ファーニッシュと、私のミスを、大変な忍耐力ですべて修正しくれる副学科長ジェーン・ケストナー、非の打ち所のない高潔さを備え、私たちの学科のサポート役となってくれている、学務部長のイクラム・カワジャがいてくれたおかげで、私たちの学科は喜ばしく、満足の得られるものになっている。

大学およびこの街の周囲にも、それ以外の場所にも、すばらしい友人たちや、魅力的な同志は数多く存在する。ホーマー・ウォレンはよくランチを共にする仲で、自由意志と道徳的責任の議論をするのが大のお気に入りであり、また議論に独特の視点を取り入れ、はかりしれない洞察を与えてくれる人物である。他にも多くの人々が、途方もなく多様な主題に関して、私の理解を深め、好奇心の幅を広げてくれた。名を挙げておけば、ハワード・メッティー、チャールズ・シンガー、フレッド・アレクザンダー、ローレン・シュレーダー、ルーク・ルカス、リチャード・ホワイト、クリス・レイヴァー、ジャック・レイヴァー、ポール・スラキック、キース・レパック、スティーヴン・フローラ、リア・ラッタン、ギャリー・サルヴナー、ジョー・モスカ、トム・ヘンリクス、ナワル・アマー、ロバート・ウィーヴァーである。

本書の草稿を査読し、上質の示唆によって本書の改善に貢献してくれたMITプレスの三人の査読者には格別の感謝を捧げる。同じく、メイン編集者のポール・ローグリンにも。同氏は卓越した査読者を探し出し、本書をマニュスクリプト・エディターの手に無事に渡るよう手配してく

13 ムハンマド・イクバール（一八七七年～一九三八年）は旧英国領インドの詩人、哲学者、政治家で、パキスタン建国を構想した。

14「論証」は argument の訳。argument は単なる結論の断言である「主張 (claim)」と対比される、論拠づけられた主張を指す（ただし、その論拠が妥当なものであることは含意されない）が、従来の翻訳ではこの含意が十分明瞭に訳出されてこなかったと訳者は感じてきたため、argument には「主張」や「議論」ではなく、なるべく「論証」ないし「論拠」をあてる（ただしもちろん意味の幅の広い言葉なので、文脈に応じ他の訳語も用いる）。

れた。マニュスクリプト・エディターのキャスリーン・A・カルーゾーは、編集作業のどの段階でも、誠意ある、明晰で、正確で、満足できる仕事をしてくれた。他に、原稿整理に手腕を発揮してくれたナンシー・コータリーと完璧な装丁をてがけてくれたマルガリータ・エンコミエンダにも感謝する。

『アメリカン・フィロソフィカル・クォータリー』誌および『ソーシャル・セオリー・アンド・プラクティス』誌の編集者の方々には、両誌に掲載された私の論考に推敲・加筆することを許して頂き、またそれらの著述を本書に収める許可を頂いた。感謝したい。

大学キャンパスに隣接するビートコーヒー店の気さくな人々に特別の感謝を捧げたい。彼らの温かい微笑み、すばらしいランチ、極上のコーヒー、そのすべてに。これらなしには、私の歯車はとうの昔にさび付き、すり減って止まってしまっていただろう。

家族は私の何よりの喜びの源であり、支えである。心からの親切、忍耐心、温かさ、情愛、のみならず、臨床心理学の有益な専門的知識を備えた、わが妻メアリー。それぞれ数学と音楽のすばらしい学徒である、息子のラッセルとアダム。私の人生の純粋な喜びと誇りは、何よりも彼らに由来している。気だてがよく、知性豊かな義娘ロビンは、大いに将来性のある哲学研究に、真剣に取り組んでいる。

本書の完成を可能にし、多くのミスを回避できたのは多くの人々のおかげであり、彼らすべてに感謝する。ただし彼らの寛大な努力は、賞賛や報賞に相応《デザーブ》しいものではない。一方、本書になお残る多くの欠陥は私の傲慢と強情の産物である。私はそれについて誠心誠意謝罪するものであり、かつ、それについてのどのような非難も私に相応《デザーブ》しいわけではない[15]。

第一章　道徳的責任

T・S・エリオット（Eliot 1943, 37）は「最も確かと信じたもの、故に真っ先に棄て去るべきもの」について語っている〔邦訳七八頁〕。エリオットのこの記述は、道徳的責任についてもそのまま当てはまる。現在、道徳的責任は固い信奉の対象である。キケロ（Cicero 44 BCE/1923, 119）が指摘したように、哲学者とは、ほとんどどんな仮説でも進んで支持したがるものであるが――「およそ哲学者の発言ほどに不条理な事柄は存在しない」――、しかしそんな哲学者たちですら、道徳的責任の放棄に思いをめぐらすことには困難をおぼえる。典型はピーター・ヴァン・インワーゲンである。「私は、道徳的責任の実在を否定する哲学者の言い分に耳を傾けたことがあるが、彼らの言い分を真面目に受けとることができなかった」（van Inwagen 1983, 207）。ピーター・ストローソンも、道徳的責任の排斥と、それが含意するであろうラディカルな変化を「真面目に受けとることは、私たちにはできない」と力説している（Strawson 1962, 74）〔邦訳六四頁に該当〕。

道徳的責任へのコミットメント[16]は、腹の奥底からの感情的反応にその基礎をもち、一つの広範囲にわたる理論体系《システム》の中にしっかり固定されている。とはいえ、この道徳

15 この最後の段落では、人々に対する一切の賞賛や報賞および非難は不正な行いである、という著者の思想が貫かれていると同時に、たとえ道徳的責任や賞賛と非難の正当性が否定されても、感謝（gratitude）および謝罪（apologizing）は正当な態度として許容される、という著者の立場（これについては第一〇章後半で詳しく論証される）もまた表明されている。

16 commitment は何かの営みに、実践的・主体的に、あるいは真剣で深い関わりもつ、取り組む、というほどの意味で（罪を「犯す」という意味にもなる）、うまくニュアンスが出ない場合には片仮名訳を用いる。動詞表現 commit oneself to を「コミットする」と訳す場合もある。

的責任という信念体系[17]は、科学的探究が日々もたらす知見によって説得力をますます失いつつあり、そのような知見との戦いにおいて敗走を重ねている。本書の目的は、道徳的責任を支持すべく提起された重要な論証がことごとく失敗していること、道徳的責任は自然主義的世界観[18]と根本的に両立できないこと、道徳的責任を斥けても私たちはうまくやっていけること、道徳的責任の廃絶は完全に可能な選択肢であること、これらを示すことにある――これは要するに、道徳的責任への信奉は、幅広い範囲で支持されているとしても、実際には「真っ先に棄て去るべきもの」だということである。

道徳的責任論争は何をめぐって争われているのか？

道徳的責任をめぐる論争は古くから存在し、そこには幾多の紆余曲折があった。それら紆余曲折の一部には「誰かに**道徳的責任がある**」と発言するときに含意されているのは正確に言ってどのようなことなのか、をめぐる論争も含まれるが、この点について言えば、本書が標的とするのは、特別の報賞および〔刑罰を含む広義の〕罰[19]を正当化するものとしての道徳的責任である、ということになる。つまり本書で言う道徳的責任とは、〈とがめること《コンデムネイション》〉とほめること《コメンディション》、賞賛と非難[20]、賞[21]と罰、このいずれかが適切であるような個人の特定を正当化する何か〉を指している。スーザンに対する罰が正しく相応しい《ジャストリィ・デザーブ》ならば、彼女には自らが犯した悪事に対する道徳的責任があるのでなければならない。このような場合、スーザンの道徳的責任がどのような根拠に由来しているのかについて、さまざまな哲学者がさまざまな説明を提起してきた。チザムやキャンベルであれば、彼女が他行為可能であった〔別のようにも行為できた〕こと[22]がその根拠だと言うであろうし、フランクファートならば、彼女が自分自身の意志を反省的に是認していたことがその根拠だと言うであろうし、フィッシャーならば、彼女が誘導コントロール[23]を行使していたことがその根拠だと言うであろうし、デネットならば、彼女がある基礎的な適格性《コンピテンス》[24]の閾値[25]を上回っていることがその根拠だと言うであろう。しかし、道徳的責任のために要求される条件がいかなるものであるとしても〈刑罰〔および報賞、非難、賞賛〕を公正で正しいものたらしめている何か〉こそが、その条件を満たしていることになっているのである。

本書の目的は、道徳的責任というシステムを、その根もとから枝先まで、すべて廃絶することにある——私たちは**決して、何者をも、**道徳的に責任ある者だと見なすべきではない、ということだ。この目的が何を含意しないのかをはっきりさせておくのは、ここで欠かせない重要な作業である。すなわちまずこの目的は、後の章で論じるように、あらゆる道徳的評価の排斥を含意するわけではない。ジョーは道徳上の悪事をなすかもしれないし、ジョーの不道徳な行動は彼の深刻な性格上の欠陥に由来しているのかもしれず、そしてそれらの悪事や欠陥を認め、吟味することは重要なことなのだが、だとしてもジョーには非難も罰も相応《デザーブ》しいわけではない、ということである。そして、ジョーを非難し、罰することは有益なことであるかもしれないとしても（私はそれを非常に疑わしいことだと思っているが）、ジョーにはそのような非難や刑罰が相応しい、ということが正当化されることはない。私が本書で用いる「道徳的責任」という語句は、正しい非難と罰のシステムのための不可欠の条件（十分条件ではないとしても、必要条件ではあるもの）を指している。マイケル・マッケンナは、「ほとんどあらゆる人々が追い求めている《ハンティング・フォー》のは……相応《デザート》しさを含意するような種類の道徳的責任、すなわち、非難と罰とを、また賞賛と報賞とを、正当化するようなたぐいの道徳的責任である」と述べている（McKenna 2009, 12）。ここでマッケンナが記述しているものを、まさに私も標的にしている《ハンティング・フォー》。

17「信念（belief）」についてはこの後の訳注42参照。
18「自然主義」についてはこの後の訳注58参照。
19 punishment は法的な刑罰を含む広義の罰を意味し、文脈によってはもっぱら「刑罰」を指す。日本語の「罰」には、刑罰には至らない、社会的制裁や小集団での罰則のみを指すような含みが強いとも思われるが、以下も、「罰」については「刑罰」をも含む概念として理解されたい。文脈によって「刑罰」ないし「〔刑〕罰」と訳す場合もあるが、原語は同じ punishment である。
20 訳注6を参照。
21 reward は報賞と訳すが、文脈上「報賞」の意味が明らかである場合は単に「賞」と訳す場合もある。一方、本書でも時折用いられる行動主義心理学の用語として用いられる場合は「報酬」と訳する（対義語 punishment は心理学用語としても「罰」と訳される）。この後の訳注253を参照。
22 この後の訳注55参照。
23「誘導コントロール（guidance control）」については訳注190および第五章の一五六—一五七頁を参照。
24 competence は（専門的な）能力、技能を指すが、形容詞形の competent にはある事柄について「適任、適格である」という意味合いがあり、本書では主にこの意味を重視して「適格性」の訳語を当てる。
25 この後の訳注375参照。

ただし違いはあって、私の目標は、それを保護ないし正当化しようとするよりもむしろ、それを抹殺し息の根を止めることにある。とはいえ現在の論点は、私が道徳的責任に狙いを定めるとき、マッケンナが記述しているものこそが私の標的だということにある。「道徳的責任」という語句は、哲学で用いられる場合も、世間で用いられる場合も、主としてマッケンナが記述したような意味で理解されているのである。例えば、ゲイレン・ストローソンは次のような道徳的責任の概念を採用している。「その種の責任〔道徳的責任〕と相応しさ《デザート》が存在しうるのは、〔刑〕罰および報賞が、実用性に訴える正当化が一切なく、さらには、配分的正義の概念に訴える正当化も一切ないにもかかわらず、公正であり、あるいは正しい、という場合であり、その場合に限られる[26]」(Strawson 2002, 452)。また、ランドルフ・クラークは以下のような説明を提起している。

> ある行為者が真に責任ある者である場合……その事実によって私たちは、その行為者にさまざまな仕方で応答《レスポンディング》することを、ある特別な仕方で正当化されるのであり、その行為者に一定の反応的態度[27]をとることができるようになるのであり、その行為者に賞賛や非難、および有限な賞と罰を与えることができるようになるのである。道徳的に責任ある人間的行為者であるということは、この種の応答《レスポンディング》に真に相応しい、ということであり、それはまた、道徳的責任をもたない者にはまったく相応しいものではない。このタイプの相応しさ《デザート》には、特有の範囲と力がある――この範囲と力において、誰かを責任ある者と見なすことは、例えば、実績にもとづき地位を与えられることの公正さや、その他のあらゆる〈帰結にもとづく正当化〉[28]から区別されるのである。(Clarke 2005, 21)

言っておくと私は、「道徳的責任」という語句はもっぱらこの意味で用いねばならない、という占有権を主張しているわけではない。私はただ、本書で用いる予定の「道徳的責任」の用法を述べたまでのことである。

　では、道徳的責任をめぐるこの深刻な哲学論争は、実のところ何についての論争なのだろうか？　第一に、この論争は、人々を道徳的責任ありと見なす私たちの現行のシステム内部での、〈道徳的責任の条件〉をめぐる論争ではない。この問いが重要な問いであるのはたしかであり、弁護士、裁判官、法学者たちは哲学者と共にこの議論に参加している。この問いかけは〈内在的な〉議論であるが[29]、このような内在的議論は、道徳的責任および司法という私たちのシステムに特有の込み入った問題に関する議論として、いくつかの難しい問題を含んでいる。例えば、適格な能力をもつ《コンピテント》者とはどのような者か？　人が責任ある者となる年齢は何歳からか？　依存症は道徳的責任を破壊するのか？　道徳的責任のシステムにおける正当な[30]免責とはいかなるものか？　精神異常の適切な法的規準はいかなるものであり、また人は精神異常に陥ってもなお道徳的責任があるのか？——精神異常に関する法学の文献を多少なりとも詳しく読んでみれば、この種の問いがいかに難しく、論争多きものであるかが分かる。これらの問いは、道徳的責任のシステムに内在的な問いかけ——多くの鋭敏で深い洞察を備えた理論家たちをつかまえて離さない問いかけ——である。しかし本書は、この種の内在的な問いを吟味するわけではない。

私の関心は、私たちの道徳的責任システムの細部にではなく、このシステムそのものに〔外部の観点から〕向けられている。C・A・キャンベル、ロバート・ケイン、ジョン・マーティン・フィッシャー、アルフレッド・ミーリー、デーク・ペレブーム、マイケル・マッケンナ、ソール・スミランスキー、スーザン・ウルフ、ダニエル・デネット、ランドルフ・クラーク、といった人々が道徳的責任の問題

26「実用性に訴える正当化（pragmatic justification）」とはいわゆる功利主義的な正当化を指し、「配分的正義に訴える正当化」とは、社会的な公正さの実現に訴える正当化を指す（訳注471も参照）。これらは道徳的責任がもたらす結果への考慮にもとづく正当化だが、このような結果への考慮なしに、それ自身で端的に賞罰を正当化する力が、ここで理解される「道徳的責任」や「相応しさ」には備わっているとされている、ということである。

27「反応的態度」と訳される reactive attitude についてはこの後の訳注238を参照。

28 賞賛、非難、賞罰を、「行為の帰結の善し悪し」によって正当化するのではなく、「その行為に責任がある」という事実のみによって正当化する、ということ。直前で言われている「実績によって地位を与えることの公正さ」というのも、実績の価値を評価し、その価値の高さゆえに地位を与えるということなので、「帰結にもとづく正当化」の一種である。

29「内在的な問い」とは、「道徳的責任」を当然の前提とするシステムの内部での問いを指す。一方「外在的な問い」は、「道徳的責任のシステム」の外部から、「そのようなシステムがなぜ必要か？」、あるいは「それが存在することは正当なのか？」のような、システムの存在それ自体を問題にする問いを指す。

30 原語は legitimate で、この語は「正当な」を定訳とし、主題が法律への適合や違反に関わる場合に限り「合法的な」という訳語も用いる。類義語の just は「正しい」と訳すが、justification は「正当化」と訳す。

に取り組むとき、彼らの基本的な関心事は、細部の問題としての〈私たちの所与の道徳的責任システムが道徳的責任を正当化するのはどんな場合であり、それを免責するのはどんな場合なのか？〉といった問いではなく、それよりも根本的な問い、すなわち〈およそ何者かを道徳的に責任ある者と見なすことは正当化されるのか？〉という問いである。つまり彼らは、私たちのシステム内部の細部に目を向けるのではなく、〈人々を道徳的に責任ある者と見なす私たちのシステムそのものは正当化されるのかどうか？〉という問いに必死で取り組んでいるのである。そこでは〈私たちの、道徳的責任と「正しい刑罰」のシステム全体――あるいは、その一部をなすあらゆるシステム――は、本当に正しいシステムなのか？〉、〈私たちの道徳的責任のシステム、あるいは、ありとあらゆる道徳的責任のシステムは、厳しい精察[31]に耐えうるものなのか？〉、〈正しい罰のシステムは、道徳的、かつ、合理的に正当化されうるものなのか？〉といったことが問われるのであり、これらは道徳的責任に対する基本的な〈外在的〉問い〔つまり、その正当性を外部から問題にする問い〕であると言える〔原注1〕。

このような、〔道徳的責任システムにとって〕根本的に外在的な議論を、システム内在的な議論から区別することは重要である。というのも、これらの議論の境界線をまたいで行き来するような議論が、非常に多いからである。例えば誰かが、〈子ども時代に虐待を受けながら育った無法者も道徳的責任ある存在であって、正しい刑罰が相応しい。なぜなら私たちの道徳的責任のシステムは、つらい子ども時代を送ったことを、道徳的責任に対する正当な免除条項として認めていないからであり、これは結構なことである〉と論じるとしよう。そしてこれに対して別の論者が〈私たちのシステム内部の先例を踏まえれば、整合性の要求からして、このような不運な個人にまで免責条件を広げることが求められる〉と論じるかもしれない。これらはシステム内在的な論証としては興味を引くものであり、熱意と洞察と持てる限りの資力《リソース》を大いに投入して追究されてよいものだ。しかし、この論証を取り上げ、それをシステムに外在的な文脈に移し替えると、この論証は、他ならぬ外在的論議の対象となっている道徳的責任のシステムを前提するという、論点先取を犯すものとなる。つまり〈殺人犯が子ども時代に虐待で苦しめられたことによって免責されることはなく、（私たちのシステムの中では）刑罰が正当化され、またそれゆえ、少なくとも一定の人々は道徳的責任を実際に有しており、その道徳的責任それ自体は（外在的に）正当化される〉という論証は、〈この外在的なレベルでは〉証明が必要だと考えられているものを証明抜きで前提することになるのだ。この〈内在的／外在的という〉区別が意味するのは、「道徳的責任」〈という語句〉の日常的な用例を単にデータ化したもの——これはたしかに興味を引くデータであるが——によっては、道徳的責任の基礎に関わる外在的な問いかけに決着をつけることができない、ということである。私は、「道徳的責任」の整合的な内在的日常言語的用法は存在しないのではないか、と疑っているが〔原注2〕、だとしても、私たちの文化の内部で、人々が道徳的責任の要求と帰属[32]をじっさい行っている、ということに疑いはない。道徳的責任のシステムの内部では、道徳的責任に関する断定的主張が頻繁になされている。外在的問いかけというのは、まさにそのようなシステムが正当化されるのか否か、という問いかけに他ならない。「道徳的責任」という言葉は日常において、また通常はこの道徳的責任のシステム内部で理解されているが、とはいえ、言葉がこのように使用されているという事実が、システムそのものを正当化することはない——たとえ「魔女」という言葉が日常的に使用され、理解されているからといって、魔女を首尾一貫したやり方で特定し処刑するという、かつての残忍なシステムが正当化されるわけではない、というのと同じことである。

　第二に、道徳的責任をめぐる外在的論議は、〈およそ何者かが道徳的悪事や道徳的に正しい行為をなすことがあるのかどうか？〉ということをめぐる論議ではない。仮に、誰一人として道徳的に正しい行いも、悪事も行うことがなかったとしたら、道徳的責任についての問いかけは極めて

31「精察」はscrutinyの訳。やや耳慣れない訳語だが、この後同様の文脈で頻出するので定まった訳語を当てる。「詳しく調べ、吟味していく」という意味である。

〔原注1〕スーザン・ウルフはこれと似た仕方で、「日常的文脈」における、（たとえば刑事裁判で道徳的責任が前提される場合の）問いかけと、哲学者が問うような「私たちの内のある者は、およそ何かについて責任があるのか？　また、そうだとした場合、それはなぜか？」という問いかけを区別している（Wolf 1987, 47）。

〔原注2〕リチャード・ダブル（Double 1991）はこの論点を非常に深くまた詳細に探究している。

32「道徳的責任の要求と帰属」の原語はclaims and ascriptions of moral responsibilityで、この後、道徳的責任に関わる営みを一言で要約する表現として多用される。なお「帰属」は「属している」という状態ではなく、道徳的責任を「誰かに帰する」という動詞的な意味合いである。

抽象的な哲学的営みに帰着するであろう。だが問われているのは、〈およそ誰かが悪事をなすかどうか？〉ではなく、〈悪事をなした者には罰が相応しい、ということが正当化できるのかどうか、そしてその者には（また正しいことをした者には）彼らの悪徳や美徳となる行動に対する道徳的責任があるのかどうか？〉なのである。（道徳的責任なしには、正と不正、美徳と悪徳に関する判断はありえない、と主張する人々がいる。この主張については本書のしかるべき場所で検討するが、私はこの主張を虚偽だと思っていると言っても、大したネタばらしにはならないと思う。）さらに言えば——以下の論証は猛烈な反論を招くはずで、それについては後の章で検討しなければならないのだが——道徳的責任の基礎に関わる外在的な論議は、〈人々の性格が美徳ないし悪徳を備えることが可能なのかどうか〉、という問いかけではない。本書は、〈人々の性格が美徳や悪徳を備えることは可能だが、だとしても人々はその性格のゆえに、あるいは、その性格特性に由来する行動のゆえに、賞賛や非難に相応しいということにはならない〉と主張する。誰も、悪しき人物であることについて、あるいは悪しき行動をなしたことについて、道徳的責任があるわけではない——だが、だからといってこれは、多大な道徳的欠陥を含む性格をもつ者は決して存在しない、ということを意味するわけではないのである。

第三に、この議論は、道徳的責任にもとづく実践[33]の有効性をめぐってのものではない。誰かが〈道徳的責任のシステムは犯罪の防止と性格の改善において有効に働く〉と断定するとしても、それよりもさらに基礎的な問いかけ、すなわち〈道徳的責任のシステムは本当に正しいシステムであるのか？〉という問いかけは手つかずのままである。毎年一人の人物を任意に選定し、その人物を犠牲にすることで法と秩序の素晴らしいシステムを維持することができたとしたら、これは魅力的な交換条件《トレードオフ》であるかもしれない。実のところ、仮に神が私たちにこのようなシステムを与えていたとしたら、私たちは進んでそれに同意するかもしれない（私たちが、それに従わなければもっと多くの人々が不正に殺されてしまう、と考えているとしたら、なおのことそうするであろう）。だが、そんな場合であっても私たちは、こういう疑問を抱くことができる——「その通りだが、さてそれは本当に正しいシステムなのか？」と。罰を受けた人物に対して、その罰は真に相応しいものだったのだろうか？　もしかすると、このシステムの利益の大きさが、犠牲にされた無実の人物になされた不正義を上回るのかもしれないが、だとしても、無実の人物への罰が不正義である、という事実に変わりはない。（これは後ほど論証するが）道徳的責任にもとづく実践というのは、より安全な社会と、人々の行動に改善をもたらすための有効な方法ではなく、むしろ反対に、より優れたシステムの実現を妨げ、多大な苦しみを引き起こす実践である。だが、仮に道徳的責任にもとづく実践がよりよい社会を作り出すために有効であったのだとしても、だからといってその有効性が、このシステムの正当性の証明になるわけではない。ここでの論点はただ、（人が偏狭な教条的功利主義者となるのでない限り）〈あるシステムが有効であることと、そのシステムの正しさとは別の問題である——そしてそのシステムが正しいシステムであるかどうかを決定するためには、全く異なったプロセスが必要である——〉ということにある。

説明能力《アカウンタビリティ》と道徳的責任

道徳的責任とは何であるかについて、賞罰の道徳的正当化に焦点を合わせる、という〔本書が採用する〕以外の立場を採用することは、道徳的責任に関する私たちの基礎的な概念をとらえ損なうことになる。例えば道徳的責任を、最大の社会的利益を産み出すような仕方で賞罰を割り振る、という問題に関連づける主張がある[34]。他に、〈道徳的責任とは道徳判断を下すという問題に尽きるのだ〉という主張もある——〈ビヴァリーは何か道徳的悪事をなした〉と私たちが言うとき、この発言には必然的に、〈彼女は自分の悪しき行動に対して道徳的に責任がある〉という判断が含まれることになる、というのだ。道徳的責任とは何であるのかについては、このように互いに食い違う複数の規準があり、その内のいくつかは本書のこの先で何度か吟味し、批判する予定である。ただ、この種の立場のうち、非常にエレガントで、ただちに注目を引くものが一つある。それは、〈道徳的責任とは**説明能力〔説明責任〕**《アカウンタビリティ》[35]に関わるものだ〉とする立場である。（この説明能力《アカウンタビリティ》モデルによれば）ある行為に対する道徳的責任が誰かにあるとき、その人物に自分の行為についての説明なり正当化なりを求めること

33 原語は moral responsibility practice で、「道徳的責任」を前提し、それに依拠してなされる営み全般、ということであろう。

34 いわゆる功利主義の立場から道徳的責任を基礎づけようとする思想を指している。

は正当なことである、ということになる〔つまり「道徳的責任」はそのように定義される〕。例えばカサンドラにはある行為に対する道徳的責任がある、と私たちが言う場合、私たちはそれによって、彼女はその行為について説明可能《アカウンタブル》であり[36]、つまりはなぜその行為をしたのか説明できる、ということを意味している、ということだ。

しかしながら、説明能力《アカウンタビリティ》は道徳的責任の規準を満たすものではない。何よりまず、人が、自分がなした行為の理由を誠実、かつ正直に説明していながらも、その説明が完全に間違っているという場合はしばしばある。社会心理学には、人が、自分が気づいていない要因の影響を受けて行動しつつも、自分の行動にその要因の影響がおよんでいることを〔当人は〕断固否定する、という実験が数多くある。有名な実験を一つ挙げよう（Isen and Levin 1972）。それによると、人〔実験参加者たち〕が電話ボックスの中で一〇セント硬貨を見つけた場合、ほぼ例外なく、〔電話ボックスを出た後で出会う〕紙束を「落としてしまった」通行人を助けるために立ち止まるのだが、〔別の実験参加者たちが〕一〇セント硬貨を見つけなかった場合には、〔やはり電話ボックスを出た後〕立ち止まって同じ通行人を助けることは滅多にないのだという[37]。ところが、このとき通行人を助けた人々が、一〇セント硬貨を見つけた、という事実が自分の行動に影響を与えるかもしれないこと、そして実際に与えていたことにまるで気づいていない――しかも確実に否定するだろう――というのである。つまりその事実は、彼らが自分の人助けの行動について述べる説明の中に入ってこない。つまり彼らは、自分の人助けの行動を自分で説明する際、硬貨を発見したという事実を考慮に入れようとしないのである。さらに印象的な実験もある。その実験では、脳の一部を刺激して人々にある反応を引き起こすのだが、人々は自分がなぜその「行為」に及んだかについて、〔その人自身の動機や理由に関連づけた〕説明を口にする。これは神経心理学者ホセ・デルガードによる発見であり、それによれば、〔治療中、当人の同意を得た上で〕患者の脳のある特定の領域に電気的な刺激を与えると、患者はまるで何かを探しているように首を左右に回す。そして、デルガードが被験者に自分の行動について「説明をして」ほしいと依頼すると、「患者はそこで誘発された〔首を回すという〕動作を自発的なものだと考え、どの場合でもその動作について筋の通った説明を口にする」のだという（Delgado 1969, 115）。

たとえある人が、自分がなぜ悪しき行為をなしたのか〔またはよい行為をなしたのか）についての正しい説明を行っている場合であっても、それによってその人の、その行為に対する道徳的責任が裏づけられるわけではない。例えばアンが悪しき決断を下し、道徳的に悪しき行為を行った、としよう。そしてそのアンの決断は、重要な道徳的要因を考慮しそびれた、性急な決断であったのであり、その要因は（もしも彼女がそれを自らの熟慮〔行為に先立つ選択肢の検討〕[38]の過程に組み込んでいたならば）彼女をよりよい選択に導くはずのものであった、とする。ここで私たちがアンに、彼女の悪しき行為について説明してほしいと頼んだとしよう。アンは、自分が「認知的な吝嗇《りんしょく》者〔けちん坊〕[39]」(Cacioppo & Petty 1982)、すなわち、熟慮することはできても、持続的に熟慮し続ける能力[40]を一度も発達させてこなかった人物であるために悪い選択をしてしまったのだ、という正しい報告を行うかもしれない――彼女が実際に、自分の認知的な性急さを道徳的欠陥だと認めていることはありうるのである。だが、こんなアンには、彼女の認知的な短所に対して、あるいは、こうした限界に由来する欠陥ある選択に対して、**道徳的責任がある**のだろうか？ この問いは、アンが自分の欠陥ある行動について説明した後で

35 accountability は、字義通りには「(理由を挙げて) 説明できる能力」だが、同様の「返答できる能力」としての responsibility が「責任」の意味になるのとほぼ平行する意味合いで「責任」の意味になる。一般に responsibility とのニュアンスの違いを出すために「説明責任」や「結果責任」などの訳が用いられるが、本節では「応答ないし説明ができる」という responsibility / accountability 双方の原義に立ち返った理解が主題とされていると見なされるため、「説明能力」と訳す。なお、近年井上達夫氏が提唱している「答責性」という訳語は極めて適切な訳語だが、本節の文脈ではかえって「原義に忠実な意味」と「通用している意味」の区別が出しにくいため、採用を見送った。

36 前注の説明の通り be accountable for はその行為に対する「(説明) 責任がある」という意味にもなるが、そう訳してしまうと同語反復になってしまうだろう。

37 通行人は実験参加者の反応を調べるために実験者に仕込まれた、いわゆるサクラである。

38「熟慮」と訳した deliberation は単に漠然と「何かについてよく考える」ということではなく、行為に際して選択肢を比較考量し決断を導くという、かなり特定された活動を指す（『オックスフォード英語辞典』では "careful consideration with a view to decision"、すなわち「意思決定を目指しての注意深い考察」と定義されている）。多人数での討議を指す場合は「熟議」と訳すが、本書で論じられるのはほぼ常に個人的な検討過程としての「熟慮」であり、ここで注記しておく。

39「認知的吝嗇者」の原語は cognitive miser で、miser は「守銭奴、吝嗇家、けちん坊」といった意味。これと対比されるのが「常習的認知者 (chronic cognizer)」で、認識に対する労力を惜しまない習慣を備えた人を指す。この後、この対比は何度か登場する（本文六二頁にまとまった解説が登場する）。

40 capacity と ability は区別せずに「能力」と訳す（ここでは capacity）。

も、依然残り続ける問いである。それゆえ、人が自分の行為について説明できる、という能力は、その当人に当該行為に対する道徳的責任がある、ということと同一のものではない、ということになる。

〈道徳的に責任ある存在であるとは、説明への要求に応じることである〉というここで検討してきた見方は、人を惹きつける。というのも、この見方は道徳的責任をある種の特別な能力に結びつけるからである——つまり、説明を提供するという合理的能力というものはしばしば、私たちを形成した歴史〔個人史〕や、現実の私たちが用いている限定された合理性の能力を超越した能力だと見なされるのであり、それが道徳的責任と結び付けられるのだ。このような見方は魅力的ではあるが、合理性というものを自然主義[41]の範囲内に制約する限り、この見方は道徳的責任を正当化できない——今のところ断定は控えるが、この先でそう論証する。それゆえ、もし誰かが「道徳的責任」を「説明能力《アカウンタビリティ》」によって定義し直し、それによって説明能力《アカウンタビリティ》に関する問いに決着がついたとしても、道徳的責任に関するもともとの問いは依然として残り続けていることになる。たとえばアンは自分の行動に関して説明可能《アカウンタブル》である（つまりそれを説明できる）が、だからといって彼女に、自分のしたことに対する道徳的責任がある（つまりそれにより、非難に相応しい）ことになるのだろうか？

道徳的責任に対するこれ以外の見方の利点なり欠点なりがどのようなものであるにしても、本書は、私が道徳的責任の核心概念だと見なしているものに焦点を合わせる。すなわち〈道徳的責任とは、非難と賞賛、罰と賞を正当化するところのものであり、つまりは、正および負の正しい報い《ジャスト・デザート》を与えかつ要求するための基礎的な条件である〉とする概念である。

道徳的責任への信念の根深さ

本書の目的は次の〔三つの〕点を示すことにある。〔第一に〕（前節で詳しく規定した、確固とした意味での）道徳的責任の要求と帰属を正当化することはできないこと。〔第二に〕道徳的責任と「正しい報い」のシステムは——奇跡が存在しないとすれば——根本的に不正なシステムであること。〔第三に〕私たちは、道徳的責任への信念[42]をすっぱりと根絶したときに、今よりも上手くやっていけるようになること。以上である。しかしながら、道徳的責任は——哲学者の間でもそれ以外の人々の間でも同じように

――非常に根深く浸透しているので、いったん歩みを止め、私の目標が正真正銘、道徳的責任の完全な否定と排斥であることをしっかりと言っておく必要がある。この否定の作業が必要なのには理由がある。およそ誰かが道徳的責任を正真正銘否定している、という場面を想像することにすら困難をおぼえる人々（多数の哲学者を含む）が多い、というのがその理由だ。

道徳的責任は深刻な異議申し立てを受け付けるものではない、と多くの人々が見なしている理由を吟味すると、この信念の基礎が堅固とはほど遠いものであることが見えてくる。さらにはその吟味により、道徳的責任への攻撃というものが、それまで思っていたほどドン・キホーテ的な営みではないようにも見えてくるかもしれない。たしかに道徳的責任には多くの熱心な擁護者がいる。ところが、〈道徳的責任は有無を言わさぬ理にかなった論拠に支えられており、どんな異議申し立ても免れている〉と主張する擁護者はほとんどいないのだ。たしかに多くの哲学者は、道徳的責任を支持するための適切な論拠がいろいろと存在している、と信じている。だが彼らはそのような論拠が、道徳的責任に対する疑いを取り除くほどに決定的なものだとは見なしていない。それゆえ、多くの哲学者が道徳的責任に対して抱いている揺るぎない確信は、合理的な論拠とは別個の、何らかの感情的なものに由来するに違いない。もしかすると、このような根深く、また広く行き渡っている道徳的責任への感情的コミットメントは、肯定的で擁護可能なものであるかもしれない。しかし悲しいかな私たちは、――人種差別、性差別、熱狂的愛国主義、外国人恐怖症などの――根深く感情的なコミットメントを詳しく吟味し

41「自然主義」についてはこの後の訳注58を参照。

42 この前後に登場する「道徳的責任への信念」の原語は belief in moral responsibility であり、より意味をはっきりさせようとすれば「道徳的責任の存在への信念」とも「道徳的責任の正当性、妥当性への信念」とも訳せる。だが、道徳的責任とは規範概念であり、この二様の意味合いを単純に切り分けることは難しく、実際著者も両者を同時に否定する場合が多い。それゆえ、上述のように belief in の含意を明確に訳出せず、やや舌足らずではあるが、「道徳的責任への信念」と訳す。なお、本章冒頭の導入部では平易さを重視して、道徳的責任への「信奉」と訳してきたが、以下の理論的分析では哲学における belief の標準的な訳語としての「信念」を用いる。ちなみに「信念」は日本語の日常語よりも意味が広く（日常語の場合、強い意志をもって支持される思想を指す場合が多い）、動詞 believe の名詞形として、「信じられた内容」ないし「当人に真理だと思われているもの」を全般的に指す。

たところ、それが有害で不合理なものだと判明した、という無数の事例を熟知している。言うまでもないが、私たちの根深くまた広く行き渡っている感情的コミットメントの中には、——たとえば子どもへの愛のように——詳しい吟味を経た後でも、やはり価値あるものだと思えるものもある。とはいえ私たちがこうして〈道徳的責任とは理性に根ざすものではなく、むしろ感情に根ざすものだ〉という点を自覚するならば、道徳的責任のシステムに合理的で哲学的な異議申し立てを行う、という可能性を真面目に受け取ることが、以前よりも容易になるだろう。そしてそのとき私たちは、現在存在している道徳的責任の擁護論と、道徳的責任への反対論とを、等しい注意深さで吟味し、その上で、それらの妥当性を判断できるようになるのだ。

　哲学文献の中には、浮世離れしたリバタリアン的思弁から、実用性に訴える世俗的主張に至るまで、道徳的責任を支持するためのきわめて洗練された論証が、大量に含まれている。だがこれらの論証は道徳的責任というものを発見するためのものではなく、むしろ、腹の奥底からの普遍的な感情——私たちが害を加えられたとき、仕返しをしたくなるという根深い欲求としての、基本的な応報の衝動——を正当化するために提起されたものなのだ。法哲学者・法学者であるマイケル・S・ムーアは、この応報の欲求について、極めて明瞭にこう述べている。

> ドストエフスキーの貴族の男性〔幼い子どもを、その子どもの母親の目の前で犬にかみ殺させた人物——引用者〕が、自分のところのまだ幼い農奴とその母親双方に対して、きまぐれで、正当化できない、恐るべき悪行を犯したことのゆえに苦しみをこうむるべきだ、というのは言うまでもない。ドストエフスキーの小説では、あの柔和なアリョーシャですら、その貴族の男をどう扱うかという質問に対して、撃ち殺せばいい、とつぶやくのである。このような罰は、たとえそこからそれ〔撃ち殺すこと〕以外のいかなる善い成果が得られない場合であっても、ただ単に、この貴族にはそのような罰が相応しい、というだけの理由によって、科されるものである。アリョーシャが下したような個々の判断の集積体を有意味なものとするただ一つの一般原則とは〈咎のある《カルパブル》[43]、悪行をなした者は罰せられねばならない〉という応報の原則である。私見では、応報主義を正当化するには、この原則で十分である。（Moore 1997, 188）

シェイクスピアの〔『ヴェニスの商人』の〕シャイロックが語った次のような言葉は、ユダヤ人であろうとキリスト教徒であろうと、宮廷人であろうと平民であろうと、エリザベス朝時代の人々であろうと現代人であろうと、心を打つものだ――「〔自分がひどい目に遭ったのは〕私がユダヤ人だからだ。ユダヤ人には目はないのか？　手はないのか、内臓が、手足が、感覚が、愛情が、喜怒哀楽がないとでもいうのか？　キリスト教徒とどこが違う？　同じ食い物を食い、同じ武器で傷つき、同じ病に罹《かか》り、同じ薬で治り、冬も夏も同じように暑がったり寒がったりするじゃないか？　針でついたら血が出よう？　くすぐられたら笑いもしよう？　毒を盛られたら、死んじまう。ひどい目にあわされたら、復讐する」(Shakespere 1596–1598/1993, 3.1.58–68、邦訳七〇頁)。これと同様の、応報的な正しい報いに対する、腹の奥底に発するようなコミットメントを行っている哲学者は多いように思われる。ロバート・C・ソロモンはこう述べている。「報復が留保なしで要求される場合や、義務にすらなる場合はあるし、復讐が合法的で、なおかつ正当化される場合はある[44]。そうでない場合もあり、とりわけ誰かが、加害者や加害行為をめぐる誤解に巻き込まれている場合はそれに当たる。とはいえ、ゆゆしい悪事に対して報復を求め、自分自身に向けられた悪行に対して復讐すること――これは、私たちの正義の感覚の基礎に他ならないように思われるし、実のところ、私たちが私たちであるという感覚そのもの、私たちの尊厳の感覚そのもの、私たちの正不正の感覚そのものの基礎に他ならないように思われる」(Solomon 2004, 37)。ダニエル・デネットは、道徳的責任を支持するための、信じがたいまでに多様で洗練された数々の論証を展開してきた人物であるが、その彼ですら近年、道徳的責任の擁護論を、私たちの根深い応報の欲求に基礎づけている。

率直にこう認めるべきだろう――私たちが、伝統的

43 「咎のある」と訳したculpableは「非難されるべき、罰されるべき」という意味で、著者の言う「正しい報い」を含意する概念の一つ。「有責の」とも訳す（名詞culpabilityは「有責性」）。

44 「報復」と訳したvengeanceは他者の被害に対する「仇討ち、敵討ち」を、「復讐」と訳したrevengeは自分自身の恨みにもとづく「仕返し、意趣返し」を、それぞれ意味する。

> な自由意志概念と似た何か[45]を支持しようとするときの、語られざる、一つの強い動機として、世界にはびこる悪漢《ヴィラン》たちに対して「その者に相応しい報い《ホワット・ゼイ・デザーブ》を得させること」があるのだと。そして間違いないことだが[46]、そうした悪漢たちには、私たちによる糾弾、批判、および——健全な法体系が機能しているならば——刑罰が、**実際**に相応しいのだ。私たちが住みたい世界とは、刑罰のない世界では決してない。(Dennett 2008, 258)

現代の哲学者の中でも、ピーター・フレンチは誰よりあからさまに、報復を徳目の一つとして称揚しており、またこの主張が感情に根ざしたものであるという点について、赤裸々なまでに率直である。「道徳的な怒りは、自分自身のためのものであれ、誰か他人のためのものであれ、その怒りの原因に対する応答としてなされる敵対的行為によって宥《なだ》められることができるし、そのようにして宥められるべきである。悪事は、厳しい応報的懲罰を要求する。このことは、一見、私たちの文化において支持されている道徳原理の総体に適合していないように見えるにもかかわらず、実際に道徳の主要な基盤の一つとなっている。それは、情念、態度、感情、情緒の中に根ざした基盤であって、理性に根ざした基盤ではない」(French 2001, 97)。したがって、道徳的責任に対する熱烈な信念の源泉は感覚的なものにあるということになる。つまりそれは、〈悪事をなし、害を引き起こした者は苦しみをこうむるべきだ〉という、強い感覚にあるのだ。そしてこの感覚は、これよりももっと深い感覚にその根源をもつ。すなわち、〈害を受けたなら、それに反撃すべきだ〉という感覚である。

ひょっとすると、このような感覚が、最終的に合理的な論証によって正当化されることはありうるのかもしれない——私は正当化されないと考えているし、ほとんどの哲学者もそれはない、と考えているにしても。いずれにせよ現在の問題は、そのような合理的正当化が提供されうるかどうかではない。問題なのは、道徳的責任を信じるという、根深く、また広く共有された信念が、合理的な熟慮の末に得られたものではない、ということである。したがって、道徳的責任の正当化を目指す論証が成功しているかどうかとは無関係に、道徳的責任に対する強い信念が幅広く行きわたっている、というこの現状は、驚くようなものではない。だがこの、ほぼ普遍的と言ってよさそうな信念それ自体を、道徳的責任の正当化のために用いることはできない。

これは、神の存在に対する信念や、女性の従属的な地位を正しいと認める信念が幅広く行きわたっているからといって、これらの信念をそれ自体によって正当化することはできない、というのと同じである。男性の優越性に対する、強力かつ一般に共有された感覚が、そのような思想に対する正当化となることはなかった。中には、男らしさの感覚が幅広く行きわたっており、それが女性の従属的地位を促進するように働いているという状況は、かつてその感覚が何らかの生存上の価値を備えていたことによるのだ、という想像をする人がいるかもしれない。だがこの場合でも、進化のある段階で有用だったかもしれないものが、現在では適応的でなくなっている、ということは明らかだ。同じことが、道徳的責任への信念にも成り立つかもしれない。たとえ応報的懲罰の実践が、進化の初期の段階において（集団ないし個体への選択圧〔自然選択の圧力〕[47]との関連で）何らかの利益をもたらすことを認めたとしても、現状においてはその実践は適応的ではなくなっているかもしれない（これは拳銃、いわんや核兵器が利用できる時代には、人間の攻撃的な性向が深刻な問題となっているというのと、まさに同じ事態である）。しかもそれは、道徳の観点からも、合理性の観点からも、正当化されざる、不正な実践でもあるのだ。

私たちの応報的感情の起源や本性を吟味してみると、この種の感情は、それまで想像していたほど魅力的でも、有徳なものでもない、という結論になるかもしれない。この感情の根源にあるのは反撃しようとする反応であり、しかもこの反応は、近くにいる者なら誰であっても攻撃を仕掛ける、という形態をとる。ネズミたちを檻に入れ、電気の通った床から電気ショックを加えると、ネズミたちはお互いに対して攻撃を仕掛けるようになる。何かに反撃するというのが、危害を受けたネズミに生じる、直接的な欲求なのだ――その「何か」は、加害者である場合も、罪のない隣人である場合も、あるいは周りに誰もいなければ、かじ

45 いわゆる伝統的な「リバタリアン的自由意志」そのものではないが、それでも「望むに値する」と言いうる、その（「両立論的な」）近似物を指すと見られる。

46 余談かもしれないが、デネット自身が『思考の技法』の第一〇章で、この「間違いないことだが（surely）」という副詞は「必ずというわけでもなく、ほとんどの場合というわけですらないが、それでも多くの場合……論証の中の弱点の場所を告げる警告灯になってくれる」と述べている。

47 「選択圧（淘汰圧）」と訳される selective pressures は、ダーウィン的な自然選択（自然淘汰）が働き、特定の形質が個体群中で広まりやすくなっている状況やその広まりやすさの度合いを圧力にたとえる概念。

り用のポールである場合もある。電気ショックを受けたが、高ぶった怒りを別のネズミ（またはかじり用のポール）に向けて発散できたネズミは、攻撃できる対象が何もなかったネズミに比べて、悩まされる問題が少なくなる。つまり、副腎ホルモンや血圧の上昇率が小さく、胃潰瘍を患う度合いもより少ないという（Virgin & Sapolsky 1997; Barash 2005）。サルのコロニー内での、ランクが上のサルから攻撃を受けた劣位のサルの典型的な行動とは、序列の中の自分よりも下の個体を攻撃の的として探し回ることだという（Kawamura 1967）。獣医たちはよく、温厚だがなわばり心の強い飼いネコは、身の回りに別のネコの臭いや音があると落ち着かなくなり、その「侵入者」を攻撃できずにいると、攻撃性を家族の誰かにぶつけてくることがあります、と警告する。

私たちは、自分たちはこの種の原始的な反応からずっと遠ざかったところにいる、と想像するかもしれない。だが、『三ばか大将』の」カーリーがモーをぶったたき、お次にモーがラリーに当たりちらすとき[48]、私たちはそれを完全に理解する。カートゥーン［ドタバタアニメ、漫画］に描かれるのは、上司が部下をこっぴどく叱り、部下の男は家で妻に怒鳴り散らし、妻は子どもにがみがみと説教し、子どもはおとなしい犬を蹴りつける、といったシーンである。ほんの少し愉快で、ひどく憂鬱な情景だが、この悲しいユーモアを解するためには何の説明もいらない。一時解雇と経済的ストレスが増加する時代には、配偶者と子どもへの虐待もまた連動して増加するというのは、かなり確かに予測される事態だ。二〇〇一年九月一一日に合衆国が被害を受けたとき、加害者たちは死亡するか、あるいは逃亡するかしていた。反撃の怒りの矛先が向かったのは、当の攻撃とは何の関わりもないイラクであった。一九世紀の英国、デボンシャーの農場に住んでいたある陪審員は、ある若者に干し草を盗んだ罪を評決する文書の中で、次のように述べている。「私どもは、この被告人が犯行に及んだとは考えておりません。とはいえこの近辺で、誰かが、いくたの犯行に及んできたのではあるのです」（Brown 1899, 513）。そしてこうなると、**誰か**がその代償で罰を受けるべきことになる。すぐに見つかれば、その盗みをした者が罰される。だが他に誰もいなければ、無実の人が罰されるのだ。節操を欠いた検察官たちが、はるか昔から気づいていた事実がある。被告人に対する訴訟の事実認定が弱い場合、犯行現場や殺人被害者のぞっとする写真、残忍な殺人に関する絵入りの記述といったものは、発見できなかった証拠の有効な代用物として利用できるという事実である。これらによって陪審員たちが犯行に憤激すると、誰かに仕返しをしたいという彼らの欲求は高まり、「果たしてこの被告人は、自分の懲罰心の正しい標的なのだろうか？」という懸念を簡単に乗り越えることができてしまうのだ。

『アナライズ・ミー』というコメディ映画がある[49]。マフィアのボスが精神分析の治療を受ける話だ。ボスのヴィッティは、かつて自分を殺そうとしていた敵対マフィアの男に激怒している。担当医は彼にアンガー・マネジメント〔怒りに対処する方法〕を教えるため、こう言う。「私が怒るとき、何をするか知っていますか？　私はね、枕を銃で撃つんです。さあ、枕を撃ってみてください。どんな気分ですか？」そこでヴィッティは何度か引き金を引き、数発の銃弾が枕に当たる。精神分析医は興奮が静まるのを待ってから問いかける。「気分がよくなりましたか？」マフィアのボスは答える。「ああ、よくなった」。この言葉に嘘はなく、またこれにはちゃんとした理由がある。（人間であれ、チンパンジーであれ、ネズミであれ）誰かある者が攻撃を受けたり、脅かされたり、傷つけられたりすると、「屈従ストレス[50]」を経験する。つまり、過剰なストレス反応に慢性的に苦しめられることになるのである。ところが、攻撃を受けた個体が、誰か他の者を攻撃できる場合には、その個体のホルモンレベルは低下し、それによってストレスは消失するのである（Virgin & Sapolsky 1997）。

このような、魅力的でも有効でもない感情的反応がこれほど深く刻みつけられるに至ったのは、どのようにしてであっただろう？　私たちの祖先で、攻撃を受けたり、ひどい扱いを受けた場合に、反撃を行った者たち――または、誰かを強く非難した者たち――が、「右の頬を打たれたら、左の頬も差し出す」ような受け身の者たちよりも、生き延びて繁栄する見込みが大きかったのだ。デイヴィッド・バラシュが指摘しているように、もし私が、反撃を成功させる見込みがないほど強い相手から攻撃を受けた場合に、他の関係のない者を攻撃すると、私は自分自身を、それでも

48『三ばか大将』*The Three Stooges* は一九二〇年代から一九七〇年代までメンバーを変えながら続いたコメディ（の主役たち）で、最盛期のメンバーは、ここに挙げられた「石頭のカーリー」、「カラ威張りのモー」、「ポンコツのラリー」の三人（Wikipedia 他の典拠による）。

49 原題は *Analyze This*。一九九九年制作、ハロルド・ライミス監督。マフィアのボス役をロバート・デニーロが演じている。

50 原語は subordination stress で、ウェブ上で検索した限り定訳は見つからなかった。

なお恐るるに足る者であると——つまり、（少なくとも劣位の者によって）攻撃を仕掛けられた場合に、必ずや深刻な結果をもたらす者であると——周知させることになる。「被害者となった場合に、たとえ実際の犯人にやり返すことができない場合でも、別の誰かに、これみよがしに『八つ当たりする』者に対して、進化が見返りを与える見込みは大きいだろう」（Barash 2005, 4）。互酬的な〈しっぺ返し〉——特に、危害に対する罰としてのそれ——が好まれる理由は、それで用が足りるからである——格別にうまくいくからというわけではない（かつて格別にうまくいったことも、現在格別にうまくいくということもない）。応報の衝動はしばしば、不正を行った当人ではなく、罪のない家族の一員やスケープゴートに向けられる。加害者を標的にしている場合ですら、懲罰的ないし応報的な反応の有効性ははなはだしく低い。これは行動研究がはるか以前から裏づけてきたことである。加えて、それに伴う付随的な効果（例えば、より深い〔社会などの〕システム由来《システマティック》の原因の探求を遮断してしまうことなど）から、さらに大きな害が生じる。だとしても、行動科学が生まれる以前の何千年もの間、反撃という反応は——そのあるがままの形で——社会の制御の道具であり、現状を防衛するための手段として、唯一利用可能なものであったのであり、ないよりもましなものであったのだ。それが時に肯定的な結果をもたらすものであったがゆえに、生物学的、社会的、心理的に確固たるものとなっていったのである。

基礎的な応報の感情の根は深い——それは私たちヒトという種の歴史よりも遠い過去の時代に根ざしている。一方、道徳的責任への信念は、もっと新しいものだ。初期の法典を見ると、道徳的責任が重要な要素ではなかったことが分かる。「目には目を、歯には歯を」であり、そこには故意に危害を生じさせる場合と、不慮のそれとの区別はなかった。そこに道徳的責任をめぐる問いかけは生じない。神がこの刑罰を命じたのであり、それで決着がつく。それ以上の正当化は不要であるし、それを乞い求めるのは邪悪な行為になろう——神に問い返すとは、何様だというのか？ 人を死なせた動物が処刑されたという、中世の記録がある。ここで、加害者の動物に道徳的責任はあるのか、そして刑罰に正しく相応しい《ジャストリィ・デザーブ》のか、という問いかけは論外である。だが、何世紀か経つ内に、——例外はあるにしても——故意に犯された悪しき行いと偶発的になされるに至った悪しき行いとの区別が立てられるようになり、最終的には、適正な能力《コンピテント》を備えた人物によってなされた悪しき行いと、狂乱した人物や「責任能力ある年齢」に達していない人物によってなされた悪しき行いとの区別が立てられるようになった（ただし、合衆国では八歳の子どもが殺人罪に問われた。私たちは自分で思っているほど進歩していないのかもしれない）。そうしてシステムがより洗練されてくるにつれて、あの最も基本的な問いかけが姿を現すに至った――すなわち〈人々を道徳的に責任ある者と見なすべき根拠はいかなるものなのか？〉という問いかけである。このように正当化の試みが始まるのが比較的遅かったにしても、道徳的責任の根本的な基盤は、私たちの反撃欲求というより深い部分に潜んでいる。私たちは、その欲求が正当化され**ねばならない**と確信するほどに根深く、その欲求を感じ取っているのである。

　道徳的責任に対する基礎的な信念は、理性の産物ではなく、腹の奥底からの感情の産物である。道徳的責任を擁護する現代哲学者たちが、スケープゴートに対する攻撃を擁護することはない――さらに言えば、それを遺憾に思うはずだ――というのは明白である。彼らはその正反対に、誰に道徳的責任があり、誰に道徳的責任がないのかという問題をより明確に、より厳密に定めることに努力を集中させている。だが、道徳的責任への根深い信念――それは哲学者にも一般の人々にも、等しく見いだされる――は極めて強く根深いため、道徳的責任を支持するために提起される論証は数あれど、その信念そのものの正当化については、それに取り組み始めることすらできていない状況なのである。

　道徳的責任は、私たちが危害を受けたときに感じる、粗野で無差別な反撃反応という、不幸な出自をもつ。とはいえ、起源がそのようなものだということが［ただちに］大きな哲学的重要性をもつというものでもない。道徳的責任に芳《かんば》しくない進化的歴史があるからといって、道徳的責任の根底にある基礎的な感情的反応が悪しきものであると示されるわけではないのだ。私たちの子どもへの情愛の起源が、つまるところ利己的で強欲な遺伝的利得にあるのはほぼ間違いない。だがそれが、こうした自己利益追求の歴史に由来するからといって、私たちの子どもたちに対する深い情愛の道徳的価値が引き下げられることはない。霊長類学者フランス・ドゥ・ヴァールはこの点を非常に巧みに言い表している。

> 　ダイヤモンドの美しさは、何千年にもわたる圧縮力に負っているが、だとしても、私たちがこの宝石に

感嘆するとき、この事実を思い浮かべることは滅多にない。ならば、自然選択の無慈悲さと、その自然選択がもたらした驚嘆すべき産物とが、相容れないものだと見なす必要などあるだろうか？　人間および他の動物は、純然たる愛、共感、思いやりの能力を付与されている――これは、進化の過程を駆り立てているのは遺伝的自己利益の促進である、という見方と完璧に調停できるし、いずれ調停されるはずの事実である。(de Waal 1996, 16–17)

だとしても、道徳的責任は因習的な余剰物を大量に抱えるに至っている。ある価値や感情が、卑しい起源をもつからといって悪しきものになるわけではない、ということを認めたとしても、価値に対する私たちの判断にとって、その起源が無関係であるということにはならない。美的な価値を考えてみよう。私たちの多くは、ダイヤモンドを美しいと見なす。だが仮に、こうした美的判断が、ダイヤモンド業者による巧みな広告戦略（「ダイヤモンドは永遠の輝き」）による操作の産物であり、それが稀少かつ素晴らしいものだという感覚は巧妙な人為的操作の産物だった、と判明したとしたら（実はダイヤモンドは大量に存在しており、採掘を慎重に制限しないと、貴重な石であるという地位が台無しになってしまうものだったのだ、としよう）、そのときダイヤモンドの光沢のいくばくかは失われてしまうことだろう。同様に私たちが、道徳的責任への深く堅固な信念が、しっかりした合理的論拠にもとづくものではない、と気づいた場合（というのも、道徳的責任に対する最も熱心な擁護者たちですら、道徳的責任への自分自身の信念の方が、道徳的責任を支持するためのどんな論拠よりも強力であることは認めるのであるから）、私たちはもっと懐疑的になって、道徳的責任に対する頑固な信念に最終的な支えを提供している、原始的で魅力に欠ける、腹の奥底からの感覚を見直してみよう、という気になるかもしれない。

以上、道徳的責任のうしろ暗い起源を指摘してきたが、これは、道徳的責任を支えている強力な予断に抗し、その根深い信念を純粋な目で吟味にかけようという気持ちをかき立てるためである。私たちは、道徳的責任の要求と帰属の正当性を信ずるための、適切な理由をもっているだろうか？　それとも私たちは、まずそれが正当だと確信し、その後で、それには理由がなければならないのだと結論づけているのだろうか？　徹底した自然主義的観点から道徳的責任を眺めるとき、私たちはその説得力を本当に見いだせるのか？　それとも道徳的責任とは、私たちの進化的な歴史の隔世遺伝的な残留物――現代の私たちの科学の体系内部では正当化不可能な、奇跡や神々の存在を必要とする残留物――なのだろうか？

道徳的責任への信念の体系的な性格

道徳的責任への、根深くてほとんど揺るがせられない信念は、その力の多くを、私たちの応報の感情、および、仕返しへの強い欲求から得ている。だが、道徳的責任への信念に対する私たちのコミットメントが整合性と確実性を得るための、これ以外の源泉も存在している――道徳的責任は、より大きな信念体系《システム》の中心部に安置されているため、道徳的責任に異議申し立てしようとするとき、そのより大きな理論体系《システム》に対する異議申し立てをせねばならなくなる、ということだ。

C・A・キャンベル（Campbell 1957）は、道徳的責任と私たちの科学知識とを調停する試みを行っているが、もしも自分のこの企図が失敗した場合、〈科学研究は信用に値するものだ〉という信念を放棄してでも、道徳的責任への信念を保持するだろう、と強く主張する。道徳的責任への信念は、私たちの人生が実践的、倫理的なものとなるために本質的な役割を果たしているから、というのがその理由である。P・F・ストローソン（Strawson 1962）の主張によれば、道徳的責任は私たちの信念と価値の体系《システム》にとって極めて中心的な役割を果たしており、それを否定してしまえば、私たちの道徳的、感情的な生活は崩壊せざるをえなくなるのだから、道徳的責任を何かの論証に訴えてあえて擁護する必要などない、ということになる。ピーター・ヴァン・インワーゲンが示唆するところでは、たとえ一部の哲学者が、彼らなりの道徳的責任否定論が正しいと主張するとしても、およそ誰であれ、道徳的責任への深い信念を本心から否定するというのは、とうていありそうにないことだという。ヴァン・インワーゲンはさらに、道徳的責任に対する無条件のコミットメントを肯定する言葉も述べている。それによれば彼は、自分としては両立論[51]への強い疑いを抱いているにもかかわらず、仮に決定論[52]が立証され、リバタリアン的な[53]モデルが支持できないものとなった場合、自分は両立論を採用するだろうと論じ、次のように述べる。「自由意志説を否定するとは道徳的責任を否定することであって、これはばかげたことであろう。……いつの日か科学が、決定論を信ずべきだという有無を言わせぬ理由を提供するというのは、概念上はありうることである。その場合、そして、その場合に限り、私たちは両立論者になるべきなのだ、と私は思う」(Van Inwagen 1983, 223)。ヴァン・インワーゲンは、決定論を退け、道徳的責任をリバタリアン的に基礎づけ続ける方がよいと考えているのだが、問題に直面した場合、道徳的責任を救うためであれば、リバタリアンとしての立場を放棄し、彼が忌み嫌う両立論を受け容れることも厭《いと》わないのだ。クワインが「経験主義のふたつのドグマ」の中で明らかにしているように、「体系《システム》のどこか別のところで思い切った調整を行うならば、どのような言明に関しても、何が起ころうとも真とみなし続けることができる」(Quine 1951, 40)〔邦訳六四頁、ルビは本書の訳者による〕のだが、ヴァン・インワーゲンもまた、道徳的責任を保持するために必要とされる調整であればそれが何であっても厭わないのだ。だが、道徳的責任へのこのようなコミットメントは、合理的論証にもとづく結論であるというよりも、信仰の表明であるように響く。つまりそれは、道徳的責任を退けるようなどんな可能性も「ばかげて」おり、道徳的責任を救ってくれるならば、どれほど説得力を欠く教説であっても受け容れる、ということなのだ。

ニック・トラカキスとダニエル・コーエンはヴィトゲンシュタインのある言葉を、次のように解釈している。「自由意志〔および道徳的責任——引用者〕があるという信念は、理論的ないし科学的な信念よりも、宗教的なコミットメントによく似ているように見えてくる」(Trakakis and Cohen 2008, xvii)。これは、道徳的責任——および宗教の信仰箇条——への信念に対する解釈として興味深い。というのもこの解釈は、これほど多くの人々が(また恐らく、特に哲学者たちが)道徳的責任の否定とはあまりにばかげていて、真面目にとりあうことができない、と思っていることを説明する、もう一つの理由を明らかにするからである。つまり、道徳的責任への信念は、宗教の教義と同様、複雑かつ包括的な信念体系《システム》の中心的な要素だということなのだ。この体系《システム》は私たちの問いの立て方を枠づけ、私たちが論証を考察する態度に色をつける。そして、この体系《システム》が用意する一定の前提によって、それに反対する論証を展開することが困難になる。道徳的責任に関する問いかけは、通例、道徳的責任の枠組みの内部から発される。そしてその結果、道徳的責任の排斥はばかげている、という結論が導かれるのだ。それゆえ、人が道徳的責任に異議申し立てをするためには、司法と哲学にまたがる、道徳的責任の巨大なシステムへの異議申し立てをしなければならない。このシステム内部で活動する人々にとっては、システムそのものへのどんな異議も、真面目にとりあうのが困難なものとなるのだ。このシステムの内部（刑法の制度はそのほんの一要素にすぎない）から見る限り、道徳的責任の否定は事実ばかげたものに見えるようになる。つまりこのように豊かで充実したシステムの中に立つとき、システムの別の部分を調整することで道徳的責任を救うことは常に可能なのだ。調整としては例えば、非難が正当化されるための規準を、道徳的責任がある種の必然的真理となってしまうほどに、極度に低いところに据える、というやり方がある。これはデネットが提起しており、「あなたが状態Aにあることへの責任があなた以外の誰にもないならば、責任はあなたにある」（Dennett 2003, 281）〔邦訳三八九頁に該当〕ということになる。あるいは、〔ある行為をもたらした〕因果的歴史[54]の探究をある点で打ち切り、それ以上深く探究する余地を排除することによっても、道徳的責任の救済は可能である。あるいは、――スティーヴン・ホワイトが提案しているように――まず最初に〈道徳的責任は正当化されている〉という前提から出発し、そこから「実際にしたのとは別の行為をなすこともできた[55]」という句が何を意味するのかを定義し直し、それにより「ある行為者が、彼または彼女が〔実際に〕行ったのとは違う行為もなしえたというのは、その行為者への、その行為に対する責任と非難の帰属が正当化される場合に成り立つ」（White 1991, 236）という主張を導くという仕方でも、それは可能である。

51 両立論（compatibilism）とは、広義には一定の諸概念が相矛盾せずに両立できるという主張を指し、最も一般的には「決定論（determinism）」と「自由意志」が両立可能であるという主張を指す。つまり、宇宙の始まりから、以後のすべての出来事が他ではありえないように決定されてしまっている、という「決定論」の主張を受け容れたとしても、「自由意志」と呼ばれる（何らかの）心の働きないし能力を否定する必要はない、という主張であり、ここで取り上げられているのもこのような「決定論と自由意志の両立論」である。また、これを否定する立場は「決定論と自由意志の非両立論（incompatibilism）」と呼ばれる（訳注10で触れた「〔哲学的〕リバタリアニズム」は通常この意味での非両立論にもとづき、自由意志を肯定すると共に決定論を否定する）。ただし最初に述べたように「両立論（および非両立論）」の概念はこれよりも広い。この後見ていくように、著者ウォーラーの立場は「自然主義と自由意志の**両立論**」と「自然主義と道徳的責任の**非両立論**」を同時に支持するという独特のものである。

52 前注参照。

53 訳注10参照。

54 「因果的（causal）」とは、過去の歴史が現在に因果的な影響（あるいは決定力）をおよぼしている、ということを含意している。

道徳的責任へのほとんど普遍的といっていい信念に、このような感情的かつ体系的《システマティック》な源泉があることを理解するならば、道徳的責任を支持するための論争的な主張と、道徳的責任への可能な反対論とを、共に慎重な吟味の対象にするための道が開かれる。言うまでもなく、道徳的責任を裏づけるための論証にはさまざまなものがある――実のところ、その多くがお互いに対立し合っているのではあるが。本書はこれから、これらの論証がうまくいっていないことを示す試みを行う。だが、それらの論証の限界をより詳しく吟味する前に、指摘しておくべきことがある。このように、道徳的責任を支持するための論証に広汎な多様性が存在しているというのは、道徳的責任には強力な感情的支えが存在しているというだけでなく、それを支えるための哲学的論証が弱いものであることとの証拠でもある、ということだ。多くの哲学者が、道徳的責任を正当化するために自分なりの論証を提起するが、彼らはまた、自分以外の論証は失敗しているとも思っているのだ。十二人の陪審員全員がある容疑者が有罪だと確信しているが、一人一人が挙げる評決の根拠を見ると、全員ばらばらで、しかもどれをとっても、それを証拠と見なすのはただ一人で、他の十一人はすべてそれに反対しているとしたら、そこで証拠だと見なされているものが、彼らの確信の適切な基礎だとは言えまい――そのいずれをとっても、十二人中十一人が妥当な証拠だとは見なしていないのだから。つきつめて言えば、私たちは、ほぼ全員一致で退けられているものを証拠にして確信を抱いている、ということになるだろう。道徳的責任を擁護するための論証に豊かな多様性があるというこの状況は、神の存在の論証に豊かな多様性がある、という状況を想起させるかもしれない。そしてこれら多様な論証の一大コレクションは、次のような同一の反応をかき立てるかもしれない。すなわち〈もしも本当に、神なり道徳的責任なりの妥当な論証が何か一つ存在していたとしたら、論証の数がこれほど多くなることなど果たしてあっただろうか？〉という反応を。一方、こうして道徳的責任を支持する論証が無数に存在しているのとは対照的に、道徳的責任に反対する根本的な論証の数はただ一つである――それを利用する際に、無数の様式、無数の色合いを帯びることはあるとしても。その根本論証が次章の主題となる。

55 原語は could have done otherwise で、このフレーズで捉えられるような可能性は alternative possibility（「選択可能性」や「他行為可能性」と訳される）と呼ばれ、自由意志と決定論をめぐる論争でしばしば主題となる（このような可能性は自由意志が成り立つ必要条件なのか、決定論と両立しうるのか、またそもそも、このフレーズは正確なところ何を意味しているのか、など）。ホワイトはここで、まずこのフレーズの適切な解釈を定め、次にそれが道徳的責任を可能にするかどうかを考察する、という通常の議論を逆転させ、まずこのフレーズは道徳的責任を可能にするような意味をもつはずだと前提し、次にその意味は何かを考えるという、逆向きの考察を提案している。

第二章　道徳的責任反対論の根本論証[56]

道徳的責任についての最良の説明[57]といえるのは、五世紀以上昔の若い貴族、ジョバンニ伯ピコ・デラ・ミランドラのそれである。ピコ・デラ・ミランドラは「人間の尊厳についての弁論」の中で、道徳的責任の能力という、人間に独特な奇跡的能力を説明した。それによれば、神は創造の過程において、神の偉大な宇宙のあらゆる領域に特定の特徴づけを与えたのだが、その御業《みわざ》を仕上げるにあたり、「これほどの大きな仕事の意味を考え、その美を愛し、その偉大さに驚嘆する**あるもの**が存在することを欲し」たので〔邦訳一五頁〕、その役割を果たすために人間を創造したのだという。ところが神は自分が創造した人間以外の存在に、それぞれに固有の贈り物をすべて付与してしまっており、人間に与えるための贈り物は何も残っていなかった。それゆえ神は、人間に「人間以外の被造物のおのおのに固有なものであったものは何であれ共通であるように」〔つまり、他の被造物に固有のものが人間にも共有されるように〕定めた〔邦訳一六頁〕。これはつまり人間だけが自らを、自分で自由に選択したところのものに作り上げるという、特別の力をもつようになるだろう、ということだ。したがって、

> 他の者ども〔他の被造物〕の限定された本性は、われわれが予め定めたもろもろの法の範囲内に制限されている。おまえは、いかなる束縛によっても制限されず、私がおまえを**その**手中に委ねた**お前の自由意志**に従っておまえの本性を決定すべきである。私はおまえを世界の中心に置いたが、それは、世界の中に存在するいかなるものをも、おまえが中心からうまく見回しうるためである。われわれは、おまえを天上的なものとしても、不死なるものとしても造らなかったが、それは、お前自身のいわば「自由意志を備えた名誉ある造形者・形成者」として、おま

えが選び取る形をお前自身が造り出すためである。おまえは、下位のものどもである獣へと退化することもできるだろうし、また上位のものどもである神的なものへと、おまえの決心によっては生まれ変わることもできるだろう。(Pico della Mirandola 1496/1948, 224–225)〔邦訳一六頁、強調は邦訳に従う。補足は邦訳の引用者による〕

これは道徳的責任の本質的な要件をすべて満たした、みごとな道徳的責任論である――つまり私たちは、何にも依存しないゼロからの選択によって自分自身を作り出すのであって、過去の歴史も、遺伝的なくじ運も、社会環境も、文化的影響も、そこでは何の役割も果たさない、ということだ。このような特別な選択がどのように働くものなのかは理解困難だと思われるかもしれないが――つきつめて考えると、いったい**誰が**その選択を果たすのだろうか？――、しかし奇跡に訴えればどんなことでも可能なのだ。だとしても、そんな奇跡的な出来事に人間の理解がおよぶとは考えられない、とは言えようが。

ピコ・デラ・ミランドラによる道徳的責任の説明は明るい喜びに満ちたものだが、ただ一つ問題がある。奇跡を必要とする、という問題だ。これはピコ・デラ・ミランドラ

56「根本論証」の原語は basic argument。著者の前章末の説明では、すべての道徳的責任反対論の根底に見いだされるシンプルで説得力のある論証を指す。別の場所では "fundamental naturalistic argument against moral responsibility"（道徳的責任反対論のための fundamental な自然主義的論証）という表現もなされており、このフレーズに限り basic を「根本（的）」と訳す（一方、他の表現においては通常通り「基本的」ないし「基礎的」のように訳す）。

内容であるが、前章末で「道徳的責任に反対する根本的な論証の数はただ一つである――それを利用する際に、無数の様式、無数の色合いを帯びることはあるとしても」と述べられているように、何かある特定の論証ではなく、さまざまな道徳的責任反対論が共有する論理的核心を指しているようである。「根本論証」という呼称は、大文字で Basic Argument と表記され、多くの文献でほぼ固有名詞的に引かれるゲイレン・ストローソンによる道徳的責任への反対論証を想起させるが（本書では四八頁で詳しく取り上げられる）、このいわゆる〈根本論証〉は、ウォーラーが名指す「根本論証」の核心をある視角からよく捉えた論証であり、本章で示されるいくつかの論証（「比較に基づく公平さによる論証」など）もまた別の視角からその核心を捉える論証と見られている、と整理することができよう。

57この箇所の「説明」の原語は「説明能力／説明責任（accountability）」の語源でもある account であり、「（学）説」、「見解」、「考え方」とも訳しうるが本書ではおおむね「説明」の訳語をあてる。類語の explanation（explain）も原則として「説明（する）」と訳すが、少なくとも本書の訳において、これによる混乱や曖昧さは生じないと思われる。

やその同時代人にとっては一つの魅力であったとしても、神々や幽霊や奇跡に余地を残さない、自然主義的[58]な世界観を信奉する人々にとっては、圧倒的に困難な問題である。道徳的責任とは幽霊やら神々やらの同類なのであり、奇跡なき、自然主義的環境の中では生き延びることができないというのが本書の基本主張である。ロデリック・チザムはこの点で適切な思想を抱いている。「私たちが責任ある存在であるとしたら、また、私が今行っている議論が真理であるとしたら、私たちにはある特権、人によっては神だけに認めるような特権が備わっていることになる。すなわち、私たちの誰もが、本当の意味で行為するときには、不動の第一動者[59]である、という特権が。私たちは何かをなすことで、ある出来事を生じさせる原因として働くのであり、かつ、何かをなしている私たち以外の何ものも、何びとも、その出来事を生じさせる原因として働いてはいないのだ」(Chisholm 1982, 32)。だが——自然主義的な体系においては——私たちにそんな奇跡をもたらす力はないのだから、(後件否定《モドゥス・トレンス》の推理による[60]) 当然の帰結として、私たちは道徳的に責任ある存在ではない、ということになる。

　私たちがひとたび自然主義的な世界観を採用し、奇跡であるような自己創造能力を捨て去ってしまうとしたら、私たちは道徳的責任をも捨て去らねばならない、というのは単純かつ明白な結論であるように見えよう。しかし、道徳的責任のシステムはきわめて強固に防護されたシステムであり、応報的な「正義／司法《ジャスティス》」への感情的な支持力は極めて強力であるため、道徳的責任の放棄など、考えられない選択肢であった——そして多くの人々にとっては今なお、考えられない選択肢であり続けている。だからこそ多くの哲学者は、逆方向に進む論証を行うのである。もともとの論証(ピコ・デラ・ミランドラが組み立てたと言えるかもしれない論証)はこう主張する——〈奇跡としての、究極的な自己形成能力こそが、道徳的責任の必要条件である。私たちは現に道徳的に責任ある存在である。ゆえに、私たちは奇跡としての自己形成力をもっているのでなければならない〉と。道徳的責任を退ける自然主義者は〈奇跡としての自己形成能力は道徳的責任の必要条件である〉という点に同意し、かつまた〈自然主義はその種の力に余地を残さない〉という理由から、〈自然主義は道徳的責任に余地を残さない〉と結論する。一方、自然主義を信奉しつつも道徳的責任の放棄を拒む自然主義者は、これとは違った、次のような筋道を進む。すなわち〈私たちは自分たちが道徳的に責任ある存在であることを知っている。ゆえに——奇跡としての自己形成能力は（私たちの自然的世界には）存在しないのだから――私たちは道徳的責任の必要条件であるような能力について、誤った考え方をしているに違いない。そしてその能力は、究極的コントロールをなしうる奇跡としての力ではなく、むしろ自然主義的な体系の内部におさまりうるような、もっとずっと穏当な能力だったのだ〉という筋道を。例えばデネットはこう言う、「有責性《カルパビリティ》[61]というものの可能性そのものに対する懐疑論が、ある絶対的理念――すなわち、全面的な〈神の御前での罪人〉という概念――への場違いな畏敬の念から生じる。**そのような条件**はこの世界においては決して満たされないという事実に惑わされて、私たちの道徳的責任という制度の至当性《インテグリティ》に関する懐疑論に陥るべきではない」（Dennett 1984, 165）〔邦訳二四三頁に該当〕。

カーロス・モイヤは、究極のコントロールを道徳的責任の条件にしてはならない、と私たちに警告するが、それは、そうすることで「道徳的責任を誰かに帰するという私たちの日常的な実践を見失い、代わりに実現不可能な神話を目指すことになるから」だという（Moya 2006, 91）。本書のこの先の章では、両立論者たち[62]のさまざまな議論を取り上げ、彼らによる〈道徳的責任の成立のために要求されるハードルを引き下げるために、それを成立させるのに十分なコントロールの力がどのようなものであるかを見直そう〉という試みを吟味する。しかしこの吟味に取りかかる前に、道徳的責任の元来の規準――自然主義的には到達不可能な規準――が備えている説得力に注目しておくことは重要である。

58 現代の（特に英語圏の）哲学における「自然主義（naturalism）」について、パピノー（Papinau）はウェブサイト『Stanford Encyclopedia of Philosophy』の中で、この用語の異論を招かない定義が難しいと注記した上で、一つの典型的な理解として、二〇世紀前半の哲学者クリコリアン（Krikorian）による「自然こそが実在のすべてであり、そこに『超自然』はいっさい含まれておらず、また、『人間の心』をも含む実在のありとあらゆる領域の探求は、科学的方法を用いてなされるべきである」という規定を紹介している。

59 原語は a prime mover unmoved で、プラトンやアリストテレスにさかのぼる、神に当たる存在を指す。

60「後件否定」と訳した modus tollens は「PならばQである。ところでQは成り立っていない。ゆえにPは成り立っていない」という形式をもつ妥当な論証。

61「有責性（culpability）」については訳注43参照。

62 次節冒頭でも確認されるように「両立論者」の中でも「自然主義と道徳的責任の両立論者」を指す（他方で、次章以降で論じられるように、筆者は「自然主義／決定論と自由意志の両立論」は支持している）。

道徳的責任への反対論証

〈決定論と道徳的責任とは両立できるのか?〉というのは伝統的な問いだが、これよりも基本的〔根本的〕な——しかも、ほとんどの現代哲学者が提起している——問いが存在する。〈道徳的責任は、奇跡の余地なき自然主義と両立できるのか?〉という問いである。バーナード・ウィリアムズは、(決定論であるよりもむしろ)自然主義こそが道徳的責任に異議を差し挟む思想であるという点を、次のように明らかにしている。

> 普遍的決定論を信じることで、心理的状態と心理的出来事に関する強力な自然主義的説明が存在するはずだという期待への、最善の理由が与えられる、と思われた時代はあったかもしれない。だが、それがかつて事実だったとしても、現在はそうではない。現在では、「宇宙は決定論的であるはずだ」という見方と比べて「心理的状態と心理的出来事には強力な自然主義的説明が存在するはずだ」という見方の方がはるかに信憑性のある、かつ理解しやすいものと見えるのであり、またその種の説明がなされうるというその可能性自体が、問題の根源となっているのだ。
> (Williams 1995, 7)

道徳的責任が何ゆえ自然主義/決定論の内部に収まるものであるかを示そう、という論証は、これまで数多く存在してきた。これらの論証の吟味は後の章で行うが、その前にまず、〈道徳的責任は根本的に自然主義と両立できない〉という想定への有力な論拠が一定数存在している、ということは注記に値する。これは格別の注記に値する事実である——というのも〈道徳的責任は私たちの自然主義的世界観と両立しない〉と信じる人々に軽蔑のまなざしを向けるのが、現代の哲学的流行となっているからである。ここには、〈両立論〉という洗練された哲学的立場を理解すれば誰もが、〈決定論/自然主義と道徳的責任の間には衝突がある〉、という素朴な考え方を放棄するはずだ、という発想が暗に含まれている。

両立論[63]を支持する論証は数多くあり、そこには素晴らしく豊かな多様性がある。一方、道徳的責任と自然主義の非両立論は、いくつか異なったモデルに帰着するとはいえ、ある一つの共通の基盤、すなわち、道徳的責任に対する根本的な自然主義的反対論証から構成されている。これは次のような論証である――〈人々が異なった行動を取るのは、究極的には、彼らのコントロールのおよばない因果的諸力、あるいは、運不運の問題であるような因果的要因の産物なのだから、人々の異なった行為にもとづき、ある者に罰を、他の者に賞を与えることは不公正である〉。ロレンツォ・ヴァッラの見るところでは、神は「オオカミを獰《どう》猛《もう》なものに、野ウサギを臆病なものに、ライオンを勇敢なものに、ロバを愚かなものに、犬を賢いものに、ヒツジを温和なものに創造したのだが、これと同様に神は、ある人間を冷酷な性格に、他の人間を柔和な性格に創造し、ある人間を産み出すときには悪を授け、他の人間を産み出すときには徳を授け、またさらに、ある人間には自己改善の能力を付与し、他の人間は矯正しがたいものとした」（Valla 1443/1948, 173）〔邦訳六三頁に該当〕。

それゆえ、ある人は正真正銘有徳であるが、他の人は邪悪であるとか、ある人は自分の邪悪な性格を改善して有徳な人になるが、他の人はそのような自己改善の資質を欠いている、とかいったことはある。しかしこのいずれの場合でも、善き行動と悪しき行動をなすための能力は、究極的には幸運ないし不運の結果なのであり、またそれゆえ、行為または性格に対する道徳的責任には、いかなる根拠もないことになる（自己改善を果たす人がいてもおかしくないが、そのことによってその人に道徳的責任があるということにはならない。というのも、そのような自己改善能力をもっているかどうかは運の問題であって、その人が究極のコントロールをおよぼせる事柄ではないからである）。スピノザ（Spinoza 1677/1985）、ドルバック（Holbach 1770/1970）、ショーペンハウアー（Schopenhauer 1841/1960）らが論じるところでは、私たちがすべての原因をその細部にわたって追跡したとしたら、自分たちのすべての行為を、過去の、私たちがコントロールしているわけではない源泉に帰着させられることが分かるだろう、という。トマス・ネーゲルの「道徳的運」の問題は、運というものは――詳しく考察すれば――道徳的責任のために必要とされる究極のコントロールを飲み込んでしまうものだ、という認識に基礎を置いている。「人には、〔第一に〕その人のコントロールのおよばない諸要因からの諸帰結に対する道徳的責任などありえないのだとしたら、あるいは〔第二に〕その人の行為をもたらした、その人の

63 前注参照。

意志に服さない気質に対する道徳的責任などありえないのだとしたら、あるいは〔第三に〕その人の道徳上の選択肢を設定する状況に対する道徳的責任などありえないのだとしたら、かつまた、〔第四に〕ごく単純な意志の働きすら、意志のコントロールのおよばない、先行する外的状況の産物なのだとしたら、その場合、**その単純な意志の働きそのもの**に対する責任ですら、いかにしてありうることになるのか?」(Nagel 1979, 34)

ピーター・ヴァン・インワーゲンは「**帰結論証**」と呼ばれる論証を展開し、道徳的責任とは、決定論的/自然主義的な世界の中での、特別なリバタリアン的飛躍が必要となることを示した。「もしも決定論が真理であるなら、私たちの行為は、自然法則と遠い過去の出来事からの帰結であることになる。しかるに、私たちには自分が生まれる前の世界に行くことができるわけではないし、自然法則を意のままに変更することもできない。ゆえに、これらの事柄の帰結(そこには私たちの現在の行為も含まれる)は、私たちの意のままにはできない」(van Inwagen 1983, 16)。

デーク・ペレブーム(Pereboom 2001, 2007)は、私たちが道徳的責任を成り立たせるのに十分なコントロールを欠いているようないくつかの架空の事例が、(詳しい検討を経れば)一般に道徳的責任があると見なされている普通の事例と、しかるべき仕方で類似するものとなる、ということを示すための〈四つの事例〉による論証——いずれの事例においても、そこでの主体は道徳的責任が要求するような形のコントロールを欠いている——を提起した。ゲイレン・ストローソン(Strawson 2010)の〈根本論証《ベーシック・アーギュメント》〉[64]は、道徳的責任にとって必須の、究極の因果的コントロールを切り下げるべく意図された論証であり、次のように進む。〈あなたが今ある通りの存在であるのは、あなたのそのあり方のゆえである。またそれゆえ、あなたに今ある通りの存在であることに対する究極の責任があると言えるためには、あなたには、自分のあり方に対する究極の責任がなければならない。しかるに、あなたに、自分のあり方に対する究極の責任があるというのは不可能である(なぜなら、あなたが遺伝的に受け継いだものや、幼少時にあなたを作り上げた経験や、その後あなた自身が経てきた変化のあり方は、あなたが遺伝的に受け継いだものと、幼少時の経験の結果なのであって、あなたにそれらに対する責任がないのは確実だからである)。ゆえに、あなたに、今ある通りの存在であることに対する究極の責任があるというのは不可能である〉——以上である。これらは、その詳しさ、構成、創意工夫において魅力的な論証であるが、いずれもただ一つのテーマの変奏である。このテーマは運の問題として提示されることもあるし、私たちが自分自身を一から組み立てること、あるいは、もともとの素材や自己形成の技能の限界にとらわれずに自己を組み立てることが不可能である、という点に焦点を合わせていることもある。あるいは、基本的な公正さに関連づけた論証であることもあるし、ある出発点の能力が与えられて以後の避けがたい帰結に焦点を合わせるバージョンもある。とはいえ、すべての論証は、〈私たちの性格（および、その性格に由来する行動）が、究極的には私たちが**コントロールしていたわけではない**因果的な諸力の産物である〉という主張にその基礎を置いている。実のところこの論証は、神の全能性と人間の道徳的責任とは両立不可能である、という昔の論証における「神」を「自然」に置き換えた、自然主義版の論証である。ヴァッラ（Valla 1443/1948, 173）が指摘するように、ある人は自己改善の能力をもち、他の人はそれをもたない。そして、その能力をもつかもたないかというのは、私たちのコントロールのおよぶ事柄ではないのである。

比較により示される不公正

道徳的責任への根本的な異議申し立てを定式化するときに、私が好んで用いる方式は、〈**比較により示される不公正からの論証**〉である。この論証はこれまで述べてきたのと同じ、道徳的責任反対論の根本論証を別の形で述べるものである。あるいは――より正確に言えば――この同じ根本論証を、〈（人間が本源的な自己創造という奇跡的で神的な力を欠く以上は）道徳的責任の要求と帰属は不公正である〉ということを示すために用いるものである。〈比較により示される不公正からの論証〉と呼んだこの論証は――これは一つの非常に古いテーマの変奏なのだが――、次のように進む。カレンとルイーズという二人の人物がいて、道徳的に重要な行為をなすとしよう。例えば、自分の上司が、雇用においてあからさまに人種差別的な決定を下そうとしている場面にこの二人が居合わせており、異議を唱えるか、

64 訳注56参照。この論証をストローソンは自ら Basic Argument と名付け、現在、大文字で表記されるこの呼称がこの論証を名指す固有名詞に近い名として広く用いられている。やはり問題の核心を包括的かつ原理的に捉えたものであるという認識がそこにはあるのだろう。

黙って見逃すか、いずれかにせねばならないとする。そこで強く異議を唱えればその差別的決定を制止できるのはほぼ間違いないが、その結果、自分自身の昇進の見通しが暗澹たるものになってしまう、ということが当人たちには分かっている、としよう。カレンもルイーズも知性豊かな人物で、熟慮[65]の能力をちゃんと備えている。いずれも自分なりの野心を抱いている。いずれも、人種差別は道徳的に忌まわしいことだと思っている。いずれも有能な人材である。さらにいずれも、雇用における上司のこの決定が人種差別的であること、および、それに異議を差し挟むと自分の身に危険を招くだろうことを自覚している。カレンは勇気をふるって、上司の差別的行いに強硬に反対する姿勢をとる。ルイーズは弱腰に、黙って見逃す。カレンの行動は道徳的に高潔であり、ルイーズの行いは道徳的な悪である。(このように、私たちがある行為を「道徳的善」や「道徳的悪」という名で呼ぶことができるためには、それに先だって、行為者が道徳的に責任ある存在であるかどうかを知っている必要があるのではないか、という疑問をもつ人がいるかもしれない。この問題に関してはこの先で議論する予定である。)

カレンが有徳な行為をなし、ルイーズが不徳な行為をなしたのはなぜだろうか? その理由については四つの可能性がある。第一の可能性は〈その違いは偶然に由来する〉というものだ。この場合、それはサイコロの目のような問題なのであり、今回はカレンが道徳的勝者、ルイーズが道徳的敗者となったものの、明日同じ事柄をプレイしたら、結果は簡単に逆転していたかもしれない、ということになる。だが、仮にこれが偶然の結果にすぎないのだとしたら、その場合――デイヴィッド・ヒューム(Hume 1748/2000)が非常に力強く論じているように――カレンにもルイーズにも道徳的責任はない、ということになる。というのも、その場合、抗議や黙従[66]という出来事は、カレンやルイーズという主体に属するものではないと思われるからだ。つまりその場合、抗議にせよ黙従にせよ、たしかに世界の中で生じた幸運な、あるいは不運な出来事であるとは言えても、カレンやルイーズがなした行為であるとは言えないことになるのである。ロバート・ケイン(Kane 1985, 1996, 2002, 2007)は、永年にわたり、非常に洗練された論証を練り上げて、人がある行為に対する道徳的責任をもつ場合、そこでは非決定論が何らかの役割をもつことがある、という可能性を示そうとしてきた人物だが、このケインでさえ、生じた結果が単純に運まかせだった場合、そこに道徳的責任を基礎づけるようなものは何もない、という点には同意しよう。続く第二の可能性は〈カレンとルイーズには例の奇跡をもたらす力が備わっていて、その力が両者の違いを産み出した〉というものだ。この場合彼らは**第一原因**[67]として選択を行い、**不動の動者**として行為し、あらゆる自然の原因と制限を超越する奇跡の力によって選択を創始する、ということになる。二人の行為の違いを説明しますと称してこんな説明を持ち出す人がいたら、こう返すしかない。「それはもう、奇跡を持ち出せば何だって『説明』できる。だがその代償は高くつく。自然科学の枠組みを放棄し、人間に可能な探求、科学的研究がおよぶ範囲内で二人の違いを説明できる、という希望を放棄することになるんだから」と。第三の可能性は〈実はカレンとルイーズははなはだしく異なった状況に置かれていた（そして、仮に二人が置かれた状況が逆転していたら、彼女らの行為もまた逆転していた）〉というものだ。状況主義心理学の研究にもとづく興味深い成果のおかげで、現在私たちは、周囲状況の中の一見重要でない違いの行動への深刻な影響を理解できるようになった——例えば、「急げ」という警告（Darley and Batson 1973）、白衣の研究者による「実験を続けてください」という強要（Milgram 1963）、電話ボックスでの小銭の発見（Isen and Levin 1972）といった要因の有無、などの影響を。状況のこうした違いによって、困っている人を助けるために立ち止まるか、それとも足早にその前を通り過ぎるかが決まってしまう。そしてこの違い（無情な無視と親切な援助）は、実に重要な違いなのである。例の悪評高いミルグラムの権威実験（Milgram 1963）やスタンフォード監獄実験（Haney, Banks, and Zimbardo 1973）が教えてくれるように、私たちはほとんど誰でも、しかるべき状況に置かれてしまうと残酷な行為に及んでしまう。私たちはそういう行為を「そんなこと、どんな状況に置かれようと絶対にやるはずがない」という熱烈な確信を抱くものだが、それでもやってしまうのだ。しかしながら、カレンの勇気ある行為とルイーズの卑怯な黙従の間にある違いが、もしも状況における違い——彼らが自分では作りだすことも選ぶこと

65「熟慮」については訳注38参照。

66「黙従」の原語はacquiescenceというやや訳しにくい語で、内心の同意は別として、ともかく逆らわず、口出しをしないでい続ける態度を指す。

67「第一原因（the first cause）」とは、訳注59の「不動の（第一）動者」同様、伝統的に宇宙を産み出し起動させた神を指す言葉。

もできない状況における違い――だったとしたら、彼らが賞と罰、賞賛と非難という、根本的に異なった取り扱いに正しく相応しい《ジャストリィ・デザーブ》、と信じることは難しくなる。あるいは、最後になるが、第四に私たちはこう主張することもできる――〈カレンとルイーズの内なる何か――性格の強さや弱さといったもの――が、彼らの行動上の違いを説明するのであり、なぜならもし仮に、〔ここでの仮定に反して〕彼らの性格と能力――合理性を働かせる能力を含む――が同一であって、その上で彼らが同一の状況に置かれ、何らの偶発事も、奇跡も、そこに介入してはいなかったのだとしたら、カレンとルイーズは同様の行為を遂行していたはずであり、またそれゆえ、彼らに対して賞や罰を正しい報い《ジャスト・デザート》として割りふるべき根拠は何も存在しなかったはずだからである〉と。だがこの場合でも、彼らの性格特性の形成過程を注意深く、徹底的に見つめるなら、彼らの性格特性が、究極的には、自分ではコントロールできなかった影響や力によって形成されていたことに気づくはずだ。カレンの方が多くの努力を費やし、より効果的に思考を働かせ、熟慮をより徹底させるのだとしたら、こうしたカレンの優れた能力（および、ルイーズのより劣った能力）は、彼らのコントロールを超えた諸原因の結果であったはずだ。あるいはひょっとして、カレンがこのように優れた思考の技能を伸ばしたのは、自らの努力の結果だったのかもしれず、ルイーズは同じような努力を尽くすことがなかった、ということなのかもしれない。だがこの場合、カレンの気概[68]や、自己改善への強いコミットメント――こうした気質はたしかに、自己改善の促進を**実際に生じさせる**ものだ――は、究極的には、カレン自身の選択や努力にではなく、むしろカレンが幸運な発達を遂げる状況に恵まれていた、という事情にさかのぼりうるものである。同様に、ルイーズに気概や自己改善への積極性が乏しいということは（ルイーズはそのせいで自己改善への努力に乏しく、またそれをうまくこなせないのだ）、ルイーズのコントロールを超えた諸力によるものであったのである。

　こう言いたくなるかもしれない。誰もが、いつでも努力を積むことができるのだから、ルイーズが認知的な自己改善への努力をそれほどに尽くさなかったとしたら、それは彼女自身の落ち度《フォールト》[69]であり、それゆえ――ルイーズが、批判的思考能力の拙さのせいで何か悪いことを行った場合――彼女はまさに譴責《けんせき》[70]に相応しいのである、と。しかしこう言ってしまうことは、説明を奇跡に訴えるモデルに帰着させることになる。つまりこういう説明は、**努力の行使**

を、それに先立つ因果の歴史、あるいはそれを形成した条件づけ[71]の歴史から切り離すことになり、その結果、努力の行使という領域においては、私たちは第一原因、ないし不動の動者である、ということになってしまうのである。この点を慎重に考察するならば、努力を行使し、気概を発揮できる私たちの能力が、私たち自身の純粋な意志によってコントロールされるものだと想像できる人はほとんどいなくなるだろう。もし私たちが大きな気概を備えているとしたら、それは長く、そして幸運な経歴の中で形成され[72]、強められてきたがゆえにそうなっているのである（仮に私たちが、すべての努力が無駄に終わり、何の利益ももたらさななかった——さらにひょっとしたらその努力が、例えば嘲笑という形での懲罰的応答[73]すらもたらしていた——という状況で若い時期を過ごしていたら、私たちは、現在幸運にも手にしている水準の気概を、手にしていなかったはずである。私たちは——今ここで、何のトレーニングもなしで——抜きん出たマラソンランナーになることを選択できないが、それと同様、努力の持続において自らが抜きん出ることを選択できるわけではないのである）。奇跡じみた仕方で行使される力——たゆまずに努力し続ける力であれ、合理的な熟慮の力であれ——に訴える

68「気概」はfortitudeの訳。この後「認知的気概（cognitive fortitude）」という術語も多用される（六二頁他）。fortitudeは「賢慮」「節制」「正義」と並ぶ、いわゆる「四元徳」の一つで、「勇気」「堅忍」「剛毅」などと訳されるが、（少なくとも本書では）「勇気」のような果敢に攻め込む心の強さではなく、かといってひたすらに受動的な「堅忍」でもなく、困難さに屈せず、動じずに課題をやり抜くような心の強さを指すので、恐らくこの三つの中では「剛毅」が最も適切である。だが「剛毅」はかなり違和感のある言葉なので、類義語の「気概」を当てる（『日本国語大辞典』によれば「意気がはげしく勇ましいこと。困難にくじけない強い意志」とあり、本書でのfortitudeの意味合いとよく重なる）。なお、「気概」はギリシャ語のtymosの訳語として用いられるが、これはfortitudeの徳と結び付けられる心の働きである。

69ここで「落ち度」と訳したfaultは第九章で詳しい考察の対象となる用語で、そこでは「瑕疵《かし》」という訳語を当てる。とはいえ現段階では「非難されて当然の落ち度」というほどの意味で解してよい（この意味では、まさに「責任」と訳される場合もある）。

70原語はopprobrium。「非難（blame）」の類義語だがかなり強く責める言葉である。

71「条件づけ（conditioning）」は行動主義心理学の用語で、人間や他の動物において、環境要因によってさまざまな反応傾向が獲得される過程を指す。

72「形成する（shape）」は日常表現としても理解できるが、心理学や動物行動学の専門用語として「一定の行動に報酬を与えることで、人や動物が（ある望ましい）行動を徐々に起こすようにする」という専門的な意味があり、本書ではそれに近い意味で用いられていると見られる。

73この「懲罰的（punitive）」には、文字通りの意味合いと共に、行動主義心理学で言う「弱化」を指すテクニカルな意味合いもあると思われる。

のを拒むのであれば、カレンとルイーズの行動の注意深い比較は、〈彼女らはそれぞれ、はっきり別々の正しい報い《ジャスト・デザート》に相応しいのだ〉という主張を正当化できる余地を何も残さないだろう。

カレンとルイーズの、(美点も欠点も含めた)性格がどのように形成されたのかの過程により深く、またより長期的な範囲にわたり目を向けるならば、(奇跡めいた自己形成力を否認する限りは)、彼らの性格が、人間《ウーマン》にはコントロールも選択も不可能な因果的諸力の産物であることがわかるだろう。カレンの方が反省的であり、また恐らくは、自らの反人種差別的な価値により深くコミットしている。それに、肯定的な自己効力感[74]――肯定的な結果を効果的にもたらす自分の能力への自信――を、より多く味わってもいるだろう[原注3]。しかも彼女は、強力な内部型のローカス・オブ・コントロール[75]の感覚をもちあわせている(Rotter 1966, 1975, 1979, 1989)。つまり、何かの成果を上げる際に――外的諸力ではなく――**自分自身の努力こそが**決定的に重要なのだと信じている。これらの事実はすべて重要であり、価値がある。カレンはこれらの事実により、人種差別的な上司に反対して立ち上がることが可能になったのである。さらにカレンは、「単なる幸運によって」このような性格特性を手に入れたわけでもない。むしろ、自分自身の努力によってそれを育んだのである。しかし、それらを育むことができたカレンの能力、およびそれを育成し発達させるためのもっと基本的な力は、カレンが選択して得たものではないし、人生の初期においてカレンのコントロール下にあったものでもない。例えば、カレンが自分自身の中に、外部型ローカス・オブ・コントロールへ傾きがちな、危険な性向があることに気づき、その上で、内的コントロールに対する強い感性を発達させることに成功した、としてみよう。カレンにはたゆまぬ反省と慎重な自己精察をなしうる能力と、自己改善の企図を抱き、それに取り組むことができるだけの強い自己効力感があり、この資質によってカレンは自己のあり方に修正を加えることができたのである。しかるにこのような貴重な素養《リソース》[76]は、究極的にはカレン自身が作りだしたものでも、選び取ったものでもないのであり、また、これらの美質も、それがもたらした成果も、道徳的責任の正当な基礎にはならないのである。今挙げた例ですら、問題がないわけではない。もしもカレンが、強い外部型ローカス・オブ・コントロールの感覚(彼女がごく早期に、選択や反省なしに発達させた性格特性)をもつ人物であったなら、彼女が自分自身の力によって自己のコントロールの感覚を形成し直すようになる、ということ自体がそもそも、非常に見込みの薄いシナリオになっていたはずだ。ここで、カレンとルイーズのそれぞれの美徳と不徳の形成過程に関する詳細な理解を踏まえつつ、この二人を比較してみよう。ルイーズが避けることができなかったはずの行為について、彼女に厳しい対応をとり、彼女を非難の的にし、さらに、場合によっては罰を加えるということは、公正なことであろうか？　もちろん、仮にルイーズが現在とは異なる能力を備えた別の人物であったなら、その場合には、彼女は実際とは異なった行為をなしていたであろう。仮にルイーズが、カレンとまったく同じ歴史[77]、およびその結果としてのまったく同じ性格を備えていたとしたら、その場合彼女はルイーズがなしたのと同じ行為をなしていたであろう。別の世界においては別の結果が起きるだろうが、この事実は〈この世界で、ルイーズは非難と罰に正しく相応しいかどうか〉という問題には何の関連もも

74「自己効力感」は self-efficacy の訳。sense of self-efficacy のような表現も用いられるが、self-efficacy 単独でも「—感」を付して訳す。自分がはっきりした結果をもたらすことができる、という肯定的な自己認識やその感覚を指している。

［原注3］自己効力感に関する心理学の文献は厖大に存在する。それらの文献への優れた案内を、自己効力感の研究の開拓者として研究を続けてきたアルバート・バンデュラ（Bandura 1997）が提供している（なお、バンデュラは道徳的責任に関する私の結論に同意しないだろう、という点は注記しておくべきである）。自己効力感に関する研究はさまざまな文化に関してなされており、またさまざまな能力に焦点を合わせている。研究の中には、非常に狭い範囲に限定してなされたものもある。例えば糖尿病に対処する患者の自己効力感などである（Rosenstock 1985）。だが、これらは非常に重要な研究である。というのも、糖尿病のような慢性疾患に対処する患者の自己効力感は、短期的な疾患に対処するときの自己充足の感覚とは非常に異なった感覚でありうるため、糖尿病患者の自己効力感が弱かった場合、病気への治療と対処の有効性への深刻な阻害要因となり、それに対応する医療チームが必要となるからである（Aljasem et al. 2001）。

75 locus-of-control は直訳すれば「コントロールの座」で、行動をコントロールする意識が「自己解決型」（内部型）か「他者依存型」（外部型）かを分類するために用いられる。

76 原語の resources は（片仮名訳も含め）単純に日本語と一対一対応をつけて訳すのが難しい言葉で、ある程度は文脈を見て訳し分けるしかない。ここなどは、内的な「素養」と周囲の利用可能な「手だて」の両方が含意されている可能性もあり、これがより明確な場合には「素養／手立て」のように訳す場合もある（なお、この意味で用いられる場合、ここでのように resources と複数形になるが、ルビは「リソース」とする）。

77「歴史（history）」はこの場合「個人史」と意訳する方が自然かもしれないが、著者は少し後で、「究極的なところでは、私たちは進化の歴史、遺伝、文化、条件づけによる込み入った歴史の産物なのである」と述べており（五六頁）、ここでもこうした広い範囲の「歴史」を解すべきだと思われたので、やや違和感があるが「歴史」と訳す。他の箇所も同じである。

たない――ルイーズが実際に生き、行為をなしたのはこの世界においてなのであり、この世界がルイーズをそのすべての細部にわたり形成したのである。ルイーズはたしかに、色々な欠点を抱えている。ではルイーズは、その欠点ゆえに非難に相応しい、ということになるのだろうか？

明白なのは、私たちには自分自身を作り出すことができない、ということだ。究極的なところでは、私たちは進化の歴史、遺伝、文化、条件づけによる込み入った歴史の産物なのである。それゆえ、私が卑劣な人間であるとしても、有徳な人間であるとしても、私がそういう人間であるということは私自身が作り出したことではない。自分自身を作り出すとか、自分の性格を自分で選び取るとかいう考え方に、理解可能な意味を与えることができるものなのかどうかは疑わしい。究極的な意味で自己を作り出すというのは、それがどんなものであれ、この自然的世界の外部で起きることに違いないのは確かだ。自己を作り出す、という考え方が意味をなすのはただ、奇跡のある世界においてだけなのである。ところが、哲学者の中には、道徳的責任にとって、この種のゼロからの自己作出は不要なのだという提案を行う論者がいる。彼らによれば、あるほどほどのレベルでの自己構築で用が足りるのであってもよい、ということになる。例えばダニエル・デネットはこう述べる。

> 私が作り出したものについては、それが何であれ、〔まずは〕私自身がその責任を**引き受ける**のであり、その責任を世間に負わせるとしても、それは私が〔いったん〕引き受けた後のことになる――私が作ったスープが食中毒を引き起こしたり、私が作った自動車が大気汚染を引き起こしたり、私が作ったロボットが暴走して人を殺したりしたら、非難されるべきは製造者たる私である。もしかすると私はどうにか手を尽くして、部品の仕入先や下請け業者にいくらかの責任[78]を分担させるかもしれないが、この場合も私には、何らかの欠陥を抱えた製品を世に送り出したことに対する責任があると見なされる。一般常識によれば、個人の責任はこれとおおむね同じ理屈に依拠している――私という行為者を創造し、解き放ったのはこの私なのだから、その行為者が危害をもたらしたならば、製造者である私に責任があると見なされる、ということだ。私は、このような一般常識《コモン・ウィズダム》は、正真正銘の知恵《ウィズダム》なのだと思っている。（Dennett 1984, 85）〔邦訳一二三―一二四頁に該当〕

明らかなことだが、私たちが、何らかの奇跡的な方法で自分自身を「一から」作りだすものだなどと、——疑う余地なき自然主義の信奉者たる——デネットが想定しているわけではない。デネットはむしろ、私たちは、ひとたびある水準の適格性《コンピテンス》を満たしてしまえば、自分自身の形成にとりかかるものだ、と想定しているのである。だが、このような「中間レベルの」自己作出によって、道徳的責任に支えを与えることはできない。私よりも首尾よく「自己を作り出す」ことができる人がいたとすれば、それはその人に自己作出のためのよりよい素養／手だて《リソース》が備わっているためである。その素養／手だて《リソース》は、その人が自分自身で作り出したのではなく、むしろ単なる幸運によって手に入れたものであり、また私はその人のような幸運を欠いていた、ということでもある。ジャンがケイトよりもすぐれたものを製作したのだとしても、ジャンがケイトよりも上質の原材料や、上等の道具や、ずっと好適な作業環境を利用できたのだとしたら、ジャンとケイトに道徳的責任を負わせ、彼らのまるで出来映えの違う産物に応じ、ジャンに報賞を与えケイトを罰する、というのは不公正である。もしかするとジャンは、かつてどこかの段階で、注意深い思考にもとづき、認知に関わる訓練を熱心に行い、自らの認知能力を発達させたのかもしれない。だが、このように検討を先に進めたとしても、先ほどと同じ区別に行き当たる。つまり彼女の有益な認知的訓練は、幸運の産物である認知能力の違いに由来しているのであって、その違いにもとづいて道徳的責任を主張することは正当化できない。今述べた論証は単なる素描であり、本来はもっと多くの議論を重ねる必要がある（これは第八章で行う）。さしあたり重要なのは、道徳的責任と自然主義を調停するというのは容易な課題ではなく、〈自然主義／決定論は道徳的責任と両立しえない〉という「ナイーブな」見解の背後には、しっかりした論拠が存在しているのだ、ということである。

78 引用文中の「責任」の原語はここのみ liability で、ここでは responsibility とほぼ同義と見られるが、ただし liability の場合「法的責任」という意味合いが強い。

不公正さにもとづく道徳的責任反対論

道徳的責任の要求と帰属は不公正である――この主張こそ本書の中心主張である。言い換えればこれは、人に特別の賞賛と報賞、非難と罰を与えることは根本的に不公正である、ということだ。これが不公正なのは、私たちの性格や行動の違いが、究極的には、私たちが選んだわけでも、自分でコントロールしてきたわけでもないような因果的諸力の産物であることによる。この主張を別の角度から検討し、また先に概略を述べた、〔道徳的責任反対論の〕〈比較により示される不公正からの論証〉に肉づけをするために、道徳的責任をめぐる論争の当事者の中でも、最も旗幟《きし》鮮明で、最も力強い論者二人の立場を考察しておきたい。取り上げるのは、ゲイレン・ストローソンが道徳的責任に反論するために提起した〈「無限後退[79]」による論証〉と、アルフレッド・ミーリーによるその論証への批判である。

ゲイレン・ストローソン（Strawson 1986, 28–29）は、「無限後退」論証と呼ばれる、道徳的責任への反対論証を定式化した。この論証の核心をまとめると次のようになる。まず、もしもある人が、自らのふるまい方に対して真に責任ある者となるのだとしたら、その人は道徳的な意味で、自らのあり方に対して真に責任ある者となるのでなければならない。そして人が、自らのあり方に対して真に責任ある者となるためには、その人は自らのあり方を選択できたのでなければならない。だが、人が本当の意味で自分のあり方を選択している（つまり、意識的で、合理的に論拠づけられた仕方で選択をしている）と言えるためには、その人はあらかじめ、何らかの選択原理（選好、価値、理想など）をもっていたのでなければならない。ところがそうなると、人が自分の現在のあり方を自ら選択したことに対して真に責任ある者となるためには、**そのあらかじめもっていたはずの**何らかの選択原理をもっている、ということに対する真の責任をもっているのでなければならない。しかしこの場合、その人は自分の選択原理を、合理的に論拠づけられた、意識的な仕方であらかじめ選択していたのでなければならない。しかるにこの選択は、その人が選択原理をもっていることを要求する。ゆえに無限後退が生じるのである。

アルフレッド・ミーリーは、ストローソンの〈無限後退による論証〉に対する強力な批判を提起している。これは、この論証における「人が自らがどうあるかに対して真に責任ある者となるためには、その人は自らのあり方を選択できたのでなければならない」という、決定的に重要な前提に焦点を合わせた批判である。ミーリーはこの批判に説得力をもたせるため、巧みな例を出している。ベティは六歳の少女で、地下室を怖がっている。ベティは、自分や他の人が地下室に飛び込んでも、その身に何の危害も生じないことを知っており、また自分の姉が地下室など怖がってはいないことにも気づいている。ベティは、自分の恐れは「赤ちゃんみたいな」ものだから、自分はそれを乗り越えるんだ、と決心する。そこでベティは、単純だが効果がありそうな計画を立てる。怖くなくなるまで、何度も繰り返し地下室に行ってみるという計画である。ミーリーが述べるように、「ベティが計画に成功し、自分の恐怖心をこのやり方で取り去ることができれば、これは意図的な自己改変の一事例だということになるだろう」(Mele 1995, 223)。

この例のような「意図的な自己改変」が可能であることは明らかである。そしてミーリーが論ずるように、このような事例が「選択の系列の無限後退」に根ざしていると考えるべき理由はない。

> 自分の恐怖心を取り去ろうというベティの選択ないし決意は、彼女自身が選択して採用したいかなる態度にも依存している必要がない。彼女の選択――および、恐怖心を取り去ろうとするのが一番よいだろうという、彼女の判断――を基礎づけているのは、彼女のさまざまな欲求および信念であろうが、それらの欲求（および信念）のいずれも、彼女が自ら選択して採用したものではない。それにもかかわらず、彼女が自分の選択と自分の行動に対して「真に責任ある者となる」ことはできるだろうか？　もしも、**真の責任**というものが、**その定義上**、行為者が「意識的で、合理的な推理に裏づけられた仕方で」選択を基礎づける態度をあらかじめ選択していたことを要求するのだとしたら、これは結局、どんな選択に責任を有する場合でも、選択の系列の無限後退が要求される、という主張を「真の責任」の定義それ自体がそもそも含意している、ということを意味する。
> (Mele 1995, 223–224)

これに対してミーリーが強調するのは、私たちは「この

79 原語は単なる regression（後退）だが、内容的にいわゆる無限後退ないし無限背進を指しているので、「無限」を補って訳す。

ような責任の概念や、それと結びついた自由な行為の概念とは縁を切るべきである」（Mele 1995, 224）ということだ。では、どのような自由を望ましいものとして支持すべきだろうか？　ミーリーの回答は次の通りである。

日常的な営みにおいては（少なくともさしあたりの近似として）、自己反省的で計画的な行為者が意図的な行為をなした、と私たちが確信している場合、私たちは、その確信への反証例が与えられない限り、その行為者が自由に行為したと見なす――反証の具体例としては、洗脳、強要、拘束、狂気、行為者への欺き、などが挙げられよう。

これと同じ発想にしたがって、私たちはベティが自分の恐怖心を取り去ろうとしたとき、それは自由になされたのだと見なす。ここで彼女が、この試みを選択ないし決心するときに基礎となった態度それ自体を〔選択や決心に先だって、自覚的に〕選択し採用していたわけではなかったのだ、と知らされたからといって、それによって彼女に認めた自由を撤回する気にはならないだろう。もしそこで、彼女の自由を撤回する方に傾くとしたら、それは私たちが、〈自由な行為とは、選択された態度を部分的な基礎としてなされた選択に由来するもの〔のみ〕である〉だとか、あるいは少なくとも〈ある行為をもたらした因果的歴史の中にそのような選択が一切含まれていない場合、その因果的歴史ゆえに、その行為の自由は否定される〉だとかいった考え方に傾いている場合に限られる。そして、この種の考え方に傾いている論者は、ある行為者のある行為に対する自由（一言で言えば「実践的自由」）についての粗雑なイメージに囚われてしまっているのである。これは、自由というものを「〔先行するはずの何かから〕**継承されてきた性質**」だと見なすイメージである――つまり自由とは、それに先立つ自由な行動（無論その中には、行動を選択する、という行動も含まれる）から、天下り式に継承されてきた性質である、と見なすのである。実践的自由のこのようなイメージによっては、それが描こうと意図している自由を捉えることは不可能なのであり、なぜそうなるかの理由は、ストローソンが明らかにしている通りである――つまりこのイメージが、不可能な心理的〔無限〕後退を要求するからだ。そしてこのようなイメージは退けるべきであ

> る。実践的自由とは、それがもし人間に可能な性質であるならば、むしろ一つの「創発的」性質[80]なのである。もし私たちの［全員ではなくとも］一定数が自由な行為者であるならば（つまり、選択のような心的行為を含むような、広い意味での「行為」において自由に行為する行為者であるならば）、かつまた、私たちの誰も、人生のはじめからそうした行為をなしえたわけではないのであるならば、そうでなければならない。（Mele 1995, 224–225）

この一節は、人が「実践的自由」としての能力を［人生の初期から］どのように発達させていくかについての見事な記述となっている。この能力が発達する過程にはいかなる神秘も不要であるし、またそれは何らかの悪循環から帰結するものでもない。ミーリーが明らかにしているように、私たちのほとんど誰もがこの能力を現に［人生の中で］発達させたことで自由な行為者となっているのであるし、また「私たちの誰も、人生のはじめからそのような行為をなしえたわけではない」のだ。

ミーリーは「自由な行為者／実践的自由」とその創発についての、素晴らしい説明を提供している。だが、その美点にもかかわらず、ミーリーの説明は道徳的責任をまったく基礎づけていない。むしろその反対に、自由と、自由が豊かなものへと発達していく過程とに関するミーリーの卓抜な説明を詳細に吟味すると、道徳的責任に対するいかなる要求もたちまち潰えてしまうことになる。ベティに、同じ六歳の双子のきょうだいであるベンジーがいるとしよう。彼もまた地下室が怖いという悩みを抱えている（そしてベティ同様、そこに入っても何の危害も降りかかってこないことを知っている）。ベンジーもこの恐怖心を「子どもっぽい」と思い、それを乗り越えたいと思っている。だが、ベンジーは少しだけ――まさにほんの少しだけ――双子のきょうだいであるベティよりも、自分に自信がない。ベンジーは、恐怖心に対処する一歩を勇敢に踏み出すのではなく、何もせずにただ待つことにしようと決心し、こんな風に考えるのだ。「僕がもうちょっと大きくなればもうちょっと度胸

80 原語の emergent はもともと「突発する」のような意味だが、ある系にそれまで存在していなかった新たな性質や機能が備わることを指す場合、ここでのように「創発的」と訳される。

もつくはずだ。それに、ママはとても頼もしくて勇気があるから、わざわざ僕が、失敗するかもしれない努力をする必要はないんだ」。ベンジーも、ベティがうまい計画を思いついたことには気づいていた。だがベンジーはまた、周到な計画がみじめな失敗に終わることが多いことにも気づいていた――イスの上に乗って、クッキーの瓶を取ろうとしたときみたいに……考えに考えた、すごい計画だったのに。ベンジーには、いくつかの非常に大事な点で、ベティほどに有能でたくましくはない。強い自信（あるいは自己効力感）をもっていないのである。双子のきょうだいであるベティは強力な内部型ローカス・オブ・コントロールの持ち主だが、ベンジーはローカス・オブ・コントロールを〔例えば母親のような〕頼もしい他者の中に見いだしがちなのだ。しかも、ベティが常習的認知者（これについてはすぐ後で論じよう）へと成長する道を首尾よく歩み始めているのに対し、ベンジーは認知的吝嗇者《りんしょく》へ向かう際立った傾向を発達させている[81]（クッキー瓶を失敬しようという、あの周到な計画が大失敗に終わってしまったことで、深い傷を負ってしまったのである）。つまり、こんな幼い時期においてすら、ベティとベンジーの間には、心理学者が「認知欲求 need for cognition」[82]と呼ぶもの（Cohen, Stotland, and Wolfe 1955）における際立った違いがある、ということだ（そしてその違いは彼らが自分で作り上げたものでも、選び取ったものでもない）。

認知的吝嗇者（Cacioppo and Petty 1982; Cacioppo et al. 1996）は、思考すること――とりわけ、注意深く徹底した抽象的思考をすること――に楽しみをおぼえず、決意に要する時間がより短く、熟慮の度合いがより少なく、重要な細部のすべてについて、より注意を払わない傾向がある。これと対照的に、**常習的認知者**は思考に喜びをおぼえ、注意深く徹底した熟慮に没頭し、決意を固める前に、より詳細に、より深い反省を行う。自己効力感やローカス・オブ・コントロールの違いに劣らず、幼少期における認知欲求の違いもまた、のちのち深い影響をもたらす見込みが大きい。認知欲求がより弱い（認知的吝嗇者の）場合、独断的で偏屈な人物になる見込みがより大きく（Cacioppo and Petty 1982; Fletcher et al. 1986; Petty and Jarvis 1996; Webster and Kruglanski 1994）、自分の中で固まった信念と衝突する新情報を拒んだり歪めたりするようになる見込みもより大きい（Venkatraman et al. 1990）。これと対照的に、常習的認知者として成長できる十分な幸運に恵まれた人々は、認知的気概（Osberg 1987）、好奇心（Olson, Camp, and Fuller

1984）、新たな経験や新情報に開かれた態度、新情報の評価における慎重さ（Venkatraman et al.; Venkatraman and Price 1990; Berzonsky and Sullivan 1992）、複雑な問題の解決における成功率（Nair and Ramnarayan 2000, 305）、いずれをとってもより優位に立つ傾向がある。これは、ベンジーにはおぞましい運命が待ち受けている、ということを意味するわけではない。また、ベンジーが適格性《コンピテンス》の一定水準に決して到達できない[83]ということも、自分で決意できる能力（また、結局、それによって利益を得る能力）が一切ないということも、意味しない。とはいえそれは、幼いベンジーにとって「相対的に洗練された意図的行動」をなすための素養《リソース》／手だてが、双子のきょうだいであるベティほど多くない、ということは意味するのである。

　ミーリーの論証の中でも最良の部分は、六歳のベティの意図的自己改変が長期的にもたらす結果について、次のような説得力ある説明を提起する箇所である。

行為者の自由な選択と行為は、行為者自身に重大な心理的諸帰結をもたらす。私たちは、自分が実際になす選択と行為によって、自分自身の心理構成に影響を与えるのだ——その効果は、幼いベティがそうしたように、**意図的に**およぼされる場合もある。さらに、ベティのような成功例は、それ以降のちのちまでおよぶ重要な影響を、行為者の心理構成にもたらしうる。ベティは恐怖心の克服に成功したことで、例えば、自己評価が強まったかもしれないし、以前より広い範囲の事柄を自分でコントロールできる、と思えるようになったかもしれない。またそれは、〔地下室以外の〕他のものに抱いている恐怖心を克服してみよう、という決意につながったかもしれない。ベティが地下室への恐怖心の自己改変に成功したことは、彼女の心理的条件に対する直接的な効果をもたらすだけでなく、その部分的な帰結として、彼女の自己改変力そのものに大きな、好ましい影響をもた

81「常習的認知者」の原語は chronic cognizer。chronic は病気が「慢性の」や「常習的、習慣的」を指す言葉。「認知的吝嗇者」については訳注39参照。いずれも詳しくはこのあとの本文を参照。

82 原則 desire は「欲求」、need は「要求」と訳しているが、この用語については慣例に従う。

83「適格性（有能性）のある水準に達する（reach a level of competence）」はデネットが考える道徳的責任の条件。訳注24でも解説したが、詳しくは第一二章を参照。

らすかもしれない。しかも、この努力が自由になされたものであることを考えるなら、これはベティの意志の自由な働きが、この心理的変化に貢献した、ということになるのである。言うまでもなく、より直接的におよぼされた効果が、より大きく、より好ましいものであればそれだけ、より長期的な効果もまた一層大きく、一層好ましいものになるかもしれない。一見、自己改変におけるちょっとした成功事例にすぎないものが、長い期間を通じて、人の性格に多大なインパクトを与えるということはあってよいのである。(Mele 1995, 229)

ベティもベンジーも自由な選択をする。その選択がこれまで、彼らの性格形成と、その性格特性に由来するさらなる選択に対して、重大なインパクトを与えてきたのである。大人になったベティは強力な内部型ローカス・オブ・コントロールの持ち主となり、人生でどんな重大な出来事に出会っても、大抵は自分自身で十分にコントロールできると信じる人物になった。ベンジーはといえば、自分の身に生じた出来事の多くは自力でのコントロールがおよばず、他の誰か(恐らくは神)の手の中にある、と信じている。ベティは、自分にとって重要なプロジェクトがいくつかあり、そのほとんどについて、確固とした自己効力感をしっかりと感じ取っている——つまり、自分は行為にあたって首尾よくことを進め、それをコントロールできると信じている(その行為の中には、自分に正すべき短所《フォールト》[84]があれば自ら改善する、という行為も含まれる)。ベンジーの自己効力感は、根本的にベティよりも微弱である。自分が価値を認めているプロジェクトを成功に導けるという、強い自信をもてないのだ(自己改善というプロジェクトも含めて)。大人になったベンジーは、禁煙したいと思っているし、禁煙を試みるかもしれない——だが彼は、成功するだけの素養／手だて《リソース》が自分にあることを、本当の意味で信じることができずにいる(そこでは強い自己効力感が成功への素養／手だて《リソース》として必要になるので、僕は失敗するんだろう、というベンジーの予想は恐らく的中する)。ベティには多大な素養／手だて《リソース》があり、それが彼女にありあまる自由を与えている。ベンジーには、ベティが享受している潤沢な自由という素養／手だて《リソース》が欠けているが、彼もまた自由に選択し、自由に行為する。そして、ミーリーがはっきりさせたように、彼らの素養／手だて《リソース》の違いは——たとえそれを彼ら自身が作り出したのだとしても——最初の、「ベティが得ようと選択したわけではない」素養《リソース》／手だてによって形成されたものなのである。

はじめから備わった素養《リソース》／手だてと、それに由来する人生初期のいくつかの選択には、大きな重要性がある。ミーリーはこう指摘する。

> ある人の人生の最も早い時期、あるいは最も未発達な時期の自由な選択は、〔その人が何かに関わる際の〕さまざまな構えにもとづいてなされるが、これらの構えそれ自体は、その人の自由な選択の産物なのではない。その自由な選択は、他ではありえなかった選択である――行為者の人生における最初期の自由な選択については、たとえ部分的にであれ、その選択**以外の**自由な選択を基礎としてなされる選択ではありえないのである。とはいえこれは、その人がベティのような人物に成長することを妨げない――つまり、自己意識的で、自己反省的で、自己評価の力を備えた、自分の中に形成された態度を取り除いたり、育んだりする企図に、意図的に、また自由に取りかかり、そしてそれに成功できる行為者として成長することを妨げない。これらの努力が成功すれば、その行為者の性格形成にとって重要な結果がもたらされうる。そして、**失敗した**場合にも、同じことは成り立つ。(Mele 1995, 230)

だからこそベティは、ベンジーよりもいくぶん強力な素養《リソース》／手だてによって地下室への恐怖心を取り去ろうと試み、それに成功する。他方のベンジーは、彼の「赤ちゃんみたいな」恐怖心への対処においてベティよりも消極的な道を選び、ベティよりわずかな努力しか注ぎ込まず、結局は失敗に終わる。そしてミーリーの指摘通り、成功からも、失敗からも「その行為者の性格形成にとって重要な結果がもたらされうる」(Mele 1995, 230)――ベティが自信と認知的気概[85]に磨きをかける一方、ベンジーはそれらを衰弱

84 訳注69を付し、「落ち度」と訳したfaultと同じ語だが、この場合性格上の「短所」を指し、この意味でのfaultに「非難の意味は必ずしもない」と辞書では解説されている(『ランダムハウス大英和辞典』)。同訳注で述べたように、第九章ではこの二様の意味が総合的に考察され、それ以降は原則的に、faultに「瑕疵《かし》」の訳語を当てる。

85 「気概(fortitude)」については訳注68参照。「認知的気概」は「常習的認知者／認知的吝嗇者」の概念(訳注81)に関わるものとして理解されている(六二頁など)。

させていく。二人とも、正反対の発達経路をたどり、二〇年の月日が流れる。二人は、極度に人種差別的な社会の中の、特権的な人種のメンバーとして成長するに至った。また二人とも、自分たちの社会の人種差別的な価値に順応してきた。そして二人とも自らの自己評価の力を用いて、自分たちの人種差別的な価値を疑問視するに至った。ベティもベンジーも変わりたいと望んでいる。しかしベティは──人生初期の成功のおかげで──ベンジーよりも多くの素養／手だて《リソース》を備えており、成功経験も豊富だ。そしてベティは実際に自分を変える。しかも、自ら選択し、努力し、成功につながる知的な計画を実行することでそれを果たす。ベンジーは自分を変えない。なぜならベンジーはベティよりも黙従に向かいがちで、あるいは自信が弱く、あるいは反省的でなく、あるいは自己評価の力が弱いからであり、要するに、さらなる自己発展を遂げるための手段が、ベティよりも貧弱だからである。ベティはベンジーよりも優れた素養／手だて《リソース》を備えており、しかもその素養／手だて《リソース》をベンジーよりも有効に用いる。しかしながら、ベティが賛辞[86]に相応しいかどうか、またベンジーが非難に相応しいかどうか、というのは、これとはまったく異なる事柄である。

　ベンジーにも──双子のきょうだいであるベティほど強固ではなく、弱々しいものだとしても──ある程度の反省と自己評価の力がある。だが、ベンジーは反省的な自己評価を経た結果、彼自身の境遇を甘んじて受け容れ、それに満足すらおぼえるようになるかもしれない──つまりベンジーは、エリオットの小説に登場するJ・アルフレッド・プルフロックのように、こう結論するのだ、「僕はハムレットの王子さまじゃない、柄でもない」[87]──しかも、大きな変化や大胆な挑戦に取りかかる用意もないので──「僕が人種差別主義者だということ、そして、それがよくないことだということを、僕は知っている。でも友人たちも同じだし、それが僕という人間だし、自分を変えるのは僕にとってはきつすぎる。それに、僕は悪い癖を断ち切るのが苦手だ。禁煙に失敗したのがいい例だ。いずれにせよ、僕が人種差別をやめるのは僕自身の力ではできない。いずれ僕らのリーダーがそれをやってくれるはずだ。これについては、あまり深く考えない方がいい」。このときすでにベティは公民権運動の闘志となり、道徳的に優れた人物となっている。ベンジーはというと、人種差別の現状に黙従する人種差別主義者であり、道徳的によろしくない人物となっている。二人はいずれも自由な選択をしている（ベティの方がより自由ではあるとしても)。二人はいずれも、自ら選択する自由を望んでおり、それを必要としている(ベンジーはベティに比べると自ら選択し実行する能力に乏しいのだが、かといって、自ら選択することを望んでいないわけではない。じっさい、もしもベティが、この方があなたのためよ、とベンジーの人生に口を挟もうとしてきたら、ベンジーはひどく腹を立てるだろう)。第六章で詳しく論じるが、二人とも〈引き受け責任〉[88]を実行することができ、また現にそうしている(引き受け責任とは、道徳的責任とは区別される責任であり、自分の人生に関わる、自分自身の決意に対する責任である)。ただしここでもベティは、より強い自己効力感とより大きな認知的気概により、引き受けた責任をベンジーよりもずっと巧みに実行する。彼らは二人とも自由に行為するが、その自由が道徳的責任と正しい報い《ジャスト・デザート》に基礎を与えるわけではない。ベティが自分の属する体制《システム》を疑問視し、それに異議を唱えるのに対し、ベンジーはそれに黙従する(すでに述べたように、ベンジーには認知的吝嗇に向かう傾向があり、彼はこの傾向により、固まった信念を覆して、自分のものの見方の慎重な見直しを迫るような新情報を避けるようになっているのだ)。二人が悪質な人種差別的社会で育ったということであれば、二人のこの違いが非常に深刻なものとなる可能性がある。ベティは実際、彼よりも優秀な人物であり、より善良な人物でもあるが、彼女のその良い性格(その大部分は彼女自身が作り出した)と、そのより素晴らしい行動のゆえに彼女が賛辞に相応しいかどうかというのは、まったく別の問題である。

　アリストテレスは大昔、「私たちの今日の選択が、私たちの明日の選択と性格を形成する」という明確かつ有益な教訓を強調したが(Aristotle 350BC/1925)、ミーリーが提示しているのは、〈明日高潔な[89]人物になりたいならば今日、偽りもごまかしもしてはならない〉ということだ。私たちを作り上げた歴史[90]を調べ、またその中で、自ら選択する自由な演じ手《アクター》としての私たちがどのように創発する[91]に至ったかを調べることは、非常に重要な課題である。そ

86「賛辞」は credit の訳。意味の広い言葉だが、本書では「賞賛(praise)」とごく近い意味で用いられる場合も多く、その場合は「賛辞」の訳を当てる。
87 参照がないが、「J・アルフレッド・プルーフロックの恋歌」(深瀬基寛訳、『エリオット全集I』中央公論社一九七一年(初版一九六〇年))、一三頁)。元の訳は「ハムレットの王子さまはおれじゃない」だったが、ベンジーの他の語調に合わせて少し修正した。
88「引き受け責任」の原語は take-charge responsibility で、この後第六章の訳注208参照。

の中には、私たちの人生の最初期の選択において決定的に重要となる、**最初から与えられていた能力**と、その能力がどのように育まれ、あるいは阻害されたのかを調べる、という課題も含まれる。とはいえ、その歴史を調べて、そこに道徳的責任の基礎を見いだそうとしても、それは空しい希望である。

ティモシー・オコナーは、私たちの人生の初期における、自ら選び取ったものではない反省的な力と性向が与える影響の重要性を認めているが、私たちはその種の影響「を脱して成長する」ことができる、と考えているように思われる。

> 私たちは、ある特定の状況の中で成長し、その特定の状況によって磨き上げられた強力な傾向を身につけて世界へ参入する。このすべての事実は、私たちにとっての「所与」にすぎない。それらの事実は、私たちがより反省的になる年齢に達するまで、私たちがどのような選択をせざるをえないか、どのような選択肢を（どの程度真剣に）考慮するはずか、といった事柄を決定する。しかしながら、私たちが、〔消極的な面に目を向ければ〕自分たちの心理学可能性に恒久的な制限を加えるトラウマ的インパクトを受けていない、というほどには幸運であり、また、積極的な面に目を向ければ、私たちの地平を拡張するに足るほどに豊かな機会に向き合っている、と想定できるならば、私たちが行う選択の構造が私たち自身の過去の選択を反映する度合いは、増大し続けていくものだ。私たちの自由は、このようにして時間と共に**増大していく**のである。（O'Connor 2005, 219–220）

私たちの性格と、それに発する私たちの選択は、じっさい「私たちのそれ以前の選択」を反映している。したがって、私たちが成長するにつれ、私たちの性格が私たち自身のものだと言える度合いは大きくなっていく。だが、私たち自身の性格が善いか悪いか、強いか弱いかについて、私たちに道徳的責任がある、ということにはならない。私たちの選択が、奇跡めいた仕方で、私たちの因果的な歴史[92]を超越するのでない限り、私たちの性格とそれに発する私たちの選択は、所与の背景によって形成されたものであり、私たちのさらなる成長発達もそれによって方向づけられている。私たちの自由が増大していくことはありうる（それと共に、自己効力感、内部型ローカス・オブ・コントロール、認知的気概が強まっていくことも）——ベティのように。一方、私たちが自信を失い、より頑固で、自己反省を避けるようになることもありうる——ベンジーのように。彼らが発達させた性格を注意深く見つめれば、すぐに気がつくことがある。つまり私たちは、（例えば「因果的な歴史を超越する理性の力」のような）奇跡を信じたり、あるいは彼らのあいだの違いを、彼らのコントロール下になかった偶発事のせいにしたりするのでない限りは、彼らのあいだの違いが、彼らの人生の早い時期での能力や状況の違いが産み出したものであり、その能力や状況は彼らのコントロール下になかった要因なのだから、彼らにそれに対する道徳的責任があるわけではない、ということに気がつくのだ。彼らはその種の要因に対する〈究極のコントロール〉を手にしていない。そうである以上、一方に報賞を、他方に罰を与える、あるいは、一方に賞賛を、他方に非難を与えるのは、不公正である。つまり、彼らにまるで違った対し方をするのは不公正である。たしかに彼らの性格と行動は彼ら自身のものである。だが、だからといってベティとベンジーに道徳的責任があるということになるわけではない。

究極的責任を支持するケインの論証

ロバート・ケインは、徹頭徹尾自然主義的な世界の内側に道徳的責任の余地を確立しようとする、極めて斬新かつ徹底した試みを行ってきた。ケインはこの難題に正面から向き合っている。ケインが拒むのは、私たちの性格がどのように形成されるのかの吟味にも、私たちの人生の歴史にはさまざまな違いが存在する、という事実の吟味にもふたをして、そこから逃げ出す、という道である。彼はまた、私たちの自己形成は、自己形成を始めるにあたり、そもそもどんな能力をもっていたかとは無関係になされるのだ、という安易な考え方も退ける。反対にケインは、道徳的責

89「高潔な人物」の原語はa person of integrity。integrityは「至当性」と訳される場合もあるが、ここでの意味では「全一性」「統合性」などとも訳され、伊勢田哲治氏によれば「自分がどう生きたいか、自分の人生をどう構想するかという、人生の選択に忠実に他の選択や行為を行う」ような人格のあり方を指す意味があるが（ウィリアムズ『道徳的な運』勁草書房、二〇一九年、「解説・各章解題」より）、ここではより平易な辞書的訳語を採用しておく。

90「歴史」については訳注77参照。

91「創発する」と訳したemergeについては訳注80参照。

92「私たちの歴史」については訳注54参照。「因果的」については訳注54参照。

任は紛れもない**究極の責任**を要求するのだと、断固主張する――すなわち、道徳的責任の擁護者の多くが、強すぎる要件だからと却下する、あの「神の御前での」究極のコントロールなるものを道徳的責任は要求するのだと、断固主張するのである。妥協なき自然主義を堅持しつつ、道徳的責任の正当化の問題に彼ほどまっすぐ向き合い、彼ほど力強く格闘してきた人物は他にいない。奇跡にも神秘にも訴えることなしに道徳的責任のための究極の基礎を確立しようとするケインの目をみはる努力は、それ自体価値あるものとして吟味に値する。彼の強力かつ率直な論証を吟味することは、道徳的責任反対論のための根本論証――私が「比較により示される不公正からの論証」と呼んだもの――にいっそう明確に焦点を絞り込むための、明確な舞台設定を用意してくれるのである。

ケインの意図は〈究極のコントロール〉を自然主義の立場から基礎づけることにある。ケインはこの目的のための決定的に重要な要素として、非決定論を取り入れる（ケインはその非決定論過程が〈単なる偶然〉とは異なるものであることを強調する）。つまりケインは、そこでの決定的に重要な要素となる自己形成行為について印象深い説明を行っており、その中にこの非決定論的要素を導入するのである。ケインのリバタリアン的な理論の精妙さと洗練ぶりは簡単な解説ではとても尽くせないのだが、彼の立場の核心はまとめておこう。まず、私たちの自由と道徳的責任は「自己形成行為」が現実に存在することを要求する。そして私たちはその自己形成行為において、二つの採用可能な、しかし同時に両方は実現できない選択肢のそれぞれについて、それぞれをなそうとする真正の意志を〈同時に〉もつ[93]。このような、同時的には両立できない複数の行為への意志を抱いているときの私たちの神経ネットワークは、真正な非決定性をもたらすための適正な条件を創り出す（これは、神経ネットワーク内の葛藤が創りだしたカオスにより、単一の素粒子のランダムな運動が増幅された状態だとされる）。そこで意志された出来事のうち、生じうるのはどちらか一方だけだが、ケインによれば、実際にどちらが生じたのだとしても、そこで生じたのは私たちが意志した行為である――それは私たちにそうする理由（私たち自らが是認する理由）があった行為であり、強制されざる行為であり、私たち自身が自分自身の行為だと承認する行為であり、私たちにその責任がある行為であり、私たち自身の意志的な努力がもたらした行為である。つまり私たちは、二つの、真正な意味で実行可能といえる行為の両方に対する、**二方面コントロ**

ール責任をもつ、ということである（Kane 2002）。

このモデルに、例の〈比較により示される不公正〉にもとづく批判を当てはめよう。（ベティとベンジーに代えて）ベティとバーバラの場合を考えてみる。バーバラは、関連する重要な側面のすべて（認知欲求[94]の水準、認知能力、自己効力感、ローカス・オブ・コントロール、合理性の能力と共感の能力など）についてベティと同一の人物であるとしよう。ベティもバーバラも自分がこれまで発達させてきた人種差別的な性格的特徴を克服しようと努力しているが、同時にまた、友人とコミュニティが是認しているという点で、気兼ねなく支持できる人種差別的発想にしがみつこうとも努力している。ところが、ある決定的に重要な時点において、非決定論的状態が到来する。ベティとバーバラは何もかも同一である人物として、同一の努力をしているのだが、この等式の中に真正の非決定論的要素が入り込むのだ。そしてその結果、ベティは人種差別主義を退けることを選び、バーバラは人種差別主義者であり続けることを選ぶ（もちろんバーバラはこの結果を「人種差別主義者であり続ける」とは述べようとはせず、例えば「文化的遺産を大事にしたい」のように述べるだろうが）。どちらの場合も、その選択は彼女たち自身による選択であるが（そしてケインはこのような、どちらの行為も自分自身の選択である、という二方面の帰属関係[95]を基礎づけるという課題を見事に果たしているが）、しかしこの二人の一方を非難し、もう一方を賞賛するのは、本当に公正なことだろうか？　たしかに、今や一方は善、他方は悪であるが、それぞれの性格特性の違いに応じた、それぞれ異なる処遇を受けることが、二人にとって正しく相応しい《ジャストリィ・デザーブ》ことなのだろうか？　思い起こしてほしいが、二人のこの結果〔つまり処遇の違い〕は、認知的気概、好奇心、新たな考えへの開かれた態度、自己に対する信頼感などによるものではない（しかも、これらのいずれも、さかのぼればベティにも、ベンジーにも、バーバラにも、明白に道徳的責任を問えない原因に由来するのだ）。むしろ二人のこの違いは、非決定論的な過程——ケインのモデルでは、究極的には増幅さ

93「真正の意志をもつ（genuinely will）」とは、例えば「意志されるに至らなかった単なる願望をもつ」とは区別されるような、現実の行為に直結する文字通りの「意志」をもつことを指しており、したがってここでは、複数の可能な未来の行為への、この意味での「真正の意志」が複数形成されている、という矛盾すれすれの主張がなされている。
94 六二頁および訳注82参照。
95 原語はdual ownership。

れた一素粒子の運動に帰着する過程――に由来しているはずなのである。つまり、ベティとバーバラの間にある――今や際立ったものとなった――違いは、彼女たちのコントロールの産物ではなく、素粒子の非決定論的でランダムなサイコロ投げの産物である。ベティもバーバラも、結果として形成された性格が自分自身に属する性格であることを認めることができるし、それは正しいことである。しかし問題は、〈この二人の性格と行為が彼女たち自身のものかどうか〉ではなく、〈彼女たちにその性格と行為に対する道徳的責任があるかどうか〉なのである。

バーバラは人種差別主義者でい続け、ベティは人種差別を捨て去る。バーバラもベティも、今現在、自らの見方を是認している（Kane 2007, 33）（二人とも、それぞれが今現在是認する見方をかつて自ら意志した結果としてそうなったのだが、かつての時点では、最終的な見方とは反対の見方も意志していたのである）。しかも二人とも、結果として形成された別々の性格に対する「責任を引き受ける」（41）ことをすすんで受け容れている。これらの要因はすべて、人が自分自身の性格の所有者であり、自分が何をなし、何者になるのかをコントロールできるという大事な、そして心理学的に健全でもある感覚に寄与する（コントロールの感覚の有益さについてはこの後の章、とりわけ第六章で論じる）。このコントロールの感覚は健全であるというだけでなく、正当なものでもある。というのもベティとバーバラは（および、それよりも劣るが、それでもベンジーもまた相当の程度で）、自分の選択と成長発達に対して、重要なコントロールを現実におよぼしているのだからである。だが、私たちが〈究極のコントロール〉（ケインが道徳的責任にとって本質的だと見なすもの）に目を向けるとき、私たちはまったく異なった問いに直面する。ベティとバーバラの間にあり、それによってベティが賞賛に相応しい者となり、バーバラが非難に相応しい者となるような違いとは、いかなる違いなのか？　一方は人種差別を拒み、他方は人種差別を支持する、というのがその違いの内容であり、これは非常に重大な違いであり、またこれよりもさらに重大な、もっと多くの違いをもたらす見込みも大きい（例えばバーバラは、自分の人種差別的な信念を打ち崩す証拠に直面し、それに抗して信念を守り抜こうとして、今よりも独断的で偏屈な人物になる見込みが大きい）。だが、ベティとバーバラが実際にコントロールしてきた事柄が多くあるとしても、この二人は――ケインの非決定論的なシナリオの中で――お互いの間での違いが生じる経過をコントロールしてはいなかった。あの重大な要となる非決定論的瞬間における、それ以外の点ではまるで同じ人物であったバーバラとベティの間にあった違いは、ただ単に、ベティにおいては素粒子がある方向へ跳ね返り、バーバラにおいては別の方向へ跳ね返った、という違いしかなかった。この違いが二人の今現在の、異なった性格をもたらしたのである(二人は、それぞれの今や異なった自らの性格を是認し、それこそ自分自身だと認めている)。この重要な違いに対して、彼女たちは究極のコントロールをおよぼしていないのであり、彼女たちはそれによって正しく非難されたり正しく賞賛されたりすることはできないのである。

ベティとベンジーに関するいくつかの結論

ベティとベンジーの例に直面した私たちは、いくつもの可能性を検討する。まずは、彼らの能力の違いを故意に無視し、万人は同一のプラトー〔高原〕[96]の上に立つ平等な存在であり、それゆえに道徳的責任は万人にあるのだ、とあくまで主張するという態度がありうる。この場合、私たちの間に重要な違いは何も存在しない、ということになる(このような論証の批判的検討は第一二章で行う)。第二に私たちは、ベティとベンジーが(どのようにしてかは問わず)ひとたび特有の水準に達してしまえば、彼らは細部の違いをすべて超越する特別な合理的能力を獲得し、全方位的に、どんな能力でも、無制約に発達させることができるようになっている、と論ずることもできるかもしれない。だが、自然主義者であれば、私たちがどのように形成されるか——そして、さまざまな要因が、私たちの合理的能力にどのような心理学的影響を与えるか——ということを十二分に知っているのだから、神のごとき理性の力を云々するという、この種の結論を引き出すことはできないことも理解しているはずである。第三に私たちは、実存主義者がそう主張するように、私たちには魔法じみた自己構築能力が

96「プラトー(plateau)」はもともと「高台」「高原」のような、標高が高い平地を指し、転じて、この地形になぞらえられる現象などを指すためにも用いられ(ある値に達すると安定状態に移行する過程を描くグラフが代表的)、ここではデネットに代表される道徳的責任の理論を指している。この理論によれば、たしかに道徳的責任は「適格性の水準」を満たした社会の成員に対してのみ帰されるべきだとしても、その水準は十分低く設定されているので、社会の成員の大多数がその水準を満たしているものとみなされる。そしてこのような、社会の大多数が達している、「それほど高くはないが一定の高さをもつ適格性の水準」が「プラトー」と呼ばれる。

はじめから備わっている、と主張することもできるかもしれない。この場合、私たちは何らかの仕方で自分自身を自分自身で選びとる、ないしは、自分自身を一から作り出す存在、つまりは、ある絶対的な（自然的ならざる）自己原因的な存在[97]である、ということになる。第四に、私たちは神秘的な、一からの自己創造なるものを退けた上で、――C・A・キャンベル（Campbell 1957）と共に――私たちには人生の途上で、人それぞれ、当初与えられた条件からの影響を帳消しにするような、因果律に反する特別な自由意志の力を用いて選択を行うという、特別な奇跡の力があるのだ、と主張することもできるかもしれない。第五に私たちは、人生の最初に働く力であれ、人生の途上に介入する力であれ、この種の魔法じみた自己創造力をもってはいない、と認めた上で、しかし最初のスタートはおおむね公正であり、それゆえその結果もおおむね公正なのだ、と主張することもできる。この主張のため、デネット（Dennett 1984）は人々のスタートがおおむね平等であることを示そうと試み、またシェー（Sher 1987）は、人々の才能は大まかにみて等しい、と提起する（この路線の論証は第七章で批判的に検討しよう）。第六に、私たちは道徳的責任が存立する余地を、特殊な非決定論の事例の中に求めることもできる（ケインのモデル）。そして最後に、私たちには、私たちの形成の過程と、出発点の能力および置かれた状況のさまざまな違いを注意深く見つめ、神秘や奇跡を拒み、そして道徳的責任を退ける、ということもまたできるのである。

ベティとベンジーの物語は、凶悪な脳外科医も、こちらの意図を見越して暗躍する操り人形師も――あるいはそれ以外の狡猾で逆らいようのない介入者も[98]――なんら必要としない。ミーリーが語るベティの物語は、ベティが実践的な自由の能力をどのように発達させたかを語る、日常に則した、説得力のある、心理学的に見ても健全な説明となっている――そしてベンジーがその能力をどのように発達させたのかの説明についても、まったく同じことが言える。これらの説明のためにSF的道具立ては不要である。必要なのはただ、私たちのさまざまな能力が形成されていく過程（その中には、まごうかたなき自己形成の過程も含まれる）と、結果としてそれらの能力にどんな違いが生じるかを、じっくり見つめることだけだ[99]。私たちに出発地点から違いがあるなら、私たちは最終的にお互いに異なった者になるだろう（しかもここに、ただの運による勝利や、好意的な介入者――親切と評判の説教師、見識あるコーチなど

――やその他、私たちに責任のない他の要因にもとづく違いも加わるのは言うまでもない)。この結論は、〈私たちに大した自己形成はできない〉とか、〈私たちは実効性のある選択をなしえない〉といったことを意味するわけではないが、〈私たちは道徳的責任のある存在ではない〉ということは意味する。ベティがとても優秀で有徳な人物であるのは、単なる幸運などではない――なにしろ、彼女の優秀さも能力の高さも、努力がうまく実ったから形成されたのだから。だがベティは(ベンジーと比較すると)、後の彼女を可能にした、順調なスタートを切った点で幸運であったし、ベンジーは、後の成長につながるはずの力が人生の初期により乏しかった点で、不運であった。問題は、ベティが成長において、自らを成長させる能力を用いたのかどうか、ということではない。ミーリーの洞察に富む記述が示す通り、ベティはそれを用いたのだ。ベティが自力で多くを達成したかどうかも問題ではない(彼女にはそれができた)。その達成が、彼女自身の優秀で才気煥発な性格に由来しているのかもまた、問題ではない(実際、由来している)。問題は、彼女は特別の賛辞に相応しく、ベンジーは特別の非難に相応しいのかどうか、ということだ(そして二人とも、それらに相応しいわけではない)。〈自由と道徳的責任は切り離すことが可能であり、性格のよさ(または悪さ)と、そのような性格のあり方に対する道徳的責任も切り離すことが可能である〉ということに私たちが気づいてしまえば、人が自らの自由をどのように発達させるのかについての最良の説明の中で、道徳的責任の要求および帰属が正当化されることなどない、ということが明らかになるのだ。

ベンジーには何らかの度合いで自由がある(彼が、自分の決定で行動できる機会を拒むことはないはずである)。ベティにはベンジーよりもずっと大きな自由がある。しかし二人のどちらにも究極の責任を要求することはできない。そして彼らに究極の「神の御前での」道徳的責任があるのでも

97 self-caused つまり「自分自身が自分自身の存在の原因になる」ということで、伝統的には神がそのような存在だとされてきた。
98 いずれも、自由意志や道徳的責任の哲学的解明に利用される定番の思考実験。
99「じっくり見つめる」と訳したlook closelyは、少し前に出てきた、「注意深く見つめる」と訳したlook carefullyと共に、道徳的責任と応報的刑罰を廃絶した先に開かれる望ましい態度として、以後もキーフレーズのように重要な局面でしばしば用いられる。どのような訳が適切かは難しいが、なるべく平易な表現を選ぶ方針とした。

ない限り、道徳的責任とは不公正なものである。ベンジーがスタートの時点で、自由意志に資する能力をベティほど多くもっていなかったこともまた「不公正だ」ということになるかもしれない。ある人は健常な身に生まれ、他の人は深刻な障害をもって生まれてくるというのもやはり「不公正な」ことである。このような違いは、私たちが和らげたいと願うタイプの違いである（私たちは明らかにそれを、恵まれた者にハンデを課することによってではなく、不遇な者の機会を改善することによって果たしたいと願っている）。だがこの種の、スタート地点における深刻な違いに対して賞賛や非難を向けるのは論外である。人生は公正ではない。これは十二分に真実である。だが、正しい報い《ジャスト・デザート》なるものがあるなら、それは公正なものでなければならない。そして正しい報いを配分するために、遺伝的特徴や人生初期の条件づけといった自然のくじ引きを使うというのは、公正なやり方ではない。正しい報いや道徳的責任というものは、神のごとき力を要求するのだ――自分自身を自分自身で選びとる実存主義者の力や、自分自身を一から作り上げる神のごとき力や、いかなる原因もなしで働く原因としての神の能力といった、私たちが手にすることのない力を。道徳的責任とは、私たちが（自然主義者として）しかるべき理由から退けてきた過去の信念体系《システム》の、隔世遺伝的な遺物である。一方、自由――およびその増進――は、私たちの自然主義的な世界と、その世界の科学的な理解に、満足のいく仕方で合致している。道徳的責任がそのような合致を見せることはない。

道徳的責任の自然主義的な擁護論が抱える基本的な問題は、私たちが、能力、才能、認知能力、認知的気概においてて、一人一人異なっている、という点にある。個人の性格と歴史におけるこのような違いを注意深く比較するとき、道徳的責任の要求および帰属という営みは、たちまち効力を失ってしまう。このような違いがあるため、人々の異なった行動に対して、ある人を非難し、ある人を賞賛することとは不公正となるのだ。自然主義的な――奇跡に訴えない――見方によれば、行動に違いがあれば、状況なり、外的影響なり、能力なりに違いがなければならなかったことになる。私は、この見方が道徳的責任に対する決定的な反対論証になるとは思っていない。しかしこの見方は、〈道徳的責任と自然主義は両立可能だと主張する人々にこそ挙証の責務《バーデン・オブ・プルーフ》[100]がある〉という私の主張に基礎を与えるはずである。この挙証の責務を果たさない限り、道徳的責任が自然主義的世界観にどのようにして合致するものなのかを理解するのは困難なのだ。しかも、リチャード・ダブルが論じてきた通り（Double 2002）、道徳的責任の存在を主張する人々に課される挙証の責務は、非常に重い責務である。というのも彼らは、人々をその悪事のゆえに非難し罰しようと提案しているのである。であるなら彼らは、〈人々に苦痛を伴う特別な処遇を課すのはあくまで公正な対応なのだ〉という自らの主張を正当化するために、極めて強力な証明を提供しなければならないはずだ。本書は、私たちは――自然主義者として――道徳的責任の要求と帰属をすべて退けるべきである、ということを示す試みである。かつて非常に限定的な利点をもたらしていた道徳的責任のシステムは、その利点がはるか昔に失われた後も生きながらえてきた。今やそれは――法、行政、教育、哲学、常識的信念において――身体的および心理的な加害を大幅に減らし、個人と社会の進歩へと道を開くようなシステムに取って代えられるべきなのだ。

　本書の目標は、道徳的責任は正当化できないこと、道徳的責任を支えようとする主要な論証は失敗していること、道徳的責任の体系《システム》が深刻な欠陥を抱えていること、この地上から道徳的責任を信ずる思想が消え去れば、世界はもっとよくなるはずだということを、示すことにある。とはいえ私は、私たちがこれまで、道徳的責任のシステムを発展させ、洗練させてきたことが徹頭徹尾悪しきことであった、と主張しているわけではない。ことはむしろ正反対で、そもそも道徳的責任のシステムが発展してきたことは、有益なことであった。それはたしかに、それより原始的な、（誰であれ、殺した者は殺されるべしという）単なる報復への衝動と比べれば改善だった。そして報復に対する正当化をせねばならなくなり、また正当化に伴い、多種多様な例外や免罪も認められるようになり、危害を伴う刑罰のおよぶ範囲を狭めることになった。応報的司法という私たちのシステムは（私としては、それが当初もっていた有益さが失われて久しいと思っているのだが、とはいえ）、群衆によるリンチや私的な仇討ちから抜け出し前進するための大きな一歩であった。

　そしてまた、道徳的責任を支持するための、豊富で、魅

100 burden of proof は通常「挙証責任」と訳され、また実際、著者が妥当性を認める「引き受け責任」（第六章参照）の一種と見ることも可能であるが、responsibility が入っていないことから、「責任」の訳語を用いずに訳す。

力的で多彩な論証が無益なものだった、と私が言いたいわけではないのはもちろんである。たしかに私は、これらの論証が道徳的責任に支えを与えることに失敗していると信じている。だがそれでもそれらの論証は、人格の同一性、倫理、自由意志、その他の研究分野に重要な洞察を提供してきた。ダニエル・デネットとジョン・マーティン・フィッシャーは、道徳的責任の基礎づけに失敗している（私はそう主張する）が、その試みの中で、いくつかの種類の重要なコントロールの分類、それぞれの価値、それらの区別の所在、それらがもつ心理的重要性について、非常に明瞭な見取り図を描いてきた。ハリー・フランクファートとジェラルド・ドゥオーキンは、道徳的責任の基礎を確立できなかったが、人間の欲求のより深い心理学的レベルの区分を解明しうる、極めて重要な説明を展開してきた。そして彼らは、人間の自由、および人間に課された制約に関する私たちの理解を大いに向上させてきた。アルフレッド・ミーリーの著述は、道徳的責任を正当化することはないとしても、人間の性格がたどる複雑な発達過程にきめ細かな洞察をもたらしてくれるものであり、この洞察の価値が損なわれることはまったくない。そして、ロバート・ケインの、究極の自己形成行為に関するきわめて変則的なモデルは、たとえ道徳的責任に支えを与えることに失敗しているとしても、真正の道徳的責任にとって、「それを支持しようとするなら」どのような条件が必要になるか、際立って明快で率直な導きとなっている。

最後に、たしかに世には、醜い欲望を正当化し、人々の復讐への欲求につけ込んで利用する手段として、道徳的責任に固執する者もいるが（思い当たる政治家は何人かいる）、哲学において道徳的責任を擁護する人々の大多数はそんな動機をもっていない、と私は信じている。道徳的責任を擁護してきた人々の動機は多種多様であるが、道徳的責任の最も熱心な支持者である人々が醜い欲望や復讐心を動機にしていなかったのは確実である。むしろ彼らの多く——例えばドストエフスキー（Dostoyevsky 1864/1961）、ウィリアム・ジェームズ（James 1890）、ウィリアム・バレット（Barrett 1958）など——は、そうすることで特別な創造力を守ろうとしている。言い換えれば、真の意味での創作者《オー》〔本人《サー》〕として、あるいは創始者的《オリジナル》な源泉として、明確に新しいものを作りだす力を擁護しようとしているのだ——これは、「日の下に新しきものなし」というソロモンの絶望的な主張を覆そうという欲求とも言える。ロバート・ケインは、道徳的責任は必要だと考えてはいるが、道徳的責任が単なる報復や報賞の要求の正当化以上のものであることをも望んでいる――つまりケインは、人間が決定論の連鎖を構成する鎖の一環を超えた創始者《オリジネイター》となることを、またその意味で人間が、〔出来事の〕正真正銘の始点であることを望んでいるのである（Kane 1985, 177–178）。この論点は第一四章で検討する。今現在の論点はむしろ、科学からの挑戦を突きつけられ、道徳的責任についての現実に即した説明を守ろうと苦闘してきた人々の内の少なくとも一定数を動かしている動機が、復讐や醜い欲望よりもはるかに魅力的な目標にある、ということである。

　道徳的責任反対論は、道徳と実用性の双方に根ざした、非常に強力な議論である。人間行動の科学的理解が拡張されるにつれ、道徳的責任反対論はより強力なものへと成長する一方、道徳的責任に支えを与えようとするさまざまな論証には、深刻な欠陥が含まれていたことがあらわになっていく。本書はこの後、今述べた主張に裏づけを与えていく。だがその作業に進む前に、自由意志について検討しておく必要がある。〈道徳的責任という重荷を支えうるような自由意志についての、説得力のある自然主義的説明など存在しない〉というのが、この後の二つの章[101]を終えた後に焦点を合わせる主題である。他方、次章と次々章では次の三つの論点を提起する。（一）道徳的責任と自由意志の間に密接なつながりがある、という伝統的な見方は誤りである。（二）自由意志を、道徳的責任という重荷を背負いうるものと化すための説明をひねり出そうと試みた結果、自由意志についての、深刻な歪みを抱えた説明が提唱されるようになった。（三）経験的〔実証的〕観点から見てより説得力のある、自由意志についての自然主義的な説明は存在する。そこにおいて自由意志は、道徳的責任に支えを与えるものではなく、むしろと道徳的責任の不在によってこそ本来のあり方を開花させるものとなる。

101　原文では「次の章を終えた後」だが、実際には自由意志論は第四章の終わりまで続くので、内容に合わせて直して訳出する（著者には生前に確認済み）。元来第三―四章は単一の章であったらしく、同様のずれがいくつかの場所で見受けられ、以下も適宜修正して訳した。

第三章　自由意志を道徳的責任から救出する

　第一章で指摘したように、多くの哲学者は、道徳的責任の否定などナンセンスだと考えている。そしてもしも道徳的責任の否定がナンセンスならば、道徳的責任を否定しながら自由意志を支持するというのは「それに輪をかけたナンセンス」だということになる。私は以前の著書（Waller 1990）で道徳的責任反対論を素描したが、このような道徳的責任の排斥が、懐疑の目で受け止められるのは当然だろうと思っていた。一方私は同じ本で、道徳的責任の消滅後も自由意志は生き延びることができる、とも提言したのだが、こちらは馬鹿げていると受け取られるのが常だった。この本の『責任なき自由』というタイトルは、哲学の研究書よりもコンドームの広告にこそふさわしいのではないか、と示唆する書評者もいた（Hocutt 1992）。

　これは想定内の反応ではあった――哲学の世界で、〈自由意志を道徳的責任から切り離す〉という試みが疑いのまなざしで迎えられるはずだ、ということを予期できないのは、哲学の素人だけであろう。なにしろ、長きにわたり、自由意志と道徳的責任を切り離すことはできないと思われてきたのであるから。C・A・キャンベルは、〈およそ正当な自由意志についての説明とは道徳的責任に支えを与えるものでなければならない〉という思想を、公理に等しいものだと考えている――「ここで問題になっている自由は、一般に（何らかの意味での）道徳的責任の前提条件だと認められるような自由であり、この点に深刻な異論の余地はない。〈自由意志問題〉には格別の重要性がある、という感覚が常に存在してきたが、この感覚が、自由意志と道徳的責任とのこの一体不可分の結合に由来しているのは明らかである」（Campbell 1957, 159）。

　この結びつきについて、ウィリアム・ゲイリンは、それがあまりにも自明すぎるので、断言しさえすればそれで事足りると考えた。「自由は責任を要求し。自律は有責性《カルパビリティ》 [102]
を要求する」（Gaylin 1982, 338）。ウォルター・グラノンは、生命倫理を扱った著書の中で、やはり確信をもってこう主張する。「自律と責任は互いが互いを含意しあう概念である」(Glannon 1998, 45)。ジャネット・ラドクリフ・リチャーズは、これがいかに確実な仮定であるかについて、次のように述べる。「自由意志とは、ある行為に対して真正の責任を有し、自分が行った選択に対する賞賛や非難に真に相応しい者となることができる能力だと考えられている」(Richards 2000, 136)。

マイケル・マッケンナは、ある論証の規定要因《パラメータ》を特定する作業の手始めに、次のような定義を掲げる。「私は**自由意志**を〈道徳的に責任ある行為者にとってのコントロールに必要な条件として求められるすべてを満たすもの〉と解する。人が道徳的に責任ある存在であるのは、その人が自らの行動をコントロールできる場合であり、かつその場合に限る。〔したがって〕自由意志とは、道徳的に責任ある行為者に要求される適切な種類のコントロールをその人に付与する能力に他ならない」(McKenna 2008, 187–188)。

ジェームズ・レンマンはこう力説する。「私たちは人を、その人自らの行為への道徳的責任があるものと見なしているが、これがそもそも意味をなすことでありうるとしたら、それはどのようにしてなのか？――これを説明するという問題こそ、自由意志問題の中心的な局面である。問題がこのようなものである限り、この文脈では〈自由〉の最も重要な意味は恐らく次のようなものとなる。すなわち〈ある人が自由であるとは、人が、今述べたこと〔自らの行為に対して道徳的責任がある、ということ〕が、その人について有意味に語られるために必要な、すべての条件を満たしている場合に限って成り立つ〉、これである」[103](Lenman 2006, 8)。そしてピーター・ヴァン・インワーゲンはこう断言する。「仮にも、道徳的責任が存在すると私たちが知っているとするなら、私たちに自由意志があると信じるための根拠などないのではないか、といった疑いが生まれるはずはない。……どのような哲学的な立場であれ『自由意志が存在しなければ、どんな事柄に対してであれ、私たち

102 訳注43参照。

103 分かりにくい文だが、ポイントは、ここでレンマンが「人に自分の行為に対する道徳的責任があること」を有意味なものとするXを、（Xの内容が何であれ）「人が自由であること」が成り立つための条件としていること、さらにつきつめれば、「自由」の内容を「道徳的責任がある」ことによって定義しようとしていることにある。

に道徳的責任があるはずはない、ということになる。しかるに、いくつかの場合について、私たちには道徳的責任がある』という主張は、自由意志というテーゼに対する十全な、そしてこれまでずっと提唱されてきた擁護論である」(van Inwagen 1983, 209)。

このように、自由意志と道徳的責任の間に固い結合を認めるのが一般的な見解となっているのだが、しかしこの見解が、〔それがなぜ真理と言えるのかという〕論証の主題とされることは滅多にない。むしろそれは、自由意志と道徳的責任に関するほとんどの論証にとっての、疑いの余地のない枠組みだとされているのである。リバタリアンたちは、自分たちのリバタリアン的理論が、自由意志と道徳的責任の両方に支えを与えるのだと強く主張する。両立論者たちは、決定論者の見解が自由意志と道徳的責任の両方に適合すると信じている。ハード決定論者たちは、自由意志と道徳的責任が両方とも消滅することを、決定論は示しているのだと力説する〔原注4〕。ところが、〔これほど鋭く対立し合いながらも〕〈自由意志と道徳的責任は一蓮托生である〉という仮定は、どの立場にも共通しているのだ。

〈自由意志と道徳的責任は解き難く結合している〉というのは哲学における一つの信仰箇条であり、この正統教義に対して異議申し立てをするなら、それなりの弁明を要求される。といっても、その弁明は込み入ったものではないし、一体なぜそのような――自由意志を肯定しつつ、道徳的責任は否定するという――立場が、哲学において珍奇な、さらには怪物的な立場と見られてしまうのか、私には理解しかねる。というのも実のところこの立場に、何ら新しい要素はないからである。新しいどころか、その立場は哲学者の間で広く支持されている二つの要素を単に結びつけただけのものなのだ。つまり、第一にこの立場は自由意志についての両立論を肯定する――つまり両立論とは、〈決定論(あるいは自然主義)は、自由と自由意志についての豊かで満足のいく説明と両立する〉という立場である。この立場は、デイヴィッド・ヒューム、G・E・ムーア、A・J・エイヤー〔エア〕、ハリー・フランクファート、ダニエル・デネット、その他多数の哲学者によって支持されている。第二にこの〔筆者の〕立場は、〈道徳的責任は決定論/自然主義と両立しない〉と主張する(それゆえまた〈両立論者たちによる自由意志についての説明は、道徳的責任の要求および帰属を正当化することに失敗している〉とも主張する)――哲学においてこの立場を擁護する熱烈な信奉者としては、ロレンツォ・ヴァッラ、イマヌエル・カント、

C・A・キャンベル、ピーター・ヴァン・インワーゲン、ティモシー・オコナー、カール・ジネット、ロバート・ケイン、それにデーク・ペレブームらがいる。であるなら、一体全体、一方で〈申し分なく十全な両立論的な自由意志についての説明を提起することは可能である〉と主張し、また他方で〈道徳的責任を決定論／自然主義に適合させることは不可能である〉とも主張することが、なぜ奇妙だと見なされてしまうのか？　理由は明らかだ。これまでに自由意志についてのいろいろな説明が構築されてきたのは、元をただせば道徳的責任に支えを与えるため——言い換えれば〈罰と賞を与えることは公正で正しいことである〉という主張、つまり、〈ある者は特別の損害をこうむるべきであり、他の者は特別の利益を受け取るべきである〉という主張に支えを与えるためだったのだ。先に指摘したようにキャンベルは、自由意志の問題がなぜこれほど目立った争点となるかの理由は、他でもなく、「ここで問題になっている自由は、一般に（何らかの意味での）道徳的責任の前提条件だと認められるような自由であり、この点に深刻な異論の余地はない。〈自由意志問題〉には格別の重要性がある、という感覚が常に存在してきたが、この感覚が、自由意志と道徳的責任とのこの一体不可分の結合に由来しているのは明らかである」と強く主張している（Campbell 1957, 159）。

　自由意志についての十全な説明をどうにかして考案する

［原注4］この共通見解に対する稀な例外も存在する。ソール・スミランスキーは、「自由意志問題」が本質的に道徳的責任と結びついているわけではない、という点で本書の立場と一致する。ただしその論拠は本書とは異なり、次のようなものである。「たとえ道徳についてほとんど気にかけない人であっても、決定論が正しいとしたら、果たして自分の行為、自分が成し遂げたこと、さらには自分の人生に、意味があるのかどうかと〔つまり決定論が（自由意志と共に）それらを否定してしまうのではないかと〕、疑問に思うことは十分にありうる。ここからして、自由意志問題は本質的に道徳に関わるものではなく、いわんや道徳的責任に関してはなおのことそうだということになる」（Smilamsky 2005, 248）。バーナード・ウィリアムズは、とりわけ人を非難したり、道徳的責任を人に認めたりといった、リバタリアン的自由概念に依存する「現行の倫理的実践を、改訂する」必要に迫られたとしても、依然として、現実に即した自由意志概念を私たちは手にできるだろう、ということに同意しているように思われる。「〔可能な選択肢の〕〈複数性原理〉が形而上学的理由によって無効になったとしたら、私たちはそれまでの倫理的実践を改訂する必要に迫られるかもしれないが、それでも依然として、選択および意図的な選択という実効的な心理的な概念を、私たちは手にできるだろう」（Williams 1995, 9）。〔訳者注——「〔可能な選択肢の〕複数性原理」の原語は the Plurality Principle [of open alternatives] で、ある行為が自由であるためには、「実際になした行為以外の選択肢も採用可能であった」という「他行為可能性」の原理と同じであろう（訳注55参照）。〕

ことには特別な注目が向けられてきたが、その根底には、古代から綿々と続いてきた、道徳的責任を正当化しようとする努力がある。とはいえ現代の私たちが〈自由意志を道徳的責任の問題から切り離して検討することはできない〉と想定すべき理由はない。とりわけ、一方で、両立論者たちが構築してきた自由意志についての色々な説明が、非常に優れたものであったことを認めつつ、他方で――リバタリアンおよびハード決定論者たちと共に――〈自由意志についてのそれらの説明が、道徳的責任の要求および帰属に支えを与えることはない〉ことも同時に認めるという態度が、理にかなった態度であることを否定すべき理由はない。化学という学の出自は、鉛を金に変成させたい、という錬金術師たちの願望にあると見てよかろう。この、鉛を金に変成させるという目標が達成されることはなかったが、その事実は、当初の目標の失敗から結果的に生まれた、化学という学の価値を損なうものではない。同じく、道徳的責任を正当化しようという熱意こそが、自由意志についてのさまざまな説明を促してきた主要な動機であったのかもしれないが、だとしてもそれだけの理由で、その熱意から結果的に構築された自由意志についての説明が、実質を欠き、価値に乏しい説明である、という結論は出てこない――たとえその説明が、道徳的責任に支えを与えることに失敗しているのだとしても。哲学者と神学者は、道徳的責任を正当化してくれるような、自由意志についての何らかの説明を構築しようと努力してきた。彼らの努力は失敗に終わった。あるいは少なくとも、道徳的責任を正当化してくれるような、自由意志についての自然主義的説明を案出することには失敗した（と、私――およびスピノザからペレブームまでの多くの人々――は結論づけてきた）。しかし、だからといって、ヒューム、フランクファート、デネット、ウルフ、ミーリーといった人々の努力によって改良を加えられてきた自由意志についての理解が何の価値もない、ということにはならない。多くの哲学者（および多くの心理学者、生物学者）の卓抜な研究のおかげで、私たちは自由意志についての非常に良質な説明を作り上げることができるようになっている。このような自由意志についての説明が、道徳的責任の要求および帰属に支えを与えることがないとしても、それによって、この説明から得られた成果の重要性が損なわれるわけではない。むしろ（本書でこの先論じていくように）事態は正反対である。自由意志についての、このように豊かな実質を含んだ説明が、道徳的責任をめぐる主張に支えを与えることができないという、まさにその事実こそが、これらの説明が構築されたことによって得られた、最も重要な貢献だったのだ――つまり、私たちは道徳的責任なしでも実質的で満足のいく自由意志についての説明を得ることができる、というだけではなく、このように強力な自由意志についての自然主義的説明が道徳的責任に支えを与えることに失敗している、というまさにその事実が、〈自然主義の枠組みの内部で道徳的責任を正当化することはできない〉という主張の一つの証拠[104]となるのだ。本章では、道徳的責任とは独立した自由意志についての説明がもつ説得力を詳しく見ていくことになる。しかしその前に、なんとしても自由意志と道徳的責任を結びつけようと固執したことで生じてきた従来の問題を、いくつか考察しておくのが有益である。

道徳的責任が産み出す自由意志の歪曲

〈自由意志についての、およそ満足のいく説明は、道徳的責任に支えを与えるものでなければならない〉という仮定が、自由意志に対する私たちの理解を歪めている。この歪曲の影響がおそらく最もはっきり現れた事例は、リチャード・テイラーの著作に見いだされる。そこでテイラーは、自由意志についてのかなり説得力に欠ける説明を提起している。テイラー自身、その説明が「ことさらに神秘的なものではないとはいえ、実に奇妙な」ものであることを認めているのだ(Taylor 1963, 49)――「実に奇妙な」というのは、テイラーがここで、道徳的責任が要求するタイプの〔創造神のような〕第一原因となる行為者性を捉えるために、そのような説明が不可欠だと考えるからである。キャンベル(Campbell 1957)は同様の――カントに従った――路線で、道徳的責任を存続させられるような人間の自由意志の力が働くための余地を設けるためには、人間と人間行動に関して私たちが手に入れた最善の説明を放棄してもよい、という態度をとる。

自由意志と道徳的責任が結びついていると仮定することで、一部の哲学者――典型的には、キャンベルやチザム[105]のようなリバタリアンの哲学者――は、道徳的責任に支えを与えられるようにあらかじめしつらえられた、説得力に欠ける自由意志についての説明へと導かれる。だがまた、

104 evidence は「エビデンス」と音訳されることも増えたが、本書では原則「証拠」と訳す。

自由意志‐道徳的責任の結合へのこの強い信念が、正反対の方向に働く場合もある。とりわけ、自由意志を道徳的責任の基礎とするために、「奇妙」で「神秘的」で、奇跡ですらあるような自由意志の力を信奉することに乗り気でない自然主義者たちにおいて、それが見られる。このタイプの哲学者は、まず道徳的責任から出発し、次にそれに支えを与えるため、信憑性に欠ける自由意志についての説明を提起する、というやり方をとらない。彼らはその代わり、まずはより穏当で自然主義的な自由意志の説明から出発した上で、〈道徳的責任が成り立つための条件は、自由意志の自然主義的説明によって正当化できる何らかの——論者ごとにさまざまな——条件である、と解さねばならない〉と主張するのだ。ノウェル＝スミスは、人間には奇跡に類する自己創造や〔自己〕改変の能力がないことを認めるが、人間のいくつかの行動が罰や報賞〔報酬〕によって修正可能ではある（ただし、生得的な知能のような、修正可能でない行動や能力もある）と考えていた。それゆえノウェル＝スミスは、信憑性に欠ける、神秘的な力を要求すると見なされる道徳的責任から出発するのではなく、むしろ道徳的責任の概念を、人間の行動および行動形成についての自然主義的な説明に適合するように転換した、ということになる。「人が有罪であるからその人に罰を与えてもよい、ということではない。むしろ、罰を与えられるからこそ人は有罪とされる——つまり、罰することで有益な結果がもたらされるがゆえに、人は有罪とされるのである」(Nowell-Smith 1948, 58)。スティーヴン・ホワイトは、同じアプローチをより詳細に発展させ、自由意志および「実際にしたのとは別のようにもできた」[106]という概念の内容を、道徳的責任が課する要求に合わせて定義し直している。「ある行為者が〈実際にしたのとは別のようにもできた〉とは、その行為者への、当該行為に対する責任ないし非難が正当化される場合に他ならない」(White 1991, 236)。これが意味するのは、〈人々を道徳的責任ある存在だと見なすこと——つまりは人々に罰や報賞を与えること——が有益な結果をもたらし、それによって実践的に正当化される、という条件が成り立っている場合、私たちは、そのような条件のもとでなされる人間行動を、自由な行動と見なすべきだ〉ということである。

デネット はホワイトから着想を得て、同じアプローチを推奨する。「倫理学を基礎づけるために形而上学を用いてはいけない。……逆回りの道をとるべきだ。つまり、私たちが『形而上学的な』規準なるものについて何を意味すべきかを基礎づけるために、倫理学を用いるべきなのだ」（Dennett 2003, 297）〔邦訳四二二頁に該当〕。これが意味するのは、道徳的責任という仮定——人々は報償や罰に正しく相応しい《ジャストリィ・デザーブ》という仮定——から出発し、その仮定を利用して、私たちにとっての「実際にしたのとは別のようにもできた」の意味と自由意志の概念内容を確定させるべし、ということである。つまりは、まず道徳的責任は正当化されている、という仮定から出発し、そこから逆向きに進むべしということだ——あるいは〈道徳的責任の要求および帰属は正当化されており、かつまた自由意志こそがその正当化の基礎である以上、自由意志についての、私たちに考案可能で説得力のある自然主義的説明は——それがどのようなものであれ——道徳的責任の正当化を十全に果たすに違いない〉ということだ。「実際にしたのとは別のようにする」が、リバタリアンが要求する奇跡の業〔すなわち、因果律を無視してなされる行為〕を意味するとしたら、私たちにそんなことは可能ではない。それゆえ、自由意志についてのそのような〔リバタリアン的〕説明は、道徳的責任の正当化のための要件ではありえない（というのも、道徳的責任は事実正当化されているのだし、奇跡の能力としての自由意志など存在しておらず、それゆえ、それが道徳的責任の正当化を果たすことなどありえないのだから）。ここから帰結する自由意志についての説明とは、次のようなものになる。〈自由に行為するとは、私たちが罰または罰の威嚇によって修正されうる行動をなす場合である。そして私たちはこの種の自由をじっさい手にしている以上、この種の自由が、道徳的責任の十全な正当化となるのでなければならない（なぜなら、道徳的責任が正当化されていることを私たちはすでに知っており、かつ、この種の自由は、道徳的責任の正当化を証明するために入手可能な唯一の自由なのだから）〉。かくして最終的に得られるのは、道徳的責任についての精彩を欠いた説明と、自由意志についての浅薄な説明とを結びつけた代物であることになる。しかもこのようなアプローチは、正面から向き合うべき問いかけを、定義の段階で抹消しよう

105 ロデリック・チザムは前述のR・テイラーと並ぶ、おおむね同世代の現代の代表的リバタリアン（訳注10参照）であり、両者とも行為者の意志が創始者的な因果作用を生じさせるという「行為者因果説的リバタリアニズム」にもとづく過激な自由意志説で有名（四四頁参照）。

106 訳注55参照。

としている。その問いかけとはつまり、〈非難と〔刑〕罰は、本当に公正なのか?〉という、懸命に抑え込もうとしても浮上してくる問いかけである。このアプローチはまた、「〔刑〕罰と非難は本当に有益なのか——つまり、社会とその成員に真正の利益をもたらすのか?」という、また別の差し迫った問いかけも封殺してしまう。デネットや他の論者が提起する特殊な定義は、これらの問いかけに答えず、むしろそのような問いを葬り去ってしまう。しかしまた、自由意志と道徳的責任の間に仮定された結びつきを破り、その両方を慎重に検討し、それらのつながりと関係について我々なりの考察を引き出す方がはるかによいことである。

自由意志を道徳的責任から分離する

一体なぜ、自由意志は道徳的責任と必ず結びつくと仮定されるのか? 道徳的責任とは、道徳的公正に属する概念の一種であって、自由意志とは何の関係もないはずである——とりわけ私たちが求めるものが、自由意志の適応上の利益[107]を説明してくれるような、自由意志についての自然主義的な説明を求めている場合には、それが言える。およそ自然主義的な自由意志の理解ならば、〈その力が私たちの生存と成功にどのように寄与しうるのか?〉、〈その力はいかにして進化しえたのか?〉、〈その力を行使することでどのような利益または損失が生じるのか?〉といったことを理解させてくれるものでなければならない。〈その力は——正義と公正、〔刑〕罰と報賞、道徳的責任などに関する——倫理的判断を正当化しうるか?〉というのはまったく別の問題なのだ。

すでに指摘したように、自由意志と道徳的責任の結合を切り離せなくするような自由意志の定義を取り決めることもできなくはない——例えば〈自由意志とは、人を自分の行動に対して道徳的責任ある存在とする能力である〉というように。このような取り決めに訴える〔規約主義的な〕アプローチには、それなりの魅力がある。ダニエル・デネットは、私たちは自由意志について考える場合、「自由意志とは、何であれ私たちに道徳的責任を与えるところのものである」という原理から出発すべきだと勧める(Dennett 2008, 254)。だが、定義によって道徳的責任と自由意志の結びつきを確保しようというのは〔つまり、その結びつきを用語の定義に含めてしまう、というやり方は〕、道徳的責任の擁護者にとってすら魅力的な手続きではない。だからこそハリー・フランクファートは、〈たとえ私たちが可能な複数の選択肢から選択できる力としての、伝統的な自由意志の力をもってはいないのだとしても、それでも私たちには道徳的責任がある〉という主張を基礎づけようという努力を続けてきたのだし、あるいはまたピーター・ヴァン・インワーゲンが〈私たちに道徳的責任があると言える場合は一定数存在する、ゆえに、私たちは自由意志を現にもっている〉と論ずるとき、彼は定義にもとづく〔つまり、定義のみに照らして確保される〕分析的真理より以上の何かを基礎づけたのだと主張するのだ。

ならば、〈ある個人が自由意志をもち、自由に生き、しかも道徳的に責任ある存在ではない〉ということがいったいなぜ不可能だというのか？　なぜ〈およそ自由意志についての十全な説明ならば、道徳的責任を正当化するものでなければならない〉と想定するのか？　この問いに答えるには、深い闇に覆われた、しかし現在までつながっている道徳的責任の歴史を掘り下げなくてはならない。

道徳的責任の根源は、哲学よりも、理性よりも、深くにある。自分を苦しめるものに対して報復をしようとする欲求——さらにいえば腹の奥底からの生物学的要求《ニード》——は、チンパンジーにもネズミにも見いだされる。それは人類が〔人類に〕進化する前から存在していた。無論、自由意志や道徳的責任への関心が生まれるよりもずっと前だ。それは真底不合理な、報復への性向にその基礎をもつ（第一章参照）。この性向が加害者を標的にするとしても、それは偶発的にそうなるにすぎない。マイケル・ポーティガルの指摘によれば、「憤激誘発者と標的とは理論的に区別されるが、この区別にもとづくなら、〔憤激誘発者への〕反撃的攻撃という特別な事例が存在するわけではない。むしろほとんどの場合、攻撃がそれを誘発した対象に向けられるのは、単なる偶然によってである」（Potegal 1994, 88）。別の誰かが手近なところにいた場合、その「応報的な」攻撃〔の衝動〕は、その手頃な標的へ向けて発散されるのである。サルのコロニーでは、ヒエラルキーの中で劣位のサルが上位のサルから攻撃を受けると、典型的には自分よりも劣位の個体を攻撃目標として探す（Kawamura 1967）。二匹のラットを同じケージに入れ、床に電気を流してショックを

107「適応上の利益」と訳したfitness benefitsは、生物学的ないし進化的適応について言われる言葉であり、ここでの探究がそのような観点からなされることを示唆する。この後の叙述を参照。なおウォーラーには『自律性の自然選択』（Waller 1998）という著作もある。

与えると、その二匹はお互いを攻撃し合う（Ulrich and Azrin 1962）。同じ行動は人類にも明らかに認められる。北アメリカ東部のいくつかの部族でなされる、悲惨な「弔い合戦《モーニング・ウォーズ》」では、部族の成員たちは、部族の誰かが死んだ場合には必ず（それが病死であれ、崖からの転落死であれ、戦死であれ）、他の部族の中の誰かを殺さねばならない、と道徳的に義務づけられる感覚をおぼえる。その結果、報復による暴力のスパイラルが生じるのだ（Richter 1983）。他に、ウィリアム・イアン・ミラーは、伝統的な「名誉の文化（応報的暴力を是認し、奨励していた文化）についてこう記録している。「名誉の文化は、加害者本人に復讐するだけでなく、加害者の親族にも復讐する場合も多い」（Miller 2006, 147）。〈囚人のジレンマ〉のようなゲームでの最善の戦略が「しっぺ返し」戦略――すなわち、「あなたの協力的対応に返礼してきたプレイヤーとは協力せよ、別の、害を加えてきたプレイヤーには報復せよ」という戦略――である、というのはもっともなことかもしれない。だが、この種の人工的に設定されたゲームの戦略に、自然環境の中で「しっぺ返し」戦略が真に有益であることを示すほどの重みはない。人工的なゲーム設定の中では、あなたへの加害者である人物は唯一選択可能な標的である。一方、私たちの自然環境においては、報復の反応は傍らの罪なき者に狙いを定める見込みが大きい。その後人類は報復衝動を正当化しなければと感じ始めたが、初期の解決は簡単に得られた――神がそれを命じた、というのである。「人の血を流す者は人によってその血を流される」（『創世記』九／六）[108]のであり、また注目に値するのは、神罰はしばしば実際に罪をなした者以外に、その未来の子孫たちにも課されるということである。だが、〈神の命令〉では十分にうまくいかない場合があり、そこに登場するのが道徳的責任と〈正しい報い〉である。そして同時に、特別の利益〔つまり報賞〕と罰をどのように正当化するかという難問が突きつけられることになる。ダイアンが、その悪事によって罪に相応しいとされるのはなぜか？――ダイアンにはなぜ道徳的責任があるのか？

　道徳的責任についての問いかけに取り組んだ人々はかなり早い時期からいたとはいえ――特筆すべきはアリストテレスだが、〔中世の〕神学者たちもそうである――、道徳的責任に争点がしぼり込まれていくのはルネサンス以降である――ただしショーペンハウアーの主張では「この問題の核心に最初に迫った人物がトマス・ホッブズであるというのは、極めて明白なことだ」（Schopenhauer 1960, 76）

とされているし[109]、またそれが主要な哲学的争点となるのは啓蒙期以降ではあるのだが。ユダヤ思想の伝統においては、人間は神の被造物であり、神という陶工の手の中の粘土であって、陶工たる神は粘土としての人間を望むままに扱うことができる――だとしたら、神に弁明を求めるとは何様だというのか？　預言者イザヤの言葉を引けば、「災いあれ……陶工や、自分を造った者と言い争う者に。粘土が自分を形づくった者に『あなたは何を作るのか』……と言ったりするだろうか」(『イザヤ書』四五／九)。パウロはこの立場をどぎついまでに鮮やかに述べている。「ああ、人よ。神に口答えするとは、あなたは何者か。造られたものが造った者に、『どうして私をこのように造ったのか』と言えるでしょうか。陶工は、同じ粘土の塊から、一つを貴い器に、一つを卑しい器に作る権限があるのではないか」(『ローマの信徒への手紙』九／二〇―一[110])。

だとしたらなぜ、ある者は悪事をなして苛酷な刑罰を(しかも永遠に！)こうむり、他の者は有徳に生きて神に愛でられるのか？　神がそう選択したからに他ならず、そこに人間の自由意志は存在しない――「従って、これは、人の意志や努力ではなく、神の憐れみによるのです」(『ローマの信徒への手紙』九／一六)。

これで納得しない人がいれば、ヨブの悲惨な物語を考察されたい。神自身がヨブは「完全で、正しく、神を畏れ、悪を遠ざけている者」(『ヨブ記』一／八)だと言っている。だが神は、ひどくばかげた宇宙規模の挑戦として[111]、ヨブの恵まれた境遇を破壊すべきだという裁定を下し、ヨブの子どもたちを殺し、「足の裏から頭の頂まで、悪性の腫れ物で」(『ヨブ記』二／七)彼を苦しめた。ヨブは神に説明を求めた――なぜ、悪から遠ざかる正しい男がこのような苦しみを受けねばならないのか、と。すると神はただちに、ヨブに身のほどを思い知らせるべく、こう言った。「私が地の基を据えたとき、あなたはどこにいたのか。それを知っているなら、告げよ。……非難する者が全能者と言い争うのか。神を責める者はこれに答えよ。……あなたは私の

108　以下聖書からの引用は原則的に聖書協会共同訳を用い、英訳との異同等あれば英訳に合わせる方向で修正する。
109　ホッブズは一五八八年生、一六七九年没で、ルネサンス期の後、一七世紀中盤以降に活躍した哲学者。
110　テキストでは一〇章とあるが誤記と思われるので修正した。この次の引用も同様。
111　『ヨブ記』の冒頭(一／六―二／七)では、神はサタンの挑発に応えてヨブに苦しみを与えたことになっている。

裁きを無効にし、私を悪とし、自分を正しい者とするのか。あなたは神のような腕を持ち、神のような声で雷鳴をとどろかせることができるか」(『ヨブ記』三八／四、四〇／二、八─九)。要するに、全能の神は被造物である人間を望むままに扱うのであり、それに正義を問うのは的外れなのだ。
マルティン・ルターは、このモデルが深刻な不安をもたらすものだと考えたが、怒れる神のやり方に疑問を差し挟むという無謀なことはせず、屈従的な信仰の中に逃げ込む道を探った。

このようにわずかの者しか救わず、このように多くの者を罰するかたが慈悲深いかたであることを信ずること、また、彼ご自身の意志によって、必然的に、私たちを罰せられる者にし……ておられるかたを、義であると信ずること、これが信仰の最高の段階である。もし私が、どうにかして、なぜかくも大なる怒りと不義とを示したもうこの神が、憐憫深く義なるかを理解しうるなら、信仰は必要ではないであろう。……今や、それができないから、……信仰を用いる余地が生じるのである。(Luther 1823, section 24)〔邦訳一六三─一六四頁〕

イスラム教の伝統は、不可避の運命という同じモデルを採り入れている。「サーマッラー[112]の道」という有名な物語はその例である。こんな物語だ。バグダッドへ旅に出た商人が、旅先で必要な日用品を買うため、奴隷を市場へ行かせた。帰ってきた奴隷は青ざめ、おびえていた。奴隷は市場で老女にぶつかった。振り返ると、その老女は死神だった。老女は奴隷をにらみつけ「私におまえの馬を貸しておくれ」と言った。奴隷は「運命から逃れるため、馬でサーマッラーへ向かうことをお許し下さい」と〔自分の主人に〕嘆願した。主人は奴隷に馬を貸してやり、奴隷は馬に乗って全力でバグダッドを逃れ、サーマッラーへ向かった。奴隷は恐怖のあまり買い物を忘れていたので、その後主人は日用品を買いに自ら市場へ向かい、そこであの死神に出会った。「おまえはなぜ私の奴隷をにらみつけた?」主人が問うと、死神は答えた。「あたしはあの人をにらみつけたわけじゃない。驚いていたのさ。あの人がバグダッドにいたからね。だってあたしの定めでは、あの人は今夜サーマッラーにいるはずだったんだ」と。人は、馬を速く走らせることも、ゆっくり走らせることもできるし、徳を求めることも、悪徳を身につけることもできるが、だとしても人の運命は定められている——ここに、道徳的責任も、〈正しい報い〉も、自由意志も、入る余地はない。

　ギリシャの、オイディプスの物語はこれよりも趣向を凝らしているが、要点は同じである。オイディプスは正直で有徳な人になろうと努力できたし、自分に運命づけられた悪行を避けるために、自分の才知とエネルギーをすべて働かせることもできた。だが、彼の努力も有徳さも、何の役にも立たない。彼の運命は定められており、運命を避けようとする彼の努力は運命への道を加速させるだけなのだ。この物語の教訓はこうだ——自分の運命を本当の意味でコントロールすることはできないのであり、正義と道徳的責任の考察はここでは的外れである。人は神のはかりしれないゲームのコマである。弱々しい虫けらが、神に是非を問えようか？

　ルネサンス期に入る頃には、そして啓蒙期に入れば確実に、この虫けらは姿を変えていた。自分たちは世界を理解できるし、コントロールすらできるのだと、人間たちは信じるようになった。そして人間たちは神の、あるいは、神が任命した支配者の気まぐれに代えて、公正な処遇と正義とを要求するようになった。危害を加えられると生じる、報復への深い欲求が消え去っていないのはもちろんである。その欲求には〈害をなした者たちには、しかるべき応報的懲罰がなされてほしい〉という欲求が含まれるが、しかし今やこの、根深い衝動にもとづく行為には正当化が必要となっており、しかもその正当化は、「神（あるいは神が任命した支配者）が命じたから」という正当化を超えた何かでなければならなくなっている。悪事をなした者に特別の害を加えるという営みを、どのように正当化できるだろうか？　〈悪事を働いた者にとっては、害を受けることこそが正しく相応しい《ジャストリィ・デザーブ》扱いなのだから、つまり、悪事をなした者には、その悪事に対する道徳的責任があるからだ〉というのがその正当化だ。正しい処遇と正しい刑罰への要求が、人類が自らの力の増大を自覚するにつれて、出現したのも偶然ではない。当時は科学と魔術が入り混じっていた時代であり、世界をコントロールし、自分たちを神々たらしめるような人類の力は、ほぼ手中におさまりかけているよう

112 サーマッラー（Samarra）はイラクの都市。メソポタミア文明以来の歴史をもち、都市として世界遺産にも登録されている。またこの後に登場するバグダッドは現在のイラクの首都。

に思われていたのである——そう、占星術師と天文学者、ヘルメス主義者[113]と魔術師、化学者と錬金術師たちが、ごくわずかの秘密を解き明かしさえすれば。そして、たとえ人類が文字通り神々になることこそないとしても、少なくとも私たち人類には、選択し、法を制定し、理性による推理を行えるという、神のごとき力があるのだ、と。

かくして、自由意志を道徳的責任に結びつける伝統ができあがった——私たちは、道徳的責任の正当化を探し求めていたのであり、そして自由意志はそのうってつけの口実であると思われたのである。なにしろ、自由意志とは人類に固有の力だと想定されており、かつまた人類とは唯一道徳的責任をもちうる存在なのであるから。しかも自由意志とは、私たちが自分自身を作り上げることを許す、特別で神的な、奇跡をもたらす力なのであり、それゆえ、道徳的責任に支えを与えるものが何か存在しうるのだとしたら、自由意志こそが最適の候補であるように見えるのだ。ピコ・デラ・ミランドラが見るところ、自由意志とは神が与えた力であり、私たちはその力を用いて、獣的な存在から神的存在までの、ありとあらゆる存在へと、自分の思う通りに自分自身を作り上げることができるのであった。「おまえは、下位のものどもである獣へと退化することもできるだろうし、また上位のものどもである神的なものへと、おまえの決心によっては生まれ変わることもできるだろう」(Pico della Mirandra 1496/1948)〔邦訳一六頁〕。チザムによる自由意志の説明はこれよりも穏当だが、大差ないと言えば大差ない。「私たちが責任ある存在であるとしたら……私たちにはある特権、人によっては神だけに認めるような特権が、備わっていることになる。すなわち、私たちの誰もが、本当の意味で行為するときには、不動の第一動者である、という特権が。私たちは、何かをなすことで、ある出来事を生じさせる原因として働くのであり、かつ、何かをなしている私たち以外の何ものも、何びとも、その出来事を生じさせる原因として働いてはいないのだ」(Chisholm 1982, 32)。

自由意志の力が道徳的責任の正当化として提起された当初、それは神のごとき自己作出と自由選択の力であった。そのような力が、自然主義の限界内に収まるような自由意志ではないのは確かだ。だが、その力が神のごとき力ではなくなってしまっても、道徳的責任は存続するのだろうか?　もちろん私たちは選択をする。だが、その選択は今や、神的存在による絶対的選択に似たものというより、私たちの同胞である動物たちの選択に似たものになっている。

また私たちは理性の力〔合理的に推理する力〕をもつが、この力は超自然的な、限界なき力ではない。それゆえ、たとえ奇跡をもたらす力としての自由意志が道徳的責任のしかるべき基礎となるのだとしても、だからといって自由意志についての、何らかの説得力のある自然主義的な説明が、道徳的責任に支えを与えるかといえば、それはまったく明らかなことではない。

この結論は、現代の自然主義者にほとんど衝撃を与えないはずだ。なにしろ、私たちは自由意志と道徳的責任に対する自然主義的な正当化を見いだすことができるか否か、というのが、現代の自由意志論争の核心的な問いかけなのだから。だがこの探究には、さらなる暗黙の前提がある。〈私たちが自由意志について、満足のいく自然主義的な説明を提出することができれば、自動的に、道徳的責任の十全な正当化を与えたことにもなるはずだ〉という前提である。私たちの自由意志についての説明は根源的な変化を遂げているのに、〈自由意志は道徳的責任に支えを提供してくれるに違いない〉という仮定は手つかずで残り続けているのだ。だが、私たちが自然主義を信奉し、奇跡を放棄してしまっている以上、〈およそ自由意志についての十全な説明ならば、道徳的責任の要求と帰属という営みに支えを与えるに違いない〉と想定すべきいかなる理由も、今や存在しないのである。

道徳的責任なき自然的自由意志

道徳的責任という重荷を、私たちの自然主義的な自由意志概念にここまで緊密にくくりつけるというのは、説得力ある態度だろうか？　ここで生じる問題は、〈自由意志は道徳的責任の基礎としての役割を果たす〉とあくまで言い張ることで、私たちが自然的自由の理解とその価値をねじ曲げ、歪めてしまうことにある。それによって私たちは、〈自由にとって最も基礎的なもの――私たちがごく近縁の他の生物種と共有しているもの――が何であるか？〉という問題を詳しく吟味せず、むしろ私たちと他の種を隔てているものに注目することになる。そうなると、道徳的責任と

113 狭義にはヘルメス・トリスメギストスと呼ばれる伝説的な錬金術師に帰される神秘主義的な思想（あるいはその作だとされていた「ヘルメス文書」）を信奉する立場で、ここでのリストの「占星術師」や「錬金術師」とも重なり合う。

は人類だけに固有の特性なのだから、それに支えを与えている能力もまた、人類に固有の能力であるに違いない、という帰結が導かれる。かくして私たちは、自由意志の中のごく周縁的な要素を重視し、それによって、自由意志の知識を拡張するせっかくの機会を見逃してしまう結果になる。つまり、他の動物たち——私たちが、神々よりもずっと多くのものを共有している存在——の行動の中には、広い範囲で自由意志が見いだされるのであり、私たちにはそれを詳しく調べることができるはずなのに、その機会を見逃す結果になるのだ。

　自由意志とは何だろうか？　自由意志といえば、ほとんどの人々は複数の選択肢からの[114]自由な選択を考える。〈決定論は自由意志を切り崩す〉という通念は、明らかにこの想定にもとづいている。つまり決定論は、複数の道、複数の選択肢の中から選択する、という私たちの能力を脅かす、ということだ。一方、私たちが自分に開かれた複数の選択肢からの、自分自身の自由な選択を真正な意味でなしうるのだとしたら、その場合私たちは自由意志を行使できることになる。（多くの哲学者が、この主張に異議を唱えるであろうことは明白だ——中でも最も明白な候補はハリー・フランクファートとスーザン・ウルフである。この問題はこの後論じよう。今のところ私は、これが自由意志についての正しい哲学的な説明であるとは主張していない。私はただこれ〔複数の行為可能性から一つを選択すること〕が、自由意志の一つの重要な要素——恐らくは**他ならぬ**重要な要素**そのもの**——であると、一般には考えられている、と主張しているだけである。）

　こういう問いかけを考えてみよう。〈あなたはなぜ、自由意志を望むのですか？　あなたはなぜ、複数の本物の選択肢の中から自分自身で選ぶという能力を望むのですか？〉返ってくるのは、非常にあやふやで、多くは循環論めいた答えである。いわく、私が自由意志を望むのは、決められた道筋を無理強いされることを望まないからである。私は自分自身で選択したいのであり、隷属状態に陥りたくはない、等々。だが、このように回答があやふやだからといって、複数の選択肢に開かれた自由意志への信念そのものがあやふやであることにはならない。こうした回答のあやふやさはむしろ、複数の選択肢に開かれた自由意志を望む欲求が、非常に深く、また非常に根本的であるために、それ以上のさらなる正当化が困難だということを示すものだ。例えば「複数の選択肢に開かれていることを私が望むのは、それこそが私の信念、観念、仮説を検証する最善の手段だからだ」と答える人がいるかもしれない。これはジョン・スチュアート・ミルが『自由について』(Mill 1869) で提起した論証を元に〔筆者が〕導いた回答であり、この種の論証は事実、卓抜なものだ。だが実際には、人が〈複数の選択肢に開かれていたい〉という欲求へと動かされるのは、このような正当化によってではない。というのもその欲求の誘因力は、それよりもずっと基礎的で原初的なものだからである。これはちょうど、誰かに「なぜあなたは性交渉を欲するのか?」と尋ねるようなものであるかもしれない。中にはそれを――カトリック教会のように――子をもうけ、種を存続させたいからだ、という観点から合理化する者もいるかもしれない。しかし性的欲求というのは、ほとんどの人にとって、当人に用意できるであろうどんな合理化よりも基礎的な欲求である。そして〈複数の選択肢に開かれていたいという欲求〉もこれと同じである。つまり、人はこのような複数の選択肢が否定されると、心理的なダメージをこうむるものなのだ――例えば牢獄の中、無理強いされた単純な流れ作業、ずさんな運営状況の病棟の患者、厳格な統制が課される長期療養施設、などでそれは生じる (Waller 2001)。

そして、このようなダメージがもたらされるのは驚くことではない。この、複数の選択肢への欲求とは、私たちに非常に深くしみこんだ、人類が〔人類に〕進化するよりもずっと以前から存在してきた欲求なのだ。それは、私たちが他の多くの種と共有している深い欲求なのである。J・リー・キャヴァノウは、野生のシロアシネズミを訓練し、迷路をくぐり抜ければ報酬を得ることをおぼえさせた。だが、ネズミたちは正しい道を通れるようになった後でも、ときおり誤りを犯し、間違った道を進んでしまうのをやめないので、キャヴァノウは失望した。だが、キャヴァノウの失望はある洞察に結実した。

研究者たちはときおり、実験動物たちが十分な識別能力を学習した後でもなお、一定数の「間違った」反応を見せるという事実に直面し、困惑する。だが

114 以下、原則的に alternative と option には区別なく「選択肢」の訳を当てる(この箇所は alternatives)。ただし alternative は元来、「このものとは別の」という意味であり、その意味が明らかに込められている場合は「別の選択肢」と訳す場合もある。一方、alternative にせよ option にせよ、それが複数形で書かれている場合にはその複数性がまさに選択においては重要になるので(複数形の alternatives の場合「各々の選択肢がそれ以外の選択肢にとっての「別の選択肢」であることになる)、やや冗長だが「複数の選択肢」と訳す。

実は、この種の反応は、研究者が厳格に定めたプログラムから見て間違っていたにすぎず、動物自身から見て間違ったものではなかった。動物たちの行動パターンの多くには、一定の度合いの可変性が基礎として組み込まれており、それがこのような反応をもたらすのである。この可変性は、野生状態における条件づけ[115]において適応的な効果をもつ。というのも野生状態には多様な関係が成り立っていて、それは〔実験プログラムのように〕厳密に定められてはいないからである。(Kavanau 1967, 1628; see also Kavanau 1963)

シロアシネズミはエサにありつくため、目下、どの道を通るか学習する必要がある。だが、エサのありかは永久不変というわけにはいかない。小果《ベリー》がたわわに実っている土地も、すぐに不毛の地になってしまう。このネズミは、複数の選択肢を保持しておき、ときおり別の道を探っておいて、現在ある最適なエサ場がなくなったときに利用できる新たなエサ場を発見するのだ。他に、複数の経路を利用すれば捕食者に狙われにくい、という利点もあるかもしれない。キャヴァノウはこれらの利点を次のようにまとめている。

「かなりの頻度で、ステレオタイプ的な『正しい』反応から逸脱するという習慣は、高度の自発的行動と合わさって、シロアシネズミが錯綜した偶然性[116]への対処を学んでいくことを、格段に容易にしている」(Kavanau 1967, 1628)。

そして、ネズミにとってうまくいくものは、人間にとってもうまくいく。最適な経路以外は決して開拓しない、ということになったら、高速道路を次々に建築しながら交通渋滞は絶えない、というひどい状況に陥るだろう。上げ相場のときには最適だった投資戦略も、景気が悪化すれば破滅的な戦略になるかもしれない。それゆえ投資家が、現在最適な投資戦略以外の選択肢を模索することは、この先現れるチャンスに有利な、より優れた戦略を用意しているのだと見なせる。新たな可能性に目をつむらない研究者は、研究プログラムの失敗で進路を絶たれてしまう見込みがより小さくなる。他の選択肢を模索しようとする強い性向は「センセーションシーキング」の名で心理学と生物学の研究対象となっている。この性向は多くの種(明らかにヒトも含まれる)について、さまざまな形態において観察されている〔原注5〕。

ドストエフスキーは、——理にかなっておらず、最適でもないような——自発的選択というものが、人間行動に関する、体系的で自然主義的な説明すべての破綻である、と主張する。「だから、自分自身の自由で無制約な選択、どんなに突飛なものであれ、自分自身の気まぐれ、ときに狂気に達するまでにかき立てられた自分自身の空想——これこそ、いかなる分類にも尺度にも当てはまることがありえずあらゆる体系や理論を木っ端微塵に砕き飛ばしてしまう、最も有利な利得なのである[117]」(Dostoyevsky 1864/1961, 110)〔邦訳五三頁に該当〕。

しかしながら、実のところ「自分自身の気まぐれ」に従うことの価値こそが、自然主義的体系にとっての核心的要素なのだ。シロアシネズミであれ、投資アナリストであれ、自分自身の「自由で無制約な選択」こそが価値をもつのであり、これは神秘や奇跡を要求するどころか、自然主義的観点から最もうまく説明される事柄なのである。

〈複数の別な選択肢に開かれていたい〉という自然的要求《ニード》は、——シロアシネズミにも、ベンガルトラにも、流れ作業の工場労働者にも、科学の研究者にも見いだされる——自由の重要な要素である。だが、正確なところ、そこに含意されているのは何だろうか? 第一に、そこには「自発的行動」への要求《ニード》が含意されている。この要求《ニード》は、先行する原因や先行する条件なしで行動するという奇跡的な第一原因の力への要求《ニード》ではない。その種の力であれば、神のごとき力である必要があるかもしれないし、道徳的責任を基礎づけることもありえよう。だが、そのような力は、ネズミについても、人間についても、その自然的自由の一部ではない。むしろそれが意味するのは、時たま異なった道を進もうとする自然的欲求、あるいは、新しいものやパタ

115「条件づけ」については訳注71を参照。

116「偶然性」と訳したcontingencyは、行動心理学において「強化」や「弱化」のような「随伴性」を指す場合があるが、ここでは文字通り環境の予測しがたい偶然的、偶発的なありかたを指していると思われる。

〔原注5〕センセーションシーキングの研究——および、人類やその他の多くの種における、複数の選択肢の発見、模索、保持への強い性向の研究——の始まりは二〇世紀初頭にさかのぼり、また今なお、生物学と心理学における精力的な研究分野であり続けている。この魅力的な研究に関する文献の、わずかばかりのサンプルを挙げておこう。Tolman 1925; Glanzer 1953; Sackett 1972; Suomi and Harlow 1976; Catania and Sagvolden 1980; Zuckerman 1983, 2007; Mason 1993.

117『地下室の手記』の江川卓訳(新潮文庫、一九六九年)と安岡治子訳(光文社古典新訳文庫、二〇〇七年)の該当箇所を参照しつつ、英訳と異なるように見える箇所に関しては、英訳に沿った訳とした。

ーンから外れたものを試してみようとする自然的欲求が存在している、ということである。これは進化の産物としての、自発性を時たま発揮するという傾向である。複数の選択肢を確保し、新たな通り道を試す動物は、食糧源を見つけ、逃走経路を発見する見込みがより大きく、それゆえ生存を確保し、子孫を残し、同じ傾向を子孫に伝えていく見込みがより大きい。というのも、そのような時たまの自発行動への傾向によって、環境の変化に応じて行動や通り道を変化させるチャンスが得られるからである。

「複数の選択肢からの選択」を道徳的責任に支えを与えるために用いたいと考えているリバタリアンたち（C・A・キャンベルのような）にとっては、これでは不十分である。〈状況が異なっていた**としたら**、その人は実際にしたのとは別の選択をなすこともできた〉とか、〈異なった道を進んでいた**としたら**、その人は実際にしたのとは別の行為をなすこともできた〉とかいうのでは、〔リバタリアンたちにとっては〕問題が残ってしまうのだ。というのも、その人はいかなる制約もなしで選択しているのかどうか、つまり、その人は「それをなしつつある行為者以外のいかなる存在も、その行為を決定していない」というラディカルな仕方で選択を行っているのかどうか、という問題が、未決のままになってしまうからである。この種の絶対的な選択能力——そんなものを思い描けるとして——は道徳的責任に支えを与えるためには役立つかもしれないが、シロアシネズミに役立つことはない[118]——このネズミが必要としているのは、環境条件が変化したときに異なった反応ができるようになる自由であり、またこのネズミに備わった、複数の選択肢に開かれたままでいようとする性向は、変化する自然環境に対してより適応的な行動をとれるようにするために形成され、決定されたものなのである。このような、〈複数の選択肢に開かれた自由意志〉は、シロアシネズミにとって首尾よく働いてくれるが、このネズミたちは神になろうとしてはいないし、道徳的責任を正当化しようと四苦八苦することもない。この自由は、ネズミの場合と同じ限度内で、人間にとっても首尾よく働いている。もしも私たちが自由意志についての自然主義的な説明を求めているなら、それは神の自由意志よりもシロアシネズミの自由意志によく似た姿をとるはずである。

このように、複数の選択肢に開かれているというのは、自然的自由意志の一つの核心的要素であるが、しかし唯一の核心的要素ではない。次章では、自然〔主義〕的な〈複数の選択肢に開かれてあること〉[119]と対をなすものとして重要な、本人性[120]を検討する。

118 やや分かりにくいので整理しておくと、著者が提起するのが「状況が実際とは異なっていたら、実際にしていたのとは別の行為をなしていただろう」という、条件依存的な「他行為可能性」であるのに対し（G・E・ムーアはこのような条件文を「他行為可能性」の両立論的な解釈として提起した）、リバタリアンたちは、「**すべての状況が現実と同じままであっても**、実際にしたのとは別の行為をなすことができた」という「他行為可能性」を与えてくれる、強力な自由意志を要請する、ということである。

119 原語は natural open alternatives。「複数の自然〔主義〕的選択肢」とも訳せよう。

120 「本人性」と訳した authenticity は、例えば絵画などが贋作ではなく作者（author）自身の手になるという意味で、「出所の正しさ、真正性、確実性」を意味する。しかし著者は、なされた選択や行為が、他でもないそれをなした本人に由来すること、つまり、その本人を作者 author としていることを指すために authenticity を用いており（これは次章で取り上げられるJ・ドゥオーキンが提唱した用語法のようである。Dworkin 1988, 15）、これを「真正性」や「確実性」と訳すと著者の意図をつかみにくくなる。それゆえ本書では authenticity に英和辞典にも国語辞典にもない「本人性」という訳語をあてる。行為や選択が「真に、紛れもなく」本人のものである、という意味である。

第四章　階層的自由意志と自然的本人性

〈複数の選択肢に開かれてあること〉が、自然的自由意志にどのように役立つかを述べるのは難しくない。しかしながらこの〈複数の選択肢に開かれてあること〉を、道徳的責任の支えとするような自然主義的説明を構築することは、非常に困難であることが明らかになっている（それでも——数ある中で——ロバート・ケイン、カール・ジネット、ランドルフ・クラークらは英雄的な試みを行ってきたのであるが）。そこで生ずる無数の困難に駆り立てられた哲学者の多くが、自由意志についての一つの新たな説明へ向かっていくことになった[121]。自由意志についてのこの新たな説明は、〈複数の選択肢に開かれてあること〉を要求せず、むしろ、なされた選択が**その人自身**の選択であることに焦点を合わせる。つまりこのアプローチにおいては、焦点が〈複数の別な選択肢〉から〈本人性《オーセンティシティ》〉[122]に移動している。すなわち、〈私に別の選択ができたかどうか〉が問題なのではなく〈私の選択は正真正銘私の選択であり、私の真のコミットメントを反映した、まごうことなく《オーセンティカリィ》私自身の選択なのかどうか〉が問題となるのである。現代哲学においてはハリー・フランクファートが、自由意志と道徳的責任に対するこの本人性《オーセンティシティ》アプローチの、最も創意に満ち、影響力のある提唱者である[123]。フランクファートの説明にもとづくと、「私には実際とは別の選択ができたかどうか？」ではなく「私の選択は、より高いレベルの反省に立って、自分が〔自らの選択として〕是認し、承認した[124]ものかどうか？」が問題なのだということになる。

フランクファートの階層的本人性

この、自由意志に対する「階層的本人性」アプローチは重要な洞察をもたらす。後ほど、その洞察の重要な点を詳しく見ていく予定である。だが、このアプローチは道徳的責任の正当化に失敗しており、道徳的責任を正当化しようと四苦八苦したあげくに失敗したことにより、自由意志のモデルを歪めてしまうことになった。この問題は、フランクファートが提起した最も挑発的で創造的な事例の一つである（Frankfurt 1971）、〈本意からの中毒者〉に明白に現れている。〈本意からの中毒者〉とは、麻薬を服用する以外の選択肢がないにもかかわらず、自分の麻薬への欲求と麻薬中毒に、反省の上で是認と承認を与えるがゆえに、自由で道徳的責任があるとされる人物である。この〈本意からの中毒者〉は、自由と責任に対する私たちのアプローチの、新たな観点からの再検討を促す事例であった。しかしこの事例を詳しく吟味していくと、フランクファートの〈階層的な反省〉モデルの致命的な欠陥が明らかになる。

　フランクファートの〈本意からの中毒者〉は、中毒者としての自分の人生を注意深く反省した上で、心底それを是認する、とされる人物であるが、これは哲学的思索の中〔だけ〕の抽象的存在である。このような抽象的存在を考察す

121 他行為可能性なき自由（および道徳的責任）の論証を目指す「フランクファート・ケース」と呼ばれる自由論と一致する思想は、少なくともデカルト（『省察』の中の「第四省察」の一節）に見いだされ、デカルト研究者でもあるフランクファートがそれを知らずに「フランクファート・ケース」を考案したとは考えにくいので、著者が述べるこのシナリオは少なくともフランクファート本人には当てはまらないと思われる。

122 authenticity については前々注を参照。

123 フランクファートには重要な自由論の論考が二つあり（いずれの邦訳も門脇俊介、野矢茂樹編『自由と行為の哲学』、春秋社二〇一〇年に収録されている）、筆者は両者を一体のものとして捉えた上で、両者の内容を周知のものとして前提しているようなので、ここで簡単に概要を紹介しておく。論考「選択可能性と道徳的責任」（Frankfurt 1969）では、凶悪な科学者がある人物の意志を自在に操作する装置をその人物に埋め込むが、その人物が自分の判断でその科学者の意向通りの行為を行ったため、装置を使わずじまいだった、という思考実験が提起される。その人物は他行為可能性（または選択可能性）を奪われていたが、それでもその人物に通常の自由意志（と道徳的責任）を帰属させることは可能のように思われる、というのがその主旨である。一方、そこで人々に帰属される自由意志がどのようなものであるかについてより積極的に考察されるのが論考「意志の自由と人格という概念」（Frankfurt 1971）であり、本書でこの後詳しく検討される「階層的本人性」に基づく自由論が展開されるのだが、その中で一つの極限事例として提起されるのが、すぐ後で検討される「本意からの中毒者（willing addict）」である。フランクファートによれば、中毒のような強力な生理的衝動に支配されている人物であっても、仮にすべてを勘案した上で反省的に自らの状態を是認する、という非現実的な事態が成立していれば、その状態は（道徳的責任を問いうるような）自由な選択によるものだと見なしてよい、ということになる。以下でウォーラーは、このような「本意からの中毒者」は決して非現実的な想定ではないが、しかしそれが通常の意味での自由や道徳的責任の条件を満たす状態でもない、ということを論証していくことになる。

124「是認する」は approve、「承認する」は endorse で、ここでは訳し分けたが、意味としてはどちらも「是認」により近いため、approve と並んでいない、単独で用いられる endorse を「是認する」と訳す場合もある。

る代わりに、自分自身を心底から〈本意からの中毒〉へと追い込んでいく《コミッテド》[125]ような現実の心理的状態がどんなものであるかを考察してみよう。まず、〈不本意の中毒者〉がどんなものかは簡単に理解できる。実のところ、私たちのほとんど全員が、自分自身では心底是認しかねる強い欲求——中毒的ですらあるかもしれない欲求——を経験したことがある。例えば、煙草、アルコール、甘いお菓子、ビデオゲームなどへの欲求である。このような〈不本意の中毒者〉がいたずらに麻薬に手を出すとき、自分を完全にコントロールできると信じているのだが（「その気になればいつでもやめられるさ」）、いざ麻薬を服用すると、自分が嫌悪する中毒状態——健康、職業、家族との暮らしを破壊し尽くす中毒状態——に陥っていることに気がつく。フランクファートが明確に指摘するように、このような不本意の中毒者は自由ではない。だが、人が〈不本意な中毒者〉へ至る道筋がこのように明白である一方、人が〈本意からの中毒者〉へと至る道筋は、複雑に曲がりくねっている。これは、人が中毒状態をすすんで受け容れるようになる——本意からの中毒者になるに至る——心理学的過程を考えてみれば分かる。まず、不本意の中毒者がいるとしよう。この人物は家族や友人を失い、ひどい仕方で職を失い、心理的、身体的な問題に苦しむなど、さらなる苦境へ落ち込むのが止まらない状況にある。これがある地点に至ると、彼にはもはや中毒以外の何も残らず、唯一の欲求が麻薬への欲求だけ、という状態になる。そしてこの地点で、彼は自分の中毒状態を深く是認し、やぶれかぶれの状態で中毒にすがりつくようになる。今や彼は〈本意からの中毒者〉となり、状況を反省的に考慮した上で、中毒者であることに喜びをおぼえるようになっている（それ以外の喜びも満足も、今では想像がつかないのだ）。だがこのような彼は、中毒から逃れようという欲求を失うことにより、自由と道徳的責任を獲得したことになるだろうか？

　ジャマールを考えてみよう。彼は勇猛な独立運動の闘士だが、奴隷商人に捕らえられ、痛々しい拘束具をつけられ、悪臭に満ちた奴隷船に何ヶ月も閉じこめられ、鎖につながれてプランテーションへ移送される。そしてそこで鞭打たれ、焼きごてをおされ、虐待を受ける。だが、ジャマールはこのおぞましい経過の中でも自由へのコミットメントを保持している。機会を見つけては捕縛者たちに報復し、ほんのわずかの逃亡のチャンスも見逃さない構えでいる。ジャマールは不本意の奴隷であり、また——フランクファートは正しく認めるであろうが——自由ではなく、自分の隷属状態に対する道徳的責任もない。だが、こんなジャマールですら、ついには心が折れてしまう。いくら逃亡を試みても、より重い鎖につながれ、仕打ちが一層ひどくなる結果に終わり、反抗的な行為はすべて厳しい罰を受け、自分のコントロールがおよぶ要素はすべて失われ、あらゆる希望は打ち砕かれる。長い苦闘の果てに、ジャマールは「自分の運命を受容する」に至り、隷属の人生をすすんで受け容れ、自由へのあらゆる欲求を失う。今や彼は、主人に忠実に仕えることしか望まず、自分が奴隷であることを喜び、自分の隷属状態を反省的観点から是認するようになっている。今やジャマールは自由である。彼には自由意志があり、自分の奴隷としての境遇に対する道徳的責任がある――あるいは、もし私たちがフランクファートのモデルを受け容れるならば、そう結論せねばならない。

イヴを想像してみよう。優秀で、独立心旺盛な若い女性であるが、彼女が生まれ落ちた宗教的な文化は、すべての女性に対して、従順で迎合的に生き、上に立つ男性の権威を何も言わず受容し、この隷従的な役割だけが有徳で高潔であり、それをすすんで受け容れよと強要してくる。イヴはこのような価値観を拒み、自らの思想の正しさを明確に主張し、自らの自立を勇ましく擁護し、自分が秩序に従順に従う存在ではなく、自分にも万人とまったく同等の敬意が払われるべきである、と強く主張する。イヴは自分の目標と夢を追い求める権利と機会を奪われており、抑圧的な社会の中で自由をもてずにいる。彼女は苦闘を続けるが、その歳月は絶え間ない失敗、糾弾、心理的、身体的な虐《しいた》げを招く。すっかり疲れ果てたイヴは、ついには自らに定められた隷従的な役割を受け容れ始め、その結果虐げは減り、賞賛や報賞すら得られるようになる。このような容赦ない圧力のもとで、イヴはとうとう屈服し、自由と自立への欲求を失い、自らの従順で隷従的な役割と、従属的な地位とをすすんで受け容れるようになる。今や彼女は隷従的な役割を反省的観点から是認し、隷従的であり続けることを望み、独立自尊の思想を避け、平等と自立へのかつての熱情が意固地で不敬虔なうぬぼれであったと考え、自分の娘たちには、今現在彼女が肯定している隷従的な地位を、すべ

125 ここでの原語は他の箇所で「コミットする」と訳したcommittedで、ここでは何かについて「自らそれをせざるを得なくさせる」という意味を特に強調している。

て受け容れるべきだと教えるようになっている。今やイヴは自由である。彼女は自分が得たいものをもち、従順な隷従の状態への深い忠誠心に対して道徳的責任がある――あるいは、フランクファートのモデルはそれを含意する。

不本意の奴隷は自由ではない。だが、本意からの奴隷はそれよりもさらに自由ではない。シモーヌ・ド・ボーヴォワールの言葉を使えば、本意からの奴隷とは「極度の、受容しがたい抑圧の形態」(Beauvoir 1948, 141)である。不本意の中毒者よりも自由でない存在がいるとすれば、よりよい選択肢への希望を失い、やぶれかぶれで中毒にしがみつく〈本意からの中毒者〉こそがそれに当たる[126]。マーティン・セリグマン(Seligman 1975)の〈学習性無力感〉の実験では、イヌが拘束具につながれ、無力で動けない状態のまま繰り返し電気ショックを与えられる。この手順が何度か繰り返された後、イヌはシャトルボックスという、低い仕切りで区切られた箱の中に移される。イヌが入れられた側は、床に電撃が走るようになっており、仕切りに阻まれて電撃のない側へ逃げられないようになっている。電気ショックを与えられたことのないイヌは、床から苦痛を伴うショックを感じると、すぐに仕切りを飛び越えてショックから逃げる。だが、逃げようのない電気ショックを繰り返し与えられてきたイヌは、うずくまってショックに耐え、逃走しようとする努力をまったく見せない。イヌが最初に拘束されてショックを受けるとき、彼らははじめ、苦痛を伴うショックから逃れようとやぶれかぶれのあがきを見せるが、その甲斐もなく、彼らに逃走する自由はない。逃走の努力を何ら試みないまま、シャトルボックスの中でうずくまり電気ショックを受け容れるイヌは、無力な黙従から何の自由を得ることもなかった。それどころか彼らは、最初に拘束されて電気ショックを受けたときよりもさらに深く不自由になっているのである[127]。抑圧的で統制的な文化に必死で抵抗を続けている間のイヴは、自由ではなかった。だが、最終的に無慈悲な文化に黙従するに至ったイヴは、自由からさらに遠ざかっている。イヴは正気を失ったわけではない。彼女は合理的思考の力を保持している。彼女は今や自分の子どもたちに、なぜ隷従をすすんで受け容れるべきか、ありとあらゆる理由を語り、なぜこの見解が正しいか、詳細な論拠――今の彼女が信奉している宗教的な教義にもとづく論拠――を挙げ、子どもたちからの疑問や反論に(この思想体系《システム》の内部から)応答する。彼女は合理的な反省を行う力をもち、かつて嫌っていた宗教的、文化的な伝統を、反省的な観点から肯定している。だが、だからといって、イヴが自由ではないという事実や、彼女が、（自分の文化と宗教の抑圧的原理を内面化したことにより）不自由でありつつも苦闘していた頃よりも自由から一層遠ざかっているという事実は、何も変わりはしない〔原注6〕。ハリー・フランクファートの才覚に遠くおよばない人ですら、彼の想定はおかしいと思いそうなものだ。フランクファートほどの洞察力豊かな哲学者が、なぜそんな想定をするのだろう？　フランクファートがそう考えるのは、彼が道徳的責任を救いたいからである。フランクファートは、**本意からの中毒者**（および隷従するイヴと、満足した奴隷）が道徳的に責任ある存在であってほしいのであり、それゆえに、彼らを自由で道徳的に責任ある存在と解釈できるような自由意志の説明を手に入れる必要があるのだ。

「幸福な奴隷」〔原注7〕――および「不平のない小作人」や「満足し、何も考えない労働者」や「〔治療法などを〕選ぼうとしない患者」、それに「外から〔つまり北部から〕来た扇動者からの触発を受けるまで、自分たちの境遇を喜んで受容していた」という〔南北戦争前の〕南部の黒人たち――には、長くおぞましい歴史がある。言うまでもないが、私はフランクファートがこの種の忌まわしいシステム

126 原文では「本意からの」と「不本意な」が逆だが、生前の著者に確認の上修正した。

127 注記しておくと、この「学習性無力感」の実験で名高いセリグマンは、その後「ポジティブ心理学」の提唱者としても有名になった人物でもある。

〔原注6〕ギャリー・ワトソンは、〈本意からの中毒者は自由意志をもつ〉というフランクファートの主張に異議を唱えるため〔オルダス・ハクスリーの〕『すばらしい新世界』の事例を論じている。ワトソンはここで、自由意志が毀損されていないながら、人がその毀損に自己同一化し、またそれを是認する場合もありうることを指摘し、次のような重要な論点を強調する。「このような毀損が自然的なものか人為に由来するかが問われていると考えるのは誤りである」(Watson 1987a, 152)。この種の〔性格〕形成の過程がいかにありふれたものかもまた、指摘する価値がある。〔訳者注――『すばらしい新世界』*Brave New World* はオルダス・ハクスリーが一九三二年に発表したディストピア小説。この小説に登場する市民は政府による一種の洗脳を受けて幸福に暮らしているが、この状況と通常の意味で人が自由意志を保持していると見なされる状況が比較される。〕

〔原注7〕B・F・スキナー (Skinner 1971, 39)〔邦訳五五頁〕は、隷属状態への深い条件づけを受けた結果、隷属状態をすすんで受け容れ、逃走も断念した「幸福な奴隷」の危険性に警告を発し、加えて、人々が、このような目につかない、強力で危険なコントロールに自覚的に目を向け、より大きな自由を獲得するのを手助けする方法をいくつか提案している。あの―「自由意志」の最大の敵たる―スキナーが、個人の自由の促進を提案するとは奇妙だ、と思う人がいるかもしれない。しかし実のところ、スキナーが反論している「自由意志」とはリバタリアン的な自由意志であり、スキナーは自然的な両立論的自由意志を守り、拡張させることにコミットしているのである。

を是認していると示唆しているわけではない。とはいえ、この種のぞっとする制度的《システマチック》な暴虐が〔人から自由意志を奪うどころか〕人に自由意志を与えるものだ、という結論を導くような理論は、その説得力に関して深刻な疑問を招くものではあるだろう。

　哲学的思索の中の抽象例である〈本意からの中毒者〉は、具体的な肉づけと心理学的な内実を補うと、説得力が失せてしまう――そしてそれと共に、この〔フランクファートのような〕階層的反省にもとづく自由意志の説明、および、それに依拠する道徳的責任の正当化もまた、説得力を失う。フランクファートの本意からの中毒者が「自分がもちたいと思う意志をもつ」のはその通りだが、しかし彼のその意志は、すっかり消耗し、切り狭められているため、彼の選択肢を広げてくれるものとしての自由な意志としての機能を果たせなくなっている。もしもそれが、この哀れな状態の彼が**望んでいる**意志なのだとしたら、彼はもはや、シロアシネズミやチンパンジーや心理学的に健全な人間の自然的要求《ニーズ》に見合った**自由**意志を欲してはいないのだ。自由意志とは哲学者の構築物ではなく、複数の選択肢に開かれてあることから利益を得るような、私たちのような動物にとっての基本能力である。その能力が失われた状態というのは、興味深い話題の的になるかもしれないし、哲学的空想の役には立つかもしれないが、だとしても、それが動物的自由意志として役に立つことはないだろう。〈複数の選択肢に開かれてあること〉〔にもとづく自由意志の説明〕の評判が悪いのは、そこに魔法じみたリバタリアン的能力が結びつけられてきたせいである。だが、〈複数の別な選択肢に開かれている〉という事柄の内容を地に足のついたものにすれば、それは私たちのような動物に実質的な利益をもたらすものとなる。実のところ、そこに動物にとっての正味の価値があるからこそ、それは奇跡の業に訴えたがるリバタリアンたちによる濫用の、格好の標的になってきたのだ。

　〈本意からの中毒者〉および〈幸福な奴隷〉の問題が生じるため、本人性〔にもとづく自由意志の説明〕を信奉する論者の一部は、自由意志が成り立つための補足条件を加えるようなった。ある人の意志が、その人本人が現在好むものである、というだけでは十分ではないのであり、それに加えて、その人のそれを好む気持ちが、一定の補足条件を満たしてもいなければならない、というのである。この補足条件には、合理性および熟慮[128]に関係する条件や、強制の不在や、欺かれていないこと、などが含まれる。例えば階層的本人性にもとづく自由意志の説明を提唱した一人であるジェラルド・ドゥオーキンは、彼自身がかつて提起した本人性の条件を改訂し、次のような補足条項を付け足している。「私は今では次のように考えている……自己同一化〔すなわち、自己の行為の理由に対する深い思い入れ〕[129]の有無が、私が自律的存在であるための重大な要《かなめ》なのではない。むしろ、現在の行為の理由に自己同一化する〔その理由に深い思い入れを抱く〕か、あるいはそれを拒絶するか、ということを問いかけられる能力を私がもつということこそが、私が自律的存在であるための重大な要なのである」(Dworkin 1988, 15)。

つまりドゥオーキンによれば、自分の基礎的な欲求や性格を高階の[130]、反省的なレベルにおいて、単純に好んだり、是認したりするだけでは十分ではない。むしろ真正の自由な本人性は、〔ただ単に反省的であるだけではなく〕私の行為の理由を私が反省的に評価できる能力を要求するのだ。加えてドゥオーキンは、すべての高階の評価が、〔彼の言う〕**手続き独立性**の条件を満たすことをも要求する。この条件には「人々の反省的、批判的能力を促進し、向上させるように働く要因と、そのような能力を損なうように働く要因とを、はっきり区別すること」(Dworkin 1988, 19) が含まれている。これは優れた着眼である。教育と、正確な情報への幅広いアクセスによって形成される高階の価値評価をできるようになる方が、奴隷への残忍な支配や、〈学習性無力感〉のような無感覚状態や、偏狭な文化の重苦しい圧力よりも好ましいのは言うまでもない。だが、ここでいくつか問題が生じる。第一に、ドゥオーキンの条件が望ましいのは明らかだと思われるとしても、なぜそれが望ましいかを述べるのが困難だ、ということがある。つまり、それが自由意志の体系的な説明にどのように適用されるのか、よく分からないのだ。幸福な奴隷、本意からの中毒者、隷従する女性、彼らはみな、フランクファートがどう論じようとも、自由ではない。だがここで、階層的レベル分けは大した役割を果たしていないように見える。私たちは適切

128「熟慮」については訳注38参照。

129 動詞表現 identify with . . . は辞書的な日常表現として「……に共鳴する、深い思い入れを抱く」のような意味になり、心理学的な「自己同一化(identification)」もこの意味を基礎にしていると見られる。日本語の「自己同一化」にはこのような日常語的な意味合いが欠けているが、術語的に用いられていることもあり、以下も「自己同一化する」と訳す。

130「高階の」は higher order の訳。「メタレベルの」と言い換えることもできる。訳注132も参照。

な情報と優れた理解を基礎にして行為すればより一層自由であるし、私たちの価値観が、虐待、強制、深刻な心理学的、社会的な圧力の産物である場合には、自由である度合いが少ない。だが、この指摘は階層モデルに訴えなくとも可能である。つまり、たしかに私たちがみな、階層モデルに訴える主張に即座に賛成するのは確実だとしても、そのような条件が**なぜ**自由意志を拡張するのかは明らかではない。だが、がんらい階層構造は、それが自由意志を拡張するからという理由で導入されたはずなのだ。

ドゥオーキンは（Dworkin 1988, 19）、階層構造の概念なくしては、いくつかの重要な区別を引き出すことができなくなる、と指摘している。そしてこの指摘は正しい。階層構造の概念は、人間の能力と行動を理解するために有益である。だが、それが人間の自由意志の理解に何かを付け加えるのかは、明らかとはいえない。ここには、〔本人性にもとづく自由に、ドゥオーキンのように付加的条件を補足することの〕第二の問題がある。つまり合理性と情報の正確さに規準を設ける、という道をひとたび進み始めると、停止すべき地点を見つけるのが難しくなってしまう――あるいはむしろ、完璧な合理性と完璧な知識、という方向にどこまでも進んでいって、停止するのが難しくなる――のである。ドゥオーキンは、私たちの信念と価値が「操作的介入」によって形成されたものでないこと、という条件を提案するが、この「操作的介入」がコントロールをたくらむ人間の意図的な操作的介入ではなく、自然環境の中で偶発的に生じた操作的介入である場合には、どうなるのだろうか？　例えば、ある人が初めてカジノに行き、サイコロで驚くほどの幸運が続いたとしよう（サイコロにおもりなど入っておらず、カジノの運営側やクルピエ〔ディーラーの補佐役で、賭け金を集めたり支払ったりなどする〕の策略もなかったとする）。そしてこの経験でギャンブルへの強力な嗜好が形成されたとしよう。この嗜好は、熱心なギャンブラーとなったこの人物に対して、長期的に有害な影響を与える見込みが大きい。そしてその有害さの度合いは、この人物が悪意ある人間の策略によってギャンブルに熱中するよう仕向けられたとしても変わりはしないだろう。ならば一体なぜ、偶然的な随伴性[131]により形成された嗜好は自由を切り下げることがないのに、計画された随伴性により形成された嗜好は自由を切り下げる、ということになるのか？

ドゥオーキンはまた、私たちは単に自分の性格や欲求を反省し、それを是認することができるだけであってはならない、とも提言する。「その見方はあまりにも受動的な見方だ。自律性は個人の能力と何らかの関係をもつはずなのであり、その個人の一階の[132]動機を批判的に吟味するだけでなく、本人がそれを望む場合にはその動機を変化させることもできるはずである」(Dworkin 1988, 16)。だが、かつて自己主張が強かったが今は隷従的になった女性は、ここで述べられたすべての条件を満たしている。彼女は不幸な加害の的とされたが、それでも批判的で合理的な能力は失っていない。その能力が完璧なものでないのは明らかだが、完璧な合理性なるものは、ドゥオーキンが採用しようと望む規準をはるかに超えた規準である。〔たしかに〕彼女が自分の批判的能力によって反省し、その上で是認している隷従へのコミットメントを、私たちのほとんど誰もがおぞましいと感じる。だがここで、神の意志なり、支配者の意志なり、上官の意志なりへの全面的服従にコミットしている人々は、合理的能力を失ってしまっているのだ、という主張を回避しようとする限りは、彼女が自分の理性を失っていると想定すべき理由は、何も存在しない。実のところドゥオーキンは、まさにその点を強調しているとも見られる。「だが、さまざまな仕方で自ら制約されることを望む人々は——修道会の戒律や、軍隊の規律、あるいは他ならぬ強制そのものなど、制約の形は多様だが——、だからといって自律性に乏しいことにはならない」(Dworkin 1988, 18)。加えて、先の隷従する女性が自分を変えようと望むことがありえたら、彼女が変わることも可能だろう。だが、彼女は変わろうという希望を絶対にもたず、それを罪深い選択肢と見なし嫌悪している。また最後に、〈人の最も深い(あるいは最高次の)価値が操作的介入や強制によって形成された場合、その人は、自分の価値を形成した過程を顧みて〔反省的に〕是認することができず、それゆえ自由ではないだろう〉という想定もありうるかもしれない。だが、この想定とは正反対に、それを是認する、という想定の方が見込みは大きい——つまり隷従を受け容れた女

131 原語は fortuitous contingency。「随伴性」と訳した contingency はもともと「偶発事」を意味するが、この後「計画された随伴性」という言い方が出てくることからしても、行動主義心理学におけるオペラント学習の過程(「強化」や「弱化」など)を指す専門用語として用いられている思われる(訳注116参照)。

132 反省が向けられる、最も直接的な、通常の動機や欲求が属するレベルを指す。これに対し、二階以上の評価や判断、つまりそれらの動機や欲求を対象とする反省的な評価や判断が「高階の」と呼ばれる。「階層的(hierarchical)」とは、このように反省的レベル、あるいはメタレベルが何層にもなっている、というあり方を指している。

性が、隷従の強固な価値を自分に認めさせた苛酷な過程を顧みて〔反省的に〕それを是認する、という想定の方が、見込みは大きいのだ。彼女は最も苛酷で、最も侮辱的な強制手段にすら感謝し、是認を与えるかもしれない。とりわけ今の彼女が、この種の苛酷な手段によらなければ、自分があのわがままで罪深い自己主張から「解放」されることはなかったはずだ、と確信しているとしたら――そして多分この確信は正しいのだが――、なおさらである。

悲しいことだが、隷従する女性や満足した奴隷は、現実世界に対応物をもつ、ありそうな事例である。だが、より非現実的なケースを思い描くと、これらの事例が秘めた力をよりよく捉えることができるようになる。あなたが同じ学科の九人の同僚――いずれも穏やかで、粗暴ではなく、遵法精神に富んだ市民――と共に、学科の早朝教授会を開いているとする。コーヒーが出され、みなそれを飲む。だが不運にも、一つの――ランダムに選ばれた――カップには、悪の科学者が新たに発明した薬品が、実験のために盛られていた。その薬品を飲んだ者はたちまち、穏やかな哲学者から残忍な殺人鬼に変貌してしまうのだ。この変貌は不可逆的で、非常に深く、徹底しており、薬品で悪人になってしまった者は、過去の自分の人生を軽蔑し、凶悪犯罪を尊ぶという新たな価値観を心底から奉じ、新たに開かれた人生の展望を反省的に是認する（この同僚は、つい今朝まで温厚で優しい人物だったが、今やアル・カポネとフリードリヒ・ニーチェを強引に結合させたような物言いをするようになっている）。そしてこの彼または彼女は、「幸運な」カップを口にしたことに喜びをおぼえている。この、新たに造り出された悪人は、真底残忍な性格で、邪悪な動機に促され、その動機を実行に移す。もしもあなたがこの不運なカップを口にしていたら、今やあなたがこの邪悪な性格をもち、自ら進んで、熱心に、そして反省的に、邪悪な所業に及ぶだろう。あの同僚が邪悪な存在であることは確実だが、ではその人物を、今や彼ないし彼女自身の性格の奥底から発する邪悪な行動のゆえに非難することは説得力をもつだろうか？――それは公正なことだと見なせるだろうか？

このコーヒーの例は――満足した奴隷や隷従を受け容れる女性の事例とは異なり――いかにもありそうな話ではない。だが物語の核心は、大いに現実的で、日常的な事例に根ざしている。読者のあなたもまた、不運なコーヒーを飲み込んでしまうのとまさに同じように、人生初期に不運な影響に飲み込まれてしまったことで、暴力的な犯罪者となり、自らの暴力的な価値観と暴力的行動に、深く、反省的にコミットするようになっていたかもしれないのである。不運なコーヒーを飲み終えるのはあっという間であるのに対し、人生初期の不運な影響は長い時間をかけておよぼされるものだが、この事実は、究極的な意味で幸運な人々や不運な人々——つまり私たち全員——に道徳的責任を帰することの説得力、ないしは説得力のなさを、何も変えはしない。

隷従する女性や満足した奴隷は自由である——しかもただ自由であるだけでなく、彼らの隷従や隷属状態に対する道徳的責任をもっている——と考えるとしたら、私たちは袋小路に入り込んでいるのだ。ジェラルド・ドゥオーキンはこの見方に説得力をおぼえているようだが、私としては、この見方は極度に説得力を欠くと考える。満足した奴隷は、自由とは正反対の極に位置している。そして満足した奴隷を、彼の隷属状態への黙従のゆえに非難するというのは、私には道徳的に不快な考え方である。たしかに私は、誰かを非難するというのは〔一般に〕道徳的に問題がある考え方だと思っているが、それにしても満足した奴隷を非難するというのはあまりにひどすぎる問題で、およそ思慮深い観察者が、私と違う反応を示すとは想像しがたい。実のところ、人が〈隷従する女性〉や〈満足した奴隷〉を非難したくなる理由はただ一つ、なにがなんでも道徳的責任を救おうという、やぶれかぶれの欲求なのではないか、と私は疑っている。だが、たとえ、満足した奴隷の道徳的責任を進んで擁護する者がいるとしても、私は、ほとんどの人はそれに尻込みをすると思っている——さらに言えば、人々がそれに尻込みすることを熱烈に望んでいる。不幸なことに、人々はこの尻込みの結果、道徳的責任の放棄には向かわず、自由と道徳的責任のさらなる条件設定に向かっていくのが通例である。だが、こうしてさらなる条件を設定しようとすることから問題が生じる。明確に停止すべき地点がなくなってしまうのだ。つまり、〔さらなる条件の設定という〕この過程を進め、そこに含意されていた論理的帰結に到達するまで、明確な停止地点が見あたらなくなってしまうのである——そして、この作業にたゆまず専心し続けてきたのがスーザン・ウルフである（Wolf 1980, 1981, 1987, 1990）。そこでは完璧な合理性と完璧な知識こそが〔条件の追加を〕停止すべき地点であり、〔大文字の〕〈真理〉と〈善〉をたゆまず追い求めることで達成される自由のみが、真正の自由である、とされる。そしてこのような自由は、自然主義と両立論の限界のいずれをも逃れるほど強力な力に、そして、奇跡じみた無制約の力に、たちまち変じてしまう可能性があるのだ。

スーザン・ウルフの完璧に合理的な自由

スーザン・ウルフが論じるところでは、本当の自由とは、正しい理由〔行為などの合理的な根拠〕に至るための正しい道をたどっていくことであり、真正の自由だといえるのは、〈真理〉と〈善〉を追い求めるための狭い道を進む自由のみだ、ということになる。この見方には長い歴史がある。その始まりはギリシャ思想にあり、キリスト教思想がギリシャ思想を導入して後は、キリスト教思想を通じて受け継がれた。それによれば、真の自由とは人間の（理性的存在としての）真の本性と一致して生きることにあり、真正の自由とは、〈真理〉を厳密な形で追い求めることによってのみ実現できるものであり、本当の自由とは、神がその人について意図《デザイン》した通りの生き方をすることを意味し、〔したがって〕神への完璧な服従の中にのみ真の自由が見いだされる、というのである。スーザン・ウルフは、自由意志に対するこのようなアプローチの、魅力的な現代版を展開する（明白なことだが、ウルフのアプローチは、神への屈辱的な服従ではなく、理性への完璧な服従をこそ強調する）。ウルフによれば、真正の人間的自由には、客観的なものとしての〈真理〉および〈善〉が必要とされる——そして人間はこれらを追い求めるための能力を備えている。「自由と責任の条件をより直截に語るには、〈真理〉と〈善〉と一致して（またそれにもとづいて）行為する能力を、そのままの形で述べればよい」（Wolf 1990, 73）。また、ウルフによれば、ただ一つの真なる道にひたすらに専心する以外のいかなる歩みも、真正の自由からの逸脱であり、望ましいことではない。「それゆえ、〔通念によれば〕自律的であることと〔複数の選択肢に開かれてあるという意味での——引用者〕を望むとは、〈選択の根拠が存在しない場合でも選択できる能力を望むこと〉を意味するだけでなく〈そもそも何の根拠も存在しない場合ですら、根拠もなく選択できる能力を望むこと〉をも意味する〔とされている〕。だが、このうちの後者の能力を行使したい、と望む理由を抱く人など、およそ誰一人としていないように思われよう。〔差し出された〕リンゴを、ただ気に入らないから、または、これといった理由もなく、ただ辞退できる能力など、いったい誰が望むというのか?」（Wolf 1990, 55）。そのような能力は、不合理に行為する能力であり、——ウルフの論証に従えば——「仮にそれが能力なのだとしても、望むには奇妙にすぎる能力である」とされる（Wolf 1990, 56）。つまり、そのような能力をよりよい能力だと見なすのは、ときおり別の線路へとジャンプする列車をよりよい列車だと見なすのと大差ない、というのだ。こうした真の自由についてのウルフの説明は、まったく正しい——すなわち、完璧で不変の環境に住まう天使のような存在にそれが宿るならば、まったく正しい。だが、シロアシネズミにとってはどうだろうか。シロアシネズミが住む環境では、エサ場が姿を消したり、習慣化した通り道を捕食者が発見したり、かつては不毛の地だった通り道が実り豊かな道になったりする——彼らの親族である人類もまた、同じ変化に富む世界を共有し、同様の要求《ニーズ》をもつ。このようなシロアシネズミとって、まっすぐで狭い道は致命的な不利益となる。別の線路にジャンプし、別の選択肢を追いかける能力は、非常に価値の大きな能力である。現在最適ではない選択肢も、このように変化し続ける状況の中では最適な選択肢になることがありうるし、——カール・ポパーが教えてくれたように（Popper 1959, 1963）——失敗に終わった選択肢ですら、探索過程の非常に有益な部分でありうるのだ。

〈複数の別な選択肢に開かれてあること〉〔の自由〕と本人性〔の自由〕を結び合わせる

ならば、別の選択肢に開かれており、複数の選択肢が利用可能である状態を保持しておくことへの私たちの要求《ニード》が（シロアシネズミと同じく）これほどに深く、また強力だというのに、なぜ「本人《オーセンティック》が選んだ真の道」という概念が、人間的自由を説明するに際してあれほどに抗しがたい訴求力をもつのか？　実のところ、それが訴求力をもつのはごく自然なことだ。ときおり新たな道〔方法〕を試してみることは、たとえ現在有利な道を辿りつづける方が、それよりも着実な見返り《リワード》／報酬[133]をもたらすと知っている場合ですら、有益である。だが、有用な道をそうそう簡単に手放さずにおくこともまた、重要である。私たちは本人性にコミットすること[134]によって、これまで利用してきた道を開かれた、利用可能なものとして保持するのであり、さらには

133 ここでの reward は行動心理学の用語でもあり、したがってこの箇所は日常的な観察であると共に、目下の自然主義的な分析における心理学的な効果についての説明でもある。

それによって選択肢の幅を拡張するのである。「単一の真の道」に過度に執着すると、重要な選択肢の探索を遠ざけ、新たなチャンス、食糧のありか、回避経路などの発見を阻んでしまうが、他方、これまで有益だった道をあまりにあっさりと見限ってしまうこともまた、まったく同程度に、将来的に有益になりうる選択肢を閉ざしてしまうものだ——例えばキツネなら、〔キツネが狙う〕新たなガチョウを農夫が補充するとき、クマなら[135]、小果《ベリー》の畑に実りの時期が訪れるとき、会社員なら、通勤経路の工事が完了したとき、などを考えてみよう。格別に大きな利益をもたらす行動パターン——ハトがエサを求めてバーを押す、ギャンブラーがコインを求めてスロットマシンのレバーを引く、通勤する社員が便利なルートを通る、シロアシネズミが報酬のエサを求めて最適経路で迷路を抜ける、等々——は、いい結果が一度出なかっただけでは放棄されない。ギャンブラー、通勤者、ハト、ネズミは、何度も失敗してなお、同じ道を通り、同じレバーを動かすだろう。その道を選んでも何の報酬も得られなかった、という経験が際限なく繰り返されてようやくその道を試す度合いが減ってくるが、とはいえ長期的に完全に放棄されることはない。しかも、動物がその道をごくまれにしか試さなくなった時期に、その道からまたもや利益がもたらされたら、その道を進もうとする行動〔への傾向〕は、速やかに最大レベルにまで復帰するだろう。こうしたアプローチが常に好ましいものでないことは明らかだ。例えばギャンブラーは、負けが込んだ後のたった一度の勝ちで、あっという間に賭け事[136]への熱中が頂点に達する。偽りの愛にどこまでも身を捧げ人生をだめにする、というのはカントリーミュージックの定番である。あるいは、複数の選択肢に開かれた状態を保つという有用な傾向が、哲学者や預言者たちによって歪曲され、〈善〉と〈真理〉に、さらには「一なる神」に至るただ一筋の道への偏狭な献身に変えられてしまう、ということも生じうる。かくして、一般的には有益であるこのような傾向が、誇張されることで逆効果をもたらすことはありうる。だが、逆効果が生じるからといって、その傾向が自然状態において、多様な選択肢を保持するという、有益な機能を果たす事実に変わりはない。

　ここまでの議論はおおむね、階層説的な自由の説明に異議を差しはさむ内容だったが、実を言えば、——徹頭徹尾自然主義的な観点からして——高階の〔あるいはメタレベルの〕反省が、非常に得がたい力となってくれることはありうる。僕は本当に、親の店で働くという今の生活を続けたいと思っているのだろうか？　毎晩のクラブ遊びは大好きだけど、でも、あたしはこんな生き方を、心底から是認しているのだろうか？　おれには麻薬を続けたいという欲求があるが、しかしおれは本当に薬物依存症でいたいと思っているのか？　私たちはこういった反省的な問いかけによって、現在なじみつつある習慣や欲求を吟味すべく促され、その結果、これまで検討してこなかった別の道や別の可能性を考えるよう促される。つまり、このような反省的問いかけには、凝り固まった習慣を振り払い、そうでもしなければ発見できなかったはずの選択肢を開く力がある。これは特別な能力——シロアシネズミにも、チンパンジーにもない能力——であるが、しかしこのような、可能な選択肢の幅を拡張する能力に価値があるとしたらその理由は、別の生物種の、これより未洗練だが、明らかにこれと類似する探索行動に価値がある場合と、同じ理由によるのである。ただし私は、階層的反省の重要性は、可能な道を新たに切り開くことにしかない、と言っているわけではない。ここで言いたいのは、自由意志についての自然主義的な説明を採ることで、階層的反省がもつ価値の重要性の少なくとも一つ〔ここで述べた一例〕を理解できるようになる、ということだ。したがって階層的自由意志は、本書で提起している自然主義的な自由意志の説明への異論にはならない。むしろ、自由意志についての自然主義的な説明は、この〔人間だけに〕特別な高階の反省能力に価値が認められる理由を説明してくれるのである。

　人間の自由意志を考えるとき、人間の理性《リーズン》〔合理的能力〕[137]の重要性を無視することはできない。ただし、ここで重要なのは〈真理〉と〈善〉を追い求める完全な理性ではなく、むしろ、別の道を想像し、かつそれを調べるという私たちの能力を切り開くのを助け、危険に身をさらさずに選

134 この場合の「コミット（コミットメント）」は、ある方針などを真面目に、生涯にわたり抱くべきものとして採用する、というほどの意味だが、「本人性」がそもそも一定の動機や方針などを自分自身に属するものとして深く是認する、ということなので、これ全体で「本人性」というあり方を表現しているとも言える。

135 原語は black bear で、アメリカクロクマを指すと思われる。

136 原文は games of chance で厳密に訳せば「運のゲーム」で、双六やあみだくじなど、運に左右されるゲームならばギャンブル以外も含む。

137 reason は「理性」と訳してよいが、もともとは「推理」および「理由（づけ）」を意味し、ここから、推理／理由づけにもとづく、という意味での「合理的」な思考や行動をなしうる能力を「理性」と呼ぶという背景があり、したがって「理性」にはここに述べたような意味のつながりがある。

択肢の幅を広げ、実地であちこちを探し回る代わりに、さまざまな選択肢の可能性を探求すること――それゆえ、より安全に探求を進めること――を可能にしてくれるものとしての理性である。これについてポパー（Popper 1977）はこう述べている。「批判能力をもたない動物が独断的な仮説に固執すると、その仮説もろとも動物自体も排除されてしまうかもしれない。他方、私たち人間は仮説を形成し、仮説を批判的に吟味することができる。むしろ、私たち自身の代わりに、私たちの推測や理論を死ぬに任せればよいのだ」。

自然主義者としての私たちは〈自由意志に関する〉〈複数の別の選択肢に開かれてあること〉という説明と〈階層的本人性〉という説明を一つに結び合わせることができる――そして、二つの説明が衝突せず、どのように調和し合うのかを示し、それぞれの説明の中で存続させていくに値する重要な要素を見極め、それらが、進化の産物である自然の過程の一部として、どのように位置づけられうるかを理解することができる。それは唯一不変の道を追い求める天使のごとき力ではないし、いかなる先立つ原因もなしに選択肢を選びとる神のごとき力でもない。そして私たちは高階の反省がどのような利益をもたらすかも理解できる――それは、そのような反省がなければ考察されなかったかもしれない根源的に新たな選択肢を開き、私たちに深く根づいた、型にはまった習慣を振り払うことを可能にするのである。

自然的自由意志には程度の差がある

哲学の伝統は〈自由意志をもつか、それとももたないか〉という明確な区別に固執してきた――ヒューム、カント、フランクファート、デネットは自由意志に関するはなはだ異なった説明を提起しているが、いずれも、自由意志をもつ者ともたない者の間に、また自由意志が有効に働く状況とそうでない状況の間に明確な境界線を引く、という点では一致している。大いに異なった説明を唱える人々が、この点に関してだけは一致するというのは、単なる偶然ではない。彼らは、二つの要求を共に満たすために、今述べた明確な境界線に固執しているのだ。二つの要求とはすなわち、〈自由意志と道徳的責任とは軌を一にするのでなければならない〉という要求、および〈道徳的責任がある者とない者を区別する明確な規準がなければならない〉という要求である。本書で[138]提起した自然主義的な自由意志のモデルは、この伝統と縁を切るものだ――自由意志をもつ存在ともたない存在の間には明確な境界線は存在せず、真正な自由意志を行使する場合と、そうでない場合とを区別する明確な規準も存在しない、ということである。

（この自然主義的なモデルにおける）自由意志は程度の差を許容し、状況、訓練、技能の熟達や減退、認知的気概[139]や認知能力の増強なり衰弱なりに応じて、拡大や阻害をこうむりうる。自然主義者であれば、これを論駁しようとはせず、むしろこれが理論の長所であることを認めるはずである。マイケル・ルースの道徳についての次の指摘は、自由意志に対しても同じように当てはまる。「ダーウィニズムの明確な主張によれば、さまざまな形質〔生物の特徴〕は漸進的に進化してきたのであり、道徳のように重要なものもまた、私たちの（ごく最近の）共通祖先[140]の中に存在していたはずである。さらに、もしヒトにとっての道徳が、世間で主張されているほどの重要性を生物学的にもつというなら、そんなにも重要なものの痕跡が、他の高等霊長類が行う社会的交渉からすべて抹消されているというのもおかしな話だ、ということになるはずである」（Ruse 1986, 227）。

それゆえ、シロアシネズミはある程度の自由意志を享有している、ということになる――それは、骨折によってその実質が削がれてしまうタイプの自由意志〔つまり、例えば「歩行」という選択肢が失われることでその実質が損なわれるような、「純粋精神」とは対極の自由意志〕である。自由意志は道徳的責任を〔必然的に〕含意するというのであれば、シロアシネズミは萌芽的な自由意志をもつ以上、このネズミが何らかの度合いで道徳的責任ももつ、ということが帰結しよう。私たちは、これまで前提されてきた自由意志と道徳的責任との間の結びつきをきっぱり断ち切ることで、自由意志が程度の差を許容することや、――ネズミ、チンパンジー、および人間における――自由意志の拡大や阻害の過程がどのようなものであるかを、これまでよりもはっきりと見すえつつ、人に道徳的責任を帰するとい

138 原文では「本章で」であったが、この話題は前章から続いているので、著者に確認の上「本書で」に直した。もともと第三章と第四章が一つの章であったことの名残と見られる。

139 訳注85参照。

140 ヒト（につながる系統）とそれ以外の生物種が枝分かれするポイントになった過去の生物種を指す。さかのぼれば現在のバクテリアや現在の魚類などと人類の共通祖先（それぞれ、バクテリアおよび魚類の一種）も存在するが、ここでは類人猿や化石人類などとの共通祖先が想定されている。

う重荷からは逃れることができるようになるのである。〔第二章に登場した〕ベンジーには、人種差別主義に黙従してきたことに対する道徳的責任があるのだろうか？自己反省の習慣がなく、付和雷同に走りやすいドイツの商店主には、ナチスの蛮行に黙従したことに対する道徳的責任があるのだろうか？　パトリシア・ハーストには、洗脳されて武装強盗事件に〔加害者として〕加わったことに対する道徳的責任があるのだろうか？[141]　ヒンクリーには、暗殺未遂事件に対する道徳的責任があるのだろうか？[142]

これらの問いに明確な白か黒かの決着が要求されるのは、その答えが、上記の人々が非難と刑罰を受けるかどうかを決定するからである。（私たちはハーストに有罪判決が下った後ならば、刑を緩和するために彼女が置かれた特殊な状況を持ち出すかもしれないが、判決が下される前の段階では、彼女に道徳的責任があるかどうかの明確な境界線を必要とする。）こういった明確な一線を引こうとするときの問題は、法廷で、精神異常を理由に無罪判決を下すために明確な規準を設けよう、という試みがこれまで直面してきた、さまざまな難題が示す通りである――これらの難題の厄介さはよく知られており、現在も解決にはほど遠い。これらが示唆するのは、道徳的責任の有無を明確に区別する一線など存在しない――自由意志の有無を明確に区別する一線など存在しないのだから――ということである。それにもかかわらず、道徳的責任を求める限りは、たとえあからさまに恣意的なものであっても、何らかの線引きが要求されるのである。

道徳的責任〔を人に帰するシステムや実践〕がなくなれば、私たちは、自由意志をもつか、もたないかの間に固定した境界など存在しないと認めることができるようになり、その種のあやふやな境界線を引くという義務から解放され、自由意志を増強したり減退させたりする無数の要因を、これまでよりはっきりと見すえることができるようになる[143]。知識がより多く、（自己欺瞞を含め）欺かれることがより少なく、内部型ローカス・オブ・コントロール[144]の感覚がより強く、認知的気概がより強固で、自己効力感[145]がよりしっかりしており、豊富な、かといって多すぎて困るほどでもない程度の選択肢を与えてくれる、支援的な環境に恵まれ、自己を振り返る度合いがより多く、高階の反省を行うためのより充実した能力を備えていること――これらはすべて、より強く、より健全な自由意志に寄与する。ベティの自由意志の水準は、ベンジーの水準をはるかに優越している。ベティのこの優越性を認め、豊かで堅固な自由意志の発達を促進する要因について注意深く研究することは重要である。「自由意志の厳密な必要十分条件は何か?」といった、答えようのない問いかけによる自縄自縛の状態を脱すれば、そのような探究をより効果的に行うことが可能となるのである。

自然的自由意志と道徳的責任

これまで私たちが提起してきた、自由意志についての自然主義的な説明は、〈複数の別の選択肢〉と〈本人性〉とを実地に即した見解へと統合し、それらが（対立し合うのではなく）いかに協調して働くかを示すものであった。たしかに、この説明の中で描かれる人間の自由意志は、奇跡の業をなす神的存在や、完璧な知識を備え決して誤ることのない合理性よりも、シロアシネズミの自由意志にはるかに似たものである。だが（自然主義者にとっては）、この類似性は弱点ではなく、むしろ強みである。そして何より、自由意志についての私たちの説明は、道徳的責任に支えを与えようとすることによる歪みやねじれを免れている。そしてここまで述べてきた自然主義的な自由意志の説明を踏まえることにより、私たちは、〈果たして、道徳的責任には正当化が存在するのか?〉と問うことができるようになる。そして私たちはこの問いを、それとはまったく別の、〈私たちは自由意志をもつのか? またそれはどのような姿をとるものなのか?〉という疑問から区別することができるようになるのだ。

自然主義者であれば、これまで提示してきた自由意志の説明に大いに説得力をおぼえるはずである。第一に本書の説明は、伝統的に自由意志の中心的要素とされてきたもの

141 一九七四年、当時大学生だったパトリシア・ハーストが左翼過激派に誘拐され、その後犯人グループの犯行に協力した事件を指す。一九七六年に始まった裁判では有罪判決が下ったが、弁護人は彼女は犯人グループに洗脳されていたと主張し、その後嘆願書や恩赦などにより、一九七七年に仮釈放となった。
142 ジョン・ヒンクリーが一九八一年に起こしたレーガン大統領暗殺未遂事件を指す。ヒンクリーはこの事件で、精神異常により無罪という判決を下されている（ヒンクリーは事件に先立ち永年にわたり女優ジョディ・フォスターへのストーキング行為を行っており、この行為は暗殺未遂事件にも関連しているとされる）。
143 この批判は当面の論敵である「道徳的責任と自然主義の両立論者」のみならず、リバタリアン、および、リバタリアン的自由の否定を直ちに自由意志の全否定と同一視する、「自由意志否定論者」ないし「自由意志懐疑論者」にも向けられうるものでる。
144 訳注75参照。
145 訳注74参照。

――〈複数の別の選択肢に開かれてあること〉と〈深い本人性〉――を共に取り入れている。第二に、本書の説明はこの二つの要素を調和させているが、他の自由意志論は二つの要素を対立するものとして描いている。第三に本書の説明は、現代提唱されているさまざまな自由意志の説明で格別の扱いを受けている、二階［から］の反省と理性［合理的思考］の両方に重要な役割を与えている。第四に本書の説明は、このすべてを自然主義の枠内で成し遂げており、しかも、他の動物種においても重要な価値をもつ行動と密接に関連づけられた説明であることを、はっきりと打ち出している（これは〈自由意志とは人間に固有の能力である〉という、自然主義的で進化論的な見地からは疑わしい立場とは正反対である）。そして第五に、本書の説明は、自由意志のさまざまな要素が私たちのような動物にとって真に価値あるものであるのはなぜなのかを明らかにする。ここでの目的は、自由意志についての従来よりも満足のいく説明を素描することだけではない。〈道徳的責任に支えを与える〉という重荷を取り払えば、自由意志についての説得力ある説明を構築できることを示すのもまた、ここでの目的である――つまりここで述べてきた自由意志の説明は〈自由意志は道徳的責任についての問いとは独立に考察できるのであり、かつまたそうすべきである〉という主張を証明するのだ。

ここで、〈私の主張に何が含まれないのか〉を注記しておくことも重要である。すなわち私は〈ここで提起した説明**こそが**自由意志の正しい説明なのであり、その正しい説明が道徳的責任に支えを与えないのだから、道徳的責任には何らの正当性もありはしない〉と主張するつもりはない。たしかに私は、〈私の説明は、自由意志についての一つの説得力ある自然主義的説明である〉とは主張するが、とはいえ〈この私の説明が道徳的責任に支えを与えないならば、道徳的責任に支えを与えることはできないのだ〉とは主張しない。なにしろ、自由意志についての自然主義的説明はこれまで数多く登場してきたのであり、それらの説明は道徳的責任の正当化を提供してきたのである。それゆえ、〈まずは自由意志についての一つの自然主義的説明を提供し、次に、その説明が道徳的責任に支えを与えはしないことを論証し、そこから道徳的責任が存在しないという結論を導く〉という論法をとることはできない。むしろ私は、自由意志についての他の自然主義的説明が、いずれも道徳的責任に支えを与えることに失敗している、ということを示す試みをせねばならない。この試みこそが次章以降の主題であり、そこでの基本戦略は二つに分けられる。第一の戦略は、〔自由意志についての〕自然主義的説明によって道徳的責任に支えを与えようといういくつかの試みが、失敗に終わっていることを示す。第二の戦略は、そこで検討した以外の、やはり自然主義的であることを標榜する自由意志の説明が、実は自然的ならざる、奇跡をもたらす力を密輸入しているため、たとえそれらが道徳的責任に支えを与えていても、道徳的責任の自然主義的な基礎づけにはなっていない、ということを示す。だがこの段階ではまだ、自由意志の非自然主義的な説明――少なくとも、これまで提起されてきたそれ〔つまり、リバタリアンの多くが採用する説明〕――ならば、道徳的責任に支えを与えることができる〔ゆえに、自然主義を断念しさえすれば道徳的責任を保持できる〕、という結論を導くことも可能だ。そこで最後の課題は、私たち自然主義者は道徳的責任の死亡宣告に哀悼の意を表するどころか、その墓の上で愉快に踊るべきだ、と〔読者に〕理解してもらうことだ。私たちは、道徳的責任が当然のものとして要求してきた善きものをほぼすべて相続しつつも、道徳的責任が課してくる苛酷な制約から解き放たれることになろう。

本書が提起する自由意志についての自然主義的説明は、道徳的責任に支えを与えるだろうか？　そうではないことはこの後論じていくが、今現在示したのは、〈この説明が自由意志についての説得力ある説明かどうか〉という問いと、〈この説明が道徳的責任に支えを与えうるかどうか〉という問いは、それぞれ別の問題だということである。その上で私が最終的に主張するのは、それが自由意志についての、説得力と魅力を備えた（そして道徳的責任なしで首尾よくやっていける）自然主義的説明であり、かつまた、動物としての私たち人間が、自由意志によって現実に得たいと望むものをすべて提供できる説明でもある、ということである――水面下に没していく道徳的責任を尻目に、自然主義的自由意志は泳ぎ続けるのだ。だがたとえ、私のこの計画が失敗しても――つまり、それが自由意志についての十全な説明でないとしても――、道徳的責任の自然主義的な信憑性に対する本書の異議申し立ては、変わらず有効であり続ける。自由意志が共に水没するか否かにかかわらず、道徳的責任は沈んだままなのだ。

第五章　すき間《ギャップ》の中に道徳的責任を求める

　ピコ・デラ・ミランドラは、奇跡を容認することに何の困難もおぼえなかった。大は小を兼ねる。つまるところ、全能の神が、奇跡によって壮麗な宇宙を創造したことを認める人物が、人類が奇跡によって自己自身を創造することを認めようとしない、というのはありそうにない。とはいえ世紀はめぐり、ウィリアム・ハーヴェイやアイザック・ニュートンに始まり、チャールズ・ダーウィンやB・F・スキナー[146]に至る科学者たちが、人間と世界についての自然主義的な理解を拡張した。そして自然主義的な説明[147]が優勢になるにつれ、奇跡への熱狂は廃《すた》れていった。自己が何者であるかを定義するための選択の幅は、かつての全面的かつ無制約な――野獣から神に至る広大な可能性に開かれた――自己創造とくらべて、ますます狭いものとなっていった。私たちの究極のコントロールがおよばない因果的力によって解明されうる範囲が、生物学者や心理学者たちによって次第に拡張されていき、それにつれて、自由意志という特別の力が利用できる空間は狭められ、窮屈になっていったのだ。こうした自然科学からの圧迫の下、神々の奇跡の力は人目につかない片隅へと撤退し、全能の神は「すき間《ギャップ》の神」に、すなわち「それが何であれ、ともかく科学が未だ解明できていないもの」にしか力をおよぼせない神に変わった[148]。これと同じ流儀で、生物学と心理学の進歩は、奇跡をもたらす力としての自由意志を、〈科学が未だ解明できず、はっきりした因果的説明に帰着させられないような人間の力〉にまで切り下げてしまったのである。

　もちろん両立論者たち――道徳的責任と自然主義（および決定論）が両立可能だと主張する論者たち[149]――はあくまで、自然科学の進歩は道徳的責任に何らの問題も突きつけはしない、と主張する。しかし、彼らの実際の取り組みと彼らが提起する説明は、実態がこの主張とは異なることを示唆している。だがこういう両立論者たちの主張の検討に入る前に、非両立論者たち、特に、伝統的なリバタリアンたちが残した成果を考察しておこう。道徳的責任にとって本質的な役割を果たす、特別な人間的自由は、自然的説明や自然的な原因からは独立したものでなければならない、というのが彼らの一貫した主張であった。ピコ・デラ・ミランドラは、リバタリアン思想が達しうる高みを体現している。その思想によれば、神は私たちに奇跡的な、神のごとき自己作成の力を授けたのであり、私たちはそれを用い、自分の力や可能性のどんな限界にも直面せずに、自分の選んだどんな形にでも自分を作り上げられるというのである。ところが二〇世紀になる頃には、リバタリアン的自由意志は——自然科学的説明の、ますます増大する成功事例に打ちのめされて——それよりずっと慎ましいものになっていた。

キャンベルの最小化された自由意志

C・A・キャンベルはきわめて明敏な二〇世紀のリバタリアンであり、道徳的責任の支柱としてのリバタリアン的自由意志がごく小さい範囲で成り立つという、興味深い説明を提唱した。このキャンベルも、生物学と心理学の知識が道徳的責任に突きつける根本的な異議申し立ては理解しており、またそれを認めている。

もしも私たちが、遺伝と環境がおよぼす影響に目を向けるならば、ある意志の働きについて、自己こそがその唯一の作者、唯一の支配者である、と真に主張しうる事例がただ一つでもあるのかどうか、いくらかの疑念をおぼえるようになってもおかしくない。

146 ニュートン（一六四三年—一七二七年）とダーウィン（一八〇九年—一八八二年）以外に注記しておくと、ハーヴェイ（一五七八年—一六二七年）はイギリスの解剖学者で血液循環の発見者、スキナー（一九〇四年—一九九〇年）はアメリカの行動主義心理学者。

147 訳注57に記した通り名詞 explanation は account と訳し分けず「説明」と訳すが、以下この節で用いられる動詞 explain（および形容詞 explicable）は「謎を解き明かす」という意味が強いので「解明する（されうる）」を当て、その後は再び「説明する」と訳す。

148 「すき間の神（a-god-of-the-gaps）」は「科学では解明できない神秘」と称するものに神の存在の根拠を見いだそうとする人々（「××は進化論では説明できていない」という論拠を持ち出す創造論者などが典型）への揶揄として広く使われる表現。本章では、道徳的責任の根拠を「科学が解明していないすき間」に求める論者に対して同様の揶揄が向けられる。

149 訳注62参照。

生まれつきの衝動や能力というのは、その人にとっての生まれながらの環境[150]であるが、この与えられた未加工の素材に、直接命令を下し決定できる人などいないのだし、人がそこで生きるべく定められた物質的、社会的環境をコントロールできる範囲はごく一部にすぎない。そして、多少のコントロールができるとしても、遺伝と環境というこの二要因が、一貫して、また徹底して人間の選択の本性にはっきり影響をおよぼしていることを否定するのは、明らかにばかげたことだろう。（Campbell 1957, 160–161）

キャンベルはこの問題を、自由意志の核心的な働きの範囲を極度に切りつめる、という仕方で解決しようとする。私たちは、「自分自身を一から作り出す《メイク》」のではなく、むしろ自分の道徳的責任の基礎となる、ささやかだが決定的な選択を自分で行う《メイク》のだ、ということである。キャンベルの説明によると、「真正の開かれた複数の選択肢」の中からの自由な選択——「〔道徳的責任ありと——引用者補足〕判断された人物が、それの**唯一の**作者と見なされることができるような」（160）選択——を行う《メイク》という私たちの特別な力は、ごく限定された領域の内部で働く。つまり私たちが欲求と義務の間の葛藤を経験するとき、私たちはたしかに、欲求に抗い、進んで義務を負うために必要な道徳的努力を発揮することも差し控えることもできるという、あの特別な力を手にしているというのだ。現代では、このキャンベル独特のリバタリアン的自由意志論の支持者はわずかしかいないが、しかし彼の遺産は今なお受け継がれている。というのも現代の多くのリバタリアンたちは、キャンベルが指し示した道、すなわち、最小限度の自由意志を想定する、という道に従ってきたからである。これは〔〈すき間の神〉ならぬ〕〈すき間の自由意志〉である。キャンベルは、私たちの欲求が形成される経過や、私たちの性格と行動を成り立たせている諸原因のあり方を、科学が解明してしまうかもしれないと認めている。だが、意志の力を発揮することも差し控えることもできるという内的行為を因果的に説明することは、科学にはできないと考える。そしてこのことが「因果律に反する自由意志」が存在できるためのすき間を空けることにつながる。そのすき間の中で、人間の特別な創造的活動としての意志の働きが、どの道を進むべきかを選択するのだ。そしてこの場合、「行為者がそれをなすということ以外の何ものもその行為を決定することがない」（Campbell 1957, 178）ということになるのである

意識的な意志

自由意志の余地を、現在の科学的知識の中のちょっとしたすき間《ギャップ》に求めようとする立場には、問題がある。多くの場合そのようなすき間は、結局は埋められてしまう、という問題である。キャンベルの場合、すき間が埋められるのはあっという間だった。心理学者たちは、人の「意志の力を発揮する」能力が、いくつかの、微妙で捉えにくいが、それでも特定可能な心理的要因に依存していることを発見した。そのような心理要因としては、その人の内部型／外部型のローカス・オブ・コントロール[151]（Rotter 1966, 1975, 1979, 1989）、自己効力感（Bandura 1997）、学習された無力感の度合い（Seligman 1975）、などがある。先にも指摘したように、マーティン・セリグマン（Seligman 1975）は、人々が多くの事柄において深刻な無力状態に陥ってしまうことを立証した。それによれば、多くの事例において（例えば自分を苦しめる存在から逃げ出す、数学の問題に挑戦する、虐待に抵抗する、などに向けて）ある個人が意志する努力を発揮できたはずなのに、努力が功を奏さなかったという経験が度重なることで、そもそも努力を発揮することすらできないほどの深刻な無力状態に陥ってしまうのである。このような「学習性無力感」は根深く、永続的であることがある。他にもキャンベルの立場には、〔「意志の力の発揮」よりも〕さらに問題含みな部分がある。すなわちキャンベルは〔心の〕内側からの視点に立ち、「自由な選択」を直接的、内面的に知ることができる、ということを当てにして、次のように語るのである。「内側からの視点によって把握されたものとしての、道徳的決意という働きへの反省は、彼〔決定論者〕を、**創造的な活動性**……の存在を認めざるをえないように強いる。この創造的な活動性においては……行為者がその行為をなすということ以外の何ものも、その行為を決定してはいないのである」（Capnbell 1957, 178）。〈驚異的な（奇跡的ですらある）心理的な力の存在を明らかにしてくれる特別な内的知識〉なるものの信頼性には明白な問題があるのだが、キャンベルの言う、自由で外的原因をもたない選択の「内的知識」につ

150 やや奇妙な表現だが、他の箇所で「遺伝と環境」と名指されている二要因の内の「遺伝」もまた、見方を変えれば、当人に属さない、外的に与えられた「環境」と見なすことができる、ということであろう。

151 注75参照。

いては、そこにあったすき間《ギャップ》は、すでに多方面にわたる心理学と神経心理学の研究によって埋められてしまっている。たしかに、私たちが実際、意識された自由意志の力を感じとっていることは疑いえないが、とはいえこのように実際の効果をもつ、意識化され、拘束を免れた意志をもっているという感覚は、信頼の置けないものであるということを支持する強力な証拠が存在しており、これはキャンベルの、意志的な努力の働きに対する内省的観察にも、ジネットが、私たちが有していると主張する、決定論を超越する自由な行為の「行為者的《アクティイッシュ》な現象的質」(Ginet 1990, 1997) にも、同じように当てはまる。意志が創造的な活動をすることを〔当人が〕内省的に、特別な仕方で知りうる、という主張に対してはさまざまな方面からの反論があるが、その反論を支える証拠の最善の集成の一つは、ダニエル・ウェグナーの『意識的意志という幻想〔錯覚〕』(Wegner 2002) という、的確なタイトルの書物によって知ることができる。

それによると第一に、実際にはいかなる行為も遂行していないのに、自分はある行為を意識的になしつつある、という強い感覚を私たちが抱く事例が知られている。ウェグナーとウィートリーは (Wegner & Wheatley 1999)、ウィジャボード〔「こっくりさん」の原型〕で使う文字盤に似た装置[152]を用いた実験を行った。この実験では、一人の被験者と、実験チームのメンバーの一人(ただし、被験者には別の被験者だと思われている) の二人が可動式の板の上に一緒に指をのせる。この板を動かすと、画面に映し出されたカーソルが板に合わせて画面内を移動するので、カーソルの動きをいつ、どこで止めるかを自分たちで選ぶことができるようになっている[153]。実験者はいろいろと状況を変えながら何度かカーソルを自ら操作し、カーソルを止めるのだが、しかし被験者は、カーソルを意図的な意志によって止める、という行為を、〔実験者ではなく〕自分自身が遂行したのだと思いこんでいた。

第二に、人がある行為を遂行しながら、特別に意志を働かせたという感覚経験をもたない、という事例が数多く知られている。こうした事例は、世間では「オカルト」な力に結びつけられることもしばしばだが、心理学者は「オートマティズム」と呼んでおり、色々の劇的な実例が知られている。わかりやすい事例として挙げられるのは、テーブル・ターニング[154]とウィジャボードであるが (Wegner 2002, 108–113)、これ以外の(ウェグナーが言及していない)印象的な実例としては、自閉症児とペアを組むボランティアによってなされる「ファシリテーション」という取り組みがある[155]。この取り組みでは、自閉症児はプランシェットといわれる器具〔ウィジャボードの可動板に鉛筆を付けたような占い道具〕を手にする。ボランティアたちは自分が、ペアである自閉症児が手で押して伝える指示に、ただ従っているだけだと固く信じている。ところが実際にはボランティア自身が、意思表示の器具を自分で動かしているのである。こうした「ファシリテーター」〔ここでのボランティア〕は自分が板をコントロールしていたことを心底から否定するのだが、実際には、その板は完全に彼らのコントロール下にある。いくつかの実験では、自閉症児たちにボールの画像を見せ、ファシリテーターたちには犬の画像を見せると、例外なくプランシェット上に"dog"という言葉がつづりだされた。だがこのときファシリテーターたちは、自分が完全に自閉症児の手の圧力に導かれていたにすぎず、自分自身の能動的な意志は一切伴っていない、と確信しているのである（Smith, Haas, and Belcher 1994; Jacobson, Mulick, and Schwartz 1995; Mostert 2001）。

第三に、ある人が、自由に選択したという感覚、そして（他からの介入のない、完全にその人だけの意志の働きとして）ある行為を意志した、という強い感覚をもつが、実際には、その選択が外的要因にコントロールされていたこと——少なくとも、その影響を非常に強く受けていたこと——が明らかな場合がある。ホセ・デルガードは、患者たちの協力を得て一つの発見をした。それによれば、脳の一定の箇所に電気刺激を加えると、患者がまるで何かを探しているかのように、首を左右に振る、という動作が引き起こされたのである。デルガードの報告では、「ここで興味深いのは、患者が、そこで誘発された〔首を回すという〕動作を自発的なものだと考え、どの場合でも、その動作について筋の通った説明を口にする、という事実である。つまり『何を

152 ウィジャボード（Ouija board）は、アルファベットの書かれた大きな文字盤の上に小さな脚のついた板が乗っている。日本のこっくりさんはこの種の占い版が明治時代に輸入されて広まった。実験では、文字盤の上を滑らせる小さな板（こっくりさんではこれの代用に十円玉や盃を使う）をデスクの上で滑らせ、ディスプレイに表示されるカーソルを動かす。

153 画面上には捜し物ゲーム絵本『ミッケ！』*I Spy!* のページが表示されている。

154 テーブル・ターニングはこっくりさん同様の占いないし降霊術で、複数人でテーブルの上に手を置いて座っていると、「自動的に」テーブルが傾き始める。

155 ウェグナーは「ファシリテーテッド・コミュニケーション」（FC）の事例に言及していないわけではなく、一〇ページ以上にわたって考察している（Wegner 2002, Ch.6）。

しているのですか?』と尋ねると、『スリッパを探しているのです』とか、『音がしたので聞いているのです』とか、『落ち着かなくて』とか、『ベッドの下を見ようとしているんです』といった答えが返ってくるのである」(Delgado 1969, 115–116)。別の実験も紹介しよう。ブラジルら(Brasil-Neto et al. 1992)は、ボランティアたちの脳に経頭蓋磁気刺激を与えた。この刺激は、脳の活動に短時間の影響を与えることが知られていた。被験者となるボランティアたちには事前に、右手か左手、どちらか好きな方の人差し指を自由に選んで立てるように、という指示が出される。被験者が実際に立てる指は、脳の磁気刺激が与えられた領域に対応する方の指である場合が非常に多い。それにもかかわらず被験者たちには、自由でコントロールされていない選択を自分が行った、という知覚が生じたのであった。

ある人の選択が、当人には完全に自発的な選択だと感じられているのに、実際には実験上の統制《コントロール》下に置かれている[156]、という状態を作り出すための一つの方法は、このように脳に直接的な操作を加えることである。だがまた、被験者の周囲環境を操作することによっても、同じぐらい劇的な結果がもたらされる。社会心理学者たちはさまざまな巧妙な実験を考案して、私たちが選択を行う状況には、それとわからぬ強力な影響がおよんでいることを明らかにしてきた。そこで彼らが示したのは、ささいな要因——例えば電話ボックスの中で小銭を見つける、「急げ」と促される(Darley and Batson 1973)、芳香をかぐ(Baron and Bronfen 1994; Baron 1997)といった、ごくささいな要因——が、私たちの選択と行動に深刻な影響をもたらすことがありうる、ということである。先にも触れた有名な実験(Isen and Levin 1972)では、被験者のあるグループが電話ボックスの中で一〇セント硬貨を見つけ、別のグループは見つけない、という設定がなされる。それぞれの被験者が電話ボックスを出ると、紙束を運ぶ実験者が通りかかり、紙束を落としてしまう(被験者には、この人物が実験者であることは知らされていない)。一〇セント硬貨を見つけたグループに属する被験者は、ほぼ例外なく立ち止まり、紙束を拾うのを手伝う。一方、硬貨を見つけなかったグループの場合、大部分の被験者がそのまま通り過ぎてしまう。一〇セント硬貨の発見というのは、明らかにささいな要因である。とはいえ重要なのは、こんなにもささいな、内省によってその影響に気づくことのなさそうな要因ですら、被験者の選択に深刻な影響をもたらした、という点である。実のところ社会心理学者たちが一貫して見いだしてきたのは、状況内のごくささいな要因が、各自の「根幹的な性格」なるものがもたらすよりもはるかに大きな影響を、私たちの選択と行動に及ぼすものだ、ということであった。私たちの選択は、（私たちがたまたま置かれた状況ではなく）私たち自身による完全に自立した選択に由来するのだ、という信念は一般的なものだが、社会心理学者たちはそれを、内省に依拠する〔すなわち、当人の主観的視点だけに依拠する[157]〕自己認識に伴う、広く行きわたった誤りであると認めている——この誤った信念は非常に一般的なので、彼らはそれに「根本的帰属の錯誤[158]」という呼び名を与えているほどである（Ross 1977）。社会心理学的な研究は、〔脳に操作を加える〕神経心理学的な実験と同程度か、あるいはそれを上回る規模で、〈自分は自由な選択という経験を、内省を用いて知ることができている〉という人々の思いこみに、重要な異議申し立てを突きつけるのである。これは、一〇セント硬貨を発見し、その後立ち止まって紙を拾った人々が「自由な選択」を行ったことを否定するものではない。しかし実験結果を踏まえる限り、その自由な選択が〈自立した意志の働き〉なるものに由来すると想定するのは困難なのだ。

　自分の意志が自由でありコントロールされてはいない、ということを証明するための証拠としての「内省にもとづく証拠」とは——そこで依拠されている内省を用いた認識は、外的状況の細部がおよぼす強力な影響などつゆ知らないのだから——実のところ非常に弱々しい証拠でしかない。ペレブームの次のような評価は、正確な判定であると思われる。

　これよりも一般的な主張として[159]、〈私たちはリバタリアン的な自由意志を備えている〉というテーゼの重要な現象学的証拠を私たちは手にしている、という主張がなされることがある。……しかしながらこ

156 事柄としては（被験者が気づかぬままに）「実験者によってコントロールされている」のだが、それが実験における統制（諸条件の調整）の一部としてそうなっている、ということである。

157 ここで「内省的（introspective）」というのは、「（その場その場での）当人の内側からの、あるいは一人称的な視点だけによる」ということであり、必ずしも腰を据えた入念な自己省察を意味しているわけではない（そのような場合もありうるが、その場合も内側からの視点だけでは限界がある、ということである）。

158 原語は fundamental attribution error。

の主張に対してはスピノザによる〈私たちが自分の決意を自由だと信じるのは、単に私たちがその原因について無知であるからであるにすぎない〉という応答があり[160]、現在に至るまで、このスピノザの応答への論駁に成功した者はいないのである。このスピノザの言葉から得られる教訓は次のようなものだ。たしかに、〈私たちはリバタリアン的自由意志を備えている〉という信念を容易に導きうる現象学的考察は存在する。だが、仮に現実にはその反対が正しく、私たちの決意は因果的に決定されていて、私たちはその原因の大部分について感知していなかっただけなのだとしても、現象学的な考察は同じものになるだろう。それゆえ、〈私たちはリバタリアン的自由意志を備えている〉ということを示すために現象学的な証拠をもちだしたとしても、その証拠に大した効力はないことになる。(Pereboom 2007, 113)

ウェグナーは、先ほど述べた実験結果にもとづき、私たちの意志という意識経験に関する**随伴現象説**という説明を提起する。この説明によれば、何かをなそうという決意はまず無意識的に生じるのであり、意志についての意識的な自覚とは無意識的な決意の副産物であって(それにほんの少し遅れて、決意の意識が到来する)、この意識には、そこで意志された行為が私たち自身の行為であることを知らせる働きがあるのだ、ということである。ティモシー・オコナー(O'Connor 2005)は、ウェグナーが引く実験結果、あるいはウェグナーが提起する理論には説得力がないと考えている。オコナーは、「ウェグナーが引き合いに出す証拠の多くは、興味をそそらないもの」(224)であると指摘した上で、ウェグナーが引く経験的な証拠について、次のような結論を引き出している。すなわち、ウェグナーが提出した証拠は、ウェグナーが証明したと想定しているものを証明していないのであって、「全体を勘案すれば、考察対象となっている事例は……ウェグナーの途方もない結論、つまりごく一般的に言い換えれば、私たちの自由の経験は幻想であり――したがって〔自由の経験は〕、ある人の自分自身の決意における現実の自己決定を反映したものではないのであり――、またその経験は随伴現象なのであって、行為者の現実のメカニズムとはまったく切り離された過程が引き起こしたものなのだという結論」を証明してはいない、ということになる(225)。

ウェグナーの随伴現象説を「途方もない」と呼ぶオコナ

ーの物言いには苦笑してしまう[161]。ウェグナーが提起しているのは、つまるところ、〈私たちの意志の働きについての意識経験とは、ある行動が私たち自身の行動なのであって、外的な因果的力の結果ではない（私の腕の動きは私自身の脳の働きに由来しているのであって、私の腕を押したり引いたりする何か外的な力に由来しているのではない）、ということを私たちに知らせるための有益なフィードバックの機能を果たしている〉ということにすぎない。これは、一部の哲学者にとっては突拍子もない考え方かもしれないとしても、意志の働きについての意識経験が「存在論的に見て基本的な」因果的力を告げ知らせるものであって[162]、神の自由と「形而上学的核心を共有していると言ってもいい」（O'Connor 2005, 208）というオコナーの主張ほどに「途方もない」ものだとは言いがたい。だが重要な点は、ウェグナーが、私たちが自由な行為をなすことを否定してはいない、ということである（たしかにウェグナーが認める自由は、オコナーのような信心深いリバタリアンを満足させるものではないとしても）。ウェグナーが否定するのはむしろ、「意識的意志の経験」が、私たちの行動の源泉としての、自由意志という特別な力の証拠になる、という考え方である。さらに重要なのは、ウェグナーは彼が提起する証拠を〈深い反省や正確な推理など存在しない〉ということを**証明する**ものだとは見なしていない、ということである――つまり自分の研究を、そのような反省や推理において働く実効力ある意識的意志が、能動的な意志という特別な力の正しい描像を与えている、という想定を反証するものとは見なしてはいないのである[163]。ウェグナーはただ、多種多様な事例を提供することで、そのように意識的意志が有効に働いているとき

159 ペレブームは引用箇所に先立つ部分で、ティモシー・オコナーの「行為者因果説的リバタリアニズム」（訳注105も参照）という、より特殊で個別的な主張について論じているが、ここではそれよりもより広範な、リバタリアン的自由意志全般を問題にしている。

160『エチカ』第二部定理三五備考にこれに当たる思想が述べられている。

161「苦笑してしまう」はamusingの訳。ニュアンスの取りにくい表現で、文字通りには「面白い」だが、必ずしも肯定的ではなく、「あきれてしまう」ような含みがあるのでこのように訳す。

162「行為者因果説」（訳注105参照）の一種で、人間の自由意志に発する因果は自然における他の因果関係（「出来事因果」）とは根本的に異質な（つまり「存在論的に」異質な）因果関係である、というオコナーの主張を指す。

163 ウェグナーは事後的な解釈の産物としての意識的な意志が、多くの場合、根底の無意識の過程をおおむね正しく捉えていることを否定するわけではない。

の経験がしばしば、また明確に信頼できないものであるときがある、ということを示しているだけである――私たちはそのような経験によって、実際には自分の選択がまるで無自覚な要因によりコントロールされている場合でも、自分が何の束縛も影響も受けない意志の力によって行為している、と信じこむようになるのだから。それゆえ「私たちの行いに対する究極のコントロール」を私たちに授けてくれるものとしての、「存在論的に見て基本的な」意識的意志の力の証拠だと称されているものは(16)、信頼できないものなのだ。このような格別の力が、どこかささやかな生息地《ニッチ》[164]に潜んでいる可能性は依然としてあるとしても、その存在を信ずべき、この地上に足のついた理由はなく、あるとすれば多分この世ならざる〔宗教的な〕理由だけであろう。

ウェグナーの多岐にわたる実験的証拠は〈意識された自由な意志が有効に働いている〉という私たちの感覚が真実性をもたないことを、鮮やかに示している。そして何十年にもわたる社会心理学の研究成果は、その結論をさらに強める。とはいえ私たちのほとんど誰もが、正直に自分を省みさえすれば、〔その種の研究を待つまでもなく〕こういった内省による経験が、〈コントロールされざる、究極的で自由な選択〉というものについて、ほとんど何も証明しないことに気づくはずである。私が休暇をお気に入りのスキーリゾートで過ごすか、キー・ウェスト〔フロリダ州の島〕へドライブに行く友人たちに同行して過ごすか、どちらにしようかと注意深い熟慮[165]に取り組んでいるとしよう。私は注意深く思考し、すべての要因をまったくの客観的視点で考察し、次いで、持てる力を結集し、完全に自由で他からのコントロールを免れた、何の束縛も受けない選択によって、お気に入りのリゾートでスキーをしようと決める。この選択は意志の完全に自由な働きである、と感じられるのは確かである。ところが私の友人たちはずっと前から、私抜きで行こう、ということで計画を進めていた。というのも彼らは私が――長いこと熱を上げている魅力的なインストラクターへの、一方的で報われない情熱に囚われているという状況で――スキーに行く方を「自由に意志する」はずだということを、十二分に知っていたからである。これを知って私は腹を立て抗議する。「そんなこと、僕の自由な選択にはまったく関係ない」。私は心底そう信じている。ところが友人たちは私よりもよく分かっている――そしてダニエル・ウェグナーや社会心理学者たち、あるいは、あらゆる拘束を免れた神のごとき究極的自由を求めようとする欲求から距離を置いてそれを考察する者であれば、そのほとんど誰もが、私よりもよく分かっているのである。「存在論的に見て基本的な自由」といったものを説得力ある仕方で擁護するためには、当てにならないことで有名な、自由かつ有効に働く意志の感覚によるのでは不十分であり、それよりも強固な基礎に訴える必要があるのである。

リベットと意識的な意志

創造的な自由意志の「内的経験」という、私たちの〔自由意志にとっての〕ささやかな生息地《ニッチ》の信頼性を疑問視する証拠は、このように強力である。それは非常に強力なので、オコナーが言う、ウェグナーの「奥の手」をあえて付け足す必要もないほどだ。ウェグナーの「奥の手」とは、ベンジャミン・リベットとその共同研究者たちによる神経心理学の実験を指す。その正否はともかく、多くの論者は彼らの実験を、伝統的な、創造的な自由選択を行っているという内的経験に依拠する自由意志を葬り去るものだと見なしてきた。私としては、リベットの一連の実験から誰がどんな結論を引き出すかにかかわらず、伝統的な見方を打ち砕く経験的証拠はすでに豊富に存在している、と思っている。とはいえ、リベットの研究は大いに注目を集めてきたので、それらの実験とその含意、およびそれに対する重要な批判を見ておくのは有益である。

実験の古典的なバージョンを紹介しておこう。ベンジャミン・リベットとその共同研究者たち（Libet et al. 1983）の実験対象は〈自由な選択〉という意識現象であり、彼らがもっぱら注目したのは、ある人が手を動かそうという自由選択をなすとき、その人の脳内で何が起きるのか、という点であった。実験では、被験者は、いつであれ被験者が選択したそのときに手首を持ち上げる（または、指を立てる）ようにと指示される。これは、自由な選択をするときの「内的な感じ方」を研究すべく明確に設計された実験である。リベットは、この実験が満たすべき本質的な条件を次のよ

164 ニッチとはもともと「生態的地位」と訳され、生態系の中のそれぞれの種に固有の環境や生活様式を指すが、ここでは「科学が接近できない独自の領域」が「あまり注目されていない珍しい生態的地位」に類比されている。同様の「ニッチ」の用法は（まさに）「すき間商品」の比喩などとして、日本語でもある程度一般化している。

165「熟慮（deliberation）」については訳注38参照。

うに述べる。「第一に、研究対象となっている意志的行為の生起、ないしは出現に影響するような外部のコントロールや指図が存在してはならない。つまり、それは内発的な行為でなければならない。また第二に被験者は、その被験者自身が、自分自身の主導権の下でそれを望んだと感じ、また、自分にはそこでなされたことをいつ行うか、行わないかをコントロールできたのだ、と感じているのでなければならない」(Libet et al. 1999, 47)。

この実験で被験者は、自分の手首をいつ持ち上げるかを自由に選択すると共に、手首を持ち上げようという決意を意識した厳密な時点に注意を向けることになっていた(これは大きな「時計」[166]の文字盤に注目することで行われる。この時計は、文字盤上を光点が丸く移動し、二・五六秒で一周して時間を示すようになっている)。リベットはこの、手首を持ち上げようという選択に向けられた意識と、被験者たちの脳の活動とをあわせて観察し(この観察は、頭皮に装着された電子的な装置による記録を用いてなされる)、一つの発見に至った。手首を動かそうという決意を導く脳過程は、被験者が意識的に自分の選択に気づく前に生じていたのである。電位の読み取り結果が示したところでは、脳内で「準備電位」(RP = readiness potential)が生じたのは、筋肉運動の開始よりもおよそ五五〇ミリ秒前であったが、手首を曲げようという〈衝動/意図〉[167]の意識的な気づきは、筋肉運動の二〇〇ミリ秒前になってようやく生じたのである。これはつまり、無意識的な脳内活動の方が、動かそうという〈衝動/意図〉の意識よりも先に生じたということである。「明らかなのは、この意志的行為を準備するための脳内過程(RP)が始まるのは、行為に対する意識的意志(W)の出現のおよそ四〇〇ミリ秒前だということである」(Libet 1999, 51)。実際に、無意識の脳内活動の方が「意識よりも」早く始まる見込みは大きい。これについてリベットはこう指摘する。「脳内で実際に生じている開始の過程は、記録されたRP(準備電位)よりも前に、ある未知の領野で始まっている見込みが大きい。それに引き続きその開始過程が、大脳皮質の運動野を活性化させるのだ」(51)。リベットは実験のこうした経過の骨子を次のようにまとめる。すなわち、実際になされた選択は、脳内の無意識的選択として、私たちが意識においてそれに気づくようになるずっと前に生じているのであり、私たちの「意識的な選択」は、実際には無意識的な脳活動として生じた選択が事後的に気づかれたものにすぎない、と。

事柄をよく顧みれば、ここに驚くようなことはほとんどない。私たちは、自分の脳のすべての活動を自分が意識しているわけではないことを知っている（私たちは人の名前を思い出そうと「意識的に試みる」が、うまくいかない。そして一時間経ってから、意識的な努力の介在なしに突然、名前が「ひょいと浮かんでくる」のだ）。断固たる心身二元論者でない限り、自分の意識的な思考と決意が、物理的な脳とは何か独立の仕方で働くなどと考える人はいない。人が意識的に思考するとき、脳内で何かが起きていることは間違いないし、その種の意識的な思考を開始させる神経学的過程の少なくとも一部は意識に先立って生じている、というのも間違いない。デカルトの思想によれば、人は思考を抱き、その思考が、指令を待ち受ける脳を駆り立て、活発な活動を引き起こすということになる。だが、現代の自由意志論争においてこのような立場に説得力をおぼえる論者はほとんどいない――まして自然主義の支持者であれば、そのような論者はまったくいない。

リベット自身は、道徳的責任の存続を可能にする、特別な自由意志の力への信念を放棄することに乗り気でない。そのため彼は、道徳的責任を救出するために〔道徳的責任の余地としての〕「すき間《ギャップ》」を探し回るアプローチを採用する。リベット自身の研究は、この〈すき間〉をとてつもなく狭めてしまうのだが、それでもなおそれを採用するのである。

> 自由な意志的行為の開始は、脳内で無意識的な発端をもつように思われる。ということは、自分が行為したい、という思いを行為者当人が意識の上で知るのは、それよりもずっと後になってからだということになる！　そうなると、意志的行為の遂行において、意識的な意志には何かの役割があると言える

166 正確を期するために、アナログ時計の文字盤型に設定されたオシロスコープが用いられる。

167 原語は urge / intention で、urge は本能的、衝動的な衝き動かし（の感覚）、intention はむしろ計画にもとづく行為の発動であることを考えるとやや違和感のある同一視であるが、これはリベットの実験の仕様に即すると理解できる。つまりリベットらは意図をできるだけありのままの形で補足するために、実験参加者たちに「いつでも好きなときに、そして、いつそうしようかという事前の計画や精神集中なしに、そうしようという衝動が現れてくるに任せて下さい」と指示したのであり、たしかにこの指示は、「意図」の出現を早めることはあっても、（計画や精神集中などの介在により）遅らせることはないように思われよう。

のだろうか？　この問いに答えるためには、意識的な意志（W）が、RPの開始よりも後に生じるとはいえ、筋肉の活性化よりも一五〇ミリ秒前に出現する、という点を認めることが必要である。一五〇ミリ秒間というのは、意識的な機能が、意志的な過程の最終的な結末に影響を与えることを十分許容できる間隔である。（実際には、このような効果をもたらすのに利用できる時間は一〇〇ミリ秒しかない。筋肉が活性化される直前の五〇ミリ秒の時間は、一次運動野が脊髄《せきずい》運動神経細胞を活性化するためにあてられるからである。この五〇ミリ秒間は、活動が完了に向かうため大脳皮質の他の部分によって停止される可能性がなくなってしまうのだ。）

意識的機能には、意志的過程の進行を最後の段階の手前で停止させ、あるいはそれに拒否権を行使して、実際の筋肉活動が生じないようにするという可能性が、潜在的には利用できるのだ。たしかに意識的意志は無意識的脳過程によって開始されるのだが、だとしても、意志的過程の**結末に影響を与えることが、意識的意志には可能かもしれない。**つまり意識的意志はその過程を食い止め、あるいはそれへの拒否権を行使して、行為がまったく生じないようにさせることができるかもしれないのである。（Libet 1999, 51–52）

実のところこの説明は、特別な自由意志の作用を、ごく小さな片隅に割り込ませるものである――その作用は一〇分の一秒の内に生じねばならず、また、その力は拒否権の行使のみに引き下げられていて、意志の働きを開始させることはできないのだ。だがたとえ、このような最小限度の意識的拒否権の力を、道徳的責任を成り立たせるために十分な力だと想定するとしても、この説明には固有の問題がある。つまるところ、手を動かそうという「意識的決意」が、先行する、無意識的な脳内の出来事によって引き金を引かれているのだとしたら、意識的な拒否権への決意もまた、先行する無意識的な引き金に由来していない、とどうして言えるのだろうか？　リベットはこの問いかけに苦心して取り組み、次のような解決を提供する。

私の提案は……次の通りである。意識的拒否権は、先行する無意識的過程を必要としないかもしれないか、あるいは、その過程の直接的な結果ではないかもしれない。つまり意識的な拒否権とは一つのコントロール機能なのであって、単なる、行為しようとする意向への気づきではない、ということだ。意識的な**コントロール**機能に本性上先行し、それを決定する特定の神経活動が常に存在しなければならないことを論理的に命じてくるような心脳理論――同一説的な理論[168]をも含む――は何ら存在しない。そして、このような〔意識的な〕コントロール過程が、それに先行して無意識的過程が進行していなくとも生じうるという可能性に反する実験的証拠は何も存在しないのである。(53)

だが、この提案の行き着く果ては何だろう。それは、特別な意識の力が存在しており、その意識の力は、他の選択の場面で観察されるのとはまるで異質の力であるという想定も、**論理的には可能**なのだ――その可能性を阻むものを「論理的に命じるものは何もない」とは、そういうことだ――という、うらさびしい安心感でしかない。たとえ論理的な可能性が残っているとしても、それを真の物理的な可能性と見なすことは困難である[169]。しかも、この種の場当たり《アド・ホック》的な提案（その唯一の美点は、真偽も疑わしい自由意志概念を救い出すことでしかない）を、経験的に信憑性のある神経心理学上の説明と見なすのは、それよりもなお困難である。

「その可能性に反するような実験的証拠は何も存在していない」のような主張だけを基礎とする〈拒否権行使の力〉とは、まさに〈すき間〉であるが、そのような〈すき間〉に道徳的責任を押し込めるのをよしとしない人々もいる。このような人々はむしろ、リベットの神経心理学的研究そのものの信憑性を掘り崩す試みを行ってきた。この種の攻撃を行っている哲学者の代表格が、ティモシー・オコナーである。オコナーが支持する自由意志の説明は、道徳的責任に支えを与えることを明確に意図して組み立てられており、リベットの実験がまさに脅かすタイプの意識的意志の概念に、強く依存している。そしてオコナーは、この点を

168 「同一説（identity theory）」とはこの場合、心と脳（または脳機能）は同一のもの（の二つの側面）であるという説を指す。
169 例えばごく普通の豚が正常な状況で突然飛翔を始めることに論理矛盾は存在しないという意味で「論理的には可能」だが、「物理的には不可能」である、というのと同じである。

十分承知している。オコナーは、神経心理学者ダニエル・ウェグナーの研究（ウェグナーは、リベットの研究を含むさまざまな研究を取りまとめている）を論ずる中で、次のように述べる。「仮にウェグナーが正しいとしたら、私のこれまでの、人間の自由の本性を明らかにしようとする努力は、無益だったことになってしまうだろう」（O'Connor 2005, 220）。オコナーの批判は、リベットの研究がごく日常的な〔動作の〕選択を取り上げたことに向けられる。私たちは通常、いつ手首を振るかといった選択を、自由意志という特別の力能《リソース》[170]に訴えるような、深遠な選択だとは見なさない（キャンベルならばこれに同意し、手首を振るような選択は、義務と欲求の間の道徳的葛藤という水準には達していないと見なすだろう）。リベットの実験の設定は、最も豊かなタイプの〔動作の〕選択を許容しないようになっている、というオコナーの指摘は正しい。だがそれは、この種の〔より豊かな〕事例についての、最も説得力のある説明を強く示唆するものであり、実験の設定を理由にして、その考え方を虚偽であると想定するのは、ご都合主義にすぎる想定である。オコナーの物言いは、「読心術師《メンタリスト》」が、「自分にはテレパシー能力があるのに、実験の設定が厳格すぎるから、能力が一時的に妨げられてしまっているのだ」と強弁する様子によく似ている。〔日常的な〕取るに足りない事柄における〔自由意志の〕「内的経験」が虚偽であるとしたら、それは重要な事柄における同様の経験の信憑性にも、深刻な疑いを投ずるだろう。

　アルフレッド・ミーリーは、リベットの実験、およびリベットによるその実験の解釈に対する徹底した批判を展開してきた。ミーリーの論ずるところでは（Mele 2006, 2009）、リベットは〈衝動〉と〈意図〉のような区別されるべき概念を混同することで[171]、いくつかの重大な区別をし損なっている、というのである。意識が始まる四〇〇ミリ秒ほど前に無意識的に生じているのは、正確なところ何なのだろうか？　ミーリーは、そこで生じているのは選択や意図ではなく、むしろ単なる衝動なのだと論ずる。私たちの行為への衝動がすべて、行為への意図ないし決意という形で現れるわけではないので、実際の行為への意図ないし選択が、意識が生じ始めるまで生じない、という可能性はある。これはつまり、実際の選択または意図は、意識において、脳活動と同時に生じる〔それゆえ「意識の遅れ」は存在しない〕という可能性がある、ということだ。これは、選択や意図の生起に関する一つの可能性だが、ミーリーはその可能性を支持するため、巧妙かつ詳細な論拠を挙げている。だがこれは、いくつかの厄介な問題を引き起こす。たとえば、私の意識的思考が、同時的に私の脳活動を引き起こすというのは、正確にいっていかにしてであるのか？　脳がいかにして（多少の時間的遅れを伴いつつ）意識的思考を引き起こすのか、というのも十分に難しい問題だが、意識的思考がいかにして同時的に脳を操作するのか、というのは、それよりもはるかに説明の難しい問題のように思われる。ミーリーはこう主張している。「ある無意識的な衝動によって開始された過程が、その一部として、それに後続する、意図の意識的な形成または獲得によって直接に開始される過程を含むことはありうる。『意識的な自己』――それを何か神秘的なものとして解する必要はない――が、意志的な行為を直接的に開始させるのであって、無意識的な衝動がそれを開始させるといっても、その関わり方は間接的なものにとどまる、ということはあってもよいのである」（Mele 2006, 42）。

ミーリーが主張する過程を、彼が言うように、「何か神秘的なものとして解する必要はない」のかもしれない。しかし、見たところその過程は、脳のふるまいにより開始され、やがて意識として現れるに至る〔その前の〕過程よりも、もっとずっと神秘的な過程であるように思われる。とはいえ、意識とは大きな論争の的になっている概念であり、それがどれほどに神秘的なのか、確定した結論を引き出すのは難しい。いずれにせよ、議論の余地なく保持されるのは、私たちが選択を行う過程における一つの非常に重大な要素――行為への衝動という要素――が脳内で無意識的に生じる、ということであり、たとえ私たちにとっては、その過程全体が意識的思考に開かれていること、また、実際に意識的思考によって開始されたことが確かであるように思えるとしても、その要素はやはり無意識的なのだ、ということである。それゆえ、たとえ最も好意的な解釈を加えるとしても、リベットのこの実験は、〈私たちは自分が下す選択に意識的に気づき、それを意識的にコントロールしている〉という一般的な信念に対し、さらなる打撃を加えるものである。仮にミーリーの解釈を受け容れるとしても、それは選択をなす特別な力を五分の一秒以下の時間枠

170 この場合の resource は「精神的能力、素質、資質」（『ランダムハウス英和辞典』）の意味でも、かなりめざましい心的能力を意味していると見られる（resourse については訳注76も参照）。
171 原語は urge と intention。訳注167参照。

の中に押し込めるものであって、その中で自由な選択へ向かう態勢は、実のところごく短時間しか続かないのである[172]。

ウェグナーの随伴現象説

　先にも述べたように、ウェグナーが——リベットの実験や、その他、これまで引いてきた多くの実験から——引き出した結論は、「意識的な意志の働き」の経験は**随伴現象的**なものであり、すなわち、そのような意識的経験は、無意識的な因果的過程の**随伴現象**[173]ないし副次効果であって、それ自身では因果的に有効な働きをもたない、というものである。因果的に有効な働きはないとしても、意識的意志が作用するという感覚には、〈開始された行動が私たちに由来するものであり、何か外的な力によって引き起こされた運動ではない〉ということを知らせる働きがある、というのがウェグナーの結論である。つまり、例えば意識的に腕を動かそうという、意識的意志の働きの感覚は、私の腕が私の外の力によって押されたり引かれたりしたわけではなく、むしろその運動が私自身のものであることを知らしめる働きをする、ということだ。発熱は感染症の兆候なのであって、病の原因ではないが、同じように、意識的な意志の働きの内省による経験は、選択の兆候ではあっても選択そのものではないのである。

　驚くことではないが、自由意志についての私たちの意識経験についての、こうした随伴現象説を採る神経心理学説に不満をおぼえる人々は多い。ティモシー・オコナーおよびアルフレッド・ミーリーによる反論はすでに紹介した通りであるが、心の哲学における指導的な哲学者であるジョン・サールの場合、このような神経心理学説は、最も説得力のある進化論的説明に反する、と論じる。自由意志の、このように複雑な意識的感覚が、実際には私たちの自由な選択を引き起こす原因の一部ではないのだとしたら、なぜそれが進化したのか分からなくなるではないか、というのである。サールが述べるところでは、このような神経心理学説によれば、人は、

> 自由意志の経験をもつとしても、神経生物学的なレベルに真正の自由意志は存在していない、ということになる。私が思うに、ほとんどの神経生物学者は、脳の実際の働き方がこういうものである見込みはかなり大きいのであって、私たちは自由意志を経験す

るが、それは幻想〔錯覚〕なのだ、と考えているのだろう。彼らがこう考えるのは、神経過程はその後に続く脳状態を決定するのに因果的に十分な過程であるからである。そこでは、身体の他の部分からの外的な刺激入力や働きかけは何もないということが仮定されている。しかし、このような結論は知的に満足のいくものではまったくない。というのもそれはある種の随伴現象説を提起するものであり、すなわち、私たちの自由の経験が、私たちの行動において何らかの因果的ないし説明的な役割を果たさない、と主張するのだからである。この主張によれば、自由の経験は完全な幻想であり、なぜなら私たちの行動は筋肉の収縮を決定する神経生物学によって完全に確定されるからだ、ということになる。そしてこの見方によると、進化は私たちに壮大なトリックを仕掛けたということになる。進化は私たちに自由の幻想〔錯覚〕を与えたが、それはそれ以上の何ものでもない——すなわち、幻想以上の何ものでもないのだ、と。(Searle 2007, 62)

ならばなぜ進化は「壮大なトリックを私たちに仕掛け」たりしたのか？　神経心理学者たちの答えはこうだ——「進化はトリックなど仕掛けていない。私たちの自由の経験は私たちの選択の原因ではないが、だとしても自由の経験は重要な機能を果たしている。つまりそれは、私たちが開始させた行為——腕や手を動かすといった——が、私たち自身の行動であり、私たち自身の選択に由来しているのであって、何らかの外的な力の産物なのではないという

172 その五分の一秒以下の時間に、リベットが「拒否権の行使」のみを認めるのに対し、ミーリーの場合は「通常の意味での自由で意識的な選択」を認める、ということである（加えて言えば、訳注167で指摘したように、リベットがより複雑な意図の形成を対象とするのを避けたのは、その方が単なる衝動の形成よりも長い時間を要すると見込まれるからだろうと思われる）。

173 「随伴現象（epiphenomenon）」とは、ある過程と同時に生じるが、それ自身は因果的な力、つまり固有の結果を引き起こす力を含まないような現象を指す。哲学史上しばしば、意識は脳過程の随伴現象であるという説が提起されてきた。注記しておくと、ウェグナーの主張はあくまでも物理主義の枠内で成立する、〈意識を産み出す物理的過程が無意識的な物理的過程に随伴して生じる〉という意味での経験科学的な随伴現象説であって、〈意識は非物理的な現象であり、物理過程と真の因果関係をもたない〉という形而上学的な随伴現象説（チャーマーズのような）ではない（実際ウェグナーにおいてそれはフィードバックによって長期的な行動傾向の変化に因果的に寄与するものとして位置づけられている）。

ことを私たちに知らせているのである」と。つまり、もしも自分の腕がロープで引っ張られて（または、突然の発作によって引きつれて）動いたとしたら、それは自分の腕を動かそうという自由な選択とは非常に異なる経験となるだろう。ここで意識された「自由な選択」は一つの重要なフィードバック機構なのであり、それによって自分の身体運動が**自分自身によって**開始されたことが当人に知らされるのである（ダニエル・ウェグナーは神経心理学者として、そのような説明を支持する）。人の身体運動は無意識的に開始されるが、だとしてもそれは、何らかの外的な力の働きではなく、その人自身の身体運動である。進化が私たちに自由な選択の意識的感覚を与えたのは、卑劣なトリックを仕掛けたということではない。むしろ進化は私たちに、自分の外部で開始された運動と、私たち自身の運動とを区別するための有用な手段を与えた、ということなのだ。一部の哲学者がこの有用な意識経験を特別な自由意志の力であると誤解し、その力が意識を伴って私たちの選択を生み出すのだと〔誤って〕考えるとしても、その誤解は〈母なる自然〉の失態ではない。

デネット、最小限の自由意志、認知的吝嗇《りんしょく》者

キャンベルやオコナーのようなリバタリアンが、〔外的〕原因なしの、あるいは〔外的〕原因から決定づけられない選択という、決定的な要素を、小さいが安全な場所に無理矢理押し込もうとしている様子を見ても、驚く人はいないだろう。だが、両立論者――自由意志と道徳的責任は、徹底した自然主義と完全に両立可能だと公言する人々――の多くが、自然的ならざる自由な選択という、ちょっとした、しかし決定的な要素を自説にそっとしのび込ませているのは興味深い。私たちがこの〔彼らがその要素をしのび込ませた〕小さな〈すき間《ギャップ》〉を注意深く精察し、自然主義的解明を進めてそのすき間を埋めていくと、自由意志についての申し分なく実地に即した説明が手に入ることが分かってくるのだが、同時にまたその説明が、道徳的責任の重みを支えられないということも判明することになる。

　ダニエル・デネットが構築した自由意志についての説明を考察してみよう。これは現代の両立論的な説明の中でも最高に洞察に富み、心理学的に見て洗練の度合いが大きい説明の一つだ。

私が提起するモデルは、道徳上の意思決定〔決意〕[174]が、それ以外の無数の意思決定のただ中でなされることに重点を置く。このモデルが示唆するのは、私たちが行為の方針についての意思決定をするとき、そこで最終的になされる意思決定は、それに先立つ、熟慮[175]の過程そのものに影響を与えた他の意思決定——例えば、もうこれ以上は考察しないとか、熟慮を打ち切ろうとか、こちらの方面は探求せずにおこう、といった意思決定——に比べると、自分に自由意志があるという感覚に対して、現象面でそれほど重要な寄与をもたらさない場合が多い、ということである。

　つまり私の考えでは、最終的な意思決定よりも、それに先立つ副次的意思決定の方が私たちの〈自分は責任ある自由な行為者である〉という感覚により多く寄与するのであり、その寄与は大まかに言って次のようなものになる。すなわちまず私は、重要な意思決定を行うべく迫られる。そしてしばらく熟慮した後、自分自身に向かってこう言うのだ。「これで十分だ。これからそれに取りかかろう」。このとき私は、考察を続けることもできたはずだ、ということを完全に知っており、また結末次第では、その意思決定が間違ったものであったと判明する可能性も完全に承知しているが、だとしても私は、結果のいかんにかかわらず、それに対する責任を受け容れるのだ。

(Dennett 1978, 297)〔邦訳一六九―一七〇に該当〕

　したがって、「責任を受け容れる」ことが正当だといえるための決定的な根拠は、「考察を続けることもできたはずだ」が、それでもなお熟慮を打ち切ろうと選択した、という点にあることになる。いわば、選択肢という窓が非常に狭い〔考察を続けるか、打ち切るかしかない〕としても、その窓からははるか遠くまで見渡せるのだから、〔概念およびシステムとしての〕責任というものの根拠となるべき、〔あの広大な〕自由選択の余地が、そこには十分にある、というようなものだ。しかしこの、デネットの言う「考察

174 decision はおおむね「決意」と訳してきたが、この文脈では違和感があるので「意思決定」という別の定訳を用いる（以下でも適宜訳し分ける）。

175「熟慮（deliberation）」の特定の意味合いについては訳注38参照。この箇所は特に「行為に先立つ選択肢の検討」という意味で捉える必要がある。

を続けることもできたはずだ」を注意深く精察すると、この窓はたちまち閉ざされてしまう。たしかに人々はしばしば、熟慮の停止や継続を自由に選択する。しかしここで言う〈自由な選択〉において、人々が、二つの選択肢の中間点にバランスよく立ち、とらわれなく、どちらでも好きな方を妨げられずに選択できる力を発揮する、ということはない。このような〔偏りない選択をなしうる〕力は、人間の自由な行動が成り立つために必要な条件ではないが、とはいえ道徳的責任のためには必要な条件である。まさにこのことが理由で、両立論者ですらしばしば、自分のモデルに、この種の〔道徳的責任のために必要な〕力を忍び込ませてしまう傾向がある。だが、「しばらく熟慮した後で」私が熟慮の継続（または打ち切り）を選択するとき、その選択は――私自身の選択であることは確かだとしても――心理学者たちが詳細に研究してきた、各種の強力な要因の影響にさらされているものだ（Waller 1999）。

人々の中には、細心の注意を要する熟慮にも喜んで取り組み、そこにやりがいを感じて没頭し、骨の折れる熟慮に力を注いでいる間、認知的な集中力を保持できる人がいる。心理学者たちはこういう人々を**常習的認知者**[176]と呼ぶ（Cacioppo and Petty 1982）。これとは対照的に、**認知的吝嗇《りんしょく》者**は注意を要する熟慮を嫌い、長時間の認知活動は拒み、注意深い熟慮を長く続けるのはつらい作業だと考える。常習的認知者と認知的吝嗇者の差異は、彼らの条件づけ[177]の歴史によって形成されたものである。認知的吝嗇者であるアンは、人生の早い時期に、注意深い思考からは何の見返りも得られないことを学習した。アンがぐずぐずためらっていると、コーチに「その球っころをただ投げりゃいいんだ！」と怒鳴りつけられた。アンが「どちらにしようかな」と熟慮していたら、気の短い両親が両方の選択肢を奪い取ってしまった。ケーキとアイスクリームのどちらにしようかと注意深く考えこんでいたら、貪欲なきょうだいが全部食べてしまった。要するにアンは、注意深い思考に対する強化[178]を滅多に受けることがなく、そのため、時間をかけて熟慮に集中するために必要となる〔認知的な〕気概と能力をまったく発達させてこなかった。これと対照的に、バーバラは「跳ぶ前に」慎重に考えるようにと――つまり、自分にとりうるすべての選択肢、およびそこから生じるすべての結果を考慮するようにと――背中を押され、かつまた、こうした熟慮する努力への賞賛を受けてきた。まもなくバーバラは、熟慮から当然期待される見返りを着実に得るようになり、またその見返りは、バーバラが常習的認知者になることをさらに促した。「観察と経験から学習し、問題を暴力的に解決しようとしたり、そこから逃げたりはせず、むしろ理性を働かせ、言葉を通じて人に働きかけることによって問題に取り組むことができる子どもは——人生の危難を乗り切るためには、優れた問題解決の技能が重要であるということを自らに証明したことによって——高いレベルの認知欲求[179]を発達させる（Cacioppo et al. 1996, 246）。

私たちには「熟慮をやめず、続行することはいつでもできる」というのは、哲学の世界では、人を惹きつける想像である。というのも、どんな哲学者にも共通する性格特性を（傲慢さ以外に）一つ挙げるならば、私たち哲学者が常習的認知者である、というのが間違いなくそれに当たるからだ。だが、私たちの熟慮に必要な〔認知的な〕力と気概は、魔法めいた何かではなく、この自然的な世界を超越する道を開くわけでも、また（私たち自然主義者にとっては）私たちの有限で条件づけられた諸力から独立した何かでもない。私たちにとってどう見えようと、常習的認知者にとってすら「熟慮をやめず、続行することはいつでもできる」のは不可能であり、さらに認知的吝嗇者も含めて考えれば、いつでもそれが可能だという主張は、明白な虚偽となる。

デネットは「こちらの方面は探求せずにおこう、といった意思決定」もまた、責任の帰属と受容という営みの正当化に寄与する、とも付け加える。だが、この種の意思決定は——再度確認すれば、やはり私たち自身による意思決定ではあるとしても——道徳的責任への支えを何ら与えはしない。**なぜ**、ジェーンはある方面を探求せずにおき、ジュディスは探求するのか？　自然主義の観点からすれば「ジェーンはただ、探求せずにおくことを選んだだけだ」と言って話を終わらせることはできない。奇跡を信奉するリバタリアンならば、この種の意思決定を、奇跡じみた創始者的《アブ・イニチオ》選択として扱うことが自由にできるが、自然主義者にそれはできない。ジェーンは認知的吝嗇者として形成[180]されてきたため、掘り下げた考察を複線的な「多方面の

176「常習的認知者」およびこの後の「認知的吝嗇者」については訳注39および81と六二頁も参照。

177「条件づけ（conditioning）」については訳注71を参照。

178「強化（reinforce）」は行動主義心理学の用語で、ある反応に報酬が与えられる（正の強化）か、ある反応によって罰（不快な刺激）が消失すること（負の強化）により、以後同じ反応が繰り返し出現する率が上昇することを指す。

179「認知欲求」については訳注82参照。

180「形成する（shape）」については注72参照。

探求」へと向ける能力を欠いているのだ。あるいはもしかすると、ジュディスはそのような探求を可能にする、卓越した哲学的技能を発達させる幸運に恵まれたが、ジェーンにはその機会がなかった、ということかもしれない。だとするとジェーンは――大多数の人々と同じく――自分以外の視点を考慮に入れることを、難しく不自然な作業だと感じるだろう。心理学者ジョナサン・ハイトとフレデリック・ビョークランドが指摘するように「もしもあなたがこの〔自分以外の視点を考慮するという〕難題[181]にうまく対処できて、奴隷制や大量殺戮を支持する道徳的論証（および、それに反対する、ずっと強力な諸々の論証）を真面目に吟味することができたとしたら、あなたは精神病質者《サイコパス》か哲学者か、そのどちらかである見込みが大きい。哲学者とは、ある問いかけの賛否両面について、それぞれの理由を自ら探し出そうとする態度を示してきた唯一の集団なのである」（Haidt and Bjorklund 2008, 196）。しかも「こちらの方面は探求せずにおこう、といった意思決定」は、社会心理学で言われる**状況的**要因からの統制《コントロール》を受けている見込みが大きい。ダーリーとバートソン（Darley and Batson 1973）による、プリンストン神学校の学生に対してなされたある実験を紹介しよう。この実験では、一つの被験者グループには実験の進捗が遅れているという事前説明がなされた上で、実験の最終段階が行われる予定の、キャンパスの反対側の別棟へ急いでほしい、と依頼された。第二のグループも同じ事前説明を受けたが、急いでほしいとは言われなかった。被験者の通り道には、いかにも苦しげな様子の人物が〔実験者によって〕配されていた[182]。急いでいる方のプリンストン神学校の学生は、不運な人の窮状に手をさしのべようとはせず、息せき切ってキャンパスを横断した。余裕のある方のクラスメートたちは、立ち止まって詳しく事情を聞いた。このように、一見したところ重要とは思えない状況的要因（「急いで下さい」）には、私たちの行動に多大な影響を与える力がある――そしてその中には「思考を続けよう」といった意思決定への影響も含まれる。以上の事情をデネットはすべて承知している。しかし道徳的責任のための小さな空所〔つまり〈すき間〉〕を残しておきたいという誘惑は強力なものであり、デネットが〔道徳的責任を可能にするような〕特別な選択のための、詳しい検討を免れた小さな空所を必要としている、という事実は、デネットのような両立論者ですら、その小さな空所なしで道徳的責任を正当化するのは難しいと感じていることを示すものだ[183]。

特別な、道徳的責任に支えを与えられるような自由意志のために、小さな空所〔すき間〕を保持しようという努力はこれまでいくつもなされてきた。そしてその中で、「私たちには、熟慮をやめず、続行することはいつでもできる」という見解も多様な形態をとってきた。チャールズ・テイラーは、リバタリアンの「根源的選択《ラディカル》」を道徳的責任の基礎とすることは退け、道徳的責任の基礎を、自己評価に対する開かれた能力の内に求める。「このような自己決断[184]〔深い自己評価――引用者注〕は、私たち自身の行いとしてなされるものなのだから、私たちがこうした自己決断を行うとき、私たちは、自分自身に対して責任があると言われうる。そして、たとえ私たちが実際にはこのようなものとしての自己決断を行っていない場合ですら、自己決断をなすもなさないも、ある限度内ではあれ、私たちにかかっているのであるから――じっさい、私たちの最も深い価値評価は、その価値評価を私たちが自ら正当化できるかどうかの問いを常時つきつけてくる、という本性を有しているのだから――私たちは、この根源的価値評価に実際に取りかかるか否かにかかわらず、先ほどとはまた別の意味で、自己自身に対して責任があると言われうる」（Taylor 1976, 299）。

　だが、〈自分の価値観や動機を根源的自己評価にかけるのは、――それを実行するかどうかはともかく――常に可能である〉という考え方は、デネットの「熟慮をやめるか、続けるか」という選択と同じく、熟慮や反省の作業を果たすための私たちの能力には違いがある、という事実を無視している。デネットやテイラーのような常習的認知者――実のところ、専門の哲学者としての常習的認知者――にとって、認知的に厄介な作業に取り組むのは容易で魅力的な課題であるのは事実だが、だからといって、この種の選択肢が、認知的吝嗇者としての形成を受けてきた人々にとって（さらに言えば人並みの認知者にとってでさえ）いつで

181 ハイトらの論文によれば、奴隷制を旧南部の奴隷所有者の視点から、アウシュヴィッツをヒトラーの視点から、九・一一のテロをビン・ラディンの視点から考える、という課題。

182 ダーリーらの論文によると、うずくまった人物がいて、被験者が通りかかるとせき込み、うめき声を発することになっていた、という（Darley & Batson 1973, 104）。

183 ここで「すき間（gap）」ではなく「空所（space）」という語を用いたのは、『自由の余地』と訳されているデネットの自由論 *Elbow Room*（「ひじを自由に動かせる空間、余裕」を意味する）を暗に示唆しているのかもしれない。

184 原語は self-resolution。

も採用可能だということにはならない。「認知的吝嗇者には、自分が認知的吝嗇者であることに本当に価値を見いだすかどうかを深く反省する、という〔さらなる〕選択肢が開かれているのだ」と言いたがる人がいるかもしれないが、これは循環論法の内側に、さらに小さな循環をもちこむたぐいの論法である。あるいはもしかすると、私の言い分はすべて間違っているのかもしれない。もしかすると、このような状況で私は、私には実際にも何らかの特別な力があり、その力によって私は、私の〔本来の〕認知的気概の力を超越し、変容させることにより、どちらの道も同じように選ぶことが可能であるのかもしれない。だが、自然主義者としての私たちに、このような道は閉ざされている。その代わりに私たちは、なぜジュディスは熟慮を続行し、ジェーンはそうしなかったかの、自然主義的な説明を求める。熟慮を続行するかどうかの選択（あるいは、根源的自己評価を行うかどうかの選択）が、私自身の選択であるのは確かである。実のところ私たち〔筆者とデネットやテイラーら〕は、その選択が自由な選択であるという点でもお互いに同意しうるだろう。だが、その選択をもたらした過去の形成過程を詳しく調べるなら、――その過程には、人生初期に条件づけを行った、私たちのコントロールのまるでおよばない各種の力が関わっているのだから――その選択を、道徳的責任という重荷を支えるための突っかい棒にしようという提案は、説得力のないものに見えてくるだろう。

自動性《オートマティシティ》と意識的熟慮

心理学で言われる自動性《オートマティシティ》[185]に関する最近の研究は（Bargh 2008; Bargh and Chartrand 1999; Bargh and Ferguson 2000; Wilson 2002）、意識的熟慮によって道徳的責任を基礎づけようとする立場に、さらに深い懸念をもたらす。彼らの詳細な研究の結果、私たちの活動の内、意識的熟慮に由来する活動が占める分量は――最上の常習的認知者においてでさえ――思われていたより小さい、ということがますます明らかになっている。つまり、私たちが、自分の意識的な反省的選択によりコントロールされていると想定していた行動の多くは、（この研究によると）実際にはさまざまな意識されざる過程のコントロール下に置かれている、というのだ。ジョン・バーグとタニヤ・チャートランドはこう主張する。「ほとんどの人の日常生活は、意識的な意図や、熟慮の上での選択によって決定されるのではなく、むしろ、環境の一定の特徴によって起動する、意識された気づきや方向づけ《ガイダンス》のおよばない心的過程によって決定される」(Bargh and Chartrand 1999, 462)。彼らをはじめとする自動性の研究者たちは総じて、この事実を肯定的なものと見なしている。「高レベルの洗練された思考を無意識に委ねることで、心は最も効果的に働くようになる。……この適応的無意識[186]は、洗練された、効率的な仕方で、世界のあり方を見極め、危険を警告し、さまざまな目標を定め、行為を開始させるのである」(Wilson 2002, 6–7)。またジョン・バーグは、このような自動性の発見は、——最初は驚きを与えるものだとしても——実際には私たちが期待すべきものであることを強調する。

> 無意識のコントロール——私たちの遠い過去、近い過去、および現在からのコントロール[187]——に関する広範な研究結果は、驚くべきもの、異論を招くものに思われよう。だが、原因と結果についての見方を逆転させ、進化による設計〔遠い過去〕や、幼児期における文化の同化[188]〔近い過去〕、環境の影響による反応誘発《プライミング》[189]を非常に多くの局面で受けてしまう私たちの心の働き〔現在〕、といった無意識の諸力が根本的な役割を果たしていることを認めるならば、これらの研究結果やその他の同様の発見は異論の余地のより少ない、理解しやすいものとなる。ここに挙げた一連の反応誘発《プライミング》の研究は……行為および〔行為をもたらす〕動機づけの傾向が、私たちがその傾向がどこに由来しているか気づかないままで実行に移され、私たちに一定の行動を引き起こすときの、その仕組みを明らかにしている。(Bargh 2008, 147)

自動性の研究者たちのこうした主張に異議を唱えるのは難

185 心理学における automaticity とは、運動などが無意識的、反射的になされることを指す。自動性を呈する現象としての automatism は慣例に従い「オートマティズム」と訳す。
186 現代では、このような文脈での「適応的（adaptive）」は、ダーウィン的進化によって獲得された生物学的な適応であることを一般に意味する。
187 この二つの「コントロール」がそれぞれ何に相当するかはすぐ後で示される。
188 「同化（assimilation）」はこの場合、幼児が、文化を身につけ、とり入れると共に、文化に適合、順応していく過程を指していると解される。
189 「反応誘発」と（仮に）訳した語は priming で、特定の刺激が、特定の反応を生じやすくする（誘発する）ように働くこと（またはそこで働く刺激）を指す。「プライム」や「プライミング」と片仮名で訳されることも多い。

しい。だが、仮に彼らの主張のすべてではなく一部のみが真実であるにすぎなかった場合でも、意識的で反省的なコントロール——そこには、私たちがどの程度意識的に、またどこまで深く反省を行うかを自ら選択するときの、その度合いについて私たちがおよぼす意識的で反省的なコントロールも含まれる——のために残される余地は大幅に減ってしまうのだ。

フィッシャーの誘導《ガイダンス》コントロール

ジョン・マーティン・フィッシャーは、現在活躍中の道徳的責任の支持者の中でも、最大の熱意をもって、また自覚的に最小限主義《ミニマリスト》の立場をとる人物である。ほとんどの最小限主義は不本意ながらその立場に追いやられているのだが、フィッシャーは、最小限主義モデルとしての誘導《ガイダンス》コントロール[190]モデルを熱烈に信奉している。フィッシャーが提起するさまざまな見解は、創造的で、興味深く、大いに検討に値する。ただし、それらが道徳的責任のささやかな安全地帯を保証するかどうかは、また別の問題である。

フィッシャーの最小限主義《ミニマリスト》者の立場が興味深い理由の一つは、フィッシャーが、道徳的責任をめぐる論争の長い歴史をまるごと捉え直すことを試みた上で、道徳的責任を退ける人々が形而上学的に見て極端な立場を支持している、という告発を行うところにある。このようなアプローチは、フィッシャーの専売特許ではなく、〔たとえば〕デネットも自著の中で同様の立場を採用している。「有責性《カルパビリティ》というものの可能性そのものに対する懐疑論が、ある絶対的理念——すなわち、全面的な〈神の御前での罪人〉という概念——への場違いな畏敬の念から生じる。**そのような**条件はこの世界においては決して満たされないという事実に惑わされて、私たちの道徳的責任という制度の至当性《インテグリティ》に関する懐疑論に陥るべきではない」(Dennett 1984, 165)〔邦訳二四三頁に該当〕。

とはいえフィッシャーは、この見解を信奉する熱意において並はずれており、道徳的責任の批判者は形而上学的に見て極端な立場にコミットしており、対する道徳的責任の擁護者たちは、それよりも穏健な形而上学にコミットしている、という主張を強く打ち出している。「したがって、私に『究極の道徳的責任』があることにはならない。だがこのことが、私の行為者性《エージェンシー》[191]と道徳的責任を抹消したり、色あせたものにしたりすることはない。人が、真正かつ理に適った意味において、自分の行動の起動者でありたい、と思うのはまったく正当な望みであるが、〔ゲイレン・〕ストローソンが想像するたぐいの道徳的責任が私たちになければならない、と仮定するのは、この望みの野放図な外挿[192]であるように思われる。それは一種の、形而上学上の誇大妄想であるように思われるのだ」(Fischer 2006b, 116)。

道徳的責任の排斥者たちは「形而上学上の誇大妄想」に陥っているのだろうか？　彼らの、形而上学的に見て極端な立場が、実際にどのように発展してきたか、その過程を考えてみよう。かつて私たちは、人々を道徳的責任ありと見なすこと、および、人々を非難と刑罰に服させること（あるいはまた、人々に特別の報償を与えて優遇すること）を、**正当化**したいと望んだ。だがその後私たちは注意深い考慮を経て、人々が自分のコントロールのおよばない力によって形成される[193]ことに思い至るようになった――気概、合理性の力、性格上の美徳や悪徳などは、究極的には幸運や不運の問題なのだと。私たちが、自分自身の将来の成長発達に影響を与える選択を自ら行っている、というのは明らかだが、しかしそこでなされる選択はどれも、究極的には、私たちのコントロールがおよばない、幸運や不運に左右される〔何らかの〕影響にさかのぼる。それゆえ、事柄をじっくりと見つめれば、人々を――究極的には当人のコントロールのおよばないものとしての――性格特性や行為のゆえに罰することは、不公正であることが分かるようになってきたのである。ここで私たちは、道徳的責任を放棄する代わりに、奇跡じみた力を案出した――このような力があるとすれば、因果関係の中で、責任転嫁の無際限な連鎖を最終的に停止できるような[194]〔究極の〕コントロールについても、有意味に語ることができるのだ。ところが、このような力は、現代の自然主義的な哲学者にとっての当惑の種である。あいにくにも彼らは別の道を選ぶのであり、

190　成田和信氏に従い（成田和信『責任と自由』勁草書房、二〇〇四年、一四二―一四三頁、注（8））、フィッシャーの guidance control は「誘導コントロール」と訳す。これと区別される、よりリバタリアン的な regulative control を成田氏は「統制コントロール」と訳すが、「統制」は心理学で control の訳語として用いられることがあるので、regulative の訳語として（文脈は異なるが）ときおり用いられる語を用いて「統整コントロール」と訳す。フィッシャーの概念については、詳しくは本章一五六―一五七頁参照。

191　行為の哲学での agency は、「行為者（agent）たるゆえん、行為者らしさ」を指す。

192　外挿（extrapolation）とは、未知の数や関係などを既知のものにもとづいて推測すること。

193　「形成（shape）」については注72参照。

つまり自然主義の枠内で道徳的責任は擁護しきれないと認める代わりに、事柄をじっくりと見つめるのをやめて、人々には道徳的責任があると単純に見なすだけの立場に逆戻りするのだ。究極原因に目を向けてはならず、むしろ最も手前にある選択や行為に注目せよ——ジェーンは十分な努力を注がなかったのだから非難に相応しいのであり、ジョーは十分注意深く考えなかったのだから〔刑〕罰に相応しいのであり、ジュリアは自分自身の意地汚い欲求にもとづいて行為したのだから応報的懲罰に相応しいのだ。そしてこのとき、なぜジェーンが〔認知的〕気概に乏しく、なぜジョーが認知的吝嗇者であり、なぜジュリアが真底強欲な人物なのか、といった深い事情に目を向けてはならない——と。自然主義者の中には、道徳的責任の擁護論者も廃絶論者もいる。彼らは共に奇跡じみた自己創造の力を退けるので、いずれも「形而上学上の誇大妄想」という罪に陥ってはいない。両者の違いは、〔道徳的責任の〕廃絶論者は、例の「形而上学的に見て極端な立場」によらなければ道徳的責任の正当化は不可能だ、と主張するのに対し、擁護論者はそれが可能だ——性格と行動の形成過程の深い事情に目を向けるのをやめさえすれば——、と主張する点にある。そしてフィッシャーは、この擁護論の主導者なのだ。

簡略に述べれば、状況はこうである。私たちは、人々に道徳的責任があると見なしたいと望んでおり、またとりわけ人々を、彼らがなした悪事のゆえに罰したいと望んでいる——つまり私たちは、悪事をなした人々に報復したいという、強い衝動を感じるのだ。だが、深く注意をこらして事柄を省みると、それまで私たちが非難し、罰したいと望んでいた人々の行動や性格が、彼らのコントロールのおよばぬ諸力によって形成されてきたことに思い至り、形成過程に難のある不運な人々を、その不運のゆえに罰するのは根本的に不公正なことだ、ということがはっきり分かるようになる。私たちにとって道徳的責任とは、あって当然だと「直観的に」知られるものであって、それを救出するために私たちは特別の、奇跡めいた自己創造の力を発明する——ジョナサン・ハイトが指摘するように（Haidt 2001; Haidt and Bjorklund 2008; Haidt 2008）、私たちは、自分が合理的推論《ノンラショナル》なしで、直観的に下す道徳判断〔「道徳的責任は存在する」のような判断〕に対する合理的な正当化を見つけ出すことに、非常に長けているのである。だが、この自然的世界についての私たちの理解が増大するにつれて、この種の奇跡めいた力の信憑性は減少している。この段階に至ったなら、道徳的責任の本質的基礎だと私たちが見なした、例の「形而上学的に見て極端な立場」を退け、道徳的責任の排斥という次なる段階に進むことを期待してよさそうなものだ。だがこの期待は、道徳的責任への私たちの信念が帯びる、催眠術にも似た魅力を過小評価している。道徳的責任を信じる人々は、道徳的責任を廃棄するのではなく、〈これまで道徳的責任に要求されてきた条件は、あまりに厳しすぎたに違いない〉という結論に至るのだ。フィッシャーはこう述べる。

> 生きた人間とは途方もなく弱々しい存在であり、（ある一定の視座からすると）私たちがともかくにも行為者として存在していること、あるいは、私たちが現にそうであるような種類の行為者（現実の私たちが備えているような、特定の性向、価値観、心理傾向を備えた行為者）として存在していることは、驚くほど幸運なことである。直観的に言って、私には、自分の心理的特性や、まして自らの行為者性そのものに対する「究極の責任」などはない。私たちには、「私たちの存在のあり方」についての「究極の責任」はないのだ[195]。とはいえ、それがないからというので、私たちは道徳的責任を剥奪されるのだと想定するとしたら、それはまるで狂気の沙汰だと思える。(Fischer 2006b, 113)

人が道徳的責任に深く囚われているとき、道徳的責任への信念を斥けるという考えは「まるで狂気の沙汰だと思える」のだ——その信念は、私たちの司法／正義《ジャスティス》のシステムの中心にあり、かつまた私たちの基本的な心理的傾向性と一致していることによって、揺るぎない地位を保持しているのである。だが私たちが（徹底した自然主義の態度をとって）「現

194 原語は ultimate buck-stopping。buck-passing つまり「バック（ポーカーで親を示す目印）の押しつけ」には「責任転嫁」の意味があり、buck-stopping は「バックの押しつけ合い（責任転嫁）の連鎖を止める」というほどの意味になる（トルーマン大統領の「バックの押し付け合いは私が止める（＝責任は私が取る）」という言葉が有名らしい）。この文脈では、人の行為や性格を形成する原因の連鎖とは無関係に行為や性格を自分だけで創始する、奇跡じみた力の働きを buck-stopping と呼んでいる（なお、buck は鹿を指すが、これはもともとポーカーで親を示す目印に鹿の角で作ったナイフを用いていたのが由来だという）。

195 本書四八頁で引かれているゲイレン・ストローソンの〈根本論証〉にもとづく「究極の責任」論を想定している。

実の私たちが備えているような、特定の性向、価値観、心理傾向」の原因と、そこから帰結する人々の間の違いを注意深く吟味するとき、道徳的責任のシステムの基本的な不公正さに気がつくようになる。この気づきを阻止しようとするなら、注意深くまた詳しい探究を阻止し、道徳的責任と人間行動について、深い事情に目を向けようとしない態度を固持することが必要となる。フィッシャーが提起するのは、道徳的責任を救うためのこの種のアプローチの巧妙なモデルである――このモデルは、人間の行動において肝要となる細部や〔各個人の〕歴史といったもの（それを吟味することで、道徳的責任の地位を切り下げるようなもの）を、正当な探究の対象から外してしまうのである。

フィッシャーのモデルの礎石となっているのは、**統整**《レギュレイティブ》コントロール（私たちは全般にわたりこれをなしえないとされる）と、**誘導**《ガイダンス》コントロール（私たちは実際にこれを活用しており、また道徳的責任にはこれで十分だとされる）の区別である[196]。統整コントロールは、さまざまな本物の選択肢に開かれ、その中からとらわれぬ選択を行うことを通じて、私たちが人生の道を選びとることを可能にしてくれるようなコントロールである――そこでは、自分に開かれたさまざまな可能性のどれを選んで進むのかを、私の選択が、しかも私の選択だけが、定める。リバタリアンたちはこのような、複数の選択肢に開かれた自由を手放そうとしないが、フィッシャーは私たちがこのような力〔統整コントロールに必要な自由〕をもつのは疑わしいと考える。つまりフィッシャーは、道徳的責任が課してくる要求を満たすために、このような統整コントロールが必要だとはまったく考えないのである。そしてこの統整コントロールと対照されるのが、それよりも穏健な誘導コントロールである。「誘導コントロールとは、私が自分の車を右折させるときに用いるタイプのコントロールであり、たとえ私が、車を右折以外の方向に進ませる可能性がなかった場合ですら、このようなコントロールは成り立つ。より一般的に言えば、それは〈他行為可能性〉[197]を要求しないタイプのコントロールである。道徳的責任のために必要な自由は、この誘導コントロールに尽くされるのである」(Fischer 1994, 160)フィッシャーはまた『自由意志の形而上学』の末尾近くで、自分の立場を次のようにまとめている。

> たとえ、将来とりうる道がただ一つしかないとしても、――私には、**私がこの道をどのように歩んでいくか**について責任がある[198]と見なされてよい。私が

残忍で、怠惰で、臆病者の人生を歩んでいれば非難されうるし、細やかな気づかい、思いやり、勇気をもって人生を歩んでいれば賞賛されうる。たとえ私が何らかの方法で、自分の将来の道はただ一つしかないことを発見したとして、私はそれでも、自分がその道をどのように歩むかを深く配慮するだろう。私は、気品と尊厳をもって人生を歩むことに憧れるだろう。ユーモアのセンスを備えたいと望むだろう。何よりも私は、わが道を歩みたいと望むだろう。(Fischer 1994, 216)

フィッシャーが提起する「統整コントロール／誘導コントロール」は適切な区別であるし、彼はその区別を興味深い仕方で用いているが、とはいえこの区別は新奇なものとはいいがたい——ストア派の偉大な哲学者エピクテートスは、はるか以前〔約二千年前〕に同じ区別を立てていた。「次のことを心に留めておくがいい。君は劇作家が望むような俳優なのだ。劇作家が短いものを望めば短い劇の俳優になるし、長いものを欲するならば長い劇の俳優になるのだ。もし君に物乞いを演じることを望めば、それを上手く演じるようにせよ。役が足の不自由な人間でも官吏でも民間人でも同じことだ。というのは、君の仕事は、あたえられた役を立派に演じることだが、どの役を選ぶのかは、ほかの人の仕事であるからだ」(Epictetus 107/1865)〔『要録』一七、邦訳下巻三七一―三七二頁〕。このようにエピクテートスは、個々人が、たとえ大いなる宿命をコントロールすることはできないとしても、その細部をコントロールすることはできると、もっともな理由から信じていた——つまり、たしかに運命は人々の人生の行く末をコントロールしており、人間の力でそれに抗することはできないが、宇宙全体の運命は細部にかかずらうことをしないため、人間にはその細部をコントロールすることができる、と考えていたのだ。だがフィッシャーに、このような〔「宇宙的運命」と「個人に委ねられた細部」の〕区別を立てるべき根拠は与えら

196 訳注190参照。

197 「他行為可能性（alternative possibility）は「実際に行ったのとは別のことも行えた（could have done otherwise）」という可能性。詳しくは訳注55参照。

198 原語はaccountable forだが、ここではresponsible forと区別なく訳す。accountabilityとresponsibilityの対照については本書二三一―二六頁および訳注35参照。

れていない——この自然は巨視的な全体像を気にかけるが、細部は気にかけない、といった主張に、現代の自然主義者たるフィッシャーが説得力をもたせることはできないのだ。むしろ事情は正反対であり、究極的には細部こそが巨視的な全体像を形成するのであり、これは進化論や物理学が示している通りである。

フィッシャーの思想は、私が〔自分の人生について〕次のように語るようなものだ。「すべての道が私に開かれているわけではない。私には微積分のテストに合格するだけの資質がないから、物理学者や技師にはなれなかった。臆病者だから、兵隊や、警察官や、消防士にはなれなかった。指先が器用ではないから電気工にはなれなかったし、体力もないからカーブを打てないから野球選手にはなれなかった。こういうわけで現実の私は、から建設工にもなれなかった。こういうわけで現実の私は、統整コントロールを用いて哲学者になったのではない。なぜなら、それが唯一開かれた道だったからだ。だが私は、哲学者としての役割をこなす上で、誘導コントロールを首尾よく用いている。私はそれを、気概をもってやり抜くことも、漫然と片づけることもできるし、哲学者仲間に丁重に接することも、冷淡に接することもできるし、授業をうまく進めることも、まずく進めることもできる、云々」。

だがいったい、このような区別を立ててよい理由などあるだろうか？——つまり、私たちの行動はすべて同様の因果的要因によって形成されているのに、その中から誘導コントロールだけを別扱いしてよい理由などあるのだろうか？この私の認知的気概の度合いは、私が学問の世界に入るずっと前から形成されていた。哲学における私の自己効力感、ないしは自信——私が哲学的思索を進めるときの確信や、その出来不出来を大いに左右する要因——は、私のコントロールのおよばない諸要因に大きく影響されている（その中には幼少期に受けた影響も多い）、等々。もちろん、これらの要因の中には、私自身の選択に依存しているものも多い。しかし、私のそれらの選択のあり方やその結果を形成した諸力は、〔フィッシャーが期待する〕道徳的責任の要求と帰属に支えを与えるような力ではない。フィッシャーの結論はあたかも「私たちに、大きな因果的要因に対する道徳的責任はないのだから、私たちには、もっと小さな要因に対する道徳的責任がなければならない」と言っているようなものである。ところがフィッシャーは、これが真理であると信ずべき理由を何も提供しない。彼は、このように限界づけられた中での道徳的責任がどのようなものに見えてくるのかについて、一つのモデルを提供してはいる。だが彼は、私たちが選択した道や、その道を歩んでいくときのスタイルに対して、私たちには道徳的責任がある、という彼の主張を信ずべき理由を、何も提供していないのである。
　しばしば見過ごされがちなコントロールの細部に注目しているのは、フィッシャーの貴重な貢献である。というのも、こうした細部のデリケートなコントロールが重要となる場合はあるからである。つまり、コントロール感覚が危うくなる場面が多く生じる環境では、当人の個人的な[199]コントロールという要素が大いに重要となることがあるのだ。「コントロール知覚〔自分がコントロールしているという実感〕[200]が常時冷遇《インホスピタブル》される環境（病院《ホスピタル》や養護施設等）では、自ら選択する力を行使するということが、格別の重要性をもつ。それには病状を軽くする働きがあり、生命の維持にすらつながることもありうる」(Perlmuter, Monty, and Chan 1986, 113)。患者の中に気概を維持し、患者が抑鬱状態に陥るのを食い止めるためには、病《やまい》への大がかりなコントロールを行うより、患者自身がコントロールできるちょっとした要素を加える方がしばしば効果は大きいというのが、医療心理学者たちの知見である。がんの患者には、自分が命に関わる病にかかっているという事実をコントロールすることはできないが、治療法の選択に関して知的にコントロールできていると感じている患者は、抑鬱状態に陥る比率が小さい（Thompson et al. 1993）。モリスとロイヤル（Morris and Royale 1988）は、肺がんの患者で、治療について自分で選択し、治療の過程をコントロールできていると感じている人々の方が、そうでない患者よりも不安や抑鬱に陥りにくいことを見いだした。ある研究では(Devins et al. 1981; Devins et al. 1984)、末期の腎臓病患者にとって、コントロール感覚を維持するか否かは死活的な重要性をもつことが示されている。マーガレット・ウォールヘーゲンとメリル・ブロッドの発見によれば、慢性疾患を抱える患者にとっては、個々の症状を自分でコントロールできている、という知覚の方が、病そのものを全般的にコントロールできている、という信念よりも、患者の人生への満足感[201]に与えるインパクトが大きいという。「現在の研究データが示唆しているのは、〈自分は個々の症状を

199「当人の個人的な」と訳した personal には、「パーソン（人格的存在）としての」とい含みもある。

200「コントロール知覚（perception of control）」はすぐ前の「コントロール感覚（sense of control）」と共に、ある程度術語的に用いられている。

コントロールできる〉という、より特殊で、個々の状況に即した信念の方が、〈自分には病の進行をコントロールできる〉という、より巨視的で長期的な信念よりも、人生への満足感に対して大きな影響をもつ」(Wallhagen and Brod 1997, 27)。

このように、統整コントロールが明らかな不可能事である一方で、誘導コントロールが患者の人生への満足感にとって、心身両面で大いに重要である場合はありうる。医学的措置の限界を超えた病にかかり、病の進行を止められず、諸々の症状への効果的な対処もできない場合であっても、一見ささいな事柄を患者が自分でコントロールできるようにすることで、病そのものをコントロールできない、という喪失感を相殺できることがしばしばある——例えば見舞い客を迎え入れるときの衣服や食事を患者自身が選ぶとか、さらには、終末期のプランを患者自身でコントロールできるようにする〔つまりプランの選択や手配等を自分で行う〕、などである。シェリー・テイラーの研究は(Taylor 1983; Taylor et al. 1991)、もう末期で治療不可能な患者にとっての、細部における「誘導コントロール」の重要性を確証している——患者が病の進行をコントロールできない場合であっても、病に対する自分の反応、残された時間をどう過ごすかの選択、いとまごいの伝え方などを自分のコントロール下に置くことはできるのだ。

このように、誘導コントロールは人生への心理的満足感にとり重要であるが、この事実の最も劇的かもしれない証拠として、長期療養施設の研究がある。この種の施設の入所者は、人生と自らの選択を自分ではコントロールできなくなった、と強く感じており、こうしたコントロールの喪失感には、深刻な抑鬱や、免疫力の低下、死亡率の上昇などが伴う(Schulz 1976; Schulz and Hanusa 1978; Langer and Rodin 1976; Rodin and Langer 1978; Rodin 1986; Waller 2001; Waller 2002)。だが、ちょっとした事柄を自分でコントロールする機会——例えば大学院生の見学への対応(Schulz 1976; Schulz and Hanusa 1978)、部屋の家具の配置や、観葉植物の世話の仕方(Langer and Rodin 1976; Rodin and Langer 1978)、さらには、鳥のえさ箱をどうするか(Banziger and Roush 1983)などを自分で決める、といった——を少しでも作ると、抑鬱の防止、体調不良の改善、余命の延長などにおいて、劇的な効果もたらすことができるのである。

だが、——健康な人であれ、末期の患者であれ、私たちの誰にとっても——たとえ誘導コントロールに得がたい価値があるといっても、それが道徳的責任に支えを与えることはない。ジョーンが自らの治癒不能ながんに、気品、尊厳、気概、コントロール感覚をもって対するなら、彼女はより好ましい状態に至るだろう――抑鬱を免れ（Thompson et al. 1993）、痛みによりよく耐え（Bowers 1968; Reesor and Craig 1987; Hill et al. 1990）、日和見《ひよりみ》感染症に対する耐性が増す（Rodin 1986; Wiedenfeld et al. 1990）、といった事柄への見込みがより大きくなり、また確実に彼女はより魅力的な人物となり（したがって友人が彼女に会いに来ることも多くなり）、より尊敬を集める人物ともなるだろう。とはいえ、こうして誘導コントロールを巧みに用いたことへの道徳的責任がジョーンにあるのかどうかは、まったく別の問題であるし、他方でジョーンがひどい誘導コントロールしかできず、その結果不機嫌で自己憐憫的になったとして、そのことに対する道徳的責任が彼にあるかどうかというのも、やはりまるで別の問題である。

最近の著作では、フィッシャーが誘導コントロールに割くページ数は極めてわずかで、どこに出てきたか見落としてしまうほどである。私には、自分が哲学者になるか物理学者になるか（あるいは宿無しの漂泊者になるか）を選ぶ統整コントロールの能力はない。だが、いざ哲学にとりかかるときには、巧みなユーモアを交えるか、無愛想な態度をとるか、優雅に進めるか、不器用に進めるか〔つまり誘導コントロール〕について多様な選択肢に開かれているかといえば、そんなこともないのだ。こうした誘導コントロールの問題を、フィッシャーはむしろ自己表現の問題に帰着させるようになった。これらは自己表現として、私たちの人生の物語を紡いでいく上での重要性をもつのであり、そしてこの場合、たとえその物語が、ごくささいな細部すら別のようでありえなかったとしても、その重要性はまったく変わらないのである。

人々が本当に言いたいのは、次のようなことなのだと私は考えている。すなわち、道徳的責任をもって行為することは、それが**妨げられず**、あるいは**損なわれず**になされる適切な自己表現であるがゆえに価値あるものなのだ、ということだ。これは次のように言い換えることもできよう。すなわち、人が妨げ

201 well being は文字通り訳せば「よく生きること」で、一般に訳の難しい言葉だが、ここでは「人生への満足感」と訳しておく。

られず、損なわれずに、適切な自己表現に真摯に取り組むとき、その人は**自由**に自己表現をしているのだ、と。つまり私たちは、自分の人生という書物を——何らかの点で妨げられたり損なわれたりせずに、という意味で——自由に執筆することを、価値あることだと見なしているのだ。(Fischer 2006a, 118)

私たちが「自分の人生という書物を……自由に執筆すること」つまり「自由に自己表現すること」を価値あるものと見なしているのはたしかである。だがいったいなぜこの意味での自由な自己表現が、道徳的責任に基礎を与えることになるというのか? もう一度[202]、ロレンツォ・ヴァッラの『自由意志に関する対話』に目を向けよう。そこでヴァッラはアポロ(ローマ時代の知識の神)が、自分の未来を尋ねに来た若き日のセクストゥス・タルキニウス〔甥の妻ルクレティアの陵辱事件で有名な人物〕[203]に、次のような回答を述べた様子を描いている。

ジュピターは、オオカミを獰猛《どうもう》なものに、野ウサギを臆病なものに、ライオンを勇敢なものに、ロバを愚かなものに、犬を賢いものに、ヒツジを温和なものに創造したのだが、これと同様に神は、ある人間を冷酷な性格に、他の人間を柔和な性格に創造し、ある人間を産み出すときには悪を授け、他の人間を産み出すときには徳を授け、またさらに、ある人間には自己改善の能力を付与し、他の人間は矯正しがたいものとした。実のところ、ジュピターはおまえに、邪悪な魂を与え、しかもそれを矯正するための手立て《リソース》を何も与えなかった。そしてそれゆえ、おまえは生来の性格のゆえに邪悪な行いにおよぶであろうし、ジュピターもまた、おまえの行為とその邪悪な所業のゆえに、おまえを厳しく罰し、おまえがステュクスの川〔ローマ神話の「三途の川」〕に飲み込まれるべきことを、すでに宣告したのだ。(Valla 1443/1948, 173)〔邦訳六三頁に該当〕

セクストゥスは彼自身の人生を生き、彼自身の性格を表現し、彼の(不可避であった)人生の物語を自ら紡いだ。彼は自らの性格ゆえに、邪悪な行為を選択した(彼の喉元に剣をつきつけ、邪悪な行為を無理強いした者などいない[204])。そして彼は、自らの誘導コントロールを通じて、(予言された)彼自身の人生の物語を紡いだのだ。だがいったいなぜセクストゥスには、彼が選択した行為と彼が紡いだ物語に対する道徳的責任があると——そして彼はジュピターの苛烈な罰に相応しいと——想定すべきことになるのか？ もし仮に、セクストゥスに責任があり、罰にも相応しいのだとしても、その道徳的責任の要求を正当化するに足る理由を、ここで述べた物語モデルは何ら提供できない。

〔ディケンズ作〕『クリスマス・キャロル』のエベニザー・スクルージの物語を考えてみよう。スクルージは鋭い知性と多大な気概を備えている。彼は自分自身で選択し、彼がよしとする守銭奴の生き方を決然と貫いている。スクルージが統整コントロールを手にしていないのは確かだ。というのもディケンズは、幼少期の貧困が、彼の心に、世間の貧者の扱いへの深い恐怖心を刻んだ様子を描いているからだ。「世の中に、貧乏ほど始末の悪いものはない」とスクルージは言い張るのである（Dickens 1843, 44）〔邦訳七二頁〕。彼の若き日の恋人ベルは、スクルージが——彼の自己表現としての誘導コントロールによって——幾多の選択を行い、そしてその選択がその後彼の性格形成に影響をおよぼしていくさまを、目の当たりにしている。「私はね、あなたが純粋な憧れや高い志を次々に失って、とうとう暴利をむさぼる執念の虜になるのを見てきたのよ」。だが、スクルージは少しも動じず、守銭奴としての自分の生き方をよしとする。『『それがどうした？』スクルージは開き直った。『それだけ私が利口になって、どこがどうだっていうんだ？ 君に対して、私は少しも変わっていないだろう』』。フィッシャーにとっては、セクストゥスやスクルージが、〔フィッシャーの言う、人生の〕歩むべき道を変えたり、現在とは異なる道を選んだりするという可能性は問題外〔のはず〕である——つまり、彼らが自ら選択し、人生の物語を執筆するのであれば、たとえその選択と物語があらかじめ定められた、動かしがたいものだったとしても、それで十分〔のはず〕なのである。スクルージは自分自身で選択し、守銭奴としての自分の物語を貫いた。彼には他の選択をすることも、別のあり方をすることもできなかっ

202 第二章四七頁参照。

203 セクストゥス・タルキニウスは王政ローマ最後の王ルキウス・タルキニウス・スペルブス（在位紀元前五三五—五〇九年）の末子とされ、ローマ神話では、甥の妻ルクレティアの陵辱事件（ルクレティアは事件を父や夫に告げた後に自害する）が王政ローマの終焉と共和国の成立を導いたとされる。

204 これはむしろセクストゥスがルクレティアに行った行為である。

たが、それでも、**彼自身の**守銭奴的な性格が、守銭奴としての彼の行動には表現されている。だがいったいなぜセクストゥスやスクルージに、彼らの醜悪な人生の物語に対する道徳的責任があると、想定すべきことになるのか？　彼らの人生は彼ら自身の人生であり、彼らの人生は道徳的に悪しき人生である――これは誰もが同意する点だ。それに、道徳的に善であろうと悪であろうと、大抵の場合、人々は〔フィッシャーの言う通り〕他者からの強要や干渉を免れて「自分の人生という書物を自由に執筆すること」に価値を認める。だがそこで、〔例えば〕あなたがよい物語を執筆したことで特別の賛辞に相応しく、私はよくない物語を執筆したことで特別の非難に相応しいというのは、なぜなのか？　あなたがよい人生の物語を執筆するのは、より優れた素養《リソース》／手だてを備えているからであり、また私の場合は、貧困への恐怖によって性格形成がなされたからだ。それはいずれも私たち自身の物語だが、私たちには、あらすじであれ、細部であれ、それを変更できるという選択肢がそもそも開かれていなかったのである。フィッシャーが、道徳的責任を支持する論証を始めると期待すべきはまさにこの地点なのだが、フィッシャーの論証は、そこで終わってしまう。セクストゥス、スクルージ、その他誰であれ、彼らの人生、選択、物語に対してそれぞれに道徳的責任があると想定すべきいかなる根拠も与えないまま、論証は終わってしまうのだ。

　フィッシャーの『自由意志の形而上学』(Fischer 1994) の〔先に引用した〕最後の一文は、彼の近年の著書のタイトルにも繰り返されているが〔『わが道――道徳的責任論集』(Fischer 2008a) を指す〕、この一語は、フィッシャーが本当は何を望んでいるのかを打ち明けているのかもしれない――つまり彼はそれを「わが道」にしたがって行うことを、すなわち、人生に彼なりの足跡を残し、彼自身の独自の物語を、干渉も強制もされずに執筆することを、望んでいるのだ。フィッシャーはこの仕事を彼なりの道にしたがい、気品、スタイル、創意をもって行っている。だが彼は才能、出自、過ごしてきた環境に恵まれており、そのおかげでこれらの要素を、一つの好ましい物語として紡ぐことができたのだ。このような事情は、ジョン・マーティン・フィッシャー独自の物語と、それがもたらした成果の価値をいかなる意味でも減じない。それは紛れもなく彼自身のスタイル、彼独自の作品である。では、フィッシャーには彼独自の物語に対する道徳的責任があるのだろうか？　この問いは依然として答えられておらず、たとえ彼の独自性やスタイルを強調しても、答えにはつながらない。スクルージは守銭奴的人物として、誘導コントロールを用いて、下劣な守銭奴としての人生を自ら追求する。ならばスクルージは、守銭奴としての信条を追求する下劣な人物であることについての非難に相応しいのであろうか？　この問いは未だ答えられていない。フィッシャーには、〔スクルージよりも〕好ましい人格と性格から発する気品と気概があり、フィッシャーはそれを用いた誘導コントロールを、〔スクルージよりも〕はるかに好ましい彼の仕事におよぼした。では、このようなフィッシャーは、彼の気品と気概ゆえに、賛辞に相応しいのだろうか？　これらの問いは、〔結論ではなく〕議論の出発点である。フィッシャーの気品、スクルージの守銭奴的性格は、彼らがコントロールしようもない要因によって形成されたものだ。スクルージは守銭奴であり、フィッシャーはまことに温厚で寛大な人物である。そして彼らの間には、人生という旅路を歩む上での才能や性向において――それ以外にも、人生という物語のあらゆる細部にわたり――多大な違いがある。だが、その違いゆえに彼らがそれぞれ非難と賛辞に相応しいのかどうかという問いは、フィッシャーの説明によると、答えられないままになってしまうのである。

ジョン・ドリスと熟慮のための小さな空所

道徳的責任のための小さな空所〔すなわち〈すき間〉〕を確保するという立場を、誰よりも巧妙に擁護しているのは、ジョン・ドリスかもしれない。ドリスはまず、私たちを取り巻く状況からおよぼされる、目にとまらない微妙な諸力について、説得力ある説明を提示する。ドリスによれば、私たちがどの道を進み、どんな選択をするかは、そのような諸力によって、私たちが知らぬうちに、意識的なコントロールのおよばないところで、形成されるのである。そしてこれを踏まえるなら、私たちはあらかじめ計画的に、よくない状況を注意深く避けられるようしておくのがよい、というのがドリスの提案である。「私たちは『自分が罪を犯しかねない機会』――つまり倫理的危険を伴う状況――を、可能な限り避けなければならない」(Doris 2002, 147)。これは非常にすぐれた提言であり、実験的研究の成果を無視せず、むしろそれに学び、〔実人生に〕応用するという模範的な態度を示すものである。だがこれに続いてドリスはこうも提言する――私たちがこの点を心に留め置くなら「人が倫理的失態を犯すとき、そこでとがめられるべきは、個別の〔行為を導いた〕意志の失態ではなく、むしろ状況に十分注意を払わなかったという、許し難い無頓着ぶりにこそある、という場合は非常に多いのかもしれない。これが含意しているのは、私たちの義務は驚くほど複雑だということである。つまりそこには、個々の行為をなすべしという義務[205]だけでなく、熟慮を行うときは私たちを決定する環境的要因にもしっかり目を向けるべしという、いわば『認知的義務』もまた含まれているのである」(148)。だが、たとえ私たちがこのような「認知的義務」の複雑さを理解したとしても、それによって、人々を道徳的責任ありと見なすことが正当化されるわけでも「倫理的失態がとがめられること」が正当化されるわけでもない。なにしろ、計画を注意深く立てるという強力な能力が私たちにあるとはいっても、私たちはその能力によって自分自身を作り上げたわけではないのだし、またたとえ、私たちがそのような自己形成を（ある程度まで）行っていた場合でも、そうした自己改善の能力は、私たちの選択や努力からは独立した形成過程の産物だったのだから。実際、注意深い合理的推理が、私たちをより賢明な決断、より安全な状況へと導くことはある。だが、人が「常習的認知者」や「認知的吝嗇者」として備えている能力そのものは、運や不運に左右される。そして、人が冷静で注意深い、一歩退いた熟慮をなすための能力ないし機会を手に入れるようになったのは、その前に、状況的文脈の中で、その人の形成に関わる、要となる重要な過程が数多く生じていたことの結果なのである。（ドリスに公平を期すため付言すれば、この種の「状況的に洗練された」冷静な熟慮を成し遂げるのがどれほど困難かを、ドリスははっきり認めている。）

道徳的責任は細部に宿らず[206]

フィッシャーが明らかにしたように、〔特に医療等で〕細部へのコントロールは重要である。だが、そのコントロールが巧みか拙いかは、それぞれの人の認知的気概と自己効力感[207]の関数であり、それは——決定的な局面において——その人自身が作りあげたものではない。要するに、道徳的責任を〔「すき間の神」ならぬ〕「すき間の自由意志」によって支えようとしても、それは本当にごく小さな〈すき間〉〔つまり探究が未だおよばない領域〕の中でしか成り立たない。しかもそのごく小さな〈すき間〉——「合理的推理にもとづく選択」〔テイラー〕、「誘導コントロール」〔フィッシャー〕、「意志の働き」〔キャンベル、オコナー他〕等——すら、それをじっくりと見つめ、道徳的責任に余地を残さない説明が見いだされてしまえば、埋められることになるのだ。

両立論者たちですら屈してしまう、一つの強い誘惑がある——ある特別な力があって、その力により、人間の行動の中の〔「すき間」にたとえられる〕ささやかだが決定的な要素は自然的諸力の例外となっている、と主張することで、道徳的責任を存続させようとする誘惑である。これに対して、大部分の現代哲学者はこう主張する。〈道徳的責任を維持するために、自然の諸力の例外を設ける必要などない。なぜなら、道徳的責任は徹底した自然主義と両立できるからだ。だから人類も、人類の道徳的責任も、奇跡や神秘と無縁の、徹頭徹尾自然的な世界の中で、わが世の春を謳歌できるのだ〉と。このような両立論者たちの言い分も半分までは正しいことを、以降の章で論じる——人類は、自分たちを形成した、徹底して自然的な環境の中で、たしかにわが世の春を謳歌できているが〔つまり半分までは正しいが、しかし〕道徳的責任はそうではない、ということだ。そしてまた、道徳的責任をその本来の住みかである奇跡と神秘の世界から、この神秘なき自然的世界の中へ移住させ、生き延びさせることができる、という考え方を人類がひとたび放棄すれば、人類は今以上にわが世の春を謳歌できるはずなのだ。

205 duty と obligation は区別なく「義務」と訳す（前文が duties、これは obligation）。
206 ファン・デル・ローエが用いたことで有名になった（典拠不詳の）「神は細部に宿る」のもじりで、本章タイトルの「すき間の道徳的責任」が「すき間の神」（訳注148）のもじりであるのと呼応している。
207 「自己効力感」と訳した（sense of）self efficacy については訳注74を参照。

第六章　責任を引き受ける

道徳的責任を、科学が未だ踏み入っていない、小さな片隅〔すなわち〈すき間〉〕に発見しようとする人々がいることを見てきたが、これよりも果敢に道徳的責任の擁護を行う人々もいる。この大胆な精神の持ち主たちは、〔前章で見た試みのように〕科学が接近できない小さな生息地《ニッチ》の中に**責任**を発見しようとするのではなく、むしろ責任を**引き受ける**[208]のだ。ハリー・フランクファートがこのような主張を行っているので見ておこう。「ある人物が、自分の行為の動因と自己同一化している〔それに深い思い入れを抱いている〕[209]場合、その限りで、その人物はその行為に対する責任を引き受け、その結果、それに対する道徳的責任を獲得する。さらに言えば、その行為を引き起こした原因や、その動因に彼が自己同一化するに至った原因といった、原因についての問題は、彼は自由に行為を遂行したのかどうか、そして彼にはその行為への道徳的責任があるのかどうか、という問題とは無関係である」(Frankfurt 1975, 122)。

これはつまり〈過去がどうだったかは問題ではない〉ということだ——つまり、人がひとたび責任を引き受けるなら、それはその責任を受け容れ、それと自己同一化し、それを自分自身の責任だと認めることになり、そうすることによって、それはその人自身の責任となる、というのである。デネットは同様の論調で、この〈責任の引き受け〉という営みの重要性を強調する。

人はしばしば、ひどいことをしでかしたとき、こういう言い方をする。「心底申し訳ない。こんな結果になるとはまるで思っていなかった。自分がどんなにひどいことをやっていたのか、僕はただ気づかなかっただけなんだ！」。この言葉は、次のような言い訳〔免責理由〕[210]を許してしまうのではないかと思われよう。「自分が何に気がつき、何を見逃すかなんて、

> 僕にはどうしようもない〔だから僕に責任はない〕」。だが、健全な自己コントロールができている人[211]であれば、そのような言い訳を拒むものだ。つまり健全な自己コントロールができている人は、単なる一つの「偶発事」――同様の偶発事は数多くある――かもしれない出来事、そうである見込みが大きい出来事に対する、責任を**引き受ける**ものだ。そのようにして、自分自身が未来の「偶発的な」犠牲者になってしまう見込みを小さくするのである。(Dennett 1984, 143–144)〔邦訳二一〇頁に該当〕

デネットにとってもまた、責任を引き受けることは、人が行為者であるための鍵となる要素である。「私たちは自分が自分自身のコントロール下にあり、他の誰かのコントロール下に置かれてはいないことを望むものである。私たちは、計画と行動を始めさせ、かつ、それに対する責任を引き受けられる行為者であることを望んでいる」(169)〔邦訳二四九頁に該当〕。デネットは『自由は進化する』でも引き続き、責任を引き受けることの重要性を強調している。「責任を否定するため、自己を実に小さな存在に仕立て、行為を決定する原因は自己の外部にあることにしてしまおうとする――このような誘惑はいつでも大きい。この大きな誘惑を打ち消すには、とても拒めないような提案を申し出るのがよい――自由でありたいと思うなら、君は責任を

208 本書で導入される動詞表現 take responsibility、および関連表現の take charge の意味と訳語について注記しておく。take responsibility は「責任を負う」、「責任を取る」、「責任を引き受ける」などと訳せるが、本章で注目されるのは「能動的、意図的に責任を負った状態に入る」という営みであり、この能動性をはっきり示す take の訳語は「取る」か「引き受ける」である。だが「取る」だと負った責任を果たす（履行する）ところまで含意することがあるので、「自ら責任を負った状態に入る」という局面を最も明確に示す訳語として「引き受ける」を用いる。また take charge も「(〜する) 責任を引き受ける」というほぼ同義の表現で、少なくとも本書の範囲内では take responsibility と区別なく用いられていると見てよい。それゆえ、著者が moral responsibility と対比させる別種の責任を呼ぶための用語として導入する take-charge responsibility（この表現自体は、著者の考案らしい）は単に「引き受け責任」と訳する。

209 原語の identify oneself with は訳注129で説明した通り「……に強い思い入れを抱く」という日常表現で、心理学の「自己同一化（する）」もこの意味を基礎にしている。

210 「言い訳／免責理由」の原語は excuse で、単に「免責」という意味にもなる。「免責」の概念は本書中盤以降で重要になる。

211 戸田山訳では「健全な自己コントローラー」。

引き受けねばならないのだ――と」(Dennett 2003, 292)〔邦訳四〇六頁に該当〕。

ロバート・ケインは筋金入りのリバタリアンであり、フランクファートともデネットとも共通する基盤がほとんどない人物だが、〈責任の引き受け〉というセイレーンの〔誘惑の〕歌声[212]には、このケインですら抗することができない。ただし彼の場合、それをかなり異なった文脈に据える。ケインは、究極の責任に関するすばらしく独創的な説を提起している。それによれば、私たちに、自分自身の「自己形成的選択」に対する道徳的責任がある場合――それはまた、私たちが究極の責任をもって行為をする場合でもあるが――というのは、私たちが二つの行為から一つをまさに選ぼうとしている場合である。こういう場合の私たちは、二つの行為の両方について適切な（しかも反省的に是認された）理由を抱き、両方の間で不決断の状態にあり、このような不決断状態において、私たちはどちらか一方しか選択できず、両方を選ぶのが不可能だとしても、どちらについても実際に行おうという意志を抱いている。そしてその後、ある非決定論的な力（それは一個の素粒子のランダムな運動が増幅されたものだとされる）が働き、この均衡状態をどちらか一方へ傾けることで、私たちは選択すべき適切で十分な理由をもった道を選択することになる（たとえ、選択の鍵となる要素にランダムな出来事が含まれているとしても、それは私たちの選択である）、というのだ。このケインのモデルへの一つの異論は――ケイン自身、それを「恐らくは最も核心を突く反論」(Kane 2007, 41) と見なしているが――、〈このような決定されざる[213]選択とは、恣意的なものではないのか〉というものであり、ケインはこの異論を次のように言い換えている。「いかなる自己形成的な選択の中にも、恣意性がなおも残存しているように思われる。というのも原理的にいって、行為者は一つの選択肢を実行するための十分な、あるいは確定的な理由をもつことも、また、それ以外の〔他の選択肢を支持する〕理由に優越する一つのまとまった理由をもつこともできないからである」(41)。そしてケインはこの異論に答えるために〈責任の引き受け〉に訴えるのだ。

> この異論にはある種の真理が含まれているが、……しかし、……私が思うに、その真理は、自由意志についてのある重要な事柄を教えてくれるものだ。つまりそれは、およそすべての決定されざる自己形成的で自由な選択は、「価値の実験」とでも呼びうるも

の——それは、未来において正当化を与えられるものであり、過去に与えられた諸理由によって完全に説明され尽くすことがない——の発端だということを教えてくれるのである。この種の選択をするというのは、実質上次のように言うことに等しい。「これをやってみることにしよう。僕の過去がそれを要求しているわけではないが、それでもそれは僕の過去と整合的で、僕の人生が今、この庭園の分かれ道で、有意味に選びとることができる道の一つなのだから。それが正しい選択だったのかどうかは時間が教えてくれる。それまでの間、僕はいずれであれ、選んだ方の道に対する責任を進んで引き受けよう」と。……

このような〔自己形成的選択に対する責任を引き受ける——引用者注〕人物に対して、こんな風に言うと考えてみよう。「でも考えてごらん。君は、君の選択に対する、十分な、あるいは決定的な理由をあらかじめもっていたわけではないんだ。なぜなら君は、別の選択をするための実行可能な理由もまたもっているのだから」と。これに対して、その人物はこのように応じてよいのだ。「それはまったく正しい。だが僕にはそのとき、自分の選択に対する適切な理由があった。僕には今、その選択を決めた通り実行し、それに対する責任を引き受ける意志がある」と。(41—42)

というわけで、ケイン、デネット、フランクファートという、お互いに隔たった立場の哲学者たちがそろって、〈責任の引き受け〉が道徳的責任の正当化において際だった役割を演じることを認めているのである——「**私には**責任がある。なぜなら私は責任を**引き受けた**からだ」ということだ。〈責任の引き受け〉には好ましい点が多くある。自分自身の行為と選択に対する責任を——さらには、自分自身の人生および計画に対する責任を——引き受けることは、健全で、価値あることである。デネットは〈責任の引き受

212 セイレーンはギリシャ神話に登場する、船乗りを誘惑する半人半鳥の海の精霊。

213 「決定されざる(undetermined)」とは、「非決定論的な量子的過程にもとづく」(したがって、先立つ要因による、一義的、必然的な決定を受けていない)の意味であり、「その量子過程が選択を決定した」とは言えるし、またその結果なされる選択それ自体が「一方の選択肢に確定させる」という意味での「決定」に相当することも言うまでもない。

け〉が、現実に極めて大きな価値と心理学的利益をもつことを、とりわけ精力的に示してきた。だがしかし、たしかに〈責任の引き受け〉には現実の価値があるとしても、二つのまったく異なるタイプの責任を区別することは不可欠であり、引き受けることが可能な責任とは（また、真面目に取り上げるに値する責任も）、その二種類の責任のうちの一方のみなのである。すなわち、〈責任の引き受け〉は心理学的に健全で有益だが、そこで人が引き受ける責任は、道徳的責任ではないのだ。人が道徳的責任を引き受けることはできないし、責任の引き受けに真正な利益があるといっても、それは道徳的責任には当てはまらない。むしろ正反対に、道徳的責任の要求および帰属は、責任の引き受けという価値ある過程の妨害となるのである。

極めて鋭敏、明敏な哲学者でも、引き受けられた責任と道徳的責任を混同してしまうのだが、だとしても、そこにある基本的な差異を示すのは難しいことではない。日常的な事柄から、死活的重要性をもつ事柄まで、人は多くの事柄に対する責任を引き受けることができる。例えば大学で講義をしたり、シンポジウム企画に携わったり、学科のピクニックを計画したり、といった事柄への責任を人は引き受けることができるし、自分の健康に関わる医療上の意思決定への責任や（「医師からのアドバイスは重視するが、薬品や治療法については自分自身で選択しよう」）、職業選択への責任（「僕が何学部を専攻するか、それとも家業を継ぐかどうか、あなたが口を出していいことじゃない。自分のキャリアは自分で決めるし、その責任も引き受ける。決めるのは僕だ」）もそうである。だが、こういう場合に人が引き受ける責任は、非難と刑罰、賞賛と報賞を正当化するとされる道徳的責任とははなはだ異なったものだ。あなたが組織したシンポジウムが完全な失敗に終わったとしよう。基調講演者たちが到着せず、参加者が一人も来なかったのである。ここであなたはこう断言する。「私は責任を引き受けた。だから私は、シンポジウムの失敗に関して非難に相応しいのだ」。これに対してこう応ずる人がいてもおかしくない。「それはばかげている。もちろんシンポジウムの開催は君の（君が引き受けた）責任下にある。だが、あんな猛吹雪が吹き荒れていたのでは、君にやれることなど何もなかった。君が非難に相応しいなど、断じて言えない」。ここで別の想定をしてみよう。エドが責任者を引き受けたシンポジウムが失敗するのだが、この失敗はエド自身の欠点に発しているとするのだ。エドはこう言う。「僕はぐずぐずしていたし、怠け者だったので、スケジュール通りに準備を進められなかったんだ」。これに対してこう応ずる人がいるかもしれない。「そうとも。開催は君の責任下にあったし、それを台無しにしたのは君だ。だが本当のところ君は非難されるべきではない。なぜなら、君が怠け者なのは、君の父親からの遺伝の一部だからだ」。このように親からの遺伝を引き合いに出す分析に疑問をもつ人はいるかもしれないし、そこからしてエドには道徳的責任があり、非難に相応しいのだ、とあくまで言い張る人もいるかもしれない。だが重要なのは、エドの非難に関するこの主張が、〈エドは責任を引き受けた〉という主張とは別物だということだ。私たちはエドが〔シンポジウムの組織についての〕責任を引き受けた、という点に同意しつつも、エドには道徳的責任があるのかどうかについて争うことができるのであるから、この二つが非常に異なった責任の概念であることは明らかである。別の観点からも検討してみよう。アンがシンポジウム組織者としての責任を引き受け、シンポジウムが見事な成功を収めたとしよう。アンはこう言う。「私はシンポジウムに対する責任を引き受け、シンポジウムは大成功だった。だから私は、特別の賛辞に正しく相応しい《ジャストリィ・デザーブ》」と。誰かがこのように言うかもしれない。「たしかに、言う通り大成功のシンポジウムだったし、君がその責任を引き受けた。だが、実際の仕事は学科事務がすべて担当していたのだから、君が特別の賛辞に相応しいわけではまったくないし、君に道徳的責任があるわけではない」。アンはこの言い分に抗議し、自はシンポジウムの成功について特別の賛辞に相応しく、それに対する道徳的責任がある、と主張するかもしれない。だが、この問いは、彼女が〔シンポジウムについての〕責任を引き受けたかどうか、という問いとは別物である。これ以外にも、シンポジウムの成功に対する道徳的責任が自分にはある、というアンの主張に対して、こういう応答があるとしてみよう。「いや、君が特別の賛辞に相応しいとはいえない。君は責任を引き受けたし、実際にすばらしい仕事をしたが、それは君が幸運だからにすぎない。それは、君には責任を引き受ける力を強くする遺伝子と、シンポジウムを成功させる力を強める遺伝子が備わっていた結果であり、それゆえ君が、シンポジウムの責任を引き受けたことや、それを成功させたことに対する特別の賛辞に相応しいわけではない」[214]。アンはまたもや、このような道徳的責任の否定に抗弁するかもしれないが、この抗弁の論拠として、「自分は責任を引き受けたのだから」という主張をもちだすことはできない。アンがその責任を引き受けたことについては誰もが同意しているのであり、それでもなお、彼女には道徳的責任があるのかどうかという、これとは別個の、これとは区別されうる問いが残っているのである。

ハートの役割責任

デネット、フランクファート、ケインが見逃していた区別は、H・L・A・ハートが立てたある区別から引き出すことができる。上で区別した責任のうち、人が引き受けることのできる責任を**引き受け責任**と呼んでもよかろうが、これはH・L・A・ハートが**役割責任**として述べていたものに似ている。

> 船長には、自分の船の安全に対する責任があり、これはその船長自身の責任であり、あるいは、船長がもっている多くの責任の中の一つである。……見張りの兵士には、敵の接近を守備隊に警告することに対する責任がある。会計係には店の会計を管理する責任がある。人の責任についてのこのような実例は、次のような一般化を示唆する。すなわち、人が社会組織の中で、他者への福利を提供するか、あるいはその組織の目的を特定の仕方で促進するような特定の義務と結びついた一定の場所や職務に就くときにはいつでも、その人にはその義務の遂行に対する責任がある、と適切な意味で言うことができる……。友達同士の二人が登山旅行に出かけたとする。このとき一方が食糧の番をして、もう一方が地図の番をする、とお互いに合意するとしたら、一方には食糧、他方には地図に対する責任がある、と言われるのは正当であるし、私ならこれを役割責任の一事例に分類するだろう。(Hart 1968, 212)

ハートの役割責任は、道徳的責任とは大いに異なったものである。これはこう考えればはっきりする。見張りの兵士には警報を鳴らすことに対する(役割)責任があった。だが、終日行軍し、その後三日間休みなく戦闘が続いた結果、疲労困憊しきっていた。そのため、彼には真正の役割責任があったが、その役割責任を果たせなかったことのゆえに彼を非難すべきではない(つまり彼に道徳的責任はない)——この主張は、申し分なく筋の通った主張である。同じ論点は逆向きの考察にも当てはまる。例えば、オーブリー船長には自分の船に対する役割責任があり、しかも、見事な仕事ぶりでこの責任を果たしている。しかし、だからといって彼は、その優れた働きに対する賞賛や報賞に相応しいわけではない。というのも彼は、人生の早い時期にすばらしい訓練を受けており、それが卓越した船長になるための道を彼に教えたからである。あるいは彼の船には、凄腕の副官がいて、その副官が順調な航海を維持しているからである。あるいはひょっとすると、彼には船長になるための遺伝子が備わっており、この点で自然の遺伝的な「くじ引き」において幸運であったにすぎなかっただけだからである――このように主張できるだろう。こうした主張には、次のような異議が唱えられるかもしれない。〈オーブリー船長にはその見事な仕事ぶりに対する道徳的責任があり、彼は特別な報賞に相応しい。その理由は単純で、彼は自分の義務を見事に履行しているからである。このとき、彼をとびきり優秀な船長たらしめた過去の環境がどのようなものであったかは関係ない。それゆえ、オーブリー船長には役割責任があるだけでなく、道徳的責任もまたあるのだ〉という異議である。この異議を取り扱うために、便宜上、道徳的責任の肯定論が正しいか否かはいったん度外視して考えてみよう。注意すべきは、この異議において、オーブリー船長の道徳的責任を基礎づけるために、役割責任とは別の主張を追加しなければならない、という点である。私たちは、オーブリー船長に役割責任があることに同意しているのに、彼には道徳的責任もあるのかどうか、なおも意見が一致しないのだ。だとすれば、役割責任と道徳的責任が別々のものだ、というのは明らかなことであろう。

引き受け責任

ここで論ずる引き受け責任（Waller 1998）は、ハートの区別から着想を得たものだが、ハートの役割責任よりも広範囲にわたる〈責任の引き受け〉に当てはまり――そこには、人が自分自身の企図、計画、および人生に対する責任を引き受けるという営みが含まれる――、かつまた道徳的

214 念のため注記しておくと、ここでの「遺伝子」は先ほどの事例同様、引き受け責任と道徳的責任の差異を強調するための一つのありうる説明の例にすぎず、道徳的責任批判のために、この種の極端な「遺伝決定論」が必要不可欠というわけではない。むしろこれが遺伝決定論という異議を招きやすい例だからこそ、道徳的責任と引き受け責任の対比が明瞭になる、とも言えよう。

責任とは区別される責任である。船長には船に対する役割責任がある、というのとまったく同じように、あなたは、自分の計画、価値観、目標、それに人生に対する責任を引き受けることができる。職業として、哲学、会計士、あるいは金庫破りを目ざしてはどうだろう。長距離走を始めたり、ボウリングの同好会に入会したり、余暇を使って針仕事に専念してはどうか。どれもあなたの人生であり、あなた自身の選択である。あなたの人生に対する管理運営をあなた以上にうまくやれる人はいない、ということはない。その正反対に、あなたの人生に対する管理運営をあなた自身がやるよりもずっとうまくこなせる人々は無数にいるはずである。だが、あなたには自分自身の人生に対する引き受け責任がある。これはあなたが深い価値を認め、その行使に喜びをおぼえるような責任であり、あなたとしては、それを別の誰かに譲り渡して、人生をうまくいくように案配してもらうよりも、たとえうまくいかなくとも、自分自身でそれを行使することを選ぶであろう。しかも(ほとんどの状況において)、自分自身の引き受け責任を果たすことは、多大な心理的利益をもたらす。

ある船の船長に、自分の船に対する役割責任があることは認めつつ、その役割責任をうまく行使したり、まずく行使したりしたことへの道徳的責任を否定することはできる。同様に、あなたに自分の人生に対する引き受け責任があるという事実は、あなたに道徳的責任がある、ということを含意しない。例えばバーバラは、自分の引き受け責任をうまく行使しているが、しかしそれは彼女の幸運の産物である——つまり、愛情と支援を惜しまない家族に恵まれ、上質な教育を受け、注意深く思考し、常習的認知者としての資質を発達させるよう励まされ、強い自己効力感を発達させられるような支援に恵まれ、また(恐らくは遺伝的に)内部型ローカス・オブ・コントロールの持ち主だったという点で、彼女は幸運だったのである。だが、彼女が責任の引き受けをうまくこなそうと、そうでなかろうと、そこから彼女に道徳的責任があるという結論は出てこない。もしかすると彼女には道徳的責任もあるのかもしれないが、引き受け責任の有無がはっきりしている一方、道徳的責任については疑わしい、という事例が存在している以上、この二つの責任は別々のものであり、それゆえ、誰かに引き受け責任があることを立証したからといって、それでその人に道徳的責任があることが立証されるわけではない、というのは明白である［原注8］。

こうした引き受け責任と道徳的責任の区別を用いると、道徳的責任を「責任の引き受け」モデルで捉える立場の基本的な問題点があらわになる。たしかに私は責任を引き受けることができる。それは健全な営みであり、また総じて私たちはそれを喜んで引き受ける。だがこれは、道徳的責任と何の関わりももたない。というのも、私が道徳的責任を正当に**引き受ける**ことは、明白に不可能だからである。ダニエル・デネットは、自分自身の人生と彼の著作に対する責任を引き受けている。これは好ましいことであり、また責任を引き受け、それをうまく行使する彼の能力が格別に大きいからこそ、そこから素晴らしい書物とめざましい経歴が生み出されてきたのである。だが、デネットに、彼の壮麗な著作に対する道徳的責任はあるだろうか？——つまり彼は、特別の賞賛や賛辞に相応しいだろうか？ 多分デネットの、強力な自己効力感、傑出した気概、卓越した知力は、彼の堂々たる引き受け責任に力を与え、彼を偉大な哲学者たらしめたが、とはいえ彼は、今の彼を形成した、幸運な歴史を経てきた点で運がよかったのだ、と論ずる人がいてもおかしくはないだろう。つまり、デネットが偉大な業績を成し遂げたのは彼に偉大な素養《リソース》が備わっていたからであるが、だとしてもデネットが特別な賛辞に相応しいわけではない——それに対する道徳的責任が彼にあるわけではない——ということだ。デネットには素晴らしいまでの引き受け責任があるが、しかし、その引き受け責任を果たすための傑出した能力や、そこから生じたさまざまな優れた成果に対する道徳的責任が彼にあるわけではな

［原注8］ヴァージニア・A・シャープは、医療倫理に関する著書においてこれと似た区別を立てているが、彼女もまた—ハートを引用してはいないものの—その区別において「役割」の概念に重要性を認めているという点は特筆すべきである。

「道徳的責任は、過去へ遡及する意味で捉えることも、未来を展望する意味で捉えることもできる。後ろ向きの、過去遡及的な意味での道徳的責任は、道徳的評価のための理論の基礎となる。道徳的責任のこの意味を典型的に捉えた表現は次のようになる——『彼は誤りを犯し、それに対する責任が彼にはあると見なされるべきだ』。これとは対照的に、前向きの、未来展望的な意味での道徳的責任は、目標の設定と道徳的熟慮〔行為へ向けた考察〕に関わる理論および実践の基礎となるものであり、またその性格上、道徳的推論に関わる理論にとって中心的なものである。この意味での道徳的責任は、次のような言い方で表現できるだろう——『親としての私には、子どもの健やかな人生に対する責任がある』。……責任にこの二つを区別するとき、過去遡及的意味での責任が個人を対象として想定する傾向があるのに対し、未来展望的な意味での道徳的責任は、その人物が占めうる特定の役割との関連するものとして、責任を適切な文脈に据える、という点もまた重要である。」(Sharpe 2000, 183–184)

いのである。これに対して、デネットはこう応じるかもしれない。「そんなことはない。私には道徳的責任がある。私は自分の能力に対する責任を引き受けるのだ」と。彼に引き受け責任があることは明白である。問題は、彼に道徳的責任があるか否かにある。

道徳的責任の擁護者たちは、例えば「君は講堂の予約をする責任を引き受けた。君は予約をしそびれたことで非難されてしかるべきだ」といった事例において、人に引き受け責任があるとき、その人に道徳的責任もまたあるのだと論じる。このような事例が実際に生じることは疑いないが、私は道徳的責任の廃絶論者として、この種の主張が正当化されることはありえないと考えている。だが、目下の論点はそこにはない。問題は、引き受け責任が道徳的責任を含意しない場合が明白に存在する以上、引き受け責任から道徳的責任が帰結する場合がある、と想定したければ、そのためにはさらなる正当化が必要であり、それゆえこの二つの責任は別のものだ、ということである。責任〔という概念、システム、実践〕の擁護者が、引き受け責任に訴えて道徳的責任の正当化をはかるのは、引き受け責任と道徳的責任を混同した結果なのである。

責任の引き受けに伴う色々な喜び

デネットは、人々が引き受ける責任が道徳的責任であると考える。それゆえデネットはその責任を、人々に強制的に受け容れさせなければならないと想定する。「責任を否定するため、自己を実に小さな存在に仕立て、行為を決定する原因が自己の外部にあることにしてしまおうとする――このような誘惑はいつでも大きい。この大きな誘惑を打ち消すには、とても拒めないような提案を申し出るのがよい――自由でありたいと思うなら、君は責任を引き受けねばならないのだ――と」（Dennett 2003, 292）〔邦訳四〇六頁に該当〕。

だが、引き受け責任がどのようなものなのかをよく認識すれば、こうした強制の必要はなくなってしまう。引き受け責任とは、自由を得るために支払うべき対価などではなく、むしろ、自由に生きられる人生と、自由なコントロールとを作り上げている、死活的な要素の一つである。責任を引き受けることとは、私自身の人生、私自身の意思決定、私自身の計画、私自身の健康管理に関わる選択にとって、大変な満足感を与えてくれる――あるいは少なくとも、そうなることの方が普通である。たしかにそれがまったく満足感を与えてくれず、かえってひどい苦しみをもたらすという、不運な状況もあるにはある。自分が効果的なコントロールを行うことができると知っており、それについて自信があるときにコントロールを行うのは、健全で、自分を元気づけてくれるものとなる。このような状況で、自分の健康管理上の決断に対する引き受け責任を行使する患者は、回復が早く、多大な気概を発揮してリハビリのメニューをこなしていく傾向が大きい（Rodin 1982; Wallston 1993; Waller 2001）。前章で述べたように、長期療養施設の入所者が効果的なコントロールを行う機会を得ると、感染症にかかりにくく、抑鬱状態に陥りにくくなり、施設内のコミュニティでの活動をより熱心に行うようになる。労働者が職場の環境により多くのコントロールをおよぼし、計画の立案により積極的に関わるようになると、仕事に対する満足度がより大きく、仕事の効率が上がるというだけでなく、抑鬱状態に陥りにくく（Karasek 1979; Spector 1986）、また深刻な病を悪化させることも少なくなるという（Marmot et al. 1978; Karasek et al. 1981; Karasek 1990; Hammar, Alfredsson, and Johnson 1998; Netterstrom et al.）。ところが人は、重要な決断を下したり、極めて重要な課題を担当する立場に置かれながら、知識や能力の点で、適切な決定を行う自信がないとか、その課題を成功させる自信がないという場合――つまり、心理学者アルバート・バンデュラ（Bandura 1997）が**自己効力感**と呼ぶものを欠く場合――には、コントロールに満足感や自らを元気づける力をおぼえるどころか、コントロールを深刻な重荷だと感ずるようになってしまう（Rodin, Rennert, and Solomon 1980）。高齢者を対象にした調査によると、彼らの多くは、自分自身の健康管理に関する意思決定を自分では行わず、むしろ医師に任せきりにすることを選ぼうとするのだが（Schneider 1994, 1995）、もしも自分の医療上の意思決定を、自信をもって行えるだけの知識と理解が自分にあれば、その決定を自分で行うことを選びますか、と尋ねると、自分で決める方を選ぶ高齢者の患者の数は桁違いに多くなる（Woodward and Wallston 1987）。

強い確信に支えられた自己効力感をもつ人は、――課題が医療上の処置に関する決定であれ、職業の選択であれ、業務上のプロジェクトの実行であれ、授業の実施であれ――自分自身の意思決定、自分の企図の実行と、引き受け責任の行使に大きな満足感をおぼえる。このような人々がこのタイプの責任を引き受けるために、強制は不要である。むしろ反対に、彼らは引き受け責任に高い価値を認め、それを歓迎し、その喪失を恐れる。望ましい道は、人々に責任の引き受けを強制することではなく、そのために人々が備えるべき条件――十全な知識、自信、自己効力感といった――を育み、人々がごく自然に、責任の引き受けを好ましいものとして受け容れ、それを喜んで行使できるようにしていくことである。そうした好ましい環境では、人々は引き受け責任を自ら進んで求め、その行使から正味の利益を得るものなのである〔原注9〕。

引き受け責任の適切な条件

残念なことに、引き受け責任が道徳的責任と混同されるとき、引き受け責任を効果的に育んでくれる上記のような条件は無視されてしまう――しかも、単に無視されるだけでなく、積極的に視野の外へ隠されてしまう。私たちが、人々を道徳的責任ある存在と見なしたいと望み、またそれぞれの人物を、その悪しき行為なり性格なりのゆえに非難しようと望むときには、人々を形成した諸力をじっくりと見つめ**ない**ことが要求されるようになるのだ。というのも、もしもそれらをじっくりと見つめてしまえば、私たちが人々を非難し、罰するときの拠り所にしている彼らの欠点や悪事が、彼らの不運な歴史の産物であるという事実が、はっきり見えるようになってしまうからだ。デネットはこの問題に気づいているように見える。そしてその上で、人々を道徳的責任ある存在と見なすという実践を維持し続けるために、それを注意深く見つめないようにと推奨するのだ。「私たちは、人の特定の性格特性がその人自身で作り上げたものなのかどうかを**発見する**ための、際限のない探求をするのはやめて――つまり、特定個人の自己が、厳密にいってどの程度まで自家製《セルフ・メイド》かを分析しようなどと試みるのはやめにして――その代わりに、人々をただ単に、自分の行動に対して責任のある者だと**見なす**（つまり、ほどほどに、詳しく吟味しすぎないように配慮する）のである」（Dennett 1984, 164）〔邦訳二四〇―二四一頁に該当〕。

ここからすると、人の性格の形成過程を詮索してはならず、責任というものがどのような役割を果たすのかを詳しく吟味しすぎないように配慮しなければならない、ということになる。このデネットの主張は正しい――このように詳しい検討を避けるというのは、道徳的責任というシステムが機能し続けることを私たちが望むならば、不可欠の重要性をもつのだ。だがこうした、道徳的責任と結びついた近視眼的態度からは、悲しむべき帰結が生じる――道徳的責任という幻想を存続させようとするために、引き受け責任の効果的な行使をどのような条件が育み、また損なうのかについて無視するよう強いられることになるのだ。もしも、人々が責任を引き受けることを私たちが望むならば――そして引き受け責任こそ、人々が引き受け可能、かつ、引き受ける価値のある唯一のタイプの責任なのだが――、人々の間での引き受け責任の効果的な行使を育むための文化的、心理的な条件（および、さらに多くの、それを妨げる条件）を注意深く見つめることは不可欠の重要性をもつ。ある最低限の自己効力感は少なくとも感受できている人々にとって（つまり、自分自身の人生をやりくりし、自分自身で意思決定を行うという能力に十全な自信をもつ人々にとって）、自分自身の人生と選択に対する引き受け責任を行使する機会を得ることは、それ自体として満足感をもたらし、発達の点で健全なことであり、それを行使する機会を奪われると、深刻な抑鬱状態と極度の無力感に襲われる見込みが大きい〔原注10〕。また、自己効力感に乏しい人々であっても、正しい支援があれば、自分の事柄を自分で選択し、かつそれを効果的に実現させることを学ぶことで、自己効力感と、引き受け責任を行使する自分の力を、徐々に増強させていくことができるようになる。

私たちは、人々が確信に支えられた自己効力感をもてるようになる機会を確保すべきだが。深刻な喪失感にとらわれている人に責任を受け容れるよう説得したとしても、その人に責任を十分に果たす能力がなければ、それによって得られるものは何もなく、むしろ多大な害悪を引き起こすことになるはずだ。しかしもし、人々が有効なコントロールを手に入れ、それを用いることを自然に望むような状況

〔原注9〕〈コントロール感覚〉から得られる心理的利益を報告した文献は厖大な数にのぼる。この研究への中心的な貢献を行った文献は、Bandura 1997, Rodin 1986, and Wallston 1993 に記載されている。また、Waller 2004 には重要な研究の概要が載っている。

〔原注10〕〈コントロール感覚〉の喪失がもたらす有害な影響に関する、恐らくは最も明らかな証拠は、長期療養施設で実施された研究の追跡調査の中で、偶発的に発見されたものである。もともとの研究では（Schulz 1976）、入居者たちは、地域の学生による見学会の予定が組まれると、多大な〔心理的〕利益を得たという。その後の追跡研究によると（Schulz and Hanusa 1978）、もともとの研究が終了したとき（したがって、学生の見学会への入居者たちが自身の裁量権《コントロール》を、もはやおよぼせなくなったとき）、入居者たちはたちまち、効果のあるコントロールの権限を失ってしまったという深刻な喪失感をおぼえ、またそこでは（対照グループと比較して）健康状態と人生への熱意の双方が顕著に減退したという。

を設定するなら、私たちはもっとずっと多くのものを得られるはずなのだ。そして、その状況の設定にあたり、〔デネットが提案するように〕人に引き受け責任を引き受けさせるために（引き受けなかった場合の不快な結末を示しつつ）魅力的な提案を申し出るような必要はないのであって、ただ、自由に行為できる場を設けさえすればいいのである。ルソーは、人間は自由なものとして生まれつつも、至るところで鎖につながれている、と考えていた。「至るところで鎖につながれている」という点では彼は正しいが、「自由なものとして生まれる」というのは正しくない。私たちは自由なものとして生まれるのではなく、自由であるための能力を発達させなければならないのである。また、私たちはたしかに「鎖につながれて」いる。しかしそれは、不十分な教育、位階的権威をふりかざす宗教、考えることよりも服従を求める、規格化された職業、無思考的な迎合を鼓舞し、かつそれに報いる消費文化、といった鎖である。これらは私たちの自己効力感を破壊し、本物の鎖に劣らず——ことによるとそれよりもさらに徹底的に——私たちから自由を奪う。そして、このような状況下で人々に「責任」を強要するのは、害に害を重ねることになる。この状況を変え、人々の、確信に支えられた自己効力感を強めねばならない。そうすれば人々は、引き受け責任を率先して行使するようになるはずである。

フランクファートと責任の引き受け

デネットが、人は道徳的責任を引き受けることができる、と主張するとき、彼は引き受け責任と道徳的責任を混同している。デネットはこの混同の上で、引き受け責任が色々な点で有益なものであることをほめたたえるのだが、それによって自分が道徳的責任の正当化を提供できていると思っているのである。ハリー・フランクファートは、道徳的責任の引き受け、ないしその要求という営みの、もう一人の偉大な支持者であるが、デネットとは違った筋道でそれを主張する。本章冒頭で引用したフランクファートの言葉を思い出そう。「ある人物が、自分の行為の動因と自己同一化している〔それに深く思い入れを抱いている〕場合、その限りで、その人物はその行為に対する責任を引き受け、その結果、それに対する道徳的責任を獲得する。さらに言えば、その行為を引き起こした原因や、その動因に彼が自己同一化するに至った原因といった、原因についての問題は、彼は自由に行為を遂行したのかどうか、そして彼にはその行為への道徳的責任があるのかどうか、という問題とは無関係である」(Frankfurt 1975, 122)。フランクファートによれば、道徳的責任の源泉は、ある人物の、自らの性格や特性や行為に対する深い自己同一化にある——人はそのようにして「その行為に対する責任を引き受け、それに対する道徳的責任を獲得する」のだ。つまりフランクファートによれば、人の自分自身の性格、行為、動機への強い自己同一化と是認こそが、その人が自分の性格、行為、動機に対する道徳的責任を獲得する過程そのものなのである。フランクファートの「本意からの中毒者」の事例(詳しくは第四章参照)は、このような彼の立場を明らかにしてくれる。ロバートが薬物中毒に陥っている(それゆえまた、薬物摂取に対する強い欲求を抱いている)としよう。加えて、彼が——強烈な中毒に囚われているため——薬物を摂取しはするが、自分の中毒を厭わしく思い、この圧倒的な薬物への欲求から解放されたい、と強く願っている、とも想定しよう。この場合、ロバートは自由意志にもとづいて行為してはいない——彼は、自分自身がもちたいと希望する意志をもってはいないのである。ロバートは、自分の欲求に抗して薬物を断つことに成功するかもしれない。だがこの場合も、彼は自分の有害な欲求を消滅させることはできない。それを消滅させたいと希望しているのに、それができないのだ。そして、このときロバートの意志は自由ではない——彼は自分がもちたいと望み、是認する意志をもてておらず、自分の意志と自己同一化しておらず、その意志に対する責任を引き受けておらず、その意志に対する道徳的責任を獲得できていない。だがもし仮に、ロバートが〈本意からの中毒者〉になる——つまり、自らの薬物中毒を深く、反省的に是認し、薬物への中毒的欲求に自己同一化しているという、そのような中毒患者になる——としたらどうだろう? この場合、ロバートは自分の中毒を自己に属するものたらしめ、それに対する責任を引き受けるのであり、それによって自分の中毒に対する道徳的責任を有するようになるだろう。これは鋭敏な分析である。「本意からの中毒者」という概念に逆説めいた雰囲気があるとはいえ、フランクファートのこの説明は、道徳的責任の**本人性**モデル〔第四章参照〕がどのようなものであるのかを鮮やかに描き出している——〈これこそが真の私、本人としての私そのものである自己、私が反省的に真底から是認する自己なのだから、私は、私自身の自己に対する責任を要求し、それを引き受けるのだ〉ということである。

フランクファートの自由の階層説は自由の説明として見

事なものだが、詳しく吟味すると、道徳的責任の正当化に失敗していることが明らかになる。道徳的責任とは、それを断固要求してみせても、それとの深い自己同一化を行っても、引き受け可能なものではない。人が〈本意からの中毒者〉になる心理的過程を、現実的な観点から検討してみると、フランクファートの言う〈本意からの中毒者〉は、［通常の〈不本意な中毒者〉と比べて］自由に近づいたどころか、自由からからいっそう遠ざかっていることが明らかになる。〈不本意な中毒者〉に中毒への道徳的責任がないのは明らかだが、〈本意からの中毒者〉の道徳的責任とは、それよりもさらにありそうにない代物だ。〈不本意な中毒者〉は自由ではない。これはフランクファートが認める通りである。だが、〈本意からの中毒者〉はそれよりも自由から隔たっている――彼の意志は自由ではなくなり、むしろ彼の欲求に深く囚われてしまっているのである。

不本意な薬物中毒者が薬物を摂取するのは中毒のゆえにであるが、このとき中毒は彼にとって外的なものであり、彼はそこから自由になることに憧れている。彼の中毒は本当の意味で彼自身のものであるのではない。彼は中毒によってやむをえずそうさせられているのであり、薬物摂取に対する道徳的責任は彼にはない。（アリストテレスに由来する、〈彼には、薬物摂取を始めたことへの道徳的責任があるので、その結果である中毒への道徳的責任もあるのではないか?〉というこみ入った問題があるが[215]、これは、ここでの〈不本意な中毒者〉が当初詳しい知識を与えられないままで中毒性の薬物を与えられたのだ、と仮定すれば回避できる。）だが、この〈不本意な中毒者〉は最終的に〈本意からの中毒者〉へと変貌を遂げる――今の彼は、自分の中毒を是認し、それと自己同一化し、薬物への隷属状態を心底好ましいものと感じるようになっている。この段階に至ると、フランクファートであれば、彼の薬物中毒が、心の奥底から――本人性を備えたものとして――中毒者自身のものだと見なすことだろう。そして［この点で］フランクファートは正しい。しかしフランクファートはまた、〈本意からの中毒者〉には自分の中毒への道徳的責任がある、とも見なしている（そしてフランクファートは、〈本意からの中毒者〉がどのようにして自分の中毒と自己同一化するに至ったのかという問いを、彼に道徳的責任があるかないかという問いとは無関係だと強調する）。そして、この点に関してフランクファートは誤っている。

ロバートは〈不本意な中毒者〉であり、自分の結婚生活を破滅させ、マラソン選手になるという望みをくじき、彼のキャリアを台無しにした自分の中毒を厭わしく思っている。このようなロバートは、周囲との親密な交流も、希望も、人生の計画もすべて、彼ができれば断ちたいと切望する薬物によって奪われてしまった。ロバートが薬物中毒者としての人生を重ねていくうち、次第に、妻との思い出の名残はほぼ消え失せ、マラソンなどお笑いぐさになるほどに衰弱は進行し、職を失い、今後のキャリアの展望も断たれた。こんな彼に残されたのは薬物中毒だけだ。それだけが彼に喜びと安らぎを与える。それだけが彼の仲間だ。ロバートには、薬物中毒以外何も残されていないのだ。今や彼は、やぶれかぶれで中毒にすがりつく――自分の中毒状態を心底是認し、薬物への中毒的欲求なしの人生など想像できず、薬物への欲求がなくなってしまった世界の空虚さを恐れるようになる。ロバートは〈本意からの中毒者〉となった。こうした彼の中毒が、〈不本意な中毒者〉のそれよりもずっと深刻なのもたしかである。

　ロバートの人生と、彼が自己同一化している深刻な薬物中毒が、**彼自身のもの**であることは確実である。そしてロバートは彼の薬物中毒者としての人生に対する引き受け責任を有しうるし、また現に有している。フランクファートが指摘するように、彼は「自分の行為の動因と自己同一化して」おり、「その行為に対する責任を引き受け」ている（Frankfurt 1975, 122）のである。だが、ここでロバートが引き受ける責任は道徳的責任ではない。こうした深い本人性をもった中毒が、道徳的責任の支えとなることはない。それどころか、その二つ〔中毒と責任〕は、互いに逆の方向へ向かうものである。ロバートの引き受け責任はちっぽけな点にまで収縮してしまっており、彼の自由は、真正な自由、すなわち、自然的な仕方で多くの選択肢に開かれた自由の残酷なパロディであって[216]、このようなロバートを（あるいは、隷属の極みに達したジャマールや、権威に心底黙従するイヴを）道徳的責任ある存在と見なすのは、根本的に不公正な態度である。

　道徳的責任に対する信念[217]は、事柄の原因をじっくりと見つめる態度を妨害し、健全な引き受け責任〔の能力〕を

215 この議論は次章（一九九―二一〇頁）で詳しく検討される。

216 これは、「他行為可能性としての自由」を切り下げ、自由の本質を「本人性」のみに純化させていったフランクファートの（ウォーラーから見れば誤った）歩みの顚末を批判している、ともとれよう。

217 「信念（belief）」については訳注42を参照。

発達させ、拡張させようとする努力をくじいてしまう。要するに、引き受け責任は肯定的かつ有益だが、道徳的責任はそれとは異なった種類の責任であるばかりか、引き受け責任［の能力］を発達させ、それを行使することに対する深刻な障害物となる、ということである（そしてこれほど異質な道徳的責任を正当化するために、引き受け責任というものが存在すること、そしてそれが好ましいものであることを根拠にすることもできないのである）。

第七章　自ら作り上げた自己に対する責任

第六章では〈責任の引き受け〉を道徳的責任の基礎とする見方を論駁した——責任を引き受けることは総じて好ましく、心理的にも健全な営みだが、そこで引き受けられる責任とは道徳的責任ではないし、人が、まさにその人本人《オーセンティック》のものとしてのその人の性格に強く自己同一化しているからといって、それを非難や正しい報い《ジャスト・デザート》の主張の支えとすることはできない。だが、道徳的責任の擁護者たちの中には、これよりも先に進み、〈人は、自分がたまたま有している性格に対する道徳的責任を、ただ引き受けているというだけではない。人は自己自身を自ら作り上げる[218]がゆえにこそ、自己自身に対する道徳的責任を得るのだ〉と論ずる者もいる。

私たちは自己自身を自ら作り上げるのだから、私たちには道徳的責任があるのだ、という思想は、ずっと以前から変わらぬ訴求力をもち続けてきた。第二章で述べたように、ピコ・デラ・ミランドラによるルネサンス期の有名な演説「人間の尊厳について」は、何の限界も制約もなしで自己を作り出す力を神が人間に授けている、という思想を提起する。つまりピコ・デラ・ミランドラは神に、「彼の最後の、そしてお気に入りの被造物」[219]に向けて、次のような呼びかけをさせるのである。

218 本章の主題である「自己自身を作り上げる」と訳した make oneself は、「自己自身を~たらしめる」という、いわゆる使役表現であるが、make の「作る、作り出す、作り上げる」というもともとの意味がかなり意識されているので、以下も過度に不自然にならない限りで make は「作り出す」ないし「作り上げる」と訳し、また名詞表現の self-making には「自己作出」という訳語をあてる。

219 引用符が付いているが、著者が用いているクリステラーの英訳内に該当するフレーズ（"his last and favorite creation"）は見当たらなかった。

他の者ども〔他の被造物〕の限定された本性は、われわれが予め定めたもろもろの法の範囲内に制限されている。おまえは、いかなる束縛によっても制限されず、私がおまえを**その**手中に委ねた**お前の自由意志**に従っておまえの本性を決定すべきである。私はおまえを世界の中心に置いたが、それは、世界の中に存在するいかなるものをも、おまえが中心からうまく見回しうるためである。われわれは、おまえを天上的なものとしても、不死なるものとしても造らなかったが、それは、お前自身のいわば「自由意志を備えた名誉ある造形者・形成者」として、おまえが選び取る形をお前自身が造り出すためである。おまえは、下位のものどもである獣へと退化することもできるだろうし、また上位のものどもである神的なものへと、おまえの決心によっては生まれ変わることもできるだろう。(Pico della Mirandra 1496/1948, 225)〔邦訳一六頁〕

ジャン・ポール・サルトル (Sartre 1946/1989) は、これよりも当世風の口調で——そして、神の助けは借りないとはいえ、同じくらい奇跡じみた主張を——語っている。それによれば、私たちの**実存**は**本質**に先立ち、私たち人間は、自己自身を作り出す自由な力——実のところ、そうせざるをえない必然性——を備えた、自己意識的で自己創造的な「対自存在」であって、それぞれに与えられた本性を備えた、自由ならざる「即自存在」とは異なった種類の存在なのだ、というのである[220]。ここに、ピコ・デラ・ミランドラとよく似た思想が述べられているのは偶然ではない——つまり、他のすべての生き物「の限定された本性は、われわれが予め定めたもろもろの法の範囲内に制限されている」、すなわち自然の諸原因によって制限されているが、私たち人間は一種独特の、自己創造的な「対自存在」であり、自然の諸原因にも自然の過程にも制限されずに自分自身を作り出すのだ、という思想である。

このように、自己自身を作り出すという特別な力に道徳的責任を基礎づける、という思想には、長くてドラマチックな歴史があるのだが、この種の奇跡への訴えを敬遠する自然主義者たちは、自己作出〔自己を自己自身で作り出す〕という特別な力に道徳的責任を基礎づける、という考え方をよしとしてこなかった。なにしろ「私自身を作り出す」という考え方には、少々つかみどころがないところがあるからである——正確に言って、それを作り出すのは誰なのか？　それを作り出すのは奇跡の過程だ、というなら（ピコ・デラ・ミランドラの場合）、あるいは、それは自然的な理解を受け付けない過程だ、というなら（サルトルの場合）、それは結構だが、しかしこのときその過程が、自然主義的な思想の枠組みをはみ出す代物になってしまうのは明らかである。

ところが近年になって、筋金入りの自然主義者の中から、この飛躍を敢行し、道徳的責任の基礎としての自己作出、という考え方を提起する人々が現れている。そしてこの試みの最前線に位置する人物がデネットである。

> 私が作り出したものについては、それが何であれ、〔まずは〕私自身がその責任を引き受けるのであり、その責任を世間に負わせるとしても、それは私が〔いったん〕引き受けた後のことになる――私が作ったスープが食中毒を引き起こしたり、私が作った自動車が大気汚染を引き起こしたり、私が作ったロボットが暴走して人を殺したりしたら、非難されるべきは製造者たる私である。もしかすると私はどうにか手を尽くして、部品の仕入先や下請け業者にいくらかの責任[221]を分担させるかもしれないが、この場合も私には、何らかの欠陥を抱えた製品を世に送り出したことに対する責任があると見なされる。一般常識によれば、個人の責任はこれとおおむね同じ理屈に依拠している――私という行為者を創造し、解き放ったのはこの私なのだから、その行為者が危害をもたらしたならば、製造者である私に責任があると見なされる、ということだ。私は、このような一般常識《コモン・ウィズダム》は、本当の知恵《ウィズダム》なのだと思っている。（Dennett 1984, 85）〔邦訳一二三―一二四頁に該当〕

つまりは、道徳的責任の基礎を自己作出に求めようということなのだが、この考え方が自然主義者にとって問題含みであることは、すぐに明らかになる。ピコ・デラ・ミラン

220「対自存在」はヘーゲルに由来するサルトルの用語で、自己意識を欠く通常の対象である「即自存在」（それ自身のもとにとどまるだけの存在）に対し、自己意識をもち、自分自身に向き合うことができる存在としての人間のあり方を指す。

221 訳注78参照。

ドラならば、私たちは神から授かった奇跡の力によって自分自身を作り出すのだ、と想定するかもしれないし、サルトルならば、「対自存在」たる私たちは自然の諸力による制約を受けないのだ、と断固主張するかもしれない。しかし自然主義者がその種のものに頼ることはできない。問題は何か。たしかに〈私たちが自分自身を作り出す〉という主張が完全に意味をなす場合はある――練習熱心なバスケットボール選手は、彼女自身をより優れたシューターへと作り上げるし、勉強熱心な学生は、彼自身をより優れた書き手へと作り上げるし、熱心な趣味人は、彼女自身をより優れた木工細工師へと作り上げるものだ。だが、このバスケットボール選手も、学生も、趣味人も、それぞれの人物に備わった、異なった素養《リソース》と能力からスタートしているのである。私とあなたが鳥の巣箱を作っているとする。私の巣箱はいびつで、それを巣だと思って寄りつく間抜けな鳥などいそうもないほど出来が悪い。一方、あなたの巣箱は見た目がよく、頑丈で、設計も適切である。では、あなたが魅力的な巣箱を作ったことで特別の賛辞を受けとる一方、この私は、ひどい出来の巣箱を作ったからというので非難に相応しい、ということになるのか？　私はもろい材料とお粗末な道具しか持ち合わせず、組み立てに必要な知識にも乏しい中で組み立てに取りかかり、他方であなたには、上等な材料、高品質の道具、熟練した木工技術の腕前があったというのに？　この場合も、あなたが私よりも優れた巣箱を作り出したのはやはり事実である。だが、だからといって、私とあなたは大いに異なった成果を上げたのだから、私たちはそれぞれまるで異なった〈正しい報い〉に相応しい、という結論は出てこない。これと同じことが、自己作出という問題にも当てはまる。あなたが、標準以上に優れた早期教育を受け、標準以上に優れた「遺伝的くじ」を引き［つまり優れた遺伝的素質に恵まれ］、自分自身の努力に対する、標準以上に優れた支援に恵まれていたとすれば、あなたが優れた自己を作り上げている見込みは大きい。また、私がその対極に位置しているとしたら――例えば、生まれつき非常に乏しかった能力が、早期の虐待なり育児放棄なりによってさらに損なわれてしまっているとしたら――、その場合、私が作り上げる自己は深刻な欠陥を抱えている見込みが大きいが、だからといって、私がその欠陥について非難に相応しいというのは、明白にはほど遠い。

機会の均等に関するデネットとシェーの考察

このような異論に対して、デネットは巧妙な回答を提起している。

仮に――といっても、実際この通りだというのが確かそうだが――人々の間で、後の性格特性の発達を左右する、生まれつきの認知的な素質と傾向がはなはだしく異なっている、と想定してみよう。……これを「忌まわしい不公平」、あるいは、忌まわしい不公平に至らざるをえない状況だと見なすべきだろうか？　必ずしもそうとは限らない。

スタートラインがまっすぐではなく、でこぼこであるような競走を想像されたい。一月生まれの人は、二月生まれの人よりも一ヤード〔約九〇センチメートル〕先からスタートする。一二月生まれの人はそれよりも一一ヤード後ろからのスタートになる。ここでどの月に生まれるかというのは、たしかに、誰にとってもやむをえない事柄である。これは極めて不公平なことではないだろうか？　もしそれが、一〇〇ヤード競走であったならば、答えは「然り」だが、マラソンだったならば答えは「否」である。マラソンの場合、出発点でのこうしたささいな有利さは、無に等しいものと見なされよう。というのも、その他の偶発的な障害がさらに大きな効果をもつことを、かなり確実に予想できるからである。……公正さは、気にかけなくともよいほど十分保たれているのではないだろうか？　もちろんである。なにしろ、降りかかる運不運の度合いは、長期的には均等に近づくのだから。(Dennett 1984, 95)〔邦訳一三七―一三八頁に該当〕

人を惹きつける比喩である。だがデネットが描く競争は、実像からかけ離れている。私たちの間で「後の性格特性の発達を左右する、生まれつきの認知的な素質と傾向がはなはだしく異なっている」というのは、もちろんデネットの言う通りである。だが、出発点での不利が、後の幸運によって埋め合わされる――「なにしろ、降りかかる運不運の度合いは、長期的には均等に近づくのだから」――とは、ばかげた想定である。「出発点でのささいな有利さ」をもった若い学生は英才クラスに入り、彼女の教師から標準以上の注目を受け、標準以上の学問的成功を収め、そのことによって気概と自信を増大させる。ジャンは若きバスケットボール選手であり、運動能力における「出発点でのささいな有利さ」を持ち合わせていた点で、ケイトに勝っている。ジャンは、競技時間をいくぶん多く手に入れ、練習ではいくぶん多く注目され、より大きな技能と「実戦慣れ《コート・サヴィ》」の経験、加えて、気概と自信を育む。翌年、ジャンは代表チームの選手となり、よりよいコーチがつき、より多くの試合に参加する。一方のケイトは二軍チーム[222]に属し、より劣ったコーチの下で、より稚劣な選手を相手に試合を行い、参加試合数もより少ない。かくして、ジャンとケイトの隔たりは「埋められて均等に近づく」どころか、ますます開いていく。出発点の有利さは、その後の不運によって相殺されるどころか、累積的に増大していく見込みが大きい。平等な運、というデネットの陽気な主張とは正反対の、ナザレのイエスによる陰鬱な言葉こそが、真相にずっと近い――「持っている人はさらに与えられ、持っていない人は持っているものまでも取り上げられる」（『マルコによる福音書』四／二五、聖書協会共同訳による）[223]。

同様の、平等性についての疑わしい主張は、シェーの著作にも見いだされる。

> たとえ、出発点においてMの方がNよりも力が強い、あるいは頭が良いのだとしても、この違いは単に、〈彼らの違いゆえに、Mとまったく同じことをなし遂げることがNにとって不可能であるのだとしたら、Mは、彼がなし遂げたことについて、Nほどの功績に相応しくない〉ということを含意しているにすぎない。しかしながら、力の強さや、頭の良さや、その他の生まれつきの才能というものが、世間で喧伝されているほどの効果をもつことは滅多にない。この種の違いは、才能がより乏しい人物にとって、ある定められた到達点に至るのをより**難しく**させる、というだけの効果しかもたないことの方が、ずっと多い。才能に乏しい人物は、より多く努力せねばならず、自分のもてる素養／手だて《リソース》を、より注意深くやりくりせねばならず、より周到な計画を立てねばならず、等々、ということである。（Sher 1987, 31–32）

シェーはここで、**総量としての**平等な素養／手だて《リソース》という主張を行っているが、この主張も、平等な運というデネットの主張と同様、明らかに真実ではない。シェーのモデルによれば、アンに優れた運動能力があっても、バーバラには「実戦慣れ《コート・サヴィ》」の経験があるので釣り合いがとれるし、カーラに卓越した気概があっても、ダイアンには強い自信があるので釣り合いがとれる、ということになる。だが実際には、バーバラの優れた運動選手としての資質が、より多くの試合時間やコーチの注目をもたらし、それが運動選手としてのより大きな成功につながるのであり、同時にそれが試合に関する知識を増大させ、気概と、運動選手としてのより強い自信を得させるのである。

デネットも、シェーも、「運は均等に到来する」という主張が真実ではないことも、私たちのある能力における弱さが、他の点での強さによって補われる、という主張が真実ではないことも、よく分かっている。出発点での有利さは、累積的に増加する傾向があるし、才能と力量[224]とは相互に結びつき、まとまって与えられる方が普通である――そしてさまざまな弱点もまた、相互に結びつき、まとまって与えられるものだ。政治家であれば「わが国のすべての子どもには平等な機会があります」とか「どんな子どもも、自分がなりたいものへと自分自身を作り上げることができます」などと言い繕うこともあるかもしれないが、デネットやシェーのような炯眼《けいがん》の哲学者ならば、それが真実ではないことは分かっている。私たちは、異なった道具、異なった素材、異なった工房から出発するのであり、自己作出を道徳的責任の基礎としようとするとき、これは致命的な問題となる。ある子ブタはわらで家を作りました。他の材料が使えなかったからです。弟の子ブタは、もっといい材料と、もっといい道具と、もっと上手な大工のわざを使って、レンガで家を作りました。ここでどちらの子ブタも、自分の家を自分で作ったわけだが、家が吹き飛ばされたからといって兄の子ブタを非難するとか、兄の子ブタが大きな悪いオオカミに食べられてしまうのは正しく相応しい《ジャストリィ・デザーブ》、

222 junior varsity team で、メインの代表選手以外の選手が属するチーム。JV と略される。

223 このような事例は社会学や教育心理学において、『マタイによる福音書』の該当箇所にちなんだ「マタイ効果」という名がついている。ここで取り上げられている事例に近い教育心理学の分野では、キース・E・スタノヴィッチの研究が有名とされる。

224 原語は talents and strengths で、直訳すれば「才能と強さ」だが、strong/strength はこれまで全般的な能力ないし実力の高さを指していると解して、主に「優秀」と訳してきた。ただ、逆にここでは「才能」と「優秀さ」では日本語として意味の違いがはっきりしなくなるので「力量」と訳した。意味としては、「天与の才と、それを育みうる力」ということだと思われる。

などと結論するのは、とても公正だとは思えない。自然主義者の――奇跡に類する力に訴えない――観点からすれば、ジョージとハーシャッド[225]がそれぞれ異なった自己を作り上げたとしたら、彼らの出発点の能力なり形成環境なりに何らかの違いがあったはずである。そしてその能力や環境は彼ら自身が作り出したものではなく、その違いからの帰結が、〈正しい報い〉や道徳的責任の要求を正当化することはありえない。

シェーは後の著作では、自己作出の産物にさまざまな違いがあるにもかかわらず、それは公正である、ということを示す努力を放棄している。だがシェーはそこで、非難の放棄ではなく、むしろ公正さの放棄を選ぶ（これについては第九章で見ていこう）。デネットもまた、見たところ、不平等な出発点は公正である（なぜなら運は均等に到来するから）、という主張は放棄しているようであり、それに代わる別の論証を打ち出している。このデネットの別の論証は次のように進む。まず、〔道徳的責任のために〕必要なのは、私たちが責任という〈プラトー〔高原〕〉[226]に達していることだけである。それゆえ、不等な出発点が不等な産物をもたらすからといって、道徳的責任が切り崩されることはない。むしろ、競争の結果がまるで平等でなくともよいし、〔各人に〕運不運が均等に到来しなくとも構わない、というのである。そしてこのときデネットは、プラトー論者の通例通り、人々がどのようにしてそのプラトーに達したのか――自力でそれを行ったか、あらかじめ天与の才能として与えられていたのか――については気にかけていないように見える。

プラトー論は第一二章で検討するが、自己作出にもとづく道徳的責任の擁護論にはこれ以外のバージョンもあり、それも考察しておく必要がある。

自己を選択する

〔道徳的責任の擁護論としての〕〈自己作出〉論の人気のある変種として、〈自己作出〉ほどに過大な重荷を抱え込まない〈自己選択〉に訴えるものがある。私が自分で作り出すことができなくとも、選びとれるものなら、いろいろと存在する――例えば、自動車を作り出すことは、私の技能も、素養《リソース》も、能力も超えているが、自動車を選ぶことは私にもできる。とはいえ自然主義者にとっての〈選択〉は危険をはらむ。つまり〈選択〉というのは――特に、道徳的責任を支えるために持ち出されるときには――いとも簡単に、自然の世界と自然の諸原因を超越し、〈まったく同一の自然の状況においてどんなことでも選べる〉という、あの伝統的リバタリアンの不可思議な選択——神々や、奇跡の使い手や、「不動の動者」[227]の選択——へと変貌しうるものなのだ。道徳的責任の基礎として〈自己選択〉に訴える論者たちには、このような超越への誘惑が強力に働いている。つまり、彼らの論じる選択が自然主義の枠内に留まり続ける場合、道徳的責任の大きな重みを支えきることが難しくなるのである。

チャールズ・テイラーは「根源的価値評価」という興味深い説を提起している。テイラーによれば、私たちはその根源的価値評価によって、自らの最も深い価値観を評価し直し、かつそれを自ら選択することができるのであり、またそれによって、私たちは自分自身への責任をもてるようになるのだという。

> この根源的価値評価とは一つの深い反省であり、ある特別な意味での自己反省、すなわち、自己、および自己にとって最も根本的な問題への反省であり、人の自己が全身全霊で、この上なく深く専心することを要求してくる反省である。この反省はまた、固定した物差しなしで、自己の全面的な反省を要求するがゆえに、「人格的反省」と呼ぶこともできる……。そして、この反省を通じて姿を現すものを、強い意味での「自己決断」と呼ぶことができる。なぜなら、この反省においては自己そのものが問題とされるのであり、私たちの中で形成途上のさまざまな価値評価——私たちはこれらの価値評価を、私たちの自己同一性にとって本質的なものだと感じている——を、どのように定義すべきかが問われるのだからである。
> 　このような自己決断は、私たち自身の行いとしてなされるものなのだから、私たちがこうした自己決断を行うとき、私たちは、自分自身に対して責任があると言われうる。そして、たとえ私たちが実際に

225 数学には、サンスクリット語源の「ハーッシャッド数」という用語があり、（ハーッシャッドは人名ではないが）インド風の名を意図していると思われる。ただこれは、その前のジョージの頭文字Gの次のHから始まる名である（先ほどのアン、バーバラ、カーラ、ダイアンがA、B、C、Dになっているのと同じ）という以上の意味はないようである。

226 「プラトー（高原）」の概念については注96および第一二章参照。

227 訳注59参照。

> はこのようなものとしての自己決断を行っていない場合ですら、自己決断をなすもなさないも、ある限度内ではあれ、私たちにかかっているのであるから――じっさい、私たちの最も深い価値評価は、その価値評価を私たちが自ら正当化できるかどうかの問いを常時つきつけてくる、という本性を有しているのだから――私たちは、この根源的価値評価に実際に取りかかるか否かにかかわらず、先ほどとはまた別の意味で、自己自身に対して責任があると言われうる。……そして私が支持しようとしているのは、こういう種類の〈自己への責任〉なのだ。それは根源的選択に対する責任ではなく、むしろ根源的価値評価に対する責任である――私たちの人格の概念は、強い意味での価値評価者であるということをその本質としており、そこにはこの根源的責任の概念が暗黙裏に含意されているのである。（Taylor 1976, 299）

テイラーは、リバタリアン的奇跡の一種である「根源的選択」を遠ざけている。しかしながら、掘り下げた、注意深い、忍耐を要する熟慮について、それを「なすもなさないも、常に私たち自身にかかっている」などと想定するのは哲学者だけである。哲学者は常習的認知者であり、大勢の常習的認知者たちの中で活動している。またじっさい、私やテイラー――および、それ以外の、他の常習的認知者たる哲学者たちすべて――であれば、掘り下げた、忍耐を要する根源的自己評価への取り組みを、いつでも自由に選択できるように思えるかもしれない。だが、当然ながら、誰もが哲学者であるわけではないし、誰もが常習的認知者として、掘り下げた、長々しく、厳しい認知的反省に楽々と取り組むことができるわけではない、というのも確かである。さらに言えば哲学者も、認識論的文脈主義や、新バージョンの功利主義や、時間の本性などに[228]常習的認知者として取り組むことなら容易かもしれないが、とはいえ哲学者だからといって――他の誰でもだが――、テイラーの〈自己選択にもとづく道徳的責任〉という主張の基礎である〈掘り下げた、人格の深い部分の自己評価〉に取り組むも取り組まないも「常に私たちにかかっている」と言えるかどうかは、まったく明らかではない。つまり私たち哲学者が、認識論や科学哲学について楽々と認識できるからといって、それと同じくらいに容易に、自分の最も深い価値観とコミットメントの本性という、ときに目を背けたくなるような主題の探索をなしうることにはならない。〔倫理学における」徳理論[229]の長所や短所について思いめぐらす方が、私自身の価値体系の長所や短所、あるいは欠陥について思いめぐらすよりも、はるかに容易なのである——私は哲学的反省に深くコミットしているが、実のところそれは、学者としての安逸で安心な人生へのコミットメントなのではないだろうか？　先に挙げた、秘教じみた哲学的問題への哲学的反省は、私が人生の時間とエネルギーを費やすに値する活動なのだろうか？　代わりに、飢餓の救済、悲惨な病の治療、地球温暖化の阻止などのために働くこともできたというのに？　そしてその問いが、心の琴線にとりわけ触れるものであった場合はどうだろう——私は、この哲学的問いが携わる価値のある問いだと、本当に思っているのか？　それとも私は、出版や昇進につながるかもしれないトピックを追究しているにすぎないのか？　私が平和主義にコミットしているのは、実際には、父の軍歴と軍隊的な価値観に対する、膝蓋腱《しつがいけん》反射に近い〔何の反省もなく生じる〕反抗心にすぎないのではないだろうか？　こういう場合、掘り下げた反省は「常に手の届くところにある」わけではなく、むしろ心理学的に不可能なものになるだろう。だが、たとえそれが常に手の届くものだったとしても、その掘り下げた反省と価値評価は神の業ではなく、むしろ、さまざまな価値の文脈の中で生じ、多岐にわたる力の影響を受けたものである。根源的な価値の再評価によって、アモルドは、マラリアの治療に人生を捧げようと考え、ブライアンはテロリストの下部組織への参加に人生を捧げようと考える。彼らの根源的な価値の再評価は彼ら自身のものであるかもしれないが、それが道徳的責任を基礎づけるかどうかというのは、それとはまったく別の問題である。

ジョナサン・ジェイコブズもまた、テイラー同様、選択による「自己作出」を基礎とする道徳的責任の説明を提起している。ただしテイラーが、掘り下げた反省を求めることで困難を招いたのに対し、ジェイコブズはそれに依拠することを避け、自己作出的な選択として、テイラーよりもずっと穏やかな過程を採用する。ジェイコブズによれば、私の性格の基礎をなす選択や活動は、注意深い反省の産物である必要はない。すなわちそれは、

> 私がさまざまな欲求を批判検討した上で行う、自己

228 いずれも専門的な哲学研究のトピックということである。

229 これも倫理学における専門的なトピックの例である。

同一化の正式な制定手続きでなければならないわけではない。この種の検討に取りかからなかったことによって、私が今のような種類の人物になった、ということもありうるのである。これは、私たちの性向の倫理的な特徴に対して無関心な態度、あるいはそう呼びたければ、それを無視する態度であるが、このような形での無関心ないし無視のゆえに、私たちの性向がもたらした状態や行為が、意志的と呼ぶに値しないものになるわけではない。これはさまざまな性格的特徴に当てはまる。たとえば権威への従順さ、権威への憤慨、高潔な人物を目指すこと、あるいは、特に重要なものとしては、有言実行の人たらんとすること、などが挙げられるし、これ以外にももっと多く挙げることができる。私たちは通常、意志的行為の中でこのような性格的特徴を表出し、意志的行為を通じてこれらの性向を私たちの中に根づかせる。私たちは行為および反応における指針や戦略を数多くもっており、私たちにはそれらに対する責任があるが、その責任は立法の手続きによって生じるものではない——立法手続きということを、そこに制定による裁可の過程があるという、実質の乏しい意味で解する場合を除けば[230]。私たちは、自分の実践的自己同一性を確定させるために、いちいち合理的な推理を行ったりはしない。その代わり私たちは、習慣や、状況や、生まれつきの気性の結果として、一定の欲求や考慮を自分なりに理にかなったものとして受け容れ、一定の情念を適切なものとして受容する。私たちはまた、これらの性格内容に沿った活動をなすために理性を用いることができるが、その場合も、自分が何を受容し、何に順応し、何を拒絶するのかについての自分なりの見方にもとづいてそれを行うのだ。(Jacobs 2001, 120–121)

私たちが自分の性格をどのように発達させるのかについて、理にかなった適切な説明をしようとすれば、何かここでジェイコブズが述べているようなものになると見てよかろう。だが、ここで決定的な問題は、私たちが正確にいって、「性格内容に沿った活動をなす」際、「自分が何を受容し、何に順応し、何を拒絶するのかについての自分なりの見方にもとづいて」そうするとは、どのようなことなのか、という点にある。私たちの反省の力が、私たちの性格や条件づけ[231]を超越する力ではないとしたら、私たちが自らの性格内容について「何を受容し、何に順応し、何を拒絶するのか」は、私たちの一人一人の歴史の中で生じてきた性格形成に発するものであることになり、私たちが有効に利用できる素養／手だて《リソース》もまた、私たちの性格内容が与えてくれるものに限られるのである。ルイーズとマーサはどちらも傲慢で自己中心的な性格だが、ルイーズは自分の性格特性を受け容れる一方、マーサはそれを見直し、拒絶する、としよう。このとき私たちは、彼女たちがなぜこれほど異なった価値評価をするようになり、また、なぜこれほど異なった過程に向かうようになったのかを吟味せねばならない。私たちはそこから、性格に対する道徳的責任を妥当な結論として引き出すことはできないのであり、むしろその自然主義的な説明を探究すべきなのである。

自己改善の能力

時に、人は自己改良ないし自己改善の能力を欠く場合がある、という当然の事実は、自己作出を道徳的責任の基礎に据えたいと思っている論者に対する、一つの異議となる——極度に怠惰な人物や、アルコールの過剰摂取が習慣化してしまった人物が、自分自身で勤勉になったり、酒を絶ったりする[232]ことができなくなっていることはありうる。この異議に対する古典的な回答はアリストテレスが提起している。アリストテレスの主張によれば、そのような人物にもやはり道徳的責任があるのであり、なぜなら彼ら自身のかつての選択が、彼らの、矯正できないほどの怠惰な性格や、大酒飲みの性格を形成したのだからだ、というのである。

だが、中には、配慮ができない種類の人間がいるかもしれない。それでも彼らには、彼らのたるんだ生活ゆえに、その種の人間になったことに対する責任があるのだし、ごまかしをしたり、酒宴に入り浸る生活を送ったりすることなどによって、自らが不正

230 先にも用いられていたが、「立法（legislate）」、「制定（enactment）」、「裁可（ratify）」のような用語は、それを否定するにせよ、肯定するにせよ、文字通りの意味での法的手続きを指しているのではなく、倫理的意思決定を法や立法の過程になぞらえて語っていると見られる。

231 心理学用語としての「条件づけ」については訳注71参照。

232 以下も何度か登場する「自分自身で〜になる」の原文は make oneself という使役表現で、語形の上では「自己自身を作り出す」または「自己作出」と同じ語法である。訳注218参照。

義な人間であることへの責任や、自らが耽溺した人間であることの責任を自ら招く人々もいるのである。というのも、それぞれの性格を作り上げるものは、それぞれ特定の対象に向けてなされた活動なのだからである。このことが明らかなのは、競技や行為へ向けて訓練する人々の場合である。彼らはそれぞれの活動へ向けての練習に自分の時間をすべて用いる。このとき、特定の対象に対する活動を実行することによって、さまざまな性格的状態が産み出される、ということを知りえなかった人がいたら、その無知は、その人がまるでものの分かっていない人物であることのしるしである。ここでもまた、不正な行いをする人が、不正な者となることを望まないとか、耽溺的な行為をする人が、耽溺的な者となることを望まないとか想定することは、不合理である。だが、無知でない人が自分自身を不正たらしめる事柄をなすとしたら、そのとき彼は意志的に不正な者になろうとしているのである。とはいえ、このことから、もし彼が望むなら、彼は不正であることをやめ、正しい者となるはずだ、ということは帰結しない。というのも、これは病を患っている人が、同じような仕方で回復することがない、というのと同じことだからである。つまりまず、不摂生な生活を送ったり、医師の指示を守らなかったりすることで、自らの意志により病にかかった人、という想定は可能である。そしてこの場合、病にかかるときには、病にかからないという道も彼には開かれていたが、その機会を自ら投げ捨ててしまった今では、その道は閉ざされている。これはちょうど、人が石を投げてしまった後では手遅れで、それを元に戻すことなどできないが、それでも、石を動かすための始源〔端緒〕がその人の内にある以上、それ〔石を投げないこと〕はその人の力のおよぶところにあった、というのと同じである。これと同様に、不正な人や耽溺的な人にとっても、最初のところでは、その種の人間にならないという道は開かれていたのであり、またそれゆえ、彼らは自らの意志の働きにより不正な者や耽溺的な者となったのだが、そのようになってしまった今では、彼らはそうではない者になることはできなくなっているのである。(Aristotle 350 BC/1925, III.5)[233]〔邦訳上巻一九三―一九五頁に該当〕

ジョナサン・ジェイコブズは「倫理的に無力な行為者」に対して道徳的責任を帰するために、これと似た擁護論を採用している。ジェイコブズによれば、「倫理的に無力な行為者」とは、有徳な行為をなしたり、自己改善を行ったりするための素養／手だて《リソース》を欠いている人を指す――「徳とはいかなるものであり、それがどのように獲得されるのかについての私たちの見方と、性格というものの固定性についての私たちの見方は、いわば一体となって、倫理学的考察の客観性と、そのような考察が〔客観的であるにもかかわらず〕一部の行為者にとって手の届かないものになっている、という事実とを結びつける。倫理的に無力な行為者は、その人物が置かれた条件を乗り越えることができないが、この事実は、単にその人が構成的運[234]に恵まれていなかった、というだけの問題ではない。むしろその事実は、当の行為者が自らもたらしたものであって、その行為者は今現在、その事実に対する責任を負っているのである」(Jacobs 2001, 80–81)。デネットもまた、真底から悪しき性格の人物に道徳的責任を帰するための同じ論拠を、率直に言明している――「彼らは、軽蔑さるべき人物であることを自らやめられるだろうか？ もしかすると彼らは、**今では**やめることができなくなっている**かもしれない**――つまり、引き返せないところにまで進んでしまっているかもしれない（酔っぱらった人には、自分を酔っぱらいにした責任がある、というのと同じである）。とはいえ……人は自分の性格に対する責任を有しうるのであり、これは、その人の過去の努力から産み出された、他のあらゆる製作物の場合と同様である」（Dennett 1984,167）〔邦訳二四六頁に該当〕。それゆえ、性悪な、ないし軽蔑すべき性格になってしまっている人は、**今では**自分自身を作り変えることができないのだが、だとしてもその性格はその人自身によって作り出されたものであり、その性格は、形成途上の段階では、もっと融通がきくものだったのであり、そのときであれば、

233 同書にはいくつか翻訳があるが、見比べると英訳はかなり近代的な概念を読み込んでおり、ウォーラーもそれに依拠して議論しているように思われるので（例えば邦訳では「責任」ではなく「因」という語を用いている）、ここでは英訳から訳した訳文を掲げる。

234 「構成的運（constitutive luck）」とは、古田徹也氏の（氏の意図では暫定的な）定義を引いておけば、「行為やその意図が構成（形成）されるそもそもの可能性に関する運」（『それは私がしたことなのか』新曜社、二〇一三年、二一六頁）であり、つまりある人の生まれや育ちなど、その人をその人たらしめている（構成している）要素の中の、運に左右される要素である。

その人は性格を別の仕方で形成できてもおかしくなかったのである。それゆえその人は、その人自身が産み出した卑しむべき産物のゆえに非難されるべきことになるのだ。

ジョージ・シェーは、アリストテレス／ジェイコブズ／デネット流のこのような論証に対する、力強い批判を提起している。

未成熟で形成が進んでいない行為者が、よい人物になるために何をなさねばならないかを詳しく知っているとか、それをなそうと大いに気にかけるというのは、ありそうにないことだ。それゆえ、子どもの性格の発達が正しい方向に進むかどうかは、主に、その子どもが健全な道徳教育を受けられるほどの幸運に恵まれているかどうかにかかっている。そのような幸運に恵まれなかった人物がいたとして、探し求めてでも道徳教育を受けようとしなかったからといってその人を非難することなど、私たちにはとてもできない。たとえある子どもが、結果的に必要な道徳的指導を現実に受けられるようになる諸能力を備えている場合であっても――例えば、簡略版のアリストテレス倫理学を学んだり、自分を陸軍士官学校に入学させてくれるよう親たちを説得したりできる能力を備えているとしても――世界についての定まった見方がまだ形成されておらず、経験も指導を受けたこともほとんどなければ、その子どもがそこまで進める見込みもほとんどない。

例えばこう考えてみよう。今現在、邪悪な性格を持つ人物がいるとする。彼には、自分自身の堕落を阻止するために一歩踏み出すこともできたはずだという、理にかなった期待が可能な時点はある。ところが、このような期待が理にかなったものとなる時点とは、その人物がある程度成熟した後にしか到来しない。しかるに、その時点が到来するまでの間に、その人物の悪しき性格特性はすでにある程度できあがっているのである。……それゆえ、邪悪さを訓練中の人物が、ある程度の成熟度に達する前の段階で、彼の中で進み始めている堕落を引き止め、逆転させるために必要な洞察や、柔軟さや、我慢強さなどを彼が発揮するというのは……理にかなった期待とは言えそうにない。(Sher 2006, 54–55)

シェーがこの論証を提起するのは、道徳的責任に異議を唱えるためではない〔シェーはそれを熱烈に信奉している〕。むしろこの論証は、たとえある人の悪しき性格特性が本人のコントロールのおよばないものであったとしても、やはり人はその性格特性ゆえに非難に相応しい存在でありうる、という主張を基礎づける試みの一部なのである。このシェーの〔より大きな〕主張の検討は後回しにして〔第九章で取り上げよう〕、シェーのここでの論証を検討しておく。シェーのここでの論証によれば、誰かの人生の初期段階での〔性格〕形成――悪しき習慣と悪しき性格が揺るぎなく確立してしまう前の段階――にさかのぼると、その人は自分の発達への特別なコントロールをおよぼすことができる、という主張が正当化**されない**ことになるのだった。先ほどのジェイコブズは、人は〔現在では〕自分の確立した性格を変えることができないとしても、もっと早い段階においては、自分自身の選択で、自分の性格を今あるのとは異なる、より有徳なものへと形成できるほどの十分なコントロールを行えただろう、というアリストテレス流の論証を復権させようとしているのであったが、その中でジェイコブズは、自身の論証への、シェーの反論とよく似た反論を検討している。ジェイコブズの定式化によれば、その反論は次のようなものである。

こんな反論がありうるかもしれない。もしかすると、**成熟した**行為者であれば、行為の指針について合理的に推理し、目的や計画を選択することができるかもしれない。だが、これらの活動はすべて、**すでに**形成された性格の持ち主が取りかかるものであり、この形成は〔かつての〕その行為者がほとんどコントロールできなかったものである。そうなると、ここでの〔筆者ジェイコブズの〕説は、次のような問題を抱えているように思われるかもしれない。すなわち、ここでは、私たちには自分の性格に対して、これ以上ないほどの責任がある、と主張されていると共に、私たちの行為は、人生の中でも、性格がこれ以上ないほどに固定され、これ以上ないほど変更を受け容れにくくなった時期の性格から生じてくる、ということもまた主張されている。一方、人生のもっと前の時期においては、私たちの性格はこれ以上ないほど可塑的であり、そのような状態で形成が進んでいたのだが、この時期の私たちは未だ、批判的で、経験から情報を得て実践的な合理的推理を行える存在になっていなかったので、自分が獲得した性向に対するコントロールについて、これ以上ないほど不得手である。この相容れない主張をいかにして調停できるのだろうか？　私たちに自分の性格に対する責任があるというのは、いかにして**可能**だというのか？ (Jacobs 2001, 31)

この問題に対して、ジェイコブズは次のような解決を提案する。

人が、その人の安定し、確立した性格の一部を構成しないような、さまざまな信念、価値、動機の傾向、といった性格的特徴もつことはありうる。〔とはいえ〕人が成熟していくにつれ、実践的な合理的推理の能力や、自分自身の目的および動機を評価できる能力が増大し、自分の行為が自分の性格にどのような影響をおよぼすかについて、より一層自覚的になっていく、と期待するのは理にかなっている。人は成熟につれて、自分の行為や行為の動機が、自分の性格の確立に対してどのような変化をもたらすのかについて見極める能力を増していくものだ。私のこの説明は、私の性格の成立過程に多種多様な影響がおよぼされることを認めている。だとしても私の性格がそのように成立してきたことは、自己自身で判断する能力、行為とその帰結に対する自らの責任を認める能力、そして、自らの動機や目的を考慮し修正できる能力を増大させ続けている行為者の中で進行するのだ。このように性格が成立する過程の中に、その人が性格的特徴をもたない期間が含まれることはないが、とはいえその中で、性格の成立過程や成熟した性格の内容に対して、意志的な要素が一定の役割を果たすのである。(Jacobs 2001, 31–32)

「人が、その人の安定し、確立した性格の一部を構成していないような、さまざまな信念、価値、動機の傾向、といった性格的特徴をもつことはありうる」というのはたしかにその通りである。だがそこで私たちが、その確立した性格を得るに至るのはどのようにしてだろうか？　アイザックとジェーマイア[235]という二人がいて、それぞれの性格が成立する過程の後期で、お互いに非常に異なった性格を確立させるような発達を遂げるとしよう。彼らが〔発達に役立つ〕素養／手《リソース》だての点で異なっていたのだとしたら、その素養／手《リソース》だては彼ら自身が作り出したものではない。

彼らが同じ素養／手だて《リソース》をもっていたが、その後の環境、状況、影響が異なっていたのだとしたら、それもまた、道徳的な運不運の問題だということになる。彼らが、何もかも**同じ**素養／手だて《リソース》と状況の結果として異なった選択を行うに至ったとしたら、私たちは偶然の運か、さもなければ奇跡が支配する領域に投げ込まれたことになるが、このどちらにしても、自然主義的な道徳的責任に希望を与えるものではない。

　私のこの考察は、道徳的責任反対論を論点先取で利用している、と主張する人がいるかもしれない。しかしここでの問題は、ジェイコブズの**この**論証が、自然主義の枠内で道徳的責任の基礎を与えられるかどうか、というところにある。人々はもちろん選択をする。だが、その選択は、常習的認知者としての素養《リソース》がどの程度あるか、自己効力感の素養《リソース》がどの程度あるかや、自己効力感の素養がどの程度あるか、これまでの経験の中で、どのような可能性にどの程度開かれてきたか、どのような気性か、などの違いに応じてなされる。ジェーマイアは、アイザックよりも早い時期に、道徳的性格の成立によりよい効果を与える選択を行った。なぜなら、ジェーマイアはアイザックよりも、認知的気概、あるいは自己効力感、あるいは多様な経験を、より多く持ち合わせていたからである。悪名高い残忍で無情な殺人犯、ロバート・ハリス[236]を考えてみよう。彼は一六歳の少年二人を誘拐した上で殺害し[237]、自分の犯罪について大笑いをした。このハリスも彼の性格が成立していく時期にいくたの選択を行ってきた。それらの選択は彼自身の選択であり、彼自身の「性格的特徴」に発したものであって、その選択の結果として、それらの性格的特徴は彼の中に深く刻み込まれ、彼の残忍な性格が確立するに至ったのである。このロバート・ハリス（彼は子ども時代に残忍な扱いを受けた結果、残忍な殺人者としての性格を発達させた）の性格的特徴と、愛と支援を惜しまない家庭で、安全で手厚い庇護の下に育った子どもの性格的特徴の違いは甚大であり、歴然と表に現れる。しかしながら、ここで問題なのは、もしその違いが各自が行う選択の違いである

235 アイザック（イサク）もジェーマイア（エレミヤ）も旧約聖書の登場人物だが、頭文字がアルファベットのIとJであるという以上の意味はないようである。

236 一九五三年生まれ、一九七八年に殺人の罪で逮捕され、一九九二年に死刑に処された。

237 弟と共に、計画した銀行強盗の逃走用に、少年たちが運転していた車ごと少年たちを誘拐し、彼らをひと気のない場所で殺害した。

とするなら——そして、私たちが奇跡や偶然の運に頼るのでなければ——そこには（自然主義的な観点からして）〔個人の〕歴史、あるいは性格的特徴、あるいは状況の違いがなければならないはずであり、そしてこのいずれも彼らの選択によるものではない、ということである。彼らの歴史に違いがあるというのは、ロバート・ハリスが何の選択もしなかった、ということを意味するわけではないが、とはいえ彼が道徳的責任を正当化するとされる種類の選択を何も行わなかった、ということを意味しはする。もしも彼が、道徳的責任を正当化するとされている種類の選択を行ったのであり、あるいは、他の誰であれその種の選択をしているのだとするなら、この主張にはそれなりの正当化が必要となる。そして人の性格の成立過程を引き合いに出すことでは、必要な正当化は得られない。

ジョナサン・ジェイコブズは見事な手さばきで「倫理的無力さ」を描き出し、倫理的に無力な人が、改善不可能である見込みが大きいにもかかわらず、なぜ道徳の圏外に置かれた存在ではないのかを論じている。だが、〈倫理的に無力な人々は、彼らの性格が成立し始める初期段階では自分自身を異なった仕方で形成することもできたのかどうか？〉という問題について、ジェイコブズの論証はごく概略的なものにとどまっている——実のところ、ほぼ何の論証もないといっていい。そして、深刻なまでに「倫理的に無力な人々」ですら、やはり道徳的に責任ある存在だと見なされうるのはなぜか、という問題についてのジェイコブズの論証は、深刻な問題を抱えている。実のところその論証は、論証それ自体を解体させる種子を自らにはらんでいるように思われる。ジェイコブズが描く「深刻なまでに倫理的に無力な人」をじっくり考察してみよう。ジェイコブズが鮮やかな手さばきで示すように、私たちはそのような人物に対してであっても倫理的評価を行うものであるし、また、そのような人物であっても合理的な存在であり、道徳的共同体の一員であり、さらにいえば、道徳に関与する者としての、何らかの反応的態度（Strawson 1962）[238]の対象となりうる存在であると見なすものである。だが、だからといって私たちがこのような人物——改善も、別の仕方で行為することも不可能な人物——を道徳的に責任ある者と見なす理由が果たしてあるだろうか？　その理由とは、〈そのような人もまた道徳的評価を正当に与えられる主体であり、それゆえ「非難に値する」存在であり、道徳的に責任ある存在だからだ〉というものだ。だが、この結論はその前提から正しく引き出されたものではない。矯正不可能な人もまた道徳的評価を適正に与えられる主体であると認めたからといって、その人が非難に相応しいということが帰結し、また、彼女自身の卑劣な性格から生じた悪事に対する**道徳的責任がある**と見なされる、という理由など、果たしてあるだろうか？

ジェイコブズはまさにこの地点で、例の〈矯正不可能な人は人生初期の性格が成立してくる段階で「彼女自身を作り上げた」のだ〉という論証に訴えるのではないか、と想定する人がいるかもしれない。ところが実際には、ジェイコブズはあの、か細いわらのような論証に依拠することをしない。その代わりにジェイコブズが強調するのは、私たちは矯正不可能な人に対しても正当な道徳的評価を与えることができる、という事実である。だがジェイコブズのこの結論は、明白な問題を抱えている。真底から矯正不可能で、自らの手に負えない性格から逃れる見込みがない人を考えてみよう。ロバート・ハリスは（Watson 1987b）その明確な実例である。成年になるまでの間に、間違いなく道徳的に矯正不可能になった人物がいるとすれば、まさに彼がそれに当たるだろう（彼は思いつきで二人の若者を殺害し、その後、若者たちが注文したハンバーガーを食べ、それについて大笑いしていた[239]）。そして彼は、自分の性格を変えたいという意向をまったく示さない。だが、ロバート・ハリスの残忍な性格は、彼の、ほとんど想像を絶するほど残忍な扱いを受けてきた子ども時代と青年時代に鍛成されたものである。ハリスはたしかに道徳的に下劣な人物である。だが、だからといって彼が非難に相応しいとか、あるいは彼に、自らの邪悪な性質に対する道徳的責任がある、とかいうことは帰結しない。それゆえ、ハリスが道徳的な点でおぞましい人物であるという事実があり、私たちがハリスと彼の行動を道徳的に悪しきものとして記述できるという事実が

238 「道徳に関与する者としての、何らかの反応的態度」と訳した箇所の原文は some reactive moral participant attitudes。「反応的態度（reactive attitude）」とはストローソンが論考「自由と怒り」の中で考察した人間の態度であり、「ひととの交わりの直接の当事者」が「対象〔行為や行為者〕から距離を置かない態度をとり、対象から距離を置かない仕方で反応する」場合の態度を指し（Strawson 1962、邦訳三八頁）、「善意」、「尊重」、「善意の欠如」、「悪意」、「感謝」、および、同論文の表題にある「怒り（本書では「怨恨」と訳す）」などがそれに当たる（同邦訳四一頁）。ストローソンは、自由意志をめぐる問題における、このような反応的態度のあり方の重要性を指摘した。

239 共犯者の弟の証言では、ハンバーガーを食べている彼を見た弟が嘔吐感をおぼえ、トイレに駆け込むのを見て笑っていたという。

あるからといって、ハリスに、彼の道徳的に欠陥ある性格および行為に対する道徳的責任がある、という帰結は導かれない。したがってジェイコブズが、人には自らの性格に対する道徳的責任がある、という主張を擁護しようとするなら、彼はこの主張を、私たちは真の意味で「自己自身を作成する」のであり、かつまたそれは、私たち自身の自由な選択によってなされるのだ、という主張に依拠させねばならないはずである。たしかに私たちは、ある程度まではそれをやれている。だが、そこでの「自由な選択」を注意深く見つめれば、その選択が、私たちのコントロールのおよばなかった諸力によって形成されたものであることが分かるだろう。ここで、私たちの自由な、熟慮にもとづく選択には、その種の諸原因を超越できる力があるのだ、と主張するとしたら、これは〈矯正不可能であるにもかかわらず合理的であるような存在〉としての「倫理的に無力な」人物、というジェイコブズの主張を台無しにしてしまうものであって、ジェイコブズはそんな主張を望んでいない。しかるに、そのような超越的な力を主張しないとしたら、性格が成立する過程をさかのぼることが、いったいどうしたら道徳的責任のより効果的な擁護論につながるのかは、理解しがたい――このように事柄が前よりも曖昧になってしまうことが、道徳的責任の要求を正当化しようとする試みにとっては常に利益につながる、という点を除けば。(もちろん、過去の因果的な歴史を超越しうるような合理的熟慮の能力に関する、目下進行中の論争は存在する。だが、この種の論争はかつてもたびたび議論の的になってきたものであるし、それに、たとえ非自然主義者たちがそれについて、〔討議の末に〕どんな結論に達しようとも――例えば〈人間に、特別で、不可思議で、奇跡の業をなしとげる理性の力があるとしたら、水をワインに変えたり、ワインを血に化体させたりするのと同じくらいやすやすと[240]私たちを形成した諸原因を超越できるようになる〉といった結論に――自然主義者たちにとっての理性とは、たしかに極めて素晴らしいものではあっても、この種の超越的な力を秘めたものではありえないのである。)

要するに、自己作出を道徳的責任の正当化に用いようとしても、うまくいかないのである。私たちはじっさい、ある程度まで自分自身を作り上げるものであり、多くの場合、自分自身の選択を自分で行うものであり、さらにその選択が習慣へと発展し、性格のあり方を形成することもまた、ありうることである。ロバート・ハリスは、私たち誰しもと同じく、選択を自分で行うのだし、若い頃に行った彼の選択が、成人後の残忍な性格の重要な要素となった。そして、愛と支援を惜しまない家庭で育った若者、ショーンにも同じことが言える。彼は一流校に通い、その他、ハリスには明らかに欠けていたありとあらゆる有利な条件に恵まれている。このショーンもまた、彼の成人後の性格形成において重要となる選択を行ってきた。だが、彼らの選択は彼ら自身のものだったといっても、ロバート〔・ハリス〕とショーン[241]がこれまで行ってきた選択が、道徳的責任への要求や、それへの熱烈な希求に健全な基礎を与えてくれるだろう、と想定できる人がいるとは想像しがたい——奇跡に類する、第一原因的で超越的な選択を、過去に積み上げた〔性格〕形成の歴史と一切関わりなしに行う力を私たち誰もがもっている、と想定する人々を恐らく例外とすれば。そしてこういう想定は、いわば、ロバートとショーンが一八歳〔合衆国の多くの州での成人年齢〕になったときに、彼らに向かってこう言うようなものだ——「さあ、君たちの過去の歴史は問題外にして、今から平等にスタートするんだ。今現在の君たちの選択も、行動も、どれも君たち次第だ」と。だが、過去とは簡単に消せるものではない。ショーンがこう言ったとしてみよう——「この僕は、これまで適切な選択を行い、その結果として成功し、有徳な人になった。一方ロバートはまずい選択を行い、その結果、おぞましい邪悪な人になった。だから、僕は自分の成功に対する賞賛に正しく相応しいのだし、ロバートは彼の悪しき失敗に対する非難に相応しいのだ」と。この言葉は、ショーンの浅薄で近視眼的な傲慢さの証であっても、彼の知恵の証ではない。若い時期の選択については他にも言えることがあるかもしれないが、今述べたことからして、それを道徳的責任の支えとすることはできないということになる。ロバートとショーンという、かなりはっきりした対比を持ち出すまでもなく、要点はごく単純である。私が自分自身で選択を——しかも、私のその後の性格発達を形成するような選択を——行う場合、その選択は無から作り出されるものではないし、私の因果的、社会的、遺伝的な歴史を超越する、奇跡に類する力の産物でもない（少なくとも

240 水をワインに変えるのは新約聖書「ヨハネによる福音書」でイエスが行った奇跡。「ワインを血に化体させる（transubstantiating）」というのは、カトリックのミサで用いられるワインがキリストの血に変わっている、という神学的主張を想定している。

241「ショーン」には、アルファベットのRの次の文字で始まるという以外に、初代ジェームズ・ボンドを演じたショーン・コネリーの連想があるかもしれない（ボンドこと007はイギリス女王から「殺人許可証」を与えられたヒーローである）。

自然主義者ならば、その種の超越的な選択があると主張することはできない)。自己作出に関する、道徳的責任という主題にとって鍵となる問いとは、〈究極的には、それ自体は選択の産物とはいえない、厖大なまでに多種多様な状況の産物としての選択がもたらした結果に罰や賞を与えるというのは、公正なことなのか?〉という問いである。ひょっとするとそれは公正であるのかもしれないが、そうだとしても、道徳的責任の擁護者たちは。それがなぜ公正であるのかの理由を何も提出していないのであり、他方で、それが公正ではないことを示す有力な証拠は存在しているのである。

自己の選択に関するマーフィとブラウンの考察

ナンシー・マーフィとウォレン・S・ブラウン(Murphy and Brown 2007)は、自由意志と道徳的責任に関する彼らの説明を、人間に独特なものとしての価値の合理的選択に基礎づけている。彼らによれば、このような選択によって人間は自分自身の進む道を選択し、かつ自分自身の性格を形成する自由を得られる、というのである。このようなマーフィとブラウンのアプローチは徹頭徹尾自然主義的なものであるが、彼らはまた、現代の心理学的、神経科学的な自然主義が、無骨な工業的モデル[242]ではないことを強調する。彼らによれば、現代の自然主義はむしろ、合理的推理と価値評価、およびフィードバックのメカニズムをその中に組み込んでいるのである。

> 自分自身を行為へと動かしたものの価値を、理性/理由《リーズン》……にもとづいて評価できる者、またその際、他者の判断から過度に影響されたり、……自分の価値評価にもとづく行為を、意志の弱さや強力な感情によって妨げられたりしていない者……は、じっさいに行為者であり、自分自身の行為に対する第一原因であり、トップダウン的な(つまり行為者因果的な[243])原因である。それゆえ私たちは、自由意志とは、誰かの、その者自身の第一原因である、と理解するのがよいのではないかと提案する。このような自由意志は、適切な社会的文脈の内部で行為する、成熟した、自己反省的な有機体としての人間が備えている全体論的な[244]能力である。(305)

マーフィ/ブラウンのモデルのこれ以外の重要な要素と

して、「自己超越」の力がある。ここで自己超越とは、ある者の価値および目標を、過去の行為とその結果、および想像される未来の結果への反省的考察にもとづいて評価し直す能力を指す。私たちは通常の状況においてこのような自己超越に向かっていくことをしないが、しかしそれが実際になされることはあり、そして（マーフィとブラウンが力説するところでは）、それは不可思議でも神秘的なことでもない。

　マーフィとブラウンは、自由に行為する存在についての興味深いモデルを提出している。しかしながら、彼らの次のような主張は度を超したものである――「それまでの思考様式を超越できる、という行為者の能力には、その能力を思い描く想像力の不足を除けば、いかなる限界も存在しない」(Murphy and Brown 2007, 258)。彼らはこう言うが、こうした自己超越の能力に限界を課すものが〔それを思い浮かべる側の〕「想像力の不足」だけではない、というのは言うまでもない。例えば認知的気概の不足（認知的吝嗇《りんしょく》者が、突如思い立って常習的認知者になることはできない）や、心安らぐ信念にあえて異を唱え、未知の、不安をかき立てる代案を模索できるだけの自信の不足なども、それに限界を課する。支援を惜しまない共同体であれば、このような模索の試みに必要な支援を提供してくれるかもしれない。しかしまたその半面、心安らぐ、支援を惜しまない共同体では、その人が共同体と共有する基礎的な一群の信念に本当の異議を唱えることが、むしろ困難になるかもしれない。私たちはみな、いついかなるときでも、根源的な自己超越に取り組み、私たちの深いところにある価値観と目標に異を唱えることができてもおかしくない、という想定は魅力的だ。だが、このような想定は、ごく少数の人々にしか備わっていないものとしての認知的気概を、私たち誰もが備えていることを前提している。それに心理学者たちが言うように、人々が自分の価値観と、現在の目標に対する代案

242 原語は crude industrial model で、industrial の「産業革命」、「産業社会」、「産業資本主義」などのイメージとも結びついた、古典的な「機械論」を指していると思われる。

243 「行為者因果（agent causation）」は四四頁他で引用されたチザムの、「私たちの誰もが、本当の意味で行為するときには、不動の第一動者である」という主張を典型とする考え方で、その前の「第一原因」という言葉もそれに近い意味だと思われる（訳注105も参照）。ただしここでは、あくまで自然主義の枠内で成立する行為者因果説が模索されていると見られる。

244 全体論的（holistic）とは、この場合、単なる部分の総和に還元されないものとしての全体が、それ自体で備えているような、という意味である。

を、真正な意味で考察するというのは実のところ非常に難しい――そして極めて一般的**ならざる**――ことなのだ(Haidt and Bjorklund 2008)。

　マーフィとブラウンは、人間の行為者についての自然なモデルから出発するのだが、彼らが次のように述べるとき、そのモデルは自然的なコントロールから逸脱し始める。

> 重要な点は、それが線形的[245]な過程ではない、ということだ。というのも、環境からのフィードバック、**および、その人物自身の高階の価値評価プロセスからのフィードバック**が、構造化の原因そのものを絶えず再構造化し続けているからである。私たちは、このような因果的ループが無数に反復されている――そしてその結果、構造的諸原因が、その有機体のそれ以前の行為および**価値評価**の産物となる度合いが、ますます増大していく――と想像せねばならない。……真に興味深い事例が現れるのは意識をもつ有機体、とりわけ人類においてである――人類は、想像力とシンボル操作の能力により、未来の経過を想像し、その価値を評価し、それに合わせて自分の行動のあり方を形成することができるようになっている。私たちは言語によって、可能ないくつかの未来のモデルを詳しく組み立てることができるようになっており、これが、動機についての、精密に調整された柔軟性のある記述と相伴うことで、行動に対し「究極《ファイナル》の原因」を提供するのである。(Murphy & Brown 2007, 290–291)

だが、マーフィとブラウンが「究極《ファイナル》の原因」と呼んでいる原因は、アリストテレスの「目的《ファイナル》因」という意味でファイナルであるわけではないし[246]、「究極の」という現代的な意味でファイナルなものでもない。タマラがヴェロニカよりも有効な自己調整をしているのはなぜだろうか？　タマラはそれをたやすくやってのけるのに、ヴェロニカは、仮にそれに取り組むとしても、いやいやながらやる、というのはなぜだろうか？　タマラの自己調整は注意深い熟慮を手引きにしてなされるのに、ヴェロニカはなげやりで、浅薄なやり方をするのはなぜなのだろうか？　私たちはたしかに、いくつかの重要な点で自分自身を形成するものだ。だがそこでの自己形成が、過去の因果的な歴史を超越することは決してないのであり、私たちの出発点を定め、またその後の私たちが自己形成に用いるための一連の素養《リソース》／手立てを構築したのは、その因果的な歴史なのである。マーフィとブラウンは、私たちが「このような因果的ループが無数に反復されている――そしてその結果、構造的諸原因が、その有機体のそれ以前の行為および価値評価の産物となる度合いが、まずます増大していく――と想像」(290)するならば、それでもう、この「それ以前の行為や価値評価」がどのように形成されたのかは無視してしまってよい、と考えているようである。だが「それ以前の行為や価値評価」を形成したのは、私たちの能力とその他の原因、私たちが過去にもっていた利点と難点――要するに、出発点における素養《リソース》／手だてと能力のさまざまな違い――だったのであり、それらが非常に異なった「それ以前の行為や価値評価」をもたらしたのであり、それがさらに、その後の行為と価値評価の違いをもたらす、というのが事実なのである。ヴェロニカは、超越的な自己評価を実行することがいつでもできておかしくないし、その結果、自分はあまりにも浅薄すぎるから、もっと注意深く思考し、もっと大きな認知的気概を発達させ、自信を強め、他の選択肢を真面目に考察しようという意向をもっと強くもてるように自分は励むべきだ、と決意することも、いつでもできておかしくない――このように応ずることは、これが自然主義的なモデルである、という装いをかなぐり捨て、真正の「究極原因」として、自然の歴史に縛られずに働く自己創造の力へと、まっしぐらに突き進んでいくことになるであろう。だがこれは驚くことではない。人間の行為者に関するモデルが「このような因果的ループが無数に反復されていると想像する」ことを求めてくるとしたら、私たちは、そのモデルが自然の諸力から離脱し、不可思議な道徳的責任を目指して飛び立っているのではないか、という疑いをもってよいのである。

　これまで述べてきたように、私たちは自己自身の形成において――自分自身の決意と価値評価を通じて――非常に重要な役割を演じている。私たち自身が、私たちの自己形成過程の一部分をなす存在なのであり、これは運命に操

245 線形的（linear）とはこの場合、システムが単調で規則的で容易に予測できるふるまいしかとらない、というほどの意味だと解される。

246 アリストテレスの「四原因説」と呼ばれる説によれば、どんな事物にも「質料因」（何からできているか）、「作用因」（どのような働きによってできあがるか）、「形相因」（いかなる構造、ないし本質を備えているか）、「目的因」（何のために存在するか）を見いだすことができるとされており、アリストテレス的な意味での final causes とは、この四番目の「原因」を指し、「行動をあるべき目的へと導く特別な力」のように解されると思われる。

られた無力な手駒などではない。だが、その〔私たち自身の価値観と選択に沿った仕方で進む〕〔性格〕形成の過程およびその産物は、それでもやはり、出発点で与えられた能力および有利・不利な条件に発し、そこに周囲環境や状況のさまざまな差異も関わったものであり、これらはそれぞれの行為者にとっての運不運の問題である。例えばルークがマシューよりも良好な性格を形成しているとしよう[247]——また、それがなぜかといえば、ルークに出発点において与えられていた素養／手《リソース》だてが、後の性格形成や意思決定や選択に対して良好に働き、それらが、その後のより良好な選択をもたらし、さらにそれらの良好な選択が、その後のさらなる良好な選択を導いたからだった、としよう。このとき、マシューが自分の選択によって形成した瑕疵《かし》ある性格[248]について、彼を非難するのは不公正なことである。

いうまでもないことだが、道徳的責任の要求と帰属を、私たちの〔社会の〕システムにおいて維持していくために、都合の悪い〔不平等な〕出発点は無視して、中間段階での選択による自己作出だけで十分である、と取り決めてしまうことは、いつでも可能である。だが、そうする場合、〈そのようなシステムは公正なのか？〉そして〈それは望ましいシステムであるのか？〉という問いが生じる。ところで、道徳的責任のシステムを望ましくないものにしている一つの要因は、そのシステムが、私たちの価値観と行動を形成する諸々の原因に対するより深い探究を体系的に阻止する、ということにある。私たちが、誰かに道徳的責任がある、とひとたび言ってしまえば、そこで私たちはその人の行動の細部に目を向けることをやめてしまう——認知的気概とその形成過程、自己効力感における違い、周囲環境や状況の違い、ローカス・オブ・コントロールがどこにあると考えているかの違い、それに、遠く隔たった要因ではあるが、それでも致命的に重要な、人生の出発点における違い、といった細部に、目を向けなくなってしまうのである。

第八章　道徳的責任の利益は幻想である

道徳的責任の擁護者たちは、他の企てがすべて失敗すると、実践的有益性という論点に退却する。例えばデネットは次のように推奨する――「私たちは、人の特定の性格特性がその人自身で作り上げたものなのかどうかを**発見する**ための、際限のない探求をするのはやめて――つまり、特定個人の自己が、厳密にいってどの程度まで自家製《セルフ・メイド》かを分析しようなどと試みるのはやめにして――その代わりに、人々をただ単に、自分の行動に対して責任のある者だと**見なす**（つまり、ほどほどに、詳しく吟味しすぎないように配慮する）のである。こうして、この戦略を採用することで、私たちは見返り《リワード》を得られる――つまりそれにより、私たちが世間に『責任ある』行動を根づかせる比率が、それだけ大きくなるのである」（Dennett 1984, 164）〔邦訳二四〇―二四一頁に該当〕。つまり〈もしかすると私たちは道徳的責任に対する満足のいく理論的正当化を提供できないかもしれないし、あるいは、道徳的責任に反対する理論的な論証のすべてに応じることができないかもしれないが、だとしてもそれが私たちにとって深刻な問題になるはずがない。道徳的責任と〈正しい報い〉のシステムは**うまく働いている**のだから、私たちはそのシステムを維持し続けねばならないのだ〉というわけである。

こうした、道徳的責任の〈実用性に訴える正当化〉[249]は、

247 ルーク（ルカ）もマシュー（マタイ）も新約聖書の福音記者の名だが、頭文字がLとMであるという以上の意味はないようである。

248 「瑕疵ある（faulty）」については第九章を参照。

249 「実用性に訴える正当化」の原語は pragmatic justification。この後、moral responsibility pragmatism という呼称も登場する。ただこれは、包括的な哲学的立場としての「プラグマティズム」ではなく、まさにこの、道徳的責任をその実用的利益によって正当化しようという限定された立場を指すので、「道徳的責任実用主義」と訳す。

少なくともヒュームにまでさかのぼることができる――「すべての法は賞罰に根拠をもつとされるとき、賞罰という動機が心に対して規則的で斉一的な影響を及ぼし、善行を産みかつ悪行を阻止する、ということが根本原理として想定されている」(Hume 1748/2000, 74)〔邦訳八六ページ〕。モーリッツ・シュリックは――ヒュームの功績を認めた上で――同じように〔道徳的責任あるいは賞罰の〕実用性に訴える説明をより詳しく述べている。

> 刑罰は、行為の原因すなわち**動機**の総体のみにもっぱら関わるのであり、刑罰の意味はそれに尽きる。刑罰とは教育的措置であり、つまりは諸々の動機を形成するための手段である。……
>
> それゆえ責任について問うべきは、次のような問いであることになる。〈所与の事例において、罰されるべきは誰か？　真に悪事をはたらいたと見なされるべきは誰か？〉この問いは〈何が当の行為を根源的に引き起こしたのか？〉という問いとは別のものである。というのも例えば、当の人物が曾祖父母から受け継いだ性格が、その行為を引き起こした原因の内に含まれている場合もありうるし、あるいは、その人物の社会環境の責任が政治家にある場合も、それ以外の様々な場合もありうるが、だとしても「実行者」とは、その人に対して、〔本来ならば〕確実な仕方で、**動機が行為を阻止するような仕方で働きかけていなければならなかった人物**(あるいは場合によっては、行為を促すような仕方で働きかけていなければならなかった人物)なのだからである。遠く隔たった諸原因についての考察は、ここでは役に立たない。というのも、第一に、それらの原因が現実にどのような働きかけをしてきたのかを特定することは不可能だからであり、また第二に、それらは総じて手の届かないところにあるからである。むしろ私たちは、諸々の因果の線の決定的な結節点に位置する人物を発見せねばならない。〈誰に責任があるのか？〉という問いは、**動機が正しく適用される点**〔としての個人〕に関する問いである。そして、そこで重要なのは、この問いの意味はまったくもってそれに尽きている、ということである――その背後に、記述された事態によってただ**示唆される**だけのような、違反と報復を結びつける不可思議な連結など存在しないのだ[250]。賞罰が現にある通りに機能するために――その目的を

> 達成しうるために――必要なのはただ、賞罰が誰に割り当てられるかを知ることだけなのである。(Schlick 1939, 152–153)

マニュエル・ヴァーガスは、彼なりの修正主義的な道徳的責任の擁護論を提起しているが、そこで彼は道徳的責任を、このシステムが実践的有益さをもつことに訴えて正当化する――「責任に特徴的な実践、態度、判断[251]は、総じて、またどんな時でも、私たちが道徳的考察をよりよく把握し、かつそれに適切に反応することに貢献する方向に働くのであり、その貢献のゆえに正当化される。……そのような実践、態度、判断がそのような貢献を有効に果たすことにはもっともな理由がある。それゆえ、責任のシステムはおおむね正当化されると考えることには説得力がある」(Vargas 2007, 155–156)。だが、道徳的責任の〈実用性に訴える正当化〉を誰よりもはっきりと明言しているのは、J・J・C・スマートである。

> 私たちが、何らかの道徳的文脈において、ある人があることをできたかもしれないとか、できなかったはずだ、とか言うとき、私たちは責任を誰かに帰属させる営みに携わっている。では、責任を誰かに帰属させるとは、どのような営みだろうか？ 学校でトミーが宿題を忘れてきたとしよう。もしも担任の教師が、トミーを本物の愚者だと考えていたら、トミーをののしったり、ムチで叩いたり、脅しつけたりするのは、それこそ愚かな行いである[252]。そのような行いが意味をなすとしたら、それはこの種の扱

250 この一節を見ても分かるように、この論考でのシュリックの大きな目的は過去指向的な「応報主義」的刑罰論を退け、未来志向的で合理的な（帰結主義的な）刑罰論を主張することにあり、この点でシュリックは自然主義的思想を打ち出そうとしている。ウォーラーはそのようなシュリックにもなお、道徳的責任と〈正しい報い〉という反自然主義的な思想が残存していることを批判しているのである。

251 「責任に特徴的な」の原語は responsibility-characteristic で、ヴァーガスやその批判者の用法からこのような意味だと推定される。内容的にはまさに本書で問題視されているような事柄で、例えば賞罰の**実践**、非難や賞賛の**態度**、あるいは誰かに何らかの事柄で「詰め腹を切らせるべきだ」とする**判断**など、道徳的責任の概念を前提して成り立つ営み全般を指していると見られる。

252 いずれも現在では「愚か」どころか、そもそも許容されない虐待的対応だが（この点はこの後のウォーラーのコメントからも示唆される）、この論考が書かれた六〇年代頃はまだ一般的な教室の光景であったのかもしれない。

> いによって愚者だった生徒を知的な生徒に変える、ということが成り立つ場合に限られよう。……担任の教師はその場合〔トミーを本物の愚者だと考えている場合〕トムを非難すべきではない、彼は宿題が**できなかった**だけだ、と言うことになる。ここで、トムは怠けたせいで宿題をしなかったのだ、ということだとしよう。……この場合には、担任の教師はトムを責任ある者と見なし、トムには宿題をすることができた、と言うことになる。こう言うことによって担任教師は必ずしも、トミーの行動が遺伝と環境の産物であることを否定しようと意図しているわけではない。……もしもトミーが十二分に愚かであったならば、彼が誘惑に流されるか流されないか、おだてに乗るか乗らないか、といったことは問題にならない。つまり、宿題をさぼったことが露見しても、脅しや、約束や、罰によって、彼のさぼりを減らせる見込みはない。それ以外の場合であれば、この怠け者の少年はその種の対応からの影響を受けることができる。彼が宿題をするかどうかは、もっぱら彼を取り巻く環境の働きの結果なのかもしれないとしても、担任教師からの脅しは、その環境の一部に組み込まれているのである。
> 　それゆえ、脅しや約束、賞と罰、責任を帰したり帰さなかったりするという営みは、明確な実用性に訴える正当化ができるし、それは形而上学的な決定論を全面的に信じるという態度と、完全に整合的なのである。（Smart 1961, 302）

　スマートは半世紀前に、彼なりの仕方で、道徳的責任——および賞罰——を、実用性に訴えて正当化している。人間の行動やその諸原因と形成過程に関する当時の知識は、今よりもずっと制限されたものであった（シュリックが著述した時代ではさらに制限が大きかったし、ヒュームについては言うにおよばない）。賞罰はたしかにそれなりの効果をもつ。非常に大きな効果ではない——実のところ、益よりも害が大きいこともしばしばである——としても、何もないよりはまし、というほどには効果がある。（道徳的責任の諸原理にもとづく）賞罰は、数千年にわたり、他に選びようがない唯一の選択肢であったのであり、そのことによって、「正しく相応しい《ジャストリィ・デザーブ》」報賞と応報的な罰に対するコミットメントは、私たちに深く根づいていった。実のところ、霊長類学者たちによる観察（de Waal 1982）を受け容れるなら、

（おおむね道徳的責任が命じる方針に沿った）賞罰のパターンは、私たちのいとこであるチンパンジーにも見いだされるとされており、したがってそうした賞罰のパターンが、すでに私たちの祖先がサルに似た動物だった頃からきっと存在していたのだろう、と結論せざるを得ない。それゆえに、誰かが何か有益なことや有徳な行いをすると、私たちは報賞ないし返礼を与えるように傾くし、誰かが有害なことや悪しき行いをすると、私たちは罰ないし報復を与えるように傾くようになっているのである。社会コントロールと行動形成のための、こうした非常に粗雑なやり方がそれなりに成功してきたので、それは最終的に深く根づいた傾向性となるに至ったのである（これはとりわけ応報的な報復反応について言える）。それゆえに、この傾向性が有効に働かない場合や、さらには逆効果になってしまう場合ですら――特に、愚かな生徒や怠け者の生徒を一律にムチで打つのは、無効だったり逆効果だったりする見込みが非常に大きい――懲罰好きの担任教師は、この「相応しい」罰を科することで満足感を得るのだ。このような仕方で、賞罰の道徳的責任モデルは、以前にも増して堅固に根づくことすらあった。このような「報復の応報主義」の明白な問題点は先に指摘した通りである〔第一章二六―三七頁〕――生じた害悪のもとになった人ではなく、その場に居合わせた罪のない人や、配偶者や、子ども（あるいは「魔女」）が標的とされることがしばしばあるのだ。だが、道徳的責任の賞罰モデルを実用性に訴えて正当化しようとする試みには、これよりも深く、広汎にわたる問題点が色々とある。このモデルも、ないよりもましというほどの働きはしているのかもしれない（だからこそそれは、私たちの社会と心理にこれほど深く根づいているのだ）。とはいえそれは、うまく働いているとはまったくいえず、それがあることでよりよいポリシーやより深い理解が阻止されてしまうのであり、またそれは――たとえ利益や損失を度外視したとしても――根本的に不公正なのである。

道徳的責任にもとづく賞罰はなぜうまく働かないか

〈正しい報い〉と道徳的責任の規準にしたがって人に賞罰を与えることで、肯定的な結果が得られる場合はある。例えば、聡明で、一生懸命努力をして、大きな成功を成し遂げ、熱意にあふれた学生に報賞を与えることで、その学生の努力や成果が高い水準に維持されることも、時にはある。とはいえ、賞罰の伝統的なパターン――道徳的責任モデルが命ずるパターン——は、しばしば非効率的であり、時に深刻な害をもたらす。聡明なジルと凡才のローラという、二人の学生を考えてみよう。二人とも一生懸命勉学に励むが、ローラが全力で努力しても、ジルが上げた成績にははるかにおよばない。ジルは正しく相応しい《ジャストリィ・デザーブ》報賞を毎回決まって受け取るが、ローラがそれを受け取るのは、あったとしてもごく稀である。ジルの努力は一律に強化を受け〔つまり行動主義心理学の意味での「報酬《リワード》」[253]を受け〕、それによってジルは引き続き一生懸命勉学に励むが、他方でローラの学問への努力は徐々に途絶えていく。いうまでもなくジルにも、標準以下の努力しか示せないことが時折ある——だが、彼女が全力を出さずに上げた成果ですら、ローラの最善をはるかに上回っているので、ジルは最善の成果を上げていない場合ですら、報賞を得る。なにしろ、ジルはやはりローラよりもずっと優れた成果を上げたのだから。その結果、ジルもまた怠け者になってしまうかもしれない。少なくとも言えるのは、〈正しい報い〉のモデルが、ジルの最善の努力と最善の成果を効果的に促進することはないだろう、ということだ。

これよりもほんの少し——スマートの担任教師のレベルぐらいに——洗練度を上げて、賞罰の対象を〔成果ではなく〕努力に向けるならば、それによって多少の改善は見込めるはずだが、それでも深刻な問題は残り、しかも益よりも害をもたらす場合がなおも数多く出てくる。先ほどのジルは努力家で、ローラは怠け者だとしよう（これは想像に難くない。すでに指摘した通り、聡明なジルの努力は正の強化〔心理学的意味での「報酬《リワード》」[254]〕につながるが、ローラの努力は顧みられず、最終的には途絶えてしまうのだから）。ここで私たちが（〈正しい報い〉に適った仕方で）、努力にもとづいた報賞を彼女たちに与えるとしたら、それはジルの内により強固な努力を生じさせることに失敗し、他方でローラのやる気のなさをさらに強固に根づかせてしまうだろう。例えばある日、ジルが標準以下の努力しか示せず、ローラはいつもの低めの水準より、ずっと大きな努力を示せたとしよう。標準以下であるとはいえ、ジルの努力は、ローラの最善の努力よりも十二分に大きなものだったので、ジルはやはり報賞に相応しいが、ローラの（やはり並みのものでしかない）努力は報賞に相応しくない。かくして、ジルの場合、彼女の再弱の努力も鼓舞され／強化される見込みが大きく、その一方でローラの努力への試みは途絶えてしまう。このような状況において、ローラは最終的に「学習性無力感」の域にまで落ち込み、努力を行使することが不可能になってしまう。

マーティン・セリグマン（Seligman 1975）の実験を思い出そう。この実験ではまず、犬が拘束具につながれ、苦痛に満ちた電気ショックを否応なく与えられる。この残酷なセッションを何度か繰り返した後、犬はシャトルボックスの中に入れられる。シャトルボックスとは、仕切りのある箱の片側の床に電流が流れており、それほど高くない仕切り板の向こう側の床には電流が流れていない、という構造の箱である。電気ショックを否応なく与えられる、という目に遭わずに済んできた犬は、すぐに仕切り板を飛び越え、向こう側に移動する。しかし、電気ショックを否応なく与えられる、という経験を繰り返し経てきたグループ――それによって深刻な学習性無力感が芽生え、それが増大したグループ――の犬は、電気ショックから逃れる努力を示さず、すぐにあきらめて縮こまってしまう。道徳的責任モデルにおいては、学習性無力感へと追い込まれた人は、よくとも無視の対象、最悪の場合には処罰の対象の、申し分ない候補になる。〔学習性無力感に陥った〕ローラは、自分自身を救う行動を「自分からやってみようとすらしない」のだから、〔道徳的責任モデルによれば〕他の誰かが、彼女を救おうとすべき理由などあるだろうか？ 彼女はまた、スマートが語る、愚か者は大目に見るが怠け者はムチ打つという「啓発された」担任教師による懲罰の申し分ない候補ともなる。だがこのような対応は、無力な者への残酷な仕打ちというありきたりなエピソードを一つ追加するというだけではなく、正反対の効果を生むことにもなる。セリグマンの犬にさらなる電気ショックを与えても、犬に、仕切りを飛び越す動機づけを与えることにはならなかった。むしろそれは、犬の無力感をさらに強めることにつながったのだ。極度にやる気のない少年を担任教師がムチ打った場合、学習性無力感は抑制されるどころか、むしろ深まる。〔パートナーから〕虐待を受け、捨てられた女性が、その

253「強化」は行動心理学の用語（訳注178参照）。ある行動の頻度を増す強化を「正の強化」と呼び、正の強化を与えるものとしての「正の強化子」は「報酬（reward）」と呼ばれる。これまでのところ、reward は道徳的責任と結びついた「報賞」を指しているが、訳注21でも言及したように、この後、行動心理学の「正の強化子」を意味する「報酬」を指すためにも使われるようになる。日本語の日常語の「報酬」は金銭的報酬を指す含みが強いので、心理学用語は「報酬」、それ以外は「報賞」と訳し分けるが、この二つが原語では同じ言葉であり、また著者がそれらを重ね合わせて理解していることには注意されたい。

254 前注参照。

後二番目のパートナーから虐待を受けたとして、この新たな虐待が、彼女が虐待を逃れる見込みを増やすことはない。むしろ彼女はあきらめてしまい、あきらめ続けるようになる見込みが大きい。彼女を非難するのはたやすいことだ。だが、それで効果が得られるわけでもなく、公正だともいえない。学習性無力感《ヘルプレスネス》の克服へ向けて救い《ヘルプ》の手をさしのべるのは、容易なことではないのだ。セリグマンの犬が、自分で仕切り板を跳び越そうとし始めるまでには、こちらが何度も、犬を板の向こうへ押しやる必要があった。自分からやってみようとしない学生は、たしかに苛立たしい存在ではある。このような学生をムチ打つことで〔教師に〕満足感が得られるのは事実である。こういう学生を見捨ててしまいたい、という誘惑は格別に大きい（「自分からやってみようとすらしない相手に、無駄な時間をかけるつもりはないね」）。このような誘惑をはねのけ、有効な方法を用いた対応を行うには、〔学生の無力感の〕より深い諸原因を深く理解することが必要である。怠けてしまう学生や、虐待を受けた女性を助けるための第一歩は、今の彼らを形成した因果的な歴史と、その苛酷な歴史が引き起こした数々の問題を認識することである。不幸なことに、道徳的責任に対する広く行き渡った忠誠心が、この種の探究と認識を阻んでいる。

善行と悪行にそれぞれ賞と罰を与える、という実践は一定の利益をもたらすし、道徳的責任と〈正しい報い〉に沿った形で賞罰を与えることもまた、一定の利益をもたらす。不幸なことにそれは、これらの実践を現状のまま保持するのに見合うだけの利益をもたらすのである。なぜ不幸か？それは、――たとえそこから、限界のある、偶発的な利益が得られるとしても――そのパターンと実践がしばしば非常に有害な帰結をもたらすからである。比較的熱意に乏しい学生の努力を途絶えさせてしまったり、学習性無力感をより深めたりする帰結はその筆頭に挙がる。これは二重の意味で不幸である。というのも、もし仮に道徳的責任のシステムという目隠しがなくなれば、私たちは望ましい性格と行動の形成に対してよりよい効果を与える正の強化[255]のパターンに、今よりも注意深く目を向け、その一方で、道徳的責任のシステムの有害な影響を避けることができるはずである。それを妨げるというのが、道徳的責任〔のシステム〕への忠誠心から生じる主要な問題点である。道徳的責任を信じ続けようとすると、「あまりじっくりと見つめない」――すなわち、個々人の因果的、環境的な歴史の詳細を精察しないようにする――ことで、個々人の能力の重大な違いを無視せねばならなくなるのだ。能力の違いをじっくりと見つめることがなぜ重要か？　答えは明らかだ。ジョーは有能さというものをほとんど持ち合わせていないが、彼はまた肯定的な自己効力感に深刻な限界を抱えている。この事実を認識すれば、ジョーを力づけ、彼の深刻な欠陥を克服することにつながる〔教育〕プログラムの作成を促すことになるだろう。一方、それを無視する——そうして、ただ「ジョーを責任ある存在と見なす」ことしかしない——のは、事態の悪化につながるのである。

「報酬／報賞《リワード》」には真の必要性があること

〔道徳的責任の原則にしたがった〕賞罰は、行動と結果の結びつきを重視するという点では、たしかに有益である。長期にわたる努力を支えていくには、その努力から肯定的な結果を得ることで、努力の減退を防ぐことが必要だ。また、肯定的行動に〔心理学上の〕報酬《リワード》が与えられる環境が整っている場合、肯定的行動がより頻繁になされるようになる。この事実については、これまで心理学者たちによって注意深く、洞察に富む研究がなされてきたが、それを理解するために難解な心理学理論の知識は不要である。むしろそれは思慮と観察力に富んだ人物であれ誰であれ、ずっと以前から認識できていた事実なのであって、それが心理学の理論と研究によって確証され、拡張され、かつてよりも深く、詳細に知られるようになったということなのだ——つまりは、結果につながらない行動は強められることがなく、かえって弱まり、消えていく傾向がある、ということである（子どものかんしゃくを無視するのは、かんしゃくの数を減らすためのよい方法である。一方、かんしゃくに「屈してしまう」のは反対の結果をもたらす）。また、結果と無関係に〔心理学上の〕「報酬《リワード》」が与えられる場合も、肯定的行動を途絶えさせてしまう傾向がある——自分では何の努力もせず、「何もかも与えられて育った」若者が受ける心理学的な損害は、いくら努力しても有益な結果をまるで得られなかった場合と、ほとんど変わらない。怠け者の子どものために父親が「わしが苦手にできず、手に入れるためにあれほど苦労したもの」を惜しげもなく与えられた果ての「スポイルされた〔甘やかされて駄目になった〕金持ち坊や」は、

255　前々注参照。

遂には欲求不満で、やる気のない、抑鬱の状態に陥る。宝くじで当たりを引いた人は——努力とは無関係な突然の幸運が舞い込んだことで——幸福よりも苦悩に向かう見込みが大きい。これらはみなありふれた知識だが、私たちがもし、人々の行動と性格の発達過程と、その発達が人々の間でどれほど決定的な違いとして現れているかについて、注意深く詳細を見つめれば、事の細部をよりよく理解し、私たちをむしばんでいる誤解を取り除くことができるようになる。ところが道徳的責任を信じるとき、私たちはまさにこうした注意深い分析を遠ざけてしまうことになる。したがって、たしかに私たちの行動が結果に結びつくことは重要なのだが、道徳的責任が指示してくるやり方では、行動と結果の最良の結びつきを得ることはできない——実のところ、そこでの最良の結びつき方が、道徳的責任にもとづく判断が命ずるパターンとは真っ向から対立する場合も多いのだ（Waller 1989）。

　道徳的責任の〈実用性に訴える正当化〉にも、一片の真実は含まれている——不幸にも、この一片の真実ゆえに、道徳的責任の実践がより深く根づくことになったのだが。その一片の真実とは、報酬《リワード》／報賞——より適切には、正の強化——にはたしかに価値が**ある**ということだ。そして問題は、真に価値がある報酬／報賞および〔行動心理学でいう〕強化スケジュール[256]が道徳的責任とは一致しない、ということにある。すでに指摘したように、懲罰的措置が有効であることは滅多になく、悲惨な結果を招くこともしばしばである。だが報酬／報賞もまた——罰よりもはるかに大きな価値をもつとはいえ——道徳的責任モデルに従ってそれを配分しようとするとき、まずい結果をもたらす。この種の〔道徳的責任に従う〕パターンは、勤勉さや気概ではなく、むしろ怠惰を形成する場合があまりにも多いのである。哲学者たちはこのような結果を簡単に見逃してしまう——というのも、伝統的な〔道徳的責任にもとづく〕賞罰のパターンから、不幸な結果が頻繁に生じてきたにもかかわらず、哲学について読んだり書いたりする人々というのは、そういう不幸な結果を免れる程度には、十分幸運であったからである。私たち哲学者は通例、スタート地点での有利な条件——ごく初期の幼児教育や、家族の支援など——に恵まれているものだ。その結果、報酬／報賞が与えられるタイミングは早まり、この強化のパターンが、堅固な勤勉の習慣を形成することになる。たしかにこの勤勉の習慣が働き方として最良のものではないというのは、私たち哲学者のほとんど誰もが認めるところであるが、とはいえそれは、人のやる気を深刻に削ぐようなものではない。そういうわけで、正の強化および報酬／報賞は大きな価値がある――さらに言えば、欠かすことができない――ものだが、しかし、その報酬／報賞が好ましいパターンをとり、私たちの努力と成果の間に適切な結びつきが確保された上で生じる、という条件もまた欠かすことができない。分別なくみだりに正の強化を与えるのは、正の強化をまったく与えないのとほとんど変わらない、破滅的な対応である。成功した努力と正の強化の間に体系的な関係が付けられていない場合――つまり、何もしなくとも報酬／報賞ないし強化が与えられるような場合――には、やる気のない、無目的で破滅的な行動が形成されてしまう。一方、どんな場合も肯定的な結果――正の強化――をまったくもたらさない努力もまた、努力を途絶えさせてしまうことで、人のやる気を奪う結果に帰着するのである。

　この説明はあたかも〈よい努力には報賞／報酬が与えられ、不十分な努力は報賞／報酬を剝奪される〉と主張しているように響くかもしれない――つまりは、道徳的責任の導きに沿ったパターンこそが、最良の実践的な報酬パターンである、と主張しているように響くかもしれない。だが、ここでの賞罰が道徳的責任モデルと類似しているように見えても、その類似はすべて表面的なものに留まる。ジルとローラの事例を思い出そう。聡明で勤勉なジルは、多大な努力を奮い、しっかりしたレポートを書く。しかし彼女の今回の努力は、彼女の通常の水準よりも下で、その結果のレポートも、彼女の水準としてはごく平凡な出来である。これと比較すると鈍才で、やる気を出すのが苦手なローラは、（彼女にとっては）英雄的な努力を奮い、彼女にしては最良のレポートを書く。ジルの努力は、それでもローラより格段に大きく、レポートもローラに比べればはるかに素晴らしい。（成果なり努力なりの度合いに応じているかどうかに関する）道徳的責任の規準によれば、ジルはローラよりも大きな報賞／報酬に相応しいことになるが、このような報酬／報賞のパターンは、ジルがずるずると後退するのを促すであろうし、他方でローラの、中程度とはいえ彼女なりには改善された努力を支援できない。やる気のない人にやる気を起こさせるには、すでに高い努力をもってなされている行動を継続させる場合よりも、着実で、より頻繁な

256「強化スケジュール」は行動心理学の用語で、所定の学習目標を達成するための強化子（報酬）の提示方法を指す。

強化のパターンが必要である（一方、道徳的責任の観点からすると、高いレベルの努力を発揮した人の方が、より正しい報賞／報酬に相応しいことになる）。ここからすると、最善で、害の最も少ない報酬／報賞と強化のパターンはどのようなものになるだろうか？　確かなのは、それが道徳的責任に一致したパターンではない、ということだ。むしろそこでのパターンは、個々人の歴史と能力に対する注意深い吟味を行い（道徳的責任へのコミットメントは、この注意深い吟味を妨げてしまう）、個々人の強みと問題をよく認識し、私たちの最良の、また才能と最も強く結びついた努力を支え続けるような強化パターンを活用し、能力や気概に比較的乏しい人々の能力と活力を育み、不運にも深い学習性無力感に陥ってしまった人々の復帰を支援する、というものになるだろう。このようなパターンに従うということは、極度にやる気を削がれていながら、四苦八苦してなけなしの努力を奮う人々に比べて、最も活力と能力にあふれた人々の方が、場合によっては、よりわずかの報酬／報賞しか受けられないことがある、ということを意味する[257]。

憤激の声に答える

ここで、今述べた論証を丹念に吟味した熱心な哲学者たちから、憤激に満ちた反論の声が上がることが予想される。それゆえいったん立ち止まり、その声に答えておく必要がある。予想されるのは次のような反論だ――「君は、この私が精力を注ぎ、大きな成果を上げた努力のゆえに得た報賞よりも大きな報賞が、何の働きもしないぐうたらな怠け者たちに相応しいなどと、真面目に主張するのか？」そうではない。私は、怠け者が勤勉家よりも大きな報賞に相応し《デザーブ》い、と主張しているのではないのだ。私の主張は、〈正しい報い〉および道徳的責任とは、不可思議と奇跡が支配する時代の隔世遺伝的な遺物であって、現代の自然主義者はそのようなものを一切根絶すべきだ、ということだ。とはいえ、極度にやる気を削がれた人物による、ごく慎ましい努力に対して報酬／報賞（すなわち強化）を与えることが有益な場合はあるし、さらには、そのような努力に対して、勤勉な人々による、ずっと強力で持続する努力に与えるよりも頻繁に報酬／報賞を与えることが有益である場合もまた、たしかに存在する。やる気を削がれている人々についても、勤勉な人々についても、それぞれの個人の歴史や能力を注意深く吟味し、またそれにもとづき、その人の力強い努力を継続させる方法や、やる気を削がれた状態や〈学習性無力感〉から人を救い出すためにはどのような方法が最良かを適切に理解するならば、道徳的責任のシステムが推奨するのとは非常に異なった（そしてそれよりもずっと有効な）ポリシーが得られるはずなのだ。

　道徳的責任のシステムへの、今述べたような反対論を聞いて、道徳的責任のシステムの中で育った人々（そしてまた、このシステムから——別のシステムからほど効率的にではなくとも、それなりに——報酬／報賞を得てきた人々）が憤激をおぼえるのは驚くことではない。だが、このケースについては、それとは別の憤激の要因も存在する。やる気を削がれている人々が、彼らのぎこちない、わずかな努力のゆえに——精力的で恒常的な勤勉家と比較して——より大きな、あるいはより頻繁な「報酬／報賞」（すなわち強化）を受けるべきだ、という考え方は、人の憤激をあおる考え方であるように思われる。その理由は、〈やる気の出ない人は、もうすでに報賞／報酬、すなわち、勤勉な人が得るのを我慢したものとしての、無為で暇な時間という報賞／報酬を受け取っているではないか？〉という感覚にある。勤勉な哲学者ならば、こう反論するかもしれない——「それが公正だなんてことがありうるのか？　彼らはやる気も出さずに、不精者ならではの、惰眠をむさぼる喜びを得ているばかりか、よりわずかの努力でより大きな報賞／報酬を得ている。これは二重に不公正だ」と。

　少しの間、注意深く自分を振り返れば、この反論の根本的な誤りははっきりする。たしかに、つらい作業後の休息と息抜きは、満足感をもたらす報酬となるが、この種の回復作用のある息抜きを、やる気を深刻に削がれた状態と混同すべきではない——この種の状態については、喜びを伴

257 ここで最広義の賞罰（reward と punishment）についての著者の見解を整理しておく。まず、人間が（他の人の本能的反応を含む）周囲環境からさまざまな仕方で心理学的な意味での賞罰（強化と弱化）を受け取るというのは、根本的には自然的事実であり、人間に一〇〇パーセントコントロール可能なことではない。一方、人為的、制度的な賞罰（報酬とペナルティや刑罰、あるいは意図的な賞賛と非難）は、基本的に不公正な実践であり、著者はその廃絶を訴えてきた。ただし本節では、「正しい報い」としてではなく、むしろ教育的な効果を目して、一定条件下で積極的、人為的に心理学的報酬（強化）を与えることについて著者は肯定的に評価している。他方、人為的、積極的に誰かに心理学的罰（弱化）を加えることについては、著者は一貫して否定的な態度を取る。この点で著者の賞と罰に対する評価は完全に対称的ではない、と見ることもできるかもしれない。

うよりも抑鬱を伴う場合の方が、ずっと一般的なのである。私たちのほとんど誰もが、作業を続けるのが極度に難しい時間、つまり作業にとりかかったり、眠気をこらえたり、努力を奮うのがつらい時間――言い換えれば、深刻なまでにやる気を出せず、何も達成できないと感じられる時間――の記憶をもっている。これらは愉快な記憶ではなく、長い時間をかけ、疲労困憊しているが、それでも充実した、論文なり著書なりの執筆作業の後の、海辺での楽しい週末とは似ても似つかない記憶である。やる気の出ない状態とは、それ自体で報酬／報賞となるようなものではない。むしろ正反対に、抑鬱と高い相関関係をもつ状態である。対照的に、長時間持続する難しい作業――および、それを成し遂げられる心理的能力――は、それ自身で満足感をもたらすのが常であり、その作業の直接の結果（新たな洞察、魅力的な問題の明晰な把握、万事収まるところに収める類の解決）は、格別の満足感を与えるものだ。あなた自身が、多大なエネルギーを注ぎ、多大な気概を発揮して作業していた時間を考えてみてほしい。その上でそれを、自分が比較的やる気の出なかった時間と比べてみてほしい。何より喜ばしく、それ自身が報酬／報賞となってくれるのがどちらなのかを知るために、心理学の研究は必要ない。

個人主義を超えて

かくして、道徳的責任に実用的《プラグマティック》な利益があるという主張は、暗礁に乗り上げる――それが差し出す賞罰のモデルは、最適な有効性をもつわけではないのだから。実のところそれは最適に近いとすら言えず、それどころか、たとえ限定的な利益をもたらす場合でも、多大な害悪を代償として伴う。しかも、道徳的責任の実用性を主張するこの立場には、これとは別の問題もある。道徳的責任のシステムが、誤った方面に焦点を合わせたシステムだという問題である――すなわち、道徳的責任のシステムは、個人を形成した条件や、個人の行為を取り巻く状況ではなく、個人に焦点を合わせることで、より広い視野をもつ、潜在的に有益なポリシーの考察を阻んでしまうのである。

ヒューム、シュリック、スマート、デネットらが提起するテーマがある。つまりそれらはみな、個人に焦点を合わせる道徳的責任の実用主義的正当化には、一つの共通するのだ（それゆえ、両親や、過去や、システムに目を向けてはならない、ということになる）。そしてこれこそ、道徳的責任に対する実用主義的アプローチが抱える根本問題である――それは、より大きな諸原因を無視し、また個人を対象とした探究においてすら、かたくなに表層だけを見ようとするのだ。シュリックが、悪事を行った個人の責任に焦点を合わせている一節を思い出そう。「遠く隔たった諸原因についての考察は、ここでは役に立たない。というのも、第一に、それらが現実にどのような働きかけをしてきたのかを特定することは不可能だからであり、また第二に、それらは総じて手の届かないところにあるからである。むしろ私たちは、諸々の因果の線の決定的な結節点に位置する人物を発見せねばならないのである。〈誰に責任があるのか？〉という問いは、**動機が正しく適用される点**〔としての個人〕に関する問いである」（Schlick 1939, 153）。犯罪者個人に焦点を絞り込むことは、根本的な諸問題の理解を不可能にしてしまう。つまり、悪事をなした個人だけに注目する――そして、そのような彼の性格と行動を変えるために刑罰を科する――というのはまるで、疫病に対処する最善の方法が、問題の根本原因である体系的《システミック》な問題（環境中の毒素や、不衛生な飲み水や、病原体を宿したネズミなど）を無視し、病気にかかった個人だけにもっぱら注目することだ、と仮定してかかるようなものである。たしかに、苦しんでいる患者だけに注目し、それによって彼の病を癒やす治療法を発見する、というのは一つの可能な対応かもしれない。だが、病の源となっているより大きな体系的諸原因を解明し、それを変えていく方が、より有効なはずである。私たちが怠惰な大学生に向き合うとき（あるいは怠慢な医師や、厚顔無恥な銀行家に向き合うとき）、重要なのはより深い部分に目を向けることである――この学生の幼少期の教育課程のどんな欠陥が、この学生から認知的気概を奪い、あるいは学問上の自己効力感への自信を破壊し、あるいは好奇心を封殺してしまったのか？　このようなより深い部分への注視を行わない限り、私たちは、少数の個人を学問的に励まし動機づけることはできても、より大きな問題における前進や解決をほとんど、あるいはまったく行うことがないであろう。目の前に座っている学生を非難するのは簡単なことだ。だが、これがより大きな難題への対処になるはずはない。そして、たとえ個人の救済に的を絞る場合ですら、それを非難と〈正しい報い〉に結びつけて考えると、逆効果になってしまう――非難〔という実践の正しさ〕への信念を維持するために、その人の性格の詳細や因果的歴史の注意深い検討を回避せざるをえなくなる（個人の歴史は、その人の現在の性格と能力を理解するための欠かせない要素でありうるのに）。こうして私たちは――スマートと同じく――怠け者の少年を非難するのだが、それは

「自分からやってみようとしないだけ」の少年をじっくりと見つめられていないからなのであり、すなわち彼が、長期にわたる、実らぬ努力の連続に苦しみ、認知的気概の素養《リソース》をごくわずかしか備えておらず、今求められている課題を果たす能力について、自信（すなわち自己効力感）をほとんどもてていない、という事情を斟酌できていないからなのである。このような注意深い精察——道徳的責任への忠誠心がそれを阻んでしまう——は、この不運な学生の自信と認知的気概を高めるという〔今後の〕困難な形成過程において、欠かすことのできない要素である。非難し罰することはずっと簡単なことだ（しかも、独善的な満足感がより多く得られる）。そしてこのことが、非難と罰には失敗か、ごく限られた成功の歴史しかないにもかかわらず、依然として非難と罰が人気を誇っている理由なのだ。

　道徳的責任は、最も手前にある行動のみに注意を向け、個々人の因果的歴史やより深い性格特性を無視しがちであり——ときには、それらを無視すべきだと積極的に主張する場合すらある——、そこでは、より大きなシステム由来《システマティック》の諸原因の考察が回避され、その結果、行動の改善と性格のよりよい形成のために最も効果的な方法が、見過ごされることになる。しかも、個人の行動だけに目を向けるという道徳的責任の視野の狭さは、これ以外の点でも、益よりも害をもたらす。つまり私たちはそれによって、私たちの行動の重要な鍵となる**状況的**コントロール要因〔第五章一四八頁参照〕の理解を阻まれてしまうのだ。これらのコントロール要因は、——ほとんどの場合目にとまらず、当人がそれを否認することも多いとしても——、私たちの選択に対して強力な影響をおよぼすのである。例えば、落ちている小銭を見つけたかどうかなど、その後の行動に何の影響もおよぼさないというのは、当然のことのように思われる——それだけのことで、運んでいた本や書類を落としてしまった人物を見かけた人が、立ち止まって助けるかどうかを左右することなど、ありえないように思われよう。ところが、アイゼンとレヴィンの有名な実験（Isen and Levin 1972）は、この「明白な事実」が誤りであることを示している。この実験によれば、〔電話ボックスの中で〕一〇セント硬貨を見つけた被験者一六人中一四人が、〔電話ボックスを出た後に〕その人物の前で立ち止まり、本や書類を拾うのを手伝ったのだが、硬貨を見つけなかった〔つまり、硬貨を仕込まれていない電話ボックスを使った〕二五人中で、立ち止まり、拾うのを手伝ったのは一人だけだった。誰であれ「実験の完了に必要だから、大学構内を大急ぎで移動して用事を済ませてほしい」と指示を受けただけのことで、地面にうずくまり、明らかに苦しそうにしている人物を見ながら、助けようともせずにその横を通り過ぎてしまうようになるなど、ありえないに違いないと思われよう。ところがダーリーとバートソンの実験（Darley and Batson 1973）によれば、指示を受けなかった被験者の六三パーセントが立ち止まり、うずくまっている人物を助けようとしたのに対し、〔急ぐよう〕指示を受けた被験者で、同じことをした被験者は一〇パーセントであった。温和で上品なスタンフォード大の学生たちが、「看守」を務める状況に置かれることで残忍でサディスティックになることや（Haney, Banks, and Zimbardo 1973）、被験者中の三分の二の人々が、白衣を着た実験者から指示されたからというだけの理由で、見知らぬ人に対して、激しい苦痛に満ちた、場合によっては命に関わるレベルの電気ショックを与えるようになること（Milgram 1963）など、信じがたいことのように思われる。しかしこれはすべて実際に起きたことである[258]。道徳的責任の影響下にある私たちは「囚人」を残忍に虐げる「看守」の学生だけに目を向け、その学生を非難し、罰する。これで話は終わりであり、それ以上のどんな探究も許されず、問題は解決したと見なされる——私たちは「諸々の因果の線の決定的な結節点に位置する人物を発見し」〔シュリックの引用〕、その個人に制裁を加え、そこで問題は幕を閉じるのだ。だが、状況主義的な心理学研究の詳細な研究成果が明らかにしてきたのは、個人の行動のみに注目するとき、その人物が行為を行った状況からの決定的な影響は無視されてしまう、ということである。看守たちにのみ目を向け、彼らを非難し罰するとき——それが、スタンフォードの実験であれ、郡刑務所であれ、アンゴラやアブグレイブであれ[259]——、私たちは残忍な行動を常にもたらし続けている環境を無視し、放置するのだ。こう言ったからといって、個人の性格の発達過程の

258 この内のミルグラムの実験に関しては、被験者が実験者の意図をかなりの程度に察していたらしい、という調査もある（Gina Perry, *Behind the Shock Machine: the untold story of the notorious Milgram psychology experiment*, Melbourne: Scribe Publications, 2012）。心理学実験の結果については、多かれ少なかれ似たような不確かさが指摘されることが多いという点は留意していいかもしれない。

259 アンゴラ刑務所はアメリカ南部の悪評高い刑務所、アブグレイブ刑務所はサダム・フセイン時代のイラクの刑務所で、フセイン政権時代から反政府勢力の拷問や処刑が行われていたが、後のアメリカ占領時代に米軍による戦犯への虐待が問題視されたことで有名。

重要性を否定しようというのではない。言いたいのはむしろ、より大きな状況による因果的要因もまた重要性をもつ、ということだ。私たちは行動がもたらした結果に対する個人の性格の役割を過大評価し、状況的／環境的な[260]影響を過小評価してしまうものだ——これは社会心理学者たちが**根本的帰属の錯誤**と呼んできた、一般的な誤りである（Ross 1977）。道徳的責任の有害な影響の下では、この根本的帰属の錯誤が増強されて私たちにとりつくのである。

デネットの「忍び寄る無罪宣告」

ダニエル・デネットは現代哲学者の中でも、道徳的責任の〈実用性に訴える正当化〉と、〔個人を取り巻く状況や個人の行動を形成した歴史への注目ではなく、むしろ〕道徳的に責任ある個人への注目への積極的支持に、誰よりも深く専心してきた人物として「忍び寄る無罪宣告[261]」の危険性を警告する（Dennett 1984, 156〔邦訳二三一頁に該当〕; 2003, 289〔邦訳四〇二頁に該当〕）。つまり心理学と生物学によって、私たちの性格、能力、行動の、複雑かつ精妙な諸原因についてますます多くの知見が得られるようになると、一つの危険が生じてくるのであり、すなわち、それらの知見が増した分だけ、私たちは、かつて私たち自身の自由な、道徳的に責任ある行為だと考えられてきた行動を免責[262]していくようになっていく。そして免責は私たちの生活の多大な部分を覆うようになり、やがては私たちの道徳的責任と自由な自己を飲み込んでしまう、という危険性である。デネットの主張によれば、私たちの行動の諸原因や、性格形成の過程についての知識が増えていくと、「自己を実に小さな存在に仕立て」ようとする傾向と誘惑が生じる——その果てには、私たちが現実に責任を有するものなど何もなく、私たち自身の性格に由来するものも、私たち自身の自由な行為に由来するものも何もなくなってしまうことになるだろう。こうした「忍び寄る無罪宣告」を回避するために、私たちは焦点を個々人にしっかり固定し、状況や、〔個人の〕歴史や、外的諸原因に焦点を合わせないようにしなければならない。「責任を否定するため、自己を実に小さな存在に仕立て、行為を決定する原因は自己の外部にあることにしてしまおうとする——このような誘惑はいつでも大きい。この大きな誘惑を打ち消すには、とても拒めないような提案を申し出るのがよい——自由でありたいと思うなら、君は責任を**引き受け**ねばならないのだ——と」（Dennett 2003, 292）〔邦訳四〇六頁に該当〕。

つまり、忍び寄る無罪宣告を回避し、自分の自由を主張するには、君は自分の行為の責任を引き受けねばならない——そして全責任は君にあり、他には転嫁されない[263]のだから、君の能力の幅を形成した歴史も、君の行動に強い影響を与えた状況も、考慮してはならない——ということだ。こうしてデネットは道徳的責任の否定がもたらす悪しき結果を描き出すのだが、ここには二つの基本的な誤りがある。第一の誤りはこうだ。デネットの論証にしたがうと、まずは道徳的責任ありきという前提から出発し、免責がそれをなし崩しにしていく、ということになる。しかし道徳的責任の廃絶論者の論証は、これとはかけ離れたものだ。つまり道徳的責任廃絶論者ならば、そもそも誰一人として——つまり、どれほど技能があろうと、分別をわきまえていようと、自主的であろうと、自己コントロールができていようと、何一つ欠点がなかろうと、それにもかかわらず——道徳的責任ある存在であることは決してないのであり、なぜなら道徳的責任の余地は、自然主義的世界観の中には存在しないのだからだ、という順序で論証を進めるのだ。デネットが賞賛し依拠するのは、彼が**デフォルト責任原理**と呼ぶ、次のような原理である。「あなたが状態Aにあることへの責任があなた**以外の**誰にもないならば、責任はあなたにある」(Dennett 2003, 281)〔邦訳三八九頁に該当〕。こうして〈誰もが道徳的責任ある存在である〉という前提から出発した上で、諸々の欠陥によって能力が奪われていることが明確に示される場合か、あるいは他の誰かが非難されるべきである場合に限って道徳的責任は免除される、ということであるとしたら、たしかに「忍び寄る無罪宣告」はぞっとするものに見えてくるだろう——この場合、私た

260「状況的(situational)」はここで述べられてきた状況主義的心理学研究が解明した要因、「環境的(environmental)」は、より古典的な「生まれと育ち」の「育ち」に当たる環境要因(とりわけ、行動心理学が主題とする環境からの条件づけの影響)を指すと思われる。

261 (the specter of) creeping exculpation は、『自由は進化する』の邦訳では「にじりよる無罪宣告」、『自由の余地』の邦訳では「忍び寄る免責(の亡霊)」。本訳書では、creeping の訳はこの後の crawling(這い寄る)との訳し分けのため『自由の余地』に倣い、「免責」は類義語の excuse にあてるので、exculpation については『自由は進化する』に倣う。

262「免責する」と訳した excuse は「〜の言い訳をする」とも訳せる。「言い訳ないし釈明によって責任を免れる」というのがこの語のより詳しいニュアンスである。

263 原語は the responsibility buck stops with you。「責任転嫁の連鎖を止める」という意味の buck stopping については訳注194参照。

ちの道徳的責任が完全に否定されるとしたら、それは私たちが徹頭徹尾無能力で適格性を欠く存在であるからだ、ということにならざるをえない。だがこれは、道徳的責任の自然主義的な否定のモデルとして誤っている。デネットが考える道徳的責任の否定は、**免責拡張モデル**（Waller 2006）であり、それによれば、私たちはまず道徳的責任から出発し、免責によってそれを徐々に切り崩していく、ということになる。一方、本来の自然主義的な道徳的責任の否定は、まず〈自然主義的な枠組みの中では道徳的責任を有意味に保持することができない〉という主張から出発する。そしてこのように道徳的責任が存在していない以上は、無罪宣告も存在しない――それが忍び寄ってくることも、這い寄ってくることも、駆け寄ってくることもない――ということになるわけだ。この論点は第一一章で詳しく取り上げよう。

「忍び寄る無罪宣告が私たちを小さなものにする」ことを危険視する主張の第二の誤りは、〈道徳的責任の否定が私たちを小さく無意味なものにしてしまう〉という主張にある。この主張によれば、私たちは自己を非常に小さくして、すべての因果的な要因が私たちの外部にあることにしてしまう――「責任を否定するため、自己を実に小さな存在に仕立て、行為を決定する原因は自己の外部にあることにしてしまおうとする――このような誘惑はいつでも大きい」（Dennett 2003, 292）〔邦訳四〇六頁に該当〕。一方、道徳的責任の廃絶論者は、〔自己を〕小さなものに**仕立てる**のではなく、小さなものを**見る**――すなわち、道徳的責任の擁護者たちが無視してしまう、小さいが意義深い、私たちそれぞれの能力の詳細な違いを見るのである。このように一人一人異なっている能力と、それを形成した過程を認識することが、あなたを小さなものに仕立ててしまうことはない――「小さなものに仕立てる」というのが、あなたを神のごとき存在から、死すべき、自然的存在にしてしまう、ということを意味するのならば話は別だが。デネットは、道徳的責任の否定が私たちを小さな存在に仕立ててしまうと思いこんでいる、この思いこみは、彼が道徳的責任と引き受け責任（第六章参照）を混同していることに由来する――たしかに、自分で選択したり、コントロールを行ったり、責任を引き受けたりできないとしたら、それはあなたを小さなものに仕立ててしまうだろう。だが、小さなものに目を向けること――小さなものを見る、細部に目を向ける、あるいは、人それぞれの能力とその原因のあり方における微妙な違いを調べること――が、私たちを小さなものにし仕立ててしまうことはない。むしろその反対に、小さなものを見ることは、私たちの力を増大させる――私たちは、道徳的責任の擁護者たちが無視する、決定的に重要な細部を調べることで、自分自身がどのように形成されるのかを学び、それによって、よりよいコントロールを行い、またコントロールを自らの手にすることへの自信を強めていくことができるようになる。（それを調べていくことへの積極的取り組みに対する道徳的責任も、それを成功裏に成し遂げるための能力をもっていることに対する道徳的責任も、それを欠くことに対する道徳的責任も、私たちにはない。しかしこのような責任の欠如が、それらを調べることの重要性を引き下げることも、この重要なコントロール能力をもつことから得られる心理的利益を引き下げることも、まったくないのである。）

あなたがなぜ、現にそうしているように行為しているのかの理由――そこにはあなたの成長の歴史だけでなく、あなたの素養《リソース》もまた同じぐらいに関わっている――を調べていくことは、「行為を決定する原因は自己の外部にあることにして」しまうことではない。あなたが高い技能を要する行為をなすとき、その行為は本当にあなたの行為であって、単なる偶然の産物ではない。このような視座に立つことは、〔自己の構成要素の〕外部化であるどころか、むしろ性格と自己効力感、および気概の感覚を変化させ、改善し、より強くしていくことの重要性を強調するものである。この視座を採用することで、素養《リソース》に乏しい人を非難し、素養《リソース》豊かな人に特別な報賞を与える、という考え方は退けられるが（つまりそれは道徳的責任を退ける）、しかしこのとき、引き受け責任の力を強め、維持することの重要性は――否定されたり、無視されたりするどころか――むしろ強調されるのである。タイガー・ウッズ[264]がゴルフトーナメントで常勝するのは、素晴らしい技能、飛び抜けた自信、驚嘆すべき気概を身につけた格別なゴルファーだからである。（そして、ウッズの道徳的責任を否定するからといって、それが〈どんなへぼゴルファーでも全英オープンで優勝できる均等な機会を得られるように、ウッズには重いハンデキャップを課すべきだ〉といった提案につながるわけではまったくない。）言うまでもなく、ウッズがなぜ格別なゴルファーであるのか

264 念のため注記しておくと、タイガー・ウッズは一九七五年生まれのアフリカ系アメリカ人プロゴルファーで、プロ入り三年で世界ランキング一位、生涯賞金獲得金額歴代一位、他驚異的な成果を数多く上げた。

を説明する諸々の原因は存在する。だが、それらの原因のどれをとっても、彼が本当に格別なゴルファーであり、彼がゴルフトーナメントに優勝するのは彼自身の努力、能力、実戦経験の成果である、という事実を引き下げるものではない。それゆえ、道徳的責任の否定とは、「あなたの自己を小さなものにするに仕立てる」ことではない。それはむしろ、小さなものを**観察する**ことである――すなわち、細部を調べ、個々人の行動のさまざまな違いをもたらすことになった、決定的に重要な諸要因を精察することである。この「小さなものの観察」を行わない場合――すなわち、最も手前の行動だけを見て、深い部分に目を向けない観察を決め込む場合――、次のように想定するのはいともたやすいことになる。〈アンとバーバラには同じ能力がある。ゆえに、アンが有徳な行為をなし、バーバラが悪しき行為をなすとき、二人にはよい行為をなす均等な機会があったのであり、それゆえアンに報賞を与えることも、バーバラに罰を加えることも、それぞれにとって相応しいことである〉と。〔この想定が依拠する〕道徳的責任は、細部の注意深い吟味を行うことで切り崩されるのだが、しかしそれによって観察対象である個人の大きさなり重要性なりを縮小させるわけではない。

私たちが状況主義的な心理学の知見をより多く得ることで――つまり、私たちの選択や行動に対する、気づかれない状況要因の強力な影響についてより多く学ぶことで――、たしかにある意味で私たちは前よりも「小さな」ものになる。つまり私たちはそこで、自分の行動のすべてが自分自身の性格の産物なのだという、ありがちな思いこみが誤りだと学ぶ。しかし、この〔状況主義心理学が告げる〕事実を否定するのは不毛な試みである――それは「自己を小さなものに仕立てる」ことを、それがどのような意味であれ断じて回避しようとする、やぶれかぶれの試みだといってもいい。そんな試みをするよりはむしろ、その事実を心にとめて、私たちの環境と、その中で遭遇するさまざまな状況をどのようにデザインし、それによって望ましい行動をどのように最大化させられるかを、注意深く考察する方がよい。それに、たしかに状況主義的な心理学研究は、状況の影響が私たちが想像するよりも大きなものであることを教えるのだが、だからといって、そのような影響のゆえに私たちの性格も〔私たち個々人の〕歴史も無意味なものになってしまう、という帰結は出てこない。ジュリアとケイトは州立大学の論理学教員として、よく似た状況に置かれている、としよう。二人とも、よく似た編成のクラスをもち、学生もよく似ている。しかしジュリアは熱心で教え方も巧みだが、ケイトはかなりやる気がなく、講義もぱっとしない。ジュリアは卓抜な論理学者だが、ケイトはとりあえずその資格がある、という程度である。ジュリアは人当たりがよく、同僚との交流も積極的で、ケイトは人とあまりうち解けない、引っ込み思案なタイプである。余暇には、ジュリアはテニスを楽しみ、ケイトは詩作に没頭する。彼女たちのいる状況が、しばしば二人に深刻な影響をおよぼすことは事実だが、だからといって、この二人がまるで異なった性格と能力を備えていることが否定されるわけではない。道徳的責任の否定が私たちを小さなものに仕立てることはないし、また私たちの存在を無意味なものにしてしまうことこともないのはたしかである。むしろ道徳的責任を否定することは、私たちが視野を広げるのを後押ししてくれる。特筆すべきは、道徳的責任を信じ続けるためには、人は誰かの最も手前の行動だけに注目することを求められる一方で、道徳的責任の否定は、このような狭い視野を深め、広げように促してくれる、という点だ。

現代医学は、がんを治療する優れた方法を考え出してきた。それによって、以前であればがんによってあっというまに死に至っていたはずの多くの人々が、現在ではもっと長く生きられるようになり、また多くの場合、治療が功を奏し完治にまで至るようになった。

このような治療法の開発は素晴らしいことであり、それが称揚されるのは正しい[265]。だが、がん患者の比率の急増は痛ましい環境汚染が産み出した問題である、と考える環境保護論者がいて、こんな苦言を呈するかもしれない。「今の状況はまるで、自動車が崖にぶつかる事故が日々増加している中、けが人を治療する技術は日々改善させながらも、車が崖にぶつかる事故を防ぐ努力を何もしていない状況のようではないか」と。道徳的責任を考える場合、この比喩は半分だけ正しく当てはまる。私たちは、体系的な諸原因に目を向けず、個人だけに注目することで、欠点ある個人を産み出している過程（規準を満たさない学校、スラム化を

265「称揚する」は celebrate。著者が不公正な実践と見なしている「賞賛する(praise)」との違いだが、語のニュアンスの違いというよりも、そこで「もちあげられて」いるのが個人の功績ではなく、知識、技術、実践といった非人格的な対象である点にあると思われる。問題は、何かをほめたたえること（またはけなすこと）それ自体ではなく、それが特定個人への不正で不当な利益提供になってしまうことにある、ということである。

招く住宅事情、雇用機会の欠如、家族の機能不全、ドメスティック・バイオレンスなど）を変える努力を何もしていない、ということだ。これらの力のせいで、適切な〔性格の〕形成過程を経られなかった人々がいるのだが、不幸なことに道徳的責任は、〔がん治療における「もう半分」とは異なり〕個人を救う効果的対策の実施をも妨害しているのである。

道徳的責任実用主義《プラグマティズム》

道徳的責任という〔社会の〕パターンはうまく働いていると信じたがる、強力な傾向が存在している——道徳的責任のパターンは、法や宗教のような社会制度に支持され、私たちの中に深く根づき、賞罰を与える側にとっての、短期的な心理的満足（直接的な強化）をもたらすのであり、これらがその強力な傾向を作り出している。だが、いくら強力な傾向に支えられていても、道徳的責任は有効なシステムではない——それはごく周縁的な部分でのみ有効であるにすぎず（またしばしば多大な害を引き起こし）、〔人々の行動の〕理解を阻み、よりよいモデルの構築を妨げ、はなはだしく不公正である。しかるに、道徳的責任の実用性に訴える擁護論は、現代哲学者の間では相変わらず人気がある——実に、現代心理学が明らかにした心理過程に深い学識をもつ哲学者たちのあいだですら、それは人気があるのであり、このような哲学者たちは、道徳的責任の〈実用性に訴える正当化〉を提供する際、自らの知識の適用を保留してしまうように思われる。ヒュームが、この種の現代の研究を利用できなかったのは明らかであり、スマートが彼なりの〔道徳的責任の〕〈実用性に訴える正当化〉を提起した時代も、哲学者の間でこのような知識は広く知られていたわけではなかった。しかしながら、デネットは確実に、この種の研究に関する知識をもっており、彼による〔道徳的責任の〕〈実用性に訴える正当化〉の中には、この種の知識への見て見ぬふりを決然と敢行し、道徳的責任を論ずる文脈の中でその知識を考察することを拒む、という要素が認められる。このようなダニエル・デネットが理論的窮地に追いやられるとき、彼は理論的問題を無視し、道徳的責任の弁護論を実践的利益につなぎ止めるのだ。

ならばなぜ私たちは、自分自身を含め、人々を責任ある存在だと見なしたいと思うのだろうか？「私たちは、誰かを責任ある存在だと見なし、その見方にもとづいて行為することで、その相手が望ましくない性格特性を捨てる、という結果を引き起こすことができる。そしてこのような結果は、その性格特性をその彼自身が作り出したのかどうかとは無関係に、有益である」(Gomberg 1978, 208)。ここでもまた、ある程度の恣意性が有益であることが見えてくる。私たちは、人の特定の性格特性がその人自身で作り上げたものなのかどうかを**発見する**ための、際限のない探究をするのはやめて——つまり、特定個人の自己が、厳密にいってどの程度まで自家製《セルフ・メイド》かを分析しようなどと試みるのはやめにして——その代わりに、私たちは人々をただ単に、自分の行動に対して責任ある者だと**見なす**（つまり、ほどほどに、詳しく吟味しすぎないように配慮する）のである。このようにして自分自身に「責任ある」行動をより多く植え付けていく、という戦略を採用することで、私たちは見返り《リワード》を得られるのだ。(Dennett 1984, 163–164)〔邦訳二四〇—二四一頁に該当〕

すでに指摘したように、適切な状況下では——つまり、人々に十全な準備があり、自信と自己効力感が抱かれている状況では——引き受け責任を自ら引き受けて遂行する機会を得られるのは有益である。そのとき、人々はコントロールの感覚を享受し、自分自身で意思決定を行う。そして、このタイプの責任を引き受けた結果、人々は自信を育み、より積極的に実践に取り組むようになり、それがさらなる責任をよりよく引き受ける力になっていくことも多いのだ。だが、(デネットやゴンバーグが推奨する)人々を道徳的責任ある存在と見なす営みには、ここに述べた引き受け責任の価値と〔逆方向に〕同じ度合いの無益さがある。価値どころか、それは常態として善よりも害を引き起こし、真正の有益なポリシーを理解できなくしてしまうのだ。問題を解く鍵は、ここでデネットが推奨している過程そのものにある。つまりデネットは「探究をするのはやめて」人々をただ単に、自分の行動に対して責任ある者だと見なし、そうして「ほどほどに、詳しく吟味しすぎないように配慮する」ことを推奨する。つまり、より深い諸原因を探究するのをやめて、ただ単に人々を責任ある者だと見なすことにしよう、ということだ。だが、人々を道徳的責任ある存在だと見なす営みの問題点は、その営みがまさにこのようなことを推奨してくる点にあるのだ。というのもその提案は、深い探究をせずに済ます単なる代替物というより、注意深い、深層へ向けられた探究をはっきり排除するものとなるからだ。「人をただ単に責任ある者だと見なす」というのは、その人に（引き受け）責任を成功させられる能力があるかどうかを確かめずにそうする、ということである。このとき私たちは、そのような能力を得るために必要な、人々の素養／手だて《リソース》のあり方に目を向けることを怠る。そうしておいて、その人が失敗するとその人を非難するのだ。そ非難することは、なぜその人が失敗したのかの深層の諸原因に目を向け、その原因を変える手段を講じるよりも簡単なことだ。じっくりと見つめることを拒む誘惑は大きいが、多くの誘惑と同じく、それに屈したときの長期的影響は有害である。もしもじっくりと見つめていくなら、人が有効な引き受け責任を行使できるための原因や状況を理解できるようになるし、それを失敗に導く問題も理解できるようになる——じっくり見つめれば「人を責任あるものだと見なす」ための根拠が雲散霧消してしまうのだ。例の怠け者の少年は本物の怠け者であるが、注意深い精察を経た後では、「単に彼を責任ある者と見なす」という営みが立ちゆかなくなり、そのような営みが根本的に不公正かつ不正であることが分かるようになる。

　鍵となる問題は、必要な探究が道徳的責任の実践によって妨げられる、ということにある。それによって、深刻にやる気を削がれてしまった個人——学習性無力感に陥っているとか、あるいは自己効力感が過度に減退した個人——を理解しようとする試み（これは変化への第一歩である）を妨げる結果となるのだ。「君はいつでも、今よりもがんばってみようとすることができる」というのは、奇跡を愛する一部のリバタリアンにとっては信仰箇条の一つだが、奇跡の力ではなく心理学研究を信頼する自然主義者にとっては明確な虚偽であり、しかも、多大な害を引き起こす虚偽である。人々の因果的歴史が、活力に富む人とやる気のない人の違い、自信や自己効力感の強い人と弱い人の違いを形成したのであり、自然主義者としての私たちは、その歴史を調べていく必要がある。このような、本質的に重要な細部を理解することで、人が気概を育む方法や、深刻なやる気の減退を回避する方法（そして、それに陥った人をそこから救い出す方法）を発見できるようになるのだ。

　ダニエル・デネットのような洗練された心理学の知識を身につけた自然主義者が、人々の因果的な歴史を注意深く見つめるのではなく「人々をただ単に、自分の行動に対して責任ある者だと見なす（つまり、ほどほどに、詳しく吟味しすぎないように配慮する）」ようにと、つまりは、事柄を詳しく観察しないようにと推奨しているのには、失望してしまう。たしかに、デネットの言うように「このようにして自分自身に『責任ある』行動をより多く植え付けていく、という戦略を採用することで、私たちは見返り《リワード》を得られる」ということが時折あり、また実際、そういう戦略がごく稀に成功することが、道徳的責任が頑迷に存続していることの主要な要因となっている、というのは本当である。とはいえこの戦略は恐るべき害悪をも引き起こすのであるし、道徳的責任のパターンを斥けようという戦略ほど効果的でもないのである。ところが、事柄をじっくり見るのはよしておこうとあくまで主張する態度は、道徳的責任の頑迷な支配力を支える一助ともなっている。つまり道徳的責任が、原因への詳細な精察に耐えて生き延びることはできないからこそ、道徳的責任の擁護者たちは——付随的な利益しかもたらさない、はるか昔に時代遅れとなったモデルを投げ捨てる代わりに——探究を制限するための一線を慎重に設けるのだ。

　デネットが述べるところでは、「有責性《カルパビリティ》というものの可能性そのものに対する懐疑論が、ある絶対的理念——すなわち、全面的な〈神の御前での罪人〉という概念——への場違いな畏敬の念から生じる。そのような条件はこの世界においては決して満たされないという事実に惑わされて、私たちの道徳的責任という制度の至当性《インテグリティ》に関する懐疑論に陥るべきではない」(Dennett 1984, 165)〔邦訳二四三頁に該当〕。だが、〔本書の筆者を含む〕有責性と道徳的責任に関する自然主義的懐疑論者たちは、「絶対主義者の理念に対する場違いな尊重」どころか、より深い原因を制約されずに探究することに対する「尊重」を抱いている。そしてその探究は、道徳的責任のシステムが公正であるという主張も、道徳的責任のシステムが効果的に働いている、という主張も、共に切り崩すのである。考えてみよう。道徳的責任廃絶論者は、人々の因果的な歴史と心理学的条件づけ[266]について、掘り下げて慎重に調べていこうとあくまで主張している。これを道徳的責任擁護論者の態度と比べてみよう。彼らは、（彼らが後生大事にする道徳的責任のシステムを維持するために）事柄をじっくり見ていくことを拒絶する。そこで判断してほしいが、「絶対主義者の理念に対する場違いな尊重」の態度を取っているのは、一体どちらだろうか？

266「条件づけ（conditioning）」については訳注71参照。

道徳的責任の実践上の無効性

道徳的責任のシステムを支持する論証は、その様式においても長さにおいても、多様なものとなってきた――〈私たちには、私たちを道徳的責任ある存在たらしめる、特別な力と合理性がある〉という論証、〈私たちが倫理を保持するためには、道徳的責任を保持せねばならない〉という論証、〈私たちは責任を引き受けるがゆえに、あるいは、私たちは、私たち自身が作り上げたものであるがゆえに、道徳的責任ある存在である〉という論証、などである。哲学者たちは、これらの論証やその他の論証を、そこに多くの魅力的な変奏や興味深い新たな着想を加えながら、提起する。その論証の多くはめざましく創意にあふれ、掛け値なしに魅力的なものであって、それに反論しようと試みれば、おじけづいてしまうような哲学的難題が突きつけられることになる。しかしながら、「本章で検討してきた」道徳的責任の〈実用性に訴える論証〉は、これらの論証とは異なるカテゴリーに属する。現代の心理学、社会学、犯罪学、生物学の研究の豊富な発展を踏まえるとき、非難と応報的刑罰という重い荷物を携えた道徳的責任モデルが、個人の行動の効果的な形成のためにも、肯定的な社会政策のためにも、最適のモデルではなく、また、道徳的責任のアプローチが善よりもずっと大きな害悪をもたらすものだというのは、あえて論証しようとするとほとんど当惑してしまう「ほどに自明な」ことだと言ってよい。こう言ったからといって、道徳的責任が多大な影響を私たちに与えていることや、それが私たちの心をしっかりつかんでいることを否定するわけではない。言わんとしているのはむしろ、道徳的責任が不運にも備えている強い力が、道徳的責任の有効性を支持する論証になってくれるわけではない、ということだ。その不運な強い力は、道徳的責任の有効性を論証するどころか、明らかな、そして深刻な欠陥を抱えたシステムに対する一般の人々と哲学者たちの忠誠心がなぜ長続きしているのかを説明してくれるものなのだ。

現代の科学的研究は、道徳的責任のシステムの数々の欠点を豊富に証拠立てているが、そのシステムの失敗の証拠が何よりまざまざと見いだされるのは、わが国の刑事司法においてである――実に、道徳的責任に対する最もはなはだしい近視眼的支持論ですら、それを隠しきることはできない。合衆国には、西洋の産業化した諸国の中でも、最も首尾一貫して応報的であるような「司法／正義《ジャスティス》」がある――そこにあるのは、残忍な収監状況、他の西洋民主国家の何倍にも上る受刑率、極度に長い受刑期間をもたらす「三振」政策[267]、心理的衰弱をもたらすスーパーマックス刑務所[268]、軽微な薬物犯罪に対する長期の収監、子どもに対する、大人の犯罪者と変わらない裁判と投獄、そして、他のほとんどの西洋諸国で廃止された究極の応報的措置としての死刑がある。ところが合衆国は、別の司法措置を採用している諸国よりも深刻な薬物問題を抱えており、暴力犯罪の発生率も、類似の諸国に比べて常に何倍も大きい。合衆国国内で見ると、死刑を採用している州の暴力犯罪の発生率は、この野蛮な応報的慣習を廃止した州の暴力犯罪の発生率に比べ、際立って大きい。実のところ、道徳的責任（および、応報的な刑罰モデル）への忠誠心の度合いと、暴力犯罪の減少とは、反比例しているように思われる。言うまでもなくこれは、道徳的責任の擁護論者すべてが、合衆国の応報的な司法システムの蛮行を支持している、と言っているわけではない。明らかなことではあるが、道徳的責任に賛意を示しつつ、死刑に反対する人々は多いのだ。とはいえ問題は、道徳的責任が苛酷な応報的司法に対する不可欠の支柱である一方で、道徳的責任の排斥はその本質的基盤を切り崩し、犯罪の予防についても、犯罪者の性格の改善についても、もっと有効で人間味のある方法へ至る道を開くものだ、というところにある。道徳的責任の擁護者たちは、彼らが支持するシステムの美点を色々と主張できるが、それらの論拠の中でも〈このシステムは実践的に効果的である〉という論拠は、最低度の説得力しかもたない論拠の一つなのだ。

267 アメリカには、重罪の前科二犯以上の者が三度目の有罪判決を受けた場合に終身刑を科する、という法律（制定当初）があり、「三振でアウト」になぞらえて「三振法」と呼ばれる。

268 コロラド州フローレンス刑務所を代表とする、厳重な監視・管理体制を敷く刑務所。重罪者を収監する苛酷な刑務所として知られる。

第九章　性格の瑕疵《かし》と非難の瑕疵

〈本意からの中毒者〉であるロバートの事例を思い出そう。ロバートが薬物中毒にどっぷりと耽溺するようになった過程を吟味するなら、彼が深刻な中毒に陥っており、その中毒が彼自身のものであるということに、疑問の余地は残らない。しかし同時にまた、ロバートが陥っている強力な中毒が、薬物以外のすべての希望や愛情を彼から奪い続けてきた、という事情を理解するとき、ロバートの道徳的責任の基盤は解体する。ロバートは深刻な中毒に陥っており、この欠点[269]はロバートの奥深くに根づいている。だが、ロバートにその欠点への道徳的責任がある、というのは、それとははっきり区別される主張である。（もちろん、ロバートが〈本意からの中毒者〉になった場合、彼には〔自らの中毒への〕道徳的責任がある、と結論する論者は依然としているかもしれない。しかしながら、彼らのこの結論は、単に「ロバートは〈本意からの中毒者〉となっている」というだけの結論よりも多くのことを結論づけている以上、彼らがこの点に同意する限りは、私が今しがた立てた区別〔(a)ロバートが欠点を抱えているというだけのことと、(b)ロバートがその欠点ゆえに非難されるべきであること、の区別〕を彼らも認めていることになる。）〔本意からの中毒者としての〕ロバートは、彼の中毒は彼自身のものだと言い張るかもしれないし、自分はそれを邪魔してほしくないと思っているし、自分自身の人生に対する引き受け責任が自分にはある、と言い張るかもしれない。しかしながら、彼がこう言い張ったからといって、それはロバートに、彼の人生や選択や性格に対する道徳的責任があることを証拠立てはしないはずである。

（第四章の）イヴを思い出そう。彼女は独立心旺盛で、疑問を躊躇なく口に出す、自律的な人物であり、自分自身の決断力に対する健全な自信と、自分の道を自分で見いだし、自分の選択を自分で行おうとする、強靭な意欲をもっている。不幸なことに、彼女が生を送る社会は苛酷な性差別主義の社会であり、女性は隷属的で、受け身で、黙従的であることを求められる。そこでの女性たちは、男たちからの指図に疑問も異議も挟まず従うべしという圧力を受けている。女性たちの中に独立心が芽生えることは、この社会では罪深い、傲慢な意固地さのあらわれだと見なされる。イヴは彼女の独立心と自信を貫こうと苦闘するが、自分の道を進み、自分のことを自分で決定しようとする彼女の努力は、彼女が属する共同体や家族の中では、ことごとく敵意と嘲笑の的となる。彼女の独立心は常に糾弾される一方、彼女が黙従の意図を表すちょっとした仕草を見せると、それは温かい賞賛をもって迎えられる。やがて、この容赦ない社会からの圧力に消耗しきった結果、独立と自律へのイヴの憧れは遂に途絶え、イヴは隷従をすすんで受け容れるようになる。それどころか自らの隷従を深く、反省的な自覚をもって是認し、若き日の独立心を罪深い高慢と見なすようになり、娘たちにも、今の彼女が心底から評価する、隷従的でおとなしい態度を教えこもうと努めるようになる。イヴは本人の自己《オーセンティカリィ》に根ざした隷従を身につけ、［その点で］根深い欠点をもつに至ったのだが、これによって彼女が自由意志を獲得したことにならないのは確かであり、道徳的責任を獲得したことにならないのはさらに確かだ。若き日の、息苦しい状況の中にいたイヴは自由ではなかった。そして、そこにあった抑圧的な価値観を内面化することによってイヴが自由を獲得したわけでもなく、むしろそれによって自由からさらに大きく遠ざかったのである。

第四章のジャマールの例もまた、深刻な〈瑕疵／短所《フォールト》〉を抱えた人**であること**と、その人自身がなしたことの〈瑕疵／落ち度／責め《フォールト》〉ゆえに**非難に相応しい［とされる］こと**の区別を明らかにするのに役立つ[270]。捕らわれ、奴隷商人に売られたジャマールは、隷属に抗うために苦闘し、脱走の機会を求め、奴隷という自分の境遇を憎んでいる。彼は、格別に不本意で反抗的な奴隷である。だがジャマールの脱走の努力はすべて無駄に終わり、その努力のゆえにひどい罰を受ける。しまいにジャマールは、脱出の可能性などありえず、枷《かせ》を振り払う努力が無駄に終わることを学習する[271]。残酷な年月が流れた果てに、ジャマールはすべての希望を失う。最終的に、彼は奴隷の境遇を受け容れ始

269「欠点」の原語は flaw（直義としては「傷」）で、次注で説明する fault の類義語であるが、fault の意味の中でも、性格上の「短所・欠点」（「性格の瑕《か》疵《し》」）に当たる意味で主に用いられる。本書では基本的には「欠陥」、（人物に帰される場合などで）「欠陥」が語調として強すぎる場合は「欠点」と訳す。

め（彼の苦闘の年月は、彼への扱いをより苛酷にしていく以外、何の成果ももたらさなかったのだ）、遂には奴隷の役割に黙従するようになる。今やジャマールは奴隷としての自分を認め、奴隷であることを是認し、自由への欲求を完全に失う。ジャマールは「幸福な奴隷」になった。つまり、主人に奉仕したいという心からの欲求を抱く、本意からの奴隷となったのである。この残酷な過程は、ジャマールを深刻な隷属状態に置いた。そこで生まれた隷属への受動的選好は、今やジャマール自身に属する〔彼の自己の一部としての〕深刻な瑕疵《フォールト》／短所である。しかしながら、ジャマールは彼自身の欠陥ある選好のゆえに非難に相応しいと言い出すのは、それとはまったく違うことだ。ジャマールは深刻な隷属状態にあり、その隷属状態は彼の中に深く内面化されているが、しかし、彼が奴隷の役割に黙従しているがゆえに非難されるべきだ、と想定するのは、事実とまるで異なる主張をすることである。幸福な奴隷は以前よりも完全な隷属状態にある。しかしそのような奴隷が、隷属状態に対する道徳的責任をその身に帯びるようになるわけではない。ジャマールは奴隷であることへの深い自己同一化を行っているが、この事実は彼に自由を与えはしない——たとえ今では、それこそが彼がもちたいと思う意志なのだとしても。そして、それが彼を道徳的に責任ある存在にするわけでもないのは確かである。彼は深刻な欠点を抱えているのであり、かつ、非難されるべきではない[272]。

〔自発的に〕黙従する奴隷とは、哲学的想像力による奔放な空想の産物ではない。すでに論じたように、心理学者マーティン・セリグマンの「学習性無力感」実験は、犬に条件づけを行い、痛々しい電気ショックからの逃走を早々にあきらめ、逃走への努力が一切生じないようにさせた。しかしながら、この犬たちがあきらめて苦しみを受け容れるようになっているのは、彼らの無力さの証であって、自由の証ではない。虐待を受けた妻がいるとする。当初は自由を求めて苦闘するが、そこで多大な苦痛と恐怖を味わった結果、最終的に抵抗をあきらめ、虐待をおとなしく受け容れるようになる。虐待を行った夫が彼女を見捨てたときには、彼女はすでに自由のチャンスをつかむ自信を失っており、自由を手に入れる代わりに、また別の虐待的なつれあいと結婚し、こうして同じパターンが繰り返される。「だって、彼女は自分でそれを選択したのだから、それは彼女の瑕疵《フォールト》／落ち度／責めだ」と言う人がいるかもしれない。そしてたしかにそれは彼女の性格の瑕疵《キャラクター・フォールト》であるが——すなわち彼女の、根深い条件づけに由来する性格の欠点から生じたものであるが――、とはいえそれは、彼女の非難の瑕疵《ブレイム・フォールト》ではない。これほど極端ではない例としては、数学の勉強を「自分からやってみようとすらしない」生徒の事例が挙げられる。この生徒は何度も繰り返し苛立たしい失敗をしてきた。そしてその結果、成功するという望みは彼の中から消え去り、そのため彼は無力感と消極的態度という深い瑕疵／短所を、自分の中に育むようになった。これらは正真正銘この生徒の瑕疵であるが、だからといって彼が非難に相応しいという結論は帰結しない。言うまでもないが、この生徒を非難するのは簡単なことだ（それに、恐らくそうしたくなるのは自然な傾向でもある）。そして、注意深く考えるのを怠る限り、この「自分からやってみようとすらしない」生徒が失敗の憂き目を見るのは、正しく相応しい《ジャストリィ・デザーブ》ように見えるはずだ。しかし事柄をじっくりと見つめれば、そうではないことが分かる。この、深刻なまでに意気をくじかれている生徒は、かつて何度も努力を繰り返し、そのたびに痛ましい失敗に遭い続けた結果、ついには学習性無力感に陥ってしまい、深く打ちのめされ、

270 本章の英語表題は“Character-Fault and Blame-Fault”で、これは fault という単語の、関連するがはっきり区別される二様の意味を対比している。この二様の意味はすでに訳注69および84で言及したが、本章の中心論点に関わるので改めて説明しておく。まず、Character-Fault に対応する意味は、人の性格や機械などの「欠点、短所、きず」であり、『ランダムハウス大英語辞典』によればこれは「人の短所を表す一般語で、非難の意味は必ずしもない」といわれる。一方、Blame-Fault に対応する意味は「（過失・非行などに対する）責任、原因、落ち度、手ぬかり」であり、それゆえこの意味での fault は通常非難の根拠として引き合いに出される。本章はこの二様の fault の意味を慎重に区別した上で、非難を道徳上の不公正な態度と見なす立場から、「落ち度」や「手抜かり」にもとづいて人を責めるという、辞書にすら収録されている慣習を見直すことを提案する。このような意味をもつ fault に対応する表現を日本語で見つけるのはなかなか困難だが、「瑕疵《かし》」（文字通りは「傷」で、これは英語の fault および前注の flaw と同じ）は、性格上の「欠点ないし短所」にも、行為における「過失、落ち度、不首尾」にも用いられるので、硬い訳語であるがこれを採用する（法律用語としての専門的な用法も存在するが、本書ではあくまで「使用頻度の少ない、やや硬い日常語」として用いる）。以下、意味の区別をはっきりさせたい場合、Character-Fault については「瑕疵／短所」、Blame-Fault に当たる意味については「瑕疵／落ち度」または「瑕疵／落ち度／責め」と表記する（特に引用文などの中で、通念としての「落ち度＝責め」という認識を書き手が意図していると解される場合には、読者には後者のように理解することがむしろ求められる）。煩雑だが、著者は本章で辞書的な語義に対する挑戦を仕掛けているという点をご理解願いたい。

271 内容的には「思い知る」というほどのことだが、learn は行動主義心理学の用語であり、術語的に訳しておく。

272 当たり前のことを述べているだけのようだが、これも、少なくとも英語で思考する場合、fault という言葉の多義性が招く混乱を想定して述べられている（前々注参照）。

消極的な態度をとるようになったのである。たしかにその態度は正真正銘彼自身のものだが、だから彼は非難に相応しい、と主張するとしたら、それは「満足した」奴隷や、度重なる虐待を受けた女性や、セリグマンの臆病な犬は、大して高くもない柵を跳び越して逃げ出す試みを「自分からやってみようとすらしない」のだから非難に相応しいのだ、という主張と同列になるのは明らかである。

ここで、こういう反論があるかもしれない。〈ここで述べられた道徳的責任への異議申し立ては、本意からの中毒者や、隷従的な女性や、黙従する奴隷といった人々の過去の歴史に基礎を置くものだが、彼らに**今現在**道徳的責任があるかどうかという問題にとって、彼らの性格を形成した過去の歴史は無関係である。ロバートが本意からの中毒者になるに至った歴史はここでの問題ではないのであり、問題はむしろ、ロバートが今現在選んでいるもの、あるいは、彼が好み、意志し、是認し、自己同一化しているものが、彼自身の中毒である、ということにある。つまりロバートは中毒者としての人生に高い価値を見いだす中毒者であり、この事実が彼を道徳的に責任ある者としているのだ〉という反論である。ロバートの因果的な歴史がここでの問題にならないというのは、ごく狭い見方をする限りでは、真実である——というのも、彼が今現在道徳的上の欠点を抱えているかどうかを判断しようとしている場合には、彼がどのような過程で本意からの中毒者になったのかは、たしかに問題にならないだろう。つまり、彼が〈本意からの中毒者〉になったのが、自分自身のまずい選択の結果であったのか、それとも、哲学の世界で有名な、悪しき神経科学者の策略によってだったのか、はたまた、もともとは彼を中毒から救い出そうという善い意図から組み立てられた治療プログラムにひどい欠陥があったせいなのか、それはどうでもよいことであり、問題の焦点はもっぱら、彼が今現在本意からの中毒者だ、という事実にある、ということである。

だが、たとえ私たちが非・歴史的な観点を採用するとしても、それにより、ロバートには自分の〈本意からの中毒〉に対する道徳的責任がある、という主張に支えが与えられるわけではない。私たちが本意からの中毒者や、隷従的女性や、黙従する奴隷の能力をじっくりと見つめ、彼らが実際にどのような人々であり、実際にどのような能力をもっているのかを踏まえて考えるとき、事実彼らが行っているよくない行動を、彼らは避けられずに行ってしまうのだ、ということが分かるようになる。それゆえ狭い見方を採用すれば彼らの因果的歴史は関係ないものとなる、という点をたとえ認めたとしても、彼らの過去の歴史を無視すべきだ、という帰結がそこから導かれることはない。むしろ彼らの過去の歴史をじっくりと見つめることこそが、今現在の彼らが有している、能力の限界を認識していくための最善の方法である。ロバートは自動機械ではないし、狂気に陥っているわけでも、無能力《インコンピテント》な人物でもない。ロバートは、自分自身の価値観にしたがって選択することができるし、自らの合理的能力を用いることもできる（ただし——私たちの誰もと同じく——その合理的能力は、形成された彼の性格を超え、その外側に立つことができるような超越的な力ではない。仮にロバートが、長時間にわたる熟慮をやり遂げ、他の可能性を考慮し、中毒者として生きる以外の、根本的に新たな道を進むための方法を考案できるような特別の認知的気概をもっているとしたら、それもまた彼の特別な能力の一つであり、その能力をもっている点で彼は幸運だったのだが、中毒者のほとんどすべては、本意からの中毒者であれ、不本意な中毒者であれ、その能力を欠いている）。能力の点で大幅な違いのある人々に、彼らの異なった能力からもたらされる行動の結果のゆえに罰や賞を与えるべきだという主張は、とても公正とは思えない（彼らの能力や性格が、彼らが自分自身で選んだものではないことは確かであり、これは、たとえ彼らがそれを自分で選んでいた場合ですら、非・歴史的な視点とは無関係である）。その主張はまるで、ベスは足首を痛めながら競争に参加し、キャロラインは五体満足の状態でその競争に参加したのだが、私たちはそのような事情は気にかけず、**今現在**彼女たちがどうなっているかだけを気にかけるので、ベスはひどい結果に応じた罰を受けるのが正しく相応しい《ジャストリィ・デザーブ》のだし、キャロラインは競争での突出した結果のゆえに手厚い報賞を受けるのが正しく相応しいのだ、と言っているようなものだ。このような立場は、個々人が道徳的に毀損されているかどうか、という点のみを問題にしているのだ、と想定しなければ成り立ちえない。ロバート、イヴ、ジャマールは、道徳上の欠点を**実際に抱えている**のであり、これはベスが今現在身体的に不具合を抱えており、キャロラインが身体的に健全である、というのと同じである。だが、彼らがその道徳的な点での毀損のゆえに、あるいは、その毀損の結果〔としての諸行為〕のゆえに、非難に相応しい、という帰結がそこから導かれるわけではない。

マイケル・マッケンナは次のように論じている。

〈行為者が行為する際の動機が、どのような道徳的質を備えていたか〉ということこそ、道徳的評価にとっては重要である。フランクファートの事例で示されるたぐいのコントロール〔そこには潜在的な介入者が存在するが、介入者は実際には介入を行わない――引用者〕にしても、〈人物の評価は、（たとえ、その人がそれ以外にどうするのだったかについて、私たちが何も言えない場合ですら）その人が実際に行ったことにもとづいてなされねばならない〉という人物評価の要件にしても、行為者が行為する際の意志の質と道徳的責任を結びつける、〔引用文冒頭の[273]〕一つのテーゼを中心にして位置づけることができる。
(Mckenna 2005, 179)

道徳的評価にとって「行為者が行為する際の動機の道徳的な質」が重要だというのはその通りである――ロバートも、ジャマールも、イヴも、道徳的に見て深刻な欠点を実際に抱えているのだ。だが、しかし、彼らの道徳上の欠点から、道徳的責任が当然導かれるということはない。

瑕疵がある《アット・フォールト》ということ

基本的な問題は、瑕疵がある《アット・フォールト》ということ（および、その瑕疵《フォールト》がその人自身のものであるということ）と、その瑕疵に対する道徳的責任との混同――すなわち、性格の瑕疵《キャラクター・フォールト》〔短所〕と、非難の瑕疵《ブレイム・フォールト》〔落ち度／責め〕との混同――にある[274]。何らかの瑕疵に対する強い自己同一化〔思い入れ〕[275]は、（フランクファートが述べているように）〈その瑕疵が私自身のものである〉と考えるための根拠にはなりうるが、だとしても、〈私にその瑕疵についての道徳的責任がある〉と結論づけるための根拠にはならない。「誰かに瑕疵があること」と「その誰かがその瑕疵についての非難に相応しいこと」とを混同してしまうのは、ありがちな誤りである。例えばロバート・ノージックはこう言っている。「私は何かについて誰かを非難するということを、単にその何かを彼の性格上の難点の実現のせいにすることであると見なす」(Nozick 1981, 396)〔邦訳下巻一四二頁、一部改変〕。ダニエル・デネットにもまた、次のような警句的コメントがある。「軽蔑の的にされるのが明白な人物以上に、軽蔑の的となるのに相応しい人物がいるだろうか?・」(Dennett 1984, 167)〔邦訳二四六頁に該当〕[276]。しかしながら、ある人が性格上の欠点にもとづいて行為することと、その人がその行為についての非難に相応しい、というのは別のことであるし、ある人が軽蔑の的にされやすい性格であることと、その人は軽蔑の的にされるに相応しい《デザーブ》ということも別のことである。

　このように、私たちが「ジョンには瑕疵がある《アット・フォールト》」とか、「それはジョンの瑕疵だ」とかいうとき、この言明は曖昧さを含んでいる。その言明は、ジョンが悪しき行為の源泉であり、その悪しき行為がジョンの性格に発していて、ジョンにはそれに対する道徳的責任がある——つまり、ジョンには**非難の瑕疵**〔落ち度／責め〕がある——ということを意味しているのかもしれない。あるいはその言明は、その悪しき行為がジョン自身のものであり、ジョン自身の性格における諸々の瑕疵に由来しているが、しかしジョンのその行為に対する道徳的責任（つまり、非難や刑罰への報い《デザート》）に関しては何も含意するところがない——つまりそれはジョン自身の**性格の瑕疵**〔短所〕である——のかもしれない。この場合もその瑕疵はジョンの「星」〔星座の影響〕にあるのではなく、ジョン自身の中の道徳的な瑕疵なのであって[277]、そのようなものとして、色々な問題のもとになって

273 引用箇所だけだと何を指しているのか明確ではないのだが、もとのテキストを見れば特定できる。

274 ここで「瑕疵がある」と訳したbeing at faultは、『ランダムハウス英和大辞典』によれば、人について言われる場合には「⑴（……に対して）罪（責任）がある、とがめられるべき。⑵（……の点で）誤って。⑶途方に暮れて、当惑して」の意味になる（物や機械について言われる場合には「故障して」の意味にもなる）と解説される。ここで関連するのは⑴と⑵の意味であるが、辞書的に考えれば、⑴⑵とも一般に通用している公認された語義だということになる。しかし著者からすると、⑴のような語義は道徳的責任という不正なシステムを自明視することで成り立つものなのであり、この語法に込められた不正な考え方は退けられ、⑴を意図して用いられた表現は⑵の意味で解釈され直さねばならない、ということになる。それゆえまた、通常であれば「責められるべきだ」と訳して問題ないat faultも、著者の意図を考えれば、「責め」や「責任」の意味合いを取り除いた表現として訳出する必要がある場合がある。ただし著者も、世間一般でfaultが道徳的責任としての「責め」の意味で使用されていることは当然認めており、そのような世間一般の用例を分析のために引く場合にはむしろ、at faultを「責められるべき」と訳さねばならない。以下、この点を了解頂きたい（同様の事情はfault単独についても当てはまる。訳注270参照）。

275 「自己同一化」については訳注129参照

276 「軽蔑の的にされるのが明白な」はutterly despisable、「軽蔑の的となるに相応しい」はdeserves to be despisedで、戸田山訳では「まったく卑劣な者以上に軽蔑に値するものがいるだろうか？」。語義の微妙なずれを利用した警句と思われるが、ここで著者は「軽蔑されうる、軽蔑されやすい」と「軽蔑に相応しい＝軽蔑すべきだ」の論理的な違いを強調しようとしているため、語義に忠実に訳す。

いる。ジョンには薬物中毒という瑕疵があるとしよう。ただしジョンは、薬物中毒を自分自身にとっては外的な何かだと感じている――つまりジョンは「本意からの中毒者」ではない――としよう。この場合私たちは、その瑕疵をジョン自身のものだと述べることにためらいをおぼえるかもしれない。だがこれはまた別の問題である。たとえ私たちがその瑕疵がジョン自身のものである〔ジョンの自己の一部である〕ということに同意し、またジョンが適格《コンピテント》で[278]目的を志向できる人間であることに同意するとしても、そこから、ジョンの〔薬物中毒という〕失敗が「ジョンの瑕疵／落ち度《フォールト》だ〔ジョンに責め《フォールト》がある〕」と主張する場合、それとはまるで別の問題が解決されずに残ることになる。

　ここで提起した区別を説明すれば、次のようになる。一方では、ジョンにはある失態に対する「瑕疵／落ち度《フォールト》があり」（つまりその瑕疵／落ち度《フォールト》はジョンの側に帰される）、また、ジョンは自分の意思決定――たとえ欠陥のある意思決定ではあっても――を自分自身で行える合理的な人物なのであるから、ジョンは彼の、どうにも駄目な行動に対する非難と罰に相応しい、と言われる。だが他方、ジョンにはその失態のゆえんとなった「瑕疵／短所《フォールト》があり」[279]（その瑕疵／短所《フォールト》は事実、ジョンの中に存している）、またジョンが、まずい意思決定であっても自分自身で行う、という点で合理的人物であることを認めるとしても、この場合ジョンに道徳的責任はなく、彼の瑕疵ある行動のゆえの罰に相応しいわけではない、ということになる（その理由は、恐らくジョン〔の性格や行動〕が、彼自身で作り出したわけでも選んだわけでもない遺伝と環境の歴史によって形成されたためであり、あるいはその他何らかの理由によってである）。いずれの場合もジョンは瑕疵《フォールト》を抱えている――彼は向こう見ずで、浅薄で、先見の明を欠く。しかも彼のさまざまな瑕疵〔欠点／落ち度〕は、ジョン自身のものであり、かつ、――これが深刻な点なのだが――それらの瑕疵〔欠点／落ち度〕は、ストローソンのいう、道徳的な人々の共同体の一員であるための資格を奪うタイプのそれではない[280]。だが、ここにはまたさらなる別の問い――先に挙げた分類での区別が、まさにそこにかかっている問い――がある。つまり〈ジョンは、彼の欠陥ある性格と悪しき行動のゆえに、糾弾と罰に正しく相応しい《ジャストリィ・デザーブ》のかどうか？〉という問いである。

　最初に言うべきは、これらの事例には明確な区別が立てられる、ということである。ジョンはひどい失態であるような事態をもたらし、それは彼が怠惰で、無能で、自分への規律も欠いているからである。

その失態がジョンの瑕疵《フォールト》／落ち度であること、そしてそれがジョン自身の欠点から生じた結果であるのは確かであり、しかもジョンは、――一時的にであれ、恒久的にであれ――道徳的な人々の共同体のメンバーから除外されてしまうほどの欠陥を抱えているというわけではない（ジョンは愛や憎悪の対象になりうるし、合理的推理を共有できる相手であって、私たちはジョンに対して幅広い範囲の反応的態度[281]をとることができる）。だが、ジョンを、その瑕疵／落ち度のゆえに非難に相応しい者に分類するか、それとも、ジョンを瑕疵／短所ある者と見なしつつも、彼は非難に相応しい者とは見なさないかという、この重要な区別は残るのだ。

一つの例が、この区別の明確化に役立つかもしれない。ジョンには根の深い性差別的偏見がある――それは深刻な性格上の欠点であり、ジョンはそれを自ら認め、また恐らくは自ら賞賛すらしている。そんなジョンは、次のように自問自答するのだ――「女にも男と同じ能力があるというのは、きっとその通りなんだ。だから、女性差別は間違った、正当化できないことだ。だが、それでも差別をする

277 この言葉は本書のこの後で説明があるように、シェイクスピア『ジュリアス・シーザー』の「罪〔瑕疵〕は星にあるのではない、われわれ自身にあるのだ」（第一幕第二場、邦訳二〇頁）という一節を下敷きにしている。つまり、ある人物の問題行動が、例えば占星術的な力のような外部の力ではなく、内的な欠点に由来する、というのがポイントである。

278 competent は一定の資格を満たすような能力を備えていることを指すが、何度か指摘したように、道徳的責任の主体であるための要件に適格性（competence）を挙げる、デネットの思想（本書第一二章で詳述）を念頭に置いている。訳注24も参照。

279 ここでは、John is “at fault” for a (the) mess という（ほぼ）同じ表現が、「ジョンにはある失態に対する落ち度がある＝責めを負うべきである」と「ジョンにはその失態のゆえんとなった短所がある」という、fault の二義に応じた二様の意味で用いられている。このあたりを完全に日本語に移すことは困難である（ここではとりわけ、for の意味合いに相違がある。前者では「失態」が「落ち度に対する責め」の「根拠」であることを示すが、後者では「短所」が「失態」の「原因」であることを示している）。

280 ストローソンは論文「自由と怒り」（Strawson 1962）の中で、通常の人間同士がお互いが自由な人格であることを前提し、相互に「反応的態度」と呼ばれる態度をとっていることを踏まえた上で（訳注238参照）、いくつかの条件の下では他の人間に対する反応的態度を（一時的、または恒久的に）停止させ、人というよりは物を取り扱うような三人称的態度で相手に対する場合がある（例えば、相手がある種の精神的疾患を患っている場合など）、という考察を行っている。ここで言われる「道徳的人格の共同体」はお互いに反応的態度をとりあう人格の共同体であり、「その一員である資格を奪う」とは、反応的態度を停止させるような状況であり、この場合、ある人の欠陥が、その人から通常の合理的思考や判断力を奪うような事例であるが、ジョンは道徳的な欠陥をもつが、それでも通常の合理的思考を行いうる主体であることは認められており、そのような事例には当てはまらないということである。

281 前注参照。

のがおれの生き方なんだし、それはおれ自身の一部なんだ。おれは道徳についても、合理性についても、完全な人間じゃない。だがおれは自分の生き方が気に入っていて、これを変えたいとは思わない」。ジョンの差別的な行動は、彼自身の性格上の欠点に発しており、その欠点あるいは瑕疵はジョン自身に属している。ジョンはただの偶然によってではなく、目的意識をもって差別を行っている。そして、欠点を抱えているとはいっても、ジョンは、道徳の共同体から「恒久的に免責され」、追放されねばならない狂人や、社会病質人格《ソシオパス》[282]であるわけではない。ジョンの悪しき行動は彼自身の深い性格上の欠点に発している。このようなジョンは、そのコミットメントと本人性の点で、フランクファートの「本意からの中毒者」に比される「本意からの性差別主義者」と呼んでもいいかもしれない。その瑕疵はジョンの内にあるのであって、ジョンの「星」〔星座の影響＝外的影響〕にあるわけではないのだ[283]。

だが、このジョンが彼自身の性格上の欠点（および、それに発する悪しき行動）のゆえに非難されるべきかどうかというのは、これとはまるで別の問いである。〈ジョンは適切な能力《コンピテント》をもち、しかも深刻な、そして彼自身に属する性格上の欠点をもつが、それでも、その性格上の欠点やそれに発する行動に対する非難に相応しいわけではない〉、というのは、完全に意味をなす言明である。（それが非難されないのは、例えば、ジョンが、彼を深刻な性差別主義者へと形成した性差別的な文化に生まれ落ちたからであるかもしれないし、彼の友人すべてが性差別主義者で、彼が自らを変えることで友人たち、および、彼自身の自己同一性の決定的な部分を失うことになると恐れているからかもしれない。ジョンは自分自身を「古風ないいやつ[284]」だと見なしており、性差別主義をはねのけてしまうことで、彼の人格はずたずたになってしまうかもしれない[285]。こうしてジョンは自分の文化の性差別主義を内面化しているが、だからといってそれが彼自身に属するという事情を減ずることにはならない。しかしながら、そのような文化的圧力を認めることで、ジョンを彼の欠点ゆえに非難することが疑わしいものになる、ということはあってもよい——「ジョンは根深い性差別的文化に育てられたという点で運が悪かった。彼はたちの悪い性差別主義者だが、そのことで彼に本物の非難を浴びせることはできない」。）私はここで、ジョンが悪しき性格と悪しき行為のゆえに非難に相応しいことを否定するための、もっともな理由の有無を問題にしているのではない。問題は、ここに適用されている区別が真正の区別だということである。道徳上の欠点を抱えたジョンが、そうした彼自身の道徳的瑕疵のゆえに非難に相応しいかどうかについて議論の余地があるのだとしたら、その区別には基礎があると示されたことになる。というのも、深紅の日没が美しいかどうかを有意味に議論できるとしたら、「美しい」と「深紅の日没」は別々の意味をもつのでなければならないのであり、それはたとえ、深紅の日没に割り当てられたクラスと、美しい事物に割り当てられたクラスが正確に共外延的である〔メンバーが完全に重なり合う〕のだとしても、成り立つことなのである。

シェーの挑戦

デネットとフランクファートは非難の瑕疵《ブレイム・フォールト》〔落ち度／責め〕と性格の瑕疵《キャラクター・フォールト》〔短所〕の区別を見逃しているだけだが、ジョージ・シェーの場合は、その区別を〔認めた上で〕意図的に廃絶しようとしているように思われる。つまりシェーは次のようにはっきり主張するのである。「非難とは、〈ある人物が何らかの道徳的規準に、何らかの点で、一致するに至らなかった〉という判断にもとづいて、その人物自身または他の人物によって、その人物に向けられる態度である」(Sher 2006, 7)。それゆえ、ある人の性格または行為が何らかの〔道徳的〕規準を満たすに至らない場合、その人はそれによって非難されることになる。ゆえに〈非難とはすなわち道徳上の瑕疵を見いだすことである〉ということになるため、〈人がその道徳上の瑕疵、または道徳的に悪しき行為のゆえに、非難に正しく相応しい《ジャストリィ・デザーブ》かどうか?〉という問いは抹消されるのだ。シェーの述べるところでは、

人物と、その人物の悪しき性格特性との結びつきは緊密である。そしてその緊密な結びつきは、その性格特性のゆえにその人物を糾弾することは正当である、という結論を支持する。どうしてそう言える

282 反社会的な精神障害をもつ人を指す。
283 訳注277参照。
284 原語の good old boy はアメリカ南部に典型的な、粗野だが人なつこく、家族や友人を大事にするが知的関心は低い「おひとよし」を指す。
285 ここで著者はジョンに対する「特別な免責」の根拠を挙げることでジョンへの道徳的非難を個別に退けているが、言うまでもなくこれはすべての道徳的責任、すべての道徳的非難の正当性を主張する著者本来の立場からは不要な論証である。ここでは、道徳的責任肯定論者であっても、「瑕疵」と「非難」が一体不可分ではないと認めざるをえないケースがあることの論証のため、論敵の前提に譲歩を示しているということだと思われる。

> かを理解するには、ただ自分を振り返り、ある人物の悪しき性格特性を糾弾し、かつ、その人物自身を糾弾し**ないで**いることがいかに困難であるか、思い出してみればよい。私たちが見てきたように、人が道徳上悪しき性格特性をもつとは、その人がある何らかの道徳的理由に対して、万事にわたり鈍い反応しか示さない、ということである。つまりそれは、その人が、当該の悪しきタイプの行為を採用可能な選択肢と見なし、その行為が十分に利益につながるとか、魅力的だとか思える場合にはいつでも、その悪しき行為を実際に遂行するような性向をもつ、ということである。あるいはまた道徳上悪しき性格特性をもつとは、ある特定の種類の認知的、感情的な性向の連合体をもつことでもある――残酷な人の場合、それは他人の弱みに目を留め、それにつけ込むことに喜びを見いだす、といった性向であり、利己的な人の場合、自己の利益につながるチャンスを見抜き、他人の利害は無視する、といった性向である。これら悪徳に関わる性向は全体として、その行為者の思考や行為の内容に、それなりの影響を強く刻みつける結果に当然至るものだ。また〔第二に〕、そのような〔巨視的な〕性向は、それよりもきめ細かな無数の性向が、その人の欲求および信念と相互作用する中で形成される、安定したパターン――このパターンが全体としてその人物をその人物たらしめる――に根ざしたものにもならざるをえない。この二つの理由により、ある人物の残酷さや、狡猾さ、不公正さなどへの糾弾と、端的な**その人物**への糾弾の間に、明確な区別は存在しないことになる。〈人の悪徳に関して、罪への性向を憎みつつ罪を犯した人自身を愛するのは不可能だ、なぜなら、罪への性向が、罪を犯した人の大きな部分を作り上げているのだから〉というのは、少々誇張した物言いではあるが、とはいえそれほど大げさな誇張とはいえない。（Sher 2006, 64–65）

したがってシェーにとっては、性格の瑕疵〔短所〕と非難の瑕疵〔落ち度／責め〕の区別は消失してしまうことになる。つまり私たちが〔ディケンズ『クリスマス・キャロル』の〕スクルージの貪欲さを糾弾するとき、私たちはスクルージその人を糾弾している、ということだ――私たちはスクルージを、彼の性格上の欠点と、そこから生じる悪しき行為のゆえに、**非難している**のである。しかしながら――シェーの主張とは正反対に――スクルージの欠点を糾弾することと、スクルージ自身を糾弾／非難することの間の違いは、やはり重要な区別であり続けるのであり、これは、私たちがスクルージと彼の深刻な瑕疵をどの程度精密に調べるかにかかわらず、言えることである。〔幽霊たちと会う前の〕スクルージは、掛け値なしの吝嗇家〔けちん坊〕であり、吝嗇的な性格の持ち主であって、しかも彼は自分の吝嗇的な性格を、反省の上で自覚的に賞賛する人物である――『それがどうした？』スクルージは開き直った。『それだけ私が利口になって、どこがどうだっていうんだ？』(Dickens 1843, 44)〔邦訳七二頁〕。だが、このようなスクルージを形成した諸力――苛酷な貧窮と、彼の「高貴な情熱」をぼろぼろにしてしまった人格への侮辱――を理解しさえすれば、たとえ私たちが、スクルージの性格と行為への否定的な道徳判断を強く抱き続けるとしても、スクルージを非難ないし糾弾できる権利が私たちにあるのかどうか、明らかだとはいえなくなるのである。

古典的フィクションをサイエンス・フィクションに切り替え、こんな想像をしてみよう。カールとデイヴィッドはいずれも温厚で、寛大で、高潔な大学生である。彼らはある日、大学のカフェテリアで列に並んでいた。そこではたまたま、ゴシック小説と哲学的空想話でおなじみのマッドサイエンティストが、彼が完成させた邪悪な薬品の実験を行っていた。この薬を飲むと、誰よりも高貴で善良な人物ですら、強欲で、良心のかけらもなく、残酷で、〔シェーの言う〕「他人の弱みに目を留め、それにつけ込むことに喜びを見いだす」人間、加えて、自分の新たな邪悪な性格を深く、また反省の上で自覚的に賞賛するような人間に、変わってしまうのである（したがって、この薬を飲み、有徳の人から悪徳の人に変貌すると「よからぬ行いはやめたまえ」とか「有徳の人に戻りたまえ」などと人に忠告されても「それだけ私が利口になって、どこがどうだっていうんだ？」と答えるようになってしまうのだ）。マッドサイエンティストは、オレンジジュースの入ったコップの一つに、この無味無臭の薬物をたらす。たまたまそれをカールが選び、デイヴィッドはその横の、何も入っていないジュースを選ぶ。カールは心底から邪悪な人間に変わり、そのことに喜びをおぼえるようになる。だが、その事実と、カールが、彼の掛け値なしに邪悪な性格および行動のゆえに糾弾や非難に相応しい、というのは、それとはまるで違う事柄である。このオレンジジュースは空想的な例だが、この例を拡張させると、空想的ではないものになる。とある幼児、例えば幼き日のロバート・ハリスを考えてみよう――残忍な殺人者であり、ファーストフードの駐車場から一六歳の若者二人を〔車ごと〕拉致し、気まぐれに彼らを殺し、自分の殺人をたねに大笑いして、少年たちが注文していたハンバーガーを平然と食べた人物である。幼き日のハリスとその両親が暮らす家は、暴力に満ち、すべてが拒絶される、苛酷で機能不全の家庭である。一方、もう一人の幼児は――薬入りのオレンジジュースを飲んだカールの不運と大差ない幸運により――愛と支援を惜しまない家庭に生まれた。ハリスは残忍で邪悪な人物になり、他方のカールは親切で、寛大で、道徳的に気高い人物に成長する。だが、誰かの道徳的評価を行うことと、誰かを非難すべきだと判断することは別のことなのであり、その区別を立てながら同時に、この二人の、真の意味で道徳に関わる違い――一方は邪悪で、他方は有徳という違い――を認め、彼らについての価値評価を行うというのは、何の齟齬もなしに可能なのである。私たちが、性格の瑕疵と非難の瑕疵の区別を放棄できることは確かだが、その区別を失うことは、私たちの道徳判断の制限と貧困化をもたらすであろう。

別の例を考えよう。残念ながら、これまた非常に現実的な例、すなわち、スタンリー・ミルグラムによる、有名な社会科学的実験の例である(Milgram 1963)。この実験は服従と権威についての解明を目指してなされ、驚くべき、そして不安をかきたてる結果をもたらした。私は、自分がこの実験の被験者でなくてよかったと思っている。私は一九六〇年代に学生生活を送った世代[286]らしく「権威を疑え」の原則を奉じる者だが、とはいえ、南部バプティスト派〔厳格な保守派〕のしつけを受けて育ったこと、それに、白衣を着た科学者ならば誰であっても深い敬意を抱いてしまうことなどからして、私は自分が、実験中にひどい罰[287]を――場合によっては命に関わる罰すら――自ら進んで人に加えた、あの三分の二のグループに入っていたのではないかと恐れている。そうなったときの私は、たとえ多くの被験者同様、強い抵抗感を当然おぼえながらではあっても、やはり引き続きスイッチをひねり、ひどい電気ショックの罰を与え続ける(と、被験者たる私が考えている行為を行う)見込みが大きかったと思える。そして、そこで私は、自分が権威からの強い要求の言いなりになり、ナチの看守やアブグレイブ収容所の拷問者のようにふるまうことを知らされるのだ。私は実際にこの実験に参加したことがないので、〔電気ショックを与えるという〕協力を拒んだ少数派の方に自分が含まれたかもしれない、という希望を抱くことができる。とはいえ私は自分が、強力な権威に命じられると、おぞましい行為でも進んで実行する多数派の人々に属しているのではないかと思えて、それが恐ろしい。事実が私の不安通りであった場合、私は深刻な性格上の欠点を有している――しかもそれを、見たところ私たち人類という種のほとんどのメンバー、あるいは少なくとも、私が属する文化のほとんどのメンバーと共有している――ということになる。とはいえ、これは驚くことではない。私たちは、階層的上下関係への根深い傾向をもつ動物種であって、王や大統領を崇拝し、彼らの周囲に威厳と儀礼を飾り立て、あるいは教皇、大主教、預言者をあがめ、神々にひざまずいて礼拝する――そして、神々は残酷でねたみ深い存在だということにして、異教徒や異端者や魔女を殺すべきという神々の命令に、われ先に従うのである。このような私たちは、強いリーダーの命令で、戦争や十字軍に熱狂的に飛び込んでいく。そして戦いが終わると、私たちは、軍事的な指揮官を政治権力の座に据える。人類のこのような傾向が、残忍かつおぞましい形で表に現れた事例は多数存在する――アブグレイブの看守は、スタンフォード監獄実験の「看守」と同じようなふるまいをしていた（Haney, Banks, and Zimbardo 1973）。「平凡なドイツ人市民」はユダヤ人たちへの野蛮で残酷な行いに参加したし、「平凡なアメリカ人市民」は、集団リンチに加わって黒人たちの襲撃と殺害を行った。これらはすべて、おぞましい性格特性をもつ人々によってなされた、悪評高い行いである――そして残念ながら、その性格特性は私たちの大多数にある程度共有されているのである。それが深刻な性格の瑕疵〔短所〕であることは確かである。しかしながら――シェーの見解に反して――私たちにはこの欠点に対する非難の瑕疵〔落ち度／責め〕がある、というのは、それとはまるで別の事柄なのである。その欠点は、私たちが自ら選択した何かではなく、遺伝的な傾向性と文化的条件づけの複合的産物である見込みが大きいからだ。この欠点を内に秘めている人々のうち、それに気づいたことがある人すらごくわずかである。ほとんどの人々は、問われれば、〈他人に電気ショッ

286 原文は a child of 1960s。著者の生年は一九四六年なので、このような意味だろう。

287 ここでの「罰」は行動心理学で言う「弱化子」のこと（訳注73、257などを参照）。被験者は学習実験の補助という名目で参加していた。

ク〈を与えよ〉という権威からの命令に、自分が従順に従うことなどないはずだ、と躍起になって否定するのである――実験結果は、このように心からの否定を行った人々の大多数が、たしかに正直にそう話していながらも、自分自身について深刻な思い違いを犯していることを示しているのであるが。ここで述べたのは真正の瑕疵であり、その瑕疵は私たちの大部分をさいなみ、私たちが自分で選んだわけでも、創りだしたわけでもないことが確かなのだが、私たちの大部分はそれについておめでたくも無自覚なのである。これを踏まえるとき、私たちがその瑕疵のゆえに非難に相応しい、と考えることは難しくなる。しかしその一方、その極めて深刻な瑕疵こそが――十字軍からアブグレイブに至る――ぞっとする悪行を産み出してきたと結論することには何の困難もないのである。

ジャネットは多くの点で幸運な女性である――社会心理学の、世に蔓延する〈権威への黙従〉を扱った文献に精通し、十分な自己洞察力をもち、その結果として、自分自身の内なる欠点を認識するに至っており、認知的気概に長け、個人としての強い自己効力感に恵まれ、さらに有能な心理学者の助力を求められるという利点《リソース》も有する、といった幸運に恵まれている。そしてジャネットは、彼女にも存在する〈権威への黙従〉の傾向を克服しようと、治療プログラムにねばり強く耐え、最終的にそれを成功させる。だが、このようなジャネットは、自分自身の欠点を自覚するチャンスを得た点で極めて幸運であったのだし、また、その欠点を矯正しようと決意し、性格修正のプログラムを耐え抜くだけの能力と手だて《リソース》をもっていた点でも、やはり極めて幸運な人物である。誰もが――その人の能力や手だて《リソース》とは無関係に――彼女と同じ自己改善をやり通せるはずだ（そしてそれゆえ、およそ誰にでも、この性格上の欠点に対する道徳的責任があるのだ）と軽々しく言い出すとしたら、それは深層に目を向けずに、事実に反する主張を行っているのである。要するに、真正の瑕疵／短所というものはじっさい存在するのだが、それがどれほど根深く私たち自身の一部として属していても、また、たとえ私たちが、その瑕疵にどれほど強く自己同一化しても、さらには、その瑕疵を反省の上で自覚的に是認しさえしていても、〈私たちはその瑕疵ゆえに非難に相応しい〉とか、〈その瑕疵やその結果としてなされた行動に対する責任が私たちにある〉とかいう主張が基礎づけられることにはならないのである。

私たちは、前述の権威主義的な瑕疵を宿しているがゆえに非難に相応しいのだ、という見方は、〈私たちの遺伝的な傾向性、迎合を促す文化、労働者に法令遵守を強く求める仕事、有無をいわせぬ服従と無思考的な信仰を強要する宗教、などを考慮すれば）説得力を欠くだけでなく、逆効果でもある。もしも私たちが、こうした瑕疵のゆえに人々を非難するとしても、人々がそのことを認め、それに向き合うようになる見込みは小さく、その瑕疵を根絶させたり、コントロールしたりする有効な手段を、人々が探し求めようとし始める見込みも小さい。私たちが、まさに〈性格の瑕疵〉と呼ぶべきものを抱えた個人を非難するとしたら、私たちはあまりに狭く、あまりに表層的な部分だけに焦点を合わせ、問題のより深い根源を見逃し、またそれゆえ、それを正すための最善の手段への見通しを見逃してしまうことになろう。

私たちが、権威主義と支配へと向かう自分たちの傾向について研究し、学び、その危険性を認識し、それを相殺しコントロールする方法を確立することとは、私たちにとって死活的な重要性をもつ事柄である。私たちの、権威主義的で、階層的上下関係へ向かいがちな傾向は、自然的に生じる傾向なのだろうか？　それは遺伝的な素質に発するのか？　その傾向を小規模なグループ内でうまく抑制することは可能だろうか？　国民国家のような大規模なレベルで、同じことができるだろうか？　このような傾向をコントロールするか、少なくともその最も有害な現れを弱めるために、どのような方法が最善だろうか？　これらの問いへの答えを私は持ちあわせていないが、個人を非難することで、その個人の行動をもたらした諸原因のさらなる探究の試みを妨害してしまうのではなく、むしろそれらを注意深く研究することの方が——そして、それらについて心理学者や、生物学者や、神経科学者や、人類学者たちが教えてくれる事柄があれば、それを学ぶ方が——よりよい対応であると私は信じる。こうした性格上の欠点を発現させた個人を非難しても、何の助けになるわけでもないのだ。それどころか、そのような非難は、原因の吟味を阻んでしまう点で有害である——「君は非難されるべきなのだから、僕たちは原因を詳しく調べたいとは思わない」というわけである。もしも私たちが〈性格の瑕疵〉と〈非難の瑕疵〉の区別を曖昧にしてしまうならば、私たちは、ロバート・ハリスや、ナチの看守たちや、アブグレイブの拷問執行人たちが、非道な性格特性を発達させ、道徳的に悪しき行動においてそれを発現させたのがなぜだったのか、その探究を遠ざけてしまうことになる。そしてそれは、同様のことを将来において防止する手段について理解する最善のチャンスをも遠ざけてしまうことになるだろう。あるいは、焦点を性格特性だけに合わせることで、的外れの方向へ導かれてしまうかもしれない。例えば、軍に志願し、最終的にアブグレイブの囚人に心理的拷問を加えるに至った若者たちは、わが子をスタンフォード大へ進学させられる家族の下に生まれた、特権的な若者とは大いに異なった出自をもつが、それでも、スタンフォード大の監獄実験に「看守」役で参加した学生たちは、見たところ、アブグレイブの看守たちと同じくらいやすやすと虐待行為を行うようになった。この場合、性格特性ではなく、状況や環境、それに社会的圧力を検討する必要があるかもしれない。だが、個人を非難しても、性格特性と状況のどちらを焦点とすべきか——あるいは、両方についてそうすべきなのか——という問いに答える役には立たない。アブグレイブの看守たちは恐るべき所業を行ったが、彼らを軍法会議にかけてもその答えが得られることはなく、問題の解決にもつながらない。

非難は不可避だろうか？

ここまでのところで、私たちは性格の瑕疵と非難の瑕疵を区別し、前者を認めつつ後者を退けるということは可能であり、またそうすべきである、ということを論じてきた。

ジョージ・シェーはその区別に懐疑的であり、パウラ・ハイロニミもまた、シェーと似てはいるが別の理由から、その区別を疑っている。ハイロニミが強調するのは、性格に関する一定の道徳判断——とりわけ明確なのが「ある人物が他の誰かに対して、しかるべく顧慮する様子がないという判断」(Hieronymi 2004, 115) ——は、必然的にある特別の力を含み、この力はその判断の内容と不可分であり、しかも、性格に関する否定的な道徳判断から不可避的に生じる非難がそれには結びついている、ということである。

怨恨と憤慨[288]は不信に似ている。不信もまた特別で特有な、人に重荷を負わせる力ないし意味合いを備えている。そしてある人物が、その人の性格が成立する際の環境のせいで、全般的に信用の置けない人物となり、そのため常に万事にわたり不信の目で見られるようになり、そのことでつらい目に遭ってきたとしたら、そうした境遇に置かれることは不公正だといえるかもしれない。しかしながら彼女と関わる人々が、こういったことを根拠にして彼女を信用しないとしても、それが不当とされることなどありえない。人々が彼女を信用しないのは、彼女の信用の置けなさが知られている、という事実の表れにすぎない。同様にある人物が、その人の性格が成立する際の環境のせいで、他者への適切な配慮ができない人物となり、そのため万事にわたり他者の怒りと憤慨にさらされるようになっているとしたら、そうした境遇に置かれることは不公正だといえるかもしれない。しかし、彼女が置かれた人間関係がそもそもどのような関係であるかを正しく踏まえれば、そのような事実をただ認めるだけの態度が不公正であることなどありえない。(Hieronymi 2004, 136)

ハイロニミはさらに、人が他の誰かと間人格的な〔つまり人格同士の〕関係に入ることで、この種の否定的態度の的になるとしても、それは公正なことなのであって、人はこのようにして道徳的責任ある者となるのだ、と主張する――「道徳的責任があるというのは、ある人が、他の人々に対して極めて無配慮な態度をとるようなことがもしあれば、怨恨と憤慨の適正な対象となる、ということに他ならない」(Hieronymi 2004, 136)。したがって、間人格的な関係への適格《コンピテント》な参与者でありながら、他の誰かへの配慮をはなはだしく欠くふるまいをとった人物に対して、こうした強い否定的な態度を向けるというのは、人々を道徳的責任ある存在であると見なす私たちのシステムの一部にすぎない、ということになる。

だが、ある人物の性格に否定的な道徳判断を下しながら、その人物自身に否定的な非難の態度をとらずにいるというのは、本当に不可能なことだろうか？ 私たちにジェイクという友人がいるとしよう。ジェイクは善良な気質で、寛大で、友達づきあいがよく、勇敢な人物なのだが、約束を守るとか、自分が携わっている事柄を忠実にやり遂げるとか、そういったことについて信用の置ける人物ではまったくない。約束を破ったり、携わっている事柄を放り出したり、その他、他の誰かの利害や感情を配慮しないふるまいを示すような人物が、道徳上の欠点と深刻な瑕疵〔短所〕

288 原語は resentment と indignation で、相違点を強調すれば「私怨と義憤」であり、「怒り」の感情のとりうる幅、スペクトルを示すものと思われる。P・F・ストローソンの論考「自由と怒り」(Strawson 1969) の「怒り」はここで「怨恨」と訳した resentment であり、これはストローソンが公共的な道徳の問題の手前で成り立つ個人的な「反応的態度」を扱おうとする意図（訳注238参照）と呼応している。

を抱えている、というのは確かである。だが、そういった瑕疵をそれとして認めることと、そのような瑕疵を抱えた人物が、非難に正しく相応《ジャストリィ・デザーブ》しいわけではない、と考えることとは、両立する。足の遅い人物は、その瑕疵ゆえに「野球の」センターの守備につく候補になる見込みが薄くなるし、信用の置けない人物はその瑕疵ゆえに、信用やコミットメントを必要とする事柄への参加者の候補になる見込みが薄くなる。たしかに、足の速さの欠如と、誠実性の欠如とが色々と違うのは本当である。だが問題は、身体的な欠点であれ、道徳上の欠点であれ、ともかくある人物の欠点をそれとして認め、その「欠点としての」瑕疵やそれにもとづく事柄について適切な判断を下すこと(「やつはピンチヒッターとしては優秀かもしれないが、外野手をやらせるのは、うちのチームにとってうまい作戦じゃない」とか「彼って週末のビーチではサイコーの連れなんだけど、結婚したいとは思わないなあ」といった)は、その人物をその瑕疵ゆえに非難することをまったくしないままで、可能である。例の無作為に飲まされるオレンジジュースが、先ほどよりも穏やかな効果をもつとする。それを飲んだ不運な人物は、残忍な殺人者に変わってしまうのではなく、かなり深刻なレベルで約束を守れない人物、すなわち、深刻に、かつ恒久的に、信用の置けない人物に変わってしまう。そして、それまでとても信用できる人物であったジョーンが、この薬物の混ざったジュースという不運なくじを引いてしまうのだ。このような場合、私たちはきっと、今のジョーンがこうした深刻な道徳上の欠点を抱えているという事実を考慮に入れ、それに合わせて、自分たちの行動を調整するはずだ。そこで私たちはこんなことを言うかもしれない「ジョーンは温厚で友達づきあいのいい人物だし、働き者だし、創造力に富み、寛大な心をもっている。だが、残念ながら、約束を守るという件に関して、彼女は信用できない。これに留意しなくてはならない。どこかの日に、君にとって重要な事柄を準備するとか、君を空港に迎えにいくとか、そういう約束を君が彼女と結んだとしたら、予備の計画の用意は欠かせない。それを除けば、彼女は立派な人物だ。しかも、約束を守れないという無能力は、本当は彼女の瑕疵ではない。彼女はいつも、完全に信用できる人物だった。だが不運にも彼女はたまたま、薬物を混ぜられたオレンジジュースを飲んでしまった。マッドサイエンティストがあちこちにばらまいている薬のせいで、約束を守るという彼女の徳が、約束を破るという不徳に変わってしまった。僕たちは今のこういう状況で最善を尽くさねばならないが、確かなのは、僕たちが、彼女のこの深刻な欠点を非難することはできないということだ」。この場合「彼女と関わる人々が、こういったことを根拠にして彼女を信用しないとしても、それが不当とされることなどありえない」のはその通りだとしても、しかし、その人々が彼女をその瑕疵のゆえに非難することが正当だとは認められないであろう。

私たちは、この薬の入ったオレンジジュースを飲んでしまった人を「普通に劣悪である以上に劣悪だと考え」さえするかもしれない。そして、それはその人物の変化してしまった性格についてのまったく適正な評価である。性格の変化という結果は、「普通に劣悪である以上に劣悪だと考えられた」人物にとって不運な結果である。しかしながら、その人物が、今現在の低下した道徳的水準に正しく相応しいことにはならない。フィネアス・ゲージは、偶発的な爆発事故によって深刻な脳損傷を受けるまで、人々から尊敬され、やさしく、信用できる鉄道労働者であったが、脳の障害の結果、喧嘩好きの、信用の置けない、怠惰な人物になった（Damasio 1994）。このように根本的に変容してしまった性格を考慮するなら、ゲージの道徳的性格について否定的判断を下すのは適切である。だが、そのようなゲージに、道徳的地位の多大な引き下げが正しく相応しい、ということにはならない。事故が原因で、ケージがひどく喧嘩好きで、暴力的で、不快な人物になったのだとしたら、その結果、社会的な村八分[289]が生じる見込みが大きい。このような社会的村八分が生じるのは、ゲージの変わってしまった性格についての正しい理解にもとづいている。だが、ゲージにはこのような社会的孤立の結果としての受難が正しく相応しい、と言い出すとしたら、それはまるで異なった主張である。私たちは、瑕疵とそれらの細かな原因を正しい意味で理解した上で、それでもなおそれらが瑕疵であると認めることができるが、このときそこに、いかなる意味であれ、正当化された非難は結びついていない。アンドリュー教授が若年性アルツハイマー病を発症し、それが進行したとしよう。この教授はもはやかつての彼女のような、才知ある講義と研究を行う学者ではなくなっている。このようなとき、彼女についての私たちの適正な判断は変化するであろうし、私たちと彼女の関係もまた変化するであろう。そしてその変化は好ましくない方への変化だろう——

289 原文に忠実に訳せば「社会的な陶片追放」。以下も同様。

彼女はもはや、才知ある権威者として尊敬されることはなくなるであろうし、私たちは彼女から賢明な助言を求めることをしなくなるはずだし、彼女に雑誌論文の草稿を送ったりしなくなるはずだし、彼女が草稿の改善点に関するアドバイスをしたとしても、それに価値を認めることはしなくなるはずである。彼女の能力の変化を考慮するなら、彼女に対するこの新たな評価は公正なものだが、だからといって彼女にとって、それまで得ていた地位と敬意を喪失するという、痛ましい受難が正しく相応しいことにならないのは確かである。

誰かを、道徳的に瑕疵ある人物であると判断しつつ、そこに非難を込めないでいるというのが想像しがたいことなのだとしたら、それは恐らく私たちが、道徳的責任のシステムにどっぷりと浸かっているためである。というのも、道徳的責任のシステムにおいては、すべての適格《コンピテント》な人々――すなわち、人格間の関係に問題なく参加できている人々――は、自動的に道徳的責任をもち、彼らの瑕疵、および瑕疵ある行動のゆえに、非難に相応しいと想定されるのであるから。しかしながら、『エレホン』の市民であれば、そのような想像〔非難なき否定的道徳判断〕を行うことに何の困難もおぼえないだろう。というのもこの、サミュエル・バトラーが描いた想像上のユートピア（ディストピアだと言う人もいよう）では、道徳上の欠点は非難や不名誉や刑罰の本来の対象ではなく、単に不運な性格特性であり、社会によって、万全の努力を尽くして改善がはかられるべきものとされているのである。例えば、盗みへの傾向をもつエレホン市民が信用できない人物であることは確かであり、また、他人の所有物を奪う行為が「他の人々に対して極めて無配慮な態度をとる」ことであるのも確かであるが、だとしてもこの瑕疵は、究極的には、盗みに傾いた人自身のコントロールがおよばない諸力の産物だと認識される。それゆえ、この不運な人を非難するのではなく、むしろこの問題の原因を発見し、その人の欠点を修正することが焦点となる。恐らく、（私たち自身のシステムのように）すべての適格《コンピテント》な人物に道徳的責任を想定するシステムにおいては、道徳上の瑕疵を認めつつ、同時に、非難の態度を内に含むような道徳的評価を下さずにいるのは不可能なのであろう。だが、だとしたらそれは、私たちの道徳的責任のシステムの盲点を暴き出しているのである――その盲点のゆえに、私たちのシステムは重要かつ有益な区別を立てることができなくなってしまっているのだ。それゆえ、そのこと〔道徳上の瑕疵と非難の分離不可能性〕は、道徳的責任を支える証拠ではなく、むしろ道徳的責任システムの限界と欠陥の証拠であることになろう。

非難と公正さ

非難には、逆効果をもたらすという問題があるが、それより基本的な問題は、非難という営みが不公正だということにある。デイヴィッドは権威主義的であるという性格上の欠点を抱えており、この欠点は遺伝的素質と文化が連携して形成されたものである。だがデイヴィッドには、自分がそんな欠点を抱えているという自覚がない。むしろ彼は、自分にはそんな欠点などないという非常に強い自信を抱いている（それゆえ彼がミルグラムの実験に参加し、自らの欠点を知ったら、ひどく動揺するであろう）。デイヴィッドの性格の欠点は彼自身が選んだものではないし、そのような欠点を育んでしまう過程を避ける機会は与えられていなかった。しかも彼は——その欠点に無自覚であるため——それを取り除く機会を得られなかった。しかしそれでも、彼にはそのような性格の欠点が備わっており、それは彼の性格の一部分であり、そして——よくない状況に置かれるとしたら——その欠点が彼を動かし、道徳的に悪しき行為を彼に実行させることもありうるのである。だが、デイヴィッドがこの欠点を備えているのはやむをえないことなのであるから、その欠点とそこからもたらされる帰結のゆえに彼を非難することは不公正である。

これは明白なことのように思われるのだが、シェーにとってては明白ではないらしい。それどころかシェーは、これが誤りであると考えている。つまりシェーは、人を、その人がそうせざるをえない、そうあらざるをえないことのゆえに非難するのはまったく適正に許容されることがしばしばある、と主張し、それによって前段落で述べた〈公正の原理〉を退けるのだ。シェーはこの〈公正の原理〉あるいはF原理［Fはfairnessの略］について、「それは私の知る限り、未だかつて擁護されたためしのない原理である。加えて言えば、F原理をいったいどのように擁護できるのかもまったく明らかではない」(Sher 2006, 60) と言う。たしかにこの点について、シェーは正しいのかもしれない。というのも、その原理は極めて明白かつ道徳的に基礎的な原理なので、それにさらなる支えを与えうる、それよりも明白で、それよりも道徳的に基礎的な原理を考えるのは難しいのであり、その意味では〈公正の原理〉を擁護する方法を考えるのは難しいのだ。カールは薬物の混ざったオレンジジュースを飲み、デイヴィッドは混ぜもののないオレンジジュースを引き当てた。カールは薬物により本物の悪人になってしまったわけだが、もしもそんなカールを非難ないし糾弾するのが公正だと考える人がいたら、その人の言い分を揺るがせられる論証が果たしてあるのかどうか、疑わしいと私は思う。そんなことを公正だと思う人がいるとしたら、私とその人は別の言語で語っている――異なる思考体系《システム》の中で活動している――ことになるだろう。そういうシナリオが公正だと考える人は、あるシステム――すなわち、道徳的責任のシステム――を救い出そうと試みている見込みが極めて大きい。そのシステムは、システムの他の場所で、極めて説得力に欠けるその場しのぎの調整を行わなければ、救出できない。かつて、道徳的責任のシステムが避難場所として拠り所にしてきた領域に科学的研究が浸食を進めていることで、道徳的責任のシステムは危機に瀕している。このシステムを救うための努力はさまざまな形態をとるが、どれ一つとして成功しそうには思えない。

これに対して、シェーはラディカルな解決案を提起する――ある人が自分で変えることもコントロールすることもできないような性格特性と行為のゆえにその人を非難することは、公正であると主張するのである。つまりシェーは（シェーが名づけるところの）F原理、すなわち「ある人物がせざるをえない事柄についてその人物を非難することは不公正である」という原理を、明示的に退けるのだ（Sher 2006, 60）。シェーが提起するF原理への異論は、以下のようなものである。

> よく考察してみれば、Fに反対しうる主張は数多く存在するということが分かる。〔F原理の〕困難の根本的な出所は、行為者がコントロールしている行為の多くが、それ自体としては、行為者がコントロール**できない**ものとしての**性格特性**の発現である、という点にある。誰かがその種の行為をなす場合、その人のその行為へのコントロールは、それほど深くまではおよばないかもしれない。そしてそのように深いコントロールが成り立っていない場合、その人を、悪しき性格特性を発現させたことで非難する方が、ただ単にそのような性格特性を備えているというだけのことで非難するよりも、多少なりとも公正さの度合いが大きいといえるかどうかは、疑わしいのではなかろうか。そして、この二様の非難の間に公正さについて何の違いもないのだとしたら、その

> 種の行為〔深いコントロールをおよぼせていない行為〕をなした人物をその行為ゆえに非難しても不公正とはいえない、とあくまで主張する人は、実のところ、Fを退けざるをえなくなるのである。(Sher 2006, 61)

じっさい、この二様の非難の一方が他方よりも、多少なりとも公正さの度合いが大きい、といえるかどうかは、疑わしいのではなかろうか。そしてこの疑念にはもっともな理由がある。「その人を、悪しき性格特性を発現させたことで非難する方が、ただ単にそのような性格特性を備えているというだけのことで非難するよりも、多少なりとも公正さの度合いが大きい」ようにはじっさい思えないのである。シェーはそこから、私たちは〈公正の原理〉を断念すべきであり、人々を、その行為についても、行為が由来する性格特性についても、どちらも非難すべきだ、と結論する。しかしまた〈そこで行為も性格特性もどちらも非難すべきではない〉という結論もまったく同じぐらいに説得力があることは間違いない。これは、ある人にとってのモドゥス・ポネンス〔「AならばBである」と「Aである」から「Bである」を導く三段論法〕が、他の人にとってはモドゥス・トレンス〔「AならばBである」と「Bではない」から「Aではない」を導く三段論法〕である、という事態の一例である。つまりシェーは、〈行為への非難がなされるならば、性格特性への非難もなされるが、私たちは行為への非難をなすのだから、(モドゥス・ポネンスにより)性格特性への非難もなしているのでなければならない〉、という論証を行う。これに対し、〈私たちが行為への非難をなすべきならば、私たちは性格特性への非難をもなすべきであるが、性格特性(権威主義的な規則への屈しやすさなど)への非難は根本的に不公正なことなのだから、私たちは行為への非難もまた退けるべきである〉という論証〔モドゥス・トレンス〕もまた、少なくともそれと同程度には理にかなっているように思われる。じっさい、性格特性への非難――シェーも認めるように、それは〈公正の原理〉への違反である――を正当化する唯一の根拠が〈非難のシステムがそれを要求しているから〉ということのみだとすると、それはまさに、非難と道徳的責任と〈正しい報い〉という、古くさく、芯から腐敗した私たちのシステムを疑問視すべき、優れた理由となるように思われる。

シェーは、〈公正の原理〉(F)の否認にさらなる支えを付け足すために、〔F原理と〕非難のシステムとの不整合が生じるような、これ以外の事例を指摘する。

世の悪しき行為の中の相当数は、それをなした人の性格特性から、（ほぼ）不可避的に生ぜしめられる行為である。そうである以上、かなり多くの人々について、その人の悪しき行為に公正な非難を向けようとすれば、同時にその人の悪しき性格特性にも非難を向けざるをえなくなる、ということがやはり成り立つ。ということは、私たちが、悪しき性格特性のほぼ不可避的な結果として悪しき行為をなす人々を、公正に非難できる限りで、Ｆ〔公正の原理〕への反例には事欠かない、ということになる。

実際、人々をこの種の悪しき行為のゆえに非難することが公正である場合はしばしばある。最低限言えるのは、誰かが極めて利己的で、他者の苦難によって自分の良心が動かされることがほとんどないために悪しき行為をなすとか、誠実さの何たるかすら理解できない、というほどに性根から腐敗しているために悪しき行為をなす、とかいう場合、そのことによってその誰かを非難するというのは、誠実さの何たるかを十二分にわきまえている別の人が、――恐らくは葛藤の果てに――不誠実な衝動に身を委ねることを決意した場合にその人を非難するのに劣らず、公正であるように見える、ということである。さらに言えば、多くの人々はどちらかといえば、何も考えずに悪事の決断を下すような、性根から腐敗した人物を非難する方が、誘惑への屈服や気の迷いとして違反行為をなすような、単なる〈至らない〉行為者を非難するよりも、より公正であると考えているのが実情であろう。とはいえ、私たちが悪しき行為をなした人を非難する際、その悪しき行為は、その人自身がコントロールできない悪しき性格特性から自動的に生じたのだ、というまさにそのことを根拠にしてその非難を行うのは、公正なことだ、という点をひとたび認めてしまうとき、その悪しき性格特性そのものを非難することは公正だ、という主張を否定するのは難しくなるのである。(Sher 2006, 63)

実際に、上に挙げられた二人の人物のどちらを非難することも公正ではない。なぜなら――貪欲な行為が一時的なものであるにしても、〔性格特性から〕自動的に生じてくるものであるにしても――いずれの人物も自分ではコントロールできない諸要因による形成を受けてきたのだからである（一方の人物は道徳的な良心の呵責を欠いており、他方の人物は道徳的な気概を欠いているのだが、このいずれの性格特性も彼らが自分で形成したものではない）。

シェーはここで、飽くことなき貪欲に駆られている人物を非難することへと強く傾いているが、これは示唆的である。シェーの見方によれば、もしもスクルージが比較的満足のいく環境に生まれ、苛酷な貧困の影響を受けなかったとしたら、そのようなスクルージは、若い時期の絶望的困窮の爪痕を残す、実際の彼ほどに非難されるべき人物ではなかっただろう、ということになる。シェー――およびフランクファート――にとって、このシナリオは二つの理由で説得力をもつ。第一の理由は、シェーもフランクファートも、熱心な吝嗇者、本意からの中毒者、満足した奴隷、といった人々を形成した実際の過程に詳しく目を向けてはいない、ということである。また、第二の理由は、「誠実さの意味すら分からないというほどに性根から腐敗している」人物が、時折嘘をつくだけの人物に比べると、より深刻に、より徹底的に、そしてより大きな「本人性をもって」不誠実である、というのとちょうど同じく、本意からの奴隷であるような人物――それゆえ、隷属をすすんで受け容れ、それと自己同一化している人物――は、より深刻かつ根深く奴隷的な人物であろうから、ということである。しかしながら、私たちが、深刻な欠点を抱えた人物としての「満足した奴隷」を注意深く調べるとき、その人へのあらゆる非難は、その人を形成した過程ゆえに、疑問視されるようになる。その人物は隷属状態に深く専心しているが、注意深い考察によれば、その深い専心《コミットメント》は、深刻な隷属状態に陥ったその人への非難を正当化するものではなく、むしろ、その人を隷属状態に陥らせた過程が、いかに残酷で徹底したものであったかを証し立てるものとなる。どんな努力もまったく示そうとしない生徒や学生は、「より大きな本人性をもって怠惰」である。電気ショックを受けて否応なく縮こまってしまう犬は、時折そうするだけの犬に比べて、消極性がより深く根づいている。だが、時折そうするだけの犬は強制的な電気ショックをたまたま一度だけ受けただけだが、否応なく縮こまってしまう犬はつながれて動き回れない状態で何度も電気ショックを受けた[290]、ということを私たちが知らされるならば、残忍な目に遭わされて学習性無力感に陥り、根深い消極性をもつようになった犬（および、度重なる虐待で消極性が深く根づいてしまった犠牲者）を非難することが公正であるとは、とても思えなくなるであろう。

ギャリー・ワトソンと非難

ロバート・ハリスの事例は、ギャリー・ワトソンと、彼による道徳的責任の固守《コミットメント》に困難をもたらす。しかしワトソンは――シェー、フランクファート、デネットらと同じく――道徳的責任の固守を断念することに抵抗し、〔道徳的責任のシステムの〕また違う場所に調整を加える。彼の調整はシェーのそれと同じ方針でなされており、シェーのそれと同程度の説得力を備えている。ワトソンはロバート・ハリスの、人に激しい動揺を与えつつも涙を誘う物語によって、道徳的責任、および応報の感情への疑いに駆り立てられる。監獄の中にすら絶えざる脅威があった。同室の死刑囚は、ハリスの死刑執行を待ち望んでいた。ハリスが犯した凶行を聞いて、復讐への衝動をおぼえるのは容易なことだ。だが、ハリスの物語には前日譚が存在する。ロバートの父は暴力的でサディストの男であり、妻と子どもたちすべてに虐待を加えていた。父はロバートを特別視していたようである。というのも、彼はロバートの〔生物学上の〕父親が別の男性ではないかと疑っていたのだ。この疑いが原因で、ロバートの母に対する父の扱いはとりわけ残忍なものになった。そしてその結果、ロバートの母は次第にロバートを憎むようになり、彼にはどのような愛情も示そうとせず、彼女が受けている多大な仕打ちについて、ロバートを非難するようになった。ロバートの姉の一人は、幼い日の彼の状況について次のように述べている。「彼の話を聞けば誰もが痛ましい思いに駆られるでしょう。彼はひたすらに愛を切望していました。どんな形であれ、人と直に触れあうことを強く求めていたのです。彼はよく、私たちの母に近づこうとしました。そうして、せめて小さな手を母の足や腕にすりつけるだけでもしようと試みました。でも、母に触れることはまったくできなかったのです。母は彼を押し戻し、時には蹴飛ばしました。いつか、彼が母に近づこうとした時など、母のせいで彼は鼻を切り、血を流していました」(Watson 1987b, 273)。

おぞましい家庭生活に加えて、ロバートは――言語障害があったこともあり――学校では容赦ないいじめに遭っていた。一四歳のとき、彼は連邦少年拘置センターへ送致される判決を受けた。そこで最年少の収監者の一人であった彼は、他の収監者から繰り返しレイプを受けた。

ロバート・ハリスの凶悪な殺人の物語を聞くとき、応報的懲罰こそが適切な対応であるように思えてくる――ハリスはその犯罪のゆえに厳格な刑罰に相応しい、と。だが、彼の物語の全体を知るとき、ハリスへの〈正しい報い〉は前よりも問題含みなものに思えてくる。彼という残忍な人物を形成した残忍な環境について真剣に考えるとき、彼を罰することの公正さについての根本的な疑問が浮かんでくるのだ。ワトソンによる、ハリスの事例についてのコメントを引いておこう――「この事例は、〔彼への共感と反感の対立という問題よりも〕さらに個人の人格に深く関わる厄介さをもつ[291]。ハリスが残酷な人物であったことは、彼が置かれていた状況への反応として理解できるわけだが、私たちがそれを理解できるというこの事実は、単に彼への共感に根拠を与えるだけではない。その事実はまた、もしも**この私**が同じ状況を強いられていたなら、私が同じような悪人になっていたことも十分ありえたのだ、という考えにも根拠を与えるのである」(Watson 1987b, 276)。

だがこれは、ワトソンとしてはまったく許容できない結論である。仮にワトソンが〔彼の主張の通りに〕ハリスと同様の環境を経験していたとしても、ワトソンの遺伝的な構成は彼に特有のものであって、ロバート・ハリスとは異なっているのだから、ワトソンがハリスと正確に同じ形成過程を経ることはなかっただろう（とワトソンは主張する）。そしてワトソンはこのことを基礎にして、自らの有徳な性格が彼の誉れ《クレディット》として認められる[292]と言われてよい場合があることを見いだす。

何らかの要因が「私の中」にあって、それのおかげで私は、ハリスが置かれた状況に置かれながらも、邪悪な人物にならなかったであろう、と考える余地はある。そしてその要因が私の、いわゆる本質的な性質[293]に属しているのだとしたら、そのときハリスと私の違いは、私にとっての道徳的な運の問題ではな

290 原文では指示語が逆になっていたが生前著者に確認の上修正して訳した。

291 途中からの引用なのでやや分かりにくいが、ワトソンはこの前で「ハリスへの共感と反感の葛藤」という問題を指摘した後、それよりも深い問題（つまり私たち一人一人にありえた可能性の問題）の指摘に移っている。

292 原文の take credit for... は通常「……についての功績を認められる、……で面目を施す」の意味で、この場合の credit は賛辞そのものというよりも、賛辞、報賞、あるいは信望などの根拠になる功績や資質などを指している。「手柄」や「功績」ではやや意味が狭くなるので、ここでは「賛辞のゆえんとなるもの」として（やや大げさだが）「誉れ」の訳語をあてる。

> く、むしろ私たちが本質的に何者であるのかの問題となるであろう[294]。言うまでもなくこれは、私が〔どういう場合でも〕本質的に善人であるとか、ハリスは本質的に悪人であるとか、ということではなく、ハリスを打ち負かしてしまったのと同じ状況に置かれても私は堕落しなかっただろう、ということであるにすぎない。もちろん、私とハリスのこのような違いが、それ自体として私の道徳的誉れ《クレディット》とされる、という想定は奇妙なものであろう。つまり、この理由によって、私が祝福されるべき素晴らしい状態にあると見られるとしたら、それは私が私自身であることによって祝福されるべきだ、ということになるであろう。だが、そうだとしても、私とハリスのこのような違いはやはり、例えば私が身につけうる道徳的な徳のような、私の誉れ《クレディット》であるものを説明するものだとはいいうる。この見方が逆説めいて見えるのは、〈私の道徳的誉れ《クレディット》の基礎となるものは何であれ、それ自体も私の誉れ《クレディット》である〉と想定する場合に限られるが、私はそのように想定すべきだという説得力ある理由を何も見いださない[295]。(Watson 1987b, 279)

ワトソンは、「私たちが本質的に何者であるのか」という考察に強いこだわりを見せているが、これは彼が、私たちを私たちたらしめる要因として「運」が多大な役割を果たすことを一方では認めながらも、あくまで、彼が有している徳は真正に彼自身のものとして保持したいと思っているためである。一体なぜ、私たちの本質を確立させる要因として、人生初期の環境よりも遺伝的素質の方が優先されるべきなのか、その理由ははっきりしないが、ここでの関心事はそれ以外のところにある。つまり私たちが、〈性格の瑕疵〉と〈非難の瑕疵〉の区別(ここでは、それぞれに〈性格の徳〉と〈報賞の徳〉が対応する)をよく認識するなら、ワトソンが立てようとしている区別は、遺伝的素質であれ、それ以外のものであれ、およそ本質なるものに訴えずに可能となる〔ワトソンはそれらに訴えるとしても〕ということだ。要は、ワトソンは有徳であり、ハリスは邪悪である——その有徳さも邪悪さも、彼らそれぞれにとっての根深い性格特性である——ということだ。この結論を引き出すために、彼らの遺伝的な〔祖先にさかのぼる〕歴史なり、〔性格〕形成の歴史なりを参照する必要はない——ハリスの凶悪な犯罪は、彼自身の〈性格の瑕疵〉からの帰結であり、つまり、その犯罪は彼自身に属する瑕疵に発したものであり、あるいは、一定の目的を意図した邪悪な行為がその瑕疵からもたらされた、ということであるし（ハリスが被害者を殺害したのは単なる偶発事ではないし、誰かに強いられたことでもない）、ワトソンの有徳な性格と有徳な行為についても同じことが言える。だが、この結論は、ハリスがその邪悪な所業のゆえに正しい非難に相応しいこととの証明にはならない。ワトソンについても同じである。ワトソンの道徳的徳は彼自身のものであり、彼の性格に深く固定されている。ワトソンの道徳的徳が彼自身の〈性格の徳〉であると認識するために、何がそれらの原因や基礎となったのかを解明する必要はない。しかしながら、ワトソンが、彼の道徳的徳に対する賞賛と報賞に相応しいかどうか――彼の徳はまた〈報賞の徳〉でもあるのか――を確定させようとするとき、その問いは無視できないものとなる。単にワトソンの徳を認めるだけのことで、私たちは自動的に、そして正しく彼を賞賛していることになるのだ、と想定してはならない。いや、たしかにそのように想定してもよいのだが、その場合、それは単なる評価の言明としてである――「ワトソンは有徳な人物であり、それは彼の幸運だ」というように[296]。この言明には「ワトソンは美男子であり、それは彼の幸運だ」という言明同様、ワトソンがその徳や顔立ちのゆえに賞賛に相応しい、という含意はない。

　ワトソンは真正の徳を有しており、それは独特で比類なき個人としての彼のものである。だが、彼がその、実際彼のものである徳のゆえに「賛辞《クレディット》に相応しい」とか、「報

293 essential は哲学用語としては「本質的」が一般的だが、本書での用法からすると「欠かせない」「不可欠の」と訳す方が意味が明瞭になる場合が多く、大抵の箇所ではそのように訳している。しかしこの議論では「本質主義（essentialism）」という哲学的立場を論じており、「本質的」の訳語を当てる。

294 このように「その人が本質的に何者であるか」という問題をも運の問題に含め、そのような「運」を「構成的運（constitutive luck）」と呼ぶ場合もあるが（訳注234参照）、ここでワトソンは「運」を非構成的な、外的状況に左右されるものに限定して理解しており、またこれはたしかに「運」についての日常的な捉え方に近い。

295 やや分かりにくいが、ワトソンが例えば遺伝的な素質の違いによってハリスのような堕落を免れたとするとき、「堕落を免れた」ことやそれを可能にしたワトソンの有徳さは賞賛されるべき「誉れ」である一方、その基礎となった遺伝的素質それ自体は、ワトソンにとっての本質的な要素であり、ワトソンの有徳さを説明するものではあっても、それ自体が賞賛されるべき「誉れ」と呼ぶべきものではない、ということであろう。

296 ここは筆者が「賞賛」の中に「正しい報い」や道徳的責任を含意しないケースもありうると認めている部分として、注目すべきかもしれない。

賞に相応しい」と言うのは、それとはまったく異なることである。私たちは、ワトソンはその有徳な性格と、彼の自己コントロールの下で遂行される、力強く、自信に裏打ちされ、確かな結果をもたらす有徳な行為について、幸運だった（それゆえまた報賞に相応しいとはまったくいえない）と結論してよい。〔とはいえ〕私たちはある人物が「賛辞《クレディット》に相応しい」ことを否定するからといって、その人物の適格性《コンピテンス》、徳、自己コントロールといったものを否定しているわけではない。彼女はたしかに、立派で、思慮深く、勇敢で、自主的で、自己コントロール力のある性格であり、またそのような性格に由来するそのような行動をなすのであるが、だとしても私たちはそのような性格や行動のゆえに彼女が賞賛や報賞に相応しい、ということは否定する。それでもなお、彼女が報賞に相応しいといえるための論拠を提起する人はいるかもしれない。だが、それはあくまで彼女の〈報賞の徳〉をめぐる論証なのであって、彼女に真正な徳があるかどうか〔〈性格の徳〉についての問題〕を確定させることで決着が付く問題ではない。

マイケル・マッケンナ・本質的性格特性・非難

人は〈性格の瑕疵〉と〈非難の瑕疵〉の区別を認識し損なうとき、どのような人物に道徳的責任があることになるのかについての「深い」ないし「本質的な」概念を明確にするという、厄介な問題を抱え込み、その結果諸々の深刻な困難に陥ることになる。マイケル・マッケンナはまさにこのような発想に沿った取り組みを進めているので、それを検討してみよう。マッケンナはワトソンを批判しているのだが、この批判は、ワトソンの本質主義[297]を擁護するという文脈においてなされる――「だが私が、まさに私が経てきた通りの歴史を経てきたという事実を踏まえると、私にとって明らかに可避的であったような一定の選択肢が存在していることになる。これは避け難い限界であり、そこには、今現在の私がどのような者であるのかという、私の本質的な特徴が反映されている。今現在の私は、〈私自身の最善の知識に照らせば〉ハリスのような潜在的犯罪者**ではない**」（McKenna 1998, 140）。マッケンナはこのように、彼自身が本質的に善良であることへの満足感を表明した上で、以下のように続ける。

おそらく彼〔ワトソン―引用者注〕は正しい。私たちの多くは、自分の性格が成立する時期を、実際とは極めて異なる仕方で過ごしたとしたら、実際とは極めて異なる人間になっていたかもしれない――例えば道徳的に傲慢な人間になっていた可能性もあった――のである。ワトソンは、このような考え方が私たちの反応的態度[298]に影響を与えると示唆しているが、私にはそうは思えない。「人を非難してはならない」という考え方は、この種の事例では説得力をもたないように思われる。というのも、私たちがそのような人間になっていたかもしれないという可能性をそこで真剣に受け取ることは難しいからである――**私たちは今現在、そのような人間ではまったくない**のだから。さらに言えば、私たちの多く、恐らくはほぼ全員にとって、自分がそのような**人間では**
ありえない、ということが、自分自身の現在の自己にとって**本質的な**ものとなっている。「人を非難してはならない」、という直観が私たちの心情をつかむのは、私たちの現在の自己が、〔非難の相手と〕同じ種類の道徳的瑕疵を共有しているか、あるいは最低限、同じ種類の**潜在的な**道徳的瑕疵を共有している場合に限られる。（潜在的な道徳的瑕疵、ということで私が念頭に置いているのは、例えば、よくいい気になって大食いをしてしまう、**ということが事実成り立っている**人物である。彼女は、実際には一度も酒を飲んだことがなかったとしても、酒を飲みたいという強烈な欲求に**囚われやすい**かもしれない。彼女の食べものの誘惑に対する弱さを考えれば、自分が、それと同じく〔アルコール〕飲料[299]の誘惑にも弱い理由に、彼女が気づくことは容易である）。（McKenna 1998, 140）

ここでマッケンナは、自分にはハリスを非難する権利があると主張している。というのもマッケンナによれば、――自分は本質的に立派な性格なのであり――ハリスにまざ

297 事物や人物に、それをそのものたらしめている「本質」を（単なる便宜上の概念としてではなく）積極的な意味で認める立場を本質主義（essentialism）という。ある人物の、外的状況に左右されない固有の本質を積極的に肯定するワトソンやここで引かれるマッケンナの立場は、本質主義の一種と言える。

298 P・F・ストローソンに由来する「反応的態度」については注238を参照。

299 ここでの「飲む」の原語は drink で、「酒を飲む」と解するのが自然だが、単純に飲料全般への嗜好と解せなくもない。

まざと表れているような瑕疵を自分が抱えるような可能性はないのだから、というのである。だが、ここから導かれるのは、あからさまに不公正な状況である——それは、この私が安全な共同体に属する愛情ある家族のもとで育ち、幼児虐待や、少年「司法《ジャスティス》」システムの苛酷な処分《テンダー・マーシー》にもさらされなかったという多大な幸運に恵まれてきたため、私自身が、幼いハリスのように、(この私のような人物にはならずに)残忍で気まぐれな殺人者へと成長を遂げることなど想像すらできないのだから、ハリスに道徳的責任があると見なし、彼を糾弾して厳しい刑罰を受けさせる権利が私にはあるのだ、と言っているようなものである。デイヴィッドを考えてみよう。彼は私と正反対の、よくない人生行路に生まれ落ちた——虐待的な家庭で育ち、少年期はたちの悪い仲間と徒党を組み、かろうじて逮捕の手を逃れるような所業を無数に重ねた。デイヴィッドが新入生として高校に通い始めた頃、格別に熱心な歴史教師がデイヴィッドを強く気にかけるようになり、デイヴィッドの怒りとエネルギーをもっと生産的な道へと向け直して、デイヴィッドを励まし、駆り立て、どうにか大学へと進学させた。デイヴィッドは、深刻な犯罪への道に進んで当然だったはずの彼の歩みに介入し、その方向を変えてくれる素晴らしい教師に出会った点で、非常に幸運である。こういうデイヴィッドは、最終的にロバート・ハリスが犯したのと匹敵する残忍な殺人に至る道を自分自身が進んでいた様子を、十分に想像できる。現在のデイヴィッドは尊敬される、才能ある歴史学の教授であるが、それでも、自分がいかにたやすく、まったく違う人生に進みかねなかったのかが分かっている。実のところ、デイヴィッドは未だに、苛酷な幼年時代の所産として、アンガーマネジメント[300]を要する場面に出会う。それでも、彼には優秀なセラピストとよい友人たちがおり、自分の問題をコントロールできている。とはいえ、そんな今になってもデイヴィッドは、自分が粗暴で破壊的な怒りを噴出させてしまう様子をたやすく想像できる。実のところ、彼はこの可能性を切実に自覚しているからこそ、セラピストによるアンガーマネジメントの講習〔セッション〕を、欠かさず受け続けているのである。現在のデイヴィッドは、温厚で、親切で、愛情深い人物であり、友人たち、家族、学生、同僚から慕われている。ところが彼は、自分自身がまったく違う人物である様子を想像することに、何の困難も感じない。そしてそれゆえに——マッケンナの考察に照らせば——デイヴィッドには、ロバート・ハリスを道徳的に責任ある者だと見なす〔それによって彼を非難する」ことが許されておらず、他方で（彼らのような苛酷な過去をもたない者としての）私たちは、自信満々で、のうのうと、心底満足してロバートを非難することができる、ということになるのだ。

　ワトソンとマッケンナの主張の本質には、鋭い洞察をはらむ要素がある。しかしながらその鋭い洞察は、道徳的責任の擁護のために用いられると、悪しきものに転じてしまう。ワトソンの本質主義は次の一節によく示されている――「何らかの要因が『私の中』にあって、それのおかげで私は、ハリスのような状況に置かれながらも、邪悪な人物にならなかったであろう、と考える余地はある。そしてその要因が私の、いわゆる本質的な性質に属しているのだとしたら、そのときハリスと私の違いは、私にとっての道徳的な運の問題ではなく、むしろ私たちが本質的に何者であるのかの問題となるであろう」(Watson 1987b, 279)。そしてマッケンナもまた同様の主張を繰り返している――「『人を非難してはならない』という考え方は、この種の事例では説得力をもたないように思われる。というのも、私たちがそのような人間になっていたかもしれないという可能性をそこで真剣に受け取ることは難しいからである――**私たちは今現在、そのような人間ではまったくない**のだから。さらに言えば、私たちの多く、恐らくはほぼ全員にとって、自分がそのような人間**ではありえない**、ということが、自分自身の現在の自己にとって**本質的な**ものとなっている」(McKenna 1998, 140)。

　ワトソンとマッケンナはロバート・ハリスのような人物になりえるはずがないというのは真実そうなのかもしれない。私としては、「何らかの要因が『私の中』にあって、それのおかげで私は、ハリスが置かれた状況に置かれながらも、邪悪な人物にならなかったであろう」という、ワトソンのより強い主張は、少々疑わしいと思っている――つまり私は、ワトソンであれ、マッケンナであれ、他の誰であれ、「善良さの本質」を授かっていて、その本質によって、たとえハリスが堪え忍んだ、ほとんど想像もつかないほど恐ろしい状況によって――幼少期から成人に至るまで――〔性格〕形成を受けたとしても、邪悪で残忍な人物に

300 アンガーマネジメントは心理療法ないし心理教育の一種で、わき上がる怒りに適切に対処する訓練を当人自身が行って身につける。三三頁でも登場していた。

ならないように保護されるだろう、という考え方は疑わしい、と思っている。だがこれは別の問題である。マッケンナが焦点を合わせようとしているのは、より正確に言えば、私たちは今現在、ハリスのような人物ではまったくない、ということである。そしてまた、もし仮にマッケンナが残忍で無慈悲な殺人者になったとしたら、**その殺人者となった人物はもはやマッケンナではない**、ということである。つまりマッケンナのような、現在、善良で立派な人物が、サディストで気まぐれな殺人者に変貌する可能性もひょっとしたらあるのかもしれないが、その場合、その変貌した殺人者は、洞察深い哲学的著述を行う、穏やかで自己反省的な人物と同一の人物ではなかろう、ということだ。そしてこれこそマッケンナが、私たちが現在ある通りの私たちであるためには「そのような［ハリスのような］人間**ではありえない**、ということが、自分自身の現在の自己にとって**本質的な**ものとなっている」(McKenna 1998, 140) と述べることで捉えようとしている論点なのである。

　私の若い頃の恋人が「あなたが白髪頭でしわだらけになっても、わたしの愛は変わらないわ」と請け合ってくれたとしたら、それは彼女の熱い思いの、心に染みる、そして安心を与えてくれる証言となるだろう。ここで私は安心感をもっと強めたいと思い、こんな問いかけをするかもしれない。「ぼくがハゲ頭で太鼓腹になっても、愛してくれる?」彼女がこれにも同意してくれたら、私はやはり安心する。ところが、私がこの種の問いを先に進め、それにも彼女が同意するとしたら、それはむしろ困惑を招くものになる。つまり私はこう問いかけるのだ――「ぼくが、右翼の武装暗殺グループのリーダーになっても、愛してくれる? 悪い魔法使いがぼくをカエルに変えてしまっても、それでも愛してくれる?」彼女がこれにも同意した場合、いったい、彼女は本当に**この私**を愛してくれているのだろうか、という疑いが私の中にわきあがるかもしれない。

　正直なところ私は、私たちの本質的な性格特性なるものについて懐疑的なのだが、それは問題なしということにしておこう。問題なのは、たとえ、この種の本質主義を私たちが容認したとしても、それが道徳的責任に根拠を提供することにはならない、ということだ。ワトソンとマッケンナは、「瑕疵を見いだすこと」や「誉《クレディット》れを認めること」の二通りの意味を混同しているのである。ワトソンの次のような指摘に注目しよう――「だが、そうだとしても、私とハリスのこのような違い［ワトソンは強く、ハリスは弱いという違い――引用者注］はやはり、例えば私が身につけているかもしれない道徳的な徳のような、私の誉《クレディット》れであるものを説明するものだとは言いうる。この見方が逆説めいて見えるのは、〈私の道徳的誉《クレディット》れの根拠であるようなものは何であれ、それ自体も私の誉《クレディット》れである〉と想定する場合に限られるが、私は、そのように想定すべきだという説得力ある理由を何も見いだせない」(Watson 1987b, 279)。それが何であれ、ワトソンの善良な性格を形成した、遺伝ないし条件づけに由来する諸力は「例えば私が身につけているかもしれない道徳的な徳のような、私の誉《クレディット》れであるものを説明する」のに役立つだろう。それらの諸力は、ワトソンが現実に、奥底からの、そして本物の善良さを備えた人物であること、そして彼の有徳な性格が表面的なものではなく、むしろ彼という人物の中に固く根づいたものであることを、確証するだろう。この意味では、それ〔ワトソンの善良さや有徳な性格〕はワトソンの誉《クレディット》れである(それは気まぐれや外的強制の産物であるわけではない)。ワトソンの善良な性格は正真正銘ワトソン自身のものである。だが、ワトソンには彼の善良な性格に対する道徳的責任がある、と想定するのは、これとは非常に異なったことである。そして、今述べた〔道徳的責任をめぐる〕点についての疑いは、ワトソン自身が投げかけている次のような疑いと同じものではない――「この見方が逆説めいて見えるのは〈私の道徳的誉《クレディット》れの根拠であるようなものは何であれ、それ自体も私の誉《クレディット》れである〉と想定する場合に限られるが、私は、そのように想定すべきだという説得力ある理由を何も見いださない」(Watson 1987b, 279)。だが、本来投じられるべき疑いはむしろ、〈彼自身のものである〉という意味でのワトソンの誉《クレディット》れは、〈彼はそれのゆえに正しい賞賛や報賞に相応しい〉という意味でのワトソンの誉《クレディット》れと同じものではない、ということをはっきり認識することから持ちあがる[301]。もしかすると人は、「性格の誉《クレディット》れ」を有する場合には常に「〈正しい報い〉の誉《クレディット》れ」

301 ここで著者は「瑕疵」と訳した fault の二義性に対応する二義性を「誉れ」と訳した credit に見いだそうとしている。訳語の「誉れ」は、もともと「誉められて（=賞賛されて）当然の」のような意味で、字義的には賞賛や報賞と結びついた言葉であり、賞賛や報賞と切り離した意味で解しにくいという難点はある（ただしこれは英語の credit に関しても言えることである）。それでも「誉れ」を単に「肯定的評価のゆえんとなるもの」と理解した上で、「ただ肯定的に評価すること」と「肯定的評価にもとづいて、相手に賞賛や報賞という特別の善を付与すること」を分けて考えることは可能であり、ここではその区別を理解して頂きたい。

に実際相応しいのかもしれない——すなわち、〈性格の徳〉と〈報賞の徳〉（そして〈性格の瑕疵〉と〈非難の瑕疵〉）は外延を等しくする〔まったく同じ対象に当てはまる〕のかもしれない。だが、これを主張するにはしっかりした論証が求められるのであり、私は、およそその種の論証はどれもうまくいかないのではないかと思っている。というのも、ワトソンは現実に、奥底から、根本的に有徳な人物である（すなわち、彼は〈性格の徳〉を有している）のだが、だとしても彼は自分の徳に対する道徳的責任をもちはしないのだからである。なぜかといえば、彼は単に、彼を有徳な人物へと形成した環境で成長するという幸運に恵まれていただけなのだから（あるいは——彼の幸運がより明確になる想定として——有徳さへ向かう遺伝的傾向性という、ハリスには欠けていた素質を備えていたからである）。もしかすると、今述べたことは誤りかもしれないが、ワトソンが認めている通り、それは誤りだとしても明白な誤りであるわけではない（なにしろ、ワトソンは、ハリスの事例により、ハリスの道徳的責任と、ハリスを非難することに正義があるのかについてためらいを抱くに至ったのだが、ハリスの残忍な性格については何の疑問も抱かなかったのだから）。

瑕疵《フォールト》の二つの意味〈性格の瑕疵〉と〈非難の瑕疵〉を区別するとき、本質主義的な基盤を想定して道徳的責任に支えを与えようとする試みは切り下げられる。だが幸いにも、この区別を立てるとき、道徳的責任が必要だというワトソンの主張の主な理由もまた消失する。つまりそのとき、私たちは〈非難の瑕疵〉（および道徳的責任）を退けながら、同時に、例えば〈ハリスは邪悪で道徳的に悪しき人物である〉のような道徳判断を下すことができるようになるのである。そして、私たちはハリスとワトソンを形成した歴史を研究し、その歴史を理解しようと試み、彼らにおける悪徳を減らし徳を増大させるための見直しや改善の方法を学び、彼らへの反応的態度〔つまり、人間らしい関わり方〕[302]を維持する（あるいは少なくとも、彼らへの反応的態度に、維持されるべき価値を認め続ける）。「本質的性質」を持ち出すという無謀な戦略をとるよりも、むしろ「瑕疵を見いだすこと」に二つの意味を区別すれば、容易な解決が得られる——私たちはじっさい、誰かの瑕疵を見いだすことができる（そしてこれは、私たちが同様の瑕疵を抱える見込みが大きいかどうかには関わりがない）のであり、私たちにとって価値あるものとしての反応的態度のためには、これで十分である。しかるにこれは、人々はその瑕疵のゆえに非難や刑罰に相応しい、と結論づけるのとはまったく別のことである。私たちの結論はまた、規模の大きな瑕疵、さらには、普遍的な瑕疵に目を向ける道を開くものでもある――（近縁の類人猿であるボノボと比較すると）私たち人間は、普遍的に（すなわち生物種として）、攻撃性という瑕疵を抱えているのかもしれない。そして、ドゥ・ヴァールが示唆するように、このような攻撃性はしかるべく認知されて改善の試みがなされてしかるべきであろう。「瑕疵《フォールト》」の意味のこのような区別は、このように重要なものである。（つまるところ、核兵器と好戦的な政治家たち――彼らの人気は、強そうな横顔と、挑発的な話術に長けていることにより支えられているようである――のいる時代においては、人間の攻撃性という問題への対処法は検討されてしかるべき課題かもしれない。〈それは普遍的な性質なのだから、実は欠点とは呼べないのだ〉などと決めてかからない方がいいかもしれないのである。）

自然主義を退ける人であれば、人の徳を誉《クレディット》れとして認めることも、ハリスの邪悪な性格と行為のゆえに彼を非難することも、たやすいことだろう――つまりハリスは犯罪と残酷性への道を自ら選択したのであるし、私たちはみな、有徳さへの道を自由に選択するのであって、私たちはみな、遺伝的な［祖先にさかのぼる］歴史や［性格］形成の歴史がどのようなものであっても、そうした不可思議な神のごとき選択をなしうる力をもっている、ということである。だが、自然主義的な枠組みの内部で非難と道徳的責任を救おうとする場合、私たちはシステムの別の場所で過大な調整を行わねばならない――この場合、〈邪悪であったり有徳であったりすること〉と〈それらの性格特性のゆえに非難されるべき[303]であること〉との間にある区別に、目をふさがねばならないだろう。道徳的責任を自然主義の内部で救うことは可能だとしても、そのためには、私たちの道徳判断の過度の単純化や、あるいは公正さに関する基礎的な信念の放棄といった仕方で、システムを歪める必要があるのだ。そうなると、〈果たしてそれは救う価値のあるシステムなのか?〉という問いかけが生じる。私たちは、自分た

302 「反応的態度」とそれをめぐるストローソンの議論は注238を参照。ここでは、通常の人間以外の対象に対する場合や、あるいは精神疾患を診断する場合のように、客観的、分析的、第三者的な態度で接する態度と、人間らしい関わりとしての反応的態度が対比されている。

303 「**非難あるいは賞賛**されるべき」となっていないのは、単純に文脈上の省略かもしれないが、「非難」こそより問題であるという判断か、あるいは、著者が「相応しさ（desert）」にもとづかない「賞賛」の余地を認めていること（訳注296参照）に関連するのかもしれない。

ちの基礎的な公正さの感覚か、それとも近視眼的な非難のシステムか、そのいずれかを選択しなければならない。人がこの選択肢を前にして、どちらを選ぶべきか難しいと感じるとしたら、その理由はただ一つ、道徳的責任というシステムを、そのシステムにどのような瑕疵があろうとも保持させようとする、根深く惰性化してしまったコミットメントのせい以外にはないだろうと、私には思われる。非難のシステムを救うためには、場当たり的で、説得力にも欠ける調整をシステムに加える必要がある――そうすることで、人々を、彼らがコントロールしていたわけでも、コントロールできたわけでもない行為および性格特性のゆえに非難することが正当とされるのだ。「君がそれについて何もできなかったのならば、それについて君が非難されるのは正当なことではありえない」という原理〔シェーの言う「F原理」〕を、瀕死状態の道徳的責任のシステムを延命させるために放棄するというのは、説得力があるゆえに採用したというよりも、やぶれかぶれですがりついた方策であるように思われる。

シェーが言及する「ある人物の残忍さや、狡猾さ、不公正さなどへの糾弾と、端的な**その人物**への糾弾の間の」違いは（Sher 2006, 65）、――重要な違いをもたらす違いとして[304]――依然として残り続けている。スクルージの欠点は根深く、本物で、すさまじいものであり、またその欠点からは人を害する行動がもたらされる。だが私たちは、スクルージを、彼の本物の欠点のゆえに糾弾したり非難したりしないままで、彼の欠点をはっきり認識することができる――同じく私たちは、スクルージが現にある通りの人物であることを深く悲しみ、彼が違う人柄であればよいのに、そして将来、変われればよいのにと心から希望し（だから私たちは幽霊たちの彼への訪問を喜ぶのだ）、スクルージに改善をもたらしうる方法を検討し、子どもたちが彼のような性格特性を発達させてしまわないように予防しうるようなポリシー〔政策〕について研究することもまた、彼を糾弾したり非難したりすることなく、可能なのである。

私たちは〈引き受け責任〉を引き受けることができるし、それは良好な心理的健康にとって死活的な要素である。しかしながら、私たちに道徳的責任を引き受けることはできないし、〈引き受け責任〉の引き受けの失敗によって非難をうけるべきでもない。先に述べてきた、満足した奴隷、「自分からやってみようとすらしない」生徒や学生、つれあいから虐待を受けても「自分から助かろうとしない」女性、シャトルボックスの〔高くもない〕仕切り板を飛び越す努力をしようとしない犬——彼らはすべて深刻な欠点を抱えており、それは多大な不幸に由来する彼らの瑕疵であるが、とはいえ彼らはその瑕疵ゆえに非難に相応しいことにはならない。あるいは、いずれにせよ、ある個人に瑕疵があること、および、私たちが引き受け可能なタイプの責任が存在しているということを確かなこととして認めたとしても、人々にはその性格や行動に対する道徳的責任がある、という主張が確かなものとして認められることにはまったくならないのである。

304「重要な違いをもたす」と訳したmakes a differenceは、単に「重要性をもつ」のような意味でも用いられる表現だが、関係節の先行詞もa difference なので「違い」を表に出して訳出した。

第一〇章　道徳的責任の否定からは何が帰結しないか
——道徳的責任なしで道徳的に生きる[305]

広く行き渡った信念によれば、道徳的責任は、道徳判断、道徳的評価、道徳的行為の必要条件だとされる。ピーター・ヴァン・インワーゲンがこの立場を採用している。

> かつて私は、道徳的責任の存在を否定する哲学者たちの話に耳を傾けたことがあるが、その話を真面目に受け取ることはできなかった。道徳的責任の実在性を否定する論文を書いた哲学者を私は知っているが、この同じ哲学者が、自分の本が何冊か盗まれたときには「なんと**下劣な**行為だ！」と言ったのだ。だが、およそ誰であれ、ある行為が下劣だ、という発言と、その行為を遂行した行為者には、行為の時点で道徳的責任がなかった、という発言を、**共に**整合的なものとして行うことなどできはしないのである。(van Inwagen 1983, 207)

C・A・キャンベル(Campbell 1957, 167)は同様の主旨で、正しく相応しい《ジャストリイ・デザーブ》賞賛および非難を否定することは「道徳的生の否定を意味する」と断言する。F・C・コプルストンは、もしも道徳的責任がなかったとしたら「ネロ皇帝とアッシジの聖フランシスコの間には、客観的な道徳的区別がまったく存在しないことになってしまう」と主張する(Copleston 1965, 48)。スーザン・ウルフは、もしも道徳的責任がなかったとしたら、私たちは「どうあるべきであり、どうあるべきでないか、という観点から思考することを止めてしまう」に違いない、と明言する(Wolf 1981, 401)。ジェフリー・マーフィーの主張では、道徳的責任の消滅はすなわち「それを基礎とする、人類の道徳的意義の消滅」を意味するのであり、「その消滅は実のところ、人々の自分自身の道徳的意義の終焉を意味するであろう」ということになる(Murphy 1988, 400)。J・アンジェロ・コーレットは、道徳的責任の否定から何が帰結するかについて、こう述べている――「因果的決定論[306]が、ハード決定論[307]において理解される意味で真理であったならば、倫理と道徳的責任は何ら意味をなさないものになってしまい、他者への許しのような道徳的実践すら、大した意味をなさない事柄になってしまうだろう」(Corlett 2006, 123)。〔原注11〕

この――道徳的責任がなければ道徳判断はありえないという――広く支持されている前提が、哲学的論証において用いられる場合、そこには二通りのやり方がある。一つは、道徳判断の存在から出発し、道徳的責任の存在へと進む論証である。この論証はカントが展開した論証として有名である――それによれば、道徳法則は私たちが道徳的に生きるように、そして今よりもよい人間になるようにと私たちを義務づけるのであり、そこから「そうなることができるのでもなければならないことが不可避的に帰結するのだからである」(Kant 1960, 46)〔邦訳六七頁、訳文一部変更[308]〕。もう一つのケースでは、道徳的責任の否定からは、その道徳的責任の廃絶論者たちが把握し損ねてきた、悲嘆すべき帰結がもたらされる、という論証の中で、先の前提〔「道徳的責任がなければ道徳判断はありえない」〕が使用される。そしてこの論証にはしばしば、次のような副次的な論証が組み込まれる――すなわちこの、ひどく忌まわしい帰結を本当に受け容れられる者など誰もいないのだから、私たちはどんなコストを払ってでも、道徳的責任を決して手放してはならない(そのコストの中には、幻想を信奉すること

305 この副題 Living Morally without Moral Responsibility は、現代における(道徳的責任廃絶論をも含む)自由意志懐疑論の重要文献である、ペレブームの *Living without Free Will* (Pereboom 2001) を念頭に置いたものかもしれない。

306 「因果的決定論(causal determinism)」とは、過去の状態と自然法則のみによって宇宙のすべての未来の経過が決定されているという立場であり、通常、単に「決定論」と言えばこの立場を指す(訳注51参照)。この立場は現代の量子力学において見直されているが、本書の範囲では、「因果的決定論」を「自然主義」に置き換えて理解すれば、伝統的な自由意志問題をほぼそのままの形で受け継ぐことができると考えてよい。

307 「ハード決定論」は「硬い決定論」とも訳され、いわゆる「両立論」を退け、日常的な自由意志概念と(因果的)決定論の両立不可能性を支持しつつ、同時に(因果的決定論)を支持する立場。訳注51も参照。

〔原注11〕道徳的責任の否定が真正な道徳の否定を含意する、という仮定はこれ以外にも、例えば Hospers 1958, Hintz 1958, Rychlak 1979 などに見いだされる。このような思想に対する近年の異議申し立ては、ローレンス・ブラム(Blum 1980, 189)、ジュディス・アンドレ(Andre 1983)、マイケル・オオツカ(Otsuka 1998, 695–698)らが行っている。

308 「そこから」の前は原文とは少し違っており、原文は以下の通り「私たちはいまよりもよい人間になるべきだと道徳法則が命令するのであれば」。

（Smilansky 2000）や、道徳的責任の排斥を検討することの拒否（Strawson 1962）すら含まれる）――このような論証である。〔この潮流に対する偉大な例外はサルトル〔Sartre 1946/1989〕であり、彼は、客観的な道徳判断の非存在から出発して、道徳的責任の存在を論証する。〕

一つ目の論証を考察しよう。この論証は次のように進む。〈もしも道徳判断が存在するならば、道徳的責任が存在するのでなければならない。しかるに、道徳判断は存在する。ゆえに、道徳的責任が存在するのでなければならない〉。この論証はモドゥス・ポネンス[309]の形式でなされており、それゆえ論証の〔形式的〕妥当性に異論の余地はない。だが、論証の健全性についてはどうだろうか？〈道徳判断が存在するならば、道徳的責任が存在するのでなければならない〉というのは真実だろうか？ 道徳的責任は道徳判断の必要条件なのか？ 一歩退いて、この主張によく目を向ければ、哲学者たちが一般に想定しているほどにこの主張が明白だと見なすのは難しくなる。実のところ、何人かの注目すべき哲学者たちは、この主張が明白な真理であることを否定しただけではなく、それが明白な虚偽であるとまで主張してきた。例えばジョン・スチュアート・ミルは、たとえ私たちが道徳的責任を信じていない場合でも、私たちはなお「善良であることの尊さと、その反対〔つまり悪〕であることの厭わしさに対する、至上の、最も強い感覚を維持できる」と断言している（Mill 1865/1979, 456）。より近年ではハリー・フランクファートが、道徳的嫌悪、さらには道徳的軽蔑の判断は、道徳的責任の否定と整合的である、と明言し（Frankfurt 1973, 79）、ジョナサン・ベネットは、道徳的責任、および正当化された賞賛と非難を斥けたとしても、それによって「私たちが、ある行為は善く、あるいは正しく、あるいは成功しており、他の行為は悪いもの、正しくないもの、失敗したものだ、と判断するときに依拠する価値の体系が脅かされることは微塵もない」、と明言していた（Bennett 1980, 31）。デーク・ペレブームは次のような結論を導き出した――「悪事をなした者は非難されて当然であるという仮定が、ハード非両立論的[310]な理由によって却下されるとしても、彼らがなしたのは実際、悪事であったという確信は正当に維持されうるだろう」（Pereboom 2001, 212）。実のところ、〈道徳判断は道徳的責任を信じることを要求する〉という原理には、数多くの例外が存するように思われよう。マルティン・ルター（Luther 1525/1823）は、人間たちに道徳的責任はまったくないと信じていた。それによれば、私たち人間は神により、神のはかりしれない目的に合わせて作り上げられたのであり、ある者は悪しき者として、しかも、自らの悪しき性格を改善する力を何も付与さずに作られ、他方でそれ以外の人々は――自分自身の選択や行為によってではなく、神の恩寵の賜物のみによって――義《ただ》しく有徳な者として作り出された、ということになる。ルターによれば地獄行きを定められた悪人にも、神の選びに与った有徳者にも、何らの道徳的責任もないのだが（その選びは全面的に神によってなされているのであり、パウロの言葉によれば「……人の意志……ではなく、〔ただ〕神の憐れみによる」〔『ローマの信徒への手紙』九／一六〕のである）、それでも悪人が道徳的に悪しき者であることは確かなことであり、幸運にも選びに与った者は本物の徳を備えているのである。ルターのこうした見解が（とりわけ自然主義者にとっては）どれほど奇妙なものに思われようと、人は道徳的責任なしでも、道徳的に悪しき人や善い人でありうる、というルターの主張に、不整合性はまったくない。ロバート・ハリスを形成したのは神という陶工[311]ではなく自然の諸力であるが、いずれであってもその形成は等しく、厳然として変えがたいものとして働いたのであり、その結果ロバート・ハリスは邪悪な人物になったのである――この主張は、彼のコントロールの力がはるかにおよばない諸力によって形成された性格に対する道徳的責任は、ハリスにはない、という結論と整合的である。

「スベキ」は「デキル」を含意するか？

あれほど多くの明敏な哲学者たちが、〈道徳的責任の否定は、道徳判断の否定を含意する〉という主張を明白だと見なすのはなぜだろうか？　一つの理由は、――前章で論じたように――〈非難の瑕疵〉と〈性格の瑕疵〉の区別を怠ったことにある。第二の重要な源泉は〈スベキ（ought）はデキル（can）を含意する〉という、カントの有名な原理である。カントはこの原理を、道徳における公理に当た

309　モドゥス・ポネンスについては二六九頁参照。

310「ハード非両立論」は（この文脈では）訳注307の「ハード決定論」とほぼ同じ思想。

311『ローマの信徒への手紙』の中の「陶工は、同じ粘土の塊から、一つを貴い器に、一つを卑しい器に作る権限があるのではないか」（九／二一）を下敷きにした表現。九一頁参照。

るものと見なしている――「私たちはいまよりもよい人間になる**べき**だと道徳法則が命令するのであれば、そこから、そうなることが**できる**のでもなければならないことが不可避的に帰結するのだからである」(Kant 1793/1960, 46)〔邦訳六七頁、訳文一部変更〕[312]。「スベキはデキルを含意する」はしばしば、哲学における会話ストッパー――すなわち、理に適った討議がおよぶ範囲を明確に限定する、倫理学理論における固定点――として提起される。イシティヤック・ハッジはそれを、倫理学における中心的な真理と見なし、それが「幅広い直観的な支持」を得ており、「道徳的義務[313]の概念に関する私たちの最善の諸理論のいくつか」における基礎的な定理として役立っており、それゆえまたそれらの理論によって妥当性を保証されている、と捉えている(Haji 2000a, 352)。その原理の「基礎的な定理」としての地位がハッジの言う通りのものかどうかは別にして、それが現代の哲学コミュニティの内外で幅広く受容されるという待遇を得ていることは疑いない。だが、そのような広汎な支持に、しかるべき保証はあるのだろうか?

〔ハッジによると〕ジョセフ・マーゴリスは、ギリシャ悲劇のアンティゴネーが、兄を埋葬すべき義務と、その埋葬を禁ずる王の法に従うべき義務という、二つの義務の両方に服していたと指摘している(Haji 2000b, 368)。それゆえ、アンティゴネーは、いずれも果たすべきである二つの義務の葛藤を抱えているのだが、その両方を果たすことは明らかに不可能であることになる。ギリシャ人にとって、これは不運ではあるが、しかし生ずることが不可能な状況だとは決していえないものである。ところがハッジは、まさにそれが不可能だと考える――「もしもここでの中心的主張が〈ある特定の状況、恐らくはその人物の不運な歴史に由来する状況によって、ある人物が『Aをなすべきだ』という全面的な道徳的義務と、『Aを差し控えるべきだ』という全面的な道徳的義務を同時に有するということは可能である〉というものだとすると……その場合私は、道徳的義務の概念についての、私が支持する種類の理論にもとづき、そのような状況は不可能である、すなわち、生じることがありえない、と言うだろう」(Haji 2000b, 369)。だがそうなると、古代ギリシャ人がこれと食い違う考え方をしたのは、いったいどうしたわけだろうか?

古代ギリシャ人は、世界が道徳的に好ましく秩序づけられていると確信できる度合いが、〔後の時代の人々よりも〕はるかに小さかった。彼らの神々は悪意に満ち、専横的で、残酷な存在であって、最善の人間的努力も、全宇宙的な気まぐれによってくじかれてしまう可能性があった。〈アリストテレスは違う意見だったが、彼の神学観が広く共有されることはなかった。〉〔この世には〕私たちがなすべきであり、かつまたそれを実現させようと努力するかもしれないが、それでも実現不可能であるような事柄が数多くあってもおかしくない、ということだ。その後何世紀も経過してから、このアリストテレスの神がキリスト教に統合され、このアリストテレス‐キリスト教の〈道徳的に好ましい秩序を与えられた宇宙〉という考え方が勝利した。この体系においては、義務〔当為〕[314]と能力は一致しているのでなければならない――義《ただ》しき神が、私たちの遂行能力を超えた義務を課すことはまったくないのだから。だが、神的な秩序を欠く自然的世界において、このような保証は存在しない。私たちがこの世界で進化してきた以上、この自然的世界が私たちにまずまず好適な待遇を与えていることは驚くことではない。だが、私たちの道徳的義務を私たちの力に適合させるというのは、自然選択〔自然淘汰〕が提供すると見込まれる事柄の範囲を超え出ている。人が、自分が負っている義務の源についてどのような信念を抱いているとしても、自然的世界が、私たちの義務の実行を援助するような仕組みにデザインされている、と想定すべき理由はない。カントが〈スベキはデキルを含意する〉の原理を支持したいと思ったのは、驚くことではない。なにしろカントは、自らの倫理学を、感性的なものが属する卑しい自然的世界から切り離し、倫理的行為というものを純然たる原理遵守に帰着させ、途方もない合理的能力と、外的影響を超越する力を備えた存在者以外の倫理的行為者を認めないようなものとして構想していたのだから〈それゆえ彼の倫理学は、人間の

312 このカントの主張は、道徳法則の一体性、整合性がまず前提され、その上で、そのような整合的体系の中に不可能な命令が含まれるはずがない、という順序で結論を導くものであり、これはたしかに問題含みの原理だとみなされる余地がある。一方、「スベキはデキルを含意する」は、ある行為が可能か不可能かを経験的に確証し、それに照らしてある規則が妥当な規則か不当な規則かを判定する、という順序で適用されるならば、異論の余地の少ない原則とみなされうる。とはいえ著者は厳密に（自然主義的に）考察されるならば事実上実行不可能な道徳的義務（スベキ）がありうることもまた認める立場である。

313 原語はobligationで、本書ではdutyと訳し分けず共に「義務」と訳すとは訳注205に記した。その上で、以上の用語で述べられる「義務」を「当為＝スベキ（ought）」つまり「なすべきこと一般」とは幾分異なるものとして理解することも恐らく可能なのだが、著者は「義務」と「当為」をほぼ同義の意味で用いている。この点は以下の議論においても注意が必要である。

314 著者が用いる「義務（obligation）」の概念についての注意事項は前注参照。

倫理的行為者を、ニュートンの決定論的な宇宙と、ヒュームの動物的な感情から切り離したところに据えるものであったといえる)。しかしながら、自然主義者たち——自然的世界とその諸力からの脱出などは望まない人々——がこの種の原理を信奉するとは驚きである。詳しく見ていくと分かるが、この「スベキはデキルを含意する」は、カントに匹敵する、飛び抜けて高尚な欲求と信念の持ち主でもなければ——すなわち〈自然的世界を超越し、人類に他の動物たちから切り離された地位を与えたい〉という反自然主義的な欲求と、〈何らかの神的な力がこの世界に道徳的秩序を付与したのであり、それゆえ私たちは、実行不可能な道徳的義務をもたされてしまうという不運な目には決して遭わないはずだ〉という信念をもつ人々を除けば——訴える魅力をほとんどもたない。リバタリアンの非自然主義者たちが一体なぜこの原理を大事にして手放したがらないのか、その理由は明白であるが、それに比べると、その原理が自然主義者たちを惹きつける魅力については、たやすく窺い知れないところがある。ジョナサン・ジェイコブズは——道徳的責任の救出に熱心な立場ではあるものの——この「スベキはデキルを含意する」について「この原理が、道徳的な行為者性についての、非現実的な理想化であると考えるべき理由はいくつかある」と述べており(Jacobs 2001, 68)、これは「スベキはデキルを含意する」というカントの倫理学上の合い言葉《シボレス》に対する適正な評価だと思われる。

〈スベキはデキルを含意する〉が大きな人気をもつ理由として重要なのは、道徳的な悪行や過失には、〈[それをなした行為者は]それへの非難に相応しい〉ということが含意されている、という信念である。ロバート・ハリスは更生すべきだったが、それができなかった。それゆえ、私たちがハリスは非難に相応しいと考えている限り、私たちには問題が突きつけられることになる。すなわち〈私たちはいかにして、彼ができなかったことや、避けられなかったことのゆえに彼を非難できるのだろうか?〉という問題である。だがここで私たちが、ハリスはたしかに欠点を抱えていたが、その瑕疵ゆえに非難に相応しいわけではないことをしかるべく認識すれば、その問題は消滅する。つまり、ハリスは更生すべきであったが、実際には更生しなかったのであり、なぜならそれができなかったからだ——あいにくこの世界は、時にそうしたあり方をするものなのだ。すべての善い事柄が実現できるわけではない。世界は、私たちの道徳的な要求や望みを充足すべく設定されているわけではないのだ。私たちはハリスを、彼の欠点や失敗のゆえに非難すべきではないが、しかし私たちは彼の欠点をよく認識すべきなのであるし（なぜなら、私たちは他の人々にそのような状態に陥ってほしくないし、ハリスも、手助けがあればいつか変わることもあったかもしれないのだから）、このような場合に何をするのが正しいのか、そして、ハリスはどうすべきであったのかを、よく認識すべきなのである。

　ジェイコブズの「倫理的に無能力な」、つまり有徳にふるまうことができない人を考察しよう（Jacobs 2001, 34）。私たちは、このような人――ロバート・ハリスはその例だ――があの二人の若者を殺すべきではなかった、と主張できるだろうか？　そう主張できるのは確かだ。では、私たちはもしかすると、彼はこのような殺人を犯した点で道徳的に間違っていると主張することもできるだろうか？　当然できる。たとえ彼が別のようにはできなかったのだとしても、彼がしたことは恐るべき悪事なのだ。しかもこれを否定した場合、残る選択肢は、ロバートは別のようにも行為できたはずだと主張するか（この主張は、自然主義を離脱してリバタリアンの奇跡へと導く信仰箇条である）、さもなければロバートは――残忍で、故意の殺人をなしながら――何ら悪事をなしたとはいえない、と主張するかのいずれかであり、このいずれも説得力を欠く。ハリスが深刻な道徳的無能力者であり、成熟期の彼の人となりを考慮すれば、殺人を犯すというのは彼にとって抵抗できない事柄だったのであって、彼は矯正不可能であるというのは――つまり、彼の矯正は彼自身の自己改善の力を超えたところにあり、現代の心理学の力をも超えている見込みも大きい、というのは――、完全に意味をなす認識である。今述べた認識は「あの竜巻があの家族を死なせることなど、ありうべからざることだった」という言明とは非常に異なったものだ[315]。ロバート・ハリスは竜巻ではなく、合理的な力（ただし、超合理的ではない力）を備えた人間であって、選択（ただし、超越的な「究極的」選択[316]ではない選択）を自ら行い、更生の可能性もありうる存在である（ジェイコブズが指摘するように、私たちは、誰かの更生が不可能であるという判断には、

315 原文は“That tornado ought not to have killed that family”で、無生物が主語なのでought は強い推量の意味（「なかったはずだ」）になるかもしれないが、いずれにしても道徳的な「べきではなかった」とは意味合いが異なる（なお、kill も日本語だと「殺す／死なせる」のように訳し分ける必要がある）。

316 ゲイレン・ストローソンが〈根本論証〉（四八頁と訳注64参照）によってその不可能性の論証を提起した、自己の存在のあり方自体を自分の意志で選び取れるような選択。

できる限り容認を渋る方がよいのだ[317]〕。現実世界に、私たちがなすべきであるのになしえない事柄、すなわち私たちに実行できない道徳的義務〔道徳的当為〕[318]が存在するという認識は、どこか不安をかき立てるものであるかもしれない。だが、それをはっきり認識する方が、私たちの道徳的願望に適ったものとしての「道徳的に秩序づけられた」世界を延命させることよりも好ましい。

〈人々がある義務を実行できない場合には、誰もその義務を課されているとは見なされない〉と取り決めることはできるかもしれない。だが、そのような取り決めは困難なジレンマに帰着することになる――すなわち、〈ロバート・ハリスには暴力を差し控えるべき道徳的義務がない〉か、さもなくば〈ロバート・ハリスは、実は道徳的に行為できたはずだ〉かのいずれかになる、というジレンマである。この内、二番目の選択肢は経験的〔実証的〕に見てばかげている。エベニザー・スクルージには貧者を助けるべき道徳的義務があったし、ロバート・ハリスには、他者を決して害してはならない、という道徳的義務があったのだが、彼らの苛酷な歴史〔個人史〕および現在の状況を考慮する限り、これらの義務を実行することは、彼らにはできない。一方、一番目は可能な選択肢である。つまり私たちは、彼らにはそうすべき道徳的義務はなかった、という主張を打ち出すことが可能であろう。実際にもこの見解は、デイヴィッド・コップがこの問題に直面したときに支持した選択肢そのものだ。「だが、病的な盗癖の持ち主が、自分の盗みを阻止できる能力を欠く場合、私は、彼が〈盗みをしてはならない〉と道徳的に要求されてはいないと考えている。この私の見解によれば、彼が盗みをしても道徳的要求に反しているとはいえないので、その盗みは悪行だとは言えないことになるが、それでも彼が悪行に**分類される**行為を行ったとは言える。つまり、状況が違っていれば〔すなわち盗癖がなければ〕彼に課されていたはずの〔道徳的〕要求が、彼の無能力によって無効化されていた、ということなのである」（Copp 2003, 282）。

だが、私たちの倫理をこのように狭めるべき理由などあるだろうか？　これによって、私たちが下しうる倫理判断は深刻な制限を受け、私たちの道徳的思考の体系は弱体化し、私たちが道徳的思考を求められる、いくつかの最も重要な局面において倫理が果たすべき役割――そういう役割があるとして――もまた、失われてしまうだろう。私は、あなたが多大な親切心から貸してくれたお金を返済すべきなのだが、深刻な金銭トラブルに陥ったため返済が不可能になっている。私が、実は何らかの仕方で——奇跡を用いた財務能力によって——返済が可能だ、と言い出すのは、ばかげている。一方、(「スベキはデキルを含意する」を、どんな対価を支払っても救出しようと決意するならば)私はそのような義務を実行できないのだから、私はそのような義務を負っていない、と取り決めることも可能であろう。だが、そのような取り決めは、私たちの道徳的思考の体系に制限を加え、重要な道徳判断を無力化させることになるだろう。私は自分の飢えた子どもたちに食事をさせる努力をすべきなのだが、深刻な学習性無力感に陥ったため、その努力を奮うことができなくなっている。私たちが真正の道徳的義務を課されながらも、それを実行できるだけの力や手だて《リソース》をもたない場合も時にはあるというのはこの世界の現実であり、それを考えるのは悲しいことであり、もしも私が義《ただ》しき神なり、神的に秩序づけられた道徳的世界なりを信じていたならば、そのような世界のあり方を受け容れるのは、私にとって困難なことであっただろう。だが自然主義者としての私は、世界が私の道徳的な理想に達していないことに失望している——が、驚きはしない。ロバート・ハリスは紛れもない悪人であるし、彼の残酷な行為は道徳的に悪なのであり、またこれらのことに注目することは重要である。私たちはそれによって、将来の彼の悪しき行為を妨げようと努力し、彼の性格を改善しようと試み、また——何より——彼の邪悪な性格を形成した環境的諸条件を検証しそれを変えていくことで、今後ハリスのような人物が現れる見込みを減らそうとしていくことができるのだから。ロバート・ハリスは、彼が抱えている真正の道徳的瑕疵《かし》に対する非難に相応しいわけではない、と主張することは、私たちの道徳的思考の有効性を損なうものではない。これと対照的に〈(ハリスには有徳な行為がなしえないのだから)ハリスが邪悪な行為をなすことは不正であるわけではなく、彼は殺人を差し控えるべき道徳的義務に服していなかった〉と主張せねばならないとしたら、私たちは自分たちの道徳的システムを深刻な仕方で制限することになるだろう。リタが、入院している友人の見舞いに行くという道徳的義務を果たし損なう(または果たす)という場合、——リタの性格形成における条件づけの全歴史、彼女に働きかけてくる極めて多種多様な状況的力、その状況に関わる全要因

317「の方がよい」はshouldの訳で、本章に関しては「すべき」の訳を避ける。

318 訳注313参照。

の考察を踏まえるならば――リタが自分の義務を実行することは不可能であったのであり、実際に彼女がなした行為以外の行為ができなかったのかもしれない。だがこの主張の中に、リタが義務としての見舞いを放棄したのは道徳的に不正であった、という判断を排除するものは何も含まれていない。リタに道徳的責任があることを否定し、また「スベキはデアルを含意する」を否定したとしても、道徳判断の体系《システム》の実質は維持される。だが、リタは道徳的義務において道徳上の失策を犯したことを否定するならば、(たとえ彼女には別のようにはできなかったのだとしても)体系《システム》の貧困化を招くことになるだろう。

過去の神学的な思想とは別の、〈スベキはデキルを含意する〉という想定を支持する適切な理由は存在するだろうか？　もちろん存在する。明々白々の例を出せば、木登りで下りられなくなった子どもを助け出すべき義務が私にあるのは、手を伸ばして子どもを助け出す能力が私にあるからなのだし、他方で墜落中のボーイング７４７に乗った人々を助け出す義務が私にあると言い出すのは、ナンセンスであろう、ということだ。どれほどのやる気を見せようとも、私にそれを実現させることはできない。スーパーマンならばそうすべきだろうが、私がそうすべきだとは言えないのである。

このような事例は〈「スベキ」の言語は、私たちの能力が義務に等しい場合に限って適用可能である〉という思想を支持するもののように思われよう。だがこれは、引き出すには強すぎる結論である。別の事例を考えよう。サムは嫉妬深くするのをやめるべきである。私たちはサムが(彼の条件づけや、遺伝や、その他同様の理由のゆえに)今現在、嫉妬深さを改めることが不可能であることを知った、としよう。この場合でも、〈サムは嫉妬深くするのをやめるべきである〉と述べることは依然として有意味でありうる。実際それは有意味であるし、次に述べるような、いくつかの有用な役割を果たしうる。第一に、たとえ今現在のサムが嫉妬深くするのをやめられないとしても、自分はそれをやめるべきだと信じるならば(そういう忠告を受けた結果、そう信じるようになるかもしれない)、将来、嫉妬深くするのをやめられるようになるための一歩を踏み出すかもしれない(例えば、優れたサイコセラピストにかかろうとするかもしれない)。第二に「君はそんなに嫉妬深くするのをやめるべきだ」という発言は、たとえ私たちが、今現在のサムが嫉妬をコントロールできないと信じている場合であっても有益でありうるし、それどころか、そのようなコントロールができるようになるための、サムにも利用可能な手段が何も存在しない場合であっても、有益でありうる。たとえサムが嫉妬深くするのをやめられないとしても、嫉妬は彼の性格上の欠点であって、行為のよき指針としての徳ではなく、それに動かされてはならないのだ、ということをサムが認めるようになるかもしれない。さらに、サムは自分の子どもたちに、自分のように欠点を抱えた人生を歩ませないよう働きかけるかもしれない。そして最後に、たとえ私たちが、サムには嫉妬心を改善できる見通しがまったくなく、自分の嫉妬心が欠点だと気づく能力すらまったくない、と考えている場合ですら、サムは嫉妬深くするのをやめるべきだ、と言うことは有益でありうる。そのような忠告は、今現在、こうした性格上の欠点を回避できる程度には柔軟な他の人々の〔性格〕形成に役立つかもしれないのである。もちろん、サムが改善の手立て《リソース》を何ももちあわせていない場合、嫉妬深くするのをやめるべきだ、と**サムに向かって**言うことには何の益もないかもしれないが、この事実によって、この言明が虚偽になったり辻褄が合わないものになったりすることはない、というのは確かである。ロバート・スターンが指摘するように「私たちの能力の限界を超えた道徳規則は、〔能力の限界外だという〕そのこと自体によって無益になるのではない。例えばそれは、インスピレーションや畏怖の源として働くかもしれない。私たちの多くは、自らの無能力ゆえに、自分では倣《なら》うこともできないだろうし、倣おうと試してみることすらできないだろう人物に畏敬の念を抱く。この場合、彼らに倣うことができないとしても、その畏敬の念は、その模範に目を向けさせるような働きをもつのである」（Stern 2004, 50）。

嫉妬深いサムの事例を、先の事例と比べてみよう。墜落へ向かう不幸なボーイング７４７を見ながら、あなたが私に向かって「君はあの飛行機を墜落させないようにすべきだ」と語りかけるとする。この事例の場合、「すべき」という言明は実際に偽なる言明であり、言われた私には、その言明の意味を理解することすら困難なはずである。私とサムは、そこで問題となっている行為をなす能力を欠く、という共通点がある――サムは嫉妬深くするのをやめることができず、私は旅客機を救うことができない。だが、〈能力を欠く〉という共通性があるからといって、共通の結論が引き出されるわけではない――「すべき」言明は〔飛行機を前にした〕私に向けられると偽になる、あるいは、恐らく無意味になるが[319]、嫉妬深いサムに向けられると真になり、有益かつ完全に理解可能な言明となる。それゆえ〈ある人がある行為を実行できる〉が真理でないからといって〈その人は「すべき」言語の本来の対象ではない〉という帰結が自動的に導かれるわけではないのである。私の事例とサムの事例の違いは、私の事例においては、およそいかなる道徳的な志操堅固さも、適切な条件づけも、倫理的忠告も、私を、故障した墜落中のジェット機を救出できる存在に変えることができないはずだ、という点にある。他方、あなたが私に「君は嫉妬するのを避けるようにすべきだ」とか、「もっと教育熱心になるべきだ」とか、「禁煙すべきだ」とか言う場合、これは少なくとも人類の一定数において能力の範囲内にある事柄について、私に警告しているのである。私の喫煙習慣が非常に根深く、自分の中毒を自分で克服できないほどであったとしても——それは私に、計画的な禁煙の努力を行えるだけの心理的な力量《リソース》がないためかもしれないし、あるいは、私の最善の努力ですら、強力な中毒を征するにはおよばないためかもしれない——、それでもなお、私は禁煙する方がよいと指摘するのは有益である。それは恐らく、私自身にとっては有益ではないかもしれないが、それでも理解可能ではあるし、「私のような、自分の健康をだめにする悪い見本をまねしないようにしなさい」と子どもたちに忠告しているとすれば、子どもたちにとって有益であろう。

「スベキ」の多義性

今述べた論点は、一つの基本的な区別につながる。それは「スベキはデキルを含意する」をめぐる論争において、はなはだしく無視されてきた区別である。すなわち「すべき」は多義的な言葉であって、二つの別々の意味で用いられることができる、ということだ。その一つは「すべき」の〈忠告〉としての用法でありもう一つは〈判断〉としての用法であって、この二つは非常に異なったものである。例えば〔あなたの兄弟である〕ジョンおじさんが——遺伝的要因と環境による条件づけの複雑な結合ゆえに——煙草をやめられない、としよう。この場合、このジョンに禁煙を忠告するのはばかげたことだ、ということになろう。ここで、私がジョンに「禁煙すべきだ」と言っているのを聞いたあなたは、こう言って私を諭すかもしれない「可哀想なおじさんは放っておいてあげよう。彼に禁煙はできない。君の忠告は無益だ」。一方、これとは対照的に、判断として使用される「すべき」は、この場合でも完全に有益であり続ける。たとえ私が、ジョンに禁煙は不可能だと信じているとしても、「ジョンは喫煙すべきではない」と指摘するのは重要なことでありうる。例えば私はそこで、自分の子どもたちに、彼らのおじであるジョンの行動は間違っていることを理解し、ジョンおじさんのように不潔で、危険で、厄介な習慣を始めない方がよいということを理解してほしい、と思っているのかもしれない。そしてたしかに、喫煙すべきではないとジョンに忠告することは、無礼であり、場合によっては残酷であり、また無益であるのは確実であるが、それでもスベキの「判断としての」用法を、ジョンとの会話の中で直接に使用するのは適切でありうる——例えばそれは、彼の欠点に対する心からの心配の証《あかし》であるかもしれない。この場合私たちは、彼が禁煙できないことを知っていたとしても、こう言うのだ「煙草を吸うべきではないよ」。ジョンはこう答える「僕もやめるべきだと分かっている。でもやめられないんだ。とはいえ心配してくれたことはありがたく思うよ」。こういう場合、ジョンは自分自身の道徳上の欠点を認めており、その欠点に対する兄弟からの気遣いに感謝の念を表明している。これは、癒しがたい欠点をめぐる兄弟間での悲しみの分かち合いであり、これはちょうど、致命的で手術不能ながんをめぐって兄弟が悲しみを分かち合う、というのと同じである。スベキの判断としての用法の場合、ジョンが自分自身の、根深い欠点を抱えた御しがたい性格を、その意味をはっきり悟り、かつまた正しく認めている、ということはあってもよい。たとえ私たちが、ジョンには自分自身の深い性格的欠点に対する道徳的責任はない、と判定した場合も、たしかにその欠点はジョンが果たした方がよいはずの義務の実行を不可能にしているのではあっても、私たちがやはりその欠点を指摘し、それを嘆くことはあってもよいのである。

　このように、スベキ言明が——忠告と判断の——二種類に分けられるという点をよく認識すれば、道徳的責任を否定しても、道徳判断の十分な領域は確保されることが明確になる。全能の神によってファラオ〔古代エジプト王の

319「……すべき」という規範言明ないし指令的言明は「……である」という主張ないし断定の言明とは異なり、真偽を問えない（あるいは、真理値をもたない）という考え方もあり（その方が一般的かもしれない）、それを念頭に置いて、「偽」ではなくとも「無意味」だとは言える、という補足を行ったとも見られる。

称号」の心がかたくなにされている[320]としたら、ファラオは奴隷制を廃止し、イスラエルの子ら［エジプトのユダヤ人たち］を解放すべきだ、と彼に忠告しても効果はないはずである。ジョーの心が、これよりも世俗的な過程によってかたくななものになり、「そうすべきだ」という忠告がその頑固な視野に入り込むことができなくなっているとしたら、自分よりも不幸な人々への彼の道徳的義務を実行するようにジョーをせき立てても、やはり効果はないはずである。だが私たちはファラオとジョーについて、正当で峻厳な道徳判断をいくらでも下すことができる――故意に、自覚的に、そして無慈悲に他者を奴隷として使役する者は、己のなすべきことを行っておらず、深刻な欠点を抱えているのであり[321]、これは、その欠陥ある性格の原因が神の目的にあるのであれ、自然的諸力にあるのであれ、変わりはない。したがって、ファラオは奴隷たちを解放すべきである、と述べることは、彼の心が神の手でかたくなにされているために、そのような行動が不可能である場合でも、完全に有意味な言明となる。このようなファラオは、邪悪な目的と利己的な動機をもってふるまう、実際に悪しき人物であって、神が彼をこのような者にしたという事実や、彼が改善不可能な状態にあるという事実によって、それが変わることはない。だがもちろんこれは〈このようなファラオは、果たしてそのねじ曲がった性格とそこから生じる行為のゆえに非難に相応しいのか？〉という深刻な問いを提起する。ファラオは奴隷たちを解放すべきだ、と彼に忠告することは無益だろうが、ファラオは奴隷たちを解放すべきだ、という道徳判断を下すことは非常に有益なことでありうる――例えばその道徳判断は、私たちが子どもたちに行う道徳的な教えの一部かもしれず、これは、ジョンおじさんにとって自分のニコチン中毒がまったく克服不可能なものであるにもかかわらず、ジョンおじさんは煙草を吸うべきではないと、子どもたちに教えるのと同じである。

このことはまた、ジョンおじさんは禁煙すべきだと述べることが（彼には禁煙ができないにも関わらず）有意味であるのに、ジョンおじさんは墜落中の旅客機を救うべきだ（これまた、ジョンの能力を越えた業だ）と言い出すことがなぜ意味をなさないのかも説明する。どちらの場合にも、忠告としてのスベキは用いられていないのだが、判断としてのスベキが、第一の言明では重要な働きをしているのに対し、第二の言明ではまったく役に立っていない。私たちが子どもたちをどれほど熱心に教えこんでも、ビルを飛び越えて墜落するジェット機を救出できるような存在に子どもたちを変えていくことはできないが、子どもたちに煙草の害を教えることならば私たちにできるのであり、それゆえ判断のスベキは健康的な習慣形成において有益でありうるのである。

スベキ言語は道徳的責任なしでも価値をもつこと

ここで、次のように示唆する人がいるかもしれない。〈今述べた考察と分類は、自然主義‐決定論に対して「すべき」言語を救出するものであるが、しかし、それによって「すべき」言語はほとんど救出する価値を失うまでに制限されてしまうのではないか？　というのも、「すべき」言語をもはや忠告として用いることができなくなる場合、それは私たちが知る、そして私たちが大事にしている「すべき」言語ではなくなっているからだ〉と。だが私は、このような批判が、二つの理由から的外れなものであると思っている。第一の理由は、たとえ忠告のスベキがそこにない場合でも、スベキはそれ自体として重要で有益なものだ、ということである。だがまた第二の理由は、たとえ自然主義的な世界に道徳的責任が不在であるとしても、そこには忠告のスベキが果たす重要な役割が依然として存在する、ということである。もちろん、ファラオに対しては、そのような役割の余地はない――ファラオの心は全能の神によってかたくなにされているので、私たちの忠告が、彼の心を変えるような大きな力をもつことはないからだ。同じことは恐らく、ニコチン中毒を抱えたジョンおじさんについても言えるだろう。だが、望ましい行動の形成において、忠告のスベキが有益に働く場合もある。世界が決定論的であるとしても、このようなスベキの忠告は、性格と行動を形成する――つまりは決定する――因果的諸力の一つとして、環境形成において有効な因果的役割を果たしうるのである。その有効性を過大評価しない方がよいとはいえる。数学に打ち込む習慣を形成しようと、私が「君は一生懸命勉強すべきだ」という忠告のスベキを用いるとき、それが

320『出エジプト記』第七章第三節にそのような記述がある。

321 注記しておくと『出エジプト記』ではユダヤ人の奴隷状態からの解放が語られているのみで、古代社会で一般的だった奴隷制度それ自体の撤廃は問題にされていない（旧約聖書には奴隷の扱いに関わる律法も記載されており、古代ユダヤ人も奴隷を使役していたと思われる）。ここでは旧約聖書の物語やその背後の思想ではなく、より普遍的な道徳的判断として奴隷制度の不正さや、それを支持する価値観の道徳的欠陥が語られているということである。

およぼす因果的な力は、正しくスケジュールされた強化[322]——例えば、不可能に近い難問（努力が実らず、数学への無力感をもたらす恐れがある）や、易しすぎる問題（努力を要さず解けるため、〔認知的〕気概が育まれない）を避け、ほどほどの難易度の問題に取り組ませるといった——がおよぼす因果的な力に比べれば、微々たるものである。だがこれは、この種の忠告が何の益もない、ということではない。価値のある重要なことだから、数学を熱心に勉強すべきだと子どもが忠告されるような環境は、子どもがその種の「すべき」に出会わないような環境に比べ、正の〔つまり積極的な〕[323]数学行動を形成する、正の環境であろう見込みが大きいのである。

「スベキはデキルを含意する」という、自然主義の観点からは説得力を欠く原理を否定するからといって、〈道徳的責任の否定は道徳判断の否定を含意する〉と想定すべき理由も、〈道徳判断を下すことは道徳的責任の存在を含意する〉と想定すべき理由も、存在しない。私は自分の子どもたちに愛情深い扱いをすべきであるが、ここから、私にそれができる、ということは帰結しないし、私が愛情深い扱いをしなかった場合に、それに対する道徳的責任が私にある、ということも帰結しない。逆に、寛仁で有徳な行為をなすことが私にはできない、という事実から、私にはそのような行為をなすべき道徳的義務はない、ということも帰結しない。ゆえに「スベキはデキルを含意する」が姿を消したとしても、道徳的責任の否定は「善良であることの尊さと、その反対〔つまり悪〕であることの厭わしさに対する、至上の、最も強い感覚」というミルの判断（Mill 1865/1979, 456）と完全に両立可能なのである。

P・F・ストローソンと道徳的責任なき道徳——謝罪を例として[324]

前節で述べた論証の筋道は、道徳的責任に支えを与えるための第二の論証、すなわち「道徳的責任がなければ、道徳判断もありえない」という前提を用いる第二の論証につながっていく。第二の論証は〈道徳的責任の否定は唾棄すべき帰結をもたらすので、道徳的責任の廃絶など思い浮かべることさえできない〉と主張するのであった[325]。このタイプの論証が頂点に達したのはP・F・ストローソン〔の論考「自由と怒り」〕（Strawson 1962）においてであり、それによれば道徳的責任の否定は、道徳判断の全体系を破壊し、私たち相互の反応的態度[326]を根絶させ、〔他者に対して」感情に乏しい客体的判断[327]しか下せないようにさせ、人々を道徳的コミュニティから追放してしまう、という。このストローソンの論証は非常に大きな影響力をもってきたが、それはまた深刻に誤った論証でもある。その誤りは表層的な、愚かしい誤りではない。むしろ、非常に重要な点での誤りであり、深い洞察を備えた哲学者のみが犯しうるはずの誤りであり、道徳的責任をめぐる根本的な争点の所在を大いに明らかにしてくれる誤りである。またそれは、注意深い吟味を必要とする誤りでもある――以下で、道徳的責任の擁護論者と廃絶論者がそれぞれ支持する、競合するシステムに関する議論、および、道徳的責任のシステムがよって立つ基本的な諸前提に関する議論を行う中で、その誤りの吟味に取り組む予定である（第一一章、第一二章、第一三章を参照）[328]。本章のこれ以降では、道徳的責任の否定が――私たちの道徳システムを破壊するのではなく、むしろ――実際には、私たちの道徳的な判断および行動を、いくつかの重要な側面において豊かなものにしていくものであること、また、それがどのようにしてそうなるのかについて、もっとじっくりと見つめる作業に専念する。そしてそのために、悪行についての誠実な謝罪[329]という、一つの目立った事例を取り上げる。すなわち、道徳的責任の否定は、そのような誠実な謝罪が成り立つ余地を消し去ってしまうだろう、と広く想定されているのだが、この信念は虚偽だということである。むしろ反対に、道徳的

322 「スケジュール」および「強化」は行動主義心理学の専門用語である。訳注256と253を参照。

323 positiveも、「積極的」ないし「肯定的」と訳せるが、行動主義心理学の用語として「正の」の訳を当てる。

324 「謝罪を例として」という副題は内容理解のため訳者が補った。

325 二八七―二八八頁で述べられていた議論。第一の論証は、「道徳的責任がなければ、道徳的判断もありえない」という前提から「道徳的判断の存在は、道徳的責任の存在を含意する」という帰結を導くものであり、「第二の論証」は、「道徳的責任がなければ、道徳的判断はありえない」という前提から、「もしも道徳的責任を否定すれば道徳的判断が不可能となり、それは破壊的な帰結を招く」を導く。

326 「反応的態度」については訳注238を参照。

327 同論文で「反応的態度（reactive attitude）」（訳注238参照）と対比されている「客体への態度（objective attitude）」にもとづく判断だと見られる。「客体への態度」とは、人間を客体、つまりモノのように扱うという意味合いである（訳注280も参照）。主観的な思いを含まないという意味では「客観的態度」と訳すこともできるかもしれない。

328 これは本書の構成全体と、そこにおけるP・F・ストローソンの議論の重要性を指摘している箇所で、注目すべきである。本書の道徳的責任反対論はここから「後半戦」に入る、という著者の宣言であるとも理解できよう。

責任が姿を消すことにより、誠実な謝罪のような道徳的実践はより容易になるのだ。

アリスは熱心な道徳的責任廃絶論者である。彼女は、（彼女自身も含め）なんびとも道徳的責任をもってはいないと信じており、また〈正しい報い〉にもとづき賞罰が正当化される可能性は決してないし、人を邪悪な性格特性と卑劣な行為のゆえに非難することが道徳的に正当化されることは決してない、と信じている。ある日、バーバラ――アリスの一番の親友――がアリスに、特別な秘密を打ちあける。バーバラは明らかにその秘密を他の人に漏らしてほしくはないと思っており、特別な、そして特別に信用できる友人にだけそれを打ちあけたのだ。一週間後、アリスは――軽率にも、いっとき、彼女の弱さが出てしまったせいで、バーバラを傷つけようという意図はなく、とはいえ、大きな秘密をばらしているという意識的な自覚はもちながら――バーバラの秘密をカールに話してしまう。カールはその秘密をあちこちで話し、結果、秘密は広い範囲に知れ渡る。自分の秘密がばらされたことにバーバラはすぐに気づき、心に深い傷を負う。ここでアリス――彼女は道徳的責任を一切否定している――には、バーバラに対する誠実な謝罪が可能であろうか？

道徳的責任の廃絶論者が誠実な謝罪をすることはじっさい、可能である。道徳的責任の否定は誠実な謝罪を促進するのであり、また（この後論証するように）、道徳的責任に固執することは誠実な謝罪の妨げとなるのである。謝罪は道徳的責任の否定と両立する、というこの主張は、謝罪という概念の薄められたバージョン――政治家による擬似的な謝罪のような（Davis 2002）――に依拠しているわけではない。つまりそれは、例えば「何か傷つけるような言葉を発していたならば、お詫びします／遺憾です《アイム・ソーリー》」とか「私の言ったことを、侮辱を感じるような意味で誰かが誤解したならば、お詫びします／遺憾です《アイム・ソーリー》」といった形の、薄められた謝罪に依拠しないと成り立たない主張ではない。むしろ道徳的責任の否定は、完全な**無条件の**[330]（Smith 2005）謝罪と両立し、かつそれに寄与する。すなわち、道徳的責任廃絶論者はそのような無条件の謝罪によって、自分が悪いことをしたと正直に認め、自分の性格の道徳上の欠点を心から嘆き、同様の悪しき行為を今後は避けようと決意し、自分が引き起こしてしまった危害を修復ないしは緩和したいと望むのである。

〈道徳的責任の否定は誠実な謝罪と両立する〉という主張には、たしかにいくつかの限界が課されている。道徳的責任のために必要な規準を十分に低く設定するとしたら――例えばデネットは（Dennett 1984）〔邦訳一三八頁など〕、最低限度の合理性の規準を満たしている者ならば誰であれ道徳的責任がある、という見方を提起する――、その場合明らかに、道徳的責任をもたない者ならば誰であれ合理的推理をなしえず、それゆえ、何が悪しき行為と見られるのかを当人が識別できないので、そのような行為に対する真正な謝罪もできない、ということになるだろう。だがここで問われているのはそういうことではない。つまり、現在の問いは〈何らかの根拠から道徳的責任を否定することで、謝罪が不可能になるかどうか？〉ではなく〈道徳的責任の否定の中には、誠実な謝罪を不可能にしてしまうようなものが内的に組み込まれているのかどうか？〉という問題なのだ。この二番目の問題を適切に判定するために必要な問いは〈道徳的責任廃絶論者が支持する、道徳的責任を否定する一般的な根拠が与えられたとしても、誠実な謝

329 ここで「謝罪（する）」と訳出したapology（/apologize）という言葉は「人が人に謝ること」という「反応的態度」を最も一般的に捉えるために用いられていると見てよいだろう。そして現代日本語で、このような態度を指し示すための最も標準的で平易な表現は「謝罪」であろう。だが「謝罪」とは字義通りに解せば「自らの罪をわびること」であり、「罪」とは『日本国語大辞典』によれば「規範、法則を犯し、その結果とがめられるべき事実、また、そのような行為に対する責任の観念」であり、あるいは「法律、道徳、習慣など、社会生活の規範となる法則に違反すること。制裁を受けるべき不法、または不徳の行為があること」と解され、道徳的責任、あるいは「制裁への相応しさ」の含意が色濃く込められた言葉であるように思われる。実際、著者はsinやguilt, guiltyのような「罪」に該当する言葉を、（「非難」や「相応しい報い」のように表立って排斥しようとはしないとしても）積極的に用いたり、あるいはそれらの正当性を擁護しようとはしていないように思われる。それゆえ日本語の「謝罪」には著者が正当化しうると考えているapologyをはみ出た意味、すなわち、道徳的責任と制裁への相応しさの概念が込められているのではないか、という懸念はある。とはいえ、これ以外の適切な訳語が見当たらないという事情があり（候補として「陳謝」「おわび」「謝ること」などがあるが、諸々の観点から「謝罪」に代わる訳語として十分適切とは思われない）現代の日本において「人が人に謝ること」という態度を最も一般的に名指すために用いられている言葉としての「謝罪」を用いることにする。幸い前掲の『日本国語大辞典』によれば、「罪」は「法律、道徳、習慣など、社会生活の規範となる法則に違反すること」というだけの意味にもなりうる。これは英語で言えばtransgressionに相当する意味であり、これは著者がapologyの妥当な対象と認めている概念に含まれる。したがって読者には、「謝罪」という言葉に含まれている「罪」にそれ以上の意味を込めずに読み進めてほしい（なお、本件に関して有益な助言をくださった、『謝罪論』の著者でもある古田徹也氏に感謝いたします。但しもちろん最終的な判断の責任は訳者が引き受けるべきものです）。

330 原語のcategoricalはこの場合絶対的、無制約的、無条件的、つまり留保やただし書きなしで、という意味（カントにおける、条件つきの「仮言命法」に対する無制約な「定言《カテゴーリッシュ》命法」に比されうる）。

罪は実行可能であるかどうか?〉である。ここで想定されている道徳的責任の普遍的否定は、合理性の否定に依拠しているわけではない。むしろそこでは、〈私たちの才能も、欠点も、徳も、悪徳も、究極的には幸運や不運の問題であり、究極的には、私たちのコントロールのおよばない諸力の産物である〉という根拠から、すべての道徳的責任の否定という主張が導かれる。この主張が、道徳的責任を否定するための適切な理由であるかどうかは、目下の問題ではない。目下の問題はむしろ〈私たちはこうした論拠にもとづいて道徳的責任を否定しながら、それと整合的に謝罪をなしうるのかどうか?〉という問いかけである。そして、〈道徳的責任の**普遍的な**否定を堂々と掲げるときにこそ、誠実な謝罪はその役割を適切に果たし、その真価をより一層発揮する〉というのがその問いへの答えである。

　アリスが、自分がした悪しき行為に対する自らの道徳的責任を否定することと、自らの行為が、友人の信頼を裏切るという、彼女自身の道徳的悪辣さを示す行為であると固く信じてもいることの間には、何らの不整合も存在しない。もちろん、アリスの道徳的責任が否定されるべき理由は〔道徳的責任廃絶論に訴える以外にも〕色々とありうる。例えば、アリスが正気を失っているとか、狂乱しているとか、合理的な推論ができないとか、運命に振り回され、自分の行為に対する一切のコントロールを奪われている、といった理由から彼女の道徳的責任が否定されているとしたら、そのようなアリスの行為が道徳的悪だと考えるのは、竜巻の破壊的な力が道徳的悪であると考えるのに劣らず、意味をなさない。それどころか私たちは、そのような行為がそもそもアリスによる行為だと言えるのかどうかを疑ってもおかしくない。だがアリスは、狂乱してはいないし、合理性を欠くわけでも、気まぐれな運命に操られる駒にすぎない存在でもない。彼女は知的で、反省的で、自主的で、非常に力強い性格の人物である。とはいえ彼女は完璧な存在ではない。ときには正しくないことをするし、その正しくない行為は彼女自身の性格の欠点に由来している。彼女はその欠点が自分自身の瑕疵《フォールト》であることを認めており、つまりその瑕疵は――シェイクスピアの〔『ジュリアス・シーザー』に登場する〕キャシアスの言葉を使えば――「星にあるのではない、われわれの中にある」のだ(Shakespeare 1599/1998, 1.2.140–141)〔邦訳二〇頁〕。アリスには瑕疵がある〔欠点/落ち度がある〕――すなわち、彼女の行為は彼女の欠点を抱えた性格に発したものであるし、それが引き起こした害悪は、アリスの意図的な悪しき行為のせいで生じたのである。だが、アリスにはこのすべてを認めること――バーバラに対し、悪しき行為が自分自身の瑕疵のせいで生じたことを誠実に認めてみせること――ができるし、またそれでもなお自分が、彼女の欠点《フロー》を抱えた性格についても、難《フロー》のある行動についても、非難に相応しいということを否定することができる（なぜなら、自分の性格も、行動も、究極的には自分自身がコントロールしていなかったし、することもできなかった諸原因の結果だからだ、とアリスはあくまで主張するであろうからだ）。それゆえ前章で立てた区別を用いれば、アリスは自分自身の〈性格の瑕疵〉を認めている一方で、〈非難の瑕疵〉は否定している、ということになる。

〈性格の瑕疵〉と〈非難の瑕疵〉の区別は、誠実な謝罪が成り立つためのこれ以外の要件を検討する上でも不可欠の重要性をもつ。その要件とはすなわち、真正の悔恨、または「自己叱責[331]」（Davis 2002, 171）である。私が誠実な謝罪をするためには、私自身の、そして私が謝罪する相手と共有する道徳原理に自分が違反したことを、私自身認める必要がある。私がアフリカ系アメリカ人の友人と共にあなたと同席し、あなたがそのことで不快な思いをしたとする。このとき、この私（WASP〔支配的中産階級の白人〕[332]である）が、その件についてあなたに謝罪するというのは、意味をなさないふるまいであろう。たしかに私は、あなたの気分を害したことについて後悔するかもしれないが、とはいえ、その件での謝罪を行うことは、私にはできない。というのも、私はあなたの人種差別的な価値を共有しておらず、自分が何か正しくないことをしているわけではないと信じているからである（Smith 2005, 480–481）。一方の、友人の秘密を漏らしてしまったアリスは、自分が正しくないことをしてしまったと確かに信じている。しかもこの彼女が、自分自身で道徳的違反だと認めている行いについて後悔／遺憾の念《リグレット》[333]を感じ、またその行為から明らかになった自分の性格上の欠点を厭わしく思うことはあってもよい。自分の性格に根深い欠点があることに気がつくのは、心を

331 原語は self-reproach。reproach は「非難、とがめ、叱ること」の意味で、これまで「非難」と訳してきた blame と近い言葉であるが、以下、著者自身により self-reproach と self-blame の違いが解説される。

332 字義通りには、White Anglo-Saxon Protestant つまり「アングロサクソン系白人新教徒」。

333 regret は日本語の「後悔」と「遺憾の念」の意味を共に含む。この後の訳注338も参照。

大いにかき乱すことだ。あなたが下院非米事案委員会〔冷戦期に「赤狩り」の中心を担った組織〕[334]に呼び出され、高圧的な権威主義的圧力をもって、友人たちの中から〔反米活動家を〕「名指しで通報せよ」と命じられたと想像してほしい。尋問から解放され、あなたは自分の卑劣な行動と、その背後にある性格上の欠点を改めて認識する。それは、深く心をかき乱す気づきであろう。またそれは、深い後悔、さらには自己嫌悪すらもたらすことになるであろう。しかもこれらは、たとえあなたが、自分には性格の欠点にも、その結果なされた行動にも、道徳的責任はない、と固く信じていた場合でも変わらないであろう――「僕には、自分の性格のこの欠点に対する道徳的責任が自分にはないと自覚している。なにしろ僕には、この僕を、権威のありそうな人の前に立つと黙従してしまうような弱い人間へと形成した、あの強力な環境の力を見てとることができるんだから。でも僕は、自分自身の深い道徳的弱点を認識すると、とても悲しくなる」。アリスは――道徳的責任の廃絶論者であるのだから――自分自身の悪しき性格のゆえに自分自身を非難しようとは思っていない。そしてもし、「自己叱責」が「自己非難」の同義語だとしたら、その場合アリスには自己叱責すなわち自己非難をするつもりはない、ということになろう。だがアリスが、彼女が自分自身のものであると自認している性格と行動に対して、心底から誠実な後悔を感じることはあってもよい。例えば、アリスはこうした痛々しい自己認識に対して真正の後悔をおぼえながら、自分に向けて次のように言うかもしれない――「アリス、あなたは弱い。あなたは信用できない人間。軽はずみに一番の親友の秘密をばらすような人間。あなたには道徳的に深刻な問題がある。そしてあなたは、あなたの道徳に関わる性格のそういう部分を改善していくために、何ができるか考えてみる必要がある」。だがこのように、彼女が自分自身の道徳上の瑕疵を誠実に自認するからといって、彼女が自らの欠点を抱えた性格に対する道徳的責任が自分にはある、と信じていることは帰結しない。（アリスは改善を欲しているが、その有徳な欲求や、その改善の成功なり失敗なりに対する道徳的責任が自分にあるとは見なしていない。）

アリスがこのように考えるのではなく、自分の行動に対する言い訳《エクスキューズ》[335]を試みる可能性ももちろんある――これは道徳的責任を肯定する者にも、否定する者にも、等しく開かれた選択肢である。この場合アリスは、瑕疵は自分の性格にあったのではなく、どこか別の場所にあったのだ、と言い張るかもしれない――策略にはめられ、友人の秘密をばらすように仕向けられたのだ、とか、無理強いされたのだ、とか、一服盛られたのだ、とか、悪霊に憑依されたのだ、といったように。アリスはこのような言い訳をすることで、その瑕疵は実は自分自身の瑕疵ではなかった、と主張している。つまり、アリスによる秘密の暴露という出来事は、アリス自身の性格上の欠点に由来するのではなく、何か他の力に由来しているのだ、ということだ。仮にアリスが、強力な薬物を処方され、自分が話しているのが（カールではなく）バーバラなのだという妄想的信念を抱くようにさせられていたならば、その場合、アリスの言い訳通りに彼女は許される[336]——彼女がバーバラの秘密をばらしたのは、アリス自身の性格上の欠点に発したものではないのだから。だが、アリスがこのようにはせず、むしろ自分は、自身の弱い性格のせいでバーバラに悪いことをしたのだ、と自認するとしたら、それは言い訳ではない[337]。言い訳《エクスキューズ》／免責は、特別な免除を要求する——その行為は、本当は私自身の行為ではない、それは私に発してはいない、それは私自身の故意の行為の結果ではなかった、というように。だがアリスにとっての悲しむべき真実は、その行為が彼女自身の欠点を抱えた性格に**事実**由来していた、ということだ。仮にアリスが薬物の影響で強制的にバーバラの秘密を漏らしたのだとしたら、アリスはバーバラの秘密が漏れてしまったことへの後悔《リグレット》／遺憾の念を抱いたかもしれないが[338]、この思いは、アリスが、彼女の根深い欠点のせいでバーバラの秘密を漏らしたのだと自覚するときの後悔／遺憾の念とは非常に異なった部類に属する後悔／遺憾の念であろう。もちろんアリスは（道徳的責任廃絶論者なので）自分の弱さや強さに対する道徳的責任が自分にあるわけで

334 原語は the House UnAmerican Affairs Committee。正式名称は The House Committee on UnAmerican Activities、「下院非米活動委員会」だが、本書の表記も含め、いくつかの俗称があるようである。

335 excuse は他の箇所では「免責」と訳しているが、この箇所では「言い訳」の意味と解される。ここでは道徳的責任の概念なしに成り立つはずの態度を指しているため、「免責」とは訳せないという問題もある。誠実な謝罪／弁明(apology)と区別された、言い逃れるための表面的な自己正当化を指していると見られる。

336 この箇所は原文では Alice is excused で、「アリスは免責される」でもよいのだが、前注に示した理由でこの訳は避ける。

337 apology は、ただ単に「詫びる」というよりも「事情を話して詫びる」という意味の言葉であり、それゆえ「弁明」の意味でも使用されるが、ここでは「言い訳」を意味する excuse との意味の違いが強調されていると言えよう。

はない、と信じている。だが彼女がそう信じるのは、自分が特別な免責／言い訳《エクスキューズ》の条件を満たしていると信じているからではない。むしろ、誰においても——そしていかなる条件でも——道徳的責任などなく、すなわち道徳的責任が成立する整合的な事例など存在しない、と信じているからなのである。

アリスは——道徳的責任の廃絶論者として——自分自身の〈性格の瑕疵〉を自認しつつも、〈非難の瑕疵〉は否定する。ひょっとすると彼女はそれを否定した点で誤っているのかもしれないが、仮にそこに誤りがあっても、その立場に不整合はない。つまり〈性格の瑕疵〉を認めつつ〈非難の瑕疵〉は退けるということに、概念的不整合は存在しない。それゆえアリスが〈非難の瑕疵〉を否定しているからといって、彼女が、自分の性格に由来する、自分の行為だと認めている行為に対する誠実な謝罪が妨げられるわけではない。たとえ、自分には道徳的責任がないというアリスの考えが間違っていたとしても、その道徳的責任の否定によって、彼女の誠実な謝罪が切り下げられてしまうことにはならない。アリスは、自分には道徳的責任が——決して——ない、と信じつつ、同時にまた、自分の〈性格の瑕疵〉とそれが産み出したよくない行為に対する誠実な謝罪を行うことができ、そこに不整合はないのである。

だが、このように〈道徳的責任廃絶論者もまた、自分がしたのは悪しき行為なのだと整合性をもって信じることができる〉ということは認めた上で、それでもなお、〈道徳的責任を否定しつつ、同時に誠実な謝罪を行うことは可能だ〉という主張には異議を唱える人が、やはりいるかもしれない。なんといっても、道徳的責任の廃絶論者としてのアリスは、自分の悪行に対して自分には道徳的責任がない、と信じているのであり、ならばいかにしてアリスの、自分の悪しき行為についての謝罪が有意味に理解できるというのか？　アリスが、自分には責任がないと信じているとしたら、謝罪を行うことなどいかに可能なのか？　謝罪についての検討を行う論者のほとんどすべてが、責任を、誠実な謝罪の不可欠で明白な条件として受け容れている。例えばマーティン・ゴールディング（Golding 1984–1985）の述べるところでは、謝罪とは、自分がなした悪しき行いに対する道徳的責任を私たちが認める際の、後悔の表明を要する、道徳上の修正の一形態である。ルイス・F・コート（Kort 1975）は、責任を受け容れることは、誠実な謝罪の中心的な条件であると見なしている。トルーディ・ゴヴィアとヴィルヘルム・ヴァーウォールドはこう述べている。

「ある行為について謝罪するとは、自分がそれを行ったと容認し、またそれが悪しき行為であること、また自分が被害に遭った人を傷つけたことを容認し、しかも自分がそれを行ったことに責任があると容認することである」(Govier and Verwoerd 2002, 69)。キャスリーン・ジルは「行為に対する責任の自認」を、謝罪にとっての本質的な五つの要素のうちの一つと見なしている(Gill 2000, 12)。

　謝罪の標準的な事例において、悪しき行為に対する責任を受け容れることが、誠実な謝罪にとっての本質的な要素となっている、というのは明白であるように思われる。したがって、もし私に責任がなかったならば(あるいはより正確に言えば、もし私が、自分には責任がなかったと信じているならば)、それについて謝罪すべき事柄もなくなるのである以上、私に誠実な謝罪はできない、ということになるだろう。ジョーがあなたに対し悪いふるまいをしたことについて、私は遺憾に思う《アイム・ソーリー》[339]が、私が何らかの仕方でジョーをコントロールしていた場合や、あなたに危害を与えようとジョーと共謀していた、という場合を除けば、ジョーがあなたに行った悪しきふるまいについて謝罪することはできない——たしかに、あなたが悪い目に遭ったことについて残念に思う[340]ことはあるとしても。つまり、私に責任はなかったのだから、私には謝罪ができない、ということである。それゆえ、たとえ〈非難の瑕疵〉が誠実な謝罪の不可欠の要素でないとしても、道徳的責任廃絶論者はやはり、誠実な謝罪にとっての最も明白かつ基礎的な要件、すなわち、自らの責任を認めるという要件を満たすことができないことになるように思われる。

　たしかに、自らの責任／起因性《レスポンシビリティ》[341]を認めることは誠実な謝罪にとっての本質的な条件であるが、そこで要求されている責任／起因性《レスポンシビリティ》とは、道徳的責任廃絶論者が否定してい

338　原語で用いられている動詞はregretで、regretには「後悔する」の意味だけでなく、自分が行った行為以外の過去の出来事について「遺憾に思う、残念に思う」の意味にもなり(なのでむしろ厳密には過去の自分の行為についても、「悔いる」というより「残念に思う」という意味なのだろうと思われるが)、この場合はむしろその意味で用いられていると見られる(ただし、一応アリス自身が実行した行動についてなので「後悔」でも誤りではない)。しかし直後にまさに「後悔する」の意味のregretとの対比がなされているので、「後悔」の訳語を表に出しておく。

339　I'm sorryは自身の行為について適用すれば謝罪の表明になるが、基本的には「遺憾に思う」という意味の表現であり、前注のregretと似たところがある。

340　「残念に思う」の原語はregretである。前注参照。

る道徳的責任ではない。責任／起因性《レスポンシビリティ》については、少なくとも三つの別々のタイプが存在する。かねてから周知の事柄ではあるが、原因として引き起こす《レスポンシブル》ということと、道徳的責任がある《レスポンシブル》ということは、非常に異なったことである。つまり、私は何かを生じさせる原因として働くことがありうるが、だとしても、非難や刑罰に相応しいわけではないのは明らかだ、ということである。例えば、私が、それまで何の病歴もなかった突然の発作に襲われ、自分が運転する車を、対向車に向かって突進させてしまったとしよう。この場合私は、対向車の運転者への危害を原因として引き起こした《レスポンシブル》が、それに対して道徳的に責任がある《レスポンシブル》わけではない、というのは明らかである。

〈道徳的責任《レスポンシビリティ》〉と〈因果的起因性《レスポンシビリティ》〉の区別は広く認められているが、（第六章で述べた）〈道徳的責任〉と〈引き受け責任〉の区別は見逃されやすい。アリスはシンポジウムの企画に対する責任を引き受けることができるし、自分の人生と自分自身の決意に対する責任を引き受けることもできる——そしてほとんどの場合において、このように〈引き受け責任〉を引き受けることは満足感をもたらす、健康な営みである。だがこれは、ある人が〈引き受け責任〉を有するのだから道徳的責任もまた有しているに違いない、という想定とはまったく異なっている。私たちはアリスに〈引き受け責任〉を認めつつも、アリスに道徳的責任があることを——すなわち、彼女が非難や賞賛、罰や報賞に正しく相応しい《ジャストリィ・デザーブ》ということを——疑問視したり、否定したりすることができる。〈引き受け責任〉は、私たちにとって非常に重要なものである——有効な意思決定やコントロールが自分には可能である、という信念は私たちにとり心理学的に健康なものであり、たとえ別の誰かが、私たちの人生を、私たちが自分でやれる以上にうまく管理できるかもしれないことを悟ったとしても、私たちは、自分自身と自分の計画に対する責任を自ら引き受けることの方を好む。私たちが何かへのコントロールを実際に手にし、それを行使する、というのはごく普通に生じることである。だが、そのように何かをコントロールできていること（私たちは、社会的、物理的、心理的にコントロールの力を奪われるとき、これと正反対の状態になる）、および、そのコントロールにおいて巧みであること（または拙いこと）は、究極的には私たちの幸運［または不運］の産物なのであって、私たちにそれに対する道徳的責任があるわけではない。アリスは自分自身の人生に対する〈引き受け責任〉を行使しているし、通常はそれをうまくやれている。だが、彼女がバーバラの秘密をばらしたとき、彼女は——彼女自身が認めるところでは——自分自身の〈引き受け責任〉を非常に拙い仕方で行使した。だが、その行使において巧みであろうと、拙かろうと、そこで引き受けられた責任が価値あるものであることに変わりはなく、またそれは道徳的責任とは異なるものである。

誠実な謝罪にとって、〈引き受け責任《レスポンシビリティ》〉と〈因果的起因性《レスポンシビリティ》〉が不可欠の要素である、という立論がなされることはあってよい。しかし現在主張しているのは、仮に誠実な謝罪にとって責任／起因性《レスポンシビリティ》が不可欠の要素であるとしたら、そこで言われているのは〈引き受けられた責任《レスポンシビリティ》〉であり、そして／あるいは〈因果的起因性《レスポンシビリティ》〉なのであって、〈道徳的責任《レスポンシビリティ》〉ではない、ということである。それゆえ、道徳的責任廃絶論者が——自分の行為、務め、性格についての〈引き受け責任〉と〈因果的起因性《レスポンシビリティ》〉ならばどんなものであれ問題なく主張できるにもかかわらず——誠実に謝罪することができない、と想定すべきいかなる理由も存在しない。あるいはひょっとすると、誠実な謝罪のために要求されている責任／起因性《レスポンシビリティ》が道徳的責任である、というのが本当は正しいのかもしれないが、この主張を基礎づけるには、何らかの実質的な論証が必要とされる。すなわち、誠実な謝罪にとって十分なのは〈引き受け責任〉だけである、という主張のためにこれまで提起してきた論証を踏まえるならば、道徳的責任という要素もまたそれ以外に必要であるとあくまで主張する人々の側にこそ、挙証の責務[342]はある。

私たちが〈非難の瑕疵〉と〈性格の瑕疵〉の混同や、〈道徳的責任〉と〈引き受け責任〉の混同をすべて解消すると き、道徳的責任廃絶論者が誠実な謝罪をなしうることを否定すべき理由は、何もなくなる。私は、何かの計画に対する責任を引き受けることができるし、私自身の性格の瑕疵のせいで、引き受けた義務の履行に失敗することもありう

341 この段落以降しばらく、「……を起因させる」ないし「……の原因と見なされる」という意味になるresponsible for…やその意味のresponsibilityが話題となる（これらの表現には、この意味であることを明示するために、しばしば「因果的（causal / causally）」という修飾語が付される）。これらの語句については「責任」とは訳せないので、「責任／起因性《レスポンシビリティ》」や「原因として引き起こす《コーザリィ・レスポンシブル》」のように、原語を示すルビを付して訳出することにする。

342 原語burden of proofを「挙証責任」ではなく「挙証の責務」と訳したことについては訳注100参照。

るが、私にその失敗に対する道徳的責任がある必要はない（しかも、道徳的責任廃絶論者である以上、私にその失敗の責任がある、と信じる必要もない）――そしてそれでもなお、私はその失敗に対する誠実な謝罪をすることができる。アリスは実直かつ誠実に、バーバラに向かってこう言うことができる――「私自身の欠点が失敗をもたらして、それがあなたを傷つける結果になってしまって、ごめんなさい《アイム》／残念に《ソーリー》思うわ。自分の性格上の欠点と、そこから生じたあなたを傷つける結果について、心からごめんなさい《アイム》／残念に《ソーリー》思うわ。あなたを傷つけたその行為は私自身の行為であって、私は操り人形やチェスの駒じゃない。私は自分のことを自分で決めるし、自分の行為と性格に対する責任を自分で引き受ける（自分の人生は自分で管理していて、他の誰かがやりくりしているのではない）。私が、自分の行為なり性格なりのゆえに非難に相応しいわけではないし、自分自身と自分の行動に対して引き受けた責任をうまくやり遂げたか拙かったかについての非難に相応しいわけでもない。それでも、その行為は私自身の行為だし、私自身の欠点を抱えた性格と選択に由来している。それで、私がしたことについては心からごめんなさい《アイム》／残念に《ソーリー》思うわ。そして私の行為と選択が露見させた私の中のよくない性格の要素については深く後悔／遺憾《リグレット》の念を感じている[343]。そして私は、この問題を正すための誠実な努力をしようと思う」と。

もちろんアリスは――道徳的責任廃絶論の実践者として――、自分自身を罰しても何のよいこともないことがよく分かっている。アリスが、彼女の間違った行為や彼女自身の性格上の欠点のゆえに、さらなる危害を受けるのに相応しいわけではないし、そのような自罰行為が自分自身の性格の改善手段として効果的ではないことを自覚しているかもしれない。とはいえ彼女が、自分自身の性格と行為がバーバラを傷つける結果を引き起こしたことについて本心から残念《ソーリー》に思うことはあってよいのだし、自分自身の性格の中にそのような欠点を見いだしたことについて心から残念《ソーリー》に思うこともあってよい。私は、もしもミルグラムの悪名高い服従実験の被験者になっていたとしたら、電気ショックの犠牲者という設定の人物が、たとえ救いを求めて絶叫しても、私は引き続き電気ショックを加え続けていたのではないか、と恐れている。たしかにそこには、――本物の電気ショックが加えられてはいなかったのだから――私の行動で危害を受けた人物など実際にはいなかったのだが、だとしても私は、自分の奥深くにこうした「権威への服従」という性格上の欠点が潜んでいることを真正な意味で後悔した／遺憾に思った《リグレット》ことだろう。だが私が自分が育った権威主義的な文化および宗教の深刻な影響をはっきり認識したとして、それを深く後悔する／遺憾に思う《リグレット》としても、その性格上の欠点ゆえに自分自身を非難したりはしないであろうし、そのような性格上の欠点のゆえに自分自身を非難することが、私の性格の再形成における積極的な手助けになることはないだろう。仮に私が本物の電気ショックを与える実験に参加し、他の被験者に対する危害を引き起こしたとしたら、私はその危害と、その危害を産み出した私の性格上の弱点について、心から残念に思う／すまないと思う《ソーリー》だろう。だが、私のこのような後悔／遺憾の念《リグレット》の中には、私には自分の性格や行為に対する道徳的責任があると信じねばならない、という要求は何ら含まれていない。

誠実な謝罪は、私には瑕疵があるという自覚を私がもつことを要求するし（ただし、それが真の私の瑕疵であっても、私がそのゆえに非難されるべきだと信じている必要はない）、恐らくまたそれは、私自身の欠点から生じた加害行為に対する〈引き受け責任〉が私にあることも要求するのであろう（ただし、私に道徳的責任があることは要求しない）。誠実な謝罪は（少なくともほとんどの場合）、そのような悪しきことを繰り返すまいとする志操の堅固さと、自分の悪しき部分を（可能な限り）正そうという欲求を要求する。このすべては道徳的責任廃絶論者にとって可能なことであり、道徳的責任の否定と誠実な謝罪がこのように整合的であることをよく認識することは重要である。というのも、誠実な謝罪には多大な道徳的重要性があり、もしも道徳的責任を否定する者は誠実な謝罪をなしえない、ということになったら、それは道徳的責任廃絶論者における深刻な道徳上の不完全性をあらわにするものとなるだろうからだ。つまり第一に、誠実な謝罪は、悪しき行動［が悪であること］を真正な意味で自認し、またそれを改善していこうと決心する、という態度を含んでいる。このような能力を欠く者は、およそ道徳的存在だと見なされえないし、また道徳的改善が可能な道徳的存在とも見なされないだろうことも確かだ。ジェニファー・ロバック・モースが指摘するように「ある人物が悔悛を示さない場合、私たちはその人が自分の加害

343 原語は regretful で、この場合は「後悔」と訳せるが、名詞 regret には「後悔」に限定されない意味があることについては訳注333と338を参照。

を正当化しているか、あるいはそれをどうでもよいことだと感じているか、どちらかではないかという疑いを抱くものだ」(Morse 2005, 206)。このいずれも、道徳的改善をもたらしそうにない態度である。

第二に、もしも道徳的責任の廃絶論者には誠実な謝罪が不可能だ、ということになると、そうした謝罪を欠く態度は、道徳的責任廃絶論者の間に極度の傲慢さが行き渡っている証《あかし》なのだ、という見方を容易に招きうる。私があなたとの昼食会に遅れそうになり、必死の思いで定刻に到着したところ、あなたは単純に会のことを忘れていて、現れなかった、とする。この場合私はあなたに謝ってほしいと謝罪を求めるだろう。あるいは、慌てて飛び出したあなたが開けたドアに当たって私が転び、私の本や書類は床に散らばり、私のひざがすりむけてしまったならば、私はやはり謝罪を求める。私があなたにおはようと笑顔であいさつしたところ、あなたが私に地獄に落ちやがれと言ってきたら、私は謝罪を求める。あなたがそれを拒んだら、それは「加害に侮辱を付け足す」行為である[344]。なぜそう言えるのか? その理由は、その態度が明らかに、私は無視され、ひどい扱いを受け、傷つけられ、侮辱されてもよい人間である――しかも、そうした扱いは大した問題ではない――という含意をもつことにある。私が謝罪を求めるのは、私が人格ある存在《パーソン》[345]であって、そのような私が健やかな人生を送ることや、私の感情が重要な問題だということをあなたに認めてもらいたいからだ。私に対する加害と侮辱はつまらないことではないのであり、なぜなら私はつまらない存在ではないからだ。ゴヴィエとヴァーウォードが指摘するように、誠実な謝罪は「**人間の尊厳と、徳というものの道徳的価値**」(Govier and Verwoerd 2002, 69)を含意しているのである。

「エリート」に属する人々が、「下層階級」に対する謝罪を、彼ら自身の尊厳よりも下に見ている、というのは悪評高き真実である。貴族は小作人が傷つくのを見て何らかの遺憾《リグレット》の念を感じるかもしれないし、その苦しみを和らげるために金銭を投じすらするかもしれない。とはいえ貴族が小作人に謝罪をすることはないはずだ。なぜならそれは、小作人に、人格ある存在――重要性をもつ何者か――として認識される権利を認めることになるからだ。それゆえ〈道徳的責任を否定する人々は誠実な謝罪を退けるに違いない〉という想定がなされるとしたら、その想定はたぶんある程度まで、人々が道徳的責任の廃絶論者に対してしばしば向ける敵意を説明するだろう。私が道徳的責任を一切否定するとき、私は誰に対しても誠実な謝罪をすることが決してできないはずだ、という誤った想定がなされる。そして私に誠実な謝罪はどうしても不可能だとなれば、それは信じがたい傲慢を含意することになる――私があなたに悪いことを働いてもそれは大した問題ではないし、私はあなたを傷つけてよいし、それは何ら申し訳ない／残念《ソーリー》なことではないのであって、なぜならあなたは私の考慮すべき対象になるほどの存在ではないのだからである、ということだ。だが、誠実な謝罪と道徳的責任否定論との両立可能性をよく認識すれば、そして、道徳的責任の否定を、謝罪の否認という侮蔑的で傲慢な態度に結びつける誤りを犯さなければ、そのとき、私たち道徳的責任廃絶論者は、たぶん今よりも好意的な目で見られることになるだろう。

誤りに向き合えること――非難なるものを根絶することは、それを促す――は、謝罪の自然的な母体である。なぜなら、当人が認めていない誤りに対して謝罪することは、不可能だからである。さらに、およそ誠実な謝罪は、なされた不正を改善し、今後の再発を防ごうという真正の欲求を含まなければならない。私がもし、自分が行った行為について、あるいは、自分が何らかの不正に関わってしまったことについて、真正な意味で残念に思っている《ソーリー》としたら、そのとき私は、同じ行為のどのような再発も避けようと、実直に切望しているのでなければならない。「君を騙したことについて申し訳なく／残念に思う《ソーリー》。また君を騙したくてうずうずしているよ」というのは誠実な謝罪ではない。将来における誤りと危害――私が真正な意味で残念に／申し訳なく思い《ソーリー》、それを犯したことについて誠実に謝罪すべき過ちと誤り――を避けるための最良の方法とは、「誰が非難されるべきか」にではなく、むしろその誤りを引き起こした原因が何だったのかに焦点を合わせることである。内部で欠陥ある〔心的〕過程が進行しており、それが〔行為として〕表に現れてしまった不運な人物がいるとして、その人物を非難することでは、より深い体系的《システミック》な諸原因の解決には至らないのであり、また、他の人々が

344 「加害に侮辱を付け足す（add insult to injury）」は「泣きっ面に蜂」や「踏んだり蹴ったり」のような、ひどい目が続く様子を指す慣用句だが、ここでは字面通りの意味を考察しようとしている。

345 この箇所や少し後で「人格ある存在」と訳したpersonは訳の難しい言葉で、これはやや説明的な訳である。

同様の欠陥を育んでしまうことや、同様の誤りを犯すことを防ぐ効果もまったくないのである。

個人への非難に背を向けても、悪行や誤りに対する誠実な謝罪を切り下げることにはならない。むしろ反対に、それは誠実な謝罪に重要な基礎を与える。というのもまず第一に、誠実な謝罪は誤りがあったことを実直に認めることを要求するのであり、このように事柄をありのままに認めることは、非難を根絶することにより促進されるのだからである。また第二に、誠実な謝罪には、同じ誤りを繰り返したくない、という思いが含意されているのであり、非難という文化を廃絶することは、体系的で個人ごとに多様な、有効な改善方法を促進するための最良の道である。第三に、誠実な謝罪は、誤りを可能な限り是正しようとする努力を要求するのであり、誤りを隠すこと（非難の文化はそれを促す）は、誤りを是正し、あるいはその有害な結果を減少させるための、効果的な手段を排除してしまうのである。

道徳的責任なき感謝

道徳的責任の排斥が、誠実な謝罪を退けることはない。だが、その反対の事例としての、誠実で正当な**感謝**の表明についてはどうだろうか？　P・F・ストローソンは、感謝を、道徳的責任が根絶された場合に失われてしまう反応的態度[346]の一つと見なしており、ゲイレン・ストローソンはこれに同意し、次のように述べる[347]。

> 私たちの他の人々に対する、より肯定的な態度こそが、最良の考察対象となるはずの事例となるのは明らかである。というのも、そのような態度を考察するとき、〈自分の人生や人々との交わりの中で、何が価値をもつのか（それゆえまた何が望むに値するのか）〉についての私たちの最も強固な信念のいくつかの中に、〈人は、自分の行為に対する真の責任を有するという意味で、自分の行為の真の創始者でありうる〉という思想が、一体不可分のものとして組み込まれていることがはっきり示されるからである。私たちは人々が、例えば感謝の適切な対象であることを大いに望んでいるように思われるのだが、人々は、自分がなしたことに対する真の意味での責任をもちうるのでない限り、感謝の適切な対象であることができないのである。（Strawson 1986, 308）

見たところゲイレン・ストローソンはこの結論を、あえて述べる必要すらないほど明白なものと見なしているようであり、そのためか、彼は自分の主張のさらなる論拠を何も挙げていない。だが実際、彼のこの主張は明白な虚偽であるように思われる。ダナは友人たちに深い愛情を捧げており、それゆえに友人たちに親切で、思いやりがあり、寛大で、彼らにとってのよき、誠実な友人である。ダナは友人を助けることを自分の道徳的な義務だと心得ており、たとえ疲れ切っているときでも、友人を助けに急いで駆けつける。だが、ダナが義務感に駆り立てられる必要は滅多にない。というのもダナは、友人に親切にすることを大きな喜びだと受けとっているからである。ダナは自動機械ではなく、知的で反省的な人物であって、そのような人物として、友情と友人の幸せに大きな価値を置き、それを目的とし、また自らの意図として、友人に対して寛大で協力的な態度でふるまっているのである。ダナが入院中の私に、本や花、温かい笑みや、楽しく心休まる見舞いの時間などを提供してくれるのは、心からの友情、気遣い、情愛に動かされてのことである。私は、ダナには、その輝くばかりに素晴らしい性格と親切な行動に対する道徳的責任が——私たちの誰もと同様に——ない、と信じている。むしろ彼女は、愛情豊かな家族と協力的なコミュニティの中で育ち、心からの深い友情を発揮できるような温厚で素晴らしい人物へと形成された、という点で幸運なのである。このことが、ダナが非常によい人物であるという事実を変えることはないし、また、彼女の心からの友情や、本物の優しさに発する多くの行為に対して、私が深い感謝の念を感ずることをまったく妨げはしない。私は、ダナが何らかの特別な報賞に相応しいわけではないと信じている——つまり彼女に、その親切な行為や、その行動のもとになっている、どんなときも親切なその性格に対する道徳的責任があるわけではない。だがダナは、その心に宿る優しさから、私の単調で陰鬱な病室に特別な喜びをもたらしてくれる。そんなよき友人たるダナに対して私が、特別な情愛と、特別な感謝を

346 「反応的態度（reactive attitude）」については訳注238参照。

347 父ピーター・ストローソンは決定論と道徳的責任（および自由意志）の両立論者、その子ゲイレン・ストローソンは決定論と道徳的責任（および自由意志）の非両立論者（ハード決定論者）であり、基本的には対極の立場なのだが、道徳的責任の廃絶と感謝の廃絶が軌を一にする、という判定において両者は一致し、著者とはこの点で対立するのである。

感じない理由などあろうか？　この私の感謝の気持ちはダナに対する適切な応答《レスポンス》[348]であり、それは、気まぐれに私を侮辱するマシューに対する私の適切な応答が怨恨[349]であるというのと同じだ（仮に私がそれに怨恨を抱かなかったとしたら、それは私が非常に惨めな自己イメージをもっていることを示すものだろう）。マシューにもダナにも道徳的責任はなく、またどちらも賞や罰に正しく相応しい《ジャストリィ・デザーブ》わけではないが、その事実――および、私によるその事実の認識――が、怨恨と感謝という反応的な感情[350]を排除することはない。

　道徳的責任廃絶論者たちに反応的［な態度としての］感謝は可能であり、正当でもある、ということがさらに明らかになるのは、最愛の老母への感謝と情愛を私たちが考察する場合である。私の母親は私に真心のこもった愛を向けてくれるし、深い情愛と細やかな気遣いをもって私に接してくれる（私がとりわけ傷つきやすかった時には、進んでそうしてくれた）。そればかりか母は、私に脅威や危険が迫ったときには、猛烈な勢いで守ろうともしてくれる。母が私に情愛を注ぎ、私を守ろうとする態度をとるのは根深い母性本能に由来しており、母がその本能を選択したり自分で作り出したりしたのではないのは確かであるし、またそれゆえ（これに同意しない人はいるかもしれないが）母は、息子への、深い真実の情愛と気遣いに対して道徳的責任があるわけではない。とはいえこのことをそれとして認識し、信じることによって、私の母親の、心底からの情愛とたゆまぬ気遣いが引き下げられることはまったくないのである。

　もう一つ例を考えてみよう。あなたはひどく打ちひしがれ、陰鬱な気持ちでソファの端に座っている。するとあなたが飼っている、あなたを大好きな犬が寄ってきて、彼女の前足をさっとあなたの腕に乗せ、手をなめながら、打ちひしがれたあなたへの共感を示す。（誰であれ、犬の行動のこうした説明の信憑性を疑う人が、情愛の深い犬と暮らしたことが一度もないのは明らかである。）あなたが、この献身深い犬に道徳的責任があると見なさないのは確実だが、それでもあなたは、何の困難もなく、この犬族の友人の真実の情愛に感謝の気持ちを抱く。それゆえ（あなたの友人たちや、あなたの母上と同じく）あなたの犬は、たとえ「自分がなしたことに対する真の意味の責任」をもたないとしても、「感謝の適切な対象」（Strawson 1986, 308）である[351]。

　充足した豊かな倫理システム――そこには、道徳判断および忠告、改善と進歩への懸命な努力、深い倫理的コミットメント、誠実な謝罪、心の奥底からの感謝、といったものが含まれる――は、道徳的責任の廃絶と完全に両立可能である。人が非難と刑罰（および賞賛と報賞）を倫理の要となる要素だと見なさない限り、倫理が道徳的責任の排斥によって失うものは少なく、得るものは多いのである。

348 「応答」の原語はresponseであり、これはresponsibilityの語根である。

349 「怨恨」の原語はresentmentで、これはP・F・ストローソンが「反応的態度」（訳注238参照）の代表として詳しく分析した感情である。

350 「感情（feeling）」は広い意味での「態度（attitude）」の一種であり、それゆえ「反応的感情」は「反応的態度」の一種である。

351 スミランスキーの書評中のこの箇所へのコメントが印象深いので引いておく。「ウォーラーの母親がこの言葉にどのような感想を抱きうるかはともかく、多くの読者は、ウォーラーの、私たちの反応的〔態度に依拠した〕生活にハード決定論的な観念を適用することには大した懸念はない、という主張に説得されることはないと私は思う。」(https://ndpr.nd.edu/reviews/against-moral-responsibility/)。訳者はウォーラーの感覚が十分理解できるのだが、これは少数派ということになるだろうか。

第一一章　道徳的責任のシステム

道徳的責任は、私たちの直観、常識、法のシステム、哲学的反省に強力な支配力をおよぼしてきた。私たちの応報的感情と、社会の中心となる制度、および哲学的公理により、道徳的責任のシステムのそのような地位は動かしがたいものになっている。それは、シェイクスピアの戯曲から西部劇に至るまで、歌や物語において称揚されているのだ。なので、それを斥けることなど、思い浮かべることすらほとんど不可能だと多くの人々が考えるのは大して驚くことではないし、道徳的責任を否定できる者など実際には誰もいない、と多くの哲学者が信じていることも、やはり大して驚くことではない。例えばヴァン・インワーゲン（van Inwagen 1983）は、道徳的責任を否定すると主張する哲学者を何人か知ってはいるが「その主張を真面目に受け止めるのは難題である」と述べる。ソール・スミランスキー（Smilansky 2000）は、道徳的責任が哲学的に擁護しえないものであることは認めつつも、道徳的責任という幻想は不可欠なものである、という点を強調する。P・F・ストローソン（Strawson 1962）は、道徳的責任は私たちの概念体系の中に極めて深く組み込まれており、論証を用いてそれを取り除くことなどできない、という理由から、道徳的責任を巡る論争を空虚な営みであると見なす。

道徳的責任への信念はこれほど強力で根深く浸透しているので、その支持者として道徳的責任を擁護するうちに、論点先取的な[352]論証へ横滑りしてしまう人々がいるのは驚くこととは言いがたい。とりわけ目につくことだが、道徳的責任の擁護論者はしばしば、道徳的責任の枠組みの**内部から**議論を進めた上で、道徳的責任を疑問視しようとする者は誰でも、この枠組みにおける基本原理としての、〈人々には、特別な免責条件を満たさない限りは道徳的責任がある〉という原理を自分たち同様に出発点としているに違いない、という想定を行う。このような想定の下で、人の道徳的責任を否定するには、二つしか道筋がない。すなわち、その人が何か特別な障害要因のゆえに、特別に免責される場合——薬物を使用している、一時的な精神異常に陥っている、悲嘆や正当な理由のある激怒にとらわれている、虚偽の情報にもとづいて行為している、など——か、あるいは〔恒常的な〕精神異常や老化や、その他深刻な無能力《インコンピテンス》[353]をもたらす原因のゆえに、恒久的に免責される場合か、そのどちらかである。それゆえ——道徳的責任システムの諸前提の内部から論を進めていく場合——道徳的責任の**普遍的な**否定を提起するというのは、すべての人々は恒久的に錯乱しているか、さもなければ恒久的に無能力《インコンピテント》であるかのいずれかだ、という信念を基礎とせざるをえない。P・F・ストローソンは、ハード決定論にもとづく道徳的責任の否定の含意がまさに今述べたようなものであると見なし、それをばかげたことだとして退ける——「というのも、何らかの一般的な決定論のテーゼからの、真理でありうる帰結として〈誰も自分が何をなしつつあるのか知らない〉とか〈誰の行動も、その人の意識的目的にもとづいては理解不可能である〉とか〈どんな人も妄想の世界の中に生きている〉とか〈誰も道徳感覚、すなわち自己自身に対する反応的態度をもたない〉とかいうことが引き出されることはないからである」（Strawson 1962, 74）〔邦訳六四頁に該当〕。

道徳的責任の普遍的な排斥を、道徳的責任システムの内部から行うとき、そこからは普遍的錯乱が帰結する。なぜならそのシステムは、道徳的責任からの特別な免除がなされるための基礎を、深刻な妄想と精神異常に置くからである。また、道徳的責任の普遍的否定を道徳的責任のシステム内部から行うと、たしかに多くのばかげた帰結が導かれるが、これも驚くに当たらない。というのも、道徳的責任を基本前提と見なすシステムの内部でその基本前提を否定することは、根本的な不整合に帰着するのだからである。しかしこうしたばかげた帰結は、問いを切り替えて〈その道徳的責任**システム**それ自体が、公正かつ有益なシステムなのか？むしろその代案となる——道徳的責任を一切否

352 元来「論点先取」または「問題回避」を意味する question-begging は、近年「新たな論点を提起する」のような（本来ならば）誤用とされる意味でも多用され、例えばダニエル・デネットは、もはやこの種の用例をかたくなに退ける段階ではない、と示唆するが（『心の進化を解明する』）、本書では辞書的な用法に忠実な意味で用いられている。

353 incompetence / incompetent には、特にデネットの想定する、道徳的責任の主体たりうる「適格性（competence）」を欠く、という意味合いがある。注24参照。

認する――システムの方が優れている可能性はないか?〉と問うならば、消滅するのだ。

ストローソンのような論証は、単なる循環論証であるだけでなく、道徳的責任の基本前提に頼った論証でもある。例えば〈道徳的責任のシステムが与えられているとした上で、そのシステムに諸々の異議を申し立てると、ばかげた帰結や残忍な帰結が導かれる〉とか、〈道徳的責任システムの内部から見れば、道徳的責任への異論は不整合な帰結に直面する〉とか、〈道徳的責任の観点に立てば、道徳的責任の放棄は冷たく、道徳的に荒れ果てた世界を産み出す〉といったことを示すことでなされる論証である。

前の章で、ストローソンの主張のうちのいくつかはすでに吟味し批判した。そこでは、道徳的責任の要求と帰属という営みを放棄したとしても、〈非難の判断を除く〉道徳判断を切り崩してしまうことはなく、重要な道徳的価値を根絶してしまうこともなく、またたとえ〈非難の瑕疵〉が根絶されたとしても、私たちはそれなしに申し分なくうまくやっていける(つまり私たちは〈性格の瑕疵〉についての判断を引き続き行っていける)、といったことを論証してきた。だが今や、ストローソンの論証をより詳しく調べ、道徳的責任の放棄に抗するために彼が提供する体系立った論証を吟味するときである。

道徳的責任システム内部から道徳的責任を支持する論証

ストローソンの論証における核心的な問題は、ストローソンがあまりにも深く道徳的責任システムに浸っているせいで、このシステムに対する代案の真正な考察ができなくなっている、という点にある。彼がそこで想像しているのはむしろ〈道徳的責任システムの内部に留まりつつ、そこで道徳的責任の普遍的排斥を行ったらどうなるのか?〉という問題なのである。そして、このシステムの内部から見れば、道徳的責任の全面的根絶がはらむであろう帰結を非常に暗い色彩で描き出すことは容易である。あなたに道徳的責任がなくなるのはどのような場合か? 悪事を行った者が刑罰に相応しいとはされなくなり、責任ある存在であると見なされるべきでなくなる、と私たちが結論するようになるのは、どのような状況だろうか? 言うまでもなく、私たちは幼い子どもを免責するし、また一般的に、精神異常者を免責するものだ。私たちはしばしば、無知の状態で行為した者や、恐るべき脅威にさらされていたり、強烈な威嚇に遭っている中で行為した者は、非難に正しく相応しい《ジャストリィ・デザーブ》わけではない、という判定を下す。細部に関しては異議が出されうるとしても、基礎的なパターンについては十二分に明瞭である――人々が道徳的責任について免責されるのは、その人が精神異常に陥っているか、無能力《インコンピテント》であるか、無知である場合である、ということだ。一時的に行為に支障をきたしている人の場合（発作に襲われたり、強要を受けていたり、引きずられていたり、自分の行為に注意が向いていなかったり、無知にもとづく行為だったなど）、その特定の行為は免責の対象となるし、また、（精神異常や無能力《インコンピテント》のゆえに）恒久的に力を奪われている人々は、「道徳的責任の」全面的免除の対象となる。

　これと同じ前提から出発して、道徳的責任の否定の範囲の拡張――最終的には、それの普遍化――を試みる哲学者もときおり現れる。現代哲学における、道徳的責任の普遍的否定論の古典的事例は、ジョン・ホスパーズの著述に見いだされる（Hospers 1952, 1958）。ホスパーズはまず、当人には理解もコントロールもできない神経症的強迫にとらわれた人、という例から出発する。そしてそこから、「道徳的責任の」免責条件を、穏当な少数の例外事例をはるかに超えた範囲へと拡張する――「哲学者たちが気づかなかったが、精神医学者たちは気づき始めている事柄がある。それは、無意識による意識の支配は少数の例外的個人に限られるのではなく、人類全員へ拡張されていたということである」（Hospers 1952, 572）。したがって免責は全人類を覆うことになるのであり、なぜなら私たちは普遍的に、専制君主めいた無意識に悩まされている存在であり、それによって道徳的責任ともども、合理的コントロールの力を奪われているからである。R・ジェイ・ウォレス（Wallace 1994）が提起した「一般化戦略」は、まずは容認された免責から出発し、最終的に（決定論を基礎に）免責が道徳的責任の全域を飲み込むまでにそれを拡張する、という試みのより最近の例である。道徳的責任の否定のこのようなモデルは**免責拡張モデル**と呼ぶことができよう。

　P・F・ストローソン（Strawson 1962）は、このようなホスパーズに根本的な対立姿勢をとっているように思われる。ホスパーズは道徳的責任の普遍的否定の代弁者であり、ストローソンは、私たちすべて――少なくともその中の、人格ある人間と見なされる者すべて――には道徳的責任がある、と論ずる。そこでの例外となる人々は欠陥の度合いがはなはだしく、そのためその人々には、距離を置いた〈客体への態度〉[354]をとらざるをえない（そして私たちの道徳的コミュニティからその人々を除外せざるをえない)、ということになる。だが、表面上の差異の下に目を向けると、道徳的責任を**支持する**というストローソンの信念は、道徳的信念を**攻撃する**ためにホスパーズが用いるのと同じ、免責という基礎に依拠していることが見えてくる。

ストローソンが行った印象深い研究として、私たちが、怨恨、感謝、および非難という「当事者的な反応的態度」(私たちの人格間の関係における日常的な態度)を保留し、その代わりに、距離を置いた臨床的な態度としての「客体への態度」を採用するようになる状況についての考察がある〔「客体への態度」においては、私たちは人を「処置／療法《トリートメント》の……対象であり、管理、操作、治療、訓練などがなされるべき……何かである」と見なす、とされる〕(Strawson 1962, 66)〔邦訳四六頁に該当〕。〈客体への態度〉がふさわしい文脈として最も重要なのは、私たちが「彼はほんの子どもなんだ」、「彼は絶望的な統合失調症だ」、「彼の心は徹頭徹尾歪んでしまっている」などと言う場面である。ストローソン自身のまとめによれば、「それゆえ、誰かの行動を、歪んでいるとか、錯乱しているとか、強制されている、と見なすことや、誰かを、不運にも異常な環境で〔性格〕形成を行った人物であると見なすことは、少なくともある程度までは、その人物と対面する人において――少なくとも文明社会においては――〈客体への態度〉を先立てようとする傾向をもつ」(Strawson 1962, 66)〔邦訳四七頁に該当〕。

では、私たちが誰かに対して〈客体への態度〉を採用し、道徳的責任を免除して、怨恨や非難の対象から除外するのはどのような場合だろうか？ 私たちがそれをするのは、誰かが「歪んでいるとか、混乱しているとか、強制されている」と見なす場合である。そうなると、道徳的責任からの普遍的な除外は、**あらゆる人が**「歪んでいるとか、混乱しているとか、強制されている」という判断に基礎を置かねばならないことになる――これこそホスパーズが、道徳的責任の普遍的否定の基礎として提起したものに他ならない。

スティーヴン・ピンカーは同じ方向の思想を突き進めて、同じくぞっとする結論に至っている。

> 人間本性の生物学は、ますます多くの人々を、非難すべきでない部類に属する人々であると認定しつつあるように思われよう。ある殺人犯が、文字通りの意味で狂乱する月光狂《ルナティック》[355]であるというのはありそうにないが、私たちの最先端の道具立ては、退縮し

た扁桃体や、前頭葉の代謝低下や、モノアミン酸化酵素の遺伝子欠損といった、その殺人犯をまったくコントロール不能の状態に置いてしまう要因を見つけ出すかもしれない。あるいはもしかすると、認知心理学の実験室でなされたテストによって、その殺人犯が、予見能力に慢性的な限界を抱えており、そのせいで行為の結果を思い描けないようになっているか、あるいは〈心の理論〉[356]に欠陥があって、そのせいで他者の苦しみを察知することができなくなっていることを明らかにするかもしれない。なにしろ〈機械の中の幽霊〉[357]など存在しないのであり、だとしたら、犯罪者のハードウェア上の**何か**が彼を、大多数の、同じ状況でも加害や殺人を犯さないはずの人々から隔てているに違いないのだから。私たちはもう間もなく、その何かを発見するであろう。そして——恐れられる事態として——、現在の私たちが狂気に陥った人や幼児に刑罰を免除するのと同じくらいの確信をもって、殺人者に刑罰を免除するようになるであろう。

　なお悪いことに、生物学は、私たちすべてが非難されるべきでないことを示すかもしれない。進化論が告げるところでは、私たちの動機の究極的な理由とは、その動機が、私たちが進化した環境において、祖先たちの遺伝子を生きながらえさせるように働いたことにある。私たちの誰一人としてこの究極の理由に気づいてはいないのだから、私たちの誰一人として、その理由を追い求めたことで非難されることはできないのであり、それは、心を病んだ患者が、本人は暴れる狂犬を押さえ込んでいるつもりで、実際には看護師に攻撃を仕掛けているのを非難できない、というのと大差ないことなのである。(Pinker 2008, 312-313)

354 訳注327参照。

355 lunaticは「狂人」の意味だが、もともとは月光の満ち欠けによって狂気に陥るという俗信からついた名称であり、ここでは古い俗信と最新の科学知見との対比が意図されている。

356 「心の理論(theory of mind)」とは認知心理学上の概念で、文字通りの「理論」ではなく、他人の心を読み取ったり、他人の意図的な行動を推測したりできる(特に意識しなくとも自動的に動作する)心的能力ないし脳の認知的装置を指す。

357 ギルバート・ライルが言い出した比喩で、二元論的な精神や魂に対する戯画的な描写が意図されている(ライル『心の概念』邦訳一一頁以下)。

それゆえ、免責の範囲が私たちすべてへと拡張されるとき、それは私たちの合理性と自己コントロールを一掃してしまうことになる——私たちは、単なるチェスの駒であり、選択やコントロールをなしえない存在であり、究極的には狂気に陥った人や幼児と区別できない存在であるがゆえに、免責されるのだ。このような免責拡張モデルにもとづく道徳的責任の否定の含意はこのようにおぞましいものであり、かつ、それと同程度に説得力を欠いている。

ダニエル・デネット（Dennett 1984）〔邦訳一四〇頁に該当〕が提起する論証の根底にも、同じパターンを見いだすことができる。ホスパーズ、ストローソン、ピンカーによれば、ある人々が非難と道徳的責任の対象から除外されるのは、その人々が「歪んでいるとか、混乱しているとか、強制されている」とかいう場合、それは本当の意味での自分自身の行動へのコントロールができていないということなのであり、それゆえに道徳的責任の普遍的否定が、普遍的な強制や混乱に基礎を置いている、ということになる。デネットは、彼らとは別の角度からの、しかし同じ推論に訴える。そのためにデネットは、単なる運によって成功したにすぎず、自分自身の技能の結果成功したのではない人——当たりくじを引いた人の場合や、腕前の劣るバスケットボール選手の悪送球が、たまたまバスケットゴールに飛び込み、勝ち点につながった場合、など——には賛辞と責任を認めない、という事例を挙げ、その上でこの種の事例を一般化する。つまり、私たちが成功に対する賛辞を受けるにふさわしい場合があることを一切否定する人（つまりは、私たちに道徳的責任があることを一切否定する人）は、そのような否定を、技能というものの普遍的否認を基礎にして行わねばならない、と結論するのだ——つまり（すべての道徳的責任の否定としての）〈成功への賛辞〉の否定とは〈私たちはあらゆる場合において単に幸運（ないし不運）であるにすぎず、私たちが競争やシュートや人生に成功するとき、それが自らの巧みな技能によるコントロールの産物ではありえない〉という主張を基礎にせざるをえない、ということである。こうしてデネットは、あらゆる責任を否定する人の立場を、次のように描写する。『幸運』と『不運』を相補的で相互排他的なものとして扱い、技能というものが入る隙を一切残さないようにする傾向が存在する。この見方によると、技能や技能の産物と見なしうるものは、原理上一切存在しないことになる。これは誤りである。幸運な成功と不運な失敗の間には技能のための余地《エルボウルーム》[358]が存在していることを適切に認めさえすれば〈誰も決して責任ある存在ではありえない〉ことを示しているように見える厄介な論証は雲散霧消してしまう」(Dennett 1984, 97)〔邦訳一四〇頁に該当〕。つまりこういうことだ。まず運とは、賛辞と道徳的責任の標準的な状況から人を除外する、**例外事項**である。また、道徳的責任からの普遍的免除は、運と無能力《インコンピテンス》の普遍的拡張に基礎を置かねばならない。さてこうなると、どんな選択肢が残るだろうか？ 私たちには道徳的責任があるか、さもなければ、私たちは無力で、無能力《インコンピテント》で、歪んでいて、混乱していて、強制されていて、コントロールされているかのどちらかだ、ということになるだろう。

　道徳的責任の普遍的否定が、〔免責拡張論が想定するように〕普遍的な無力や強制や混乱を含意していると考えられる場合、道徳的責任の否定からその明白な帰結を引き出すのは簡単だ。私たちが、自分自身も、他の何かも、何もコントロールできない、無力で、混乱していて、無能力《インコンピテント》なチェスの駒であるならば、私たちには理性を用いたり、計画を立てたり、道徳的に行為したりすることができない、というのは明白なことである。このような深刻な支障をきたしている私たちが、自分が何かを知っていると――いわんや、道徳的責任などまったく存在しないことを知っていると――確信をもって主張することなど、いったいどうしたらできるというのか？ それゆえ多くの哲学者が、道徳的責任の否定はばかばかしく、自己論駁的な主張だと見なしてきたのは、さほど驚くことではない。

　免責拡張論者の視座から見るとき（この立場は、道徳的責任システムの基礎的な諸前提の**内側から**道徳的責任を否定するのだった）、道徳的責任を欠く人々が無力で、無能力《インコンピテント》で、錯乱した存在であって、道徳的存在者としての資格を満たしていないというのは明白なことである。つまり道徳的責任システムの視座の内側から見るとき、道徳的責任の普遍的否定によって含意されるのは、**誰もが**無能力《インコンピテント》であり、**誰一人として**、巧みな反省の技能を用い、目的へ向けて統括された行動を行いうる道徳的存在としての資格を満たすことなど**ない**、ということなのである。ストローソンの言い

358 elbow room は文字通りには「自由にひじを動かせるだけの十分な余地、空間」。デネットの著書は elbow room としての「自由の余地」の探求を主題としており、この比喩が要所要所で効果的に用いられる。

回しを用いれば、この仕方での道徳的責任の普遍的否定（つまり普遍的な欠陥にもとづく否定）が含意するであろうこととは「〈誰も自分が何をなしつつあるのか知らない〉とか〈誰の行動も、その人の意識的目的にもとづいては理解不可能である〉とか〈どんな人も妄想の世界の中に生きている〉とか〈誰も道徳感覚、すなわち自己自身に対する反応的態度をもたない〉とかいうこと」(Strawson 1962, 74)〔邦訳六四頁に該当〕なのだという。それゆえ、道徳的責任システムの内部においては――そこでは、道徳的責任がデフォルトの設定であり、〈人は、深刻な無能力《インコンピテント》と不合理の状態に陥っていない限りは、道徳的に責任ある存在である〉というのが、それを律する前提である――、道徳的責任の普遍的否定は壊滅的な破綻に陥ることになろう。すなわちそれは、合理性、道徳性、反省的選択、技能に裏づけられた行動、および（ストローソンが指摘するように）感謝、怨恨、大人間での相互的愛情などをはじめとする個人的《パーソナル》／人格的な反応的態度すべての否定を含意するのである。

　ホスパーズ、ストローソン、ピンカー、デネットの見解は多くの点で相違するが、とはいえ彼らは一つの重要な前提を共有している――すなわち、道徳的責任は所与のものであり、道徳的責任からの除外は特別な免責条件を必要とする、という前提である。この前提によって、道徳的責任を否定する者は破壊的なジレンマに追いやられる――つまり、私たちの行動がすべて妄想か、狂気か、無能力《インコンピテンス》によって毀損されている、というのは事実ではなく、それゆえ道徳的責任の否定論が失敗することになるか、さもなければ、私たちが普遍的に毀損されているというのが事実で、道徳的責任の破壊の結果、私たちのすべての当事者的な反応的態度の破壊、すべての真の技能と自己コントロールの根絶、すべての道徳的価値評価の喪失、合理的熟慮の終焉がもたらされ、**しかも**道徳的責任への合理的反対論証の試みがすべて自己論駁的なものになってしまうか、そのいずれかを迫られるのである。

　だが、このようなひどいジレンマに追いやられるのは、道徳的責任システムの内側から道徳的責任を斥ける人々だけである。ホスパーズが、免責がなされる範囲を拡大することによって道徳的責任を切り下げようとするとき、彼は致命的な譲歩を行っている。すなわちホスパーズは、私たちは適切な自然的状況に置かれれば――つまり損傷や、制約や、強制を加えてくる特別な障害物さえなければ――人々を道徳的責任ありと見なすのは有意味なことだ、と認めるのである。この前提の下では、道徳的責任の否定は特別な正当化を必要とするため、道徳的責任を否定する側が挙証の責務[359]という重荷を負うことになる。この責務は重大な負担となる。というのも、道徳的責任〔の擁護〕という重荷は多大であり、それを持ち上げようとすると狂気や無能力《インコンピテンス》の重みで潰されてしまうことになるからである。

道徳的責任システムを斥ける

〔本来の〕道徳的責任の普遍的否定は、〔ここまでで見てきたような〕〈まずは自然的な道徳的責任の前提から出発し、次に免責の範囲を拡張することで責任という大伽藍を削り取っていく〉という筋道でなされるわけではない。むしろそれは、道徳的責任の基礎に異議申し立てを行い、道徳的責任に余地を残さず、それに取って代わるシステムを提起するのだ。このような道徳的責任の普遍的否定論は、リバタリアンたちが提起しているのと同じ前提に依拠している――すなわち〈真の道徳的責任とは、道徳的責任ある人物が、自らの行動の究極の作者《オーサー》／本人であり、真正な意味で、現在とは別の者として存在することも、別のように行為することもできるはずだ[360]ということを要求する〉という前提である。ロデリック・チザムが明言するように、「私たちが責任ある存在であるとしたら……私たちにはある特権、人によっては神だけに認めるような特権が、備わっていることになる。すなわち、私たちの誰もが、本当の意味で行為するときには、不動の第一動者である、という特権が。私たちは、何かをなすことで、ある出来事を生じさせる原因として働くのであり、かつ、何かをなしている私たち以外の何ものも、何びとも、その出来事を生じさせる原因として働いてはいないのだ」(Chisholm 1982, 32)。ただし、リバタリアンたちの場合には、私たちにはその神のような力がある、と想定するのだが、これに対して道徳的責任を否定する自然主義者たちの場合、その種の力を否定する、という点に違いがある。道徳的責任は奇跡じみた力を必要とする、という主張が、道徳的責任をめぐる問いに決着をつけることがないのは明白である。ことによるとリバタリアンたちが正しく、私たちにはそのような特別な力が

359 訳注100参照。
360 いわゆる「他行為可能性（実際とは別のようにも行為できた）」（訳注55、196）に加えて、いわば「他様存在可能性（実際とは別の存在、あるいは別様の人物でもありえた）」を要求する、ということである。

あるのかもしれない。あるいは、ことによると——ロバート・ケインが提起しているような（Kane 1985, 1996, 2007）——リバタリアン的自由意志の自然主義バージョン、というものが存在していて、神のごとき力によらずとも、私たちが開かれた選択の究極の〈作者／本人〉になることを可能にしているのかもしれない。さもなければ、もしかすると両立論者たちが正しく、道徳的責任は、それよりもゆるやかな要件しか求めないのかもしれない——すなわち道徳的責任は、他行為可能性〔別のようにも行為できたこと〕[361]も、究極の作者性《オーサーシップ》〔本人性〕[362]も必要としないのかもしれない。明白なことではあるが、私としては、道徳的責任を基礎づけようとするこの種の努力をすべて——この問題に対する、リバタリアン的な奇跡による正面からのアプローチも、自然的な両立論による裏口からの試みも、共に——斥ける。だが、ここで私は、免責の範囲を拡張し、それによって道徳的責任という構築物を浸食する、というやり方で道徳的責任の否定を行おうとしているのではない。むしろ、私たちが注意深い、自然主義的な研究を、性格と行動の形成過程について行えば、そのような詳細な吟味により、道徳的責任——および刑罰と報賞——を本当の意味で公正なものにするために必要とされるはずの、特別なコントロールと特別な力の余地はなくなるはずだ、という主張にもとづく道徳的責任の否定を、ここで提起しているのである。私たちの間には、強さと弱さ、選択と躊躇、徳と不徳におけるさまざまな違いがあるが、私たちの能力と性格がどのようなものであるにしても、私たちの間には出発点における基本的な違いがあり、またその後の競争での運不運、状況や〔性格や行動の〕形成に対する影響における基本的な違いがあり、そしてこのような違いの存在は「正しい報い」を根本的に不公正なものにする。人は誰であれ、気質が善良か性悪か、合理的か不合理か、行為が邪悪か有徳かといったことのゆえに、刑罰や報賞に相応しいわけではない。自然主義的な体系《システム》の内部では、道徳的責任が正当化されることはありえないのである。

スティーヴン・J・モースによる論証は、道徳的責任を前提にして出発する（それゆえ免責をその内部から考察する）伝統的システムと、道徳的責任の廃絶論とが、どのように一線を画するのかを明確にしてくれる——つまり道徳的責任の廃絶論は、道徳的責任を、その根底の部分でも、枝葉の部分でも、科学的自然主義と両立せず、根本的に不公正であるとして斥けるのである。モースは次のように述べている。

私たちの性格と、私たちが出会う状況は、その大部分が運の産物である。そしてもし仮に、人が運ゆえに免責される〔運を言い訳にできる〕[363]としたら、責任ある者など誰一人いない、ということになってしまうだろう。ある種の脳腫瘍やその他、罹患すると反社会的行動に走る確率を高める神経病理は、疑いなく、恐るべき不運の一例である。だが、行為者が不合理な存在であるか、あるいはその行動が強制されたものであるかする場合を除けば、生物学的病理という形での不運が〔犯罪的行為に対して〕因果的な役割を演じたという、ただそのことをもって、その行為者を免責すべき理由はまったくない。原因は原因にすぎず、それ自身で免責となるわけではないのだ。(Morse 1996, 537)

人が運によって免責されることはない。むしろ私たちが「私たちの性格と、私たちが出会う状況は、その大部分が運の産物である」ということを、また究極的には、それらが完全に、私たちの幸運な、または不運なめぐり合わせの産物であることを認識するならば、道徳的責任システムの根本的な不公正さはまったく明らかとなる。モースの「もし仮に、人が運ゆえに免責されるとしたら、責任ある者など誰一人いない、ということになってしまうだろう」という重要な指摘は、間違っていると同時に正しい。モースの間違いは、道徳的責任に対する基本的な異議が、免責とその拡張によってなされると考えているところにある。免責とは、道徳的責任という、排斥されるシステムの一部なのだから、これは間違っている。とはいえ、私たちの性格のすべての要素と、私たちの行動のすべての細部が、究極的には運の産物であることを私たちが完全に認識した場合、私たちは「責任ある者など誰一人いない、ということになってしま

361　訳注55、197参照。
362　原語のauthorshipは、第四章の主題となり「本人性」と訳したauthenticityと同様、「作者／本人」を意味するauthorの派生語だが、第四章で主題となり「本人性」と訳したauthenticityが「本物／本人であること（真実性、信憑性）」のような意味をもつのに対し、authorshipは文字通り「何かの作者ないし創り手であること」を意味し、この後第一四章で主題的に扱われる。以下では「作者性」の訳語を当てる。
363　原文はIf luck excusedで、モースの意図は「言い訳する」により近いと思われるが、「免責される」という意味も含意されており、以下で検討されるのもこの意味が中心となる。

うだろう」という認識に至ると考える点では、モースは正しいのである。

免責拡張論

道徳的責任廃絶論者の目標は、免責の範囲を拡大することではないし、刑罰の苛酷さを減らすことでも、報賞を受ける者と拒まれる者との差を縮めることでも、さらに言えば、機会の平等に対する、より細やかな対応をとることでもない（少なくとも当面のところ、このすべては求める価値のある目標ではあるとしても）。その目標はむしろ、道徳的責任システムを廃絶し、道徳的責任の要求と帰属をすべて否認するような、まったく別のシステムをそれに替えることにある。喩えて言えば、魔女に対する刑の執行をより人道的なものにすることを目標とするのではなく、魔女なるものへの信仰を丸ごと廃絶し、徹底した自然主義により魔法のたぐいを根絶するシステムをそれに替えるようなものである。

デネットは、彼が**デフォルト責任原理**と呼ぶ原理を、賛意を込めて引き合いに出す。デネットによればそれは「あなたが状態Aにあることへの責任があなた**以外**の誰にもないならば、責任はあなたにある」（Dennett 2003, 281）〔邦訳三八九頁に該当〕という原理である〔原注12〕。この原理によれば、自分自身の道徳的責任を否定したいと望む人は、非難を他人に転嫁しようとしていることになるだろう。だがここでの前提は〈誰かしらが非難されねばならず、誰かしらに道徳的責任がなければならない〉ということであり、それゆえ私が非難を逃れるための唯一の道は、非難の重荷を別の誰かに押しつけることだ、ということになるのだ。このような非難の転嫁――自分自身の道徳的責任を認めまいとすること――は、臆病で、卑怯で、不公正な行いである。だが、そこでは基本前提に虚偽があるのであり、この基本前提は〈誰かしらが非難されなければならない〉という、道徳的責任のシステム内部からやってきたものである。道徳的責任と対立する見方は、非難を他の誰かに転嫁するのではなく、むしろ非難と道徳的責任を一切否定するのだ。

道徳的責任システムの支配力は強力であり、それゆえ〈道徳的責任の否定を基礎づけるには、免責の拡大と拡張をどこまでも続けねばならず、それは理性と自己コントロールと自己反省の力をすべて免責が飲み込んでしまうという結末に至るに違いない〉、という考え方から解放されるのは難しい。道徳的責任の普遍的否定は免責拡張論に基礎を置くわけではない、という点を十二分にわきまえている人々ですら、道徳的責任システムの重力に引きずられ、虚偽の前提を立ててしまうことがあるのだ。例えばソール・スミランスキーは、道徳的責任の普遍的否定に反対するため、次のような根拠を挙げる――「妥当な、両立論者が求める免責を、善意の動機から拡張していく試みが、一律で普遍的な適用に向かうとき、個々人の置かれた状況への注意深く、人間味ある考慮は、保証されるどころか脅かされることになり、しかもそれは自己改善と社会的進歩を妨げることにもなってしまう」(Smilansky 2000, 89)。他にスミランスキーは同書の少し後で、免責拡張論による道徳的責任の否定がもたらす陰鬱な結果について、さらに詳述する。

> ハード決定論の見方にしたがって免責を人類に普遍的に適用するというのは、両立論的な免責の単なる拡張ではなく、あらゆる区別の全面的な根絶に行き着く。たしかにハード決定論の視座には利点もあるように見えるかもしれない。例えば、人を怠惰さによって断罪するという苛酷な慣習を見直す、などだ。だがこれは中心的な論点を見落としている。すなわちそれにより、〈人は、例えば人種や性のような、自らのコントロールを超えた要因による差別に相応しいわけではない〉という考え方が、現在の高い道徳的な地位から転落してしまう、というのがそこでの中心的な論点なのだ。(Smilansky 2000, 156)

ここでスミランスキーは、道徳的責任の普遍的否定の基礎が**免責拡張**モデルであることを示唆しているが、このモデルからの帰結としてであれば、こうした結果がもたらされることはあってもよい。だがスミランスキーは――道徳的責任の網の目にからめ取られていないときには――道徳的責任の普遍的な否定は、免責の拡張と拡大に基礎を置いているわけではない、ということを十分に承知している。

〔原注12〕デネットはこの原理をアルフレッド・ミーリーによるものだとしているが、ミーリー(Mele 2005, 422)は自分がこのような原理の支持者であることを否定する―それどころか、その原理を斥けている。だが、その原理がどこに由来するのであれ、デネットがそれを信奉していることは明らかである。

スミランスキーがもっと前の箇所で明言しているように、「究極の視座に立つ場合、ある人物が、その人なりの性格や、その人なりのさまざまな理由その他を備えた、まさにその人物であることとの道徳的恣意性を考慮に入れないことは不正義だとされる」（77）[364]。人によっては、ここで言う「究極の視座」は最善の視座ではなく、道徳的責任を保持するためにはどんなコストでも（例えばスミランスキーが推奨する、幻想を是認し奨励するというコストですら）支払うべきだ、という結論に至ることもあるかもしれない。だが、そこでどんな結論に至るにしても、変わらない事実はある。すなわち、人がどのように性格を発達させていくのかを、長期的に、そして詳細に調べていくという視座に依拠する道徳的責任の否定は、免責拡張論に依拠する道徳的責任の否定とは、まるで異なった主張だ、という事実である。

道徳的責任の普遍的否定の〈免責拡張モデル〉と対比するなら、私たちのモデルは（名づけて）**奇跡要求モデル**、すなわち、道徳的責任は奇跡に類する、自然主義とは両立できない自己創造を要求する、というモデルである、といえよう。そこでは〈道徳的責任にとって奇跡はなくてはならない〉という論点を基礎とすることで、〔道徳的に〕重要な区別の余地を確保しつつ、道徳的責任の否定を行うことが可能となる。私たちはあくまでも複雑な動物の一種であり、全面的に、短期的な環境（による条件づけ）および長期的な環境（遺伝〔的進化〕）の産物なのであって、第一原因としての自由意志という、奇跡に類する力はもたない。だが、この枠組みは、多種多様な能力、および能力の欠如の余地を許容する。私たちの中には、深刻な損傷をこうむり、残念ながら合理的な熟慮と自己コントロールの力を失った人々がいる。また、合理的計画、注意深い思考、効果的な自己コントロール、確固たる気概を発揮できている人々もいる（このような人々は、デネットの言葉を使えば、各方面でのすばらしく**技能に長けた人々**である、と呼ばれるだろう）。だが、このような技能ある人々に、自らの技能とその技能を行使した結果としての成功に対する道徳的責任があるわけではなく、この点で彼らは無能力《インコンピテント》な人々と変わるところがない。なぜなら彼らは、環境からの形成によってその力を与えられた点で幸運に恵まれた——運がよかった——人々なのだから。私たちの大部分は、この両極の間のどこかに位置する——つまり、才気煥発でも、無能力《インコンピテント》でもなく、確固たる気概はもたないが、救いようのない優柔不断さもない。私たちには、自己改善の企図に取り組むだけの技能があるかもしれない——例えば甘いものを今よりも控えるとか、今よりも注意深く思考し、性急な決断を避けるとか、気分のよりよいコントロール法を身につける、などの企図に。そして、その企図を成功裏に成し遂げて、よりよい人間に――そしてより熟慮と自己コントロールのできている人間に――なれるかもしれない。だが、このような自己改良に進んで取り組もうという性向を私たちがもっている（または欠いている）ことや、こうした自己発展に成功するための自己コントロール、気概、計画能力などは、私たちの環境に関する幸運（または不運）の問題なのであって、私たちがそれによって賛辞や非難に相応しいわけではない。

自分の技能に訴えてニコチン中毒の克服に成功した人物は、重要なことを実際に成し遂げたのであり、またそれを彼女自身で、彼女の技能と能力を用いて成し遂げたのである。それを成し遂げたのがその人物であるというのは十二分に正しい。しかし、彼女に道徳的責任があると想定するのは、それとはまったく別の問題である。同様の企図に取り組んだが失敗した人物にも（この人物は、先の人物ほどの志操堅固さがなかったか、自己コントロールが弱かったか、計画力が不十分だった）、失敗に対する道徳的責任はない。やはりこの失敗は彼女自身の――この場合は不十分な――能力によるものだが、これは彼女が、自己コントロールの実行や、理性の使用が一切不可能であるほどの深刻な欠陥を抱えていることを示唆するものではまったくなく、また、真正の技能の行使も、ストローソンの言う当事者的な反応的態度の適切な主体たりうることも、一切不可能である、ということを示唆するものでもまったくない、というのは確かである。

私たちには、注意深い計画と熟慮によって一定の事柄を生じさせることが**できる**のであり、また私たちは時に有効な計画を立て、実行することがあり、そしてその計画と実行は正真正銘私たち自身のものである。私たちは**実際に**技

364 これだけだと分かりにくいが、スミランスキーはここで「両立論的視座」に立つ正義の概念（私たちの常識的な正義の概念）と、ハード決定論に依拠する「究極の視座」に立つ正義の概念を対比している。両立論＝常識の視座に立てば、人々の行いに応じて異なった扱いをする（罰や賞を与える）ことは正義にかなったことだが、ハード決定論＝究極の視座に立てば、人の行いは運の問題（恣意的に定まる問題）なので、それに基づいて人の扱いを変えることはむしろ不正義になってしまう（なお、これをスミランスキーは道徳的に好ましい常識の不幸な解体と見なすが、著者ウォーラーは道徳的責任やそれにもとづく賞罰の根本的不正義を明らかにする論証として評価する）。

能を有しており、私たちの成功がその技能の結果である場合はしばしばある。私たちは無意識の諸力——私たちの計画をくじき、思考を歪める諸力——の無力な操り人形ではない。だがまた、合理的に計画を立てる力は、与えられた環境の歴史を超越する力であるわけでもない。人々の中には、他の人々よりもずっと優れた合理的推理を行う人々がいる。他の人々よりも大きな認知的自己効力感をもつ人々もいる。「認知的吝嗇者」の人々が難しい、または不可能だと思うような込み入った熟慮に取り組めるだけの、めざましい認知的気概をもつ人々（「常習的認知者」）もいる。私が認知的吝嗇者で、かなり鈍い人間であるとしても、それでも私は、なにがしかの熟慮にもとづく選択をなしうるし、コントロールする力を働かせて自分自身で意思決定を行うことができる。だがこういう私が、多大な心的能力を備えた常習的認知者よりも拙い意思決定を行うとき、そのことで非難に相応しいということにはならない。

このような私に比べると常習的認知者は、熟慮を首尾よく成し遂げる能力においても、賢明な意思決定を行う能力においても、いっそう優れている、というのは単なる運ではないが、しかし、常習的認知者である人物が私よりも大きな認知能力もつということは、究極的には運の問題であり、またそれゆえ、よりよい意思決定を行うがゆえにその人物に報賞を与え、欠陥のある、拙い熟慮にもとづく選択を行ったがゆえに私を罰する、というのは公正ではない。常習的認知者も、認知的吝嗇者も、分別ある意思決定なり、軽率な意思決定なりのゆえに、正しい賛辞なり非難なりに相応しいということにはならない（思考を持続させるための彼ら各々の能力は、彼らの人生のそれ以前の条件づけによって形成されたものなのだから）。だが、認知的吝嗇者は狂人でも、絶望的な能力欠損の状態にあるわけでも、他者による管理を要する存在でもない。反省的なモニカはより信頼できる人物であろうが、軽率なパトリシアが友情や情愛の対象外に置かれるわけではない。そして二人のどちらにも、それぞれの性格や、熟慮能力や、その結果生じる事柄に対する道徳的責任があるわけではない。

私はどちらかといえば軽率な方であり、飛び抜けて才知豊かではなく、気概をはなはだ欠いている。それゆえ私はしばしば、自分がすべきでないことをしてしまったり、すべきことをし損なったりする——そして、私がこのような性格なのは、私のコントロールのおよばない環境の諸力によってそのように形成されたからだ、という事実を踏まえるならば、私が自分の失敗のゆえに非難に相応しいということにはならない。だがこれは、私の友（および敵たち）が私を、〔P・F・ストローソンの言う〕冷たい「客体への態度」[365]の領域へ追放すべきだという理由にはならない。もしかすると私は自分を改善していくことができるのかもしれず、実際私はそれをしばしば試みる。とはいえ、私が自分自身をどうにか発展させ、バージョンアップさせられるはずだとしても、その変化をもたらす力は私の歴史の産物なのであり、道徳的責任の要求および帰属を正当化するものではない。

　言うまでもなく、リバタリアンたちも両立論者たち[366]も、共に私のこの結論を斥けるだろう。だが現在の論点は、ここで提起した、〈奇跡の要求〉にもとづく道徳的責任の普遍的否定が、実際のところ何を含意しており、また何を含意していないのかということ――つまりこの論証に、普遍的無能力《インコンピテンス》を基礎にした普遍的免責は含意されてはいないということ――をはっきりさせることにある。道徳的責任の廃絶論者は、道徳的責任システムの**内部**で問題に取り組み、無能力《インコンピテンス》による免責を万人に拡張しているわけではない。むしろそこでの道徳的責任の普遍的否定は、それとはまるで別の、道徳的責任を斥けるシステムと深く結びついている。すなわち、そこでの道徳的責任は、人類の道徳的な地位を自然的世界から切り離された、特別で独特なものとして確保しようとする、人間心理の浅薄かつ前科学的な理解の遺物であるからこそ斥けられるのである。

　ストローソンが提起するジレンマは偽りのジレンマである。私たちは、無力な哀れむべき客体として、通常の当事者的な反応的関係から排除されるか、さもなければ非難や刑罰や道徳的責任の本来の主体としてあるか、そのいずれかを選択せねばならない、というわけではない。これとは別の可能性がある。つまり、私は瑕疵《かし》を抱えており、その瑕疵は正真正銘私自身の瑕疵であり、私の悪しき行動は私自身の瑕疵に発しているのだが、それでも私には、その瑕疵に対しても、それに発する行動に対しても、道徳的責任があるわけではない、ということがあってもよいのだ。言い換えればこれは、私の欠点が〈性格の瑕疵〉ではあっても、〈非難の瑕疵〉であるわけではない、という可能性で

365 訳注327および本書三〇二―三〇三頁参照。
366 「道徳的責任と自然主義（または決定論）の両立論者」であり、リバタリアンと共に道徳的責任を支持する立場の人々を指している（訳注62参照）。

ある。このような可能性は、悪徳と徳を、その持ち主に道徳的責任を認めることなしに認識する余地を開く。ジョーンは真に悪しき人物である——彼女は不正直な人間であり、その性格特性は彼女自身のものであり、またそのような性格にもとづく行為を意図的に行う——が、しかし、そのような彼女は非難に相応しいわけではない（私たちは——例えば——彼女の欠点ある性格を形成した歴史を理解することで、彼女を非難したり罰したりすることが公正だと考えるのをやめるようになる）。他方でまた、ジョーンを道徳共同体から排除すべき根拠も存在しない——彼女はそれでもやはり多種多様な当事者的反応的態度（非難は含まれないが、愛、情愛、友情は含まれる）を受けるに足る存在であり、私たちは彼女と共に合理的推理を行い、（彼女の欠点を認め、それを嘆きつつも）彼女に敬意を払うことができる。もちろん、ジョーンには本物の道徳的責任がある、とあくまで主張したがる人はいるだろう。だが問題はそこにはない。ストローソンの〔ジレンマの〕要点は、もし仮に私たちが道徳的責任を手放し、それに代え、純然たる〈客体への態度〉を〔人々に対して〕とるようになったとしたら、私たちが住む世界はどれほど冷たく、もの悲しいものになってしまうかを示す、ということにある。だがストローソンの論証は、道徳的責任がなくとも、無力にも、無能力《インコンピテント》にもならず、正気を失うこともないという可能性を考慮できていない。ストローソンは、道徳的責任を受け容れるか、さもなければ、根源的な無能力《インコンピテンス》ゆえに、道徳共同体の反応的〔態度の〕親密さから排除されるか、そのいずれかの選択を迫る。だが、免責拡張論（これは道徳的責任システム内部で許容される唯一の論拠だ）以外の論拠にもとづく道徳的責任の排斥は、偽りのジレンマの二つの角《つの》〔二つしかないとされた選択肢〕の間に、幅広い道を開くのである。

免責拡張論を斥けることの利点

道徳的責任の普遍的否定は普遍的無能力《インコンピテンス》に基礎を置くわけではない。この点のしかるべき認識は、いくつかの重要な含意をもつ。第一に、あらゆる道徳的責任の否定は、ストローソンの言う「当事者的な反応的態度」を万人に対して拒むわけではない（道徳的責任の否定により、例えば復讐心といった反応的態度の正当化が切り下げられるのは言うまでもないが、それによって情愛、感謝、愛、友情といった態度が切り崩されることはない）。また同様に、すべての道徳的責任の否定から、万人が無能力者《インコンピテント》として処遇され、当人の同意なく他者によって管理されたり「治療／処置《トリート》」されたりしてもよい、という帰結は引き出されない。

　第二に、免責拡張論を斥けるとは、道徳的責任が不在だからといって、あらゆる道徳的なリアリティが切り下げられると想定すべき理由などない、ということを意味する。レイフィアは真底から有徳な人物である。彼女は奥深い道徳的原理を支持しており、それに反省的かつ感情を込めてコミットしており、有徳な努力を決然と奮い、障害に出会っても勇気をもって立ち向かう。とはいえそんな彼女が、その有徳な性格と寛大な行動のゆえに報賞に相応しいということにはならない。彼女は早期環境において幸運に恵まれており、それが彼女の粘り強い性格特性――そこには、反省の力、ぶれのない、一貫性をもったコミットメント、寛大な精神なども含まれる――を形成した。このように善良な人物であるのは彼女の幸運であり、彼女にはその性格と行動に対する道徳的責任があるわけではない。それにもかかわらず、彼女は有徳さの模範であり、彼女がぶれのない、一貫性をもった有徳な行動をなすことは単なる運ではなく、また私たちが子どもたちをレイフィアにいっそう近づくように育てることは、道徳的に善いことである（それに失敗したとして、私たちや子どもたちが非難に相応しいわけではないとしても）。

　第三に、道徳的責任への反対論証は自己論駁的なものではない、ということが言える。仮に道徳的責任の否定論が〈私たちはみな知力を欠き、錯乱しているか、さもなければ深刻な欠陥を抱えている〉という主張に基礎を置いているとした場合、このような深刻な欠陥を抱えた人々が、道徳的責任への反対であれ何であれ、ともかく何らかに反対する論証を知的に行いうる、という想定は愚かしいものだろう。実のところ、この想定は二重の意味で自己論駁的であろう。というのも、その想定の下では、〔第一に〕私たちが、刑罰や報賞は公正か否か、私たちはそれらに正しく相応しい《ジャストリィ・デザーブ》ものか否か、といった問題について道徳的主張を行うような道徳的存在であることは不可能であろうし、また〔第二に〕、たとえそんな私たちが何らかの意味で道徳的存在なのだとしても、道徳について知的な論証を行うのは不可能であろうからである。それゆえ道徳的責任が不在であるとき、私たちには道徳的主張を行うことも、道徳的原理に従うことも、道徳的帰結を論証することも、また従って、「正しい報い」は不公正であるという結論を世に訴えることもまた不可能だと想定されよう。だが私たちが、道徳的責任を否定するための論拠としての免責拡張論を斥けるとき、このように想定すべき理由はなくなる。言うまでもなく私たちは、道徳原理に従ったことで特別な賞賛に相応しいとか、それに違反したことで非難に相応しいとかいうことにはならない。だが、私たちがこのような、賞賛なり非難なりの対応《レスポンス》に相応しいわけではないからといって、私たちが道徳原理に従うことが決してできないとか、それに意味を見いだせないとか、それを真理だと見なすことができないとか、そういったことがそこから帰結するわけではない。道徳的責任システムは道徳的に不正であり、なぜならそれは根本的に**不公正である**、というのが本書の基本主張であり、そしてこの主張にはしかるべき理由がある。本書の主張は誤りであるかもしれない。しかし、その主張を道徳的責任システムの外側に据える限り、少なくともそれが自己論駁的であることはなくなるのである。

ここまで行ってきた論証には、道徳的責任の廃絶**から出発する**システムの整合性と一貫性を示そうという意図があった（これに対して、道徳的責任を前提することから出発し、それを免責拡張論によって根絶しようという試みは、説得力を欠く）。同じ目的に達するための、これより簡略な論証もある。道徳的責任の普遍的否定のために、何が基礎となるのか考えてみよう。基礎となるのは〈道徳的責任の基礎づけは奇跡を要求する〉という論点であり、ここで奇跡とは、不動の動者となる力であり、因果に反する自由意志の力であり、自己を何もないところから作り出す奇跡の能力を指す。（ここまでの論証は、チザムやキャンベルといった標準的なリバタリアンの論証と一致している。次のステップで私たちは袂を分かつ。）しかるに私たちはそのような奇跡に類する力をもたない（私たちはそれでもなお自由意志をもちうるが、その自由意志とは、道徳的責任が要求する、奇跡の業としてのリバタリアン的自由意志ではない）。ゆえに私たちは道徳的責任をもたない。明らかなことだが、この論証がどれほど強力なのか、という厄介な問題があり、この論証に対しては、二つの標準的な攻撃が存在する。第一の攻撃はリバタリアンの立場からのものであり、第二の前提を攻撃し、〈私たちは現にそのような特別な力をもつのだ〉と断定する。第二の攻撃は両立論者の立場からのもので、第一の前提を攻撃し、〈道徳的責任のために奇跡の業であるような力が必要である〉という主張を否定する。だが現在のところ、道徳的責任への反対論証がどれほど強いのか、あるいは弱いのかは、問題ではない。現在の論点は極めて単純なものだ。すなわち、〈道徳的責任のために〉必要とされる奇跡に類する力の存在を否定することは、穏当な（奇跡ならざる）水準での合理性や、自己コントロールや、道徳的コミットメントを否定することではない、ということである。要するに、道徳的責任の否定論を、普遍的な不合理、普遍的な無道徳、普遍的な精神的無力に基礎を置くものとして描き出すことは、**わら人形《ストローマン》的な描写**だ、ということである。

道徳的責任反対論を免責拡張論なしで論証する

　こうしてわら人形としての免責拡張論を取り除いたことで、道徳的責任という争点が決着したわけではない。とはいえそこには、この争点にとって非常に重要な含意がある。第一に、それによって挙証の責務[367]は、道徳的責任をすべて否定する論者から取り除かれ（というのも、私たちは免責の立証を企てているのではないのだから）、また疑いなくその責務が、特別の（罰としての）加害と（報賞としての）利益をもって人々を取り扱うことが正当だと主張する論者に移動することになる。挙証の責務のこのような移動は重要である。なにしろ私たちは、人々を——その反対が証明されない限りで——適格な能力《コンピテント》のある存在であると正しく判断しているのだから。つまり、もしも誰かある人が深刻な欠陥を抱えており、その人はその欠陥ゆえに、社会の自由で自律的な成員として生きるために最低限必要な能力の行使が不可能となっている、と見なそうとするならば、その場合、その人にそのように極めて深刻な欠点があることを、もっともな疑問の余地がなくなるまで、証明する必要が出てくる。さらに言えば、もしもすべての人がそれほどの深刻な欠点を抱えていることを証明しようとするならば、その場合、背負うべき挙証の責務は途方もない重さになる。だが、挙証の責務の所在が移動すれば、〈正しい報い〉と道徳的責任を否定する論者に〔特定の人物、または全人類の〕無能力《インコンピテンス》を証明する必要はなくなる。むしろ、〈環境によって「認知的吝嗇者」として形成され、自己効力感が弱く、気概も最低である人物を非難したり罰したりすることは公正である〉と主張する論者にこそ、挙証の責務が委ねられることになるのだ。

　このように、免責拡張論を斥けたことの第一の重要な帰結とは、挙証の責務が移動し、道徳的責任の支持者たちにそれが課される、ということである。また、免責拡張論と

367 訳注100参照。

いうわら人形を取り除いたことの第二の重要な帰結は、それによって道徳的責任を支持するための非常に人気のある論証様式の基礎が破壊される、ということである。道徳的責任のこの論証様式は非常に一般的であるため、それに〈モドゥス・トレンス[368]による道徳的責任の証明〉*Modus Tollens* Proof of Moral Responsibility、略してＭＴＰＭＲと名付けたい。ＭＴＰＭＲの好例は、前章で言及した、ヴァン・インワーゲンの一節の中に見いだされる。

> かつて私は、道徳的責任の存在を否定する哲学者たちの話に耳を傾けたことがあるが、その話を真面目に受け取ることはできなかった。道徳的責任の実在性を否定する論文を書いた哲学者を私は知っているが、この同じ哲学者が、自分の本が何冊か盗まれたときには「なんと**下劣な**行為だ！」と言ったのだ。だが、およそ誰であれ、ある行為が下劣だ、という発言と、その行為を遂行した行為者には、行為の時点で道徳的責任がなかった、という発言を、**共に**整合的なものとして行うことなどできはしないのである。
> (van Inwagen 1983, 207)

この論証は実際のところ、どの程度うまくいっているだろうか？　論証の内実を調べると、その形式は、次のような単純なモドゥス・トレンスとなる。

もしも道徳的責任が存在しなければ、いかなる道徳判断も存在しない
しかるに、私たちが道徳判断を行っているのは確実なことである
ゆえに道徳的責任は存在するのでなければならない

だがこの論証は、〔形式的には〕完全に妥当であるとはいえ、一つ目の前提〔三段論法の大前提〕において、道徳的責任の否定の免責拡張モデルに依拠している。すなわち、一つ目の前提は、〈道徳的責任否定論は、人を道徳的存在として無能力《インコンピテント》たらしめる（それゆえ、それによって免責されるような）性格的特徴を基礎にする〉というモデルに依拠している。つまり、たしかに免責拡張論からは一つ目の前提が帰結するが、しかし、それよりも説得力のある道徳的責任否定論（つまり〈奇跡の要求〉にもとづく否定論）からその前提が帰結することはない。

ＭＴＰＭＲはある程度多様な形態で提起される。基本

構造はどれも同じだが、一番目の前提で述べられる述語において多様性が生じるのだ――ここでは〈もしも道徳的責任が存在しなければいかなる道徳判断も存在しない〉だったが、この〈いかなる道徳判断も存在しない〉の部分が、〈いかなる合理性も存在しない〉、〈いかなる論証〔能力〕も存在しない〉、〈いかなる技能の行使も存在しない〉、〈いかなる正当な感情（または、友情、感謝、自己コントロール）も存在しない〉のように、多様な形をとるのである。一方、第二の前提は〈私たちは実際に道徳判断を行っている〉である（あるいは〈私たちは時に合理的である〉、〈私たちには論証能力がある〉、〈私たちは技能を行使する〉、〈交友関係に伴って生じる感情は正当な感情である〉、〈私たちは忌まわしい催眠術師に操作されてはいない〉である）。この第二の前提は真理であり、そこからは前記の結論が帰結する。だが、第一の前提は免責拡張論の上に構築されているのであり、その基礎はわらでできているのである。

本書の第九章と第一〇章では、〈道徳的責任の否定はあらゆる道徳判断の否定を含意する〉という、広く採用されている主張を支持するとされる二種類の論証を考察した。第一の論証〔第一〇章の「第一の論証」〕は〈非難の瑕疵〉と〈性格の瑕疵〉の区別を無視するものであり、第二の論証は、由緒正しいとしても疑わしい、「スベキはデキルを含意する」を基礎として構築されたものであった。これ以外に第三の論証〔第一〇章の「第二の論証」〕もあり、この論証は、道徳的責任反対論を免責拡張論として曲解することにもとづいている。そして免責拡張論とは道徳的責任反対論の誤解である、という点を適切に認識するとき、この第三の論証を批判的に吟味する道も開かれる。つまりたしかに、もしも道徳的責任の普遍的否定が免責の普遍的拡張――すなわち〈誰もが道徳的責任を免除されるが、それは誰もが恒久的に錯乱し、不合理で、合理的推理が不可能であり、あるいは熟慮の能力がないからなのだ〉という考え方――を基礎にしているとしたら、誰にとっても、道徳的な合理的推理や道徳判断などはなおさら不可能だと帰結されることになろう。それゆえ、道徳的責任否定論を道徳的責任システムの内部にしっかりと埋め込んでしまうとき、〈道徳的責任を否定してしまえば道徳判断の余地がなくなる〉という結論が明白なものに見えるのは驚くことではな

368 モドゥス・トレンス（後件否定式）については訳注60参照。

い。だが、道徳的責任というシステムを斥けるとき、誰もが不合理で能力を欠くという結論を示唆するものは何もなくなる。それどころか、道徳的責任を支持するための整合的な立論は自然主義的なモデルの枠内ではなしえず、道徳的責任は自然主義的世界観とつじつまを合わせることができず、誰一人として——その人がどれほど見事に合理性を発揮し、どれほど深い反省を行い、あるいは、どれほど心理的に健全であろうと、それには関わりなく——正当かつ公正な仕方で道徳的責任ありと見なされることができない、ということがそこでの〔私たちの〕主張なのである。このような仕方での道徳的責任の否定は、私たちの自然的世界の中で思う存分発揮される、見事な認知や熟慮の能力を認め、称揚する[369]ことと両立するのであり、また、この仕方での体系的な道徳的責任の否定の中に、何であれ完全で豊かな道徳判断〔をなしうる能力〕に疑問を投ずるものはないのである。

第一二章　論点先取による道徳的責任擁護論

前章では、道徳的責任を斥ける立場に向けられた、〔擁護論者の側からの〕システム《システマティック》依拠型の反論を吟味した。その反論によれば（道徳的責任システムの内側から見られた場合の）道徳的責任の普遍的排斥とは、普遍的な無能力《インコンピテンス》、あるいは「免責拡張論」という、ばかばかしい帰結を招く立場に依拠せざるをえなくなる、というものだった。とはいえ、道徳的責任のシステム依拠型の論証は他にもある。この論証は〈私たちは、通常は道徳的責任のある存在である〉という前提から出発し、そこから〈私たちの自然的で奇跡のない世界において、人々は道徳的責任を成り立たせる要件を満たすことができている以上、道徳的責任のシステムそれ自体も自然的に正当化されるのだ〉と論ずるものだ。このタイプの論証は次のように進む。すなわちまず、私たちは、人々を道徳的責任ありと見なすための適切なシステムを有している。また、人々がどのような場合に道徳的に責任ある者となるのかの条件（熟慮する能力があり、理由に応答でき、強制されておらず、等々）を、私たちは特定できる。そしてこれらの条件を満たすことは、自然主義的な世界の内部で（つまり奇跡や不思議の業を必要とせずに）可能である。ゆえに、人々を道徳的責任ありと見なすことは自然主義的に正当なことであるである——以上である。

この種の論証の強烈な魅惑——そしてその強固な浸透力——は、このタイプの論証の中でも最も有名な部類に属する、ハリー・フランクファートの論証の中に見いだされ

369「称揚（celebration）」と「賞賛（praise）」の相違については訳注265参照。ここでも、人物ではなく抽象的な人類全般の能力を単に肯定的に評価している（無論、それをもとに報賞を与えたりはしない）、という点で区別されると見られる。

る。フランクファートはそこで、道徳的責任には〈他行為可能性〉が不可欠である、という思想[370]に反論するために、次のように論ずる。「他行為可能性の原理は虚偽である。人は、たとえ別のように行為することができなかったとしても、自分が行ったことに対する責任を十分にもちうる」(Frankfurt 1969, 832)。フランクファートがこの結論を導いた論証は、人殺しの悪漢であるジョーンズと、凶悪な(ただし何もしない)神経科学者ブラックの物語を基礎にしている。ブラックはジョーンズが殺人を犯すことを望んでおり、ジョーンズの脳を操作し、もし彼がためらった場合、彼に殺人を実行させる準備を整えている。したがってジョーンズは(ブラックによる操作が実行されようと、されまいと、いずれにしても)殺人を犯すことになる。しかるに実際には、ジョーンズはまったくためらいを見せなかったので、ブラックは何の介入もしないままだった。つまりジョーンズは何の介入もなく自らの意志で殺人を犯すのであり、それゆえ、彼には道徳的責任がある。つまりブラックが、——実際にはまったく何の介入もしなかったにしても——ジョーンズがひるんだならば介入してやろうと待ちかまえていた、という事実は、ジョーンズが遂行する行為に何の影響も与えていないのであり、あるいは、その行為に対してジョーンズが負う道徳的責任に対して何の影響も与えていないというのは明白である。それゆえ、ジョーンズに真正の他行為可能性は開かれていないのだが、それにもかかわらず彼には道徳的責任があるのであり、またそれゆえ道徳的責任は他行為可能性を必要とせず、両立論的な道徳的責任は擁護される、ということになるわけである。

　これは人を惹きつける論証であり、やはり人を惹きつける多くの応答——その中には「瞬間的自由」に訴える応答[371]の諸形態も含まれる——を生み出してきた。だが、その魅力と洞察がどれほど大きなものであるにしても——また、フランクファートの著述は疑いなく洞察に富むものであるにしても——、この論証は道徳的責任システムの前提を基礎にしており、〈自分の靴ひもを持って自分を持ち上げる〉流儀で、道徳的責任システムの基本原理を、自分自身を持ち上げる〔つまり自分自身の正当化の論拠とする〕ために用いているのだ。その論証は、道徳的責任システムが何を含意しているのかを詳しく述べる作業としてはまことに有効な論証だが、道徳的責任システムを**支持するための論証**——そして道徳的責任廃絶論への反対論証——としては無力な代物である。フランクファートの論証は〈ジョーンズは、(彼自身の意志にもとづき、外的強制を受けていない限りで〉道徳的に責任ある者である〉という前提の上に構築されている。道徳的責任をデフォルトの設定として前提するシステムの内部においては、ジョーンズが道徳的責任の適切な候補者であることは明白である。しかしながら道徳的責任の廃絶論者は、道徳的責任というシステムを斥けているのであって、すべての行為に免責の理由を見つけ出すことによって道徳的責任を否定しようというのではないのであるから、そもそも〈ジョーンズは、介入なしで、自分自身の意志にもとづいて行為するならば、道徳的責任を有する〉という想定を、出発点に置こうとはしないのである。

私たちがもし、すべての適格《コンピテント》な人物、行動に対する特別な強制も介入も受けていないすべての人物には道徳的責任がある、という前提から出発する場合、ジョーンズの道徳的責任が、ただ単に〈［医師ブラックのような］潜在的介入者がいて、ジョーンズが実際にとりうる以外の他の行動様式をもてないような仕方で状況を設定した〉というだけのことによって失われることはないだろう――その行為はジョーンズ自身の行為であり、彼自身の動機と選択と性格にもとづいてなされたのであるから。私たちは、〈その行為は本人性を保障する仕方で《オーセンティカリィ》ジョーンズ自身のものである行為だ〉と述べることもできようし（ひょっとしたら、ジョーンズは彼の殺意を高次レベルでの反省にもとづいて是認している、ということすらありうる）、両立論的な道徳的責任システムにしたがえば、このような本人性はジョーンズを道徳的責任ある者たらしめることになる。この論証は、道徳的責任についての両立論的な説明が本来どのようなものであり、またそれが、他行為可能性にどこまでも固執するリバタリアンの立場とはかけ離れたものである、という点を、非常に効果的に明らかにしてくれる。だがこれは、両立論

370 第四章冒頭で述べられていたように、「他行為可能性」ないし「別のようにも行為できた」という可能性（訳注55参照）を確保するには、因果律を超越する、いわゆるリバタリアン的自由が必要だという見方が自由意志論争では一定の支持を集めており、フランクファートはそれなしに道徳的責任を確保する道を求めようとした。

371「瞬間的自由（a flicker of freedom）」（あるいは「自由の瞬間的生起」）はフランクファートの論証を考察する際に用いられる概念で（命名はフィッシャーによる）、凶悪な神経外科医が実際にスイッチを入れる場合であっても、それがなされるまでのわずかの間、ジョーンズはたしかに別の選択肢を検討できたのだから、現実に実行に移す可能性（真の他行為可能性）がそこにないとしても、別の選択肢を検討するという、弱い意味の他行為可能性（＝瞬間的自由）は否定されていないのではないか、という応答。

的な体系《システム》**のための**有効な論証ではない。というのもそれは、まさに問われている争点であるものを、体系的《システミック》な前提として据えているからである。道徳的責任廃絶論者は、ジョーンズが今まさに、真正の彼自身の意志から行為しつつあることを否定しない。道徳的責任廃絶論者が斥けるのはむしろ、ジョーンズが彼の行為や、その行為が発した彼の意志や性格特性に対して道徳的に責任がある、という主張である。つまりジョーンズは、究極的には、彼自身が作り出したのでも、選択したのでもない諸力によって形成されたのだから、その主張は否定されるのである。ジョーンズに道徳的責任があるなら、——たとえ他行為可能性を欠いている場合でも——私たちほとんどすべてに道徳的責任があるということになる。しかしそこでの要となる〈ジョーンズには道徳的責任がある〉というシステムに依拠《システマティック》した前提を、その前提が由来する道徳的責任の説得力を証明するために用いることはできない。マーク・バーンスティーンはこの点を、非常に効果的な形で明確にしている。

私たちが、フランクファートの事例への彼自身の判定に同意し、〈そこで述べられた行為者たちには道徳的責任がある〉という判定は正当化される、と考えるならば、その行為者は実際、自分がなした行為を自由に決断した、と想定することになるだろう。ジュディがビルを殺したとして、実はマッド・サイエンティストが、ジュディの殺害の決断が揺らいだ場合に殺害を確実に実行させるべく介入しようと待機していたが、結局は何もしなかった、という事実があったとしても、私たちはジュディに、ビルを殺したことへの道徳的責任を認める。なぜなら私たちは、ジュディの意志が「彼女自身のものである」と考えるからである。……フランクファートは、〈私たちの本性は、私たちのコントロール外にある出来事によって形成されており、それゆえ私たちが……際限なき責任転嫁の連鎖を断ち切り、それを負う[372]というのは、永久に望みえない〉という〔引用者補足—ゲイレン・〕ストローソンの洞察に対処するすべを、何ら与えない。自由意志否定論者たちが究極の責任の存在を否定するとき、その根拠は、〈行為者による選択をもたらした行為者固有の性格は、別のようではありえなかった〉という事実に求められているのではないのであり、……むしろその根拠は〈いかなる行為者も彼固有の本性を構成しているものをコントロー

ルできない〉という事実に求められているのである。(Bernstein 2005, 9)[373]

道徳的責任のプラトー

道徳的責任への信念は非常に根深く浸透しているので――またそれゆえ、道徳的責任を前提することは非常に容易であるので――、道徳的責任のシステム依拠型の論証がもつ魅力は非常に強力なものになる。同じタイプに属する別の論証として〈プラトー〔高原ないし台地、またはその形状〕[374]ないし閾《しきい》[375]による論証〉がある。この論証によれば、私たちの間に能力および〔個々人の〕歴史の点で重大な違いがあっても、道徳的責任に程度の差などないのだから、総じてその違いは、道徳的責任に対して重要性をもたない。むしろ、ある最低限度の適格性《コンピテンス》に達した人々――道徳的責任のプラトーに達した、あるいはその閾《しきい》を超えた人々――はすべて道徳的責任ある存在なのであり、道徳的責任が問題である場合、私たちはそれ以外の諸々の違いについて気に病む必要はない。道徳的責任は素晴らしく平等主義的な教義なのだ。例えば、マリアはとびきり優れた早期教育を受け、支援を惜しまない家族に恵まれ、第一級の個人指導を受けたが、他方でワンダは破綻した家庭で育ち、劣悪な学校に通い、ろくな支援も受けられず、励ましを受けることはさらになかった。だが、この二人は共に最低限度の適格性《コンピテンス》の水準に達しており、それゆえ現在では、共に道徳的責任の点では完全に平等である。それゆえ私たちは、水準に達した後の彼女たちに正しい報い《ジャスト・デザート》を割り当てるとき、〔各自の〕歴史や能力や技能における二人のさま

372 「際限なき責任転嫁の連鎖を断ち切り、それを負う」の原文はbuck-stopping responsibility。訳注194参照。

373 ここで対比されている二種類の論拠は、ペレブームが非両立論（自由意志／道徳的責任と、決定論／自然主義の非両立論）の二類型として整理した「リーウェイ（余地、自由裁量）の非両立論」と「源泉（あるいは因果的歴史）の非両立論」に対応すると思われる。前者は「他行為可能性」の否定にもとづく非両立論、後者は因果的な歴史によって課される限界にもとづく非両立論で、この引用や著者の議論も後者の路線に沿っている。

374 「高原、高台」を意味する「プラトー」については訳注96参照。

375 「閾《しきい》」と訳したthresholdは文字通り「敷居」を指す以外に、「閾《いき》」すなわち、例えば刺激の強さが度合いを超えて初めて感覚される場合など、何かがある値を超えて初めて効果が現れる現象における、その境界を指す（その値は「閾《いき》値」または「閾《しきい》値」と呼ばれる）。ここでは、道徳的責任ありと認められるために達すべき、ある限度の（それほど高くない）適格性《コンピテンス》の度合いを「閾《しきい》」と呼んでいる（詳しくは本文を参照）。

ざまな違いについて気に病む必要はない――以上のような論証を〈プラトー論証〉と呼んでよかろう。この命名はダニエル・デネットによる、次のような巧みな比喩にもとづいている。

> 道徳的発達とはそもそも、ただ一人が他を抜いて勝利するような競争ではまったくない。むしろそれは、人々を遅かれ早かれ発達のプラトーに押し上げる過程――例えば母語の習得とよく似た過程――のように見える。素早く、やすやすとプラトーに達する人もいるし、人生初期の、いろいろの不利な条件を埋め合わせる努力を要する人もいる。
> 　とはいえ、いずれすべての人がおおむね同じ部類に属するようになる。人が「十分に適切」と認められるとき、その人の道徳教育は完了するのであり、欠陥ありと見なされて例外扱いされる人々を除けば、……市民は、市民に求められる要求に関する限り、おおむね平等な才能を備えた諸個人から構成されていると見なされることになるのである。(Dennett 1984, 96)〔邦訳一三八頁に該当〕

このような適格性《コンピテンス》の「一般レベル」モデル――そのレベルに達した人々すべてを道徳的責任の資格ありと見なすモデル――は、いっときの気ままな思いつきではない。同じ思想はデネットの『自由は進化する』でも披露されているのである――ただしこちらでは、「プラトー」のイメージが「閾《しきい》」のイメージに置き換えられている。

> あなたが特定の環境で生まれ、裕福であったり、貧乏であったり、甘やかされたり、虐待されたり、さい先のよいスタートを切ったり、スタートで引っかかったりしたことは……どうあってもあなた自身に属する行いとはいえない。そしてこうした、著しいといってよい違いからは、やはりそれぞれ違った結果が生じる――その中には不可避の結果も避けられる結果も、一生残る傷を残す結果も、すぐに消えてしまう結果もある。いずれにせよ、消えずに残っていく違いの多くは、現在の話題にとっては無視できる程度の重要性しかもたない――すなわち、例えば芸術の才能などと対比される、道徳的責任という第二の閾《しきい》にとっては。(Dennett 2003, 274)〔邦訳三七九―八〇頁〕

人がひとたび道徳的責任というプラトー——道徳的責任の適格性《コンピテンス》という閾《しきい》——に達してしまえば、どのような道を通ってきたのかは問題ではなくなる。リムジンに乗って快適に到着したのであれ、ロープにすがり、血まみれの手で必死で登りつめたのであれ、道徳的責任の資格を満たしたのであれば、その人には道徳的責任がある——すなわちその人は、賛辞と非難、賞と罰に正しく相応しい《ジャストリィ・デザーブ》。人が道徳的責任の資格ありとされるのが、正確なところ何によってであるのかは、それなりの論争の主題になっている。デネットは、合理的で目的指向的な熟慮に焦点を合わせ、ハリー・G・フランクファート（Frankfurt 1971）とジェラルド・ドゥオーキン（Dworkin 1988）は、人の価値と目標に関する階層的な〔高レベルの〕反省能力を強調し、ジョージ・シェー（Sher 1987）は自らの努力と能力への投資を、ジョン・マーティン・フィッシャー（Fischer 2006a）は合理的な誘導コントロールを、サディアス・メッツ（Metz 2006）は反省的コントロールを、アンジェラ・M・スミス（Smith 2008）は判断的活動を、それぞれ強調する。しかしながら、彼らプラトー論者たちはみな、一つの共通の原理をそろって支持する。すなわち〈過去を振り返るな。君がどのように道徳的に責任ある存在となるに至ったかは問題ではない。君を道徳的に責任ある存在にしているのは、現在の君の能力なのだ〉という原理である。アンジェラ・M・スミスは、道徳的責任プラトー論の根底にある基本的な区別について、非常に明快な言明を行っている。

> 私は、二つの異なった問いをしっかり区別するのがよいと思う。すなわち、ある人がある一定種類の人物になったという、そのことに対するその人の責任に関する問いと、ある人が行為や態度において一定の判断を表明するときの、その判断に対するその人の責任に関する問いは、区別した方がよいということだ。私たちが今現在の私たちのような種類の人物となり、私たちが現在抱いている価値や、利害や、配慮や、懸念をどのように得たのかの経過は、私たちそれぞれみなにとって、込み入った物語となるであろうし、私たちが現在あるような特定の人物となった経過に対する完全な責任——あるいは、完全ではなくとも実質的な責任——を負っているという主張を、説得力をもってできる人というのは、いるとしてもごく少数である。だとしても、私の見解としては、

私たちが自らの行為と態度において特定の判断を表明するとき、その判断に至った考え方がどのような環境によって形成されたのだろうかという問いとは関わりなく、私たちは自分自身を、自らの行為と態度において表明される特定の判断に対して責任があり、応答可能である[376]と見なさざるをえないのである。(Smith 2008, 389)

プラトー論者たちから見ると、道徳的責任廃絶論者たちは〈ある人が、道徳的責任ある者であるための最低限度の要件を満たしているか?〉という単純な問いのみが問題であるところで、〈その人がどのように道徳的に責任ある者**となるに至ったか?**〉という場違いな問いにこだわっている人々だということになる。ここでプラトー論者たちが誤りだと見なした考え方については、サディアス・メッツが次のような見解を述べている。彼は近年、道徳的責任のプラトー論証の彼なりのバージョンを提起したが、その中の一節である。

ある行為者が何らかの自然主義的な意味で自らの行動をコントロールできているとき、その事実のゆえに、その行為者に負担を負わせること[377]の正しさを保証できるような、そうした責任概念の内実を明確にせねばならない。ここでコントロールとは、大まかに言えば、ある人の行為がその人自身の反省によって決定されていることである——言うまでもないが、この反省も、さらに先行する自然的原因によって決定されている。……〔コントロールがあれば〕責任は十分に成立するのであり、……そこに〔神のごとき〕〈不動の動者〉は必要ない。自らの行動をコントロールできている人物については、その人が誤った選択をした場合、たとえそれによって一般の福利が少なからず損なわれようとも、制度上その人に〔罰としての〕負担を負わせるべきである[378]。

私の考えでは、テーベンスキー〔やその他の道徳的責任廃絶論者——引用者注〕を見当違いの方向へ導いた深い誤りは、私たちが、自分がなした行為に対して、〔罰としての〕負担を負わせることの〔すなわち、その行為に道徳的責任があり、応報的懲罰に正しく《ジャストリィ》相応しい《デザーブ》ことの——引用者補足〕正しさを保証するような仕方で責任を有するようになるためには、私たちは、自分の行動を自分でコントロールできるに至った条件そのものをコントロールしていたのでなければならないという、ありがちな思想の一つを彼が採ったことによるのである。(Metz 2006, 233)

ダニエル・デネットは道徳的責任のプラトー論証として、哲学の世界で最も有名となったバージョンを展開した。そこでデネットは、〈人は、自らが道徳的に責任ある存在であることに対して、道徳的責任がある〉という思想を明示的に斥けて、次のように述べる。「いうまでもなく私たちは、自分が責任ある存在であるということに対して完全な責任があるわけではない。……なにしろ、明日、路地から強盗が飛び出してきて、私の脳天をたたき割ることもありえなくはないのだから、私が、自分自身には何の瑕疵《かし》も誤りもないにもかかわらず、責任ある市民としての地位を失うという不運に見舞われることもありえなくはないのだ」(Dennett 1984, 98)〔邦訳一四二頁に該当〕[379]。それゆえ私たちは責任ある存在であることに対する責任をもたないのであり、つまり私たちは、自分自身の道徳的責任を何もないところから作り出す創造主なのではない。しかるにここでデネットは、(先に述べたように)私たちがそのようなものでなければならない、という要求が、道徳的に責任ある存在であるために必要なハードルを、あまりにも高く設定することだという点を強調する。「有責性《カルパビリティ》というものの可能性そのものに対する懐疑論が、ある絶対的理念——すなわち、全面的な〈神の御前での罪人〉という概念——への場違いな畏敬の念から生じる。**そのような条件はこの世界に**

376「応答可能」は answerable の訳。「責任ある」と訳した responsible もほぼ同じ意味を表すことができ(第一章で検討された「説明可能(accountable)」も同様)、したがって responsible をそのような本来の語義との連続性の中で用いようとする狙いがあると見られる。

377「負担」の原語は burden(字義通りには「重荷」)で、この文脈でほぼ「責任」の意味になると思われるのだが、メッツの論文を読むと、この言葉を責任そのものではなく、不正に対する責任をもつ者に、その責任の大きさに応じて(公的制度によって)課される罰を指すために用いているので、「〔罰としての〕負担」のように訳す。

378 いわゆる過去志向の、刑罰の応報主義的な正当化がメッツのここでの意図であり、「一般の福利を損なうとしても」とは、未来志向の帰結主義的な(さらにいえば功利主義的な)刑罰の正当化への批判の意図がある。

379 邦訳では(ミスだと思われるが)「なにしろ、明日、路地から強盗が……ありえなくはないのだから」の部分が訳し落とされている。なお、デネットはこのあと、自分は用心深くトラブルを避けてきたので、これまで強盗に出会ったことがないのは単なる運の問題ではない、と述べて、自分が道徳的責任を喪失するとしたらそれも単なる運の問題ではない、という論点の支えとする。

おいては決して満たされないという事実に惑わされて、私たちの道徳的責任という制度の至当性《インテグリティ》に関する懐疑論に陥るべきではない」(165)〔邦訳二四三頁に該当〕。

つまり、〈責任ある存在であることに対する責任〉を成り立たせるための条件は実現可能ではないかもしれないが、とはいえそのような条件は必要なものでもない、ということだ。デネットの述べるところでは次のようなことになる——誰であれ「神の御前での罪人」とされることなどないが、しかしそのことで、報賞と応報的刑罰を正当化するような、真正の道徳的責任の余地がなくなってしまうわけではない。私たちは「幸運にも」道徳的責任を有するに至った存在なのであり、私たちの歴史が幸運の産物だからといって、私たちに道徳的責任があるという事実が変わるわけではない。道徳的責任を否定する人々はこの点に混乱があり、それにより、無条件に、自己を基礎から作出する道徳的責任という、存在せず、必要でもないものをあくまでも要求する——と。デネットのお気に入りの例を使えば、優秀なバスケットボール選手は、紛れもなく彼女自身のものであるバスケットボールの技能を、それでもやはり幸運のおかげで手に入れている——例えば、遺伝的素質として身についた素早い反射や、優れたコーチの指導といった幸運に。このような事情があっても、それはこの選手が本当に優れた技能を備えている、という事実に影響するわけではない。同様に、私たちの中の〔大部分を占める〕道徳的責任のある人々は、そのための能力を有する点で幸運であるかもしれないが、だとしてもそれが、私たちが自らの選択と行為に対する報賞と罰に正しく相応しい《ジャストリィ・デザーブ》、という事実を変えるわけではないのだ、ということに〔デネットによれば〕なる。

道徳的責任の擁護者たちの中でも、道徳的責任のプラトーを好む人々が強調するのは、〈道徳的責任を有しうるレベルの適格性《コンピテンス》に到達した人々には、自らの選択と行動に対する道徳的責任が生ずるのであり、しかも、そのように道徳的責任を有しうるレベルにどのように到達したのかは重要性をもたない〉という点である。これはつまり、道徳的責任についての問いとは現在の問題なのであり、過去は問題にならない、ということだ——その人の現在の能力(熟慮の能力、自分自身の欲求を反省的に評価する能力、反省的なコントロールを行う能力、など)が、その人を道徳的責任ある存在にしているのだから。これは、道徳的責任システムについての優れた見方である。というのも、この見方は明らかに〈道徳的責任のある人々すべての能力と機会が正確に平等だ〉ということを要求しないからである。例えばサムはトムよりも聡明で、より活発で、より大なる気概をもつが、それでも二人のどちらにも、彼らが最低限の適格性《コンピテンス》の規準を満たす限り、共に彼らの行動に対する責任がある。道徳的責任システムは、性格の上でそれぞれ重大な違いのある人々に対して、同一の道徳的責任を帰さねばならない。なにしろ、そのような違いがあることはまったく明らかなことなのだから、もし仮にその違いが、道徳的責任の要求および帰属の妥当性を否定するということにでもなれば、道徳的責任の余地がなくなってしまうことになるだろう。もちろん、この問題を回避するために〈私たちのすべてにはリバタリアン的な、特別の奇跡の能力としての自由意志があり、この点で私たちに違いはない〉とあくまで主張するやり方は可能であろう——この場合、私たちの素晴らしい自由意志は、知恵や気概や熟慮の力のあらゆる違いを超越できるので、私たち一人一人に、有徳さも悪徳も自分で選択する力があることになる。だが、道徳的責任を擁護する自然主義者は、このような奇跡の業としての意志に訴えることができないため、そのように重大な個人間の違いを認め、それを道徳的責任と両立するものとして取り扱わねばならないことになるのだ。

道徳的責任のプラトーへの異議

プラトー論証は、道徳的責任の擁護論者と廃絶論者とを分かつ鍵となる論点の所在を鋭く明確化する。ここでの問題は、〈道徳的責任ある存在であることへの道徳的責任〉に関わるわけではない。道徳的責任の廃絶論者は、ここで重要なのは〈個々人の現在の能力に関する問い〉であって、〈個々人の歴史に関する問い〉ではない、という点についてはプラトー擁護論者にむしろ同意する。というのも、現在の公正さに関する問いこそが、廃絶論者にとっての争点なのだからである。アンとバーバラはいずれも適格《コンピテント》な成人である。二人は共に自分がなすべき事について熟慮し、その結果、アンは悪しき行為を、バーバラは有徳な行為を行う。このときアンを非難し、あるいは罰し、バーバラに報賞を与えることは公正であろうか？　彼らに対するこれほど重大な扱いの違いは、正しく相応しい《ジャストリィ・デザーブ》ものだろうか？　アンとバーバラには、それぞれの歴史と遺伝的素質の明白な違いが存在しているが、とはいえ（廃絶論者の視点からしても）、歴史や素質に重大な違いがあるということが、道徳的責任という実践を不正な実践だとするための理由になるわけではない。〔廃絶論によれば〕アンを非難し、バーバラに報賞を与えることは公正でないと言える理由は、彼女たちが熟慮および選択のために利用できる手だて《リソース》と能力に重大な不平等性が存するという点にある。たしかに道徳的責任廃絶論者は、人の発達の歴史をじっくりと見つめることは有益だと考えるが、それは、発達の歴史がしばしば、現在の能力における重要な違いの明確な指標となってくれるからである――私たちはしばしば、個々人の形成史を見ることで、その人の現在の能力をありありと読み取れるものだ。とはいえ決定的に重要なのは、それぞれの歴史の違い〔それ自体〕ではなく、むしろ現在の能力の違いである。道徳的責任のプラトー擁護論者は〈道徳的責任の一般的なレベルが存在しており、そのレベルを超えれば、個々人の差異は道徳的責任に影響しない〉と強く主張する。これに対して道徳的責任廃絶論者は、〈能力のごく小さな違いですら、道徳的責任の要求および帰属が妥当な営みであることを否定するものだ〉と応答するのである。

　小さいが重大な違いがどのように重要かを見ていくために、アンとバーバラの熟慮の詳細をより注意深く見つめてみよう。二人は共に、待ちに待った週末を、浜辺で楽しむか、それとも友人の新しいアパートへの引っ越しを手伝うという約束を果たすか、いずれかを選択しなければならない。アンは熟慮を始め、選択肢を考慮し、焼けた砂が海風に吹かれる心地よい香りを思い浮かべ、その後、キャロルとデイヴ[380]も引っ越しの手伝いに向かうはずだという事実を考察する――ここでアンは熟慮をやめ、浜辺へ行く支度を始める。バーバラも同じように熟慮を開始し、めくるめく芳香と浜辺の熱気を考察し、キャロルとデイヴが手伝いに駆けつけられるはずであることを思いだし、そこから熟慮を**さらに続け**、引っ越しをする友人がこれまでどれほど親切であったかの考察に向かう。バーバラは考えを進め、果たして自分自身が、この友人との約束をすっぽかす人物でありたいのかどうかと自問し、その結果、約束の実行を尊重することを選ぶ。**なぜ**アンの熟慮は短く、有効性も小さかったのか（仮にアンがバーバラと同じように熟慮を続行していたら、バーバラが考慮要因の中に加えた重要な事実を想起していたはずだし、バーバラと同じ選択をし、同じ行為をしていたはずである）、他方のバーバラの熟慮はより徹底しており、有効性も大きかったのか？　**なぜ**――自然科学的な説明体系で説明可能な範囲内で――一方の熟慮がうまくなされ、他方は拙いのか？　道徳的責任をプラトーによって擁護する論者は、それ以上詳しく考察する必要はない、と勧告する――アンもバーバラも共に道徳的責任のプラトーに達しているのだし、共に熟慮と選択の能力を備えているのだし、共に自らの責任に対する道徳的責任をもっているだから。これとは対照的に、道徳的責任の廃絶論者は、なぜアンとバーバラが異なった選択をするのかの説明を求めようとあくまで主張する。

　前章までで指摘したように、このような問いにはしっかりした心理学的な答えが存在している。もしかするとバーバラは——子ども時代と思春期に——常習的認知者として形成されたのかもしれないし、またもしかするとアンは（合理的な推理を行えるし、現に行っている人物ではあるにしても）、注意深くて長々しい熟慮をくじかれてきた過去をもち、そのために認知的吝嗇者になってしまったのかもしれない。あるいはバーバラは、厳しい難問に取り組んで成功し、そこからさらに厳しい難問に取り組んで成功するという経験に恵まれ、その結果、現在では強力な自己効力感を持つようになったのかもしれない。アンの認知的な自信は、自分ではうまく対処できない知的課題に絶えず直面し続けた結果の、長い認知的失敗の歴史のせいで、干からびてしまったのかもしれない。あるいは、バーバラは注意深い熟慮を促進するような状況や場面を当たり前のものとして過ごしてきたのだが、他方でアンが置かれた状況は、彼女に素早いが浅薄な反応を促した（彼女自身にその影響の自覚を与えずに）、ということもありうる。重要なのは、バーバラとアンがいずれも——程度は大いに異なるにせよ——合理的推理を行うことができ、また現に行っている存在であるのに、この二人から生じた異なった結果がどのような原因に由来したのかをじっくりと見つめると、彼女たちの異なった選択が、彼女たちの能力の違いに由来していたことが直ちに明らかになる、ということである。それゆえ、アンがどのような人物であり、その彼女がどのような状況に置かれているのかが既定の事実である以上、アンにはバーバラのような選択はできなかったのであり、アンには彼女が実際に下した選択よりも優れた選択はできなかった、ということになる。いうまでもなく、もし仮に、アンがもっと大きな認知的自己効力感をもつように形成されていたとしたら、あるいは、異なった状況に置かれていたとしたら、あるいは、異なった能力を備えていたとしたら、——あるいは彼女が、自然的な原因や状況には制約されない神的存

380　四人の頭文字は順にA、B、C、Dで、（ここだけには限らないが）名前に大して意味がないことがアピールされていると言えよう。

在であったとしたら――、その場合アンは異なった選択をしていたかもしれない。だが、自然主義的な枠組みを踏まえ、かつ、彼女の性格と置かれた状況を踏まえる限り、彼女にはバーバラにはできた優れた選択ができなかったのである。ここで述べた考察は〈アンが行った瑕疵ある選択はアン自身の選択ではなかった〉とか〈アンは将来にわたりあらゆる選択の機会を奪われているはずだ〉とか〈アンが私たちの道徳的共同体から排除されるべき無能力者《インコンピテント》である〉といったことを含意するわけではないが、〈アンを、彼女にとって避けようのない仕方で下した選択のゆえに非難することは不公正である〉ということは意味する。この最後の考察は、道徳的責任という**システム**――その中では、アンはプラトーに達しており、それゆえに道徳的責任を有するのであり、それに対するいかなる問いかけも、いかなる探究も許容されはしない――と、鋭く対立するのである。

　道徳的責任システムは**事実**このような仕組みで動いている――それによれば、アンとバーバラはいずれも道徳的責任のプラトーに達しており、またそうなってしまえば彼女たちの能力に違いがあることは無関係な事柄となる。バーバラは（より優れた能力によって）適切な選択を行い、報賞に相応しいとされる。アンは（より乏しいが、それでも最低限度の適格性《コンピテンス》レベルを超えてはいる能力によって）まずい選択を行い、非難に正しく相応しい《ジャストリィ・デザーブ》とされる。だがこれは、道徳的責任システムはこのように働いている、という〈記述〉であって、それが公正であることを示す〈論証〉ではない。そして――まさに争点となっている――道徳的責任システムの公正性は、極めて疑わしい。カルヴィンは貧困の中で育ち、ひどく荒廃した学校に通い、児童虐待と軽度の鉛中毒に苦しめられ、コミュニティに支援者はおらず、破綻した彼の家庭からの支援は、なおのこと望めない状態にある。このカルヴィンにも、合理的推理をすることは可能であり（理性を有効に用いる能力への彼の自信は乏しく、彼の認知的気概は非常に限られたものではあるとしても）、自分自身で選択することも可能なので、彼は適格性《コンピテンス》の水準ぎりぎりのところにどうにか達する。一方、ドナルドには愛情と支援を惜しまない家族がいる。家族はドナルドが最良の学校へ通い、第一級の個人指導を受けられるように手を尽くし、また、家族とコミュニティと学校は彼に、長く注意深い思考ができるようになるための励ましを潤沢に与える。ドナルドもまた適格な存在《コンピテント》であり、彼の場合、多大な認知的気概と強い認知的自信を備えている。ドナルドに、彼の適切な選択のゆえに報償を与え、カルヴィンを、彼のまずい選択のゆえに罰するのは端的に公正だという主張――〔道徳的責任廃絶論者からすれば〕それは端的な不公正だが――は、次のような主張に相当する。すなわち、成人に達した彼らは望んだ地位を「平等に競い合う《コンピート》[381]」ことができるし、その地位が最も資格に適った人物に授けられる限りは、万事公正で正しく進んでいるのであって、私たちは人の歴史がどうだったのかを気にかけない――今現在、等しい水準で競技がなされているのであり、多分最良の人物が勝利するであろう――という主張である。じっさい、これこそが道徳的責任システムにおいて道徳的責任が働く仕組みなのだが、これはこのシステムの深刻な欠陥を明らかにするものであっても、その正当化ではない。

　私たちの社会には、出生時から有利な条件を多大に得ている者もいれば、多大な不利益を被っている者もいる。エリート向けの私立学校[382]に通い、手厚い個人指導を受け、ＳＡＴ〔大学進学適性テスト〕準備のための手厚いコースを履修し、そこから多方面にわたる上級コースへの道が開かれるような者もいれば、暴力が蔓延した学校に通い、不十分な教材しか与えられず、また多くの場合、最低レベルの、しかも激務に追われる教師から学び、個人指導を受ける機会はなく、ＳＡＴ準備の手厚いコースの履修などは間違いなく受けられない、という者もいる。そして、そういう中で私たちは言うのだ。「さあみなさん、高校三年も半年を過ぎました。平等に競い合ってください。一番優秀な人はエリート大学に、最下位の人は（もしかしたら）専門学校に入れます」。もしこれに不平を言えば、こんな答えが返ってくる。「これがこのゲームのやり方なのだし、このシステムの仕組みなのだ」。この回答にはこう応答しよう。「その通り。これがこのゲームのやり方だ。だが、このゲームは根本的に不公正だし、このルールは間違っている」。人々はさまざまな有利さや負担を与えられて出発し、それらの条件がその後の人々の能力を形成する以上、特別に有利な条件や残酷な不利益によって、人の強さと弱

381　この前後のキーワードである competence はもともと「競争する、競合する、匹敵する」という意味の compete に由来し、「競い合える能力、資格」の意味をもっている。

382　原語は prep school で、私立中等学校、特に一流大学進学のための準備教育をする九―一二学年向けの寄宿制の学校。

さがすでにしっかりと確定してしまった後の時点で「機会の平等」を提供しても、「事態を公正にする」ことはできない。道徳的責任についても同じように「これがこのゲームのやり方なのだ」と言うことはできる[383]。「だから私たちは君の子ども時代を気にかけないし、君の能力の違いも気にかけない。君はかつて、適格性《コンピテンス》の閾《しきい》をどうにかこうにか乗り越えたのであり、その限り誰もが平等だと見なされる――つまりは、今の君が何をするかが問題なのだ」と。この回答にはこう応答しよう。「その通り。これがこのゲームのやり方だ。法廷でも、社会の他の場所でも、繰り広げられているゲームの。だがそのゲームも、そのルールも、不公正なのだ」と。

　道徳的責任に対して異議申し立てを行うとき、そこでは〈この一個人が、そこで**与えられている**〔道徳的責任という〕ルールの体系にたまたま適しているかどうか?〉が問題なのではなく、むしろ〈道徳的責任の**システム**全体が、公正で価値のあるシステムなのかどうか?〉が問題なのである。そして、答えは否である。そのシステムは公正でも、生産的でもなく、それゆえ私たちは、それを撤廃して代替システムに替えるべきなのだ。この主張は間違っているかもしれない。しかしこの主張に対して「それが私たちのシステムのルールなのだ」と返答するのは論点先取である。それゆえ、道徳的責任のシステムがプラトーをなしているというデネットの主張がたとえ正しいのだとしても、その主張を、このシステム全体を根本的に不公正だと見なす人々による異議申し立てを反駁するために持ち出す点で、デネットは誤っているのだ。

　前述の通り、たとえ小さな違いであっても――例えば、アンとバーバラの認知的気概の度合いの違いのような――、行動におけるめざましい違いをもたらすことはありうる。それゆえバーバラに報賞を与え、アンを罰するのが公正かつ正当であるのは、彼らが素養／手だて《リソース》において平等である（それゆえ気概や認知能力も平等である）場合に限られる、と仮定する人がいるかもしれない。だが、奇跡じみた神のごとき力や、状況の重大な違いがないとしたら、素養／手だて《リソース》が等しい場合には等しい行動がもたらされるのであるから、その場合、彼らに異なった扱いをする根拠を提起できないことになるだろう。したがって問うべきは〈なぜ廃絶論者は、道徳的責任のプラトーというものを認識できないのか?〉ではなく、むしろ〈プラトーモデルのどのような点が、素養／手だて《リソース》の不平等性と、正しい報い《ジャスト・デザート》および道徳的責任とは両立する、という誤った想定へと人々を導くのか?〉なのである。

道徳的責任システムは、適格性《コンピテンス》のプラトーに達した人であれば誰でも道徳的責任をもち、刑罰と報賞に正しく相応しい者《ジャストリイ・デザーブ》として扱う。それゆえ、道徳的責任システムを保持しようとするとき、適格性《コンピテンス》という道徳的責任のプラトーは、非常に有益な機能を果たすことになる。つまり〈プラトーに達した者はすべて道徳的責任ある者である――彼らはすべて適格性《コンピテンス》のプラトーに達しているのだから、能力や背景におけるどのような違いも重要ではない――と〉要請することによって、道徳的責任ありと判定された人々の、現実にはさまざまに異なった能力や、その能力の違いを形成した過去の状況の精察は一切遮断されることになる。こうした注意深い精察を阻むことは、道徳的責任というシステムの存続と機能の維持にとって、不可欠の重要性をもつ。

もちろん、プラトー擁護論者ですら、道徳的責任のプラトーに達した人々の間に重要な違いが存在していることは容認せざるをえないし、そのような違いを**緩和要因として**考察することであれば、彼らも進んで行う――例えばカルヴィンには認知的吝嗇があるので、彼への罰の厳しさを緩めよう、というように(少なくとも想定上はそうなる。だが実際には、最も不利な状況に置かれてきた人々というのは、――ロバート・ハリスのように――最も危険な人々、それゆえに最も厳しい罰を科される人々であるのだが)。だが鍵となる論点は、私たちが細部を**すべて**注意深く見つめるとき、それらの細部が道徳的責任の要求を**すべて**切り崩すことになる、というところにある。「緩和」は、道徳的責任システムの欠陥を修復しない。それどころか、それは諸原因のスペクトルの全域をじっくりと見つめることを阻むことにつながり、それゆえ、道徳的責任システムの不公正さに関する懸念を緩和してしまうことになるのである。

引き受け責任のプラトー

道徳的責任のプラトーというのは、道徳的責任の不公正さを暴いてしまうはずの探究から道徳的責任を保護するた

383「同じように」と言われていることからしても、この文の前で挙げられている受験制度の例は、道徳的責任の不公正さそのものへの批判ではなく、その類例となりうる、現状の社会の問題ある「不公正なゲーム」の例として挙げられている。

めの、重要な手段として役立っている。ただ、こう言ったからといって、道徳的責任擁護論者が、道徳的責任を厄介な探究から防衛するために、故意にプラトーモデルを採用した、と示唆しようというのではない。むしろ道徳的責任の擁護論者は、（第六章で論じたように）**道徳的責任と引き受け責任**を混同している、ということなのである。つまり、たとえ人々の能力には多大な違いがあるにもかかわらず、あくまで人々に道徳的責任を帰することは正しい、とする〔道徳的責任肯定論の〕主張を通すのは困難なことであるが、他方、最低限度の適格性《コンピテンス》を備えた人々にはすべて、たとえそこに能力の多大な違いがあるにもかかわらず、引き受け責任を行使する機会が与えられているはずだ、という主張は、まったく理に適っている。デネットは、責任とは、等しい出発点も、等しい能力も、厳密に対等に競い合える競技場も必要とはしない、と強調する。デネットの主張では、責任とはむしろプラトーなのであり、そこに登りつめた者には誰でも――たとえプラトーへ登ってきた道筋に多大な多様性があったとしても――全面的な道徳的責任がある、ということになる。すでに指摘したように、そこに人々の間の多くの違いがあるという事実は、道徳的責任の要求を切り崩すものであるが、とはいえそれは、引き受け責任とは申し分なく整合する。アンは認知的吝嗇者であり、バーバラは常習的認知者である、としよう（バーバラがより強い自己効力感を抱けているとか、より大きな認知的気概を有する、ということでもよい）。この場合、彼女たちの異なった能力（彼女たちが作り出したわけでも、選び取ったわけでもない能力）がもたらした異なった帰結のゆえにアンを罰し、バーバラに報賞を与えるのは不公正であるが、だとしても、彼女たちは共に、自分自身の人生と決断のために引き受け責任を要求できる――そしてその要求によって益を得ることができる。少なくとも最低限度の自己効力感を抱けている者（つまり、自分自身の人生をどうにか管理し、自分自身で決断を下すという能力への十全な自信をもつ者）にとって、自分自身の人生と選択に対する引き受け責任を行使できる機会は、内的満足を与え、発達の面から見ても健全なものであって、この機会を奪われた人々は深刻な抑鬱状態に陥り、深刻な無力感に囚われる見込みが大きい。適切な支援があれば、自己効力感が弱い人々でも自分自身で選択することを学べるのであり、それを一定の有効な結果につなげることで、自己効力感と、自分自身の引き受け責任を行使する技能とを、徐々に増強していくことができる。

引き受け責任からこのような益を得るためには、平等なスタートや投資する資源《リソース》の等しさといった、厳密に「対等に競い合える競技場」は必要ない。私は自分の人生に対する責任の引き受けを、あなたほどうまくこなせないが、だからといってそれは、私が自分の人生と自分の企図に対する引き受け責任を行使できる平等な機会を否定されるべき理由にはならない。私とあなたの能力の不平等性は、道徳的責任の要求を切り崩す。しかしそのような素養《リソース》／手だて《リソース》の不平等さは、引き受け責任とは無条件で両立するのである。要するに、引き受け責任のプラトーは**存在する**のであり、そのための一般的な適格性《コンピテンス》のレベルに達した人々は、——たとえその間に、才能や能力における多大な違いがあるとしても——引き受け責任を引き受け、行使し、そこから益を得ることができる、ということである。しかしながら、道徳的責任のプラトーはこれとは違う問題であり、引き受け責任の有益性を確証しても、道徳的責任の正当性の証《あかし》にはまったくならないのである。

人々が十全な認知能力と十分な自己効力感のプラトーに達したとき、——その間にはさまざまな点で大きな違いがあるとしても——その人々は責任を引き受け、それによって益を得ることができるようになる。プラトー擁護論者たちは、責任を支持するための卓抜な論証を提供している。だが、彼らが支持できている責任とは引き受け責任なのであって、道徳的責任ではない。引き受け責任と道徳的責任を区別するとき、引き受け責任から得られる利益は明瞭になる。しかも道徳的責任を——引き受け責任から区別して——それだけで孤立させるとき、私たちは道徳的責任〔の不正さや問題点〕をより明瞭に見通すことができるようになる。つまり、道徳的責任から得られる利益は幻想であり、それが実際にもたらす害悪は現実のものであり、その自然主義との両立不可能性は明らかである。谷であれ、山であれ、高原《プラトー》であれ、道徳的責任の自然な生息地など存在しないのである。

それらを抗えない申し出にせよ——道徳的責任契約

道徳的責任の否定が免責拡張論に基礎を置いているわけではない、ということに気づけば、ストローソンが提起した虚偽のジレンマの欠陥は明白になる——私たちは〈道徳的責任を受け容れるか？　それとも、錯乱した者として分類され、人間社会と道徳コミュニティとのつながりを「免除／免責」されるか？〉のいずれかを選択せねばならないわけではない。第三の選択肢はある。すなわち、私たちは総じて適格性《コンピテント》を備え、反省的で、目的をもって行為する存在であるが、しかし私たちは道徳的に責任ある存在ではなく、また、私たちが人間のコミュニティから排除されることはないが、それはこのコミュニティの中の誰一人として道徳的に責任ある存在ではないからである（道徳的責任は何らかの譲歩に対する対価ではない）。ところが、私たちがストローソンの二項対立図式を受け容れるとき、道徳的責任擁護論者は、非常に窮屈な申し出——道徳的責任を受け容れるか？　さもなければ人間の道徳的・社会的コミュニティから追放されるか、という——を提案してくる。二番目の選択肢を選んだ者は無能力《インコンピテント》なのけ者だということになるのだ（そして、無能力《インコンピテント》なのけ者に望みうるのは、せいぜい哀れみを乞うことことぐらいである）。それゆえそれは結局〈道徳的責任契約に署名しなさい。さもないと大変なことになりますよ〉という申し出であることになる。こんな申し出を差し出されたら断る人などほとんどいないというのは、ほとんど驚くことではなかろう。

　引き受け責任を行使する機会とは非常に魅力的なものであり、また、自分が客体として取り扱われたり人間のコミュニティから追放されたりするという見通しは、ひどくぞっとするものである。ストローソンの虚偽の二項対立図式にもとづく、この強烈な対照が、デネットの〈道徳的責任の契約説的論証〉の核心に位置している。

> 人々は責任能力〔説明能力〕ありとされることを望んでいる。自由な社会でまっとうなあり方をしている市民にもたらされる利益は、幅広く深い評価を得ており、そのため、その一員として包摂されることはよいはずだ、という強力な推定が、社会の中に常に存在する。非難とは、誉れ《クレディット》〔賛辞〕のために私たちが支払う対価であり、ほとんどの状況で、私たちはその対価を喜んで支払う。刑罰と公の場での恥辱というのは大変重い対価であるが、私たちが何かのルールを破り、それが露見した場合に、その後のゲームの中でやり直すチャンスを得るために、私たちはそれを受け容れる。またそれゆえ〈忍び寄る無罪宣告〉[384]を阻止するための最良の戦略は明らかだ——すなわち、まっとうな市民ならば参加するはずのゲームの価値を保護し、増強せよ、という戦略である。……

　責任を否定するため、自己を実に小さな存在に仕立て、行為を決定する原因は自己の外部にあることにしてしまおうとする——このような誘惑はいつでも大きい。この大きな誘惑を打ち消すには、とても拒めないような提案を申し出るのがよい——自由でありたいと思うなら、君は責任を**引き受け**ねばならないのだ——と。（Dennett 2003, 292）〔邦訳四〇五—四〇六頁に該当〕

実際、これは拒みがたい申し出である——〈道徳的責任ある者として、非難と刑罰に正しく相応しい《ジャストリィ・デザーブ》者となるか？　それとも、錯乱した無能力者《インコンピテント》として、社会契約の庇護から追放され、人間の道徳的・社会的関係から排斥されるか？〉と迫るのだから。この選択をなさねばならないとしたら、たとえ道徳的責任〔のシステム〕から利益をほとんど得られず、ほぼ苦しみしか受けてこなかったような人々ですら、人間のコミュニティ（そしてその温かな反応的態度）から追放されたり、錯乱した無能力者《インコンピテント》としてくくられたりするより、むしろ道徳的責任を熱心に要求することになるだろう。

デネットは、「多くの殺人犯において、彼自身に有責性《カルパビリティ》があることは疑いない」と主張している（Dennett 1984, 165）〔邦訳二四三頁に該当〕。そしてたしかに、多くの殺人犯は実際、自分自身に道徳的責任があることを強く主張する。ギャリー・ワトソンは、死刑に処された殺人犯ロバート・ハリスの、残忍な仕打ちに満ちた子ども時代について述べていた（ハリスは母から憎まれ、アルコール依存症の父から虐待を受け、発語障害ゆえに学校で慰み者にされ、一四歳で収監された連邦拘置所の中では繰り返しレイプを受けた）。それに続けてワトソンは、「ハリス自身が自分の人生に対する責任を受け容れているように見えるのは注目すべきである」と述べ、ハリスと会話を交わした人物の次のような言葉を引用する——「彼は私に言いました。地獄落ちだとしても、おれにはまだチャンスがあるんだ[385]。これ以上何も言うことはない、と」（Watson 1987b, 281n）。ジョン・スペンケリンク（フロリダ州が死刑を復活させた後、最初に刑を執行さ

384　第八章、二三二—二三八頁参照

385　原文は"he had his chance, he took the road to hell"で、意味は十分明らかではないが、「〜の見込みはまったくない」を意味する慣用句"not have a chance in hell"を逆転させた表現ではないかと思われる。「地獄に落ち、もはや望みはない」ではなく、「地獄に落ちるとしても、それを自ら選ぶという望みだけはある」のようなことではないか。

れた人物〉は一一歳のとき、彼が偶像視していた父の遺体〈自殺だった〉を発見し、その後ささいな犯罪を重ねるようになり、やがて仲間のはぐれ者を殺害するに至った。死刑執行の直前、スペンケリンクははっきりとこう述べた。「人は自分がなろうと選んだ者になる。自分でそれを選ぶんだ」（At issue: Crime and punishment 1979, 14）[386]。しかしながら、彼らのように、この上なく残忍な環境で不具合な〈性格〉形成を受けた人々が、自分自身の道徳的責任に固執するというのは、驚くこととは言いがたい。彼らはこれまで〈道徳的責任こそが人間と人間よりも下等な存在を区別するのだ、道徳的責任は人間のコミュニティに属するための条件なのだ〉と教えられてきたのである。犯罪者たちは、〈行動心理学の言う〉条件づけの歴史によって誰よりも深刻な毀損をこうむってきた（彼らは、およそ自由も人間的尊厳も奪われ、社会のコミュニティから残忍な仕方で排除されてきた）からこそ、痛ましいことに、完全な道徳的責任を熱烈に要求し、コミュニティからの認知を得られる機会があると分かれば、たとえそれが応報的刑罰という劣悪な認知であっても、熱心にそれを受け容れようとするのだ。ハリスやスペンケリンクですらそのような取引に進んで乗るとなれば、哲学者たちが同じ取引に飛びつくのはまったく驚くことではない。ハリスとスペンケリンクが受けてきた剝奪と虐げの苦しみは、特権的な受益者たる、典型的な哲学者たちが得てきた多大な利益——愛情と支援を惜しまない家族、安定したコミュニティと環境、極上の教育を受ける機会など——とは、強烈な対照をなしている。幸運なる私たち哲学者は、ゆるぎない自信を備えた常習的認知者としての形成を受けてきた——そうでもなければ、〈自由意志と道徳的責任〉のような古代からの問題に自分なりの答えを出して決着を付けようなどという傲慢な振る舞いにおよぶ理由があるだろうか？ そして、だからこそ私たち哲学者は選択する——〈社会的孤立と、自由な選択の喪失と、無能力者としての処遇《トリートメント》[387]か？ それとも、不正を犯した場合の非難と罰の可能性と（私たちの幸運な背景からすれば、私たちがこれを犯す見込みは小さい）、業績と成功に対する報賞（業績も成功も、私たちそれぞれの恵まれた歴史から出てくるものだ）か？〉のいずれかの選択を。この選択は**私たち哲学者にとって**難しいものではないが、ではそれが万人にとって公正なものなのかどうか、私たちは疑問に思ってよかろう。

ジェームズ・レンマンは、道徳的責任に対する、同様の契約説的な擁護論を提起している。レンマンは〈ニンゲン〉[388]という、理想化され、平凡な人間たちよりもいくぶん一貫し、合理的で、自己コントロールのできている存在から出発するが、そこでの基本的なアプローチはデネットおよびストローソンにならったものであり、道徳的責任を受け容れることが、人間コミュニティの適正なメンバーとして敬意を得るための条件であるとしたら、ほとんどの人々は、自分には道徳的責任があると見られることを好んで選び取るだろう、というのがそこでの考え方である。

> 責任は〈ニンゲン〉にとっての負担でありうるため、公正さについての懸念がここでは生じる。〈ニンゲン〉が犯罪に及んで現行犯で捕まり、その責任ありと見なされるとすると、これはその〈ニンゲン〉にとってはなはだ好ましくないことでありうる。だが、このコインには二つの面がある。というのも、――ここでの想定によれば――私の考える理想化された〈ニンゲン〉たちは、自分の行為への責任が自分にあると見なされることが、それ自体として、ある種の敬意――彼らが望ましく、選ぶに値すると見なす種類の敬意――を与えられることに相当するという、まさにその理由によって、自分の行為への責任が自分にあると見なされたがる傾向をもつ。つまり〈ニンゲン〉たちは、私たち人間と同じく、子どものような存在としてではなく、一人前の存在として扱われることを好むのである。(Lenman 2006, 20)

だから私たちは、例の「選択」を差し出されるときに契約を受け容れることになる。だがレンマンはここからさらに歩みを進め、この契約の選択を、これよりもはるかに好ましいものとする。

ここで決定的なのは、私たちはそもそも、他者からの視座に立って、〈ある行為者を責任ありと見なすのは公正なのか?〉という問いに答えようとはしていない、ということだ。むしろ私たちは、明確に契約

386 参照先は『タイム』誌の無署名記事で、訳せば「未決の問題――犯罪と刑罰」。詳細は巻末の参考文献表参照。

387 ストローソンが指摘するように、treatment には(むしろネガティブな)いくつかの意味がある。邦訳(Strawson 1962)四六頁参照。

388 原語は「人間」を意味する Human Beings と語頭が大文字で表記されている。

説的な精神から、当の行為者自身の視座に立ち、〈それ〔道徳的責任〕を彼ら――および自分自身――が手に入れるというギャンブルに、自分自身乗るつもりがあるのか?〉という問いに答えようとしているのである。この行為者自身の視座にとって重要なのは、当の行為者がある一群の価値と原理をもつこと、その価値や原理を衷心から支持していること、そして、その価値や原理に照らして自分の未来の行動を律することができるという、強いが完全ではない自信(仮にそれが完全であれば、そこにギャンブルの要素はなくなるので)をもっている、ということである。これらの要因は、まさに求められている役割を果たす。すなわち、〈自律的〉な行為者〔「最も高階の諸欲求、諸価値、諸原理が一貫し整合的であり」かつ「高度の自己コントロールをなしうる」行為者――引用者注〕は、少なくとも今述べた点に関して、自分自身を好みかつ信用する行為者であり、しかもそこで〈自分自身がどのように成立したのか?〉という問題が、「自分自身を好む」という態度に対して根本的な影響や一般的な影響を与えると考えるべき理由はない。この行為者が、自分自身の価値観にもとづき、行為に対する責任を進んで引き受けようという意向をもつとき、そこで重要となるのはただ、その価値観が**その行為者自身**の価値観である、ということだけである。この問題に関して言えば、その行為者がどのようにその価値観を身につけたかを大して気にかけないとしても、それは十分理にかなった態度である。(Lenman 2006, 24)

このようなことが当てはまるのは、私たちの中でも、自分の価値に対する強力なコミットメントをもつ者、深い反省を行える者、大きな自己コントロール力をもつ者、常習的認知者、自己効力感が強い者である(つまりそれは、非常に肯定的な〔各自の〕歴史と極上の教育から益を受けてきた、私たち哲学者に当てはまる)――そんな**私たち**であれば、道徳的責任を受け容れてもよいのではないか?(加えて言えば、私たちには、弱く卑劣な人間に変貌してしまったり、悪しき行動に対する非難に相応《デザーブ》しい者になったりするという付随的リスクはごくわずかであり、しかもこのリスクは、私たちが賛辞と報償を正しく要求できる正味の成功を収める見込みの大きさによって、十二分に補われている)。よし、受け容れよう――サインはどこにすればいいかな? このような道徳的責任契約は、素晴らしい取引であるように見える。そして、このような私たちが受け取る、途方もない利益にあずかれない人々もまたそこに署名するはずだ、ということを容易に忘れてしまうものだ。なぜなら、彼らに残されたそれ以外の道はただ一つ、人間の社会的・道徳的コミュニティからの追放と、敬意にも、情愛にも、配慮にも値しない存在としての処遇《トリートメント》のみなのだから。

私がゲームへの参加に同意したとしても、そのゲームが**公正である**という帰結が引き出されはしない。あなたがテニスの試合への参加に**同意する**とする。だがそこであなたは、ぶかぶかで一〇ポンド〔約四・五キログラム〕もある軍用ブーツを履いて試合することを求められる——対戦相手は、ぴったりフィットした、デザインもすぐれたテニスシューズを履いているのに。あなたは同意したが、だとしてもこの試合は不公正であるはずである。そしてあなたには試合に出る以外の道が許されておらず、もし同意しなければコミュニティから追放され、他者から管理されるしかない無能力者《インコンピテント》として処遇《トリート》されるのだとしたら、あなたが試合を**選択する**としても、驚くことではない。あなたも、対戦相手も、どちらも試合への参加に同意している。だが、あなたが負けて相手が勝つとき、果たしてあなたは惨めな成績のゆえに非難に相応しいのか、そして対戦相手は抜群の試合ぶりゆえに特別の賛辞に相応しいのか、疑問が残るであろう。

スターリン時代のソヴィエト連邦の「見せしめ裁判」[389]では、多くの被告人が恐ろしい犯罪に対する非難を積極的に受け容れたが、ここから彼らが非難に**相応しい**者であった、という帰結が引き出されるわけではない。道徳的責任の契約説モデルは、一つの根本的な問題によって暗礁に乗り上げる。すなわち〈人々を責任ある者と見なすことが**公正**なのかどうか？〉という問いを〈人々はそのような道徳的責任の要求および帰属に黙従しているかどうか？〉という問いによって決着をつけることはできない——とりわけ、道徳的責任からの唯一の脱出口として、狂気と無能力《インコンピテンス》という道しか与えられていない場合には。

389 一九三〇年代に開かれた「モスクワ裁判」を指す（show trial は「見世物裁判」とも訳される）。外国人ジャーナリストを招き、反革命分子を裁いたが、判決があらかじめ決まった一種の茶番劇だったとされ、このように呼ばれる。

第一三章　道徳的責任は敬意を促進するか？

　前章と前々章で取り上げた論証以外にも、道徳的責任を体系的に前提することから導かれる論証がいくつかある。その一つである**エリート主義**論証は、やはり〈道徳的責任があると見なされない者は誰であれ、深刻な**欠点を抱えた**者に分類されねばならず、それゆえまた**免責**されねばならない〉という――道徳的責任システム内部の――前提を基礎にしている。このエリート主義論証の最も印象的なバージョンを、法理論家・法哲学者であるマイケル・ムーアが描き出している。そこでムーアは、犯罪行為に及ぶ人々への同情に道徳的正当性を認めようとする人々に反対する論証を行っており、その中で、彼らの立場をエリート主義論証として描く。すなわちムーアによれば、恵まれない境遇の犯罪者に同情する人々は、〈犯罪者とは、私たちが自分自身に課しているのと同じ道徳的規準を当てはめる価値のない人々である〉という、エリート主義的な見解に動かされていることになる。

〔免責の〕因果説の支持者[390]が依拠する犯罪者への同情論を見ていくと、そのような同情を道徳的洞察の源として尊重する気を失せさせてしまうような側面が、そこにあることが分かる。つまりその同情にはしばしば（恐らくは常に）、エリート主義と、相手を見下す態度とが結びついているのである。犯罪的行動の諸原因を理解することによって、その犯罪を裁くことから距離を置き、それを拒むようになる、というのは、自分自身を不運な逸脱者よりも一段高いところへ置く態度である。こうして自己を高みに置く態度が生まれる理由は、典型的な〔免責の〕因果説の支持者たちが、自分自身に対しては高い道徳的規準を保持する一方、その同じ規準によって他者を裁くことを拒むところにある。このような差別的態度は、他者に対して平等な道徳的尊厳を認めること

> の拒絶の証《あかし》である。それが証拠立てているのは、——主体的な意志と責任の座としての——自らの自己に対する感覚であり、彼らはそれを自己について感じつつ、他者〔犯罪者〕に認めることは拒むのである。(Moore 1997, 545–546)

ムーアは同書のもっと前の箇所でも、リチャード・ヘリンの事例を用いて、同じ論証を行っている。ヘリンはラテン系のイェール大学の学生で、ロサンゼルスのバリオ〔ヒスパニック居住区〕で育ち、(イェール大の同級生であった)裕福なガールフレンドが恋愛関係を終わりにすることを望んだとき、彼女を殺害した人物である。ムーアはこのようなヘリンが苛烈な応報的刑罰に相応しいということを否定しようとする人々に対する、熱のこもった批判を提起している。

> 恐らく私たち〔著者とこの本の読者〕は、ロサンゼルス東部のバリオで育った人物でも、イェール大学を異質で当惑する文化だと感じるような人物でもなかろう。いずれにせよ私たちが、リチャード・ヘリンと厳密に同じストレスや動機の下に置かれた経験をもたずにきたことはたしかである。それゆえ、私たち誰もが自分自身に与えている利益を、リチャードに対しては差し控えよう、という誘惑が生まれるかもしれない——すなわち、主体的な意志の座として存在しており、たとえその意志が何かの原因から引き起こされたものであっても、ともかく選択および責任の能力をもつ者として存在していることの利益である。
>
> このような差別的態度は抵抗すべき誘惑である。なぜならそれは決して美徳ではないのだから。他者に、あなたが自分自身に与えているのと同じ責任、同じ相応しさ《デザート》を認めようとしないというのは、エリート主義的で、人を見下した態度である。たしかに、あなたが免責《エクスキューズ》/言い訳を自分のために役立てる場合があるのと同じく、他者が免責/言い訳を自分のため

390「(免責の)因果説」と訳せる causal theory (of excuse) とは、ムーアによれば「ある行為が(強い)原因によってそうするようにさせられたものである場合 (to be (strongly) caused to act)、その行為は、その行為の帰結について免責されるべきだ」という立場である(Moore 1997, 60)。

に役立てる、という場合があることは認めよう。しかしこれは、ここで取り上げているのとは異なった事柄である。私たちには、自分の選択を生じさせたさまざまな原因に訴えて免責を受けることなどできないのであり、ヘリンがその例外であったわけではない。それゆえ、あなたが自分自身に認めているのと同じ責任と相応しさをヘリンに認めるのを拒むのは、自由で主体的な意志を客体として扱う態度――サルトルならば不誠実〔自己欺瞞〕[391]と呼ぶであろう態度――の一事例なのである。それは、私たちを何よりも明確に人類たらしめているものとしての、意志と理性という私たちの能力――それゆえ、悪しき者となり、悪になりうる能力――を、私たちが全人類と共有していることを認めまいとする態度である。それは、同胞感情の証でも、私たちの道徳生活への他者の参加を認める態度でもまったくなく、それどころか、他者を人間未満の存在として排除する態度である。

　私たちは、平等主義の仮面をかぶったエリート主義に屈するよりもむしろ、もしもヘリンのような行為をなした場合、**私たちであれば**どのような扱いに相応しいはずであるかを問うことで、ヘリンがどのような扱いに相応しいのかを自らに問いかけるべきである。そしてこの問いに答える際、私たちは自分自身の罪悪感に耳を傾けるべきである。(Moore 1997, 148–149)

ムーアの論証の核心には、次のような有名な考え方がある。すなわち〈犯罪者には、刑罰を受ける**権利**がある。なぜなら、相応しい刑罰を彼らに科することは、彼らを人間の道徳共同体の一員として認めることであり、彼らの刑罰を免除することは、彼らを排除し、名誉を奪うことなのだから〉という考え方である。C・S・ルイスはこの見解をはっきりした言明として提起している。

ある人をその人の意志に反して「治療〔矯正〕する」[392]ことや、私たちが病気だとは見なさない状態を治療するというのは、その人を、理性的と呼びうる年齢に達していない人々や、およそ意志というものをもたない存在と同じ水準に置くことであり、幼児や、精神薄弱者や、家畜の同類として分類することである[393]。しかるに、刑罰を科することは、どれほどの厳罰であっても、私たちがそれに相応しい者であるがゆえに、かつまた、私たちは「もっと賢明であってしかるべきであった」がゆえに、相手を神の似姿としての人間として扱うことになるのである。(Lewis 1971, 246)

またハーバート・モリスはこの論証の哲学の世界で最も有名なバージョンを展開している。

なぜ治療のシステムに抗し、刑罰のシステムをよしとするのか。その主な理由は、前者のシステムが人を人格ある存在《パーソン》[394]として扱うのに対し、後者のシステムはそうではない、という言い方で表現されうるだろう。……私たちが、人間を人格ある存在として扱わない、とか、人に人格ある存在としての敬意を示さない、とかいう言い方をするとき、そこでは、誰かが、ある適切な範囲内で、人間に対するときの態度と、動物や生命なき客体に対するときの態度との対照が含意されている。私たちが人間を、動物や生命なき客体として扱うとき、私たちは相手の人間に無視ないし無関心をもって対し、相手の人間の選択によって対し方を決定するのではなく、むしろ、私たち自身の選択によって対し方を決定する。そして私たちが人格ある存在を人格未満の存在として、あるいは人格なき存在であると「見なす」とき、私たちはその人を合理的選択をなしえない存在だと考察しているのである。(Morris 1968, 490)

かくして、モリス、ルイス、ムーアによれば、次のようになる。すなわちまず、刑罰とは人《パーソン》に敬意を表する行いであり、その人を合理的存在として、人間の道徳的共同体の一員として、自由な合理的選択をなしうる存在として、ま

391 原語は bad faith で、フランス語の mauvaise foi に対応すると思われる。英語でもフランス語でも「不誠実、悪意、虚偽」を指す語だが、サルトルはこれを「意識が自己に対して真実を隠すことによって，自らの自由と責任から逃れようとする試み」としての「自己欺瞞《ぎまん》」を指すために用いた。

392 “to be cured”は「矯正される」の意味にもなるが、この後の箇所を見ても、ここでは医療的な「治療」が主に念頭に置かれている。

393 かなり無神経な叙述であるが、一九七〇年代のスタンダードに沿った発言であることを考慮されたい。

394 訳注345でも注記した通り、person は通常「人」ないし「人物」と訳すが、「人格」という意味合いが明確な場合は「人格ある存在」と訳す。

たしたがって自らの選択の帰結から喜びや苦しみを受ける権利を有する存在として、扱う行いである。そして、このような応報主義モデルを斥けることは、人間たちを、非常に深い欠点を抱えた、それゆえ道徳の領域の外部に位置する存在として——合理的推理をなしえず、それゆえに強制的な処遇《トリートメント》／治療のみが適当な個人として——処遇することだということになる。だが、私たちが恵まれない境遇の他者を、応報的刑罰に相応しい者ではないと見なすとしたら、そのとき私たちはその他者を、多大な欠陥を抱え、それゆえに私たちが自分自身に適用するのと同じ規準を当てはめられない存在として扱うことになる。このような見解は醜悪なエリート主義に基礎を置くものであり、これとは対照的に、応報主義者の見解は、素晴らしい平等主義である——最低限の合理性を備えた人であれば誰もが、悪事をなした場合には刑罰に相応しいのであり、これはその人の生い立ちが、私たちのように、社会、文化、環境の点で有利なものであったか、それとも、貧困と差別により、ストレスと苛酷な扱いを割り当てられた苦しいものであったかを問わないのだから。かくして、ヘリンやその他同様の人々を道徳的に責任ある者、そして応報的刑罰に相応しい者と見なすことを拒むことは、ムーアによれば「私たちを何よりも明確に人類たらしめているものとしての、意志と理性という私たちの能力——それゆえ、悪しき者となり、悪になりうる能力——を、私たちが全人類と共有していることを認めまいとする態度である。それは、同胞感情の証でも、私たちの道徳生活への他者の参加を認める態度でもまったくなく、それどころか、他者を人間未満の存在として排除する態度である」ということになるのだ（Moore 1997, 149）。

しかしながらこの論証には誤解がある。すなわち、正《ジャ》しく相応しい《ストリィ・デザーブ》とされている応報的刑罰を、非応報主義者（すなわち道徳的責任廃絶論者）がどのような意味で否定しているのかについて誤解している。これは〈ヘリンは欠点を抱えているのだから彼を免責しよう〉という問題ではないのだ（たしかに彼には、私たちすべてと同様、欠点があるが、たとえ彼の欠点が大多数の人々より深刻であっても、彼はやはり合理的な人格ある存在なのであり、非応報主義者はヘリンを人間の道徳コミュニティの申し分ない一員と見なす）。これは免責の問題ではまったくない。非応報主義者は、特別に損なわれた個人を選択的に応報的刑罰から免除するというわけではない。むしろ非応報主義者‐廃絶論者は**あらゆる人について**、応報的刑罰が正しく相応しいものであることを否定する。つまり応報的司法／正義《ジャスティス》の全システムを斥け、**誰一人として**――欠点を抱えていようと、才能豊かであろうと、遺伝的に「人並み」であろうと――特別な賞と罰が正しく相応しいものではない、と主張するのである。それゆえこのような仕方でヘリンが、応報的刑罰が〈正しく相応しい〉ことを否定したからといって、そこにエリート主義があるわけではまったくない。むしろ反対に、そこではヘリンやその他の犯罪者たちが――私たちすべてと同じく――刑罰に正しく相応しいわけではない人物、というカテゴリーに、申し分なく包摂されるのである。

ムーアと同じ誤解は広く認められる。応報主義と〈正しい報い〉を信じる人々は、万人が出発する一つのスタート地点を想定している――そこで人々は自らの行動に対する道徳的責任をもち、それゆえ特別の賞と罰に正しく相応しいのである。この想定から議論を始める場合、リチャード・ヘリンが応報的刑罰に正しく相応しいことの否定は、ヘリンが**特殊な事例だ**ということを含意せざるをえない――つまりヘリンは非常に深刻な欠陥を抱えているため、人間の道徳的コミュニティの圏外に位置するというわけだ。なるほどこのような立場ならばエリート主義だといってもよい。しかしながらこれは、道徳的責任を否定する非応報主義者の立場ではない。むしろその立場は、すべての道徳的責任と「正しい報い」を否定する人々に誤って**帰された**立場である。ムーアが「私たちには、自分の選択を生じさせたさまざまな原因に訴えて免責を受けることなどできないのであり、ヘリンがその例外であったわけではない」(Moore 1997, 149) と強調するとき、ここでの基本問題がはっきりする。免責が争点なのではなく、原因こそが争点なのである。ヘリンは、彼を除く私たちすべてが経験してこなかったさまざまな原因からの働きかけを経験していた――というのも、私たち一人一人が、それぞれ特有の因果的歴史をもつのであり、また究極的には、私たちを形成する諸原因を選択しコントロールする者など誰もいない。人々が異なった行為を遂行し、異なった選択をなし、異なった性格をもつようになるとき、その人々それぞれの歴史には異なった諸原因が働いてきたのであり、それらがさまざまに異なった結果を形成してきたのである。道徳的責任と応報的刑罰の排斥は、普遍的な免責にもとづくわけではなく、普遍的な諸原因の働きにもとづくものなのだ。第一一章で述べたように、道徳的責任の普遍的否定論は、〈免責拡張モデル〉ではなく、むしろ〈奇跡要求モデル〉を基礎にしているのである。

道徳的責任の排斥と多様性包摂《インクルーシブネス》[395]

道徳的責任と応報主義を排斥する基礎となっているのは、〈私たち**すべて**が、悪人であろうと有徳の人であろうと、私たちのコントロールのおよばない諸力による形成を受けた存在であり、それゆえに私たちの中には**誰一人**として、特別の賞と罰に正しく相応しい《ジャストリィ・デザーブ》者などいない〉という見解である。言うまでもなく私たちの誰もが「自分の選択を生じさせたさまざまな原因」をもつが、（ムーアも認めるように）私たちの大部分は、ロサンゼルスのバリオで育った経験をもつわけではないし、そこから飛び出て、エリート向け私立学校[396]「の出身者たち」の裕福で特権的な世界――教養があり、世界中を旅行し、社交的に洗練された、イェール大学の学生の世界――に放り出された経験ももたない。そして、この豊かで魅力的な新環境の中で、場違いな異邦人であるような感覚にとらわれた経験も、美しい若い女性との情愛を通じ、その素晴らしい世界に参加する特別の許可を得た経験も、最終的にその情愛も、その世界に参加できるたぐい稀な機会を奪われてしまった経験も、私たちの大部分はもたない。私たちが自然主義者であり、すべての出来事とすべての人間の行動は**自然的**で奇跡ならざる諸原因によって説明可能である、と信じるならば、もし仮にヘリンが経験したのと厳密に同じ原因の働きと同じ状況を私たちが経験したとしたら、私たちは彼と同じおぞましい行いに及ぶだろうことを、私たちは受け容れなければならない。明白だが、ヘリンによる殺害行為を正当化する（ないし弁解［免責］する[397]）ようなものは何もない――ヘリンの選択と行為は深刻な悪行である。だが問題は、ヘリンの行いが悪行だったのかどうか、また、ヘリンが実際、非常に悪しき人物だったのかどうか、ということにはない（彼は悪行をなしたのだし、非常に悪しき人物であったのだ）。むしろ問題は、彼に、自らの悪しき行為と選択、およびそのような選択をもたらした彼の性格に対する道徳的責任があるのかどうか、ということである。道徳的責任と応報的な〈正しい報い〉を斥ける論者であれば、リチャード・ヘリンは――私たち**すべて**と同じく――彼が選択もコントロールもしていなかった諸力によって、決定的に重要な点での形成を受けてきたと主張する。私たちが神のごとき自己作出の神秘を信奉することを望まない限り――ムーアはそれを望んでいない点を強調する――、それらの選択にはそれぞれ原因があるのであり、またそれによって、〈選択を行った者には自らの選択に対する道徳的責任がある〉という主張はすべて切り崩される。私たちは各自の異なった能力ゆえの異なった選択を行うのであり、各自の異なった能力は、私たちが選んだわけでもコントロールしたわけでもない諸力と諸要因による形成の産物なのである。

　私たちの中には意志が強い人々も、意志の弱い人々もいる。強固な自己効力感の持ち主も、自信を欠く人々もいる。常習的認知者も、認知的吝嗇者もいる。健全な内部型ローカス・オブ・コントロールの持ち主も、自分は外的な力に操作されているのだと思っている人々もいる。これらは重要な違いであり、それにもかかわらず、私たちのコントロールや選択がおよばない違いである。意志の弱い認知的吝嗇者は、それでもなお自由な選択をなしうる。しかし彼にその選択（まずい選択である場合が非常に多い）に対する道徳的責任があるかといえば、それはまったく別の問題である（それよりもずっと多くのよい選択をする勤勉な常習的認知者といえども、やはりその選択に対する道徳的責任があるわけではない）。私たちが、実存主義者が想像するたぐいの「〔無からの〕自己作出」[398]をなすことはない（それゆえ私たちは道徳的責任をもたない）。とはいえ私たちは選択を行うし、熟慮能力を（さまざまな程度に）発揮するし、また私たちはそのような選択に対して、おおむね喜びを感じている。道徳的責任廃絶論は、自由な選択を否認するものではない。むしろ反対にそれは、なぜある種の人々は、選択をなす際に、より効果的で、自己効力感と自己コントロールの力が

395 inclusivenessやinclusionとは、性別や人種や能力等の多様性（diversity）を排除せず受け容れること指し、「インクルージョン」のように片仮名で訳される場合もある（例えば障害のある子どもとそうでない子どもが同じ教室で学習することを「インクルージョン教育」と呼ぶ）。本書では、（例えばcompliance を「遵守」ではなく「法令遵守」と訳すのに似た）意味の明確化の工夫として「多様性包摂」と訳し、ルビを添えることにする（対義語のexclusionは「多様性排除」）。

396 「エリート向け私立学校」と訳したprep schoolについては訳注382参照。

397 著者は人に道徳的責任を正当に帰しうることを否定するので、人の「免責」の可能性自体を否定しているわけだが、ここでのexcuseはむしろ「言い訳」や「弁解」、つまりヘリンの行為に対する理解可能、正当化可能な理由を用意することはできない、という意味で言われていると思われる（筆者は無論それを認めるのであり、ヘリンの行為の弁解ないし弁明や正当化をしようとはしていない）。またここで「厳密に同じ原因の働きと同じ状況」（強調訳者）であって「おおむね同じ」とは言われていないことも注意である。筆者はここでおおむね同じような状況に置かれた人々が例外なく、必然的に同じ犯行に及ぶ、という粗雑な環境決定論を自明視しているわけでもない。

398 実存主義における、神による「無からの創造」に取って代わるものとしての「自己創造」を指していると思われるので「無からの」を補った。

より大きいのか（またしたがって、彼らの価値ある自由をよりよく行使できるのか）を吟味し、そしてそれゆえに、人が自由な行動、自由な選択、自由意志の錬成をよりよいものにしていくための努力を鼓舞するのである。自由な行動を、ただ与えられたものとして、あるいは説明しえない奇跡の力として、あるいは、あまり詳しく吟味すべきでないものとして扱うのではなく、むしろ自由というものを、私たちによって育成可能な、望ましい特徴として理解すべきである。もしもある十全なレベルの注意深い認知的反省によって、私たちの自由な選択が増大するとしたら（そして実際その通りなのだが）、私たちは認知的常習者の発達を形成する因果的要因を研究し、それを強めることや、他方で人を認知的吝嗇者にする条件を回避することができるだろう。

私は怠惰な人物、あなたは勤勉な人物だとする。障害に直面すると、私はあきらめるが、あなたには勇気と気概がわいてくる。私は気まぐれで考えなしに行為し、あなたは注意深く、熟慮の上で行為する。非応報主義－〔道徳的責任の〕廃絶論者の観点に立つとき、究極的には（それぞれの〔性格などの〕成立過程でのさまざまな影響について）あなたは幸運であったのだし、私は不運であったことになる。私とあなたの間に根源的な違いがあるわけではなく、単に形成を行った随伴性〔環境的な偶然性〕[399]が違っていただけであり、あなたが私よりも大きな報賞と特権と利益に相応しいわけではなく、また私が罰と厳しい扱いと剝奪に相応しく、あなたはそれを免除されている、というわけでもない。エリート主義を促進するのは非応報主義による道徳的責任の排斥ではない。エリート主義を助長するのはむしろ、応報主義者の立場の基礎となっている、道徳的責任と〈正しい報い〉への強い信念である。応報主義と〈正しい報い〉の視座に立つとき、あなたは「自らの労苦の果実」と、高い地位と、あなたの素晴らしい能力および賢明な選択を基礎としてあなたが受け取る利益に正しく相応しい《ジャストリィ・デザーブ》とされるのであり、また私は、私に割り当てられた粗末な境遇と、私がこうむった剝奪と、私が受けた刑罰は、正しく相応しいものだとされる。そしてあなたと私はこれほど異なる境遇に至ったのだから――あなたは最良の分け前を潤沢に得るが私はくずを手にし、あなたは報賞を得るが私は罰に苦しむ――、あなたと私には根源的な違いがあることになる。あなたは美徳の鑑であり、私はほとんど価値のない存在（あるいは、価値のない存在よりもさらに悪い存在）である。エリート主義は、「環境的随伴性〔偶然性〕の恵みがなければ、私があそこに行く羽目になっていた」[400]という態度から生まれるのではなく、むしろ「**私は**報賞に相応しく、**彼らは**罰に相応しい。私は義務のために立ち上がったのだから特別な存在であり、彼らにも同じ機会はあったのに、彼らは失敗したのだ」という態度から生まれるのである。

エリート主義的な応報主義

注意深い吟味から明らかになるのは、苛酷な刑罰は敬意の表れであり、多様性包摂《インクルーシブネス》的である、という神話とは正反対のこと、つまり懲罰的／応報的／道徳的責任モデルこそがエリート主義と多様性排除《エクスクルージョン》を助長する、ということだ。この結論を最もよく示すのは、苛酷な応報的刑罰に固執する社会および文化と、これとは異なる方向へ向かう社会とを比較した経験的〔実証的〕考察である。キャヴァディーノとディグナンの指摘では、（合衆国のような）「新自由主義《ネオリベラリズム》」社会においては、

経済上の失敗は、いかなる点でも社会の責任ではなく、むしろアトム的で〔つまり互いに孤立した〕自由意志をもった個人の瑕疵《フォールト》であると見なされる……。犯罪もまた、法に違反した個人の全面的な責任だと見なされる……。そして新自由主義社会がこの数十年で新自由主義化の度合いを強めてきたのに応じて、その懲罰的な性格もまた強まっている……。合衆国で……レーガンおよびブッシュ（父）大統領時代に進んだ、刑事司法と刑事政策の厳罰化は……、それ以外の領域におけるさまざまな「協調主義的」社会政策発案権[401]の体系的な却下を伴うことになった。

　他方、ドイツのような協調主義[402]の社会は——またスウェーデンのような社会民主主義社会はそれよりもさらに大きな度合いで——……より多様性包摂《インクルーシブネス》的な経済・社会政策を追求し、それによって市民たちが市場変動の影響から保護される度合いを大いに高め、市民たちを国有の利益団体を通じて国家に結

399 「随伴性（contingency）」については訳注116参照。
400 ブラッドフォードの言葉のもじり。この後の訳注404参照。
401 原語は“incorporative” social policy initiatives で、incorporative は「協働する」を意味する incorporate の派生語であり、文脈上、この後述べられる「協調主義」と訳される「コーポラティズム（corporatism）」との意味のつながりがはっきりしているので「協調主義的」と訳した。
402 前注参照。

びつけ、福祉給付やさまざまな介護の提供により、すべての市民に配慮が確実に行き届くようにしていく傾向がある。

> これらの政策をもたらしている共同体主義《コミュニタリアン》の気風——しかも、その政策がさらにそのような気風を形成してもいる——はまた、犯罪者へのより非・個人主義的な態度にも表れている。そこで犯罪者は遵法的な社会から拒絶され排除されねばならない、責められるべき孤立した個人と見なされるのではなく、むしろ、依然として社会の一員として包摂《インクルード》されるべきだが、ただしそれぞれのコミュニティ全体の責任としてなされる更生と再社会化が必要であるような社会的存在だと見なされる。このような協調主義的市民[403]は、新自由主義的な市民とは異なり、自分の同胞の庇護者——たとえ同胞が悪事をなした場合であっても——である度合いがずっと大きく、そこには——経済上の失敗についても、犯罪行為についても——「私が今あるに至ったのは、ただ神の恵みのみによるのだ」[404]という強固な感覚がある。(Cavadino and Dignan 2006a, 448)

応報主義が本当に社会的な多様性包摂《インクルーシブネス》と共に進むものなのかどうか(またはその逆の、キャヴァディーノとディグナンが論証するように、懲罰的政策が強まると多様性包摂《インクルーシブネス》は減衰していくのかどうか、でもよいが)を示す強力な指標として、市民の投票による選挙への参加という、最も基本的な権利を犯罪者から奪う傾向があるのは、どちらの社会なのか、という点に目を向けてみよう。合衆国では、有罪宣告を受けた重罪犯は選挙権を剥奪されるのが通例である(ほとんどの州においては、収監中の重罪犯にも投票の機会を与えようと提案することは、政治家としての自殺行為に相当するだろう)。スウェーデン、デンマーク、フィンランド、フランス、ドイツ、オランダ、カナダ、ニュージーランド、オーストラリア、その他無数の、合衆国ほど刑罰が苛酷でない国々では、収監中の人々も、最も基本的な権利である投票権をもつ市民として包摂《インクルード》されている[405]。合衆国の内部では、(有罪宣告を受けた重罪犯は、刑期を終えるか、仮釈放命令が出されるまでは選挙権を認められない、というのが通例であるが)最も苛酷で最も熱烈に応報的である州のいくつか(ヴァージニア州とミシシッピ州のような)は、有罪宣告を受けた重罪犯には恒久的に、市民として投票する権利を認めていない(その中には、苛酷な刑期を終えて長い期間が経過した人々も含まれる)。一方、苛酷な応報的性格が最も少ない州は、犯罪者に対して最も包摂的《インクルーシブ》な州であり、バーモント州とメイン州の二州のみは、すべての収監者に選挙権を認めている。経験される現実を捉えるための、ほぼありとあらゆる尺度に照らして言えるのは、社会がより応報的になればそれだけ、社会が犯罪者に対して包摂的《インクルーシブ》である度合いは小さくなるということだ。この結果は、応報的な道徳的責任の論理にそぐわない奇妙な偶発事といったものではない。むしろそこには、道徳的責任／応報主義が増長させる個人主義的な村八分的態度が社会的な形ではっきりと現れているのである。

応報主義／正しい報い《ジャスト・デザート》の視座を維持していくためには、私たちそれぞれが経てきた〔個々人の〕歴史の違いを覆い隠すか、さもなければそれを極度に過小評価することがどうしても必要となる。私は自分の特権的な地位に正しく相応しい《ジャストリィ・デザーブ》のである以上、その地位が、私たちの出発点なり形成の歴史なりにおける幸運を基礎にしているというのはありえないことであり、そしてこのことが〈私の特別の利益と報賞は純粋に私自身によるものであって、私が経てきた歴史はまったく重要ではない〉という信念を支えることになる。このような、私たちの〔性格などの〕成立の歴史への注目を抑圧する姿勢は、マイケル・ムーアによる応報主義の擁護論において多大な役割を果たしている。

近年の、〔洗脳の―引用者注〕最も有名な実例であるパティ・ハーストの事例[406]において、ハーストが受けた条件づけ〔洗脳〕と彼女の犯罪行動との間に因果関係があったことは、私たちにとって確実であった。しかしながら、たとえ条件づけ〔洗脳〕と犯罪行動の因果関係が確実なものであったとしても、だからといって彼女の行動が〈行為〉と呼ばれるべきものであったことについて疑問を呈するのは、的外れな態度である。彼女は銀行強盗を行ったのであり、それは彼女の行為だったのであって、彼女自身が作り出したわけではない状況が、彼女の行為の原因とな

403 原語は corporative citizens で、やはり協調主義（コーポラティズム）との意味のつながりがあると思われる。前注と前々注参照。

404 一六世紀の宗教改革者ジョン・ブラッドフォードが連行される囚人を目にして語った言葉だとされる。

405 日本の場合、禁錮以上の刑に処されている者には投票権も被選挙権もないとされている（政治や選挙関連の犯罪に加担した者にはさらに重く、刑を終えた後も投票権は五年、被選挙権は一〇年停止される）。

406 パトリシア・ハーストの事件については訳注141参照。

> った信念を彼女に植え付けたのかどうか、という点はそれには関わらない。中には、彼女への条件づけから反抗に至るまでの時間が非常に短く、彼女が新たな信念を退けたり、あるいは自分の性格の一部に統合したりするための十分な時間がなかったのだとしたら、彼女に対する肯定的な弁護を認める、という人もいるかもしれない。だがこのような肯定的弁護は、行為が争点になる場合には的外れである。彼女が行為したというのは明白なことなのであり、彼女の行為に原因があったのかどうかはそれとは関わりないのである。(Moore 1997, 533–534)

パティ・ハーストが行為した、というのは言うまでもないことだ——彼女はシンバイオニーズ解放軍（SLA）のメンバーたちと共に犯罪的行動に加わることを自ら選択したのである。だが、誘拐され洗脳されたという彼女個人の歴史と、彼女に対する〈正しい報い〉が関連をもたないというのは、信じがたい提言である。パティ・ハーストは完全に無力な依存状態で恐怖の数週間を耐え忍んだのであり、その中で、自分の周囲に生じる出来事へのコントロールの感覚を失ったのである。要するに彼女は、深刻な「学習性無力感」(Seligman 1975) の状態に追いやられたのであり、この状態に陥った者は何かを生じさせる自分自身の力に対するあらゆる自信を失い、深刻な依存と受動の状態になってしまう。この状態に陥っていた間の彼女は——過去に彼女の内で形成されていた価値や性格にもとづき——彼女を導く、強く自信にあふれた人々の指導に従うことを選ぶ。実のところ彼女は「新たな信念を自分の性格の一部に統合した」のだ。だが、洗脳されたという彼女の歴史——それは彼女の中に、極度の感情的依存と学習性無力感を残した——を**重要ではない**と想定することは、——条件づけの歴史の重要さに対する盲目性へと人を駆り立てるものとしての〈正しい報い〉にもとづくのでなければ——不可能な想定である。[原注13]

パティ・ハーストは、SLAの活動に参加しようという適格《コンピテント》な選択を行ったがゆえに投獄された。この判決に激怒した人々もいたが、道徳的責任のスタンダードに当てはめる限り、それが唯一可能な判決であった。パティ・ハーストの心理的能力は監禁によって相当に危うい状態にあったのだが、それでも彼女は適格《コンピテント》な状態にあったのだ。ロバート・ハリスの心理能力は、彼が生涯にわたって受け続けた、残忍な虐待的な扱いによって相当に危うい状態にあったが、彼もまた合理的推理と計画と選択をなすことができたのであり、それゆえ彼もまた適格《コンピテント》な状態にあった。私たちがパティ・ハーストの減退した心理的力量《リソース》をじっくりと見つめ、その結果として彼女が刑罰に正しく相応しい《ジャストリィ・デザーブ》わけではない、と判定を下すとしたら、その場合、ロバート・ハリスが刑罰に正しく相応しいという見解に反対する主張の正当性はそれよりもさらに明白であるはずだ。そして私たちがハーストとハリスについて精察するならば、それはあらゆる人々の現実の心理的な強さと弱さを注意深く見つめることへの道を開きうるし、またそれによって私たちは——奇跡を信ずるリバタリアンにならない限りは——次の三つの結論に必ずや導かれる。すなわち第一に、行動の違いは能力の違いの産物だということであり（結果に違いがあるなら、——奇跡および偶然を除外すれば——その違いは能力の違いの帰結であらざるをえない）、第二に、能力の違いは究極的には幸運および不運の産物だったということであり（それらが個々人の素養／手だて《リソース》を形成したのであり、私たちはその素養／手だて《リソース》にもとづいて発達を遂げ、また、その後の自己発展を行うためにそれを利用する）、それゆえ第三に、人に道徳的責任を認めるという判断の余地などない、ということである。

〔原注13〕ハンナ・アレントは、刑事裁判の法廷が、人の性格と行動を形成した諸原因の深い探究を一貫して拒まざるをえないことをよく認識しているが、このような探究の拒否をこのシステムの美点の一つだと見なしている。

「……犯罪の裁判における法廷の手続きという単純な事実が、そしてさまざまな種類の法的システムのどこにでも見られる告発・弁護・判決という手順が（これは記録された歴史の開闢《かいびゃく》以来の古い手順です）、すべてのためらいや疑念を否定するのです。もちろんこうしたためらいや疑念がなくなるという意味ではありません。一方ではこの法的な手順は、個人には責任と有罪性があることを前提としているからですし、他方では良心が正しく機能することを信じているからです。……

司法の否定できない偉大さ、それは誰もが自分のことをある種の機械の〈歯車〉にすぎないと考えがちな大衆社会にあっても、責任を問われた個人の人格に注目せざるをえないことにあります。この大衆社会にあって人々は、自分が巨大な官僚機構、社会的、政治的、専門的な機構で機能する円滑な機械の一つの歯車だと考えたり、誰もがうまく調整されていない混沌とした偶然的なパターンのうちで生きることを強いられていると考えたりしがちなのです。しかし……時代の科学的な流行がどのようなものであろうとも、またそれがどれほど世論に浸透していようとも、そして検事や弁護士など、司法の担当者に強い影響を及ぼしていても、司法という制度そのものは、こうした流行を否定して、これがあたかも存在しないようにふるまわねばならないのです。……」（Arendt 2003, 57–58）〔邦訳七二—七三頁〕

時計じかけのオレンジという亡霊

道徳的責任を斥ける人々に反論しようとして、道徳的責任廃絶論を〈道徳的責任システム内部で免責拡張論を目論む主張〉であるかのように扱い、その結果欠陥ある論証に至ってしまった、という事例は数多く存在する。とはいえ、こうした無数の欠陥ある論証の中でも、その知名度と、扇動的な主張と、あからさまなばかばかしさのゆえに、ひときわ目立っている一つの論証がある。その論証とは「時計じかけのオレンジ」[407]論証である――その主張によれば、道徳的責任（およびその仲間である応報的刑罰）を斥ける人々というのは、道徳的責任（および応報的刑罰）を、「時計じかけのオレンジ療法」という、残酷で苛烈な「治療」[408]に置き換えることを望む人々なのだ、ということになる。この攻撃はあまりに明白な虚偽なので、それがこれほど一般に流布しており、また、今しがた論じた「エリート主義」論証とごく密接に関連している、という事情がなければ、とても扱う価値などなかったはずである。この〈時計じかけのオレンジ〉を持ち出す告発には、四つの根本的な誤りがある。第一にそこには〈応報による正しい報い《ジャスト・デザート》の否定は免責の体系にもとづくものである〉という誤った前提が、またそれゆえ〈ある人々が応報的刑罰を免除されるのは、彼らが合理的で適格《コンピテント》な人物だと見なされえないほどに深刻な欠点を抱えているためなのだ〉という誤った前提がある。この前提から、〈犯罪者とは人間未満の存在だと見なされるのだから、いろいろなやり方でその人間未満の存在を怪物に仕立て上げるような残忍な技術の使用に反対する、道徳上の抑制などは存在しない〉という結論まではあと一歩である。だがこれは、非応報主義者がなぜ応報的刑罰を斥けるのかの根拠を歪曲するものだ。そのような排斥が依拠する実際の根拠は、犯罪行為に及ぶ人々と有徳で抑制のとれた人生を送る人々の間の緊密な類似性をこそ強調するものだ――つまり、彼らの間の違いは彼ら自身が作り出したわけではなく、むしろ幸運ないし不運な因果的歴史にある、という類似性を。このような見方は、――ただ単に条件づけの歴史が不運だっただけで――それ以外の人々と何ら違わない人々の苛酷な処遇のあらゆる正当化を阻むものであり、まして犯罪者を、虐待的な「療法」の対象にふさわしい、深刻な欠陥を抱えた個人として遇するような逸脱行為を、確実に阻むものである。これと対照的に、応報主義者たち――有徳な性格と行動も、邪悪な性格と行動も、いずれについてもそれを形成した原因を注意深く見つめることを拒む人々——は、〈悪しき人々というのは、私やあなたやその他有徳な人々のコミュニティに属するすべての人々とは「根本的に異なった」人々である〉という見方を信奉することに魅力をおぼえるのであり、それゆえ応報主義者たちにとって、犯罪者たちを（なにしろ彼らは、私たちや私たちが愛する者たちとはまるで似ていないのだからというので）苛酷で品位をおとしめるようなやり方で処遇することは、ずっと容易なことなのである。次に引く、ピーター・フレンチの、荒々しい応報的「正義／司法《ジャスティス》」を称揚する著書の中の言葉はうってつけの事例である。「復讐を道徳上の徳目として擁護する人々が支持する見方は、人間の歴史の概観、文学、民衆文化、日々の新聞の紙面などにおいてすら大いに人を惹きつける見方、すなわち、習慣的に不正な行いをなす人々と、通常はよい行いをなす人々との間には、架橋できない道徳上の裂け目が存在する、という見方である」（French 2001, 89）。ここでフレンチは、二つの点で正しいと言えるかもしれない。第一に「〔この〕人間の歴史の概観……などにおいてすら、〔その見方が〕大いに人を惹きつける」というのはまったくその通りかもしれない。しかしその見方は、幸運な有徳者についても、不運な悪人についても、彼らを形成した諸要因の注意深く詳細な探究に耐えうるものではない。また第二に、それはじっさい、「民衆文化」の見方であるかもしれないが、しかし反省的精察に耐えうる見方ではない。

　道徳的責任廃絶論者が〈時計じかけのオレンジ〉的な残忍な行いを斥ける、第二の理由がある。すなわち廃絶論者はそのような残忍な方法（および、現代における同様の精神のあらわれである、懲罰的な「ブートキャンプ」〔軍での新兵へのしごき教育、およびそれに倣った犯罪者への処遇〕や「ショック収監」〔同じやり方での囚人への厳格な処遇〕[409]など）が、肯定的な性格特性を形成するためのよい方法ではない、ということを鋭敏に悟っている。残忍なブートキャンプ式の「シ

407『時計じかけのオレンジ』*A Clockwork Orange* は、アントニイ・バージェスの近未来ディストピア小説（一九六二年発表）で、スタンリー・キューブリック監督による映画（一九七一年公開）で有名になった。邦訳に乾信一郎訳（ハヤカワ epi 文庫、二〇〇八年）がある。

408『時計じかけのオレンジ』には、犯罪者に暴力への嫌悪感を強制的に植え付ける非人道的な近未来の「治療」が登場する（作中では「ルドヴィコ療法」と呼ばれている）。

409 ニューヨーク州で、服役囚に対する六ヶ月の厳格な軍隊式訓練を数年間の刑期に替えるという試みがなされたことを指していると思われる。

ョック」プログラムによる屈辱が、囚人が経てきた、苛酷で意気阻喪させる子ども時代や青年時代を埋め合わせることなどはできない。こうした苛酷な処遇は――それが施される形態が、〈時計じかけのオレンジ〉療法であれ、年少の犯罪者に対する「ブートキャンプ」であれ、成人向けのスーパーマックス刑務所[410]であれ――人生における成功や人との協調に必要な自己コントロールと自信を形成するための効果的な手段ではない。セリグマンの犬――逃れられない苦痛をもたらす電気ショックに何度もかけられ、それにより深刻な学習性無力感の状態へと条件づけられた犬たち――を〔電気ショックから脱出可能な〕シャトルボックスの中に入れ、追加の電気ショックを加えても、彼らが無力感から回復することはなく、その反対により深刻な学習性無力感にますます陥る結果となった。ショック「療法」は虐待された犬にとっても、青年期の人間にとっても、見込みのある療法ではないのである。

　第三に、苛酷な〈時計じかけのオレンジ〉式の強制的な療法に魅力をおぼえるのは、道徳的責任を信じ**ない**人々ではなく、むしろ応報主義を深く信じる人々である。つまり、年少の犯罪者たちへの苛酷なブートキャンププログラムというのは、年少の犯罪者たちは自分の行動の「結果としての苦しみを受ける」べきなのだと信じている人々にこそアピールするものなのだ――実際には、ショックや、いじめや、顔に泥を塗るような行いによって、人を自信と、社会的責任と、感情的健全さを備えた市民にすることなど、明らかに不可能なのだが。応報主義の立場から、〈犯罪者個々人が刑罰に正しく相応しい《ジャストリィ・デザーブ》〉とあくまで主張し続けることは、現状無視の態度の正当化につながる――途方もなく裕福な社会が多大なぜいたくにふけるかたわらで、多くの子どもたちを、低水準の身体面および精神面の医療的措置しか受けられず、はなはだしく不十分な教育手段《リソース》しか提供されず、成功できる機会がほとんど与えられないような残忍な状況の中で育つがままにしているという状況を、放置することになるのだ。そしてその結果犯罪が生じると、私たちはその犯罪を、ひどい処遇を受けてきた子どもたち自身のせいにし、彼らを非難し、ほんの数週間の、安上がりな「ブートキャンプ教練」で彼らを善き市民（あるいは少なくとも黙従的で消極的な市民）に変えられるとか、あるいは、苛酷な成人向け施設への投獄の宣告に正しく相応しいだとか、言い立てるのである。道徳的責任廃絶論者は、悪人についても、有徳の人についても、彼らを形成した因果的歴史に詳細な注目を向ける。苛酷な初期発達の環境も、残忍な強制的「療法」も、自信ある、自己コントロール的な個人を形成することはできない、ということをよく認識しているのである。

〈道徳的責任廃絶論者たちは、時計じかけのオレンジ式の残忍な行いを望むはずだ〉という攻撃がなぜ虚偽なのかを説明する第四の理由があり、これが最も基本的な理由である。この攻撃の背後には〈私たちは悪事を犯した個人に注目せねばならない〉という前提がある——つまり〈応報主義者はその人を気高い存在たらしめるために、応報的刑罰を科することを望んでいるのであって、それに反対する人々は強制的な療法によって、その人の品位をおとしめることになるのだ〉という前提である。だが、急進的個人主義によるこうした虚偽の前提は、〈応報的刑罰か、それとも強制的な心理学的「療法」か〉という虚偽の二項対立を産み出す。このような虚偽の前提を立てているのはムーアやルイスやモリスだけではない。実のところそれは、心理学者によって**根本的帰属の錯誤**と名付けられてきた、ありがちな誤りだ（Ross 1977）——ありがちな分だけ根本的でもあるので、この名で呼ばれるのである。これは、ある個人の行動を説明する際に、その人の性格特徴、性格、あるいは性向の重要性を過大評価し、他方で人の行動様式に対する、より巨視的な環境や「状況」がもつ重要性を無視する、という誤りである。心理学者たちは、人に猛烈な電気ショックを進んで与えようとする被験者の意向や（Milgram 1963）、看守役を演ずる人物が示す高度の残酷さや（Haney, Banks, and Zimbardo 1973; Haney and Zimbardo 1977）、苦境に陥っている見知らぬ人物に手をさしのべようとする神学部学生の意向や（Darley and Batson 1973）、仲間の学生が落とした紙束を立ち止まって拾おうとする度合い（Isen and Levin 1972）、といったものを調査してきた。これらの実験（および、その他数多くの実験）において心理学者が発見したのは、（個々人の性格特性というよりもむしろ）状況こそが、行動の鍵となる決定要因である、ということだった。私はここで、こうした状況主義的な心理学説の正しさを弁じることはしないつもりだ——そこには、厖大な経験的〔実証的〕研究の後ろ盾があるのではあるが。ここでの要点は、個人に対する「エリート主義的」な強制的療法は、しばしばそう描かれるように、応報的刑罰に対する

410 訳注268参照。

唯一の代案だというわけではなく、それ以外の選択肢もじっさいにあるのだ、ということである。犯罪者個人への「療法」だけに注目するよりもむしろ、〈有害な行動を生じさせる状況を、良好な行動を引き出すような状況へと置き換えていくためには、システムをどう変えていくべきか？〉という問題に注目する方が、よりよい選択肢である。たしかに私たちもまた〔残忍な「療法」が目指すのと同じく〕個人の内に良好な行動を形成していかねばならない（その際、その個人が置かれた状況が、個人の性格特徴よりもはるかに大きな影響をもちうることを十分に認識しながら）――そしてこれは、強固な自己効力感を個々人の内に育成し、社会環境とそれが個々人の性格におよぼす影響に詳しい注目を向けることを要求する。だが、このような改善において鍵となるのは、残忍な目に遭ってきた個人を産み出し、さらにはそこを起点として「改善された」個人すら、欠陥ある環境に戻されたとたんに元の木阿弥にさせてしまうようなシステムをこそ改善していくことなのである（Haney and Zimbardo 1998）。

　要約すれば、道徳的責任の普遍的否定は、一般に思われているような有害な結果をもたらさない、ということだ――そのような結果がもたらされるのはただ、道徳的責任否定論の基礎を、免責の普遍化と誇張に置く場合に限られるのだ。一方、道徳的責任否定論の基礎を〈道徳的責任は奇跡を要求する〉という論点に求めるならば（つまり道徳的責任否定論は、自然主義的体系に属する限り、〈すべての適格《コンピテント》な人物には道徳的責任がある〉という想定を〔奇跡の一種として〕斥ける、という論点に求めるならば）、その場合、道徳的責任否定論は、適格性《コンピテンス》、技能、理性、道徳性、情愛、それに憎悪のための幅広い余地を残す、ということになる。しかも道徳的責任否定論は、誰かを人間の道徳コミュニティから追放することをしない――なにしろ、誰一人道徳的責任をもたないのであれば、道徳的責任の欠如によって人を差別することはなくなるのだから。それゆえ道徳的責任否定論が、犯罪者に対する、「療法」を装った残忍な処遇を促すことがない、というのは確実である。その反対にこの立場は、その種のプログラムを阻止し、応報に訴える残酷で非生産的な政策を終わらせるための道を開くものだ。この立場は、犯罪者よりも幸運な人々の間での「エリート主義的」な態度を促進するのではなく、むしろ反対に、そのような態度に対する根底的な異議を唱えるものである。

道徳的責任を排斥することで消失する区別と保持される区別

ソール・スミランスキーは、P・F・ストローソンと同様の論拠に沿って、もしも私たちが道徳的責任を否定するならば、私たちは非常に有益な二つの道徳上の区別をも破棄せねばならなくなる、と強く主張する。否定される第一の区別とは、〈罪ある者と罪なき者〉の区別であり、第二の区別は、〈人種や性別による差別と、（正当に判定された）怠惰か、大きな気概をもつかという点にもとづく差別〉という、二種類の差別を隔てている区別である。第一の区別について、スミランスキーは〈罪なき者に法的な刑を執行すべきかどうかは決着のついていない問いだと考える者は、腐敗した精神の持ち主である〉、というエリザベス・アンスコムの所見を引き、それに賛同した上で、次のように論ずる。「まったくその通りである。もしも〈罪がない〉という一般に行き渡った概念を用心深く保存し、保護しようとするものとしての道徳システムが順調に機能するならば、このような所見は優勢な、ほとんど本能的なものになるべきである。だが、もしそうだとすると、先に引いた所見は、究極的にはまったく意味をなさないということ——なぜなら『罪ある者』とは究極的には、他の人々に劣らず罪なき者なのだから——をはっきり示してしまうことこそ、およそ人がなしうる中で最悪の事柄であることになろう」(Smilansky 2000, 152)。

最初に言うべきは、たとえ私たちが道徳的責任を廃絶したとしても、悪事に及ぶ人々と悪事に及ばない人々、という重要な区別は残る、ということである——先に述べた通り、〈非難の瑕疵《ブレイム・フォールト》〉の否認は、〈性格の瑕疵《キャラクター・フォールト》〉の否認を含意しないのだ。ロバート・ハリスは非難に相応しいわけではない。しかし、彼の性格には深刻な欠点があり、そこからぞっとするような行為が帰結した、ということをよく認識することは重要である。なぜ重要かといえば、私たちはその性格上の欠点から生じる出来事から、他の人々を保護しなければならないからであり、ハリスの欠陥ある性格を再形成するための可能性や手段を注意深く検討せねばならないからであり、このような深刻な欠点を抱えた人物を形成した因果的歴史を調査し、それによって同じような欠点を他の人々が発達させてしまうことを防がねばならないからである。

第二に、道徳的責任システムの**内部では**、「罪なき者／罪ある者」の区別によって、罪なき者にとっては死活的な保護が提供される——それは罪なき者を、応報的刑罰という苛酷な処遇から保護する唯一の手段なのだ。だがこの保護は、はなはだ高額な対価を求める——罪ある者は異質な人々、根本的に異質なカテゴリーに属する人々なのであって、私たち罪なき者は、罪ある者に対する残忍な処遇を裁可し、黙認してよい（つまり、彼らを死刑場へ引きずり、スーパーマックス[411]刑務所での長期の孤独な監禁によって心理的ダメージを負わせ、長期の残忍な囚人生活を送るべき判決を下してよい）。これは他でもなく、〈罪ある者〉が、そのような処遇から**保護された**人々としての〈罪なき者〉とは非常に異なった存在である、とされていることによっている。しかるに、私たちが道徳的責任システムという制約の外に出るとき、「罪なき者」と「罪ある者」との間のこのような差異は消失する。ロバート・ハリスは甚大な性格の瑕疵を抱えた残忍な人物であり続けるが、それでも私たちが道徳的責任という目隠しを外し、詳しく、そして注意深く事柄を見つめれば、ロバート・ハリスは私やあなたと同じ人間なのであって、ロバート・ハリスと私たち自身が違うのは、〈私たちが世話の行き届いた環境での養育を受けて育ち、暴力を避け、熱心に学び、注意深い熟慮と学問的な成果がもたらす利益を得て、それに喜びを見いだすような促しを強く受けてきた一方、ロバート・ハリスはといえば残忍な処遇と親からの苛酷な拒絶、それに学校での暴力にさらされていた〉という点にあるのだ、ということを認識できるようになる。罪なき者と罪ある者との間に根源的差異があることを否定するからといって、そこから、罪なき者に司法上の刑を執行することを賞賛するということが帰結するわけではない、というのは明白である——つまり、明らかに、罪なき者への刑の執行とは、依然としておぞましい不正である。その差異の否定が意味するのはむしろ、「罪ある者」（深い性格の瑕疵を抱えた人々）への司法上の刑の執行——あるいはその他の加害的な処遇——もまた不正なのだと私たちは認識するに至るはずだ、ということである。性格上の美徳を享受している人々と、性格上の欠点に苦しんでいる人々との間の基本的な類似性を理解することは、性格上の欠点が存在することを認め、欠陥ある性格の改善に努力し、その欠陥から生じる危害から他の人々を保護し、そのような欠陥ある性格を形成する環境条件を変えていくように働きかける、といったことと完全に両立する。道徳的責任システムの内部では、私たち罪なき者と罪ある人々とを隔てている深い裂け目のみが、その裂け目の向こう側にいる人々に割り当てられた残忍な処遇から私たちを守ってくれる唯一のものである。スミランスキーも認めているように、このようにして私たちを保護してくれる裂け目は、究極の道徳的責任の幻想という対価を受け容れた見返りとして得られる（その幻想が、罪なき者と罪ある者の双方を形成する諸原因の注意深く詳細な探究を阻むのである）。私たちが道徳的責任システムから自らを解放するとき、幻想の必要性は消失し、それと共に、罪ある者と罪なき者との間の根源的な隔たりも消失する。そして私たちの性格と行動の諸原因に対する注意深く明晰な精察がその幻想に取って代わり、その結果、有徳な人々と邪悪な人々**双方**の幸せなあり方に対する深い配慮がもたらされるようになる。要するに、罪ある者と罪なき者との間の根源的差異とは、道徳的責任システムにとっては死活的な要素だが、それをこのシステムの外に引き出し、それ自体として詳細に検討すれば、その本来の姿が見えるようになる――それが、醜悪なシステムがもたらした醜悪な副産物だということが。

　ピーター・ストローソンは〈道徳的責任否定論とは、免責拡張論にもとづき、人類の普遍的無能力《インコンピテンス》を断ずる思想である〉という誤った前提から出発し、道徳的責任廃絶論をきわめて暗鬱な思想として描く。先にも指摘したが、ソール・スミランスキーは――普段であれば――道徳的責任の普遍的否定が人類における普遍的欠陥や普遍的免責に基礎を置くわけではない、ということに自覚的であるが、道徳的責任の普遍的排斥がもたらすとされる第二の問題を描き出す段になると、先のような自覚にもかかわらず、再び道徳的責任システムの内部に滑り落ち、道徳的責任の普遍的な排斥が、人類の普遍的無能力《インコンピテンス》を要求する、と前提してしまう。スミランスキーがそう前提していることは、この後で引く一節に見いだすことができる。スミランスキーは、道徳的責任を廃絶した場合、二つの重要な道徳的区別が失われてしまうと信じているのであったが、スミランスキーにとって、その前提は、その内の第二の〔差別の種類についての〕区別の核心に位置するものと見られている。第一の区別は〈罪なき者と罪ある者との区別〉であったが、これは、道徳的責任システム**内部**で重要な役割を演じるが、道徳的責任システムそのものと共にきっぱりと捨て去ってよい区別である――（〈非難の瑕疵〉と対比される）〈性格の瑕疵〉への考察がそれでもなお重要なものとして残り続け

411 訳注268参照。

るのはもちろんだとしても。一方、スミランスキーの第二の区別は、例えば怠惰のような、性格上の欠点にもとづく差別と、人種や性別による差別という二種類の差別を切り分ける区別であったが、こちらは保存する価値のある区別であるものの、道徳的責任の排斥という思想を適切に理解する限り、この区別を失う危険性は存在しないのである。ところがスミランスキーは、「一般通念」によれば、努力か怠惰かにもとづく差別と、人種や性別にもとづく差別という二種類の差別の間には重要な区別がある、という点を指摘した上で、次のように述べる。

> 究極のハード決定論的な視座からすると、この一般通念が規範的意味を有することはない。もしもある人物が、怠惰のせいで生活苦に陥るとして、それは有色の皮膚をもつがゆえに生活苦に陥る、というのと何の違いもない――究極的には、人はそのどちらに対しても同じように責任を欠くのだから。万人に対して、その人がなしうることを示す機会が与えられるべきだ、という考え方には実用上の利点こそあるかもしれないが、しかし究極の視座から見るとこの考え方は、一般通念がそれに付与するような道徳的基礎を欠いている。人種や性にもとづく差別は、ハード決定論者の目から見れば、知能や、勤勉への性向にもとづく差別と何の違いもないのだ。究極的には、考慮されるのは結果だけなのである。ハード決定論的な前提に立てば、人種差別や性差別がなされた場合に、それによって苦しみを受けた人々の個々の怨恨《えんこん》が正当とされることはなく、あるいはその他の人々の一般的な道徳的義憤が正当とされることもないのだ！　どんな人であれ普遍的に罪はなく、非難されるべきでもない、ということにより、〔通常の意味での〕罪なき者の特権的で肯定的な地位は切り崩されたが、これとまったく同じように、仕事の出来不出来に関わる、人のコントロールの範囲内にある条件――勤勉さのような――に付与されている特権的な地位は、その内的な価値を失う。ハード決定論の見方にしたがって免責を人類に普遍的に適用するというのは、両立論的な免責の単なる拡張ではなく、あらゆる区別の全面的な根絶に行き着く。たしかにハード決定論の視座には利点もあるように見えるかもしれない。例えば、人を怠惰さによって断罪するという苛酷な慣習を見直す、などだ。だがこれ

は中心的な論点を見落としている。すなわちそれによりも、〈人が、例えば人種や性のような、自らのコントロールを超えた要因による差別に相応しいことなどない〉という考え方が、現在の高い道徳的な地位から転落してしまう、というのがそこでの中心的な論点なのだ。(Smilansky 2000, 156)

スミランスキーの主張には、重要な真理の要素が一つある——究極の視座(道徳的責任の要求と帰属をすべて否定する「ハード決定論」の視座)からすると、誰かを肌の色や性別(あるいは目の色)のゆえに非難することと、誰かをその怠惰のゆえに非難することの間には、類似性が**たしかにある**。だが、このような類似があるからといって、誰かをその性別や肌の色のゆえに非難することの不正さがいささかでも引き下げられることはない。むしろその類似性は、人をその怠惰さ(あるいは、何であれ深刻な性格の瑕疵)のゆえに非難することがいかに不正であるかを際だたせる——私たちが注意深く深層を見つめるとき、そして、道徳的責任という幻想なしでそうするとき、(スミランスキー自身が認めるように)私たちは、究極的には、自分の性別や人種をコントロールしがたいのと同様に、自分の怠惰さや勤勉さをコントロールしがたいということを認識できるようになる。この比較は重要である。なぜならそれは道徳的責任という実践の根本的な不正さを明るみに出し、それでいて、人種差別や性差別の不正さをまったく引き下げることがないからである。道徳的責任否定論という究極の視座に立つとき、人種や性別のゆえに人を非難することは、怠惰のゆえに人を非難することと類似するものになる。しかしながらこの場合でも、人種や性別を基礎にした非難が特別に人を害するものである、と言える非常に重要な理由は、依然として残り続ける。

第一に、また何より明白なのは、怠惰であるというのは純然たる性格上の欠点である(あくまで〈性格の瑕疵〉であって〈非難の瑕疵〉ではない)が、これとは対照的に、ある人種や性別や民族集団に属していることは性格上の欠点ではない、ということである——そのようなものとして扱われることがしばしばあり、それが問題なのだが。人種/性別/民族集団の差別に関わる一つの根本問題は、このような差別が、人種や性別や民族集団を道徳上のカテゴリーとして扱っている、という点にある——ある人は、その人が属する人種や性別や民族集団のゆえに、道徳的に劣った人物なのだ、というように。いわく、女たちは「悪の巣窟」

あるいは生まれつきの追従者であり、黒人は「くずのような人々」あるいは「神に見捨てられた部族」であり、ユダヤ人は「キリスト殺し」あるいは貪欲な裏切り者であり、ネイティブ・アメリカンたちは怠惰であり、アイルランド人たちは飲んだくれであり、ポーランド人たちは愚かである、云々。こういった悪意ある偏見は、誰か個人を怠惰だと判断することよりも、はるかに悪しきものである。なぜならその場合、その人が勤勉か否かにかかわらず、その人が、そのグループのすべてのメンバーが怠惰である、という烙印を押された文化で生きる限り、偏見に満ちた判断を乗り越えようとしても無駄になるからである。個人として怠惰であると判断された場合、私は自分自身の努力でその判断を克服できる――私が正真正銘の怠惰な人間であった場合、気概を徐々に発達させるプログラムに従うことで変わることができるかもしれないし、怠惰なやつだと誤認されている場合、困難な仕事をやり遂げる姿を示すことで、その判断を克服できるだろう（気概の発達プログラムや、気概を人に示す試みのために必要な能力なり支援なりを、私が手に入れているかどうかは、幸運ないし不運の問題であり、それに対する道徳的責任が私にあるわけではない）。しかるに、もし私が社会から、私の民族性ゆえに怠惰である、と判断されるとしたら、その場合、その認識を変えようとする私の努力はすべて無益なものとならざるをえず、またこのような無益な努力と、結果に対するコントロールがまったく不可能な状況は、学習性無力感と深い絶望へつながっていく。それは莫大な数の民族集団の中に、無力感と絶望を刻みつける――これは、はなはだしい悪である。かつて年若い少女たちは、自分は決して医者になれない（その他、高い名望や権威のある地位につくことも決してできない）こと、そして「医師の命令」に無条件で服従する「看護婦さん」[412]になる以上の高望みを決して抱いてはならないと知らされた〔学習した〕[413]。かつて、年若いアフリカ系アメリカ人は、いくら勤勉に努力しても権威ある地位につくことは決してできないこと、自らの価値を認められることが決してないこと、尊厳や敬意をもって扱われることが決してないことを思い知らされた〔学習した〕。この種の偏見は深刻な仕方で人を傷つけるものであり、それが産み出す空しさの感覚は、しばしば彼らを無慈悲な自己成就的罠〔つまり自分の未来を自ら進んで閉ざすという罠〕[414]の中に閉じこめる。あらゆる道徳的責任を否定するという「究極的な」視座に立つ場合、怠惰な人物も、偏見の被害者も、苦しい生活を強いられることが正しく相応しい《ジャストリイ・デザーブ》、ということにはならない。

だがこの事実を認めたからといって、そのことが、社会的偏見の格別な不正さと多大な害悪を認める余地をなくすわけではない。人は、気概と勤勉さという、決定的に重要な性格上の美徳を発達させられるだけの幸運に恵まれたことによって、より多くのものを得ることが正しく相応しい《ジャストリィ・デザーブ》ということにはならない。だが、それでもなお、勤勉さが極めて望ましい性格特性であり、怠惰さが深刻な性格上の欠点である、ということに変わりはないのである。私たちは偏見によって、特権に恵まれた人々の性格上の欠点に目をふさがれ、偏見の被害者たちの性格上の美徳の認識を妨げられ、美徳の促進と悪徳の抑止の効果的な手段から遠ざけられ、無力感と絶望を増大させる——そしてこのすべては、偏見というものが元来備えている格別な悪質さを立証するには、十二分すぎる条件である（もちろん、それが卑しむべき偏見に基礎を置くものであろうと、正しい報い《ジャスト・デザート》と道徳的責任というまやかしの主張にもとづくものであろうと、ある人に他の人よりも「苦しい生活を強いる」ようなプログラムは、**何であれ**道徳に不正である）。

スミランスキーはこう主張する——「ハード決定論の見方にしたがって免責を人類に普遍的に適用するというのは、両立論的な免責の単なる拡張ではなく、あらゆる区別の全面的な根絶に行き着く」（Smilansky 2000, 156）。しかし、すでに指摘したように、スミランスキーは、道徳的責任の普遍的否定が免責拡張論に基礎を置くものではないことを知っている（スミランスキーのような明晰な思想家ですら引き込んでしまうところに、免責拡張論の誘惑の強さが示されている）。このように、道徳的責任の普遍的否定が重要な道徳上の区別——本物の怠惰な人と、誤って怠惰だと判断されている偏見の被害者の区別など——を根絶することはない。仮に、万人が道徳的責任を免責されるほどの深刻な欠点を抱えているとしたら（つまり、もしも道徳的責任の否定論が免責拡張論に基礎を置くなら）、怠惰であるとか、勤勉であるとか判断されるに十分適格《コンピテント》であるような人など誰もいないことになるだろうし、誰かについて、偏見にもとづ

412 nurse は「看護師」が正式の呼称だが、文脈上あえて旧称の「看護婦」を使い、原文に対応表現のないカギ括弧を付加した。

413 この後の黒人の事例と共に、原語の learn には「学習性無力感」として用いられる術語的な意味も込められていると思われる。

414 「自己成就的（self-fulfilling）」は「自己成就的予言」を念頭に置いた表現と思われる。自己成就的予言とは、ある（この場合はネガティブな）結果を予期して行動することで、その結果を自ら実現させてしまうような心の働きを指す。

いて瑕疵ありと判断する場合と、瑕疵ありという判断が正しい場合とを区別しても無益であることになろう。つまり、もしも深刻な瑕疵が人類に普遍的なものなら、その種の区別は意味をなさないことになる。だが私たちが、道徳的責任システムの排斥によって道徳的責任を普遍的に否定する（それゆえ、道徳的責任の否定は免責のみによって可能になる、という考えを斥ける）ときには、偏見の被害者に性格の瑕疵はないが、怠惰な人物には性格の瑕疵がある、という道徳判断を与える余地は十分に確保されているのである。

第一四章　究極の責任なき創造的作者性《オーサーシップ》[415]

道徳的責任への信念を捨てるとき、私たちは〈人は非難と罰に正しく相応しい《ジャストリィ・デザーブ》ことがありうる〉という信念を放棄せねばならないが、しかし、その放棄は多大な利益につながる——あるいは、そうであることをこれ以降の章で主張しよう。だが、たとえ人が、正しく相応しい非難と刑罰なるものを斥けることが有益だと確信したとしても、**究極の責任**の喪失とは悲嘆すべき損失[416]である、という強い感覚は残り続けるかもしれない。道徳的責任の支持者の中でも、最も深遠で洞察力豊かな部類に属する二人の哲学者——ロバート・ケインとソール・スミランスキー——がこのような喪失／損失の感覚を抱くのは確実であろう。彼らであれば、次のように応答するかもしれない。「非難と刑罰に対するすべての疑問は脇にのけよう。私たちはそれに価値を認め、君はそれを有害だと考えるが、いったんそれは不問にしよう。そして、〈正しい報い〉の土台となる究極の責任を私たちが失った場合、**それ以外**のどんな喪失／損失をもたらすのか、そこに問いを集中させよう」と。ケインは、その損失が重大なものになるはずだという点を強調する——「もしも私が、この宇宙の一定の出来事の生起に対する究極的責任を有するとしたら、しかもそこで、それの生起に対する唯一の説明が、私の合理的な意志以外に見つからないのだとしたら、そのとき私の選択と私の人生は、

415　訳注362参照。

416　「喪失」と「損失」はどちらもlossの訳で、「喪失」と訳す場合は貴重なものが「失われる」こと自体を、「損失」はそのことが「多大な不利益である」ことを指している。以下、適宜訳し分けざるをえないが、原語が同一であることは注意されたい。

ある重要性、私がそのような責任をもたない場合には、失われてしまうような重要性を得ることになるだろう」(Kane 1985, 178)。スミランスキーはこう警告する。

> 幻想は、私たちの人生の意味という水準での自己概念と家族関係への脅威に対する緩衝材になる。究極の視座〔道徳的責任否定論──引用者注〕が、過去の配慮や努力への**好意的な評価**、あるいは、過去になしたこと、なさなかったことの落ち度／責め《フォールト》[417]を**自ら認める態度**をむしばんでいくことをもしも許してしまえば、そこで損害を受ける可能性があるのは、家族の中での私たちの役割だけにとどまらない。私たちのさまざまな人間関係と、その中で私たちが達成する価値の有意義性そのものが損害をこうむる可能性が出てくるのである。……私たちが〔人間関係の〕様々なレベルで果たしている役割が、究極的には不可避的に課されているものであるという自覚は、……私たちが自分自身と他の人々を好意的に評価するという営みに、根本的なところで**暗い影を投ずる**のだ。
> (Smilansky 2000, 177; see also Smilansky 2005)

私としては、ケインやスミランスキー（および他の多くの論者）にとっての正真正銘の懸念事項である喪失感を彼らと共有していないため、「そんなもの吹っ切ってしまえ！」と突き放してしまいたい誘惑に駆られる。私たちは神々ではなく、自分自身を自分で作り出したわけではなく、究極的責任を有する存在でもない。それに私は幼い日の、ダラス・カウボーイズのスターティング・クォーターバックに〔つまり有名アメフトチームのスタープレイヤーに〕なりたいという夢をかなえられなかったが、その現実に対処するやり方を学んだのであり、これはそれほど悪いことではない。私は（傲慢にも）もっと先まで進んでこう言ってみたい誘惑に駆られている──「君たちは、フロイト派の精神分析学者の言う、自足的虚構[418]を手放したくないという思いによって苦しめられているのだよ」──と。幼な子は最初、自分が全能の存在だと信じている（あるいは最低限、完全な自己効力感をおぼえてはいる）。このような自足的**虚構**は、自分が**依存的な存在**であること──自分が完全なコントロール権を手にしていないこと──の発見によって打ち砕かれる。自足的虚構のこのような喪失は、私たちが苦心の上で修復すべきトラウマ的体験である。私たちのほとんどはその修復をなし遂げて先に進むのだが[419]、哲学者の中には、全能と究極の責任の奪回をあくまで追い求めてやまない人々がいるのだ。しかしながら、たとえ私がフロイトの話に説得力をおぼえていたとして（実はそうでもないのだが）、究極の責任を追い求めてやまない人々の心理を説明する原因を〔「自足的虚構」として〕発見できた、と言えるようになったのだとしても、その発見によって〈究極の責任なるものに正当性はないのだ〉という主張を証明できるようにまでなるわけではない。いずれにせよ今述べたような突き放した態度は正当化が難しい。なにしろ、ケインやスミランスキーが提起した懸念は、深刻で重要なものなのだから。二人とも応報的刑罰への根深い欲求という動機とは無縁の人物である。また個人的な名誉への欲求という動機とも無縁だ（もし彼らにそんな動機があるなら、彼らは〔哲学者という〕間違った職に迷い込んでしまったことになる）。そして二人とも、神の地位へと昇格したいという誇大妄想的な情熱を抱いてなどいないのは確実である。それでもなお、彼らは究極の責任を要求しそれを必要とするという立場にコミットしている（たとえスミランスキーが、その必要を満たすには幻想を大事に信奉する以外に方法がない、と信じているとしても）。この根深い切望を言い換えれば、それは世界に対して、特別で自分固有のインパクトを与えたいという欲求であり、あるいは、その人がたどってきた因果的歴史が産み出したものすべてを、単純に足し合わせただけのものではない、さらなる寄与を世界にもたらしたいという欲求であり、因果という運命の歯車にすりつぶされてしまう存在ではないような——それがいいことであれ、悪いことであれ——そういう何者かでありたいという希望である、ということになるように思われる。

私たちが成し遂げるもの

歴史上の偉大な人物の中には、——ソロモン王、フョードル・ドストエフスキー、ウィリアム・ジェームズ、アルベール・カミュのように——私たちを形成してきた因果的

417 ここでの fault は「責められるべき落ち度」という、ウォーラーが第九章で批判している意味合いで用いられている。

418 原語は autarchic fiction。autarchic は「独裁者の、独裁的」のような意味。

419 get over it and move on は「それを吹っ切って先に進む」というイディオムで、先に「そんなもの吹っ切ってしまえ！」と訳した前半部に続く後半がここで言われたわけである。

諸力を超越する何かを成し遂げたいという、この根深い切望を強力に感じとってきた人々がいる。それを取り上げずにいるのは、私の洞察の卓越性を示すというよりも、私の想像力の貧困ぶりをさらけ出すことになってしまう。それゆえその懸念は、どれほど不十分にではあっても、やはり取り上げて論じるべきである。私たちは、道徳的責任のために必要な条件となる究極の責任をもっていないので、ケインやスミランスキーを心底苦しめている悩みに癒やしを差し出すことはできない。だが、だとしても、そうした究極の責任への喪失感がそれほど不穏なものには見えなくなるであろうような、いくぶん異なった視座はありうる。

ジョン・ルイス[420]は、二〇世紀後半を通じてアメリカ音楽に多大な貢献をしたピアニストにして作曲家であった。最良のヨーロッパ・クラシック音楽と、最も斬新なアメリカンジャズを、彼以上に巧みに結びつけた人物はいない――とりわけ、彼が筆頭の作曲家兼ミュージカル・ディレクターを務めた、モダン・ジャズ・カルテットによる極上の創造的作品群において、この驚嘆すべきクラシックとジャズとの総合は頂点に達した。ルイスが産み出したものは比類なき、素晴らしいものであり、もしもルイスがいなかったとしたら、この素晴らしい創造物たちは決して存在しなかったはずである。だが、今の話の中に〈ルイスには彼の創造物たちへの究極の責任がなければならない〉と要求する要素は何一つ含まれていない――実のところルイスは、自分がそれらの創造物の究極の源泉ではないことを、誰よりも先に明言した人物だと言ってよかろう。彼の作品は、デューク・エリントンとレスター・ヤング、オーネット・コールマンの「フリージャズ」と、より伝統的なカンザス・シティ・ブルース、加えてマンハッタン音楽学校で受けた教育と、レノックスジャズ学校とニューヨーク市立大学での同僚たちとの活動の影響によって形成されたものである。このすべての要因――および、それ以外のさらに無数の要因――がジョン・ルイスのもとに集まり、輝かしい成果がもたらされたのだ。ここでもしラプラスの魔物[421]が、ルイスが作曲した全譜面と、ルイスが演奏したすべての音符を形成したすべての要素を追跡できたとしても、そのことは、ルイスがそれを成し遂げ、ルイスがその作者であり、ジョン・ルイスという人物およびその作品が比類なきものである、という事実を、何ら損なうものではない。ケインとスミランスキーを形成した諸要因は、ジョン・ルイスがたどった道とは非常に異なった道筋をたどってきたが、とはいえその諸要因は素晴らしく比類のない個人によって成し遂げられ、意義深い成果をもたらしてきたのである。

　トレヴァー・ピショッタもまた、私たちの選択や行動や成し遂げた成果は、究極的には私たちのコントロールのおよばない諸原因の所産である、という発見が、有害な結果をもたらすことを恐れる一人である――「人生の有意味性に対する確たる感覚は、決定論が真理であることとは両立しないような種類の、『私たち次第であること』を要求する」(Pisciotta 2008, 81)。ピショッタは、決定論者が差し出す描像の中では失われてしまう、価値のある要素を描き出すために、神経科学者によって密かに思考過程を操作されている行為者、トムを想像する。トムに対して、彼らの操作はどのような影響をもたらすだろうか？「私は主張するが、もしもトムが自分の人生と、貧困問題に対する闘争〔トムが深い価値を認めている活動――引用者注〕へのコミットメントの真相を知らされたら、衝撃でずたずたになってしまうことだろう。そして、かつてトムの自尊心と充足感の源であったものはその役割を果たさなくなるだろう」(83)。

　この件について、ピショッタは大いに正しいといってよかろう。これがなぜかを見るために、ジョン・ルイスが創造した素晴らしい作品群が、そのような狡猾な神経科学者たちが密かに脳を操作することで得られた、誘導の産物であると考えてみよう。この場合ルイスは、実際には神経科学者たちが作曲した音楽を演奏するための単なる道具であることになってしまうだろう。だがこれは、現実に〔「決定論」の意味で〕決定されている人物の場合とは非常に異なったシナリオである。現実の場合、ルイスは、そこに特別な影響がすべて一堂に会し、それが新しい何かを産み出すことになった、そのような人物であるのだから。さらに言えば、ピショッタの描くシナリオにおける最も陰鬱な要

420 John Aaron Lewis（1920–2001）はアメリカのジャズピアニスト。

421「ラプラスの魔物」は、一八世紀の数学者・物理学者ピエール＝シモン・ラプラス（一七四九―一八二七年）が『確率の哲学的試論』（一八一四年、内井惣七訳、岩波文庫、一九九七年）の中で提起した思考実験に登場する存在。ある時点の宇宙の全状態とそれを分析できる高度な知性を備えた魔物がいれば、「この知性にとって不確かなものは何もないであろうし、その目には未来も過去と同様に現前する」（邦訳一〇頁）、つまりその魔物はこの宇宙の過去および未来の全時点、全地点、の状態を知ることができるだろう、という思考実験である。なお、この思考実験は未来の出来事の経過がただ一筋に決まっているという「因果的決定論」と関連付けられることが多いが、この場合アームストロングの過去の経過をすべて追う、という筋書きになっている。

素、すなわち〈人が神経科学者に操作される〉という要素がもしも成り立っているならば、たしかにわたしたちは、もっともな理由から、そのような操作を恐れるはずである。というのも私たちは、操作者がそのような操作を仕掛けるのは、操作者自身の利益を第一に考えてのことであって、それ以外に私たちの利益を考えることなど滅多にない、ということを、苦い経験によって教えられているからである。そういう操作が密かになされるというとき、恐怖は最高潮に達する――例えばケインは、隠れた存在によって、無制約に行使されるコントロールを阻むことに格別の関心を払っている（Kane 1985, 34–35; 1996, 64–71）。しかし自然界――凶悪な神経外科医も操作する神々も不在の世界――における決定論は、これとは非常に異なった事柄である。たしかに、自然の偶然的経過が、その時どきで最も好都合な影響や結果を常に提供してくれることがないのは明らかだが、とはいえ私たちはもしも好都合な影響が及ぼされた場合、それに適切に反応できる能力を進化の過程で身につけてきたのだから、私たちが、そこから利益を得られるようなまずまず上首尾な適応を遂げていなかったとしたら、それこそ驚きであろう――そして自然の偶然的経過が、狡猾で秘められた動機で私たちを形成することなどない、というのは確かなことである。

マインドコントロールを仕掛ける神経科学者、というピショッタの事例は、一つの懸念――正当かつ重要な懸念――をもたらすという点で重要である。この懸念が、決定論と、それが創造性、独自性、真の意味で何かを成し遂げることにおよぼす影響に懸念を抱いている人々の不安をかきたてるのである。つまり神経科学者たちがトムの脳を操作するとき、彼らはトムに思考や着想を**植え付けている**のであり、トムはそれらの作者が自分自身であると、愚かにも**想像してきた**のである――その着想は、彼が自分自身で案出したものではなく、神経科学者たちが案出し、彼に与えた（植え付けた）ものなのだ。決定論の脅威が、独自性と創造性に対してかき立てる不安を取り上げるおなじみのテーマのなかでも、最も深刻なものとして、〈――もしも決定論が真理であるなら――真の意味で新しいものも、独自なものも、私たちが本当に創造するものも、何も存在しないことになる〉という考え方がある。この場合、私たちが自分の創造的な思考や着想だと想像しているものが、実際にはすでに存在していた着想や理論や解決や創造物であることになる――つまり、何者か（神か、神経科学者か、隠れたコントロール主《ぬし》）がボタンを押し、あるいは決まった道へ誘導することによって、誘導者／神／コントロール主がすでに作り上げていた「発見」へ導いていることになるだろう。ケインは、私たちが進むだろう道、得るだろう着想、なすだろう発見を、あらかじめ知っているような「何の制約もなしにコントロールをおよぼしてくる隠れた何者か」が存在しうるというあらゆる可能性を消し去るために、大いに苦闘している。ウィリアム・バレット（Barrett 1958）は、ポアンカレが偉大な数学的発見をこれから成し遂げようという時点で、それを「あらかじめ知っている」ような誰かが存在していた、という考えをひどく嫌っている。というのもその場合、未来をあらかじめ知りうる者もまた、——ポアンカレよりも前に——ポアンカレの問題の解決を知っていなければならなかったことになるはずであり、またそれゆえ、ポアンカレの「発見」は手垢のついたおさがりになってしまうはずだからである。ピショッタにとっては、思考や発想を心に**挿入する**神経科学者の存在の可能性こそが、決定論への大いなる恐れ——そして決定論への不満の源泉——となっている。つまり、トムは自分が新しい発見をしたと想像しているのだが、実際には、それは神経科学者がそれ以前に発見し、トムの中に挿入していた、あらかじめパッケージ化された着想だったのである。

「コヘレト〔伝道者〕は言う。空《くう》の空、空の空、一切は空である。……すでにあったことはこれからもあり、すでに行われたことはこれからも行われる。太陽の下、新しいことは何一つない。見よ、これこそは新しい、と言われることも、はるか昔、すでにあったことである」（『コヘレトの言葉〔伝道の書〕』一／二、九―一〇）。この、ソロモン王の陰鬱な言葉は、その二千年後にウィリアム・ジェームズを陰鬱な気分にさせた（James 1890, 1897）。ウィリアム・バレット（Barrett 1958）は、万事があらかじめ知られている、という決定論の考え方に対して同様の反応をとった——それは、倦怠感で私たちの息を詰まらせてしまうだろう、というのである。だがバレットは事の半面しか指摘していない——それは倦怠感で私たちの息を詰まらせるだけでなく、深い無力感をもたらし、それは典型的には深刻な抑鬱状態に導き、それによっても私たちは息が詰まってしまうだろう。なぜそうなるかを見るために、バレットが愛用する実例を、より詳しく検討してみよう。ポアンカレはクータンス〔フランスの都市〕でバスに乗り、それまでまるで違うことを考えていたのだが、突然、永年彼を悩ませていた数学上の難題を解く鍵を見つける。バレットはこれを、決定論に対する反証だと見なす——ポアンカレがいつその問題を解くはずなのかを知り、それを正確に予言できる者は誰もいないのであり、なぜなら、その予言をする者はその問題の解決法を知っていなければならないはずだが、しかしポアンカレその人以上にその解決に肉薄していた者はいないのだから、予言など不可能だ、というのである。バレットのこうした反証は、自然主義的な、神を持ち出さない決定論に対しては役に立たない――このタイプの決定論は、(バレットの見解と一致して)およそ誰かが(人であれ神であれ)奇跡の予知能力をもつことを否定するのだから。だが、このバレットの失敗した論証は、決定論に対するバレットの考え方と、なぜ彼が――恐らくはその他の人々も――決定論をあれほど不安をかき立てるものだと見なすのか、その理由を大いに明らかにしてくれる。

バレットの考察において、決定論は〈万事があらかじめ案出されている〉ことを含意する――つまり、もしも決定論が真理であるなら、ポアンカレの問題の解決をポアンカレが発見する前に誰かが知っている、という考えが有意味にならねばならない。そしてこの場合ポアンカレがやったことは「正解を黒板に書く」こと、つまりすでに彼の外部の諸力によって発見されていた解決法を、ただ書き記すだけだということになる。人々が決定論を考察するとき、このような描像が出てきても驚くに当たらない。なにしろ、幾世紀にもわたって――また、ほぼ間違いなく現代のほとんどの人々にとってもなお――決定論への信念の非常に大きな源泉とは、神の全知、およびそれに由来する神の予見への信念〔信仰〕なのだから。全能の神がいるならば、ポアンカレの解決をポアンカレが発見する前から知っているに違いないし、それゆえポアンカレは独自な、真に創造的なことを何もしていないことになる。このアイデアはこれ自体で陰鬱なものだが、そこには、最初の印象によって説明される陰鬱さを超えた、さらなる陰鬱さがある。私たちに「発見」を授ける神や神経科学者がもし存在するなら、それは私たちが自分の力で発見をしなかったことを含意するのみならず、私たちは自分自身の力では何一つ成し遂げることができない、ということをも含意するのである。

ある、不安をかき立てる心理学の研究がある。人が、――課題を自分自身で成し遂げることができるとは信じず、むしろ――すでに答えを知っている誰かの助けや導きが必要だと信じる場合、そこから人を無力にさせる結果が引き起こされるという研究である。ある研究では(Avorn and Langer 1982)、年輩の人々を二グループに分け、双方にパズルを完成させてもらった。一方のグループの被験者は、パズルをすべて自分自身で完成させるよう委ねられた。もう一方のグループでは、被験者がパズルで最もうまくいきそうな次のステップを自ら選ぼうとすると、補助者がヒントを出し、パズル完成を手助けするのだった（「このピースをそこの角にはめてみましょう」とか「こちらのピースはどうですか？」というように）。数日後、この二グループは再び同じパズルに挑戦し、さらに、このパズルを見たことも解いたこともない人々からなる、第三のグループも参加した。また今回は、研究者側からの補助はどのグループにも付けられなかった。前回手助けなしでパズルを完成させたグループの人々は、最短の時間でパズルを組み立てた。パズル解決の効率が二番目に高かったのは、パズルを見たことがない人々のグループだった。他方、前回ヒントをもらい、指導を受けながらパズルに取り組んだ人々は、パズルを見たことがなかった人々よりも完了時間が遅く、完成前に断念する比率も大きかった。一見したところ、これは非常に驚くべき結果である。というのも、いったい、パズルを（手助けを受けて）やったことのある人々が、そのパズルを一度も見たことがない人々よりも素早く完成させられないはずなどあるのだろうか？　しかしながらこの結果は、指導を受けてパズルを解いた人々が、支援を受けた努力という経験から何を学んだのかを考えるとき、さほど驚くものではなくなる。つまり彼らは、自分には補助が必要であること、このパズルを自分の能力を使い自分自身で解くことができない、ということを学習したのだ。もしも決定論のイメージが〈あらかじめ答えを知っていて、その答えを私たちに指導する何者か、あるいは何らかの力〉というものであるとしたら、そのイメージが私たちに与えるのは、〈私たちは自分自身の力と手だて《リソース》によってはその目的に到達できず、外に助けを求めねばならない〉という強い感覚である。そして、このような根底にある無力感は、人の力を大いに削ぐような結果を招き、そこからはしばしば深刻な抑鬱状態がもたらされるのである（Seligman 1975）。

このような事例について、デネット（Dennett 1984）の助言は賢明である。つまりデネットは、もしもあなたが、隠れたコントロール主や、凶悪な神経科学者や、人を操る神を気にしているなら、そういう恐怖は何の根拠もないものだ、と言う。あなたが何かの問題を解決したり、新しい理論を案出したり、新たな音楽様式の発想に至ったりするとき、あなたがやっているのはすでに知られていた発見や洞察を単に書き出しているわけでも、何者かがあなたを指導ないし教導して見つけさせたものを書き出しているわけでもない。むしろその仕事を果たし、発見を行い、問題を解決し、新たなスタイルを発案したのは、他でもない**あなた**であったのだ。たしかに――ジョン・ルイスが自身の事例について認めていたように――あなたが成し遂げたことに寄与した因果的要因や、あなたの能力を形成した因果的要因は存在する、というのは真実である。だがそれは、あなたが成し遂げたことや、あなたの能力を、いささかなりとも引き下げるものではないし、あなたが成し遂げたことの独自性を減ずるものでもない。あなたは――私の視座からすると――、成功した、創造的な音楽家や数学者へとあなたを作り上げるように諸力のすべてが結合されたという点で、**幸運**なのである（それゆえ、あなたが特別な報賞に相応しいわけでも、もっと不運な形成を受けた人物がその人の失策のゆえに〔刑〕罰に相応しいわけでもない）。だがこのことが、あなたが成し遂げたこと（またはあなたの悪事）があなた**自身**のものであることをいささかなりとも引き下げることはない。そのような諸力すべてが一つにまとまった人物こそジョン・ルイスなのであり、彼がいなければ、彼が作曲した驚嘆すべき音楽的創造は存在しなかったはずなのだ。

独自の作者性と道徳的責任

カーロス・モイヤはこれと似た事例を、私たちが道徳的に責任ある者となることが**できる**、という主張を確証しようする試みの中で用いている。彼の場合、取り上げるのは偉大な音楽家ではなく、偉大な物理学者（アイザック・ニュートン）である。モイヤによれば（そして私の、卓抜で生産的なジョン・ルイスに関する主張には反して）、ニュートンは「真に賞賛に相応しい」人物である[422]。

> ここで一つの格別な例として、ニュートンの『自然哲学の数学的諸原理〔プリンキピア〕』を考察し、それにより、〔道徳的な活動というよりむしろ〕知的な活動での業績に関する作者性《オーサーシップ》ないしその源泉についての私たちの概念の、いくつかの側面を区別することにしよう。私たちは――私の望むところでは――ニュートンが、あれほどの偉大な科学的著作を産み出したことに対して、無条件の賞賛と感謝に真に相応しい、ということに同意している。……私たちはニュートンに対し、彼が著作執筆に費やした骨の折れる努力や、執筆につぎ込まれた注意深い知的

活動のみならず、その成果である著作そのものに対しても感謝の念を抱く。……ニュートンには正真正銘の功績[423]があり、その知的偉業に対して、彼は真に賞賛に相応しい《デザーブ》。(Moya 2006, 177)

ジョン・ルイス同様、ニュートンは偉大なものを産み出したのだし、ルイス同様、彼には「正真正銘の功績がある」が、しかしそこから「その知的偉業に対して、ニュートンは真に賞賛に相応しい」という帰結は導かれない。比較のため、「ニュー」トンの同時代人である「オールド」トンを考えてみよう。読者のみなさんは、オールドトンなる名を聞いたことがないはずだ。というのもこの人物は大変な怠け者で、長ったらしい、あるいは「注意深い知的活動」から逃げ回り、偉大な知的業績どころか、凡庸な知的業績すら産み出さなかったからである。ニュートンには正真正銘の功績が、オールドトンには重大な欠点があった。その結果として、ニュートンは多大な業績を成し遂げ、オールドトンはほとんど何も成し遂げなかった。だが、ニュートンが多大な業績を成し遂げ、正真正銘の功績が帰され、しかもその業績は正真正銘彼自身の能力と努力の成果であるのが確かなことであるとしても（つまりそれは、例えばくじに当選するというような、単なる幸運ではないとしても）、やはりニュートンは、多大な〔認知的〕気概[424]と、傑出した数学の能力と、極上の教育を得られて、彼自身が成し遂げた偉大な業績の土台となった彼以前の科学研究に目を向けられる環境に置かれていたのであり、その点では**幸運に恵まれていた**のである。一方のオールドトンは、素養《リソース》／手だてに欠け、能力は低く、気力にも乏しかった点で、不運であった。

422 言うまでもないが、著者はニュートンの業績の独創性や価値を否定しているのではなく、そのような優れた業績ゆえに人を賞賛するという慣習や態度に異議を唱えているのである。

423「功績」は merit の訳。本書で「相応しさ／報い」と訳してきた desert も「功績」と訳される場合があり、この場合「功績」は賞罰、毀誉褒貶を直ちに、それ自体によって正当化しうるものとして理解される。ここで著者がニュートンに帰すことを認めている「功績（merit）」は、誰かの優れた達成、成果だが、それによって自動的に賞罰毀誉褒貶が正当化されるわけではないものとして理解されていると見られよう（ただし、引用元のモイヤは、それが自動的に賞賛を正当化すると考えている）。

424 テクニカルタームである cognitive fortitude の意味だと解し「認知的」を補ったが、この場合はより一般的な性格的資質（いわゆる四元徳の一つ）としての「剛毅、堅忍不屈、勇気」の意味で用いられているとも見られうる。

私たちが詳細に目を向けても、ニュートンが成し遂げた正真正銘の業績と、オールドトンの正真正銘の不成功はそのまま残る。しかしながらそうして詳細に目を向けるとき、成功と不成功に対する賞賛と非難の正当性は疑わしいものとなるのである。

モイヤはときおり、それと気づかないまま、「ほむべきpraiseworthy」という言葉を、**卓越した**という意味で用いる場合と、これとはまったく異なる、その作者がその卓越した作品について**正しい賞賛に相応しい**という意味で用いる場合とを、行き来する。だがたとえ、「ほむべき」作品の作者は、その作品に対して、正真正銘賞賛に相応しいことが典型である、と想定するとしても、そこには明らかに、二つの別々の問題がある。神が気まぐれに、奇跡を用いて、一瞬にして、文才などなかった私を偉大な詩人に変容させた、と想定してみよう。その結果私が作り出す詩はほむべきものである（卓越した、という意味で）。しかし、そういう私がこの偉大な詩について正しい賞賛に相応しいかどうかというのは、深刻な問題であり続けるだろう。

モイヤは、ニュートンの著作が、ケプラーやガリレオといった彼以外の多くの人々の寄与なしには生まれえなかったことを強調する――この点は、ルイスの業績が彼以前の多くの音楽家や作曲家による寄与なしには成し遂げられなかった、というのと同様である。実のところ、ニュートンとルイスはいずれも、彼らが先行者や同時代人たちからいかに多くのものを得てきたのかを気前よく認めていた（ニュートンの有名な言葉によれば、「もし私が他の人々よりも遠くを見てきたのだとしたら、それは私が巨人の肩の上に立っていたからなのです」）。そして両者のいずれにおいても、他の人々の業績が彼らが成し遂げた業績に欠かせない役割を果たしていたという事実は、ニュートンも、ルイスも、驚嘆すべき業績を彼ら自身で成し遂げたという事実――それらが紛れもなく彼ら自身のものであるという事実――を変えはしない。それゆえ、彼らの業績は彼ら自身のものであること、彼らの努力と能力の所産であることは認められるが、とはいえこれを認めたからといってルイスとニュートンに、彼らが成し遂げた業績に対する**道徳的責任がある**かどうか、という問いに決着はつかない。ニュートンとルイスは、至上の業績を生んだ、きわめて勤勉かつ卓抜な創造者となれた点で、究極的な意味では幸運だった。たしかに彼らの業績は素晴らしいものだ。しかしそこから彼らが、その成し遂げた素晴らしい業績について、正しい賞賛に相応しいことは帰結しない。同様に、ロバート・ハリスはおぞましい悪事をなし、それらは彼自身の邪悪な性格から生じた行為だが、その性格は究極的には彼のコントロールのおよばない、あるいは彼が自らの選択で選びとったものではない諸力の産物であるので、ロバート・ハリスに、彼の悪しき性格と悪しき行為に対する道徳的責任があると見なすのは不公正である。もしかするとこのような主張は虚偽であり、実際にはハリスにもニュートンにもルイスにも道徳的責任があり、彼らは刑罰や報賞に正しく相応しい《ジャストリィ・デザーブ》のかもしれない。だが、いずれの立場に立つ者も、ニュートンとルイスが素晴らしい資質を備え、素晴らしい業績を上げたことも、ハリスが邪悪な人間であり、おぞましい悪事を行ったことも、認めているのである。この点を認めることは、彼らに道徳的責任があるかどうかという問いかけの出発点なのであって、道徳的責任の正当化であるわけではないのだ。

　要するに、ニュートンの業績が他の人々の業績の上に築き上げられたものであり、彼が成し遂げた業績には文化や教育や社会が寄与していた、という事実は、彼が正真正銘成し遂げた業績の価値を引き下げるものではまったくない。モイヤが正しくも指摘するように「『〔自然哲学の〕数学的諸原理』は、コペルニクス、ガリレイ、ケプラーといった思想家たちの寄与なしには産み出されえなかったし、彼らの業績もまた、過去の科学者や哲学者たちに負っており、それがどれほどであるのかは……容易には見極めがたいほどである。同様のことは、ニュートンが自分自身では発見したり創造したりしたわけではなく、すでに存在していた方法的、数学的な道具立てや経験的データについても言える」(Moya 2006, 177)。モイヤはさらにこう論じる。「それにもかかわらず、今述べたようなことによって、私たちが、ニュートンの、彼自身の業績に対する完全な作者性《オーサーシップ》、功績、そして責任を疑問視するよう促されることはない」(177)。そしてここでもモイヤは正しい。たしかに、ニュートンが先行者たちの発見に依拠している、という事実によって、彼の業績に対するニュートンの道徳的責任が疑問視されることはない。むしろ、ニュートンがこれらの素材をうまい具合に組み合わせて偉大な業績を築き上げることを可能ならしめたニュートンの才能が、幸運によって与えられた要因であったこと（そして、オールドトンの無能さをもたらしたのが不運によって与えられた要因であったこと）こそが、その業績に対するニュートンの道徳的責任を疑問視させるのである——彼はその堂々たる業績の作者であるが、だとしてもそれに対する道徳的責任が彼にあるわけではないし、それによって彼が特別な報賞や賞賛に正しく相応しいわけでもないのである。ロバート・ハリスが、彼自身が創造したわけでもない銃を手に入れることができて、それによって二人の若者を凶悪な仕方で殺害することがたしかに容易になった、という事実は、彼が恐るべき犯行をなした悪しき人物であるという事実を変えるわけではない。しかし、ハリスを残忍で冷酷な殺人者に仕立てた——そして、ハリスのコントロールがおよばなかった——残忍な背景と歴史は、たしかにハリスの道徳的責任に疑問を投げかけるものである。仮にニュートンが、何か優れたものの真正の作者でなかったとしたら、そして、ハリスが何か悪しきことの真正の実行者でなかったとしたら、この場合そもそも、彼らに道徳的責任があるかないかという問いかけは一切生じなかったはずである。彼らに真正の作者性があるからこそ、彼らに道徳的責任があるかどうかという問いかけに動機が与えられるのだ。彼らの作者性は、その問いかけの〔動機ではあっても〕回答ではない。

そして、〈ニュートンには彼が成し遂げたことが広く認められている業績に対する道徳的責任があり、それに対する賞賛に正しく相応しいかどうか？〉という問いに実際に答えようという段階に至るとき、モイヤは直観を頼みとする。

〈真の意味での相応しさ《デザート》には、ケインや〔ゲイレン・〕ストローソンの考える究極のコントロールに相当するコントロールが要求される〉という一つの特殊な理論的解釈にもとづいて、〈〔ニュートンのような——引用者〕主体がほむべき[425]人物であると見ることを斥けるべきだ〉という結論に導かれたとしよう。……この場合私たちは、少なくとも〔ニュートンの業績が属するような、道徳というよりも〕知的認識に関わる領域においては、そのような理論的解釈は正しいものではない、と結論すべきなのであって、その主体がほむべき人物ではない、と結論すべきではない。というのも、そのような人物がほむべき人物であるかどうかについての私たちの直観的判断は、そういった理論的解釈に対する私たちの確信よりも、はるかに強固だからである。つまりそのような人物は、その人物の信念〔ニュートンの場合は力学体系〕のゆえに真実、賞賛に相応しい、と言われるために必要なすべてのコントロールを、じっさいにその信念に対して有している[426]。そして、もしも私たちが、真の意味での相応しさのために必要なコントロールのすべてを「究極のコントロール」と呼ぶのであれば、そういった人物が彼らの信念に対する究極のコントロールを有していることになるのは、確かなことである。（Moya 2006, 178）

しかしながら、これは道徳的責任と〈正しい報い〉を肯定しうる論証にはなっていない。これはむしろ、道徳的責任への揺るぎない**コミットメント**の〔単なる〕断定である――つまりは、〈もし道徳的責任のために究極のコントロールが要求されるのであれば、（たとえそれに反する証拠が現に存在しているとしても）私たちは究極のコントロールを手にしているのでなければならないのであり、なぜなら私たちは道徳的責任にコミットしており、それゆえまた道徳的責任に必要なすべての条件にもコミットしているのだから〉と断定しているのだ。そしてこの、道徳的責任と〈正しい報い〉への強固な信念の基礎を固めるための、その舞台が上演されるべきまさにその時に、彼は論証の幕を下ろすのである。私たちがそのような直観を**抱いている**、というその事実には何の疑問の余地もない。問われるべきは、私たちがその直観を信頼に足る道しるべだと見なすべきかどうかなのだ。すでに指摘したように、今や私たちは、かつて私たちが強力な「直観」だと見なしてきたものの多く〔人種的偏見など〕を、実際には道しるべとしてひどく当てにならないものだと見なすようになっている。道徳的責任の直観についても、私たちが祖先の後ろ暗い報復衝動について学べば学ぶだけ、それを正当な道徳上の道しるべだと見る見方は、ますます説得力を失いつつあるように思われる。私たちが道徳的責任の廃絶論者であろうと、擁護論者であろうと、私たちが道徳的責任の直観を抱いているという事実に疑う余地はない。私たちはそのような直観を抱いているのに、（私の主張では）その深い直観の合理的な正当化を見いだすことができず、かえって、その直観の道徳上の道しるべとしての正当性に反対する強力な論拠が見つかる。**それゆえにこそ**、深刻な哲学的問いが生じるのである。

425 ここでの「ほむべき（praiseworthy）」は言うまでもなく（しかしウォーラーが公正だとは認めない用法として）「賞賛に相応しい」を含意する（少なくともそれを退けない）意味で用いられていると見られる。

426 一般に「真理」および真なる信念を抱くことは意志や選択、あるいはコントロールの対象になるものではないが、この議論でモイヤは、ニュートンによる真理探究、あるいは真なる信念の獲得の営みが賞賛に値するものであることを示し、それによって人が真理の獲得に対する責任や作者性を帰されうることを論証しようと試みている。

る。

意識された理由と道徳的責任

道徳的責任へのモイヤの信念の背後にあるのは、直観だけではない。モイヤは他の多くの哲学者と同じく、理性〔的推理、合理的理由〕こそが道徳的責任の最良の基礎だと見なしている。実のところ、いわゆる〈意志の力〉の行使としての、意志したり選択したりする営みがこれまであまりにも強調されすぎてきた、というのがモイヤの見解である。モイヤによればむしろ、道徳的責任が要求する究極のコントロールの基礎は、私たちの意志の力よりも、私たちの合理的推理の力の内にこそ見いだされねばならないのであり、合理的な価値評価的信念こそが道徳的責任への懐疑論を回避するための最良の基礎である、とモイヤは考える[427]。

> 私たちは、意欲や意志の視座から道徳的責任を捉える場合にそのような懐疑論が生じうるのだと示唆してきた。したがって、〈別のようでもありえた可能性〉[428]という〔道徳的責任の〕要件を、私たちの価値評価的信念へと適用するときも、それが〔信念の〕選択に関して適用されるものだと理解すべきではない。私たちは、ある主体が自らの価値評価的見解、およびその見解にもとづいて遂行される行為に対して道徳的に責任ある者となるために、その主体が他の信念を**選択する**こともできたはずだ、という要件を掲げるべきではない。……
>
> 私たちは、道徳的責任の基盤として、選択や意志の働きではなく、価値評価的信念に注目することで、たとえ多くの場合、否、ほとんどの場合、そこでの道徳的責任の存在や、それが存在する度合いを見積もるのが困難であるとしても、やはり道徳的責任は実際に可能であることを示そうとしているのである。
>
> (Moya 2006, 189, 194)

モイヤは彼の主張を、二人の奴隷所有者の比較によって解説する。一人は、紀元前四世紀のギリシャはアテネの地主であるミノー〔ギリシャ風にはメノン〕であり、もう一人は、一九世紀中期のサウスカロライナ州の地主、ティモシーである。モイヤの主張では、ミノーは「奴隷を購入することによって、じっさい道徳的に不正なことを行っていたが、彼はその点で道徳的に難ずべき[429]だとはいえない」

（191）。なぜなら、たしかにミノーは「彼自身の価値評価的信念の作者である」し、また彼は「決意と行為に関する〈別のようでもありえた可能性〉を有していた」のだが、それでもミノーは「奴隷の購入は道徳的に不正ではない、という価値評価的信念に関しては、適切な〈別のようでもありえた可能性〉を有していなかった」（191）のだからである。奴隷制は不正であるという発想は、その後何世紀も後にようやく発展したのであり、それゆえ「彼の歴史的、社会的な状況を踏まえるならば、奴隷の購入は道徳的に不正であるという真なる信念は、彼の可能な認知的地平の中に存在していなかった。つまりそれは彼にとって利用可能な信念ではなかったのである」（191）。

モイヤの主張では、一九世紀サウスカロライナ州の奴隷所有者であるティモシーには、これとは対照的に、彼の悪しき信念と、そこから生じる悪しき行動に対する道徳的責任がある。

先と同じく、奴隷の購入は道徳的に不正な行いであり、またティモシーは、ギリシャ時代の彼のかたわれ同様、奴隷の購入は道徳的に不正な行いではないと考えていた、と想定しよう。ティモシーがそう考えるようになったのは、奴隷制容認の州とそうした環境の中で育ったからだ、と想定してもいいだろう。ここで、彼の道徳的責任について正確な判断を下すには、細部をより詳しく埋めていく必要があろうが、とはいえここで手に入る要素にもとづけば、彼は奴隷の購入について道徳的に難ずべきである、というのが正しい判定だと私は考える。ティモシーは自分が道徳的に不正なことをしているとは考えていないが、とはいえこの場合、彼は別の信念をもつことができたのであるし、もつべきだったのである。つまり、奴隷制は道徳的に不正な制度であり、それゆえ奴隷

427 このような観点から、意志的行為や選択のみならず「信念」へのコントロールと責任をも私たちは認めている、ということの例証として「ニュートンへの賞賛」が引かれたのであった。前注も参照。
428 原語は通常「他行為可能性」と訳される alternative possibilities だが（訳注197、55参照）、この場合「行為」ではなく「信念」が「別のようでもありえた」という可能性を指す。その上でモイヤは、フランクファート同様、このような条件は道徳的責任のための不可欠の条件ではない、と主張するのである。
429「難ずべき（blameworthy）」は先ほどウォーラーが多義性を指摘した「ほむべき（praiseworthy）」の対義語。

の購入は道徳的に許容されないことだ、という真理は、彼の可能な認知的地平の中に存在していたのである。ティモシーは、ギリシャ時代の彼のかたわれであるミノーとは異なり、その真理を信じることができたのだ。その道徳的真理は、ミノーにとっては四世紀先の〔キリスト教が教え始めた（とモイヤが考察する）〕ものだったが、しかしティモシーにとっては一八世紀も前のものなのである。さらに言えばティモシーは、そういった真理を比較的容易に見いだすことができる、キリスト教の環境に生きていたのである。しかも、その真理を反駁しようとする、例えば黒人の劣等性をめぐる論証は、教養ある人にとっては、誤りを容易に見つけられるものであったのである。それゆえティモシーは奴隷購入について、それが、彼の究極的な統整コントロール[430]の下に置かれていた信念から生じた行為である限りは、道徳的に難ずべきだということになるのである。（Moya 2006, 191–192）

しかしながら、ミノーが、奴隷制が道徳的に不正であるという信念を信奉しえなかったがゆえに非難に相応しいわけではないとするなら、ティモシーもまた同様に、非難に相応しいわけではないことになる。なぜなら、ティモシーもまたその信念を信奉しえなかったからである。モイヤが注記するように、この点を認識するためには「細部をより詳しく埋めていく」必要があるだろうが、とはいえ、その詳しい細部を見いだすことは困難なことではない。そもそも、〔一九世紀の〕サウスカロライナ州の奴隷所有者が奴隷制の道徳的不正さを認識することは「比較的容易な」ことではないはずなのはたしかだ。なにしろ奴隷所有者ティモシーは、子どもの頃から、奴隷制は道徳的に善いことであり（実のところ、神の義なる計画の一部であり）、社会と経済の欠かせない支柱であり、それを変えてしまうと世界に混沌がもたらされる、と教わってきたのであるから。しかも、彼の家族も、友人たちも、コミュニティの最も尊敬されているメンバー――大プランテーションのオーナー――も、奴隷制が正当で、神による認可を受けた制度であると固く信じている。こういうティモシーが奴隷制の邪悪さを認識することが「比較的容易」だというのは、次のように想定するのと似たようなことだ。すなわち、〈閉鎖的な原理主義的キリスト教コミュニティに深く浸りきっており、しかもその信仰を家庭、学校、教会で教えられている人物がいて、彼女にとっては神への信仰の放棄が「比較的容易」であろう、なぜならそもそも彼女は「そういった真理を比較的容易に見いだすことができる」科学時代に生きているのであり、そのような原理主義的な信仰を支持する「論証は、誤りを容易に見つけられるはずのもの」なのだから〉と。しかもモイヤは、このように根深く浸透した信念体系《システム》の影響を見過ごしているだけではなく、ティモシー自身と、その能力に関する重要な細部をも閑却している。

　ミノーとティモシーの比較は興味深く、洞察にあふれたものだが、ティモシーが、道徳的に嫌悪すべき奴隷所有への信念（およびその信念から生じる行為）について真正の非難に相応しいかどうか——彼にそれへの道徳的責任があるかどうか——についてより明瞭な描像を得るためには、ティム〔ティモシー〕と、彼と同時代のサウスカロライナ州の地主であり、奴隷制は正当だという信念を正しくも否認しているジムを比較し考察する方が有益である。ティムには、ジムと同じように、奴隷制への信念を斥けることができただろうか？　そう、できただろう——もしも彼が、実際とは異なる成長発達の歴史をたどり、実際とは異なる影響を受け、（異なった成長発達に由来する）異なった能力を身につけていたならば、その場合ティムもまた、奴隷制がひどく不正な制度であると認識し、その認識を信奉することができたはずである。だが、ティムの同時代人の一人——ティムとおおむね同様の状況にいて、おおむね同様の環境的な歴史をたどった人物——には奴隷制への信念を斥けることができたからといって、ティムもまた奴隷制への信念を斥けることができたはずだということは帰結しない。というのもそこで肝心なのはおおまかで一般的な比較ではなく、詳細な違いなのだからである。

　第二章のベティとベンジーの事例を思いだそう。ベティとベンジーは同じ家庭、そして同じ人種差別主義的社会システムの中で育ち、同じ一連の人種差別的信念の文化的内面化を受けてきた。しかしベティは人種差別主義の不正さを認識してそれを放棄し、ベンジーは、自分のコミュニテ

430 第五章のフィッシャーの議論で見たように（一五六頁）、「統整コントロール（regulative control）」は「誘導コントロール（guidance control）」と対比される、「真に可能な複数の選択肢からの、開かれた選択を行うことで、私たちが人生の道を選びとることを可能にする」ような「リバタリアン的」コントロールを指す。モイヤは、このようなリバタリアン的自由を最終的に擁護する立場からこれを主張している。

ィと友人たちの間で支配的な、人種差別的な価値に抗わずに黙従している。ベンジーの信念と行動は道徳的に悪しきものだが、彼はそのことによる非難に相応しいのだろうか？　私たちが、ベンジーが発達させた性格――ごく弱い自己効力感、外部型ローカス・オブ・コントロール、認知的気概に向かう能力の、かなりの低さ――に詳しい目を向け、それをベティの性格と比較するとき、彼が浸りきった根深い価値体系を放棄するための、ベティと同じだけの力量／手だて《リソース》をベンジーがもっていないことが明らかになる。

　ベティは、人種差別の道徳的醜悪さを強く認識できる人物になることができ、そして現にそうなったのであり、また彼女には認知的な強さと自信と効力の大きな内部型ローカス・オブ・コントロールがあり、それによって自分が長い間信じてきた心地よいシステムや、それまで信頼を置いてきた権威ある人々〔の価値観〕を斥けて、自分自身の価値判断に対する確信にもとづき、自分自身の道を切り開くことが可能となっている。ベティは大いに有徳な性格で、ベンジーは欠点を数多く抱えた性格である。その結果、ベティは新たな、よりよい価値体系を信奉するようになったが、ベンジーは恥ずべき人種差別的システムへのとらわれを脱することができずにいる。だが私たちが注意深く彼らの性格および性格形成の過程の詳細（および、二人とも、その形成過程やその結果に対する究極のコントロールをおよぼしてはこなかった、という事実）に目を向けるなら、ベンジーには、彼の価値体系の不正さを認識し、それを斥けることが**できたはずだ**、という結論は説得力を大いに失うだろう。むしろその反対に、ベンジーが新たな価値体系を信奉しなかったのは、（奇跡なしには）彼にはそれが**できなかったはず**だから――彼にはそのための素養／手だて《リソース》が欠けていたから――なのである。

　理性の力――ベティのそれのような確固とした力であれ、ベンジーのそれのような弱々しい力であれ――がもしも、私たちのそれぞれ異なった性格や能力を形成した諸力における、数多くの細部の違いを常に超越できるほどに十分大きな力であるならば、その場合たしかに、この驚異的な合理性の力を備えた人々の誰もが、正しい信念であれ、誤った信念であれ、有徳な信念であれ、邪悪な信念であれ、およそあらゆる信念に対して道徳的責任があることになるだろう。だがこの種の、奇跡の業をなしうる合理性の力というのは自然主義と両立しえないものであるし、私たちの思考の進め方の巧拙――それによる、伝統と権威への挑戦や、自分自身の信念の欠陥の認識や、自分なりの結論を定める際の巧拙――を形成する、数多くの諸力や諸要因の注意深い精察もまた、そのような力とは両立できない。ベンジーを人種差別的信念のゆえに非難するのは、私たちにとって好ましいことだと感じられるかもしれない。だが、そのような非難は、ベンジーが**なぜ**人種差別主義者であるのか、そして、このように恥ずべき、歪んだ思考体系を他の人々が信奉しないようにするには何をなさねばならないのかの理解を、促進するのではなく、むしろ妨害してしまうのである。

　モイヤの主張では、ティムは奴隷制の不正さを認識できたはずだし、それ以外の価値に適応することもできたはずだ、ということになる。「私たちが、アメリカの地主であるティモシーが異なった価値評価的信念を持つことができたはずだ、と言うとき、私たちは単に彼が、適切で、今よりも注意深い認識活動をやり遂げることができるはずだ、というだけのことを言っているのではない――それも言わんとすることの一部であってよいにしても。私たちはそれによって、彼はそこに見えるはずのものを**見ることが**できたはずだと（そしてそれを見るべきであったのだと）言おうともしているのである」(Moya 2006, 192)。そして、この点でモイヤは正しい。私たちは、深層と詳細に目を向けない限りは、そう言うこと、そう信じることへと**じっさい**傾きがちなものだ。事柄をじっくり見つめなければ、トムにもジムにも合理性の力が備わっている、というのが私たちの目にとまるすべてであり、そこから私たちは、彼らの合理性の力は彼らの違いを克服できるはずだし、そうすべきであると想定する誘惑に駆られるのである（〈古代ギリシャに生まれた人物と、一九世紀サウスカロライナ州で生まれた人物の間の、歴史的違いは克服できないかもしれないし、一九世紀サウスカロライナ州の憎悪に満ちた人種差別文化で暮らす人物と、二一世紀トロントの、もっと寛容で偏見のない文化で暮らす人物の間の違いを克服できないかもしれないが、とはいえ、彼らの合理性の力は、二人の間の細部の違いを克服するのに十分なのは確かだ〉、と。こうして、細部は無視されてよいものになる）。しかし、私たちが事柄を**じっさいに**じっくりと見つめるとき――つまり微細ではあっても死活的な重要性をもつ、認知的気概や、自己効力感の度合いや、ローカス・オブ・コントロールの感覚の違い、およびその他の、性格と成長発達の無数の細部の違いなど、いずれも彼らが究極のコントロールをおよぼしたわけではない違いに目を向けるとき――それらの認知的、評価的な結果に違いが生じたのは、彼らの異なった認知的、評価的な能力の違いによるのだ、ということが明らかとなるのである。

無意識的な理性推理に対する恐れ

ダニエル・ウェグナーは近年、意識的な意志と熟慮[431]の働きについて、多くの人々に不安をかき立てる説を提起した。それによれば、意識的な意志および〔理性的〕推理の働きは、特別な超越的力などではない。むしろ意識的な意志および熟慮の働きは、現実の熟慮の働きの随伴現象なのであり、意志の働きは、私たちが意識していない脳のたくらみ《マキネイション》[432]の一部として生じるのだ、ということになる。この説によれば、意識的な思考は、意志された決意ないし行為が私たち自身のものであること（何か外的な力によって動かされたからではなく、私が無意識的に動かそうと決意したから私の手が動く、ということ）を告げ知らせるために生じる副次的な現象であることになる。ウェグナーの理論については第五章で、いくつかの異論と共に議論した。だが現在の関心は、ウェグナーの随伴現象説の強みや弱点を取り上げることではなく、ある一つの問いかけを取り上げることにある。すなわち、〈なぜ多くの人々は、意識的思考が本性上随伴現象であるということの理論に、あれほど不安をおぼえるのか？〉という問いかけである。

私たちが意識的に思考しているとき、自分の思考にはほとんど何の制限もないかのように思えるものだ。つまり、自分にはほとんどありとあらゆることが思考でき、最も困難な結論に向けて自分なりの推理を行うことができ、制限や制約とは無縁の思考ができ、どのような虚偽の信念をも拒否することができ、あれこれの〔信念の〕体系を却下し、自分なりの推理にもとづく思考によって、片隅に隠されたものや遠く隔たったものを発見する作業に乗り出すことができる、と思える。だが、私たちの思考と推理の能力は多様な要因によって形成され、制約されており、たとえそれらの要因を自覚した場合ですら、意識的な熟慮というのは、私たちにとって、それまでと同じものとして見え続けるものだ。そのような要因の一つに、さまざまなバイアス〔認知の偏り〕がある（私たちはおめでたくもそれらのバイアスに気づいていないのであり、これは最も危険で、最も大きく私たちをコントロールしている要因だ）。さまざまな信念体系もそのような要因であり、これは非常に根深いため、それの範囲を自分で調べることができないし、それが常時およぼしてくる影響を自覚することすら、しばしばできない。私たちが過去の条件づけによって獲得した常習的認知者としての力や、自分が認知的吝嗇者として形成されたことによる妨害要因も、その種の要因である。自然または／および文化によって埋め込まれた「直観」や、その特定領域での自信（または自己効力感）の度合いもその種の要因であるし（この私は、哲学に関する思考について傲慢な自己効力感を抱いている一方、高度な微積分の問題に思考を向けるや否や、深刻なおぼつかなさの感覚を抱くのであり、この二つの感覚は大いに異なっている）、深く根ざした内部型／外部型のローカス・オブ・コントロールの感覚も、私たちを直接取り巻く状況の、強力だが自覚されにくい影響もまた、そのような要因である。たとえ私たちが、すべての意識的熟慮が、無意識的熟慮の随伴現象としての副次的現象であると信じるに至ったとしても、私たちの意識的推論の力が無制限なものであるように感じられ続けるはずだ、ということに疑いはない。ただしそれを信じるか否かの違いは、重大なものとなるだろう。というのも、私たちがそのような見方〔つまり、意識的熟慮が副次的事象であるという見方〕を信じるようになる場合、私たちの意識的な推理と反省が〈正しい報い〉と道徳的責任に支えを与えることができる、と信じることはそれまでよりもずっと難しいものになるだろうからである。その見方を信じたとしても、人はそれまで通り思慮深く、反省的で、洞察力にあふれ、創造的でありうるし、重大な発見の作者となることもできる――ポアンカレは無意識下で〔つまり、バスの中で、他の考え事をしている内に〕数学的発見を行ったが、この事実は、その発見がポアンカレによってなされたという事実も、それが傑出した発見であったという事実も、変えるものではない。だが、もし私たちが、私たちの思考と意志の働きは、究極的には、自分では意識していない脳過程をその担い手とするのだと信じるに至った場合（このとき意識はただ、その熟慮とそれにもとづく行為が自分自身の熟慮と行為である、ということを告げ知らせるためだけに到来することになる）、無制約、無制限の認知能力という例の幻想を維持し続けるのは、はるかに困難なことになるだろう。

意識的な思考は随伴現象的なものだった、という発見が

431 「熟慮」と訳した deliberation については訳注38参照。

432 machination は辞書によれば「たくらみ、陰謀」の意味なのでこのように訳すが、ウェグナー自身はこのような擬人的表現を行わず、むしろ脳の「機構（machinery）」や「メカニズム（mechanism）」という言葉を用いる。

見込まれるとき、——かのリベット（Libet 1999）ですら、意識的な拒否権の力を行使するわずかな瞬間に希望を託し、そこから逃避したように——あれほど幅広い層において不安がかきたてられるのは、一体なぜなのだろう？　というのも、私たちはもうかなり以前から、無意識的な思考過程（あるいは恐らく、私たちがそれを意識しないままで生じる認知的な脳過程、と言い換えた方が正確だろう）の力と有益さをよく知っていたのだから。私は、意識の中で「頭をひねって《ラック・マイ・ブレイン》」、人の名前を思い出そうと思考をめぐらすが、うまくいかない。そして一時間後、意識的思考がまるで別の事柄に関わっているときに、その名前が「ひょいと浮かぶ」のであり、つまり私自身が意識せずに生じる、常時進行中の脳の働きによって、名前を思い出すのである。これは広く見いだされるとはいえ卑近な事例だが、これ以外にも、非常に特別で日常的ではない事例は存在する。例えば、「バスに乗車中の」ポアンカレによる数学の解法の無意識的発見がそうだ。意識的思考は随伴現象的である、という見方をめぐる深刻な懸念が広く抱かれるのは、その見方が私たちから、自分が自分の思考の所有者であるという感覚を奪い取ってしまうからではないし、私たちが創造性と、独自性と、作者性を要求する権利を、その見方が切り下げてしまうからでもない（ポアンカレが無意識的に数学的発見に至ったとしても、ポアンカレ自身の独創的な創造的研究はそのままでありつづける）。私の推測では、意識的思考の随伴現象説が不安をかき立てる理由というのは、意識的な熟慮という特別な力が、しばしば気づかれないまま、〈道徳的責任への信念を正当化しうる究極のコントロール〉という特別な力の源泉となっている、というところにあるのだ。つまりこういうことである。もし人が、合理的な意識的熟慮の力を、神的で無制約な力だと信じるとしたら——あるいは少なくとも、選択を行うための、ある特別な領域の内部では神的で無制約なものであると信じるとしたら——、そのような信念からは何が帰結するだろうか。恐らく、その信念は究極のコントロールと道徳的責任にとって十分な支えとなるだろうが、しかしまたその信念は、それを抱く人の立ち位置を自然的領域の彼方へと追いやるにも十分な信念でもある。先にも述べたように、チャールズ・テイラーは、少なくとも私たちの基礎的な価値評価の領域においては、その価値を吟味し再評価することが、常に私たちの力がおよぶ範囲内にある、と主張している。

常に提起されうる問いがある。私は、最も基礎的な価値評価を再評価すべきなのか？　という問いである。……

このような自己決断は、私たち自身の行いとしてなされるものなのだから、私たちがこうした自己決断を行うとき、私たちは、自分自身に対して責任があると言われうる。そして、たとえ私たちが実際にはこのようなものとしての自己決断を行っていない場合ですら、自己決断をなすもなさないも、ある限度内ではあれ、私たちにかかっているのであるから――じっさい、私たちの最も深い価値評価は、その価値評価を私たちが自ら正当化できるかどうかの問いを常時つきつけてくる、という本性を有しているのだから――私たちは、この根源的価値評価に実際に取りかかるか否かにかかわらず、先ほどとはまた別の意味で、自己自身に対して責任があると言われうる。（Taylor 1976, 221, 224）

だが、より深く思考するという作業がもしも常に私たちの力のおよぶ範囲にあるのだとしたら――つまりそれが、条件づけや状況がもたらす制約から一切独立した力であるとしたら――、その力は、私たちが住む自然的世界に属する力ではない。注意深く検討すれば、その種の無制約な合理的力なるものには説得力がないことを私たちは認めるだろう――とりわけ、認知的気概の発達や限界、自己効力感、状況の影響、その他多くの要因について私たちが現在得ている知見を踏まえるならば。奴隷制を正しいと信じる信念は、ティモシーの最も深く、最も基礎的な価値の一つである見込みが大きい、としよう。だがこの信念は、それ自体によって、この信念そのものを真正な吟味にさらすのを何より困難にしてしまっている。というのも、この信念の破棄は、その信念が収まるべき場所としての思想体系全体の破棄を意味するからである。つまりティモシーにとってそれは、奴隷所有者であった父の膝の上で学んだ価値が誤りだったこと、彼の牧師の奴隷制についての教えが誤りだったこと、「自然の貴族制」に関する彼の信念が誤りだったこと、彼自身の行動――おそらくは、彼の全人生――が、恐るべき道徳的誤りであったことを意味する。同時にまたそれが、彼の友人たちと家族の間からの、また実のところ、彼が属する文化全体からの、ティモシーの追放を意味するであろうことも言うまでもない。このように深く根ざした価値を判定にかけようとするには、途方もない自信と勇気の力が必要となる。幸運なことに、人々の中には――奴隷所有者の中にすら――こうした根源的な価値の再評価をなしうる力を実際にもっている者がいた。だが、この種の根源的価値評価に真剣に取り組むことは、適格性《コンピテント》を備えた人物であれば常に可能であるとしても、しかしそれが「常に私たちになしうる範囲内に収まっている」と想定するのは、私たちの最奥の信念を形成した文化の力、および条件づけとさまざまな影響の力を大幅に過小評価することであり、あるいは――これよりもありそうなことだが――合理的反省の力を大幅に過大評価することである。それは、合理的反省の力を、すべての条件づけと文化の制約を飛び越える、奇跡を行う力に仕立ててしまうことなのである。理性〔合理的推理能力〕という力は、素晴らしいものである。しかし、それに限界がないわけではないのだ。その力は、私たちの成長発達の歴史を超越する究極の力なのではないし、奇跡の力でもない。もしも私たちの意識的熟慮の力の実質的な部分――あるいは、恐らくそのすべて――が随伴現象的なものであって、現実の働きは無意識的に進んでいるのだとしたら、意識的な熟慮の中で何が生じているのかについての私たちの**感覚**が誤っているというのはなおのこと明白なことであるし、またそれゆえ、熟慮の過程が無制約な究極のコントロールの源泉であると想定することは、それよりもさらに困難だということになる。私たちが実際に、ある重要な範囲で有効なコントロールをなしうるのであり、かつまた、私たちは自らの認知的諸力を巧みに用いて、賢明な選択をなしうる、という信念は、私たちが満足のいく心理的生活を送る上で重要であるし、深刻な抑鬱状態をもたらす無力感に対する防衛線としても、死活的な重要性をもつ。そして実のところこの健全な心理学的信念は、多くの場合、真なる信念である。だが、自然を超え出る超越的理性のような力への信念は、役に立つわけでもなければ、必要なものでもなく、効果的で自信に満ちた合理的コントロールを実際に果たすという目的にとって、何が阻害的で、何が促進的であるのかに関わる重要な要因を理解するのに役立ってくれるわけでもない。

　理性という力は、素晴らしいものである。私が、哲学の教師こそ自分の役割であると考える限りは、私は学生たちが、より正確で、体系的で、論理的な推理をして、宣伝マン、広告業者、ぺてん師、詐欺師、政治家、ロビイストたちが欺瞞を用いて押しつけてくるトリックや嘘を避けられるようになることを、学生たちと過ごす時間の多くを割いて実現したい、と何より希望している。私たちから理性の力を奪い去ってしまうような病や事故は、私たちにふりかかる最悪の恐るべき事態の一つである。しかしこの、理性という素晴らしい力は、自然的な過程を通じて進化してきた力なのであり、ヒト以外の霊長類の認知的能力との間に、強い平行関係が見いだされる。それは自然的で、限界をもち、不完全な力であり、私たちの遺伝的な歴史〔進化〕と環境的な歴史〔個人史〕の双方によって形成されたものである。それは決して、あらゆる制限を打破し、限界というものを知らず、すべての原因を超越するような力ではない。私たちは自然主義者である限り、このことを知っているし、このことを認めている。しかし私たちが道徳的責任の擁護者である限り、このことを忘れるようにと誘惑されてしまう。そして、私たちが意識的な推理の働きの輝かしい働きを考察するとき、その働きに特別な、私たちを形成した諸力を超越する力を帰属させたいという誘惑は、実のところ非常に強力なものとなる。仮に意識的な推理の働きが随伴現象的なものであり、現実の認知的な働きは、物質としての脳の中で、私たちが意識しないでも進んでいくものなのだとしたら、理性を奇跡をなす力だと見なすという、容易には消え去ろうとしない信念は、ひどく説得力を欠くものになってしまうであろう。

意識的思考は、随伴現象的なのかもしれないし、そうではないのかもしれない。この問いに答えるべき研究は今のところ萌芽的な段階に留まっている。私の推定を率直に言わせてもらえば、意識というものは、〔ウェグナーが主張するように〕〈ある思考や身体運動が私たち自身に属することを告知する〉というだけの役割を超えた、もっと重要な役割を演じている、と思う。なにしろ、仮に意識的思考の機能がそれに尽きるのだとしたら、意識というのは自らの役割を非常にうまく果たしているとは言えないのだから――世の中には、自分自身の思考と、神様に吹き込まれた思考や、宇宙人に吹き込まれた思考とを区別することに大変な困難をおぼえる人々が存在しているのだ。とはいえ、これは別の主題である。現在取り上げているのは、〈〔ウェグナーのような、意識的意志の〕随伴現象説がなぜ、自然主義者を自認する人々を含む、あれほど多くの人々に不安をかき立てるのか?〉という問いかけである。〈人々は、理性が自然的世界にしっかりとつなぎ止められてしまい、それによって道徳的責任に対する十分な支えを提供できなくなってしまうことを恐れているのだ〉という回答は、その問いかけに対する、少なくとも一つの説明にはなっている。だが、たとえこの随伴現象説が、ベティとベンジーの、ティムとジムの、アイザック・ニュートンとアンリ・ポアンカレの道徳的責任に疑問を投じるとしても、奴隷制にもとづく道徳システムをよく検討し、それに異議を唱えたのがジムであり、人種差別主義の間違いを、勇気をもって、洞察力豊かに認めることができたのがベティであり、独創的な数学の証明を発見したのがポアンカレであり、さまざまな素晴らしい作曲をもたらした多大な影響をまとめてもたらしたのがルイスである、という事実を変えることはないのである。

第一五章　道徳的責任なき世界

多くの人々は道徳的責任の廃絶を思い浮かべることに抵抗感を示す。この抵抗感の一つの源は、未知のものへの恐怖である。良くも悪くも、道徳的責任は長い間私たちのつれあいだったのである。つまりは、道徳的責任という実践および制度がない世界を考察するのはぞっとすることなのだ。本章ではこういった恐怖を鎮《しず》めることを試みる。

道徳的責任が根絶されたとき、何が残るか？

道徳的責任がなくなった場合、私たちの世界の姿はどうなるだろうか？　多くの側面において、それほどの違いは生じないし、多くの人々が想定しているような、破滅的な違いが生じないのは確かである。そこにおいて私たちは、依然として、自由な選択、道徳判断、誠実な謝罪を行うであろうし、情愛と感謝を感じるであろうし、自分の瑕疵を認識し、それを正そうとする努力を（今よりも効果的なやり方で）行うであろう。また私たちは、自尊心と個人の価値の感覚を保持し、それを今よりも強めることになろう。たしかにスミランスキーは（彼だけではないが）これとは異なり、次のように考えている。「もしも私たちが〈自分がなすこと、成し遂げることのすべてが、究極的には運に帰着し、したがって究極的には私たち自身には帰されない〉という信念を本当に内面化したとしたら、私たちは、これまでと同じような仕方で自尊心を抱き続けることが難しくなるだろう」と（Smilansky 2000, 228）。こういうスミランスキーの懸念は、〈もしも私たちが宇宙の中心ではなく、むしろ巨大な星雲の中の小さな恒星の公転軌道を周回する存在にすぎないとしたら、私たちは自尊にふさわしい存在であることができなくなってしまうのではないか〉という恐怖や、〈私たちが、進化の産物である動物たちとは区別される、神の似姿として作られた特別な存在ではないとしたら、私たちは私たちへの自尊の念を失ってしまうだろう〉と危惧する人々の思いをなぞるものである[433]。スミランスキー自身は、彼が成し遂げた重要な業績が「究極的には運に帰着する」という事実を非常にはっきりと認識しているが、だとしてもその認識が彼自身の自尊心を切り崩すことはない――あるいは、ないはずである。彼が執筆した書物は賛嘆すべき書物であり、新たな視角の導入が滅多になされてこなかった問いに対して、魅力的で新たな視角で取り組んだ書物である。この書物は、自らを一から作りだした神の手になるものではなく、一人の人間が、彼を形成し、彼を彼たらしめた無数の影響――家族、学校、コミュニティ、文化――を一つに集めて成し遂げた成果である。このことの中に、彼の業績や彼の人格を引き下げるものは何もない。私たちは、何かを成し遂げ、自尊心を維持するために、自己作出的な神になる必要も、西部辺境の無骨な自己充足的個人[434]になる必要もない。むしろ正反対に、私たちが自分自身を「究極的自己創造者」であると考える度合いに応じて、私たちは（幻想が破壊されることへの恐怖から）事柄をじっくりと見つめることができなくなる――すなわち、スミランスキーを高度の業績を成し遂げた個人として形成した諸要因を吟味することができなくなり、そして、同様の機会が彼以外の人々にも提供されるにはどうすればよいかを学ぶこともできなくなるのである。

さらに言えば、道徳的責任なき世界は、個人の責任がすべてなくなっている世界でもなかろう。つまりそこには〈引き受け責任〉の余地が幅広く残されているであろうし、〈引き受け責任〉を実行する機会を増大させる余地も十分にある。事柄をじっくりと見つめる（そして、〈引き受け責任〉と〈道徳的責任〉を区別する）ならば分かることだが、〈引き受け責任〉こそが、私たちの大部分が本当に求める責任なのである。それは、私たちが効果的なコントロールを行使し、自分自身で意思決定と選択を行い、私たちが何に深い価値を見いだすかを注意深い反省をもって思索し、また私たちが自分の人生をうまくやっていく、ということを可能にするのだ。実のところ道徳的責任の終焉によってそれまでにない幅広い空間が開かれるのであり、その空間において、〈引き受け責任〉はより有効に果たされるようになるのだし、またその空間は、最善の〈引き受け責任〉を果たすために本質的に重要な能力および機会を作り出し、増進するものとなるだろう。

道徳的責任の根絶は、〈時計じかけのオレンジ〉的な残忍さという〈パンドラの箱〉を開けてしまうようなものではないだろう。むしろそれは、より強い自己コントロールを促進し、真正の自尊心を育むだろう。私たちは、残忍さをあおり立てる傾向性に駆り立てられて、犯罪者を根本的に異なった本性をもつ存在だと見なし、〈彼は悪行をなしたのだから、苦しむことこそ正しく相応しい《ジャストリィ・デザーブ》のだ〉のように考えるのではなく、むしろ、そうした悪行がより大きなシステム由来の原因の結果であることを認識できるようになる――つまり、肯定的な社会的貢献をなしえない人々の形成に失敗するというのは、私たちすべてが共に関わっている失敗なのだ、と。

　最後にまた、道徳的責任の否定は、自由、あるいは自然的自由意志の喪失を意味せず、むしろ、人間という動物が価値を認める自由意志のよりよい理解――私たちがなぜそれに価値を認め、それをいかにして守り、拡張し、強めていくことができるかの理解――につながるであろう。私たちは、自由意志と道徳的責任との縁を断つことで、人間の自由を自然現象として、また、〔超自然的にではなく〕自然的に有益な現象として[435]として、神秘に汚染されず、科学的探求と有効な改善方法に開かれた形で、理解できるようになる。

　以上の主張はどれも、本書のこれまでの章の中で提起し、論証してきたものばかりである――道徳的責任の否定は、しばしば想定されているような破滅的な帰結をもたらさないのだ（この否定を、道徳的責任システムを前提した上で、その内部でなされる否定だと想定してしまい、それによって普遍的な道徳的責任の否定を、普遍的無能力《インコンピテンス》と普遍的精神異常に基礎づけるのでなければ）。だが、道徳的責任の否定からそのような破壊的な帰結が生じないとして、では、そこから何が生じる**見込みがある**のか？　この問いに詳細に立ち入る前に、道徳的責任の否定から生じると想定されている、また別の帰結を吟味しておかなくてはならない。というのも研究者の中には、人々が道徳的責任なしで道徳的に生きることが、たとえ原理的には可能でありうるとしても、道徳

433 前者は地動説、後者は進化論で、フロイトがこの二つの思想を、第三の、フロイト自身の無意識の学説と共に、人類の自尊心に傷をつけてきた科学思想として挙げている（『精神分析入門』）ことを受けていると思われる。

434 「無骨な個人主義（rugged individualism）」についてはこの後の四四〇頁参照。

435 naturally valuable というのは、いわゆるリバタリアン的自由意志が自然法則を超越した利益を人間にもたらすという想定とは対照的に、自然法則にかなった仕方で有効性をもたらす、ということであろう。

的責任を否定する（そして決定論／自然主義を信奉する）ことによって不道徳な行動が実際に増加することを、経験的〔実証的〕研究が示している、と示唆してきた人々がいるからである。

決定論への信念（および道徳的責任の排斥）は道徳的頽廃を惹き起こすか？

ヴォースとスクーラー（Vohs & Schooler 2008）が行ったいくつかの実験は、心理学者、哲学者、それに一般メディアから著しい注目を集めた[436]。これらの実験は、〈決定論を信じることは、道徳に関わる性格特性に悪影響を与え、かつまたその人が不道徳な行動を行う見込みを高める〉ということを示す意図をもってなされている。（この研究を行ったヴォースとスクーラーらは非両立論を前提しているため、決定論を信じることは、自由意志および道徳的責任の排斥に等しい、と見なしている[437]。それゆえ実験結果として示された道徳的堕落が、果たして〈決定論を信じていること〉によるのか、それとも〈自由意志と道徳的責任を信じていないこと〉によるのかはどちらでもよいものとされ、彼らの検討の対象にはならない。）この実験結果が信じがたいものだ、というのは確かなことであって、これは折に触れての個人的観察を参照するにしても、それよりも体系的な考察を参照するにしても、言えることである。というのもまず、私の学者共同体《アカデミア》における知人の中には、自由意志の極めて特別な力を支持するために決定論を斥けるリバタリアンもいるし、決定論と自由意志および道徳的責任を同じように受け容れる両立論者もいるし、決定論または自然主義を受け容れ、自由意志、または道徳的責任、またはその両方を斥けるという、色々な形態の非両立論者もいる。私は、決定論者こそが際立って有徳さを示す人々だ、と提言するつもりはないが、だとしても、決定論者の人々が非決定論者の人々よりも有徳さの点で劣っていたり、不徳の度合いが大きかったりするようにも思われない。デイヴィッド・ヒュームが、〈啓蒙の時代〉における最も明確な、また最も大きな影響力をおよぼした決定論の支持者であることはほぼ間違いないが、その一方で彼はその性格の高邁さ、慈悲深さ、それに有徳さについて、幅広い範囲で非常に高い評判を得ていた人物でもある。フランスでは、ヒュームは「ル・ボン〔善き人〕・デイヴィッド」の名で知られていたし、あるスコットランド人の友人は、ヒュームを「聖デイヴィッド」と名指した。つまりその友人、アダム・スミスは（ウィリアム・ストラハン[438]への書簡の中で）、ヒュームについてこのように述べたのである。

> 彼は、たとえどん底の境遇に置かれていた時でも、自分自身がはなはだしく、また避けようのない窮乏に陥っているからといって、しかるべき状況で慈善と寛大さを共に実行することを怠りはしませんでした。……彼の天性の優美さは、彼の志操の堅固さも、決意の固さも、弱めるものではありませんでした。彼の常日頃明るい気性は、紛れもなく、彼のよき天性とよき気性から発していたものであって、デリカシーおよび穏健さと調和しており、そこに悪意はかけらも混じっていませんでした。何にもまして、私は彼を、生前も、没した後も、完全な知恵と徳を備えた人間の理想に――恐らくは、人間の弱さという本性が許容する限りで――ほとんど達している人物だと考えているのです。(Smith 1776/1954, xxix)

これとは対照的に、同時代のリバタリアン的自由意志の偉大なる代弁者たるジャン＝ジャック・ルソーは、傲慢で、自己中心的で、すべての人に深い猜疑心を抱き、自分の子どもたちを困窮の内に放置して早死にさせた人物であった。もっと広い範囲を見渡すと、ピューリタン〔清教徒〕たちがいる。決定論のみならず予定説[439]という運命論的な教義にコミットしていた彼らは、現代の趣味からすれば少々堅苦しすぎる人物だと見なされるとしても、道徳的なだらしなさを責められるような人々ではなかった。現代の事柄を挙げれば、アメリカ文化は――この文化は、すべての人には、自らを貧乏から金持ちへと引き上げる自由意志の力が備わっている、というホレイショ・アルジャー神話[440]への強烈なコミットメントと、西部開拓時代以来深く植え付けられた、無骨な個人主義[441]を備えているのだが――、現代

436 なお、その後この実験については、再現性の点で問題が大きいと指摘されるようになっているということである。

437 非両立論については訳注62、51参照。

438 テキストにはStrachanと記載されているが、Strahanの誤植と見られる。

439 「予定説（predistination）」は、直訳すれば「あらかじめ、人の行く末が運命的に割り振られている」のような意味であり、個々人が神に救われるか救われないか（死後、天国に行くか地獄に落ちるか）が、天地創造においてすでに予定されていたという説。キリスト教神学における自由意志否定論の典型である。宗教改革の時代にカルヴァンが打ち出したことで有名だが、この教義自体はもっと昔から存在したらしい。

の西洋諸国において最も好戦的な文化でもあり、また、子どもに対する福祉を最もなおざりにしている文化でもあり（そこでは多くの子どもたちが貧困と、不適切で危険な環境の中に放置され、医療保障《ヘルスケア》も行き届かないままでいる）、しかも最も犯罪の多発する文化でもある。それゆえ、決定論が不道徳さを助長することを証明する経験的〔実証的〕な研究結果が見いだされたというのは、信じがたいことである。それどころか私は、（仮に私が、私の知る有徳なリバタリアンたちと知り合いでなかったとしたら）リバタリアン的自由意志を信じることこそが、人を道徳的堕落へとまっしぐらに進ませる傾向がより大きいのだ、と思いなしていたかもしれない。とはいえ、心理学実験はしばしば、個人的な日常経験と真っ向から対立する驚くべき結果をもたらすものなのであり、それゆえ彼らの実験結果は注目に値するのだ。明白なことであるが、ビデオゲームと共に育ち、ゲームで「チート」[442]できるようになる「隠しコード」を探し求めている学生たちは、コンピューターを用いた課題における「チート」の概念について、実験者たちが抱いているそれとは大いに異なる概念を抱いているかもしれない。そのような場合の「チート」が現実のずる《チート》や不正直さに対する何らかの含意をもつのかどうかは、深刻な疑問点である。第二の実験では、実験グループが——対照グループよりもほんの少し多く——ずる《チート》をするという結果が出たが、彼らが自分の行動を「ずる《チート》」をしていると見なしているのか、それとも、実験用のゲームの枠内での抜け目ないプレイ〔いわゆる「チート」〕だと見なしているのかは、未決の問題である。

たとえ私たちが、実験グループが真の意味でのずる《チート》をする見込みが大きかったということを認めた場合であっても、この実験の問題点はさらに深まる。実験者たち〔ヴォースとスクーラー〕はそもそも、決定論とはすなわち無力感をもたらすものだ、という前提から出発していた——つまり、〈決定論を信じることは、その人にコントロールの力がなく、出来事を生じさせることができず、努力は何の成果ももたらさないことを意味する〉という前提である。彼らは決定論についてのこのような考え方をほぼすべて、ウィリアム・ジェームズやウィリアム・バレットのような伝統的なリバタリアンから引き継いでいるように思われる。つまり、バレットによれば、決定論とは「新鮮さ、新奇性、真正の創造への欲求——要するに、閉じた宇宙ではなく、開かれた宇宙への欲求」を挫折させてしまうものであるのだ（Barrett 1958, 46）。しかしながらこれは、非常に控えめに見積もっても、異論の余地のある出発点だと言うべきである。現代の著述家――哲学者であろうと、心理学者であろうと――の中で、決定論についてこのような見方をとる者はほとんどいない。決定論は、身体の動きや思考を抑制し、私たちの努力を阻止し、私たちの創造性を押し潰してしまうような強力な操作者、強制する力といったものを含意しない。ウィリアム・ジェームズも、まさにこのような見方を採用したがゆえに、決定論を非常に悲観主義的な学説であると見なした。だが、これとは対照的に、ほとんどの決定論者は、決定論を際だって楽観主義的な見解であると見なしてきた――つまり彼らは決定論を〈私たちは諸原因（病気のそれであれ、作物の不作や人間行動のそれであれ）を理解することができ、それによって事柄をよりよいものへと変えていくことができる〉という見方として理解してきたのである。私たちがそのような理解および動機をもつに至ったのは、私たちを決定してきた歴史の結果であるが、私たちはこの歴史の演じ手なのであって、受動的な観客なのではない。科学者が病気の原因を発見し、治療法を見つけるとき、彼女の動機と能力は彼女の過去の諸要因によって決定されているが、しかし彼女自身と、彼女の能力と、彼女の欲求は、有効な治療法の発見へ向かう前進の中で、不可欠の役割を果たすのである。これはコントロール喪失の原因であるどころか、事柄を決定する要因と因果的過程がそこに存在していること――そしてそれらが手に負えないランダムなものではなく、決定されたものであること――を理解することなのであって、それによって私たちは、自分たちにはさまざまな原因を発見し、理解し、コントロールできるはずだ、と確信できるようになっていくのだ。

件の研究者たち〔ヴォースとスクーラー〕が実験グループの中に誘発したのは、決定論への信念ではなく、むしろ自己効力感が減少に向かっているという信念であり（Bandura 1997）、無力感の受容であり（Seligman 1975）、外部

440 ホレイショ・アルジャー（Horatio Alger, Jr. 一八三二年―一八九九年）は多作で知られる（一三〇編以上の作品があるとされる）大衆小説家。多くの作品は、貧困層の少年が成功して金持ちになるという「ボロ着から富へ（Rags-to-Riches）」の物語と形容されるという。

441 この後の四四〇頁を参照。

442 「チート（cheat）」は文字通りには「ずる、いかさま」であるが、ゲーム用語としては、制作者の意図しないプログラム上のバグ等を利用してプレイを有利に進めることや、その結果生じた無敵状態を指す（これは制作者が意図的に仕込んだ「隠しコマンド」等とは区別されるのだが、著者はこの辺を広義に用いているようである）。

型ローカス・オブ・コントロールへの促し（Rotter 1966）であった。コントロールの感覚が弱まると、ひどく否定的な心理学的効果がもたらされるのであり（Rodin 1986）、そこからは、道徳的な志操堅固さを弱める結果も十分に生じうるだろう。だが、決定論を信じる人々の多くは、非常に強力な内部型ローカス・オブ・コントロールの持ち主であり、他方でリバタリアン的な自由意志を信じる人々の多くは、現実には外部型のローカス・オブ・コントロールの持ち主であるものだ（多くのキリスト教原理主義者は、自分が、自分自身の魔法めいたリバタリアン的自由意志によって救いの道を選択したと信じているものの、このすべてはさらに神――究極の「力ある他者」［Rotter 1966］――の手の内なのであって、この点では、彼らは「信じかつ従う」ことしかしてはならないとされる）。さらに言えば、最も熱心な決定論の支持者たちの多くが決定論を信奉する理由とはまさに、彼らが、決定論を信奉することこそがより強力で、より効果的なコントロールをもたらす見込みが大きいと見なしていることにある――例えば、恐らくは二〇世紀前半で最も有名な決定論の擁護者であったB・F・スキナーによる、次のような熱烈な言葉を考察されたい。

私が提起してきた立場が正しいとした場合、彼〔人間――引用者注〕はここで述べてきた誤りから抜け出すことができるようになり、同時にまた、彼が以前よりもずっと自分が自由であると感じ、以前よりもずっと偉大な事柄を達成するような、そういった世界を構築できるようになるだろう。

彼にそれが可能になるのは、彼という存在にとっての彼自身をよく認識する場合に限られる。彼が自分の問題の解決に失敗してきたのは、彼が誤った方向に解決を探し求めていたからなのだ。環境が果たす役割とは途方もなく大きなものであり、そこに解決を求めるなら、彼が成功する未来のチャンスはずっと大きなものになるはずなのだ。その未来において彼は最大に人間らしく、また人間味あふれる存在になるはずであり、また、自分自身を正確に知るようになることで、自分自身を技能豊かなやり方で管理運営するはずである。（Skinner 1974, 264）

これは、新たなよりよい未来を構築しようという、決定論者による高らかな宣言であって、無力感への退却などではない。ヴォースとスクーラーの研究は、コントロールの減少感がもたらすありがちな不都合を例示する点では有益かもしれない。しかしその研究は、決定論への信念――あるいは、自由意志と道徳的責任への信念の否認――が不道徳な行動の見込みを増大させるという証拠を、まったく何も提供してはいないのである。

道徳的責任なき世界はどのような姿を見せるだろうか？

ここまでは、道徳的責任の否定から何が生じそうにないかを検討してきた。では、道徳的責任なき世界に見られる、今の世界との肯定的な違いについては、何が言えるだろう？　私たちが、道徳的責任というレンズを通して世界を見ないとしたら、世界はどれほど違って見えるだろうか？

第一に、世界は今よりもずっと明瞭な姿に見えるはずである。道徳的責任という眼鏡をかけてものを見るのは、暗い色の眼鏡をかけてものを見ることだ。恐らく、道徳的責任に執着することが引き起こす最大の害は、それにより私たちの探究と理解に深刻な制限が課されてしまうことである。エレン・ケリーは（犯罪への刑罰が正当で正義に適っていることの擁護論においてではあるが）、応報的な態度と道徳的責任へのコミットメントが事柄の理解におよぼす有害な影響を認め、こう述べる。「道徳上の違反行為としての犯罪行為は、極めて悪質なものでありうるため、通常は密接に関わり合う人々との間［だけ］に生じるような、道徳的に深く、切迫した反応的感情を呼び起こすことが――しかもそこに、自己批判と罪責という、道徳的に筋の通った基礎の裏づけがある感情が伴うことが――ありうる。道徳上の賭け金がつり上がればそれだけ、私たちの裁こうとする態度は強まり、理解しようとする態度は弱まっていく、ということはありうるのだ」（Kelly 2009, 443）。

イギリス首相だったジョン・メージャーは、刑事司法の措置、とりわけその年少者に対する厳罰化を呼びかけた。「この社会は、糾弾をほんの少し増し、理解をほんの少し減らすことを必要としています」（Major 1993, 8）。この言葉は多大な批判を招いたが、ある一つの意味で、この首相はまさに正しかった――**理解をほんの少し減らす**ことが、道徳的責任のために私たちが支払う対価なのである。私たちがもし人々の因果的歴史を注意深く見つめるならば、私たちは、人々を道徳的責任ありと見なすことが意味をなしえないことに気がつくだろう。そしてこれこそが、道徳的責任に支えを与えようと望む人々――法学の分野であれ、哲学の分野であれ――が、その種の探究を阻止し、そういう探究は的外れだと断じる理由なのだ。例えば、現代における刑事司法への応報主義的アプローチの代弁者であるマイケル・ムーアが断じるところでは、ある行為がそれを行った人物の欲求に発しているならば、その欲求がどのように育まれ、あるいは植え付けられたのかというのは、たとえその欲求が洗脳の産物であったとしても、的外れな問いかけなのである。パティ・ハーストの事例[443]に対する彼のコメントを思いだそう。

近年の〔洗脳の――引用者注〕最も有名な実例であるパティ・ハーストの事例において、ハーストが受けた条件づけ〔洗脳〕と彼女の犯罪行動との間に因果関係があったことは、私たちにとって確実であった。しかしながら、それが確実であったということは、彼女の行動が行為と呼ぶべきものであったのかどうかという論点にとって重要ではない。彼女は銀行強盗を行ったのであり、それは彼女の行為だったのであって、彼女自身が作り出したわけではない状況が、彼女の行為の原因となった信念を彼女に植え付けたのかどうか、という点はそれには関わらない。中には、彼女への条件づけから反抗に至るまでの時間が非常に短く、彼女が新たな信念を退けたり、あるいは自分の性格の一部に統合したりするための十分な時間がなかったのだとしたら、彼女に対する肯定的な弁護を認めるという人もいるかもしれない。だがこのような肯定的弁護は、行為が争点になる場合には的外れである。彼女が行為したというのは明白なことなのであり、彼女の行為に原因があったのかどうかはそれとは関わりないのである。(Moore 1997, 533–534)

〔道徳的責任の〕**プラトー論**[444]の擁護者たちは、同様の主旨で、次のように断ずる。すなわち、人々はひとたび道徳的責任のプラトーに達してしまえば――つまり彼らが熟慮[445]の能力と、自分自身の価値選好にもとづいて行為する能力を身につけてしまえば――、どのようにしてその水準に達したかとか、あるいは(それまでの人生における発達の過程で)彼らが身につけたであろう熟慮の技能、認知的気概[446]、価値観などの違いは問題ではなくなり、彼らの条件づけの歴史に対するあらゆる考慮は無視すべきだ、と。このような、〔個人の〕歴史や能力における違いに目をふさぐのは、彼らにとって欠かせないことなのであり、なぜなら性格と行動がどのように形成されたのか（またその結果として生じた能力にどんな違いがあるのか）を深く詳細に理解することで、道徳的責任のためになされるさまざまな主張が切り崩されていくからである。

ソール・スミランスキーはこの問題に、少しもひるまず立ち向かう。スミランスキーは幻想〔錯覚〕というものに、道徳的責任への信念を保持するための不可欠の役割を認める——しかもその幻想は、それが幻想であるという本性が暴かれる恐れがあるため、過度に精察されてはならない、とされている。しかしながら道徳的責任という幻想は（例えば私の、自分は美男子だという比較的無害な幻想とは違い）、無害で心地よい幻想ではない——その幻想は、注意深い探究による別の選択肢の発見を阻み、システムに由来する深い原因の精察を妨げ、その結果として非難と刑罰による多大な害をもたらすのである。

スミランスキーは誰よりも率直ではあるが、とはいえ〈事柄をじっくり見つめすぎない〉という姿勢に逃げ場を求める道徳的責任の擁護者が、ひとり彼だけでないのはたしかだ。いわく、君はもっとがんばれただろうし、それゆえ君には自分の失敗に対する道徳的責任があるのだが、しかし、人の気概や怠惰さがどのように形成されてきたのか、じっくり見つめてはならない。君はもっと注意深く考えることができただろうが、しかし、なぜある人が常習的認知者で、別の人は認知的吝嗇者になったのか、その理由を知ろうと目をこらしてはならない。運は均等にならされるものなので、出発点は万人にとって公正なのだが、しかし、最初に与えられた利点や不利さが累積していくような現実の事例を吟味してはならない。ある領域での弱みは、別の領域での才能で釣り合いがとれるので、技能において比較的劣る人物は、もっと必死に訓練することでその不利を相殺できるが、しかし、より卓越した技能と自信と気概というものが、均等に配分されるのではなく、むしろ一まとまりになる傾向がある、という事実をじっくり見つめてはならない。

443 パトリシア・ハーストの事件については訳注141参照。
444 三五一―三五七頁参照。
445 訳注38参照。
446 「気概」と訳したfortitude、および「認知的気概」の概念については訳注68と85を参照。

君はもっと巧みに問題に取り組むことができただろうが、しかし、私たちの努力を支えている自己効力感の度合いの違いについて探究してはならない。君は権威に抵抗できただろうが、しかし、行為者に強い影響を与える状況に目を向けてはならない。君は別の選択肢も考慮できただろうが、すぐ目に入る直観を基礎に判断を行っておきながら、事後的にそれを合理化するという、人類に普遍的な根深い傾向に目を向けてはならない。君は意志の力を発揮できたであろうが、しかし、意志の働きの引き金を引く無意識の過程を詮索してはならない[447]。ジョン・メージャーは正しかった——応報的な道徳的責任に固執するならば、「メージャーの言う」「理解を減らすこと」こそが、そのために支払わねばならない対価なのだ。

したがって、道徳的責任なき世界の最も目立った特徴とは、それが探究へと開かれている、というところにある——すなわち、問題や、欠陥や、ミスを認識し、報告し、それに対処することへと開かれているということだ。個人に非難を割り当てるべしという圧力が存在していないため（また、非難という実践の正当性を切り崩す原因を発見してしまうことを恐れて、深い観察をしないようにせよ、と強いる圧力も存在しないため）、様々な問題について表層的な観察で切り上げるのではなく、より深い原因、そして、システム由来の原因を探っていくための、より大きな機会がそこには存在するのだ。

道徳的責任なき世界の第二の肯定的特徴は、焦点を個人ではなくシステムに合わせる、という点にある。心理学者たちにはおなじみの「根本的帰属の錯誤」[448]という誤りがある（Ross 1977）。ほとんどの人はこの誤りが原因で、形成された性格の影響を誇張し、かつ、行動を取り巻く特定の状況の影響を過小評価する。しかるに、道徳的責任への信念はこの誤りのさらに深刻なバージョンを促す役割を担ってきた——つまりそれは無骨な個人主義[449]へのコミットメントとなり、私たちの性格特性や能力（および、そこから生じる個々の行動）が、文化や歴史によってどのように形成されるかの経過について、私たちの目を閉ざしてしまうのである。もちろん、道徳的責任の立場を代弁する哲学者のほとんどは、こういう無骨な個人主義モデルが説得力を欠くと分かっている。しかし彼らに道徳的責任が根深い影響をおよぼすとき、彼らもまた例の強い個人主義的な視座にはまり込んで、私たちが文化、社会集団、家族、生物学的な遺産によって形成された社会的動物であることを忘れてしまうのである。だが、道徳的責任へのコミットメントが無骨な個人主義に陥ってしまうのは驚くことではない。それは、同じコインの表と裏だからである。すなわち、自分が道徳的に責任ある個人であると信じるためには——つまり自分自身の行動、およびその成果や失敗に対する特別な賛辞や非難に正しく相応しい《ジャストリィ・デザーブ》個人であると信じるためには——、自分は社会の歴史の複雑な産物なのであって、自分で自分を作り上げたわけではない、という事実を無視、または否定しなければならないということである。マイケル・キャヴァディーノとジェームズ・ディグナンは、道徳的責任と無骨な個人主義のつながり、およびそのつながりがもたらす帰結を、次のように明らかにしている。

〔合衆国のような——引用者〕新自由主義の社会は、経済市場で失敗した人々と、法の遵守に失敗した人々とを——後者については投獄によって、あるいは、さらに極端な場合には死刑すら用いて——排除する傾向がある。これは偶然の符合では決してない。この二種類の排除はどちらも、高度に個人主義的な社会的気風《エートス》と結びついている。この個人主義的気風が、まずは社会に新自由主義的経済を採用させるのだが、それによって今度は逆にこのような経済の存在が、〈個人には自分ひとりで自分自身の世話をする責任がある〉という信念を育むのである。新自由主義社会においては、経済上の失敗は、いかなる点でも社会の責任ではなく、むしろアトム的で〔つまり互いに孤立した〕自由意志をもった個人の瑕疵《フォールト》であると見なされる……。犯罪もまた、法に違反した個人の全面的な責任だと見なされる——ここから、福祉国家としてのセーフティネットが最小限度に至った国家[450]がもたらされることになる。犯罪も同様に、犯罪者である個人に全面的に責任があると見なされる。このような社会的地盤は、苛酷な「法と秩序イデオロ

447 「詮索」と訳したscrutinizeは他のところでは「精察」と訳した語で訳注31参照、立場によってニュアンスが変わる。

448 一三一頁、二三二頁、三八九頁参照。

449 この後の四四〇頁も参照。

450 この後の四八三頁では、同書四四〇頁の次のような言葉が引かれている「新自由主義における福祉国家〔の要素〕は、主として資産調査にもとづく福祉給付金による、最小限度の、形骸化した、そしてしばしばひどく不名誉な烙印と見なされる形態だけとなる」。つまりアメリカ合衆国のような新自由主義の国家にも国家体制の中に福祉国家的な要素がないわけではないが、それが最小限度に退縮している、と位置づけられているようである。

ギー」の肥沃な土壌である。（Cavadino and Dignan 2006a, 448）

道徳的責任が不在であるとき、社会システムと状況の影響を一層深く調べ、根本的帰属の錯誤および個人主義的な目隠しから離脱することが可能になるのであり、これらは、私たちの性格の質（性格の質は、私たちが事前に想定していたほどではないとしても、行動に影響をおよぼす）を形成した諸力を、隠してしまうのである。

「無骨な個人主義」とは、哲学者の間では嘲笑の言葉として使われるのが一般的だ。アイン・ランド[451]や、ジョン・ウェインや、ロナルド・レーガンであれば、その主義をもっともだと見なすかもしれないが、しかし、心理学と社会学、および私たちの日々の経験から得られる証拠は、私たちが自己を〔無から〕創造できる存在では決してなく、むしろ私たちを形成してきた文化、家族、コミュニティ、および進化の歴史がもたらした見事な複合体であることをはっきりと示している。ところが、道徳的責任というセイレーンの〔誘惑の〕歌声は、まさにこの当たり前の認識を私たちの記憶から排除してしまう。ロバート・ハリスは道徳的に責任ある個人であって、彼の暴力的な性格を形成した残忍な諸力のすべては重要ではない——ということになるのだ。ジョン・メージャーは〔英国首相在任時である〕一九九二年保守党大会で次のように発言した——「犯罪は人生を破壊し、恐怖をまき散らし、社会を浸食する。それは犯罪者個人の、そしてその犯罪者のみに帰される瑕疵《フォールト》である」。哲学者、心理学者、社会学者たちはより優れた見識をもっている——道徳的責任へのコミットメントにより、忘れっぽくなってしまわない限りは。無骨な個人主義による忘れっぽさは、道徳的責任が要請する幻想にとって不可欠の要素である——その結果、ロバート・ハリスは、私たちの誰もと同じく、彼の人生の主人であり彼の魂の指導者なのであって、彼を形成した環境や、彼が生きてきた状況の中に、彼が何者であり、何をなすのかに重要な影響を与えた要素は何も含まれていないと考えられることになる。なぜなら、もしもそれらの要素が彼に重要な影響を与えており、したがってハリスは無骨な自立的個人であるというよりも、むしろ彼の社会的、生物学的〔進化的〕な歴史の複雑な所産である、ということになった場合、彼を非難と刑罰の対象として特定することは意味をなさなくなるはずだからである。これと対照的に、道徳的責任の排斥は、個人にではなく、むしろ人の性格および行動を形成するシ

ステム、環境、状況に焦点を合わせようとする。

今述べたことは決して、個人は重要ではないとか、あるいは、個人や個人の権利は重要性がより少ない、といったことを含意するわけではない。私たちは**じっさいに**個人なのであり、私たちの個人としての価値や、計画や、引き受けた責任は決定的な重要性をもつものであり、敬意をもって扱われてしかるべきである。だが、個人とは、——よい教育、〈引き受け責任〉を行使できる本物の機会、強靭で弾力的な自己効力感を育める機会といった——育成と支援を必要とする存在である。ジョン・スチュアート・ミルの『自由論』(Mill 1869)は、私たちの個人の自由にはなぜ大きな価値があるのかについての説得力のある論拠を提起しており、その論拠は、バンデュラのような心理学者によって強化、深化されてきた。だが、このような個人の能力の重要性は、そのような能力を発揮させるために育成と支援がどれほど重要であるかを私たちに思い起こさせる——個人の能力の重要性は、成長発達の歴史において肯定的な性格特性が育まれなかった人々を非難する根拠にはならないのである。個人の自由——そこには、〈引き受け責任〉を行使する自由も含まれる——は、確たる自己効力感、気概、認知能力、といった長所の心理学的発達のためには決定的に重要なものである。だが、こうした力を発達させる(または発達させない)ように働く機会と歴史は、その人の幸運——すなわち、肯定的な影響を与えてくれる支援的な〔社会的／概念的〕システムの中で成長発達する、という幸運——の問題であり、それが道徳的責任の要求および帰属の基礎となることはない。

非難と恥辱[452]を乗り越えるプログラムのいくつか

道徳的責任なき世界とは、私たちが諸原因をより明確に調べ、個人とその行動を形成するシステムをより深く見通すことを可能にする世界である。そのような世界を想像するのは、道徳的責任という視座の中に閉じこめられている

451 アイン・ランド(一九〇五年—一九八二年)はロシア出身のアメリカ人女性作家・思想家で、自身が「オブジェクティビズム」と名付けた個人主義的思想で有名。この後の二人に注釈の必要はないと思うが、念のため注記しておくとジョン・ウェイン(一九〇七年—一九七九年)は著名な映画俳優、ロナルド・レーガン(一九一一年—二〇〇四年)は(元映画俳優の)第四〇代アメリカ大統領である。

人にとっては困難かもしれないが、とはいえ、いくつかのプログラムや現場では、すでに道徳的責任、および非難と罰を斥けるシステムが有益なものとして機能し始めている様子を観察できるようになっている。その利益を証明した最初の分野は、製造業の工場であり、そこでは、製造上の欠陥や瑕疵のある製造物への問題関心から、一つの変化がもたらされた。すなわち、何か問題が生じた場合に個々の労働者を非難するのをやめ、代わりに、ミスというものはシステムに由来する問題として取り扱うべきであって、ミスゆえに個人を非難すべきではない、というポリシーを採用するようになったのである（Shingo 1986; Nikkan Kogyo Shimbun 1988）。このようなプログラムには、二つの非常に重要な利点がある。第一に、そこでは個人が問題やミスによって非難されることがないため（ミスや過誤が生じた場合、それは構造の設計上の不具合の兆候であって、労働者個人は、より大きなシステム上の失敗が顕在化する地点にすぎないものとして対処される）、労働者は深刻なミスのみならず、「無害な」ミスや「ニアミス」についても進んで、場合によっては積極的に報告するようになり、こうしてどこに問題が生じるのかについての情報をしっかり取り入れることで生産システムを修正、改善して同様のミスを根絶すると共に、いずれミスをもたらしかねない問題も取り除いていけるようになる。また第二に、ミスが生じた場合に個人を非難しないことで、ミスをもたらした、もっとシステム寄りの諸原因のより深い検討を回避する必要がなくなるのであり（さもないとその種の探究は、個人への非難を切り崩してしまうため、回避されがちになってしまうのだ）、その結果、問題の精察は、表層レベルの兆候よりも深く、その問題の根本原因にまで掘り下げたところへ達するようになる。かくして、根底にある問題を是正することが可能になる（その根本問題は生産過程の設計にあるのかもしれないし、労働者の訓練の不十分さにあるのかもしれないし、反復的な流れ作業が労働者の神経をすり減らし、過誤を誘発しやすくしているためかもしれない）。

航空産業は、このような製造工程に対する非難なき《ノーブレイム》システムによる取り組みの成功に学び、同様のプログラムを採用して、同じような成功を収めた（Sabatini 2008; Harris and Muir 2005）。かつて航空管制システムは、無数のミスにつきまとわれており、それらのミスは悲劇的な事故やぞっとするニアミスをもたらすものであった。過誤を管制官個人のミスと見なし、そこに非難の的を絞り込んでいた間は、管制官たちは自分のミスを何とか隠し通そうと躍起になっていた。そして驚くことではないが、それらのミスは繰り返されていた。だが、焦点を航空管制**システム**の問題や欠陥へと切り替えたとき、管制官たちがミスのゆえに非難されることはもはやなくなった。その代わりに労働者たちは、人々が問題の是正のために一致団結でき、ミスを防ぐ手続きを考案することができ、悲劇に至る前に小さなミスを修復することができる場合には、自分たちのミスや、ミスにつながる潜在的な要因を進んで明るみに出すように奨励された。もしも、ある管制官個人が首尾よく仕事をこなせなくなった場合――かつては適格な管制官を務められていた人物が、忍耐ぎりぎりの職務による精神的、感情的なストレスで疲労困憊してしまうような事例を含む――、その個人は不適格《インコンピテント》であると糾弾されるのではなく、むしろその問題を報告できるし、そうすることで非難とは無縁の仕方で、航空機の安全に対する責任を引き受けていると見なされ、システムのさらなる安全に対する有益な貢献を行った人物として扱われ、より適切な部署へ再任命されることになるだろう。管制官たちは、自分の問題、ヒヤリとする危険な瞬間や過誤を隠そうと努めるのではなく――あるいは、非難の矛先を他に向けようと努めるのではなく――、むしろ問題の源を発見し、それを是正するために協力して働いた。改革に携わった人々は、〔従来のような〕〈決して誤りを犯さない航空管制官〉というどこにも存在しない人物を追い求め、現実の管制官たちがミスを犯すとそれを非難するようなことをせずに、システム内の問題を首尾よく発見し、是正していった。一九九八年に設立された民間航空安全チームは、合衆国の民間航空会社の安全性改善の試みとしてシステム・アプローチを採用した。同チームはこの方法を用いたポリシーを発令し、続く一〇年間で民間機の航空事故死亡率を八三％減少させた。

非難なき《ノーブレイム》システムにもとづく取り組みは、製造工程における問題の解決に成功し、そこから空路の安全の改善のために同じ取り組みが適用され、成功を収めた。医療の現場

452「恥辱」はshameの訳で、本節およびとりわけ次節で詳しく取り上げられる。shameが動詞として「恥ずかしめる、恥じさせて～をやめさせる」のような意味で用いられる場合も多く、名詞形も「恥ずかしめ」に近い意味なので「恥辱」と訳す（動詞の場合は「恥辱を与える」ないし「恥を知らしめる」）。なお、shameには日本語の「恥」の中の「照れ、恥じらい」に当たる意味合いはなく（これらはembarrassmentなどの別の言葉で表現される）、道徳的な不品行に結びついた「不面目」、あるいは「下劣な行為・罪悪感などによって起こるつらく恥ずかしい思い」（『ランダムハウス英和大辞典』）を指す。著者が疑問視する、道徳的責任の帰属および非難という態度と密接に結びついた感情および行為だと言えよう。

に存する非難の文化を変えていくことはこれらよりもずっと大規模で困難な過程であるが——なにしろ、医療における実践や態度は根深く浸透したものなのだ——、それでも、医療以外の分野で非難なき《ノーブレイム》システムにもとづく取り組みが明らかな成功を収めたことで、医療に対しても同じモデルが限定的に採用されるようになり、それが採用されたところでは、他と同様の改善がもたらされるようになった。さらに、そこでの文化が、従来の「名指し、非難し、恥を知らしめよ[453]」という取り組みから非難なし《ノーブレイム》のモデルへとゆるやかに変化し、生じた問題と潜在的な問題を公に報告し吟味することが奨励され、システムの欠陥ある構造を根本的に吟味し、解決する道が探られるようになったことで、それよりもずっと大きな利益が見込まれるようになった(Reason 2000; Spath 2000)。医療過誤が高い率で生じている現状に対しては、ごく正当な理由のある懸念が存在している。合衆国での医療過誤による死亡事故は、年間四千件から一万件にのぼると見込まれている(Kohn, Corrigan, and Donaldson 2000)。その原因は数多くあるとしても、問題の一つの中心要素は、医療従事者——とりわけ医師たち——に、彼ら個人が行う治療の決定と実行に対する全面的な責任(引き受け責任と、道徳的責任の両方)があると想定されていることにある。言うまでもないが、医師ならば医療行為のすべての結果をコントロールできる、と示唆する者はどこにもいない——病気や怪我の中には、現代医学の力では癒やすことができないものも含まれるのだから。しかも、すべての決定を医師が下すというわけでもない——患者には、自分自身の治療法について選択する権利があるのだから。とはいえ現状のモデルにおいては、医師には可能な限り最も正確な診断を下し、最適な治療法を勧め、同意された治療過程を最も有効な仕方で進めていく責任があることになっている。そして、そこでミスがなされた場合、医師には道徳的責任があり、またその医師は非難に相応しい、ということになるのだ(その医師が非難を看護師や、技師や、患者に転嫁しない限りは)。医師であるルシアン・L・リープは、このモデルの不幸な結果について、次のように述べている。

> 医師たちは医学生や専門医学実習生の時代に、過誤なき診療を目指して努力するようにと組織的に教育される。そこでは診断と治療の両方において、完璧さが大いに強調される。日々の病院における診療においても、「ミスは受け容れられない」というメッ

> セージははっきりしている。医師たちは過誤なしで活動することが期待されているのであり、医師たちはこの期待を「医師は決して誤りを犯さない存在でいなければならない」という意味に解釈する。この一つの結果として、医師たちは、ちょうど試験飛行のパイロットたちと同じように、過誤というものを性格上の欠点だと見なすようになる――「君には注意深さが足りない、君は十分がんばろうとしていない」といったように。「怠慢さえなければ、過誤などどうしてありえよう?」という、医師たちの間で一般的な反応の背後には、この種の思考があるのだ。
>
> この〈決して誤りを犯さない存在でいなければならない〉という要求は、ミスを認めず、むしろそれを隠そうという知的不誠実さへの、強い圧力を創り出す。とりわけ大病院で行われている組織的な診療には、こうした規範が浸透している。医師たちの私的な医療活動の中で、過誤があったと認められたり、それについて議論されたりすることは滅多にない。医師たちは通常、そうした過誤を自ら認めることは、譴《けん》責《せき》、監視の強化につながり、さらに悪い場合は、医師仲間から無能《インコンピテント》だとか不注意だとか見なされるだろうと感じているが、これは理由のないことではない。そんな目に遭うよりも、ミスを隠蔽するか、それが不可能な場合には非難を他人に――場合によっては患者にすら――転嫁しようとする方が、はるかにましなのだ。(Leape 1994, 1851–1852)

個人的な道徳的責任というこのモデルは、重大な害悪を招く。第一に、問題やミスがある場合、ミスを犯し、非難に相応しい個人に焦点が合わされることになる。個人の過誤の根本原因であるシステム上の問題――例えば、医師たちの訓練の不十分さや、薬品の命名や略称を定める際の紛らわしい慣習、疲労困憊させるスケジュール、人手不足、およびそれがもたらすプレッシャー、医師の観察と記憶をチェックするために利用できるはずのコンピューター診断支援ツールの不使用、すべての薬品をダブルチェックにかけるためのスキャン装置を欠くこと、危険予防の対策を複数のレベルに多重化させ、有害な結果につながる過誤を事前

453 原語は動詞のshame。前注参照。

に発見できるようにする措置の不在、研修医の睡眠時間を削るような労働条件など――から注意が逸らされてしまう。焦点が〈〔責任を負わせるべき〕個人の発見〉へと絞り込まれてしまうとき、システムに由来する個人の過誤の原因は放置され、繰り返される失敗を産むもとになるのである。

個人への非難にもとづくシステムの第二の問題は、第一の問題と密接に関連し、それをさらに悪化させるものである。すなわちまず、非難される個人は、ミスを産み出した長い連鎖の最後の一環に位置する存在である。そして過誤を犯した個人は、自分のミスを認めることを渋り、それを認めずに何とか問題を隠そうとするようになるのだ。この問題は医療において特に深刻になるのであり、それには二つの理由がある。一つは、医療上の過誤は悲劇的な結果を招くことがしばしばあるということだ（誤った診断が死を招き、麻酔医の過誤が子どもの脳に深刻な損傷を残し、薬品の取り違えが深刻な傷害や苦しみをもたらす、など）。テストの成績の計算の間違いを訂正するのはたやすいが、投薬における計算の間違いは命に関わるのである。また、これに加わるもう一つの理由として、医療の文化が、医療は決して誤りを犯さないという前提の下で動いている、ということがある――よき医者でありよき看護師であるとは、端的にミスを犯さない存在である、ということに尽きるのであり、それゆえミスを犯す医者や看護師は明白に無能《インコンピテント》だということになるのだ。だが、医療過誤が否認され、隠されれば、その過誤の原因は吟味にかけられないことになる。そして同様のシステム上の欠陥から引き続き過誤が生じ、システムの是正は何一つなされないままになるのだ。

システムの改革と過誤の発生率削減へ向けた決定的な一歩は、「非難の文化」の根絶である。つまり、私たちがまずは個人を、ミスをしたという理由で非難することをやめ、その代わりにミスの原因が何であり、それをどう是正するかという部分に焦点を合わせることである。近年、英国国民保健サービスと英国政府がこのような対策に踏み出すことの重要性を認識していることは、過誤を減らすよりよい医療システムの構築へ向けて起草された文書の中で示されている。その文書、『良質さへのコミットメント――卓越性の探求』――英国国民保健サービスと英国政府による二〇〇一年の共同声明――は「誠実な営みの中でなされた失敗には、非難と応報的懲罰によって応じるべきではなく、むしろそこから学び、未来の患者のリスクを削減する努力によって応じるべきだという認識」を誓約している（National Health Service 2001, 7)。同様の取り組みは、「誤りは人の常」と題された、二〇〇〇年の医療協会による報告も推奨している（Kohn, Corrigan, and Donaldson 2000）。この研究は「名指し、非難し、恥を知らしめよ」という伝統的な医療文化を斥け、それに代えて、さまざまなミスの、システムに由来するより大きな原因の吟味を行い、より安全な医療システムの設計へとつなげていくことを推奨している。

　個人を非難し、人々――航空管制官、医師、看護師、その他誰であれ――を道徳的責任のある存在と見なすことは、システムの改善のためにも、人々の改善のためにも、有効なやり方ではない。それどころかそれはそのシステムの設計上、小さい問題が大きな問題に成長するまで隠され、しかもその問題を個人の失敗のせいにすることで[454]、システムの欠陥が隠蔽されるようになっている。もしも諸原因への効果的な注目と、ミスの是正と、より効果的な行動様式と、より信頼できるシステムの発展を推奨したいならば、私たちは個人への非難というモデルから遠ざかり、それに代えて、ミスとその原因、およびそのようなミスを防止し、個人の行動様式を改善するようなシステムをいかにして考案するか、という問題に対する、とらわれのない探究を促していかなくてはならない。

　言うまでもないことだが、ミスの中には、医師の道徳的な欠陥とは呼べないものがある。レントゲン写真についた汚れが誤診を招いたり、外科医の手が滑ったりすることはある――これらは過誤であり、医師たちはこのような事態に深刻に悩まされるかもしれないが、しかしそれらは、医師の性格上の欠点を表すものではない。しかしながら、中には、深刻な性格上の欠点に由来すると見るのがもっともなミスもある――早くティータイムにしたいと、注意深いチェックをいつもよりもおろそかにして手術をする人物や、傲慢な性格で、本来必要な訓練なしでも手術を成功させられると思っている人物などである。仮に、医療コミュニティがこのような危険につながる傲慢な医師を増加させてい

454 原語はblameだが、この場合「人に責任を帰する」という意味になり、辞書によれば「譴責（censure）」や「糾弾（condemn）」よりも「非難」の意味はあっても弱いとされている（『ランダムハウス英和大辞典』）。他の文脈のblameは「非難（する）」と訳してよいが、とはいえこれは本書で取り上げられている概念や思想のより深い理解に役立つニュアンスの相違といえるかもしれない。

るとしたら、それは危険なシステム上の道徳的問題であって、広く認められ、是正されるべきであるが、しかし、そこでそのような医師への非難を行うとしたら、このような肯定的な改革の努力を妨げることになるだろう。

ジーン・L・スタイナーは、システムを視野に入れた取り組みと道徳的責任を結びつけるモデルを支持している。それによれば、欠陥ある個人的な行動——例えば、「リスクの大きな状況で、それと知りながら安全な実践やポリシーを無視するような人の行動」（Steiner 2006, 97）——は非難と罰に正しく相応しい《ジャストリィ・デザーブ》、ということになる。スタイナーの視座からすると、「システムを視野に入れた取り組み」はシステムに由来する過誤の原因の発見に焦点を合わせる点で大いに価値のあるものであるが、とはいえそれは「職務上の、および／または法的な制裁が全面的に容認されるような状況もありうる」という理解によって釣り合いをとるのでなければならない」（98）。しかしながら、個人への非難という要素をそこに付け加えることは、深刻な不利益につながる。システムを視野に入れた取り組みは、ミスを減らし、問題を是正することでその価値を証明してきた。ならば、ここで歩みをやめるよりももっとそれを広げていこうとする方が説得力をもつ——個人に目を向ける応報的な道徳的責任モデルが失敗していることは十分に立証されているのだから。システムを視野に入れた取り組みを個人の道徳的責任と結びつけ、一定の局面のみに限定的に採用することも、たしかに可能ではあるかもしれない。しかしそれは、システム・モデルの有効性を限定的なものにしてしまう見込みが大きいだろう。こうした混合システムが可能かどうかが問題なのではない。むしろ、誰であれ、なぜそのようなシステムを採用したいと望むのか、その理由こそが問題なのである。

スタイナーの主張によれば、システム・モデル（非難なき《ノーブレイム》モデル）の適用を留保し、懲罰的な、道徳的責任に依拠する見方に切り替えることこそ何より望ましい場合もあるのであり、職業医師たちが「リスクの大きな状況で、それと知りながら安全な実践やポリシーを無視する」というのは、それが望ましい場合の明確な事例なのだ、ということになる。不幸なことだが、スタイナーが言うような事例は、医療の現場にはごく当たり前に見いだされる——手術中の高リスク感染症を避けるための適切な予防措置を怠る医師、検査中の、死に至る可能性のある状況をチェックするためのガイドラインの遵守を怠る医師、関連要因をすべて考慮する前に性急な診断を下す医師、などはごく普通に存在する。このようなことが生じる場合、その医師は、患者の治療における悲惨な帰結につながりうるひどいミスを犯したことになり、その瑕疵《フォールト》は、十分な治療と適切な配慮を怠った医師の欠点のある性格に求められうる、ということになる。私たちが個人の道徳的責任というモデルを採用するならば、この医師は懲罰を受け、それで問題は「解決」したと見なされる――私たちは道徳的に責任ある個人を発見し、罰したのだから。だが同じ問題は、他の医師が同じ種類のミスを犯す――そして、自らのミスを隠し、非難と罰を避けようとあらゆる努力を払う――という形で生じ続ける。実のところ医療コミュニティが、この種のミスの隠蔽のために共謀することはありうることであり、また現にそれはなされている――つまり医師たちは、別の機会に自分自身が軽率なミスを引き起こしたときにも、仲間の医師たちによって元の恵まれた地位に復帰できるようにしてもらいたい、という希望のもと、ミスのもみ消しに協力するのである。

システムを視野に入れた取り組みの場合、医師たちは自分が、(より大きな用心を求められるところで)性急なミスを犯したことを率直に認めることが可能となり、また、問題の範囲や本質を批判的に吟味し、その原因を発見することが可能になる(その原因は人手不足にあったのかもしれないし、管理職にのしかかる、スピードと「効率」への圧力の増大にあったのかもしれないし、医学部での訓練の不十分さにあったのかもしれないし、あるいは、――最悪のシナリオとしては――自分自身の収益を最大にするためにいい加減な治療を患者に行うような、強欲な医師に医師免許を発行してしまったことにあるのかもしれない)。治療の過程で軽率なミスを犯し、それによって患者を重大な危険にさらす医師個人は、たしかに欠点を抱えた医師であって、これはその深刻な性格的欠陥の原因が何であろうとも変わりはしない。だが、このような欠点を発見し、それを変え、同様の欠点が未来の医師たちの中で発生することを食い止めるための最善の道は、そうした欠点の発見をより容易なものにし、その本質と原因を理解し、それを是正するためのさまざまなプログラムを実施できるような、そういったポリシーを採用することである。個人の道徳的責任というポリシーはそのような過程を阻害し、道徳的責任の排斥はそれを促進する。

犯罪を明瞭に見つめること

製造工場、航空機の安全、および医療に対する非難なき《ノーブレイム》システムによる取り組みは、道徳的責任なきありうる世界を素描するものである。しかし道徳的責任なき未来を想像する際の最大の難題がある。刑事司法システムに関わる難題である。刑事司法システムが道徳的責任なしで機能するなど、いったいどうしたら可能だろうか？　それがどのようなもの**ではない**だろうか、という点については、すでに吟味を行ってきた——それは何か残忍な〈時計じかけのオレンジ〉式のシステムではないだろうし、人々を操作の客体として処遇することはないだろうし、現在の応報的なシステムの粗暴な残酷さを先に進めることはないだろうし、犯罪者を異質な存在として処遇し、こちらの都合を最優先して処分してしまってよいと見なすこともないだろう。とはいえ、道徳的責任と〈正しい報い〉を斥けるような刑事司法の積極的な輪郭を提起するというのは、可能なことなのだろうか？

　医療過誤に対する個人の非難という、根深い伝統である医療文化を変化させるというのは、——私たちはすでにその着実なスタートを切っているとはいえ——大いに困難な挑戦である。だが、医療文化を非難と恥辱[455]とは別の方向へ転じるというのは、応報的司法《ジャスティス》／正義という、巨大な機構にして瀕死の伝統でもあるものを揺り動かすという課題と比較すれば、ちっぽけな課題である。犯罪行動に傾くような性格形成を受けてきた人々を更生させるには、どのようなプログラムが有効なのだろうか？　これは経験的〔実証的〕発見の対象となる問題であり、この問題は、道徳的責任という目隠しを取り外し、事柄をじっくりと見つめることで前進するはずのものである。犯罪行動の更生に関する、二〇世紀中盤に支配的であった見解がある。それはごく単純な見解で、すなわち「何も有効ではないnothing works」というのだ。これは言い換えれば、〈私たちは犯罪者の更生の有効な手段を見つけ出そうと多大な努力を払ってきたのだが、何も有効ではなかったのだから、私たちは単純に彼らをしかるべき場所に放り込んで、社会を悪人から保護すべきなのだ〉ということである。これはまことに都合のよい結論であった。というのも第一にそれは、〈私たちは、悪漢たちの更生に向けてあらゆることを試し、厖大なエネルギーと資源を注ぎ込んだのに、それでも何も有効ではないのだ〉という主張として、満足感を与えてくれる。この主張は明白な虚偽なのだが——なぜなら私たちは実のところ、有効な更生プログラムの発見や構築の試みに、ごくわずかのものしか注ぎ込んでこなかったのだから（かつては薬物やアルコールの依存症の更生プログラムが皆無に等しかったこと、監獄での教育プログラムという手法がほとんどとられていなかったこと、また、囚人に対する心理カウンセリングという手法はほぼ無きに等しいものであったことを考えてもらいたい）――、それにもかかわらず〈私たちはとてつもない努力を払ったのだ〉と言い立てることは、心地よいものであったのだ。また第二にこの主張は、都合よくも、焦点を囚人たちに固定するものであった――〈問題は彼らを変えることにある〉ということになれば、私たちは、人種差別や、教育機関の不十分さ、職業差別、雇用機会の欠如、医療保障の欠如、敬意の欠如、といった諸問題を否定ないし無視することができるようになる。焦点が悪しき個人に合わされているために、――彼らが犯罪に及ぶ前、収監中、出所後に――彼らを形成した、悪しきシステムに注意を向ける必要がなくなるのだ。最後にまた、「何一つ有効ではない」は、「あの種の人々」が、彼らが置かれている条件から独立である、という見方を示唆する。つまり〈私たちは刑務所で、彼らの更生のためのあらゆる機会を提供したのであり、そしてそれは何の結果ももたらさなかった〉ということであって、言うまでもなくそこからは〈(刑務所の中であれ外であれ）彼らの形成に関わった条件などは何も存在せず、彼らが本来的に悪しき存在であって、それゆえ、彼らを形成した社会には何らの瑕疵《フォールト》もなく、私たちはシステムを吟味したりその改革を考慮したりする必要はない〉という付随的帰結が導かれる。驚くことではないが、有効な更生プログラムを構築するための真正の努力がなされた、またそれによって際立った成功を収めたという事例は存在しており、かつまた、それらの有効なプログラムは、まず手始めに、暴力的な反社会的性格を形成した、システムの負の影響の注意深い吟味を行うものであることが明らかになっている。犯罪をなした者に恥辱を与える「更生」プログラム――そこには、道徳的責任への信念に衝き動かされた、応報的懲罰への広く行きわたった欲求が存在する――は、多大な満足感を与えてくれるものだ。それは応報的な苦痛を〔犯罪者に〕もたらしたい、という欲求を満足させ、私たちの独善的な思いなしを補強し、犯罪者における性格や行動の欠陥をもたらした諸原因の詳しい検討をせずに済ませられるように、私たちを保護してくれるからである。しかしながら、それは深刻な逆効果をもたらす。つ

455 訳注452参照。

まりそうしたプログラムは、恥辱を与えられた人々にさらなる危害を与えると共に、恥辱を与える人々の目をより一層曇らせてしまうのだ。ダン・M・カーンは、「合衆国全土の司法制度は、公的な恥ずかしめの行為を、犯罪者の刑罰という形で再発見しつつある」というコメントを、賛意を込めて提起している（Kahan 1998a, 706）。カーンはさらに、刑務所の侮辱的なあり方を、服役囚に恥を知らせるための効果的な手段として称揚しさえする――「刑務所は、〔囚人に〕数限りない……侮辱を浴びせることにより――これは、排尿や排便が他者の目にさらされることに始まり、同室の囚人からレイプを受けることにまで至る――、私たちが刑務所という場所に割り当てている低劣な地位を際だたせる」（Kahan 1998b, 1642）。だが、ジェームズ・ギリガンが（Gilligan 2001）――道徳的責任と〈正しい報い〉にコミットしながらも、それに引きずられることなく――明示しているように、まさにこのような敬意の欠如と「低劣な地位」の割り当てこそが、暴力の原因となる主要な要因となっているのである。この種の処遇がもたらす侮辱は、道徳的責任にとりつかれた一般大衆の応報的な要望を満足させるものであるかもしれないが、しかしそれはその対価として、単に諸問題の現実の原因を無視することにとどまらず、囚人たちの暴力犯罪への悪しき傾向を助長するという、深刻な結果を招く。このような事例において私たちの社会は、教育や地位や財産において「うまくやる」機会を欠いた人々の尊厳と、誇りと、自尊心に対してひどい仕打ちを与えているのであり、成功した更生プログラムは、そのようなひどい仕打ちをそれとして認識することから出発する。私たちは、次のいずれかから選択できる。一つは、自分たちの基本的な問題の原因をシステム全体で曖昧にしてしまう取り組みであり、もう一つは、その問題の原因のより深い理解を容易にしてくれるシステムである。そして、理解こそがより見込みのある道であるように思われる。

応報的司法／正義《ジャスティス》のシステムこそが道徳的責任の最後の砦となる、という見方は興味深い。というのも、じっさいそれは、非常に弱々しい防壁でしかないのではないかと思われるものだからである。私たちにとって支配的な、応報的「司法／正義《ジャスティス》」のシステムをじっくりと見つめた上で、それを守る価値のあるものだと判断することは難しいし、それを（道徳的責任は応報的システムの不可欠の基礎なのだから、という理由で）道徳的責任を守るための強力な根拠だと見なすことは、それよりもさらに難しい。応報システムのさまざまな欠陥は至る所に満ち満ちており、明白なことでもある。西洋において、応報的司法《ジャスティス》／正義への最も深いコミットメントが見いだされるのは合衆国においてであり、応報的司法《ジャスティス》／正義のシステムのさまざまな醜い要素がありありと目に付くのも合衆国においてである[456]。犯罪が増加すると、私たちは犯罪をなした、道徳的責任ある個人への応報的懲罰のつめ車を、一歩先に進める[457]。犯罪がまさしく深刻なものである場合、私たちは犯罪者を刑に処する——そして、問題が解決したかのように装う。だが、この点については、私たちはこれ以上ないほどに注意深い態度で対するべきである。というのも、収監中の情報提供者は、——刑期の短縮や減刑という形での——賄賂《わいろ》を提供されて「被告人は昼食時に、あるいは運動場で、罪を認めました」と宣誓の上で証言するよう仕向けられており、関係者はみな、裁判官から弁護人に至るまで、その証人に偽証の見返りが支払われていることを承知しているからである。目撃証言がはらむ深刻な問題は心理学者たちにはよく知られている——実にそれは、今では、学生時代に心理学の入門コースを履修した人であればほとんど誰もが知っているほどに有名なのだ。だが、これらの問題は、検察官たちがその種の薄弱な根拠に訴訟事実を基礎づけることを抑止したり、陪審員たちがその種の脆弱な証言をもとに評決を下すことを抑止したりはしない。悪事がなされてしまったからには、誰かが苦しみを受けねばならないのであって、もしもその誰かがたまたま、その犯罪に手を下した人物であったならば、それは何よりよいことであるが、とはいえ、それは明らかに不可欠の条件ではない。というのも、これまで無数の人々が、DNA鑑定にもとづいて刑務所——その多くは死刑囚監房——を釈放になってきたのであり、その数はあまりに多すぎてもはやマスコミ報道の対象には

456 ベンジャミン・クリッツァー氏はブログ『道徳的動物日記』の、本書とよく重なる主題を論じた、ダニエル・デネットとグレッグ・カルーゾーの対話『自由意志対話』（青土社二〇二二年）の書評の中で、「刑罰について論じている際にはアメリカ社会の刑事司法システムの現状が念頭にあるだろうということは、読者としても失念すべきではないだろう」とし、現代アメリカの刑事司法が「現代の先進国のなかでもとりわけ失敗したシステム」であることを指摘している。ここで著者自身が指摘しているように、この点は本書を読む際にも考慮すべきであろう。https://davitrice.hatenadiary.jp/entry/2023/01/31/161357

457 「つめ車を先に進める（rachet up）」とは、つめ車（ラチェット）すなわち一方向にしか動かない歯車を回すように、後戻りのできない仕方で厳罰化を先に進めるということ。

ならず、世間の憤慨をかき立てることはさらになくなっている。誤った有罪宣告を受けた、それよりもずっと多くの人々――DNA鑑定による証拠が手に入らなかったり、証拠が破損されていたり、刑務所で鑑定を受ける機会を与えられていなかったりする人々――がいても、私たちの応報的「司法／正義《ジャスティス》」のシステムの代弁者たちは気にかけていないように思われる。むしろ正反対に、厳格な応報的司法／正義《ジャスティス》に最も深くコミットしている人々はしばしば、有罪宣告が誤った人物に下されたことを明るみに出しかねない手続きの採用を、熱心に阻もうとする。つまりいくつかの州では、誤って有罪宣告を受けた人物を無罪にする可能性のある上訴を行うことを制限したり、その証拠の入手に制約を加えたりする法案を可決しているのである。応報的司法／正義《ジャスティス》のシステムとは報復に向けて設計されたシステムであって、貧しい者、弱者、マイノリティたちはたやすくその標的にされてしまうのであり、彼らが本当に犯罪をなしたのかどうかに細やかな関心を払う態度は、応報的報復という「本能的」反応の障害物となるのである。私たちは応報的懲罰のために莫大な資力《リソース》を費やしており、かつまた、この問題を解決しうるための手立て《リソース》を自分たちから剝奪しているのであり、こうした問題は――私たちが個人を非難する代わりにシステムを考察するならば――容易に発見できるものだが、それこそが犯罪の原因となっている。応報的システムは、これらの問題をじっくり見つめることを不可能にするのだ。もしも私たちが諸原因にじっくりと目を向けるならば、応報的懲罰の基礎としての道徳的責任は崩壊する。たしかにこの問題をじっくり見つめるのは難しい――問題とすべきは**彼ら**なのではなく、**私たち**なのだから。だからもしかすると、私たちがそれらの問題を引き起こしたのだとしても、私たちがそのことゆえに**非難**に相応しいわけではない、ということを改めて認識するならば、私たちがシステムの欠陥を認識し、吟味し、修復することはより容易になるかもしれない。

　もしかすると、道徳的責任の擁護者たちは、私たちの応報的司法／正義《ジャスティス》のシステムには改革が必要である、ということを容認しつつも、システムを無用のものとして廃絶するのではなく、応報的司法／正義《ジャスティス》という道徳的責任のシステムを改革し、それがもっとうまく働くようにしていくべきだ、とあくまで主張するかもしれない。問題は、ここで見てきた欠陥が応報的司法／正義《ジャスティス》のシステムに本来的に備わった欠陥だというところにある。つまり第一に、応報的システムは、私たちは誰かに誰かを罰させなければならない、とあくまで主張する。それゆえ、ＤＮＡ鑑定の進歩により、誤って有罪宣告を受けた人々の数が無視できないほど多くなっても、応報的「司法／正義《ジャスティス》」の代弁者たちはひるまず、そのようなミスは、偉大なる応報の過程のささいな副産物として受け容れなければならない、とあくまで主張するのである。熱心な死刑支持論者であるアーネスト・ヴァン・デン・ハーグは次のように述べている。

> 誤審は稀な事例だが、とはいえ現に生じるものではある。〔ヴァン・デン・ハーグの論考が書かれたのは、ＤＮＡ鑑定により、無罪の人物への誤った有罪宣告が驚くほど当たり前のこととして生じている、ということが明らかになる前である。――引用者注〕十分長きにわたり、誤審によって一定の罪なき人々が処刑されてきた。では、これによって、〔死刑という〕取り返しのつかない刑罰が道徳的に不正だということになるだろうか？　それは首肯しがたい。私たちの政府はトラックを利用しているが、これらのトラックが罪なき歩行者をひき殺す事故は、法廷が罪なき人々に死刑を宣告する事例よりもずっと頻繁に生じている。だがこれによってトラックの利用を放棄する者はいない。というのもトラックの利用は、罪なき者の死を含む害悪をはるかに超える利益を産み出すからである。人間の活動の多くについて、たとえそれがちょっとした活動であっても、誤って死をもたらすことが予見されうるものだ。法廷が誤りによって死なせる人々の数は、ゴルフによってそうなる人々の数よりも少ない。人に死刑を科することで正義を実行する《ドゥーイング・ジャスティス》ことで得られるのが、道徳的な利益だと見るか、実質的な利益だと見るか、その両方だと見るかはともかく、その利益は誤審によって奪われる罪なき人々の生命という損失をはるかに超えているのであり、これは不慮の交通事故の場合と同様である。(van den Haag 1985, 967)

つまりは、重要なのは応報的懲罰であって、司法／正義《ジャスティス》ではないのだから、「一定の罪なき人々」の処刑が私たちを悩ませるはずがない、ということだ。そして、実際それは私たちを悩ませない――これは〔ヴァン・デン・ハーグが言うように〕応報的懲罰が圧倒的な利益をもたらすからではなく、むしろ、報復としての応報的懲罰の基本的本性ゆえに、標的とされた人物へのあらゆる繊細な気づかいが閉め出されてしまうからである。だがまた、応報的システムの改革を不可能にしている第二の問題があって、これはより深刻である。すなわち、応報的システムを保持するためには、私たちは改革を必要としている現実の諸問題を精察**してはならないの**であり、なぜなら注意深い精察は、応報的懲罰の支柱となっている道徳的責任の死を意味するのだからである。

道徳的責任なき世界において、刑事司法システムがどのような形をとりうるかを明確に指し示す、有望なプログラムは存在する。修復的司法／正義《ジャスティス》[458]の運動（少年司法と、カナダの「ファースト・ネーション〔いわゆる先住民〕」およびニュージーランドのアボリジニーのための特別コミュニティ法廷において特に盛んである）は、その有望な可能性の一つである。修復的司法／正義《ジャスティス》（Braithewaite 1999, 2002; Johnstone 2003; Morris, 2002）は、伝統的な応報的司法／正義《ジャスティス》モデルとは対照的に、犯罪が生じたコミュニティと犯罪被害者の一体性と健全性の（可能な限りでの）修復、および同時にまた、犯罪者のコミュニティへの復帰〔という意味での修復〕[459]に焦点を合わせる。修復的司法／正義《ジャスティス》プログラムには幅広い多様性があるが、そのすべてに共通する重要な特徴がいくつかある。第一に、そこで重要視されるのが、犯罪をなした人物——コミュニティと、コミュニティの中の人々に危害を加えた人物——が、自分の悪事を自ら認め、その悪事で他者が傷ついたことを認識し、また犯罪者自身の瑕疵《フォールト》を認識し、そしてその悪事について誠実に謝罪することだ、という特徴である（なお、道徳的責任の否認は誠実な謝罪を排除するどころかむしろ促進するというのは、前述の通りである）。第二に、コミュニティは悪事をなした者のコミュニティへの復帰《リストアリング》を重視し、コミュニティのどのような間違いが、このメンバーが性格に深刻な欠点を抱えるようになった原因となったのか、そして、それを引き起こした因果的力をどのように変えれば、その欠点を正し、他のメンバーの中で同様の欠点が育まれることを阻止することができるのかを吟味する。このように修復的司法／正義《ジャスティス》モデルは、誠実な謝罪への強いコミットメントと、犯罪者の性格の欠陥の原因の発見、理解、是正に対する同じくらい強いコミットメントを結びつける一方で、刑罰の手段および個人への非難と罰は強調点から外す。

さまざまな修復的司法／正義《ジャスティス》プログラムは未だ揺籃期にある。これらのプログラムは、応報的システムに対する理想の代案へと成長するかもしれないし、また、これはより見込みのある可能性だが、もっとよいプログラムへのヒントになることもありうる[460]。とはいえ、道徳的責任なきあらゆるシステムに組み込まれるはずの特徴が一つあるのは確かであり、その特徴こそが最も重要である——すなわち、道徳的責任がないことで、私たちは犯罪行動と犯罪的性格をもたらす現実の諸原因をより注意深く、より明瞭に見つめることができるようになり、また〔個人における犯罪行動という、〔重要な諸原因の、外面的な〕兆候に囚われるのではなく、むしろ〕そのような因果的条件を変えていくための有効な歩みを進めていけるようになる、ということである。

私たちが暴力的行動の、システムに由来する諸原因を注意深く見つめるならば——そして、私たちが非難し罰する個人への狭い焦点を押し広げるならば——、そうしたシステム上の諸問題を発見することは困難ではない。ジェームズ・ギリガンはかつて、犯罪に至った精神異常者向けの病院であるブリッジウォーター州立病院の病院長と、マサチューセッツ刑務所制度の精神科部門の責任者を務めた人物であり、またハーバード大学医学部の暴力研究センターの所長でもあった。彼は、暴力の原因に関する彼の広範な研究から、暴力行動の引き金を引く基本的要因は、根深い恥辱や軽蔑を受けたという感覚であると結論した。ギリガンはまた、そのような暴力を喚起するものとしての恥辱の感覚を引き起こす、重要なシステム上の要因も発見している。

> 恥辱が、社会システムと経済システムを通じて拡散されることには、……多大な証拠が存在する。この拡散は……人口構成の「垂直的」分割と呼びうるもの——すなわち、身分集団、支配階級、カースト、年齢集団などによる階層的なランク分け——によって生じるが、人々を集団の内部と外部、受け容れられる者と拒まれる者、強者と弱者、富める者と貧しい者、名誉ある者と卑められる者へと分割するそれ以外の仕組みによっても生じる。というのも、人々が受ける恥辱にはシステム全体に由来する、大掛か

458 原語は restorative justice。
459 「復帰」の原語も「修復」と同じ restore である。
460 このように本書で著者は修復的司法／正義に大きな期待を抱いているが、二〇一八年の *The Injustice of Punishment* (Rautledge) では、この取り組みが恥辱（恥ずかしめ）の実践と結びつくことを問題視する視点が提起されている（pp.135-140）。

りな基礎があるからであり、また、屈辱の感覚による傷つきやすさの度合いは、劣っているとされる社会的、経済的な地位を割り当てられた人々において大きくなるものだからである。しかも、その地位が劣っていて卑しいとされる度合いが大きければそれだけ、恥辱の感覚は頻繁かつ激しくなり、そして暴力行為もまたそれだけ頻繁かつ激しくなるのである。(Gilligan 2001, 38)〔邦訳七一―七二頁に該当〕

ギリガンは以上の論点を導きに、次のように指摘する、

　世界各国の比較、および、合衆国内の各州、各郡、各都市、各国勢調査単位[461]の比較によれば、殺人の発生率の予測因子として最も強力なのは、富める者と貧しい者の間の、収入と財産の度合いにおける格差である。少なくとも四〇件近くかそれを上回る[462]研究において、絶対的および相対的な貧困と、殺人事件の発生率の間には、顕著な統計学的相関が見いだされてきた。一九九三年にシェイとピュー(Hsieh and Pugh, 1993)は、この種の研究のうちの三四件についてメタ分析を行い、これらの発見に対して強力な統計学的裏づけの存在を発見しており、この研究分野の、これ以外のいくつかのレビューも、同様の結果を示している。(2001, 39; see also Wilkinson 2004)〔邦訳七二頁に該当〕

さらにギリガンは、合衆国における暴力事件の高い発生率の由来については、いくつかの明瞭なシステム上の要因に求めることができる、と指摘する。

実のところ、合衆国の社会システムおよび経済システムは、恥辱とそれに由来する暴力を最大化するようなさまざまな特徴のほとんどすべてを、一身に体現している。つまり第一に、人は賢明で勤勉であれば誰もが裕福になれるという、「ホレイショ・アルジャー」神話[463]が存在する(これが意味するのは、もしある人が裕福でなければ、その人は愚かであるか、怠惰であるか、あるいはその両方である、ということを意味する)。第二に、私たちは、自分たちが裕福になれると教わるだけでなく、裕福になりたいと望むように駆り立てられてもいる。というのも、大量生産による経済システムの全体が、洪水のように押し寄せる生産物

としての商品（それゆえまた、洪水のように押し寄せる広告）を消費しようという欲望をかき立てることに依存しているのだからである。第三に、社会と経済の現実がホレイショ・アルジャー神話とは正反対のものだ、ということがある。というのも合衆国における社会の〔社会階層の〕可動性は、ヨーロッパおよびイギリスの、一般に合衆国よりも硬直的だと思われている社会構造に比べても、さらに望みの薄いものとなっているからである。ミシェル、バーンスティーン、シュミット（Mishel, Bernstein, and Schmitt 2001）が行った指摘では、「広く受け容れられている見方に反して、合衆国が提供する経済的〔階層の〕可動性の度合いは、他の裕福な国々に比べて小さい……」のである。第四に、彼らがまた言及しているように、「合衆国は、世界のすべての先進経済国の中で所得配分における不平等が最も大きい……」。合衆国におけるこれらすべての特徴の最終的な結果は、人々が切望したものと実際に得られた結果とのギャップの最大化であり、これは恥辱の感覚の頻度と強度を最大化させ、それが暴力犯罪の比率を最大化させるのである。（2001, 44–45）〔邦訳七九―八一頁に該当〕

ヘレン・エプスティーン（Epstein 2009）の指摘では、近年の研究によると、ボルティモアおよびニューヨークのアフリカ系アメリカ人ティーンエイジャーの六〇％から七五％が、頻繁かつ恒常的に、警官から嫌がらせを受けたと報告しているという。たとえこの数値に疑問を抱く場合でも、都市に住む黒人の若者が、嫌がらせと軽蔑の的になっている――加えて、多岐にわたる恥辱を受けている――と**感じている**、ということは明らかである。これだけが要因のすべてでないというのは明らかだが、重要なのは、私たちが焦点を個人の非難から、システムに由来する暴力行動の原因の吟味へと転換するとき、私たちは問題の諸原因の発見において速やかな進歩を果たしうる、ということで

461 census tract はアメリカの人口調査標準地域で、人口調査のため国勢調査局が用いるいくつかの大都市の標準地域を指す（『ランダムハウス大英和辞典』による）。

462 原語は some three dozen で、正確な数値としては「三ダース＝三十六件前後かそれ以上」。

463 ホレイショ・アルジャー神話については訳注440参照。

ある。その問題を是正することは〔その発見に比べると〕より困難であろう――とりわけ、特権と財産がこれほどまでに深く根づいたシステムにおいては。だが、少なくとも私たちは注意と努力を正しい方向に絞り込むことができるし、原因そのものに――その原因がもたらす行動的な兆候にではなく――対処することができるのである。

最後の挑戦

応報的懲罰と道徳的責任を斥けるシステムに対する、他のすべての挑戦が潰えたとしても、最後の挑戦が残っている。〈(私たちの社会によって形成された)暴力犯罪への対処として、君にはどんな提案があるのか?〉という挑戦である。私たちは、ロバート・ハリスをどのように扱うのか?これは深刻な挑戦である。私たちが、彼のなすがままのふるまいを放置したり、彼の〔犯罪の〕ために便宜を図ったり、彼が殺人を続けることを許容したりするはずもないのは明らかだ。恐らく、私たちは彼を檻に閉じこめることができようし、その果てに彼を檻から引きずり出して殺害し、幼児虐待や、不十分な学校教育(とりわけ、特別な配慮を要する子どもたちへの教育)や、ハリス〔の行動や性格〕を形成し、今なお彼と同じ道を歩む多くの若者〔の行動や性格〕を〔ハリスのようなそれへと〕形成し続けている残忍な少年院といった、あまねく見いだされる問題は無視する、ということもできよう。これは、私たちの道徳的責任システムにおいて現在主流のポリシーであり、多くの人々はそれを保持する価値があるものだと考えている。道徳的責任が**ないとしたら**、私たちは何かこれよりもよいポリシーを考えることができる。その新たな提案がどのようなものであっても、その新たな提案が改善につながらない、と想像するのは難しい。

この点を詳しく述べていこう。私たちは何よりもまず、ハリスの残忍な性格と邪悪な行動を形成した原因、そしてそれらが、ハリスがハリスのような人物になるに当たって果たした重大な役割を――道徳的責任への信念を保持していくために――無視したり、さらには否定したりすることをせず、むしろそれを発見し、変えていくことへと焦点を合わせるようになるだろう。この新たな取り組みをとるとき、こうしたおぞましい問題が依然として存在し続けている現在の状況は、国家的非常事態であると――それゆえ、それを改革するための真剣な投資を要求する事態であると――見なされることになるだろう。では、私たちはハリスという一人の人物にどのように対応することになるだろうか？　彼に、彼の意向通りのふるまいをさせることはない、というのは明らかである。彼は暴力的な人間**であり**（処刑までの彼を指すなら「であった」と言うべきだが）、他の人々を彼の暴力から保護する必要があるのだ。私たちは彼に〈時計じかけのオレンジ〉式の残忍な療法を加えることも、他のいかなる残忍な行いを彼に加えることもしないだろう。そもそも彼という残忍な男を形成したのは、――家庭、学校、少年院での――残忍な処遇であったのであり、道徳的責任の排斥は、ハリスがその残忍な行動のゆえに残忍な処遇に**相応しい**、と想定する誘惑を取り除いてくれる。そして私たちはロバート・ハリスについて「あきらめる」ことに多大な抵抗感を示すだろう。私たちは、仮に自分が彼と同様の恐ろしい目に遭わされたとしたら、私たちも同じくらい恐ろしい人物になっていたことは十分にありうる、ということをよく認識している。さらにまた私たちは、ロバート・ハリスが、何らかの、社会の側での深刻な失敗――幸運な私たちには、そんな社会での一定の持ち場が確保されているのだが――を指し示す、ぞっとするような表徴であることもよく認識している。ロバート・ハリスのような子どもたちがほとんど想像もつかないほどの残忍な状況に、来る年も来る年もさらされ続ける一方で、私たちは贅沢な生活を楽しんできた。そして私たちは――特権的な立場と、多大な影響力を手にしながらも――必要な変革をもたらす十分な努力を払ってこなかった。子どもや配偶者への虐待という巨大な問題に対処したり、あるいは少なくともそれを緩和させるための〔社会的〕方策《リソース》も、学校を改革し、発話に問題のある子どもたちへの特別な教育を（裕福な隣人たちの子どもだけに限定せずに）提供するための方策《リソース》も、（広く知られている）少年院の残忍な状況を正していくための方策《リソース》も、私たちの手の届くところにあったのだ。ロバート・ハリスを、あるいは私たち自身を**非難**しても何の意味もないし、実りもない。だが、それを理解することは〈ハリスは異質な道徳的怪物であって、私たちが配慮すべき存在ではない〉という見方から私たちを遠ざけることにはなるはずだ。彼の失敗は私たちの失敗であり、ロバート・ハリスについてあきらめることは私たちについてあきらめることであり、かつまた、私たちが加担してきた悪の是正をあきらめることである――私たちには不釣り合いに大きな分け前が与えられており、その分け前を用いてこの問題を防ぐこともできたのに、私たちは、自らの特権を用いてそれを無視し、自らの特権をもってその分け前を乱費して、その悪に加担してきたのである。個人の道徳的責任を信じる人々は、ハリスの処刑を正当化するかもしれないし、彼の姿が私たちの目にも心にも入ってこないように、彼をどこかの残忍なスーパーマックス刑務所[464]に閉じこめることを正当化するかもしれない。しかしこうした安易な「解決」は、道徳的責任の廃絶論者には利用できない。

ロバート・ハリスのような人物を更生させることは可能なのだろうか？　私はその答えを知らない。私たちの社会は、刑罰や、苛酷な投獄施設や、死刑の執行のためには何十億ドルも投資してきたのに、荒々しい社会的害悪をもたらすような〔性格〕形成を受けてしまった人々の有効な更生プログラムを見つけ出そうという試みには、ほとんど投資をしてこなかったのである。暴力犯罪者の更生における〔二〇世紀中盤に支配的だった〕「何も有効ではない」の主張は、いつでも、私たちの社会によって残忍な性格への性格形成を受けてきた人々を救うための、真面目な努力や実質的な投資を避けるためのやり口であり、かつまた、日々苛酷さを増している刑務所という環境への、長期の強制的投獄という極端な応報的ポリシー（その頂点にあるのがスーパーマックス刑務所であり、またそれと結びついた、人を心理的に打ちのめす孤立化のポリシーである）のつめ車を先に進める〔苛酷さを一方向的に増大させる〕ことを合理化するためのやり口であった。だが、たとえこうした努力へ注ぎ込める資力《リソース》が乏しい状況においても、人間味のある、そして見込みのあるプログラムは展開されてきた。そしてそれらのプログラムは、残忍で恥辱に満ちた仕打ちを加える「時計じかけのオレンジ」式のプログラムであるどころか、むしろ囚人への敬意、および囚人自身の自らを改善しようとする回復力への敬意をその内に含みこんでいる。一つの際だった実例は、ジェームズ・ギリガンの活動であり、彼はいくつかの戦略を発案することで、マサチューセッツ、後にはサンフランシスコにおいて、刑務所内の暴力および再犯の両方を大いに減少させた。ギリガン自身が明らかにしているように、その最初の一歩は、苛酷な懲罰的措置――これらは道徳的責任によって正当化されると思われている――の撤廃を含んでいる。

> 刑事司法と刑法システム〔行刑制度〕は、巨大な誤りにもとづいて動作している――すなわち、刑罰が暴力を抑止、予防、阻止するはずだ、という信念である。ところが実際には、刑罰とは、およそ私たちがこれまで見いだしてきた中でも最も強力な、暴

464 訳注268参照。

> 力を誘発する刺激なのだ。……私は、他者を実際にレイプしたり殺害したりしつつある人物を街中を自由に歩き回らせようと提案しているわけではない。今現在、現実に身体暴力をふるう人々を身体的に**拘束することと**——彼らを鍵のかかる施設へ収監ないし「隔離」することを含む——は、私たちが現在までに見いだしてきた、さらなる暴力を食い止めるための唯一の方法である。だが、人々を**罰する**こと——すなわち、人々に意図的に苦痛をもたらすこと——を、彼らを**拘束する**という目的のための不可避的な手段としての限度を超えて濫用するのは、（私たちの側からの）さらなる暴力を**構成する**行いでしかなく、かつまた（私たちが罰する「犯罪者」たちの側からの）さらなる暴力の**原因を作り出す**行いでしかない。
>
> 　囚人たちを暴力へと駆り立てるのではなく、むしろ、囚人たち自身が実際に暴力を避けようとし始めることができるようにするためには、他の人々を彼らの前から立ち去らせ、現在の建物は廃棄し、代わりに、新たな、今とは異なる種類の施設を据えるのがよかろう——すなわちそれは、鍵のかけられた、安全な、宿泊施設付きの大学であり、その目的と機能は教育と治療に向けられているのであって、懲罰にあるわけではない。何らかのダメージによって性格が歪み、人間性を麻痺させてしまった人物が、それをもたらしたダメージから癒えるのを助けるために必要となる、薬物乱用やその他のあらゆる医療および精神医療を提供するための幅広い治療手段を取りそろえた治療目的のコミュニティとしてこの種の施設を設立するというのは、有意味な構想であろう。
>
> （Gilligan 2001, 116–117）〔邦訳一八六—一八八頁に該当〕

注目すべきなのは、このようなプログラムを構想しようとするギリガンを衝き動かしている力は、私たちの現在の刑事司法システムに本来的に属するものとしての、個人への非難という根深い前提に対する彼の側からの否認にある、ということである。ギリガンの提案は有望であるし、彼のプログラムの有効性は証明されているが、暴力事件の犯人たちの更生についての彼の提案が、決定的な解決になるわけではないのは確かである（この点はギリガン自身が認めている）。とはいえ重要なのは、私たちは、ひとたび道徳的責任と個人の非難および刑罰というモデルから離れてしまえば、暴力的な犯罪行動を形成する諸原因や、さらにはそのような〔性格〕形成を受けてきた人々と共にやっていくための最善の手段を効果的に吟味できるようになる、ということである。

道徳的責任にもとづく、犯罪者を非難し罰することへの固執は、そのような犯罪者〔の性格や行動〕がどのように形成されたのかをじっくりと見つめることを不可能にしてしまうし、彼らの性格と行動を更生させる最も有効な方法の客観的考察を極度に困難なものにもしてしまう。残忍な〈時計じかけのオレンジ〉式の「療法」は解決にならない（それに魅力をおぼえるのは、そうした犯罪者たちを人間未満の、その種の屈辱的な処遇〔療法〕に相応しい存在だと見なす人々に限られよう――彼らは、囚人に対する苛酷な「ブートキャンプ」[465]式の処遇と、恥辱に満ちた刑罰に魅力を覚えるような、道徳的責任の極端な擁護者たちと同じ人々である）。囚人たちを、苦しみを受けるに相応しい存在、つまり「いるべき場所に押し込め」て屈辱を受けるに相応しい存在として処遇することへのコミットメントは（こうした「恥辱に満ちた」刑罰は深刻なまでに逆効果なのだが、道徳的責任の擁護者たちには多大な人気を博している）、犯罪者たちの性格と行動を敬意ある仕方で、強制なしで改善していく有効な方法を構築することへの、深刻な妨害物となっている。ギリガンによる、多くの暴力犯を苦しめているさまざまな問題を明るみに出すという活動は驚嘆すべきものだが、とはいえ、それらの問題の中でも特に際だっているのが、彼らが恥辱と、傷つきやすさと、自らの不完全さの感覚によって深く脅かされているという問題であることを認識するのは、難しくない――それが、道徳的責任への信念によって不明瞭なものにされていない限りは。道徳的責任という幻想は、良好な幻想とはいえないのである。

では、バーニー・マードフについてはどうか？――彼は飛び抜けた才能をもち、上品で、この上なく有能で、見るからに自信にあふれ、そして何十億ドルもの金を〔詐欺により〕人々から奪い取った人物だが、そんな彼にはどう対処すればいいだろう？[466] これはたやすい問題ではない。しかし道徳的責任を斥けるシステムにおいては、私たちは彼に途方もなく長い刑期を課したり[467]、注意深い吟味も、理解してみようという**試みすら**なしで、問題が解決したと決めてかかったりはしない――つまり、彼が行ったような悪事を、それが巨大にふくれあがってしまう前に把握できるような安全策を構築するにはどうすればよいのかを注意深く吟味することも、これほどに才能とチャンスに恵まれた人物が、自分自身の破滅的結末が分かり切った道を歩んだのはなぜなのかを理解する試みもなしで、解決したと決めてかかったりはしない。道徳的責任と〈正しい報い〉を斥けるシステムが回答をすべて与えるわけではない。しかし少なくともそのようなシステムは、正しい問いを進んで提起し、改革を実行し、解決法を発見することを目指すという、難しい営みを開始しようとする。これとは対照的に、道徳的責任システムは〈その問題はバーニー・マードフから始まりバーニー・マードフで終わる〉という主張に固執せざるをえないのであり、この幻想を支えるため、それよりも深いシステム由来の原因についての理解を慎重に遠ざけざるをえない――これは、誰かの勇気がすり減って、底をつきかけるやその人に苛酷な裁きを下す、という貪欲な文化であり、また、無責任で[468]貪欲な活動を促進し、人々をプレッシャーに満ちた状況へ追いやることで、物欲に駆られた不道徳な活動に従わせようとする無規制的な[469]文化でもある。だがこれには、「彼を非難せよ、免責してはならない」という応答が返ってこよう。しかし私は、免責を提案しているのではない。私が求めているのは免責ではなく、むしろ説明に取り組もうとする姿勢である。非難の文化は詳しい検討を一貫して禁じるが、そこで禁じられた検討や説明をこそ、私は求めているのだ。このような説明を誰かが提示すると、非難の文化は怒り狂ってこう応じるだろう。「彼を非人間扱いするのか。悪を免責するのか。犯罪者の味方をして、被害者のことを忘れるのか。それは『犯

465 三八八頁参照。

466 バーナード・L・マードフ（一九三八―二〇二一年）は投資家、証券会社社長として広く信用を得ていたが（ナスダックの会長を務めたこともある）、二〇〇八年にいわゆる出資金詐欺にあたる、投資の実態のないままの詐欺的な資金集め（ポンジ・スキームと呼ばれる）を永年にわたり行っていたことが発覚し、逮捕され禁錮一五〇年の刑を受け、本書の翻訳中、二〇二一年四月に獄中で死去した。

467 前注参照。

468 原語は irresponsible で、この箇所などは、著者がいわゆる「無責任」な態度を推奨しようとしているわけではないことを示す点で重要である（著者が「引き受け責任」に高い価値を置いていることを想起すべきだろう）。

469 原語は a culture of deregulation で、直訳すれば「規制解除の文化」。de-regulation は政府による統制、規制を解除ないし撤廃すること。

罪に甘い』態度だ。糾弾が目的の場面で、必要以上に理解にこだわっているのだ[470]」と。

私たちの、道徳的責任を基礎とする応報的司法《ジャスティス》／正義のシステムを斥けることは、犯罪行動の諸原因に対する一層深い探究を阻むようなシステムを斥けることを意味する——そのシステムはそうして、犯罪を減らせるかもしれない改革を遠ざけ、多大な苦しみ、恥辱、心理的ダメージを、そのような処遇に相応しいわけではない人々が負わされている状況を黙認するのだ。要するにそれは、司法《ジャスティス》／正義の中に深く根づいたシステムを斥けることを意味している。合衆国では、刑事司法の道徳的責任システムが何百万人もの男女を檻の中に閉じこめ、犯罪の本当の原因を真剣に調べることをかたくなに拒んでいる。また、私たちの道徳的責任を基礎とする配分的正義《ジャスティス》のシステム[471]は、あらゆる西洋諸国の中でも最大の富の不平等をもたらしてきた。このシステムでは、多くの人々が医療保障もなく、自分自身にも子どもたちにもほとんど機会の保証が与えられない貧困状態で暮らしており、その一方で放埒《ほうらつ》な贅沢の中で暮らす人々もいる（このような不正な配分システムもまた、私たちの国の高い犯罪発生率の主要な原因となっている）。私たちが道徳的責任を斥け、注意深い考察を行うとき、私たちはもっとうまくやれる、ということが明らかになるであろう。

道徳的責任なき世界には多大な利点がある。それは、私たちが自分たちのシステムを正確に、かつ深層まで見つめられるようになる、という利点だけではない。個人の悪しき行動の原因と、それをどのように変えうるかをもっと注意深く見つめることができるようになる、という利点もある。これらを実際に行っていくためには、欠点を抱えた私たちの社会が、欠点を抱えた個人をどのように形成するのかを注意深く調べることが必要であり、これは、非難し、罰し、恥を知らしめたい、という腹の奥底からの欲求を乗り越えていくことを意味する。そしてそれらを乗り越えて進むとは、私たちの懲罰衝動を導きと見なしそれに依拠するのではなく、問題を注意深く考察することを意味する。大きな成功の見込みを示してくれるプログラムはいくつか存在している。しかし、復讐心に染まった応報的懲罰への欲求や、〔加害者に〕苦しみを与えたいという欲求や、非難し、恥を知らしめたいという欲求によって目をくらまされている人々は、それらのプログラムを是認しない。人々〔の性格や行動〕を自由で建設的なあり方へと形成し、悪しき行動をそうでないものへと再形成していくための有効な手段の構築を望むならば、私たちは非難を乗り越えて進んでいく方法を学ばねばならない。では、自然に生じるものとしての懲罰への動機を乗り越えて進むためにはどうしたらいいだろうか？　理解することを教育し、発展させることは死活的に重要な第一歩である。道徳的責任モデルを代弁することによってではなく、むしろそれを疑問に付すことによって、哲学者たちはそこに積極的な貢献を果たすことができるのだからである。

470　四三六頁で引かれていたメージャー元首相の「社会には、糾弾をほんの少し増し、理解をほんの少し減らす必要があります」という言葉を下敷きにしている。

471　配分的正義（distributive justice）とは、元をただすとアリストテレスによる「正義」の「配分的正義」、「矯正的正義」、「応報的正義」への三区分の一つに由来する概念で、大まかな意味としては社会的な富の分配の公正さ、公平さを指す。「道徳的責任を基礎とする配分的正義のシステム」とは、個人の功績や努力によって配分の不平等を正当化する、個人主義的で「新自由主義的」な配分システムを指していると見られる。

第一六章　道徳的責任の根絶は可能か？

道徳的責任の代弁者たちが、現在の状況を満足感をもって一望するのは難しいだろう。ラカトシュ（Lakatos 1970）の「退行的リサーチプログラム」の概念[472]を哲学に適用してよいなら、道徳的責任の擁護こそが「退行的リサーチプログラム」の「その行き詰まりを体現する」典型例《ポスターチャイルド》となってしかるべきである[473]。道徳的責任の倒壊を食い止めようとする努力に、やぶれかぶれな自暴自棄の感覚が伴っているのは、ほとんど手にとるように明らかであって、道徳的責任を支えるための提案に途方もなく大きな多様性があり、それぞれはっきり区別され、お互いに対立し合っているありさまは、その自暴自棄の感覚の有力な証拠である。実存主義者たちが魔法の言葉——私たち責任ある人格的存在は「対自存在」[474]である、という言葉——に訴えるのは、私たちがあらゆる束縛や条件から独立に、驚異の業としての選択を行う、ということを誇り高く強調するためである。これよりも慎重なリバタリアンたちは、いくぶんかおどおどしながらも、同様の説明を提唱する。ロデリック・チザムは（Chisholm 1982）、道徳的責任が成り立つための要件であるところの人間の選択は、不可思議で神のごとき選択であると主張し、リチャード・テイラーは（Taylor 1963）、人間の選択に帰される独特の不可思議な力についてのこれと同じ結論——「当惑なしには……肯定するのが難しい」とされる結論——へと衝き動かされている。ロバート・ケインは、現代のリバタリアンの中でも神秘を否定する立場として、カオスによって増幅される量子的非決定論に依拠する。ティモシー・オコナーは、神秘と神的な力を信奉する。ピーター・ヴァン・インワーゲンは、リバタリアン的な自由意志は不可解なものであると考えているが、それでも私たちがそれをもつことは確信している。一方の両立論者たちは、奇跡を斥ける点では一致団結するものの、それ以外のほとんどありとあらゆる論点において分断を見せる。道徳的責任はプラトー[475]上で成り立つものであって（ハリー・G・フランクファート、ジョージ・シェー、サディアス・メッツ、アンジェラ・M・スミス）、そこに平等性は必要ないとされる。道徳的責任はおおむね平等な才能という基礎に拠っているか（シェー）、あるいは、おおむね平等な運という基礎に拠っている（デネット）、とされる。道徳的責任は私たちが〈真理〉と〈善〉に従うときに得られるとされる（スーザン・ウルフ）。私たちは自分自身を作出する存在であるがゆえ、私たちには道徳的責任があるとされる（デネット）。私たちは常に自分自身を**再**・作出することが可能であるがゆえ、私たちには道徳的責任があるとされる（チャールズ・テイラー）。道徳的責任は、高階の[476]反省的な自己是認によって得られるとされる（フランクファート、ジェラルド・ドゥオーキン）。私たちは道徳的責任を**引き受ける**とされる（フランクファート、デネット）。道徳的責任が必要とするのは誘導コントロール[477]のみである——それ以上のものは必要ない——とされる（フィッシャー）。道徳的責任への信念は不可避的に形成されるとされる（P・F・ストローソン）。これらは素晴らしく創造的な理論であるが、これほど数多くの異なった理論が提起されているというまさにその事実が、そこにある問題を指し示している。

哲学者たちはなぜ道徳的責任を信じるのか？

道徳的責任が哲学上の危機に陥っているにもかかわらず、道徳的責任のシステムは私たちの自然的な報復感情の中に深く刻まれていると共に、私たちの常識と法システムの中にもまた深く組み込まれている。哲学者たちは、それ以外の人々に劣らず、その強力な牽引力に引きずられており、

472 ハンガリーの数理哲学、科学哲学者イムレ・ラカトシュの科学論の用語。「リサーチプログラム」とは科学者に共有される一定の概念的、理論な枠組みを指し、「前進的」なそれは実りある新事実の発見や実験技術の進歩をもたらすが、「退行的」なそれは既存の枠組みを延命させる研究しかもたらさない。

473 poster child は「広告塔」のような意味の言葉で、もともとは慈善団体の広告に用いられる、病気や障害を抱えた子ども（の写真）を指す。気の毒な子どもの姿が、悲惨な社会状況を端的に体現しているのと同じように、「退行的リサーチプログラム」がどのような行き詰まり状況なのかが端的に見て取れる具体例だ、というほどの意味だろう。

474 訳注220参照。

475 訳注95と三五一—三五七頁参照。

476 訳注132参照。

477 訳注190と一五二—一六五頁参照。

さらに言えば、それ以外の人々以上にそうなっている見込みが大きい。というのもそこには、〈私たちは道徳的に責任ある存在である〉という強力な自然的感覚を増強する（私たちの視座からすれば悪しき方向に向かう）要因がいくつも存在するからである。心理学者ジョナサン・ハイトとフレデリック・ビョークランドが指摘するように、哲学者とは、現実とは異なる代案を考察するための高度な訓練を受けてきた人々である。「もしもあなたが誠実に、奴隷制や大量殺戮を支持する道徳的論証（および、それに反対する、ずっと強力な諸々の論証）を吟味することができるとしたら、あなたは精神病質者《サイコパス》か哲学者か、そのどちらかである見込みが大きい」（Haidt and Bjorklund 2008, 196）。

それゆえ哲学者たちは、たとえ彼らの直観的な傾向が、熟慮に取り組む前の段階で、実際には何を選択するのかについての決着をすでにつけている場合であっても、自分は開かれた複数の選択肢の中から選択しているのだ、という強い感覚を抱くものである。ロバート・ライトが指摘するように、「人間の脳は……論争に勝つための機械、すなわち脳の持ち主の言い分が正しいのだと他の人々を説得するための機械であり、またそれゆえ、脳の持ち主自身にもそれと同じことを説得するための機械である。脳は優れた弁護士に似ている。つまり、何であれ一定の弁護すべき利害が与えられると、脳は道徳と論理が価値をもつ世界を説得しようとし始めるのだが、そこで自分の説得が実際に道徳なり論理なりに適っているかどうかはお構いなしに、そうするのだ」（Wright 1994, 280）。もしもハイトや彼同様の、〔ここまでで述べられてきた〕社会的直観理論と呼ばれる立場の支持者たちが正しいとしたら、私たちの基礎的な道徳的立場（そこには私たちの互酬的[478]／応報的な傾向も含まれる）は、強力な感情的（あるいは「直観的」）コミットメントによって据えられたものであり、私たちの熟慮[479]の過程とは、その直観的決断を弁護するために呼び出されるものだ、ということになる。たしかに、ほとんどすべての人々が、熟慮に先立ってすでに採用されていた道徳的立場を〔まるで、そこで初めて選び取った立場であるかのように〕熟慮によって正当化する能力を発達させ、その能力を使いこなしてはいるのだが、とはいえ哲学者たちは、その課題を積極的にこなすための訓練を受けてきた人々であるのだ。

これ以外にも、哲学者たちの道徳的責任への忠誠心を助長する要因は存在する。哲学者たちは常習的認知者[480]として、他の常習的認知者たちの集団の中で行動する、ということだ。経験的〔実証的〕データがあるわけではないが、数十年にわたる哲学者たちとの交際から私が確信できるのは、ほとんどすべての哲学者が、強固な**内部型の**ローカス・オブ・コントロール[481]の感覚を抱いているということである。哲学者たちは、飛び抜けて強力な――多分、発達過剰ですらある――自己効力感[482]を備えている。そうでもなければ、私たち哲学者が、何世紀もの間――何千年紀とは言わないまでも――人類を悩ませてきた哲学的難題の答えを自分が発見できる、とか、時には自分がそれを発見した、とかいうことを（ワガ過失ニオイテ[483]）信じることなど、どうしたらありえよう？　ほとんどどんな問いに対しても取り組むことができるという、私たち哲学者の途方もない自信は、私たち哲学者の健全な自己効力感の強力な証拠である。今述べてきたすべてが、哲学者たちに強固なコントロールの感覚を与えており、これはよいことであるし、前章までで論じたように、その感覚は事実に適ったものでもある。だが、そこからは不幸な副産物が生じる。私たちには応報的な道徳的責任を信じようとする自然的傾向と、その傾向への強い文化的強化[484]が与えられているため、今述べた強力なコントロールの感覚は、道徳的責任を信じる強い感覚をも助長してしまうのである（というのも、第三章で指摘したように、私たちは、自分たちがもしも自由であるならば――そしてそれは実際そうなのだが――、自分たちには道徳的責任が**なければならない**、と想定してしまうからである）。これに加えて、高い教育を受けた学者としての私たちは、社会の中で特権的で非常に満足のいく地位を保持しており、そして自分たちはこの特別の利益を受けるのに正しく相応しい《ジャストリィ・デザーブ》、と考えたがるという事実がある。私たち哲学者は多くのことを成し遂げてきたのであり、それに対

478「互酬」と訳したreciprocityは、善行に対する「お返し」も加害に対する「仕返し」も共に意味しうる言葉だが、本書では「応報（retribution）」と並んで主に後者の意味で用いられる。意味合いとしてはreciprocityは対等な力関係の中での復讐の意味が強く、retributionの場合には被害者、犠牲者に代わって神や国家が同等の報いを罰として与える、という意味合いが強いと言えよう。

479 訳注38参照。

480 訳注81と六二頁参照。

481 ローカス・オブ・コントロールについては五四―五五頁および訳注75参照。

482 訳注74参照。

483 原語はラテン語のmea culpaで、自らの過失を認めるときの常套句。culpaは「有責性」と訳したculpabilityの語源だが（訳注43参照）、ここは「オレモナ」という軽いジョークで言っているということだろう。

484「強化（reinforcement）」は行動心理学の用語。注178参照。

する賛辞〔誉れ〕をすすんで要求するのである。

このように道徳的責任へ向かう強力な傾向とそれへの欲求が存在するとはいえ、私たちはまた、道徳的責任とそれに依拠するさまざまな主張が、多くの方面から脅かされていることもまた認めている。運も才能も平等に配分されてはいない。私たちの、熟慮を続けられる能力は私たち個人の歴史の産物である（Cacioppo et al. 1996）。私たちの熟慮の機能は、すでに直観的に基礎づけられた信念に支えを与えることにあるのであって、その信念を合理的に吟味することにあるわけではない（Haidt 2001）。私たちが選択をなしうる能力は、私たちのローカス・オブ・コントロールと（Rotter 1966）、自己効力感（Bandura 1997）に応じて制限されており、これらは過去の条件づけの歴史の運不運の産物であって、私たちはその制限にほとんど気づかない。周囲の状況は、私たちがこれまで想像してきたよりもずっと大きな度合いで私たちの選択をコントロールしている（Doris 2002）。私たちの道徳的立場は、私たちの遺伝的、文化的な歴史からの所与なのであって、私たちの選択によって与えられるものではない。私たちの意志の力は随伴現象的なものである（Wegner 2002）。意思決定は無意識的に形成される（Libet et al. 1983）。スミランスキーの（Smilansky 2000）のような、道徳的責任の正当化に関する諸問題を直視し、そこに困難を見いだしている哲学者たちは、道徳的責任を支える論拠が壊滅するさなかで、幻想としての道徳的責任にしがみつかざるをえないと感じている。

私たちは――自由意志についての自然主義的な説明を踏まえるならば――道徳的責任がなくとも、人々が気にかけている関心事のほとんどすべてに満足のいく答えを与えることができる――すなわち、道徳判断を下すことができ、創造的であることができ、謝罪を行うことができ、事柄をよりよいものへと変えるべく働きかけることができる。私たちは道徳的責任なしで、ヒトという動物が真の意味で必要としている自由をすべて手に入れることができるし、その自由を阻害したり促進したりする諸要因により多くの注意を向けることで、個々人の自由の拡張のために効果的に働きかけることができるようになる。一つ失われるものはある。すなわち、――ケイン、スミランスキー、ピコ・デラ・ミランドラ、その他の人々が渇望する――究極の責任は失われる。私たちは神の特別な被造物でも、私たち自身が神のごとき力で創り出した、特別な被造物でもない。私たちは神々でも、半神でも、神に特別に愛でられた存在でもない。私たちは自分自身を一から作り出したわけではない。たしかに私たちはじっさいに、ある程度まで自分で自分を作り上げる。だがそこにおいても私たちは、そこで自分なりに用いている道具や材料に、すでに依存している。私たちは多くのことを成し遂げることができるし、私たち自身を形成した因果的要因を理解することにより、さらに多くを成し遂げることができる。しかし私たちは、自分が成し遂げた事柄に対する特別な賛辞を要求することはできず、そしてこのことが、多くの人々に道徳的責任の終焉の受容をためらわせるもとになっている。これはおなじみの筋書きだ。いわく、コペルニクスが正しいことはありえない――なぜならそうなってしまえば、私たちはもはや舞台の中央にいられなくなるから。血液循環が正しいことはありえない――なぜなら私たちは機械ではないから。心が脳でしかないことなどありえない――なぜなら私たちには特別な理性の力と特別な魂があるから。私たちが別の種から進化してきたことはありえない――なぜなら、私たちは特別で、他の種とは隔たった、明らかに独特の存在だから、等々。こういった見解には固有の魅力があるが、しかしその価値よりも大きな厄介事を引き起こす。つまりそれらの見解は、よりよい理解を阻害し、事柄への効果的な対処を不可能にしてしまう。そして私たちが、何十億と存在する銀河系の中でもごく普通の銀河系の、その辺境に位置するどうということもない恒星の、その周囲を公転する小さな惑星に居住する、ちっぽけな動物として進化してきたという事実が、実のところそれほど悪いことではない、と学んできたのと同じように、私たちは、道徳的に責任ある存在だという特別で別格の栄光なしに生きることを学びうるのであり、さらに言えば、そうすることでよりよい生き方を学べるようになるのである。

道徳的責任を吹っ切ってしまうこと

哲学者たちが道徳的責任の倒壊を食い止めようとして、あれほどにやぶれかぶれな試みを続けてきたのは、驚くことではない。ハイト（Haidt 2001）が正しければ、私たちは道徳的責任に対し、腹の奥底に根ざす報復衝動に由来する直観的魅力を感じる。そしてたしかに私たちの誰もが、自分が直観的に引き出した道徳的結論の〔都合のよい〕合理化を見つけ出すために、理性を巧みに用いるのではあるが（Haidt and Bjorklund 2008）、哲学者というのは、その種の理性使用の達人なのだ。しかるに、反省的考察を加えるならば、この傾向性が抑制や緩和を要するものであること――あるいは少なくとも、称揚されるようなものではないこと――が分かる。仮に他のすべての策がうまくいかなければ、幻想によってそれを維持する、という方策も私たちには可能である。しかしそれはそれはポリシーとして良策とはいえない。スミランスキーは（Smilansky 2000）、リバタリアン的自由意志への信念は、正義を守るために必要であると考えているのだが、その幻想を維持することは、道徳的責任への信念を維持することである、とも考えており、その道徳的責任が正当なものではないことを、彼は認めている。スミランスキーは、罪人を罰するという行為と、罪なき者を罰するという行為の間の区別を私たちが失うに至るだろうという懸念を抱いている。その懸念はあたらない、と私が考える理由は示しておいたが、この論点に人がどういう結論を下すにしても、道徳的責任への信念――私たちはそれが不正なものであることを知っている――を維持することで、私たちは刑罰に相応しいわけではない人々を罰することになるというのは、まったく明らかなことなのだ。しかもこの状況は単なる〈リスク〉ではなく、むしろ〈現実〉なのだ――つまり、〈生じそうにないが、ありえないわけではない不正〉などではなく、むしろ〈実際にまかり通っている、悪質な不正義〉なのだ。というのも私たちは、それと承知で意図的に刑罰に相応しいわけではない人々を罰しているのだから。しかも、悪事をなし、「刑罰に相応しい」個人に焦点を合わせ続けることによって（探究はそこで終わる）、私たちはなされた悪事の原因――暴力行為のより深い源泉――への注意深い目配りの可能性を阻害することになる。こうして私たちは、貧困や社会的無関心の中にある根本原因から注意をそらす。この、道徳的責任という破壊的システムは、罰を受ける人々に危害を加え、解決に取りかかることができたはずの問題を隠蔽する。私たちは、この根深い傾向性を正当化しようと試みるのをやめ、それをコントロールし、現実の原因とそれを是正する方法を真剣に調べるよう社会を促すことに、焦点を合わせるべきである。これこそが哲学者が専念すべき課題なのであって、これは、深刻なまでに不公正なシステムに哲学的つっかえ棒を用意し、それによって道徳的責任および〈正しい応報的懲罰〉への信念が倒壊するのを食い止めようという、〔現代の哲学者の大多数が取り組んでいる〕課題よりもずっと望ましい課題である。

道徳的責任への信念は揺るがしえないものか？

道徳的責任は有害な教説であり、人間行動の科学的理解の前進によって無数の打撃を受けており、そのいかなる合理的な正当化も存在せず、詳細な精察に耐えられない――たとえ私たちがこのすべてを認めたとして、そのとき私たちは、道徳的責任の放棄を実際に考慮できるようになるのだろうか？　それは、私たちがそれなしでは生きられない幻想であったり（Smilansky 2000）、あるいはそれどころか、その全貌を見通すことすら不可能な幻想であったりするのだろうか？　道徳的責任反対論とは――P・F・ストローソン（Strawson 1962）ならばそう訴えるはずだが――単なる抽象的な哲学的練習問題にすぎないのだろうか？　道徳的責任への信念は私たちの文化、信念体系、心理にあまりにも深く刻みつけられていて、もはやそれを放棄するという現実的な可能性が存在しないのではなかろうか？　ヴァン・インワーゲンは、見たところ彼自身の見解として、ストローソンと一致する主張を行っている。彼はまず両立論を、説得力に欠け、道徳的責任を支持するための正しい道筋ではないものとして斥ける。だが彼は、それでも自分は、道徳的責任を断念するよりもむしろ両立論を信奉する方がよい、とあくまで主張する――彼は自分に道徳的責任があることを知っているし、そのことについては多大な自信と確信を抱いており、その自信と確信は、それに反する証拠や論拠についてこれまで彼が抱いた、いかなる自信なり確信なりよりも大きい、というのである。

> 非両立論が真理であるとすれば、決定論が虚偽であるか、自由意志説が虚偽であるかのいずれかであることになる。自由意志説を否定するとは道徳的責任を否定することであって、これはばかげたことであろう。加えて言えば、決定論を受け容れるべきもっともな理由など何も存在していないように思われる。……故に私たちは決定論を斥けるべきである。
>
> 　この結論は、少なくとも原理上、科学的な論駁に開かれている。なぜなら、いつの日か科学が、決定論を信ずべきだという有無を言わせぬ理由を提供するというのは、概念上はありうることであるのだから。その場合、そして、その場合に限り、私たちは両立論者になるべきなのだ、と私は思う。（van Inwagen 1983, 223）

哲学者たちが、私たちが大切にしている信念にしがみつき離れようとしない頑固さは、スコティッシュテリアがお気に入りのスリッパに食いついて離そうとしない頑固さにくらべられる。不動の地球、不死の心魂、不変の生物種――これらすべてには、揺るぎない確信に満ちた、しばしば想像力に富む哲学的代弁者たちが存在してきた。道徳的責任がこれらくじかれた主義主張の一覧表に加わるものであるなら、哲学者たちが、これらの擁護論に見いだされるのに劣らぬ強情さや創造性を、道徳的責任のために発揮しないと考えるべき理由はない。だが、道徳的責任の擁護論の場合、これらにはない懸念事項――ストローソンが提示した懸念とははっきり区別されるもの――も加わる。すなわち、道徳的責任の放棄は**心理学的に**不可能なのではないか？という懸念である。

本書の前の方で指摘したことだが[485]、報復的な応報主義への根深いコミットメントは、合理的ではない動機に発する。そしてその動機がこのように非合理的なものであることが、それに反対すべき理由の一つとなっているのだった。この点は、道徳的責任の合理的根拠とされるものへの反論となりうるものだが、他方でまた、道徳的責任に合理的根拠を与える、という試みを的外れなものにしてしまいうるものでもある。ひょっとすると道徳的責任への信念とは、人のあまりに根深い部分に食い込んでいて、どんな論証によっても支持できない反面、どんな合理的論証によってもそれを〔人々の心から〕追い払うことができないようなものかもしれないのだ。この場合哲学者たちは、道徳的責任という重い岩石を合理的正当化という頂上へ押し上げようとするのに、そのたび岩石が転げ落ちてしまうという、永遠の運命に定められていることになる[486]。たとえ哲学的創意の総力を注ぎこんだとしても、私たちがひとたび、道徳的責任は根本的に不正義なものだと悟ってしまえば、それがどうにかして正当化されると信じ続けることは不可能になるだろう。

あるいはひょっとすると、私たちは道徳的責任の正当化をなしうるし、なさねばならないのかもしれない。この場合、それが満足のいかないものになるのは確実だろう――虚偽だと分かっているものを信じなければならない、というのだから。これこそ近年、ソール・スミランスキー（Smilansky 2000）が背負い込んだ憂鬱な重荷である。

では、あらゆる道徳的責任を正真正銘斥けるシステムを採用することは可能なのだろうか？――熟慮も、道徳判断も、**引き受け**責任も、一切否定するわけではないが、**道徳**

的責任だけはすべて全面的に斥けるシステムを採用することが？　その可否は経験的〔実証的〕な問いであって、哲学的論証にも、安楽椅子的な心理学にも、解決できるものではない。といってももちろん、これまで哲学者たちはこの問題に関わってきた——P・F・ストローソン（Strawson 1962）は、私たちの心理学的本性を踏まえるならばそれが実際には不可能だろう、と強く主張し、ゲイレン・ストローソン（Strawson 1986）は、それは可能かもしれないが深刻な心理的コストを支払う必要があると考え、ソール・スミランスキー（Smilansky 2000）は、それは可能だとしてもごく少数の例外的な人々のみにとってそうなのであり、多くの人々にとってはそうではない、と考える。だがこれらの哲学的結論には、道徳的責任が失われることでそれ以外に何が失われるのか、という問題に関する深刻な誤解（この点は前章まで示そうとしてきたところである）に発する、ひどく偏った見方がある——つまりそこでは、自由意志、道徳的評価、道徳判断、熟慮、適格性《コンピテンス》、といったものが道徳的責任と共に失われると見られているのである。こうした哲学者たちの懸念はさておくとしても、道徳的責任を廃絶しようというキャンペーンに対して深刻な挑戦を突きつける、重要な心理学的研究は存在している。とりわけ一定の心理学者たちは、互酬／応報主義へのコミットメントは人間本性に極めて深く刻み込まれた要素であるため、道徳的責任を根絶させようとする試みは失敗せざるをえない、と考えている。この見解への強力な支えを提供しているのがジョナサン・ハイトとフレドリック・ビョークランドという二人の心理学者であり、強力で根深い自然的傾向性——報復への欲求のような——を修正したりそれに抗ったりしようという努力は無益であると力説する。

> 子どもたちの性格をこちらが望む通りに形成しようとするとき、彼らがすでに好んでいるものをうまく利用すれば簡単に進むが、そうでない場合にはひどく難しいものになる。八歳の子どもたちに、ブロッコリーよりもキャンディを好むようにさせたり、仲間から好かれるよりも大人にほめられる方を好むようにさせたり、敵を愛するよりも仕返しする方を好むようにさせる、というのはほとんど、あるいはま

485　第一章、二六—二七頁。

486　ギリシャ神話に登場するシーシュフォスが受けた罰になぞらえられている。

ったく苦労せずにできる。一方、教育によってその正反対の選好を身につけさせるのは困難、ないし不可能である。多くのユートピア主義的な試みが破綻してきたのは、恣意的なものや異例なものを教育で身につけさせようという企図が、子どもたちの抵抗を受けてきたことによる。たとえカリスマ的リーダーがいて、普遍的愛を信じ、あらゆる形態の憎悪や嫉妬に反発することができる異例な成人たちを駆り集めたとしても、次世代の子どもたちを、そのような不自然な信念をもつように育てることは、かつて誰にもなしえなかったのである。(Haidt and Bjorklund 2008, 201–202)

それゆえ、もしも互酬／応報主義／正しい報い《ジャスト・デザート》がそれほど深く刻みつけられたものだとしたら、恐らく、それを斥けるシステムをいくら頭の中で思い描いたとしても、無駄に終わるだろう。たとえ私がカリスマ的人物で、少数の「異例な成人たち」に向けて、そのようなシステムを一時的に説得できたとしても、そのシステムはたちまち、〔次世代には〕のしかかる不自然さに押しつぶされてしまうことになろう。そしてハイトとビョークランドによれば、公正／互酬(「ゲームにおけるしっぺ返しに関係する情緒的反応の集合」〔Haidt and Bjorklund 2008, 203〕)は、危害／ケア(「他者――とりわけ幼い者や弱い者――の痛みおよび苦しみの信号に対する敏感さないし嫌悪」〔203〕)、権威／敬意(「階層秩序における地位を舵取りしていくことに関わる」〔203〕)、純潔／神聖(「吐き気を催すような嫌悪感に関係しており、食物、性、月経、死体の取り扱いに関してなぜあれほど多くの道徳的規則が存在するのかを説明するために必要とされる」)、「集団内と集団外の境界への関心」(203)、という五つの基礎的な道徳的直観の一つである。ハイトとビョークランドは「思うに、この五組の直観が直観的倫理の基礎と見なされるはずである」と述べている(203)。互酬〔応報〕は明らかにこの一連の直観の一要素である以上、それは揺るがしえない「基礎」の一つであるように思われるのだ。

道徳的責任システムを斥ける

ハイトおよびその共同研究者たちは、私たちの道徳的意思決定の過程に関する重要な発見をいくつも行ってきた。中でも特記すべきは、「直観的」反応の強力さと、それと比較したときの、合理的熟慮が果たす役割の小ささに関する発見である。とはいえ、想定されうるように、互酬／応報の直観が揺るがしがたいものであるとか、コントロール不可能である、ということについては、疑うべき理由がいくつか存在する。報復へ向かう応報の「直観」――私たちの道徳的責任への信念の根本的な源泉としての――が非常に強力であることに疑いはない。その直観の強力さと根深さについてはすでに指摘してきたし、害を受けたことへの反応、および同様に、誰かへの加害を目撃したことへの反応として、その強力な衝動がわき上がってくるのを感じない人はいない。私の中には、アブグレイブ刑務所での拷問に対して、拷問者たちが拷問を受けるさまを見たいという欲求――そして、正義がそれをどうしても要求するという感覚――が、腹の奥底からの反応として生じてくる。ジョナサン・ハイトをはじめとする現代の社会的直観論者の見解は、アダム・スミスの次の言葉とよく似た響きをもつ。「すべての人間がすることとは、必ずすべての人間に対して行われるはずであり、したがって仕返し《リタリエーション》は、〈自然〉が我々に指示した偉大な法規範であるように見える」（Smith 1759/1976, 82）〔邦訳一六二頁、訳語一部変更〕。

　しかしながら、ハイトや同じ研究の従事者たちが指摘するように、**公正さ**の感覚もまた強力な感覚として存在する。互酬／応報／責任という直観には、それと競合する直観もないわけではないということだ。つまり互酬／応報／責任という直観は、強力な公正さの感覚と対立しうるものなのである。そしてこのことは、応報の「直観」には無敵の力があるという見方を疑問視する理由となる――私たちの、公正へ向かう傾向性は、私たちの報復的な反応に対して介入する大きな働きをもち、その反応を軽減、緩和させるからである。あなたが、故意であろうとなかろうと私に危害を加えた場合、私には報復への衝動が生じるが、しかし私たちは幾世紀にもわたり、公正さの感覚が、少なくとも一定数の強力な応報の衝動を効果的に相殺するのを目の当たりにしてきた。加えられた危害が偶発的なものであった場合や、発作に由来するものであった場合、あるいは、危害を加えてきた相手が正気を失っていたり、まだ幼かったりした場合、それに互酬〔応報〕で応じるのは不公正だろう、という強い感覚が、強力な応報の直観を緩和し、場合によっては中和してしまうことはありうる。この仕組みに私たちは期待をかけるかもしれないが、実際にはそれほど効果的に働くわけではない――ヒンクリーが〔当時大統領であった〕ロナルド・レーガンを襲撃し[487]、その後精神異常を理由に無罪放免となった後、多くの州が――精神異常であるにもかかわらずヒンクリーへの応報的懲罰を望む、怒り狂った市民たちからの要求に応じて――犯罪を行った精神異常者に対する重罰を許可する法案を通過させた。実のところ、ファインバーグが指摘するように、合衆国の現在の動向は、もうすでに、〔公的、法的なレベルで〕道徳的責任のある者ではないと理解されるようになっていたはずの人々を非難し罰する方向へ揺り戻りつつあるように思われる。「精神の病は、一部の方面において、罰を緩和する免責事項の一種ではなく、罰を重くする悪質な要素の一種になってしまっている。『彼は精神に失調をきたしている。哀れな同胞、彼に優しい対応を』と言う代わりに、今では『彼はいまいましい変質者《シッコ》だ。引き回し、四つ裂きにしてしまえ』と言うようになってきているのだ」（Feinberg 2003, 141）。

　恐らく私たちは、ロンドンの群衆が、ちっぽけな犯罪で絞首刑に処される子どもたちの見物に集まってきた時代から、何がしかの進歩はしてきたのだろう。とはいえ、少年犯罪者に対して苛酷な「ブートキャンプ」[488]を訴える、大きく広まった熱狂的世論（並びに、犯罪を行った子どもたちを、まるで彼らが大人であるかのように責め立て、罰しようと熱心に主張する世論）が示すのは、私たちの進歩が緩慢だということである。それでもこのような公正さへの衝動は存在し、それには互酬〔応報〕へ向かう傾向性に対抗する力があるのであり、私たちを応報へ向かわせる直観の抑制や、時にはその克服に、公正さの感覚はある程度成功してきたのである。

　不幸なことに、公正さの直観を喚起することは応報への衝動を発火させることに比べると容易ではない。私たちがロバート・ハリスの残忍な殺人について真っ先に感じるのは、彼に報復を加えたいという強い欲求であり、もしかするとそのような報復は不公正なものではないか、という感覚は、残忍な目に遭い続けた彼の子ども時代を知るまでは生じてこないのだ。他方で、このような緩慢な反応は希望のよりどころであるかもしれない――かつても今も、人の性格と行動を形成する条件や環境についての私たちの理解が到来するのは非常に遅いものであった。またそれが、広く共有されていくものでもなかったのは確かである。だがそのような知識が成長し、広められていくのに応じて、公正さの直観を効果的に根づかせていくための余地が、広がっていくかもしれないのだ。

　私たちの理解が増していき、公正さの感覚が応報という大義と衝突するようになるにつれて、私たちが、ハイトの言う「道徳的な茫然自失」の状態（Haidt and Hersh 2001; Haidt and Bjorklund 2008, 197）に陥る見込みはより大きくなる——そのとき私たちは、お互いに衝突し合う道徳的傾向性を抱き、それが私たちを「茫然自失」の状態、つまりは、一時的な不決断の状態に置くのである。このような状況に置かれるとき、（ハイトやその他の社会的直観論者によれば）私たちの合理的熟慮の力は（通常であればそれは、即座に生じる直観を基礎にした選択の合理化ないし正当化のためにしか働かないのだが）、実際に有効な結果をもたらすようになる。より深い理解は、道徳的責任の排斥に味方するので、真の意味での熟慮がそこに開かれる。これは、道徳的責任の近視眼から私たちを押し出し、代案となる視座の受容へ向かわせるという、重要な出発点となる。

　私たちの公正さの感覚が、ときに義《ただ》しき応報的懲罰の感覚を乗り越えることがありうる、ということを示す証拠は存在する。この証拠は、応報への衝動が疑わしいものと見なされている文化（そこではそれが注意深くコントロールされている）と、応報への衝動が称揚されている文化（そこではそれが政治家や大衆紙によっていいように利用されている）という、二種類の文化を比較することでより明確なものにできる。子どもが別の子どもを殺すという、二件のおぞましい事件を考えてみよう。一件は英国、もう一件はノルウェーで発生した事件である。一九九三年、リバプール近郊のジェームズ・バルガーで、一〇歳の少年二人が二歳の子どもを誘拐し、殺害した。イギリスのメディアは人々の逆上をあおり立て、どの大衆紙も「人間本性の邪悪な奇形体」といった見出しを競って掲載した。イギリスの政治家たちは世間の応報への熱狂に迎合した——彼らはこの二人を成人と同じように裁けと強く要求し、二人の一〇歳の子どもたちに最低一五年の実刑を含む無期懲役の判決が下ったとき、それに熱烈な賛意を示したのである。一年後にノルウェーで、五歳のシリー・マリー・レジェラルドが六歳の少年三人[489]に殺される事件があった。ノルウェーの人々はこの残忍な所業に震え上がったとはいえ、イギリスとは非常に異なる仕方で反応した。デイヴィッド・グリーンが指摘するように、ノルウェーのメディアは、イギリスの大衆

487 ジョン・ヒンクリーによるレーガンの襲撃事件については訳注142参照。
488 三八八頁参照。
489 三人のうち一人は当時五歳とされている。

紙とは別様の取り組みを採用したのである。

〔イギリスとは〕対照的に、ノルウェーでは、レジェラルド殺害事件の報道における事件解明の主な焦点は、悲劇的な事故、あるいは「誰もが犠牲者」というテーマに絞られた。その中で決して揺らぐことのなかったのは、この事件では殺人犯自身を含むすべての当事者が犠牲者だった、という観点であった。シリーが、三人の遊び仲間による暴力的虐待の犠牲者であるのは言うまでもないが、実行犯たちも同じように、彼ら自身の無垢さの犠牲者であると解釈された（彼らは暴力的行動が相手にどのような危害を加えうるかについての知識において無垢〔無知〕であり、また暴力的なテレビ番組の無垢な犠牲者であった、と）。一人の少年は児童福祉サービスの犠牲者でもあった――彼の母は自分の子の、かねてからの暴力行動に対する支援を要請していたのだが、同サービスはその折に適切な介入を怠っていたのである。（Green 2008, 202–203）

加えて、子どもたちへの苛酷な刑罰を、政治家が示唆したり、世論が強く要求することはなかった。実のところ、グリーンが述べるように、「ノルウェー人たちにとっては、一五歳未満の子どもを大人同様に起訴すべきだとか、誰であれ子どもを監獄に収容すべきだといった主張を受け容れることが、文化的に不可能なことであるように思われる」（Green 2008, 209）。これは、ノルウェー人たちが応報的刑罰への欲求を感じないとか、すでに道徳的責任を廃絶し、監獄を根絶した、ということを示唆するものではない。とはいえそれは、文化の力が、応報の「直観的」反応に影響を与え、その強度を弱めるか、押しとどめるか、あるいはその両方を行うようになることがありうる、ということをはっきりと示している。

グリーンが――キャヴァディーノとディグナン（Cavadino and Dignan 2006a, 2006b）に依拠して――指摘するように、「犯罪に対して懲罰的に反応しようとする欲望は、**新自由主義**が支配的である諸国において最も高い」（Green 2008, 214）。キャヴァディーノとディグナンは**新自由主義的な社会**（マーガレット・サッチャーの英国や、ロナルド・レーガンの合衆国など）について、スウェーデンやフィンランドに見られる**社会民主主義的**協調主義[490]と比較して、次のように述べる。

そこでの一般的な気風《エトス》は、共同体主義《コミュニタリアニズム》ないし集団主義ではなく、むしろ個人主義である。新自由主義における福祉国家〔の要素〕は、主として資産調査にもとづく福祉給付金[491]による、最小限度の、形骸化した、そしてしばしばひどく不名誉な烙印と見なされる形態だけとなる。この帰結として、市民の地位および経済的福利は、経済的な（自由）市場でどれほど成功できるか、という点に大いに依存するようになる。

新自由主義的な社会における社会関係は、形式上は平等主義的なものであるが、とはいえその経済システムは、著しく際だった（しかもその幅を日々広げつつある）収入格差をもたらす。この物質的不平等は、人々に権利として提供される社会給付金制度の欠如とあいまって、市場——とりわけ労働市場と不動産市場から取り残され、その中で結果の見込める競争を行うことも、立ち回る力をもつことも不可能な状態に陥っている多くの人々の**社会的排除**《エクスクルージョン》をもたらす……。「社会的排除《エクスクルージョン》」というこの用語は、単なる「貧困」の同義語ではない。むしろそれは、十全で**実効的な**市民としての権利と、市民的、政治的、社会的な生活への参加が否定されてしまうことを指すために用いられている。(Cavadino and Dignan 2006a, 440, 442)

道徳的責任を乗り越えることの一つの利点は、それを乗り越える道を開くことで、「新自由主義」と、それによる個人主義の強調や苛酷な刑罰への依存とを共に乗り越えていく道を開くことができるようになる、ということにある。この二つが共に進むのは偶然ではない。というのも道徳的責任は、私たちが個々人を責任ある者と見なし、その個人の性格とふるまいを形成したシステム上の因果的要因を総じて無視することを要求するのであり、それゆえ——現実の諸原因についての詮索が禁じられるため——唯一利用可能な社会的コントロールの手段として、苛酷な刑罰のみ

490 訳注401—403参照。この場合「組合協調主義」とも訳される。
491 資産調査にもとづいて給付される、失業者、低所得者向けの給付金制度で、日本における生活保護の制度がこれに近いと思われる。

が残ることになるのだからである。だがその苛酷な刑罰はさらなる社会的損害（罰を受けた人々に危害を加え、彼らを家族とコミュニティから引き離し、諸々の社会問題を無視することによる損害）を引き起こし、問題をよりひどく、より苛酷な方へと押し進める。刑期はますます長く、刑務所はますます大きくなっている。根底にある問題（いずれにせよ、周到に無視されている問題）を是正するための資力《リソース》はますます乏しくなっている。私は、道徳的責任を擁護する人々が治安《ロー・アンド・オーダー》の維持に熱狂する人々であるとか、社会プログラムや社会的不平等に無関心な人々であるとか示唆しているわけではない。とはいえ道徳的責任は、その支持者たちが考慮していないかもしれない重荷を抱えている。例えば、もしもほとんどすべての人々——大きな特権に恵まれた人々も、深刻なまでに不利な状況に置かれた人々も、共に——が最終的には道徳的責任のプラトー[492]に達するものであるなら（そこでは、発達させた能力においてなおも残る違いは無関連である、と判定される）、その場合、私たちの社会が、成功への公正な機会を万人に提供しているのは明らかだ、ということになり、標準に満たない教育や、危険に満ちた生活環境や、十分な食糧や医療保障の欠如といった問題は、無視できることになるだろう。そして、もしも万人に自己超越のための奇跡の力があり、それによって万人がいかなる個人の歴史も克服することができる——〔自由意志論争における〕リバタリアンの標準的な理論はそう強く主張している——ということになれば、残忍な子ども時代をもたらす社会状況はそれとは無関連だということになるだろう。

ノルウェーの経験は、公正さが応報的懲罰に対抗して、顕著な進歩を遂げうる文化が発展可能であること——つまり、応報への衝動が文化的な力により軽減され、コントロールされうること——を証明している。経験的〔実証的〕研究により、どのような文化的要因が、応報的反応を阻止するのに重要となるかを見いだしていくことは可能である（その中には、応報への傾向性を押しとどめるものとしての、より深い理解を育むための手段も含まれる）。なにしろ、私たちは衝動をコントロールすることを学びうるものなのであるから、私たちの応報への衝動をコントロールする必要を真剣に捉えるならば——誰かが偶然私たちを傷つけたときにも、私たちはやはりその衝動を感じるが、そういう場合にその衝動をコントロールすることを学んできたのである——、そのような衝動を効果的に統御することなど不可能だと考えるべき理由はまったくないのであり、（ちょっとした侮辱に対する、殺害による報復を強要する**名誉の文化**とは対照的に）その種の統御を推奨する文化においては、とりわけそれが言える。私はここで、応報への衝動をよりよくコントロールしていくために必要なのは、私たちの文化を「新自由主義」から「社会民主主義的協調主義」へ変化させることだけだ、と示唆しているわけではない。肝心なのはむしろ、応報への衝動ないし直観は変えられないものではなく、文化的な力によって緩和されうるのであって、私たちの応報的／道徳的責任を変えようという構想は、単なる哲学的瞑想の題材ではない、ということである。道徳的責任システムをそれ以外のシステムへ変えていくというのは、容易なことではないはずだが、——イギリス-ノルウェーの研究が示すように——すべての文化が応報への衝動の中に閉じこめられているわけではないのだ。報復への直観が根絶できないものだとしても、少なくともそれを押しとどめることは可能であるし、それを見すえ、それに対してまったく違った対応をとることを学んでいくこともできるのだ。

　最後に、ハイトのいう道徳的「直観」へのとらわれがゆるむことがありうる、という証拠が存在している。ハイトは、彼が手がけた中でも最も興味深いいくつかの研究の中で、それぞれ異なる道徳的直観の組み合わせをもつ、異なる文化（場合によっては、同一文化内の異なる人々）の間の対照を述べており、それによれば、ある文化（またはある人々）は、ある特定の「道徳的直観」を非道徳的な選好へと格下げするとされる。とりわけ、純潔／神聖、および、集団内／集団外という区別に結びついた「道徳的直観」については大きな幅が存在しており、つまりある文化およびある人々は、それらの直観を道徳的義務から個人的選好へと降格させるのである。ハイトとビョークランドは次のように指摘している。

> アメリカのリベラル〔自由主義者〕たちは、これらを基礎とする徳や直観に対して、とりわけ不快感をおぼえるように思われる。というのも、それらはしばしば、好戦的愛国主義（集団内）、不平等の合法化（権威）、一定の民族集団を不可触の存在として取り扱うような規則や実践（純潔性——南アフリカの人種隔離法

492「プラトー」については三五一—三五七頁および訳注96参照。

など）を導くものだからである。リベラルたちは、寛容と多様性《ダイバーシティ》を高く評価し、総じて道徳的な規制を個人――とりわけ貧者と弱者――を保護する規則と、正義、公正、権利の平等を保障する規則のみに限定することを求める。他方で保守派は、これよりも厚みのある道徳的世界を求める。そこにおいては、人間関係、性的関係、生死の決定などを含む行動の多くの側面が規則に律せられるべきものとされるが、このような規則は、単なる加害や法的権利に関わる規則をはるかに超えたものである。リベラルたちは、保守派が彼らに課そうとしてくるものを抑圧的、階層秩序的な神権政治と見て、恐怖する。保守派は、リベラルたちが創り出したものを「何でもあり」の道徳的混沌と見て、神の意志への違反であり、自分たちの美徳を子どもたちにインストールする努力への脅威であるとして、恐怖する。（Haidt and Bjorklund 2008, 209–210; see also Haidt 2008）

神（わが神！）への崇拝を怠ることはほとんどすべての文化においては道徳的悪事であったし、現在でもいくつかの文化においてそうであるが、とはいえ現在では多くの文化において、宗教的寛容は美徳であり、宗教的偏狭は悪徳である、という方向へと道徳の振り子が振れている。私たちの文化において、同性愛関係をもつことが犯罪であり、しかも忌まわしい道徳的悪事として厳しい処罰の対象となっていたのは、それほど昔ではない。現在、（少なくとも私たちの文化の大部分において）同性愛は容易に受け容れられる問題であり、場合によっては多様性《ダイバーシティ》がもたらす文化的豊富さとして歓迎される問題ですらある。それに対する深い嫌悪を抱く人々も間違いなく存在しているが、そういった人々がこの先、同性愛を個人的に不愉快なものであって道徳の問題ではないものと見なすようになっていく見込みは大きい。同じパターンは、深甚な道徳的悪行だとされていた異人種間の婚姻についても生じた。それはかつて処罰の対象であり、恐るべき道徳的な罪と見なされていたのであり、ここほんの数十年で著しい変化が生じたのである。現在では、異人種間で婚姻関係を結ぶことに対してではなく、異人種間の婚姻に不承認の意を表明することの方が、道徳的譴責《けんせき》の対象となる見込みがより大きい。また、かつてアメリカ文化において、オーラルセックスは深刻な道徳的悪行であったが、現在では、たしかに美徳の目録に記載されそうなものではないとしても、悪徳のカテゴリーに含められることがないのは確かである。実のところこれは、直観が変化しうる事例の一つがたまたま「清潔／不潔」に関わるものだった、というだけのことではない。むしろ、清潔／不潔という基礎的な直観的カテゴリー自体が、道徳判断から非道徳的な選好の問題に変化しうる、ということなのだ（ヨーロッパと北アメリカの――ほとんどではなくとも――多くの人々にとって、性的な営みや性的な選好はもはや道徳的問題ではなくなっているのだが、それは清潔／不潔というカテゴリーがもはや道徳的カテゴリーではなくなっていることによるのである）。互酬／応報の直観が、他の直観と同じように可塑的なものなのかどうかは明らかではない。しかし、それがとにもかくにも公正さの直観によって相殺されるものである以上は、そしてまた、私たちの応報への衝動の軽減が、（とりわけ偶発的な加害への反応において）少なくともいくつかは生じた**ことがある**、という事実に鑑みれば、私たちの中の、道徳的責任への方向づけが根深い心理的コミットメントとなっているからといって、それにはっきりした変化をもたらす可能性が排除されることにはならない。明らかなのは、私たちはその種の基礎的な衝動のいくつかを道徳の領域の外側へ移動させることができる、ということである――私たちはそれでもなおそれらの衝動を感じるかもしれないが、だとしても、その衝動を道徳的な反応と見なそうという思いにとらわれることは少ない。実のところ、私たちはその衝動を**逆転させる**ことすらできる――人種や民族に対する偏見を美徳と見なすのではなく、むしろ道徳的な欠陥だと認識する立場の方が、現在では広くいきわたっているのだ。

応報の衝動が消え去ることはないだろうが、しかし、文化的な力と、知識の増大と共に成長し、強化されていく公正さの感覚によってそれを抑制し、強い力で相殺するのはかないうる望みである。私たちは、自分の性格や行動がどのように形成されてきたかについての、その無知を克服していくにつれて、強力な応報の衝動をどうにかして統御するための強さを身につけていくものだ。目標は、応報の衝動――そして、それを称揚する道徳的責任のシステム――が、〈解決〉というよりもむしろ〈問題〉なのだということをはっきりと認識することにある。義《ただ》しき応報的懲罰をもたらすものは、私たちの最も暗い（しかし、最も深いとは限らない）本能的衝動であり、そして私たちの無知がそれを育むのだ。私たちが今後も報復的反応を感じ続けるのは確実だ。しかし私たちが今後も、それを基礎的な**道徳的**衝動として感じ続けなければならない、という結論がそこから出てくるわけではない。

結論

ギャリー・ワトソンが（Watson 1987b）、ロバート・ハリスが犯した残忍な殺人を私たちに示して見せるとき、私たちには、ハリスは応報的懲罰に相応しい、という強い感覚が生まれる。だが、ワトソンがそれに続き、ハリスを形成したおぞましい環境を示して見せるとき、私たちには、刑罰は不公正だという感覚が生まれ、それが私たちを立ち止まらせる――ハイトならば、茫然自失の状態に陥る、と言うだろう。このような状況下で私たちは立ち止まり、熟慮することができるようになる――それは真の意味の熟慮であり、対立する見解の両方を等しく考察することである。そしてそれは、私たちが抱く強力な応報の「直観」を克服する始まりである――諸原因を注意深く見つめるなら、この応報的直観が私たちの感覚におよぼす強い影響力も中立化されよう。そしてまた、このような応報的直観の中立化〔を避けたいという動機〕こそが、デネットが〈私たちはプラトー上にいるのであり、どうやってそこに至ったのかは問題ではない〉として注意深い考察を拒む理由であり、ムーアがヘリンについて、〔「同様の」背景をもつ他の多くの人々は殺人を犯さなかったのだから、として〕注意深く見つめることを拒む理由であり、法廷がパトリシア・ハーストについて注意深く見つめることができない理由であり、スミランスキーが（Smilansky 2000）、そのような精察を阻止する幻想に固執する理由なのだ[493]。私は、彼らが知的に不誠実だと示唆しているのではない。むしろ彼ら明敏な哲学者たちは、もしも道徳的責任が生き残るべきであれば、私たちはより深い諸原因の注意深い探究を阻止せねばならない、ということを感じとっている（スミランスキーの場合は、明確に認識している）のである。だがそのような諸原因の探究こそが、この問題に対処し、実際的な希望につながるのだ。より深い精察、よりよい教育、より広い理解の中に答えはあるのであって、幻想の中にはない。一方の道はより深い理解を求め、別の道は近視眼的な幻想を要求する――どちらがより有望な選択肢か、決断するのは難しいだろうか？

道徳的責任は、その非常に疑わしい価値をはるかにしのぐ厄介事をもたらす、ということがたとえ承認されたとしても、一つの忠告に従いたくなる誘惑は存在する。すなわち「ゆっくり進め」という忠告である。これほど深く重要なものを変化させようという試みは、漸進的な過程にならざるをえない。実のところ、すでに指摘したが、道徳的責任を、ゆるやかな仕方で徐々に突き崩す動きはすでに存在する――私たちはすでに、子どもや、精神異常者や、不慮の加害者を非難したり罰したりすることにはそれほど乗り気でなくなりつつある。それゆえ、もしかすると私たちは、その道をゆっくりと進んでいけばよいのであり、徐々に知識が増し、拡散していくに任せることで、道徳的責任の着実な縮小をもたらし、やがてそれが完全に枯れ果ててしまうのを待てばよいかもしれない。道徳的責任の否定は視座の劇的な変化を要求するが、その種の劇的な変化は、しばしばゆっくりと進んでいくものだ。コペルニクス革命は当初、少数の人々のみが信奉するものであり、カトリックとプロテスタントの両方が、その信奉者たちに残忍な迫害を加えた。地球の運動を一足飛びに信じる見方ではなく、むしろティコ・ブラーエの体系――宇宙の中心で地球が静止し、太陽が地球の周囲の軌道を公転し、他のすべての惑星は太陽の周囲の軌道を公転する、という体系――が、最終的にコペルニクスの理論が一般への受容を勝ちとるまでは、支配的な見解であった。ダーウィンの見解は多方面で糾弾を受けたのであり、妥協的な立場――人間は進化の産物であるが、神の合目的的な計画の一部として進化したのであり、つまり神は異なる時代に異なった種を〔進化により〕創造してきたのであって、人間は最善の種として一番最後に取っておかれたのだ、という立場――が、ダーウィンの見解のより広範囲の受容への地ならしをしたのである。しかしながら、たしかに道徳的責任の最悪の乱用（子どもを絞首刑にするような）を緩和するというのは歓迎すべきことではあるが、とはいえ、道徳的責任の廃絶への漸進主義的な取り組みが、見込みのある筋道であるかどうかは疑わしい。すでに指摘したように、「免責拡張論」（道徳的責任ありと判断される範囲を縮小させるために、精神異常や無能力《インコンピテンス》による免責がおよぶ範囲を増大させる立場）は、――道徳的責任の**緩和**への正当な道であるとはいえ――道徳的責任の**廃絶**への道としてはうまくいかない。というのもそれは、すべての道徳的責任の排斥に抵抗する人々にとっての最悪

493「中立化（neutralization）」が彼らの態度の理由である」というこの文の主旨がはっきりしなかったので、「〜を避けようとする動機」が理由なのだと解し、それを補った。

の恐怖——道徳的責任の否定は、深刻な欠陥を抱えた人々の免責に基礎を置くのではないか、という恐怖——を肯定することにつながるからである。こうなると道徳的責任の**普遍的**否定からは、合理性、道徳判断、熟慮、正当な反応的態度[494]、といったものの否定が帰結するということになる。デネット（Dennett 2003）が「忍び寄る無罪宣告」を恐れるとき、彼は免責の拡張が人間のすべての有意味な合理的能力の否定と、無能力《インコンピテンス》の普遍的帰属を導くはずだ、という恐れを抱いているのである。

道徳的責任システムの視座から見ると、道徳的責任の廃絶とは、人類全般に錯乱を普遍的に帰属させる主張を意味する。ゆえに、道徳的責任の**普遍的**排斥は、内部改革を通じては達成できないのであって、あくまで全面的に異なったシステムを採用することのみによって可能となる。コペルニクス革命は、最終的に地球の運動を認めることを求めるのであり、この認識なしでは、コペルニクスの体系の有益な部分は目に見えるものになりえなかった。道徳的責任の廃絶論は、最終的に異なった思考体系《システム》——道徳的責任の要求と帰属が意味をなさなくなる体系——を要求するのであり、道徳的責任という薄暗い闇がその場に留まり続ける限りは、この思考体系の利点——人間行動のより明瞭でより深い精察への道を開くという利点——は生じえない。コペルニクス主義者にも太陽はやはり上ってくるように見えるし、ダーウィン主義者にもやはり手は〔いわゆるデザイン論[495]が主張するように〕デザインの産物であるように見える。そして道徳的責任の廃絶論者にとってもやはり、道徳的責任の感覚は感じとられる。しかしながら、ここに述べたすべては、新しい視座からすっかり説明され尽くすはずの現象なのであって、私たちの探究を統制する基礎的な事実ではない。

ソール・スミランスキーは、幻想を克服することが、私たちの世界を見すえ、私たちの世界で生き、私たちの世界を理解するためのよりよい方法の発展へ向かう重要な一歩であることを認める。「ある点で、人類の知識の増大および人類の進歩の物語の多くは、心地よい幻想の克服についての物語と見ることができる——コペルニクスからダーウィン、フロイトに至るまで、私たち自身および世界についての喜ばしい幻想の多くについて、それが幻想であるという素性が自覚されるようになってきたのだ」（Smilansky 2000, 295）。しかしながらスミランスキーは、道徳的責任という幻想（および、彼が道徳的責任にとり本質的に欠かせないものだと認める、リバタリアン的な自由意志の力）については、これら斥けられた幻想とは異なり、無しですますことができないものだと見なす。「自由意志肯定論における幻想を打ち砕くときに生じる、目を引く帰結は、私たちが、紛れもなく幻想に他ならないもの〔としてのリバタリアン的自由意志〕なしには生きることができない、という私たちの無能力を、他ならぬ私たちが自覚してしまう、というところにある。たしかにこれまで私たちは、いくつかの重要な幻想に向き合うことに成功してきた。しかし、多分私たちはここで根底にある岩盤、つまり、諸々の幻想の限界によって私たちが拒まれてしまうような、そのような地点に到達したのであり、すなわち私たちはここで、〈自分たちは完全に幻想なしで生きることができる〉という信念そのものが幻想的である、という事実に直面しているのである」(296)。

　ソール・スミランスキーのような極めて明晰な視野を備えた哲学者が、道徳的責任は私たちの自然主義的見解とは根本的に両立しないこと（および、それが根本的に不正なものであること）を誠実に認識することができていながら、それでもなお、私たちはリバタリアン的な支えを要する道徳的責任への信念——幻想としての——なしでは生きられないのだ、と結論づけるというのは、私たちの道徳的責任への信念がいかに根深く植え込まれたものであるかを証している。スミランスキーに言わせれば、私たちは、自分たちが静止しており、ここを中心に世界が回っているという幻想を放棄することができるし、自分たちは神の特別の被造物だという幻想を放棄することもできるが、それでもなお道徳的責任という幻想は放棄できないのであり、この点が、その幻想を特別な幻想たらしめているのだ、ということになるのだ。

　すでに指摘したように（第一三章）、道徳的責任の終焉と

494「正当な（legitimate）」という形容詞は、非難や応報的懲罰への衝動などのような著者によれば不正な反応的態度を除外するために付されていると解されよう（「反応的態度」については訳注238参照）。

495「デザイン論証（design argument）」（より詳しくは「神の存在のデザインにもとづく論証」）とは、自然物、とくに生物の構造や習性などが、単なる自然法則だけで出来上がった産物ではなく、超自然的な存在者の意図（design）にもとづき、設計（design）された産物であるはずだ、という推定に基づき、その意図の持ち主＝設計者＝デザイナーとしての神の存在を証明できると主張する神学的論証を指す。そしてこのように「意図」と「設計」を同時に意味しうる用語として「デザイン／デザイナー」という片仮名語がこの立場や思想を指すために用いられている。

共に何が失われるのかについてのスミランスキーの恐怖は、ストローソンのそれと非常に似ている——私たちは道徳判断ができなくなる、互いの間での反応的態度[496]を失う、敬意の感覚を失う、罪なき者と罪人の区別をしなくなる、理性と探究の力への信念を失う、自分自身と他の人々を単なる客体であると見なすようになる、云々。私たちはこのような主張の吟味をすでに行ってきた。それによって今やこれらの懸念は——望むらくは——すでに根絶されるか、少なくとも和らげられている。今現在の懸念事項は、道徳的責任という幻想の本性、その強力さ、存続し続ける力の度合い、それに、それを保持または排斥することで、実際のところ何がもたらされるのか、という問題である。

何よりまず注目すべきは、スミランスキーが、道徳的責任という幻想の排斥が深刻な危害を招くと信じていることである——「私たちはここで、道徳的要求の認識と、道徳的動機に対する深刻な損害に直面しうる」(Smilansky 2000, 287)。道徳的責任の終焉は、恐れるべきものというよりは称揚すべきものだ、という点はすでに論じた。だが、私のこの論証がうまくいっているか失敗しているかは、ここでは措いておこう。現在の論点は、一体スミランスキーは、瀬戸際に追いつめられていると彼が想定しているもの〔つまり道徳的責任〕を保持し続けるために支払うべき恐ろしい対価について、正確に認めることができているのかどうか、ということだ——つまり彼は、道徳的責任という幻想を、その深刻なまでに不正な実践と、徹底的にばかげた事柄を受け容れねばならない必要性もろともに保持し続けるという対価を、認識できているのだろうか？　じっさい、彼自身がこう言っているのである。「ある一つの実践、つまり、全般的に見れば、存続すべき実践、大いに奨励されるべき実践ではあっても、他方でまた、深刻なまでの不正を抱えてもいるような、そのような実践〔としての道徳的責任〕に対して、その正当性を信じねばならないという道徳上の必要性なるものがあるとしたら、それは、これ以上ありえないほどばかげたものではないだろうか？」(279)。ここでスミランスキーは、私たちが道徳的責任への信念を維持しなければならないのは、そこに「道徳、正義、人間の自尊心の根本がかかっている」(267)からだ、と示唆する。だが、道徳的責任という幻想を維持することは、正義を維持する手段などではなく、不正義を維持する手段なのである。つまり道徳的責任という幻想は、刑罰に**正しく相応しい《ジャストリィ・デザーブ》者など誰もいない**、という深い真理を隠蔽するものなのだ。

道徳的責任という幻想は、よい行動および悪しき行動の原因に対する、より深い探究を阻止する、という対価を支払うことで購《あがな》われる――この対価は、ヒトという動物の真正な意味で自由な行動を拡張し増進する方法の発見を犠牲にするのだ。この対価によって購われるものは何か？　私たちが手に入れるのは一つの幻想であり、この幻想が一つのシステムをしっかりと根づかせる。このシステムの中には、有利な条件を受け取る人々がいる――例えば、援助を惜しまない家族やコミュニティ、優れた教育を受ける機会、それに恐らくは遺伝的有利さなどの条件である。こういった人々は、自分が特別な利益と特権に正しく相応しいと信じている（自分たちの大きな取り分は、配分的正義[497]によって手渡されたものだと信じているのである）。このシステムの中にはまた、不利な条件（不十分な教育の機会、援助に乏しい早期発達環境、有利な人間関係の乏しさ、などの条件）に苦しみ、その結果「正義《ジャスティス》」の配分に与ることが際だって少なく、かつ、刑事司法《ジャスティス》による応報的懲罰を受けることが際だって多くなるに至った人々もおり、こういった人々は彼らへの「正しい報い《ジャスト・デザート》」を受け容れることを強いられることになる（でなければ、人類のコミュニティから追放される目に遭う）。この幻想が、特権をもつ人々にしばしば利益をもたらすのは疑いないが、そこにより広い視野で見た利益があるのかどうかは、はるかに疑わしい。しかも、刑事司法《ジャスティス》と配分的正義《ジャスティス》のシステムについて特権的な立場に属する人々にとってすら、道徳的責任システムがもたらすコストは、その利益を上回っている。というのも、なんといっても、幻想によって生きるのは容易なことではないからであり、かつまた、道徳的責任システムを支えている近視眼が人間行動のより明瞭な理解を阻み、それによって私たち全員をひどい状況に置くからである――つまりそのような近視眼は、人間の自然的自由を拡張し増進する方法のより明瞭な理解を阻むと共に、犯罪行動の脅威への対処として、あからさまに不十分で不的確な手段しか採用しない文化で生きることを私たちに強いるのだ。要するに私たちは、道徳的責任という幻想を維持するための高額の対価を支払っているのだが、その幻想は誰に対してもほとんど利益をもたらさず、多くの人々に深刻な危害をもたらし、すべての人々に重大な損害をもたらす幻想だということで

496　訳注238参照。

497　訳注471参照。

ある。

どんな状況に置かれても、道徳的責任への信念を決して放棄しないであろう人々――例えばヴァン・インワーゲンのような（「道徳的責任を否定すること……はばかげたことであろう」）――がいるのは明らかである。だが、道徳的責任を否定するシステムに決して入ろうとしない人々がたとえ一定数いるからといって、そのようなシステムが哲学的空想だということにはならない。道徳的責任を根絶しようという苦闘は、困難な歩みを強いられるであろうが、だとしてもそれはP・F・ストローソンが想像したような、哲学者の夢想ではない。道徳的責任のおよぶ範囲がどこまでも収縮して、遂には消失してしまうという可能性をストローソンが考察したとき、彼は、道徳的責任システムの基礎的な諸前提の枠内にあくまで留まりながらそうしていたのだった。彼のように考える場合、そのようなシステムは冷たく恐ろしいものとなるであろうし――そこに豊かな反応的態度はなく、有能《コンピテント》なコントロールの力は剥奪されているのだから――、そのような厳しい環境では、知的で感情的に満ち足りた人間生活を行うことはできないだろう。だが、今ここで問うべきは、〈道徳的責任という公理を斥けた上で、なおも適格《コンピテント》であるような、そうした自然主義的システムは果たして可能なのか？〉という問いである。なるほど、そのようなシステム〔つまり、道徳的責任なき自然主義的なシステム〕ならば、ストローソンが予言したような、荒涼として冷たい「客体的視座」[498]を採用し人々に向けることはないだろうが、しかし問題はそもそも〈果たしてそのようなシステムが真に可能なものなのかどうか？〉ということにある[499]。そのように、道徳的責任を廃絶するシステムにおいても、私たちは報復的な態度を根絶することはなかろうが、しかし人種差別と同じように、それを美徳として称揚するのではなく、むしろ問題として扱うであろう。そうして、応報への衝動をコントロールすることを学び、それらがもたらす危害を減らすことができるようになるだろうし、私たちの性格がどのように形成され、また私たちの行動がどのように誘発されるかについて、より深い理解を獲得できるようになるだろう。その理解は、道徳的責任に対する大きな脅威であると共に、道徳的責任の廃絶にとっての多大な利益なのである。

498「客体への態度」とおおむね同じものを指すと見てよい。「客体への態度」については訳注327参照。

499 言うまでもないが、ウォーラーは本書全体を通じ、「そのようなシステムは可能である」ことを論証してきたのである。

訳者あとがき

木島泰三

本書および原著者について

本書は Bruce N. Waller, *Against Moral Responsibility* (MIT Press, 2011) の全訳である。原題はそのまま訳せば『反道徳的責任論』ないし『道徳的責任反対論』となるだろうが、原題ほどクリアに本書の主旨を表現できているとは言いにくい（前者など、どこで切っていいか迷う読者も多いだろう）。そこで、著者自身が自らの立場として掲げる moral responsibility abolitionism の訳である『道徳的責任廃絶論』を表題とし、本書のメッセージのわかりやすいキャッチフレーズとして「責めても何もよくならない」を副題に置くことにした。

著者ブルース・N・ウォーラーは一九四六年生まれで、二〇二三年に惜しくも逝去した哲学者である。本書の翻訳が始まったときには存命で、訳者は主要な不明点の問い合わせを行い、本訳書に反映することができたが、完成した訳書を献呈できなかったのは残念である。ウォーラーが一九九〇年から二〇一九年の退官まで勤めていたオハイオ州立ヤングスタウン大学は、決してエリートが集う一流大ではないようだが、学問への熱意に燃える苦学生たちが集い、熱心に講義や議論に没頭する様子が本書のまえがきに書かれており、非常に密度の濃い教育人としての人生を送っていたことが分かる。遺された著書は哲学・倫理学の入門書等多数あるが、本書のテーマを準備するものとしては *Free Will without Moral Responsibility* (Temple University Press, 1990); *The Natural Selection of Autonomy* (SUNY Press, 1998)、本書のテーマをさらに掘り下げたと見られるものとして、*The Stubborn System of Moral Responsibility* (MIT Press, 2014); *Restorative Free Will: Back to the Biological Base* (Lexington Books, 2015); *The Injustice of Punishment* (Routledge, 2018); *Free Will, Moral Responsibility, and the Desire to Be a God* (Rowman &

Littlefield, 2020）を挙げられる。著書の邦訳は本書が初である。

本書の背景となる哲学論争、および本書のメッセージ

本書の中心メッセージを簡潔に述べれば、次のようにまとめられるだろう――〈道徳的責任の要求とは非現実的なまでに過大な要求を含んでおり、それゆえ誰に対してであれ、道徳的責任を帰属させ、それを根拠に非難や賞賛、罰と報賞を与える営みは、根本的に正当化できない。そのような不正な営みは、合理的論証ではなく、我々が遠い祖先から受け継いだ懲罰衝動によって存続してきたものなのであり、廃絶が望ましい〉。

このような主張に対しては、〈道徳的責任の否定は道徳の根幹と人間の創造性の否定であり、また人間が互いに道徳的責任を認め合うという営みは、人間の自律性の尊重と人間相互の対等で人間らしい関わりの営みであり、その否定など認めがたい〉という異議が提起されうる。しかし本書はこのような異議に対し次のような主張を行う――〈道徳的責任の廃絶は、伝統的に道徳的責任と結び付けられてきた道徳それ自体も、その基礎たる道徳的評価も、人間の創造性も、人間相互の人格的交流も、自発的な意志にもとづく責任の引き受けとその実行も、そして人間の自由意志も、何ら損なわずに実行可能である〉。さらに本書はそこに、次のようなメッセージを付け加える――〈これらの価値ある実践や能力は、道徳的責任の要求と帰属という営みを我々が廃絶してこそ、より豊かで実りあるものになる〉。

このような本書のメッセージは、本書を順序よく読み解けば、十分な論拠に支えられ、道徳性と人間の自由および自律を何よりも尊重する思想として展開されていることが分かる。とはいえそれはまた一見したところ、奇妙で逆説的な、あるいは警戒心を呼び起こしかねないものと見られるかもしれない。たしかに本書の構想は斬新で野心的なものであり、戸惑いや抵抗も自然な反応ではあるが、とはいえ本書の思想が、少なくとも現在の日本では馴染みの薄い、専門的な哲学論争から現れたものであることが、本書への違和感を必要以上に強める懸念はある。著者自身、この論争を前提にして議論を進めていることもあり、以下、本書の背景となる哲学論争とその中での本書の位置づけを簡単にまとめておきたい。

本書の背景となる哲学論争とは、「自由意志論争」と呼ばれてきた論争、とりわけその近年の展開である。

近代科学の成立と共に、自然を根底で支配しているのは目的とも意味とも自由意志とも無縁な数学的物理法則である、という認識が確立し、このような自然観と、人間の自由意志をどのように折り合わせるか、という問題が論じられてきた。この問題をめぐる論争が近代における「自由意志論争」である。

自由意志論争における一つの伝統的な立場は「(哲学的)リバタリアニズム」である。ここでの「リバタリアニズム」は政治思想で言われるそれとは異なるが、ある種の「自由至上主義」であるという、ゆるやかな意味では共通点をもつ。すなわち自由意志論争において、物理法則あるいは因果律を超越しうる絶対的な自由意志の存在を肯定する立場である。このような思想としての(哲学的)リバタリアニズムは、例えば一八世紀のカントや、あるいは二〇世紀初頭のウィリアム・ジェイムズなど、歴史的に有力な支持者を集めた思想であるが、二〇世紀も半ばを過ぎる時期になると、少なくとも英語圏では自然主義、すなわち人間の心の働きを物理的な自然の中に位置づける立場が主流となり始め、現在、リバタリアニズムの立場を支持し続けることは困難になりつつある。少なくとも本書は、自然主義を支持しリバタリアニズムを断固退ける立場を一貫させている。

自然主義を採用する場合、自由意志論争においては二つの選択肢が存在する。一つは、リバタリアニズムと共に、自由意志とはあくまで自然法則による決定とは相容れないものである、という見方を認めた上で(この見方は自由意志と自然主義の「非両立論」と呼ばれる)、自然主義の立場に立つ限り、そのようなものとしての自由意志の棄却を我々は受け容れるべきだ、という主張を行う立場であり、このような立場は自由意志に関する「ハード決定論」ないし「ハード非両立論」または「自由意志懐疑論」と呼ばれる(以下では、主に三つ目の「自由意志懐疑論」の呼称を用いる)。

もう一つの選択肢は、我々の道徳や法制度、あるいは日々の社会生活や相互の人間的交流において必要とされている「自由意志」は、物理法則をも乗り越える、いわば超自然的能力である必要はない、と考え、物理法則と両立可能で、なおかつ我々にとって受け容れ可能な自由意志概念を再定義しようとする立場であり、この立場は「両立論」と呼ばれる。自由意志懐疑論を採用し自由意志の存在そのものを否定する場合、自由意志と共に道徳的責任とそれに支えられた道徳全般、刑罰の正当性、人間相互の対等で人格的な関わり、あるいは人間の創造性などを同時に否定しかねないため、自然主義的人間観を採用する場合、何らかの仕方で両立論的自由意志概念を提供しようとする、いわば穏健な路線が従来は主流であった、と言ってよい。

だが近年、自然主義的人間観の広まり、深まりと共に、より率直な立場としての自由意志懐疑論（あるいはハード決定論、またはハード非両立論）の立場が支持者を増やしている。自由意志懐疑論者は、我々の自己了解や道徳、社会制度が要求している自由意志概念が紛れもなくリバタリアン的な自由意志概念であり、それを薄められた「デフレ的な」両立論的自由意志概念で置き換えることはできない、と考察した上で、しかしそのような概念は自然主義的人間観と相容れないのだから廃棄せざるをえない、と主張するのである。

このような自由意志懐疑論は、さらに「悲観主義」と「楽観主義」に分かれる。

悲観主義の代表者であるソール・スミランスキーは、リバタリアン的自由意志が我々の自己理解、社会制度、道徳などにいかに深く浸透しているかを示し、またそれゆえに、その廃棄がいかに破滅的な帰結を招くかを強調し、我々は〈リバタリアン的自由意志の不可能性〉という真理を覆い隠し、一つの幻想としてのリバタリアン的自由意志の存続に腐心すべきであるという「幻想主義」を打ち出す。

他方、楽観主義的な自由意志懐疑論の代表者デーク・ペレブームは「自由意志なしで生きる」ことを積極的に呼びかけ、リバタリアン的自由意志の廃棄はたしかに、伝統的に支持されてきた人間理解や社会制度の見直しを数多く要求するが、我々はそれらの見直しを受け容れて先に進むべきであること、そしてまた、そこには必ずしも〈貴重な価値あるものの断念〉というネガティブな要素だけではなく、〈旧弊な人間理解や制度の廃絶と刷新〉という望ましい要素も含まれる、という見方を打ち出す。この展望が「楽観主義」という呼称のゆえんである。

ペレブームが、リバタリアン的自由意志の廃棄とともに捨てられるべき旧弊の筆頭に数えるのが、「相応《ふさわ》しい報い」あるいは「相応しさ」と訳されるdesertに基礎を置く道徳的責任と、それに基づく応報刑の制度および思想である。「相応しさ」に基づく道徳的責任とは〈人がその行いゆえに非難や罰に相応しい者と見なされる自由〉と結びついた責任であり、すなわち、ある行為はその主体が自らの責任において自由に選び取ったものであるがゆえに、賞賛や非難、報賞と罰に相応しい、という考え方である。

だが、現実の人間にこのような自由がないとすれば、人をその罪ゆえにのみ罰し、功績ゆえに賞賛するという営みは不正で不当な営みであることになる。この場合もたしかに刑罰に、教育や犯罪抑止のような有益な効果を認めることは可能だが（「帰結主義的な正当化」と呼ばれる）、「人はその選択と行為ゆえに罰に相応しい」という、前述のカントを古典的な代表者とする刑罰の正当化（「応報主義的な正当化」と呼ばれる）は不可能になる。このような、応報刑批判と結びついた道徳的責任への批判は、死刑制度を固持し、厳罰化も進んでいる近年のアメリカ合衆国において良心的な知識人の間に強いアピールをもち、それが自由意志懐疑論の高まりを支えているという背景がある。

あるいは、古くはロールズの「無知のヴェール」、近年ではサンデルの『実力も運のうち』が指摘するような、能力主義（メリトクラシー）の不公正さという問題意識もまた、自由意志懐疑論の説得力とそれへの共感に結びつく。つまり、人の能力や、「努力して能力を高める才能」はえてして、恵まれた環境に生まれ落ちた人物が手に入れる幸運の産物である。それをあたかもすべて当人の功績であるかのように見なす能力主義とは、不公正で偏った立場ではないか、という疑問がそこには生じる。自由意志懐疑論あるいはハード非両立論は、このような直観的疑問に支持を与えうる思想である。このような思想に、フェミニズム思想の中でも脱個人主義的な価値観（「関係依存的自律」の重視など）を指向する立場との共通性を認めることもまた、あるいは可能かもしれない

以前訳者が翻訳を公刊した、ダニエル・デネットとグレッグ・カルーゾーの対話『自由意志対話――自由・責任・報い』（原題は *Just Desert*、青土社二〇二二年）は、このような現代自由意志論争の最新の動向を知らせてくれる書物である。一方の対話者で、先日物故したデネットは現代の両立論的自由論の代表者であり、もう一方の対話者カルーゾーは楽観主義的自由意志懐疑論者として、道徳的責任と応報刑を根拠づけるとされるような「相応しさ」と、それを可能にする能力としての自由意志の不可能性とを、一貫して主張する。

同書を一読すれば分かるが、両者の対話はしばしばすれ違い、相容れない。ここには多くの要因があると思われるが、中でも無視できない要因の一つとして、両者の「自由意志」概念があまりにもかけ離れたものであることが挙げられるように思われる。デネットは自然法則の枠内で理解可能な両立論的自由意志こそ「望むに値する種類の自由意

志」であるという年来の立場を堅持し、人間の正常で健全な自己コントロール能力としての自由意志を語るのだが、カルーゾーにとって「自由意志」とは道徳的責任および「相応しさ」と一体不可分の概念であり、そのような概念の存立可能性を一貫して拒絶することこそが苛酷な応報的刑罰を廃絶する道なのだ、という立場を貫く。デネットが支持するのは〈両立論的な自由意志〉であり、カルーゾーが退けるのは〈リバタリアン的自由意志〉なのであるから、この点で両者が歩み寄る余地はあるはずなのだが、カルーゾーは道徳的責任と「相応しさ」の不可能性を主張する立場から、人間の自己コントロール能力としての（あらゆる意味での）自由意志の全否定を示唆しかねない立論を行い、デネットがそれを批判する、といったやり取りが同書では頻発する。「自由意志」をどう考えるかという問題と、「相応しさ」やそれを基礎とする道徳的責任の可否を問う問題は別々に論じられてよいはずなのだが、それらが一体不可分のものと見られることで問題が錯綜してしまっているように、少なくとも訳者には見受けられる。

以上の状況整理を踏まえる時、本書の立場の独自性とその意義が見えてくる。次にそれを見ていこう。

本書の立場は、以上の見取り図の中では、ペレブームやカルーゾーのような楽観主義的自由意志懐疑論（あるいはハード非両立論、ないしハード決定論）に最も近い、とまずは言うべきである。

すなわちまず、ウォーラーは応報刑思想とそれを根底で支える道徳的責任（あるいは「相応しさ」）の概念、そしてそれを可能ならしめる能力としてのリバタリアン的自由意志の不可能性を一貫して主張する点で、自由意志懐疑論者の構想を受け継いでいる。

しかしまたウォーラーは、「幻想」によってリバタリアン的自由意志と道徳的責任を延命させようとするスミランスキーの悲観主義には与しない。むしろ、不可能な重責だと目される道徳的責任を要求し、帰属させるという実践の不当さ、不正さを告発し、それに代わる刑罰なき世界を模索する点で、ペレブームらの楽観主義的自由意志懐疑論の路線を受け継ぐ。

だが、ウォーラーは問題の焦点を道徳的責任というシステムの不正さへの告発に絞り込むことで、ペレブームらの楽観主義をさらに先に進める。すなわち、真に問題視すべきは道徳的責任という不可能な要求を課する、それゆえに不正なシステムなのであり、このシステムを取り除きさえすれば、人間社会における「望むに値する種類の」営みの大部分は温存されるばかりか、より望ましいものへと発展を遂げるはずだ、という極めて楽観主義的なビジョンを打ち出すのである。

例えばスミランスキーによれば、我々の日常的自己了解はリバタリアン的自由意志に深く依存しており、もし我々がリバタリアン的自由意志を廃棄してしまえば、我々は道徳的責任、人間相互の対等で感情豊かな交流、罪ある者と罪なき者との区別、性格的欠陥や努力の欠如に基づく非難と、肌の色や性別に基づく無根拠な非難との区別、といった重大な区別の多くを失うという破滅的な事態を迎える、とされる。

このような悲観主義に誰よりも強く反対してきたのがデネットであった。デネットによれば、我々にとって真に「望むに値する種類の自由意志」とはリバタリアン的自由意志ではなく、自然主義的世界の中に適切に位置づけられる現実の、両立論的な自由意志であり、この自由意志を基礎に、道徳も、責任も、人格間の対等で人間らしい交流も、適切に位置づけられる。

そしてウォーラーは、デネットのこのような主張をほぼ受け容れるところにまで、自らの楽観主義を推し進める。すなわち冒頭で述べたように、ウォーラーは道徳、人間の創造性、人間相互の人格的交流、自発的な意志にもとづく責任、そして人間の「望むに値する」自由意志といった価値あるものが、自然主義的に理解されたこの世界の中に満足の行く形で存続させられる、と主張する。すなわちまず、ウォーラーによれば、ある人物の道徳的評価はその人物に道徳的責任を帰すことなく、それとは独立に可能であり、それゆえ道徳は道徳的責任なしにも存続できる。また、道徳的責任の否定は、必ずしも人間の創造性を全否定しない。そして道徳的責任の否定は謝罪や感謝のような価値ある対人的態度を奪うわけではない。さらにまたウォーラーはたしかに、「道徳的責任」と呼ばれる責任の要求を、不可能な、それゆえ不当な要求であると見なすとしても、「責任を自ら引き受ける」という実践の可能性と価値それ自体を決して否定しない。むしろウォーラーは、各自が自身の意志で責任を引き受け、それを自ら果たすという営みを、人々の能力の範囲内にある、望ましい実践であると考える。加えてウォーラーは、我々が「望むに値する種類の自由意志」を有するというデネットの自由意志論を受け容れるのであり、この点でペレブームやカルーゾーのような自由意志懐疑論者と袂《たもと》を分かち、**自由意志に関する両立論**を支持するのである。

　このように、デネットの楽観主義的、あるいは両立論的な自然主義の主張をことごとく受け容れるウォーラーが唯一受け容れと延命を拒む実践こそが、道徳的責任の概念に基づく実践であり、ウォーラーによれば、「水面下に没していく道徳的責任を尻目に、自然主義的自由意志は泳ぎ続ける」（二三三頁）のである。

　だが、なぜだろうか？　なぜ道徳的責任は「水面下に没する」運命にあるのか？　ウォーラーはこの問いに、多様な角度から答えを与える。

　例えば道徳的責任は「魔女」に似ている。それは科学的、自然主義的な人間と世界の見方が確立する以前の世界の遺物である。しかも決して無害な迷信などではなく、かつて「魔女狩り」の名のもとに女性たちが迫害されたのと同様、悪事に対する「相応しい報い」や「応報的な罰」の名のもとに、不当な非難や刑罰を人々に与え続けている。

　あるいは道徳的責任は、かつて存在していた人種差別政策や、性差別的な法制度に似ている。ウォーラーによれば道徳的責任と応報刑のシステムは、合理的論拠に根ざすものではなく、ネズミやサルにも見いだされる報復と懲罰への根深い衝動に制度的な支えを与えることででき上がったシステムである。かつて、差別的偏見が「直観的な正しさ」に支えられていたことを振り返れば、道徳的責任の「直観的な正しさ」の感覚は、我々を導く確かな道しるべになるわけではない、とウォーラーは警告する。

　ウォーラーはまた、道徳的責任の概念が、問題の焦点を「個人の責任」に集約させ、システムや環境や、あるいは我々が遺伝的に受け継いだネガティブな性向に由来するかもしれない真の問題を「じっくりと見つめる」可能性を奪ってしまうことを指摘する。これは犯罪と刑事司法だけの問題ではない。例えば教育の現場に見られる、挫折の連続で無力感に苛《さいな》まれ、「自分でやってみようともしない」状態に陥った「怠け者」の「落ちこぼれ」を、ことさらに責め苛むことでさらに無力感を増幅させてしまうという、まさに悪循環の構造は、道徳的責任をベースにした人間関係の中で産み出され、維持されている、とウォーラーは診断する。ウォーラーはこのような領域にも、道徳的責任を軸とする概念的、社会的なシステムの根深さとその弊害を指摘するのである。

　ウォーラーが高い価値を見いだす**「引き受け責任」と道徳的責任の重大な相違**も、ここで改めて明確にしておくべきだろう。

責任の引き受けが望ましい実践であるならば、なぜ道徳的責任をその例外とするのか？　その理由は、「ある人がその人であること」の責任をその人が負うこと、そしてそれをその人に負わせることは不可能な要求だからである。人が自らの努力によって自分自身を改善し向上させることは疑いなく可能だが、それをなしうるかなしえないかを決めるのは究極のところその人自身のコントロールが及ばない外的な諸要因（例えば遺伝や初期の生育環境、等々）である。人の行為を責めるのは、突き詰めればその人の性格を責めることであり、その人の性格を責めるとは、その人の性格形成の究極責任をその人自身に負わせることではじめて正当化される営みなのであり、自然主義的な世界の中に、そのような責任を負いうる人間などいない。「責任の引き受け」一般は健全で有益な実践であるとしても、道徳的責任は非現実的で不当な責任なのである。これはまた、**ウォーラーは「望むに値する自然主義的な責任概念」を提起し、それに照らし、いわゆる「道徳的責任」を非現実的で不当な責任と見なし、斥けているのであって、決して「無責任ノススメ」を説いているわけではない**、ということも意味する。本書に対して予想される重大な誤解であるだけに、この点は明記しておかなくてはならない。

これ以外に、我々がウォーラーに帰してきた「楽観主義」の内実についても重要な注記をしておくべきであろう。ウォーラーは徹底した自然主義を支持する思想家であり、それゆえにリバタリアン的自由意志の強硬な批判者であって、この点ではスミランスキーやペレブームのような自由意志懐疑論者たちに引けを取らない（付言すれば、両立論者であるデネットもまた、リバタリアン的自由意志に対する容赦ない批判者である）。

このようなウォーラー（そしてデネット）の「楽観主義」は、決して現行の常識的人間理解を無傷で存続させることを約束するものではなく、それを意図したものでもない。むしろ、著書『自由意志なしで生きる』*Living without Free Will* において伝統的自由意志概念の断念と廃棄を明確に打ち出したペレブームが「楽観主義者」であると言われるのと同程度に、**ウォーラーもまた、我々が伝統的人間観と伝統的諸価値の適切な自然主義的改訂と、必要に応じたその諸要素の断念を我々に要求している**、ということは念頭に置くべきである。例えばウォーラーが差し出す「望むに値する種類の自由意志」は、我々がシロアシネズミと共有する「自由意志」であって、リバタリアンたちが夢想してきた「神の似姿」としての人間に固有の特権的な能力ではない。

　このようなウォーラーの試みは、自然主義的人間理解を真面目に受け止め、あくまでもその内部に伝統的な諸価値を存続させていくことを志す試みの一つとして理解することが可能である。デネットも、ペレブームも、あるいはスミランスキーも、現代の誠実な自然主義者たちは何らかの仕方でこの試みに取り組んでいる、と言うことができる。その中でウォーラーの「楽観主義」は、我々の前進を阻む自然主義以前の負の遺産を「道徳的責任」に集約させ、その廃絶によって伝統的諸価値のほとんどすべてに新たな生命を吹き込む、極めて意欲的な企図として位置づけることができるであろう。

本書の概略

　以上で本書の論述の概略を追いかける準備ができたので、これより順に見ていきたい（「訳者あとがき」に読者が何より求めるのがまさにこの部分であることは承知しているが、その前に本書の背景と独特の立ち位置を踏まえる必要があり、準備が長くなったという点をご理解いただきたい）。

　第一章は序論であり、ここまでで概観した本書の基本構想が掲げられる。第二章では本書全体の基礎となる「道徳的責任反対論の根本論証」が提起される。ウォーラーによれば道徳的責任擁護論は「十二人の陪審員全員がある容疑者が有罪だと確信しているが、一人一人が挙げる評決の根拠を見ると、全員ばらばらで、しかもどれをとっても、それを証拠と見なすのはただ一人で、他の十一人はすべてそれに反対している」（四〇頁）ような状況にあるのに対し、道徳的責任反対論は、ただ一つの根本論証を多くの論者が変奏しているような状況にある。ウォーラーがそれらの変奏の代表として挙げるのは、ペレブームの「操作論証（操り師論証）」、ヴァン・インワーゲンの「帰結論証」、ネーゲル（およびウィリアムズ）の「道徳的運」、そしてゲイレン・ストローソンの、その名も「根本論証 the Basic Argument」などである。いずれも有名な論証であるといえるが、ウォーラーによればこれらはその多様な論述様式の核心に〈人の性格、および性格に由来する行動を形成したのは、突き詰めれば当人のコントロールを超えた因果的諸要因である〉という否定しがたい事実の指摘を含む。そしてここから、当人にコントロールできないものに対する賞賛、非難、賞罰の根拠となるものとされる「道徳的責任」や「相応しさ」は、因果的諸要因を超越しうる、反自然主義的な

「リバタリアン的自由意志」を認めなければ許容されず、正当化もされない、という、道徳的責任反対論の「根本論証」が導かれるのである。ウォーラー自身は本章で、道徳的責任の要求や誰かへの帰属の不公正さに的を絞った「根本論証」のバリエーションである「不公正さにもとづく反対論証」を中心的に論じる。

ところで、従来「根本論証」のさまざまなバリエーションは、ほぼ例外なく自由意志否定論とセットで提起されてきたのであり、この要素こそが多くの読者に道徳的責任廃絶論へのコミットメントをためらわせる要因でもあったと思われる。そしてこの動向を見直そうとする本書特有の立論が、第三章「道徳的責任から自由意志を救い出す」とそれを受けた第四章である。言っておけば、ウォーラーもまたリバタリアン的自由意志は許容しないし、両立論的自由意志が道徳的責任を基礎づける可能性も断固否定する。しかし多くの道徳的責任廃絶論者が、およそ自由意志と名の付く能力への一貫した不信と拒否の態度——つまりは自由意志懐疑論、あるいはハード決定論ないしハード非両立論——をとるのに対し、ウォーラーは先にも見たように、両立論的自由意志を「望むに値する種類の自由意志」として高々と肯定するデネットに、この点では賛同する。そして自身の「自然的自由意志」概念の有効性を「複数の選択肢に開かれてあること」および「階層的本人性」という、従来対立的に捉えられてきた概念を自然主義的観点から統合する形で論証するのである。

以上の基本的な立場の明示的な定式化を踏まえ、第五章から第一四章まではさまざまな道徳的責任擁護論に対する各論的な反論がなされる。

この長いパートは、第五章から第八章までを前半、第九章を橋渡しとして、第一〇章から第一三章までを後半、第一四章はまた別の視角からの立論、と区切ることができそうに思う。

第五章は「すき間の神」ならぬ「すき間の道徳的責任」、つまり科学的解明のいまだ及んでいない「すき間（ギャップ）」に道徳的責任を正当化しうる根拠を見つけ出そうとする論者への批判であり、ここで批判の的になるのはキャンベルのようなリバタリアン的哲学者だけではなく、リベットのような神経科学者や、デネットのような両立論的哲学者も含まれる。第六章は、デネットを典型とする、〈我々は道徳的責任を自らの意志で引き受けている〉という論拠で道徳的責任を正当化しようとする議論への批判であり、前述の、望むに値する「引き受け責任」と道徳的責任を峻別する議論はここで登場する。第七章は〈自己を作り出したのは自己なのだから、自己には自らが作り出した自己に対する責任がある〉という論拠にもとづく擁護論を取り上げ、全くの無からの自己創造は自然主義的に不可能であるとしてリバタリアンを批判する一方、部分的な自己作出のみでも道徳的責任を支えることができる、とするデネットのような両立論者には、それによって道徳的責任の重みを支えることはできない、という反論がなされる。これらの反論はいずれも常に著者の「根本論証」に依拠するものであり、これらの章全体が同論証の強力さの例証になっている。

このように、自然主義の枠内での道徳的責任の正当化には困難が付きまとうのだが、この困難に直面した時に道徳的責任の支持者が提起する論拠が〈道徳的責任のシステムとは、とにもかくにも有益なシステムである〉という擁護論であり、第八章「道徳的責任の利益は幻想である」は、こうした「実用性に基づく論証」を批判する。ここで著者が依拠する大きな論点は、道徳的責任のシステムが要求する賞罰のパターンが、心理学的に望ましい賞罰、つまり望ましい「強化／弱化」の学習スケジュールの形から大きく逸脱しており、有効とは言えないこと、および、道徳的責任の要求が個人の責任に焦点を絞ることでシステムのひずみを覆い隠してしまう、というところにある。この考察は、ここまでなされてきたさまざまな道徳的責任擁護論への反論から進み、道徳的責任のシステムそのものへの異議申し立てという、さらなる議論への足がかりとして位置づけられる。いわば、前半戦たる道徳的責任「反対」論から、後半戦としての道徳的責任「廃絶」論への移行の端緒とも言えよう。

続く第九章は「瑕疵《かし》」と訳した英単語 fault の用例分析という、見ようによっては些末な主題に取り組んでいる。どの辞書にも載っているように、fault には近接しつつも異なる用法がある。一つは「落ち度、失態」の意味であり、この意味の fault は相手に対する非難が伴うため、「責め」や「責任」と訳される場合もあるとされる。しかしまた fault には性格上の「短所」を指す意味もあり、この用法の場合、必ずしも非難の意味は込められない、と多くの辞書は解説する。そしてウォーラーはこのような fault の用法を注視し、前者を「非難の瑕疵」、後者を「性格の瑕疵」と呼んで峻別する。ウォーラーによれば、道徳的責任のシステムの枠内にとどまる限り、我々は行為の落ち度のみならず相手の性格をも非難の対象とせざるをえず、「非難の瑕疵」は行為のみならず性格にも拡張されることになる。だがウォーラーは、我々の日常言語には非難とは切り離して人の短所を指摘する「性格の瑕疵」があることに注意を喚起すると共に、人の落ち度を非難から切り離して考察することも十分に可能であることを示すことで、「性格の瑕疵」を非難から切り離された行為の評価にまで拡張する道を示し、自身が構想する「道徳的責任なき社会システム」への糸口をそこに求める。ウォーラーによれば「誰かを、道徳的に瑕疵ある人物であると判断しつつ、そこに非難を込めないでいるというのが想像しがたいことなのだとしたら、それは恐らく私たちが、道徳的責任のシステムにどっぷりと浸かっているため」(二六六頁)なのである。

第一〇章「道徳的責任なしで道徳的に生きる」は本書の後半戦、あるいは本書のポジティブな提言に当たるパートの序論に当たる箇所で、まずは「道徳的責任がなければ道徳判断は成り立ちえない」という通念の批判に取り組む。

本章前半ではカント以来の「スベキはデキルを含意する」という主張が批判される。仮にすべての道徳的義務が「スベキはデキルを含意する」の原理によって実行可能なのだとしたら、道徳的義務違反は「可能だったことをなさなかった」という理屈で道徳的非難の対象になる。しかし人が道徳的に望ましい行為をなしえないという状況は常に存在するのだから、この原理自体がそもそも成り立たない、というのがウォーラーの反論である。

そして本章後半では、本書後半の主要な論敵の一人と見なしうる、P・F・ストローソンが論文「自由と怒り」において展開した「反応的態度」(人格が他の人格に向ける態度)と「客体への態度」の区別に基づく道徳的責任擁護論が批判的に紹介され、まずは「謝罪」および「感謝」という「反応的態度」が検討される。ウォーラーによれば謝罪も感謝も道徳的責任を前提せずに可能なのであり、また特に謝罪については、道徳的責任のシステムは誠実な謝罪に対してかえって妨害的に働く、という考察が示される。

第一一章から一三章までは道徳的責任のシステム全体を視野に入れた道徳的責任反対論、あるいは道徳的責任廃絶論の論証が続く。ここでの中心的モチーフは、論敵たちが理解している道徳的責任反対論／廃絶論は、道徳的責任のシステムの内側から理解された「免責拡張論」であって、本書の主張とは異なる、という論証である。「免責拡張論」に依拠する議論の典型は前述のP・F・ストローソン「自由と怒り」であり、それによれば万人に対して道徳的責任を否定することは、万人から道徳的責任を付与すべき資格を剥奪することに他ならず、これは万人を道徳的無能力者として扱うことに他ならないとされる。しかしウォーラーによれば、道徳的責任なしにも人を合理的な道徳的主体として扱うことは十分に可能なのであり、この点を踏まえれば道徳的責任の否定が道徳能力の剥奪ではないこと、つまり万人を「免責」することではないことが分かる。第一二章では同じ論拠から、道徳的責任擁護論の多くが、道徳的責任のシステムを所与の前提としてなされた、著者の立場から見れば論点先取の誤謬を犯すものであることが指摘され、フランクファートの「高階からの反省」論（これは第四章でも批判的に考察された）やデネットの「プラトー」論が批判される。

　第一三章では「道徳的責任は敬意を促進する」という主張が批判される。〈刑罰制度とは、犯罪者を治療や隔離の対象ではなく、あくまで対等な責任の主体として扱う制度であり、そこには犯罪者を対等な人格として扱う敬意が含意されており、それを退けるのは悪しきエリート主義の表れである〉というのがここでの論敵の主張であるが、ウォーラーはこの主張もやはり道徳的責任反対論を「免責拡張論」として理解する点で問題があり、ウォーラーの道徳的責任廃絶論が、道徳的責任のシステムを前提した上での「免責」ではなく、むしろシステムそのものの廃絶を目指すものであることを理解すれば、この批判は意味をなさなくなることを示す。さらにウォーラーは、現行の刑罰制度こそ犯罪者への侮蔑や恥辱的扱いを助長する状況にあることをも指摘するのである。

　第一四章は非難と罰の問題をいったん離れ、〈道徳的責任の否定は人の創造性を否定するものだ〉という道徳的責任擁護論に対し、道徳的責任否定論と自然主義の枠内でも、「望むに値する」創造性（あるいは「作者性」）は保持しうることが論じられる。

　最後の二章では道徳的責任システム廃絶後への展望が述べられる。まず第一五章「道徳的責任なき世界」では、筆者なりの道徳的責任システムの代替案となる社会システムの構想が提起され、製造工場、航空管制、および医療の世界で「非難なき《ノーブレイム》システム」がすでに成果を上げつつあることを踏まえ、刑事司法の領域にもそれを拡張していく可能性が検討される。続く最終章である第一六章「道徳的責任の廃絶は可能か？」では、最後の難問が取り上げられる。著者によれば道徳的責任のシステムは合理的な論拠ではなく、人類進化の負の遺産としての強烈な応報衝動にその根をもつ。だが、このようなシステムを、著者のような理論的説得によって廃絶することが本当に可能なのか、という難問がなおも残る。著者はジョナサン・ハイトらの道徳心理学の考察を参照し、その難しさを認めると同時に、我々が「公正さの感覚」をてこにして生物学的衝動に根差す社会制度（人種差別、性差別など）を改革してきた経過を踏まえ、心理的なレベルでの困難も決して克服不可能ではないという展望を示す。

以上が本書の概要である。全編を通じて大きな論敵として登場するのはダニエル・デネットであり、また後半についてはP・F・ストローソンが主要な論敵となるが、これ以外にも、ロバート・ケイン（自然主義的リバタリアンという稀有な立場の論客）、アルフレッド・ミーリー、ハリー・フランクファート、J・M・フィッシャーといった現代自由意志論争の重要な論客による議論をはじめとする多様な議論が詳細に取り上げられ、吟味される。この点で本書は、現代における自由意志と責任をめぐる議論全体の見取り図を、独自の批判的な視角から一望できる書物でもある。独自の視角ということでいえば、とりわけ自由意志懐疑論者ソール・スミランスキーの悲観主義的な「幻想主義」に対し、デネットの「望むに値する自由意志」の路線を受け継ぐポジティブな両立論的自由論からの批判を打ち出す箇所は、本書の独自性を際立たせている。いずれにしても著者の論述は明快かつ論理的であり、創意に富む思考実験の数々は、読み手の立場のいかんを問わず、関連する問題についての理解を深めてくれるはずである。

本書の企図の評価

本書の企図の評価については、ペレブーム、カルーゾーといった楽観主義的自由意志懐疑論のそれを含む、道徳的責任廃絶論全般の評価と、その中でのウォーラーの評価とを分けて考慮すべきであろう。

道徳的責任廃絶論という構想に関する訳者なりの考察を言えば、まず、応報刑やそれを基礎づける責任概念が、合理的考慮に先立つ応報・懲罰の衝動にその根源をもつという考察は事実の分析として説得力があり、現代の進化論的な道徳心理学の認識ともよく一致すると思われる（例えばスコット・ジェイムズ『進化倫理学入門』児玉聡訳、名古屋大学出版会二〇一八年）。それゆえまた、そのような自然的衝動に流されないための社会システムの見直しが必要である、という大枠の認識もまた大いに説得力があると思われる。そして、道徳的責任と刑罰制度の廃絶という本書の（および「楽観主義的」自由意志懐疑論者たちの）構想は、この認識を受けた最もシンプルで率直な主張である、と位置づけることが可能であろう。とはいえこのような構想は実現可能性の点でまだまだ大きな壁に阻まれており、さらに、廃絶が真に最良の選択であるかどうかに関する伝統的制度の支持者からの異議も少なからず残り続ける、というのが当面の状況であろうと思われる。例えばデネットはいくつかの場所で、契約説的な仕方で導入される合意事項としてのペナルティを一切斥けるシステムが果たして機能しうるのか、という異議を提起しているが、たしかに「引き受けられた」ペナルティと、本能的な懲罰衝動の制度化と見られるもののどこかに一線を画することは可能かもしれない。

このように位置づけられる道徳的責任廃絶論の主流は、前述のとおり自由意志懐疑論、ないしハード決定論と結びついたそれであるが、ウォーラーはそれと対置される両立論的自由意志論を支持する。ウォーラーのこの立場は、「自由意志の否定」という、ともすると暗い色に塗りこめられがちな主張と一体不可分のものと見なされてきた道徳的責任廃絶論のイメージを払拭し、ポジティブで前向きなビジョンを打ち出している点にその固有性を求められる。訳者にこの問題に対する明確な見通しがもてているわけではないが、少なくとも訳者自身にとっては、本書により、道徳的責任廃絶論という構想の魅力が大いに増した。本書を読み、同様の啓発を受ける読者は一定数いるのではないかと推察している。

本書の翻訳について

翻訳上のルール等について注記しておくと、まず、原文のクォーテーションマークは鍵括弧に、強調のイタリックは太字（ゴシック体）に、キャピタライズは〈　〉にそれぞれ移し替えた。また、〔　〕は訳者による補足を示す。ただし〈　〉はそれ以外に、意味のまとまりや術語などをはっきりさせるためにも用いた。また、強調以外の用途で用いられているイタリック（外来語や、引用を示すためのイタリック）は、必ずしも太字になっていない場合もある。

既存の翻訳がある文献からの引用については、古典文献と文学作品に関しては原則として既訳から引いた。一方、現代哲学の文献については、原則として訳者が新たに訳出するという方針を取った。これは、例えばbe responsible, take responsibility, deserve / desert あるいは fault といった、本書において精密に定義され、あるいは独自の意味を込めて用いられている表現の訳語の幅が非常に大きく、そのまま引いてくることができないケースが非常に多かった、というのが大きな理由である。またそれ以外に、引用頻度の大きいダニエル・デネット『自由の余地』と『自由は進化する』については訳文が共に独特の語り口であるため、訳者が作成したデネットの別の著作の訳文や、小草泰氏による論考の訳文と並べると文体がばらばらで、まるで何人もの別々の著者が語っているようになってしまう、という理由もある（戸田山訳と山形訳はいずれもフランクな口調だが、それぞれに別の個性がある）。このため訳者が用意した訳文の後に「邦訳該当箇所」を示すという形式にした。既存の訳業を軽視してのものではなく、実のところ訳出に当たっては既存の訳文を大いに参考にしたものであることは明記しておく（これ以外に、校正の段階で既存の邦訳の存在を知ったため、訳出時参照できなかったものもいくつかある。ヴァッラの対話篇やギリガンの著書などである）。

　訳注については、本書と同じ赤井茂樹氏が担当編集であったキース・E・スタノヴィッチ『現代世界における意思決定と合理性』（太田出版、二〇一七年）のときと同様、手厚くつけていく方針をとった。訳者は、力量の問題もあり、訳文に載せきれない原語の含意や予備知識などを補うために訳注（およびルビ）に頼る傾向がもともと大きかったのだが、赤井氏はこの方針を受け入れてくださった上に、（特に再読時も含めると）冒頭から一字一句精密に読み進めるわけではない読者にも開かれた書物にしたい、という氏の意向もあり、左ページに訳注と原注をまとめて記載する方針となった。

　本書の存在を知ったのは二〇一四年に出版されたデネット *Elbow Room*（『自由の余地』）出版三〇年記念の新版に追加された「付録」での言及によってであった。その後「自由意志と刑罰の未来」と題する小論（『at プラス』第三二号、太田出版二〇一七年所収）をまとめる際にデネットによる本書の論評を読み、興味を抱いて入手し、読み始めてすぐ、本書の翻訳が本邦での自由意志論争の紹介や展開に貢献するに違いない、という思いを強め、前記『現代世界における意思決定と合理性』の担当編集であった赤井茂樹氏に相談した。氏は出版社を退職後フリーの編集者として活動しており、いくつかの出版社に掛け合ってくださった末、最終的に平凡社から出版することが決まった。これが実に五年以上前のことで、その後新型コロナ禍を挟み、諸々の事情が重なって訳稿の整備がなかなか進まない状況が続き、二〇二四年になってようやく提出稿が整い、出版に至ることになった。多くの方々の尽力あってのことでありここに感謝を申し上げたい。また、赤井氏との間でなされた訳文の入念な見直しの作業は、訳文のリーダビリティを――あくまで初期稿との相対評価においてだが――飛躍的に向上させることになった。完成稿は事実上共訳に近い文章ともいえるものであり、赤井氏には改めて感謝の意を表したい。

本書翻訳中に、本書と関連するテーマの書物として著書『自由意志の向こう側――決定論をめぐる哲学史』（講談社二〇二〇年）と、前掲のデネット／カルーゾー『自由意志対話』の出版に関わり、いずれについても本書を参考にするとともに、本書訳稿へのフィードバックも大いになされた。後者の対話者の一人カルーゾーはウォーラーと同じく「相応しさ」に根差す道徳的責任の廃絶論者であるが、道徳的責任と自由意志を一体不可分のものと捉える自由意志懐疑論を支持する点ではウォーラーとは対照的である。カルーゾー教授は二〇二四年春に来日した際、ウォーラーによる自由意志と道徳的責任の分離の試みについての訳者の質問に対し、ウォーラーの試みが「深刻な誤りであり、さまざまな混乱をもたらす」という見解を示した上で「実のところ私は、最も親しく、最も尊敬する友人であるウォーラーにこの点を説得するために、多大な時間を費やしたものの、……結局、彼の意見を完全に変えるにはほど遠い結果だった……」という回答をされており、少なくともこの点では、両者の間には明確な相違が存在している。実のところ、道徳的責任／刑罰制度の廃絶論においてスタンダードなのはカルーゾーらの立場であると見てよいのだが、自由意志懐疑論の一面的な強調は、ウォーラーの言う人間の「普遍的無能力」の主張に接近するか、あるいは少なくともそのような印象を強く読者に与えるものであるように、訳者には懸念される。この点で自由意志問題と道徳的責任の問題を切り分ける本書の視角は論争への冷静な取り組みに貢献するものであろうというのが訳者の印象である。この点の確認を、長くなってしまった訳者あとがきの結びとしたい。

事項索引

重要と思われる用語の登場ページを拾って作成したが、下位項目に関しては原著の索引(むしろ「詳細目次」に近い)を踏襲した。登場頻度の多すぎる用語(「非難」など)は収録していない。「n ＋数字」は原注番号を示す。

ア行

遺憾の念：regret(→後悔を参照)
閾《いき》、閾《いき》値、閾《しきい》：threshold……16, 351-353, 362
意識的(な)意志：conscious will……127-144, 420, 425
意志の随伴現象説：epiphonemal account of will……132, 142-144, 420-426
医療過誤：medical error……443-449
因果的起因性、起因性：(causal) responsibility……311-313
怨恨《えんこん》：resentment……262-263, 320, 326, 330, 394
応報主義：retributivism……28, 239, 376-388, 436, 476-478
応報的(な)正義／司法：retributive justice……44, 77, 242-243, 377, 387, 450-456, 466
応報的懲罰：retribution……9, 30-31, 93, 154, 272-273, 354, 446, 453-456, 460, 466, 474, 480-481, 484, 487-488, 493
応報(へ)の衝動：retributive impulse……28, 34, 89, 154, 479, 481, 484-485, 487, 494
オコナー、ティモシー：O' Connor, Timothy (→人名索引を参照)
♦——によるウェグナーへの批判……132, 135, 139-140
落ち度：fault……52, 245-246, 250-253, 255-256, 306, 400(→瑕疵《かし》も参照)
オートマティズム：automatism……128 (→自動性も参照)

カ行

階層的本人性(→階層的本人性とフランクファート、ハリー・G を参照)
学習性無力感：learned helplessness……106, 127, 220-222, 226-227, 240, 246-247, 271, 295, 384, 388, 396
感謝：gratitude……13-14, 299, 318-320, 326, 330, 340, 345, 408-409, 427
起因性(→因果的起因性を参照)
帰結論証：consequence argument……48
奇跡要求モデル：miracle-requisite model……336, 339, 342, 344, 377, 390
客体への態度：objective attitude(客体的視座、客体的判断、客体としての扱い、等も含む)……303, 325-326, 339-340, 366, 374-375, 492, 494
キャンベル、C. A.(Campbell, C. A.) (→人名索引を参照)
♦最低限度の自由意志と——：minimal free will and……125-126
究極のコントロール：ultimate control……45, 47, 69-73, 124, 134, 412-414, 418-419, 422, 424
強化：reinforce, reinforcement……146, 220, 222, 224-227, 238, 302, 471
協調主義(——的)：corporatism (corporative incorporative)……381-382, 482, 485
屈従ストレス：subordination stress……33
刑罰：punishment(→罰も参照)……9, 16, 18, 20, 30, 34, 77, 88, 91, 93, 120, 153-154, 172, 216, 229, 242-243, 251, 266, 273, 278, 282, 312, 321, 324, 327, 332, 334, 339, 341, 356, 363, 366-368, 373-377, 380-382, 385-386, 388-389, 392, 399, 401, 408, 411, 435, 437, 440, 452, 455-456, 462, 464, 474, 482-484, 488, 492
♦応報的—(応報刑)：retributive……242, 356, 368, 373, 376-377, 381, 386, 389, 392, 401, 482
♦責任の引き受けと—：taking responsibility and……170-171
ケイン、ロバート：Kane, Robert(→人名索引を参照)
♦責任の引き受けと——：taking responsibility and……170-171
決定論：determinism……37-38, 46, 48, 57, 82-84, 83n4, 96, 124, 127-128, 287, 292, 301, 323, 325, 403, 405-407, 430-435, 468, 475
♦自然主義と——：naturalism and……46
♦自由意志と——：free will and……82-83, 96, 124
♦道徳的行動と——：moral behavior and……430-435
♦道徳的責任と——：moral responsibility

and……124, 218, 287, 301, 323, 325, 475
♦ハードー：hard……287, 323, 335, 394-395
♦私たちが成し遂げるものと――：accomplishments and ……401-408
行為者因果：agent causation……210
後悔(遺憾の念、残念に思う)：regret……307-310, 314-315, 317
構成的運：constitutive luck……201
功績：merit……409, 411
公平性の直観：fairness intuition……479-487
互酬：reciprocity ……34, 470, 477-480, 487
個人主義：individualism……228, 382-383, 389, 438-440, 483
♦無骨な――：rugged……431, 438-440
コントロールの重要性：importance of control……160-161
根本的帰属の錯誤：fundamental attribution error……131, 232, 389, 438, 440
根本論証(道徳的責任反対論の)：basic argument (against moral responsibility)……40, 46-49, 70 (→〈根本論証〉(ゲイレン・ストローソン)も参照)
〈根本論証〉(ゲイレン・ストローソン)：the Basic Argument (Galen Strawson's)……48

サ行

作者性：authorship……332, 408, 411-412, 422
賛辞：credit……66-67, 75, 164-165, 173, 177, 190, 275-276, 328-329, 337-338, 353, 366, 370-371, 439, 472-473 (→誉《ほま》れも参照)
残念に思う：regret (→後悔を参照)
閾《しきい》：threshold (→閾《いき》、閾《いき》値を参照)
自己叱責：self-reproach……307-308
自己を選択する：self-choosing……195-199, 210-214
自己効力感：self-efficacy……54, 55n3, 62, 64, 67-68, 71, 120, 127, 158, 176-177, 179-182, 205, 214, 223, 229-230, 235, 239-240, 260, 338, 343, 359, 364-365, 370, 379, 390, 400, 418-419, 421, 423, 433, 438, 441, 471-472
自己作出：self-making……56-57, 94, 188-190, 193-194, 197, 199, 208, 210, 214, 356, 378-379, 428, 469
システムにもとづくアプローチ：systems approach……441-460
自然主義：naturalism……8, 16, 26, 36, 44-46, 48-49, 57, 69-70, 73, 76, 79, 82-88, 94-95, 99-100, 102, 113, 116-119, 121-124, 137, 144, 147, 150, 153-155, 158, 167, 188-190, 194-195, 205-206, 208, 210, 226, 233-234, 240-241, 283, 289, 292-293, 295, 301-302, 331-332, 334, 336, 346-347, 354, 357, 360, 378, 390, 406, 418, 425, 430, 470, 491, 494
実存主義(者)：existentialism, existentialist……73, 76, 379, 468
自動性：automaticity……150-152 (→オートマティズムも参照)
謝罪：apology……14, 302-318, 427, 456, 472
自由意志：free will……9-13, 30, 37-38, 42, 74, 76, 79, 80-123(詳細は下記), 83n4, 107n6, 107n7, 124-128, 131-133, 135, 137-140, 142, 144, 149, 156, 162, 164, 166, 170, 183, 188, 210, 245, 332, 336, 342, 350, 357, 368, 380-381, 429-435, 439, 468, 472, 474-475, 477, 484, 490-491
♦自然的――：natural……95-101, 115-121 (→決定論と自由意志も参照)
♦道徳的責任と――：moral responsibility and……80-95, 121-123
♦本人性と――：authenticity and……102-118
修復的正義／司法：restorative justice……456-457
熟慮：deliberation……25, 30, 50, 52-53, 62, 108, 134, 145-147, 149-150, 164, 166, 177n8, 196, 208, 212, 249, 252, 330, 336-338, 345-347, 353, 356-359, 379-380, 392, 420-422, 424, 436, 470, 472, 476-478, 481, 488, 490
賞(→報賞を参照)
状況主義心理学：situationist psychology……51, 231, 236, 389
条件づけ：conditioning……53, 56, 76, 98, 146-147, 198, 241, 246, 259, 281, 295-296, 298, 336, 338, 368, 383-384, 386, 388, 421, 423-424, 436, 472
賞賛：praise……14, 16-18, 22, 26, 52, 58, 69, 71-73, 76, 81, 105, 146, 157, 172, 175, 177, 209, 233, 245, 253, 257, 275-276, 281, 286, 288, 312, 321, 342, 392, 408, 410-413
常習的認知者：chronic cognizers……62, 146-147, 149-150, 166, 176, 196, 205, 211, 338, 359, 364, 368, 370, 379, 421, 437, 470
新自由主義(ネオリベラリズム)：neoliberalism……381-382, 439, 482-483

随伴性：contingency……110, 380
スケジュール(心理学用語)：schedule, scheduling……224, 302
ストローソン、ゲイレン：Strawson, Galen(→人名索引を参照)
♦──と無限後退論証：regress argument and……58
ストローソン、P・F：Strawson P. F.(→人名索引を参照)
♦疑いえない道徳的責任と──：moral responsibility impossible to doubt and……15, 37, 288, 322-323, 469, 494
♦「スベキ」の多義性：ambiguity of ought……298-301
♦「スベキ」は「デキル」を含意する：ought implies can……289-301
♦道徳的責任のシステムと──：system of moral responsibility and……302-303, 323, 329-330, 393, 475
♦反応的態度と──：reactive attitudes and……302-303, 318, 320, 325-326
スミランスキー、ソール：Smilansky, Saul(→人名索引を参照)
♦道徳的責任の幻想と──：illusion of moral responsibility and……472, 476-477
性格の瑕疵：character-fault……246, 250-251, 255-256, 258-259, 261-262, 274, 276, 282, 289, 307, 310, 313, 324, 339, 345, 391-393, 395, 398
責任の引き受け：taking responsibility(→引き受け責任を参照)
説明能力／説明責任：accountability……23-27
センセーションシーキング：sensation-seeking……98, 99n5

タ行

他行為可能性：alternative possibility……16, 83n4, 156, 332, 348-350(→別のようにも行為できたも参照)
多様性：diversity……486
多様性排除、排除：exclusion……381, 483,
多様性包摂、包摂(──的、──する)：inclusiveness, inclusive, inclusion, include……378, 381-383
短所：fault……25, 197, 245-247, 251-253, 255-256, 259-260, 263
恥辱(を与える)：shame(→恥、恥ずかしめも参照)……366, 441, 450-452, 457-459, 462, 464, 466
手続き独立性(ドゥオーキン)：procedural independence……109
デネット、ダニエル：Dennett, Daniel(→人名索引を参照)
♦運と──：luck and……74, 328-329
♦応報欲求と──：desire for retribution and……29-30
♦契約説的論証と──：contract argument and……366-367
♦最小限度の選択と──：minimum choice and……144-150
♦自己作出と──：self-making and……189-192, 201-202
♦忍び寄る無罪宣告と──：creeping exculpation……232-238, 490
♦責任の引き受けと──：taking responsibility and……56-57, 168-170
♦デフォルト責任(原理)と──：default responsibility……39, 86-87, 88, 233, 330, 334, 335n12
♦──の実用性に訴える正当化、──実用主義：pragmatic justification for, moral responsibility pragmatism……215-219, 228, 238-243
♦プラトー論証と──：plateau argument and……352-353, 364
デフォルト責任原理：default responsibility principle……233, 330, 334, 335n12, 349
統整コントロール：regulative control……156-163, 416
道徳的責任：moral responsibility(決定論と道徳的責任、ストローソン、P・Fと疑いえない道徳的責任、ストローソン、P・Fの道徳的責任のシステム、参照)
♦エリート主義と──：elitism and……372-385
♦自由意志と──：free will and……80-101
♦説明能力／説明責任と──……427-441(説明能力／説明責任を参照)
♦道徳と──：morality and
♦──と引き受け責任との区別：take-charge responsibility distinguished from……175-186
♦──のシステム：system of……37-41, 324-340

♦——の生物学的根源：biological roots of……89
♦——のための契約説論証：contract argument for……365-371
♦——のためのプラトー論証：plateau argument for……361-365, 436-438（プラトーも参照）
♦——のための論証の多様性〔／多様な論証〕：variety of arguments for……40
♦——の定義：defined……17-18
♦——の不在：absence of……427-441
♦——のモドゥス・トレンスにもとづく証明：modus tollens proof of (MTPMR)……377-345
♦——の利益：benefits of……215-216, 238-293
♦——反対論：against……58-69
♦——反対論の根本論証（→根本論証を参照）
♦比較により示される不公正にもとづく——への反対論証：comparative unfairness argument against……58-69
♦——への根深い信念（信奉）：deep belief in……26-37, 478-487
♦論点先取にもとづく——の支持：begging the question for……347-351
道徳的茫然自失：moral dumbfounding……481, 488
〈時計仕掛けのオレンジ〉療法：clockwork Orange treatment……386-390, 428, 450, 461-462, 464

ナ行

二方面コントロール（ケイン）：dual-control……69-71
認知的気概：cognitive fortitude……62, 65, 67, 69, 71, 76, 119-120, 146-147, 150, 154, 158, 166, 205, 211, 213-214, 229-230, 249, 260, 302, 338, 360, 362, 364, 409, 418-419, 423, 436
認知的吝嗇《りんしょく》者：cognitive misers……25, 62, 67, 144, 146-147, 149-150, 154, 166, 211, 338, 343, 359, 363, 364, 379, 380, 421, 437
認知欲求：need for cognition……62, 71, 147

ハ行

排除（→多様性排除を参照）
恥、恥ずかしめ：shame……444, 447, 452, 466
罰、罰する：punishment, punish……16-18, 22-23, 26, 28, 32, 34, 47, 52, 55, 57-58, 69, 77, 83, 86-88, 90, 92, 105, 153-154, 162-163, 180, 210, 216-232, 236, 238, 245, 249, 252, 258, 273, 304, 312, 314, 320, 338, 340, 343, 353, 356-357, 361-364, 368, 377, 378, 380-381, 399, 408, 442, 448-449, 456-457, 463-464, 466, 474, 480, 484, 489（→刑罰も参照）
反撃的攻撃：redirected aggression……89
反応的態度：reactive attitude（反応的感情、反応的関係も含む）……18, 206, 253, 277, 282, 302, 320, 323, 326, 330, 339-340, 367, 435, 492
引き受け責任、責任の引き受け：take-charge responsibility, taking responsibility……56, 67, 72, 168-186, 189, 232-235, 239-240, 242, 244, 284-285, 312-315, 363-367, 370, 428, 441, 443-444, 469, 476
非難の瑕疵《かし》：blame-fault……247, 250-251, 255-256, 258-259, 261-262, 274, 276, 282, 289, 307, 310-311, 313, 324, 339, 345, 391, 393, 395
非両立論：incompatibilism……124, 430, 475
♦ハード——：hard……288
相応《ふさわ》しい：deserve……14, 16-18, 20, 22, 26, 28, 30, 34, 52, 54-56, 66-67, 71-72, 75, 81, 87, 90, 93, 154, 163-165, 172-173, 175, 177, 190, 192-193, 203, 207, 209, 218-220, 225-226, 236, 245-255, 257, 260, 264-266, 273, 275-276, 281-282, 285-286, 292, 295, 300, 307, 312, 314, 319-320, 324-325, 332, 335, 337-338, 340-342, 353-354, 356-357, 360, 363, 367, 370-371, 373-378, 380-381, 383, 388, 391, 395-397, 399, 408-412, 416-418, 429, 439, 444-446, 448, 454, 461, 464, 466, 471, 474, 488, 492-493
相応《ふさわ》しい報い：desert……30（→相応しさ、報いも参照）
相応《ふさわ》しさ：desert……17-18, 412（→相応しい報い、報いも参照）
プラトー：plateau……73, 194, 351-365, 436, 468, 484, 488
フランクファート、ハリー・G：Frankfurt, Harry G.（→人名索引を参照）
♦——（の）階層的本人性：hierarchical authenticity……102-115, 350-351, 469
♦引き受け責任と——：taking responsibility and……168
憤慨：indignation……262-263

別のようにも行為できた、別のようでもありえた：could have done otherwisem, could have been otherwise……16, 86-87, 161, 293, 296, 331-332, 348, 350, 414-415（→他行為可能性も参照）
報酬（* 心理学用語）：reward……97, 115-116, 215, 220, 223-228（→報賞も参照）
♦ ──の必要性：reward need for……223-226
報賞、賞：reward……14, 16-18, 23, 26, 47, 52, 57-58, 69, 79, 83, 86-88, 90, 105, 153, 172, 175, 210, 216-220, 222-228, 235-236, 238, 249, 274-276, 281-282, 312, 319-321, 332, 334, 338, 353, 341, 356-358, 360-364, 368, 370, 377-378, 380-381, 383, 408, 411（→報酬も参照）
包摂、包摂的、包摂する（→多様性包摂を参照）
誉《ほま》れ：credit……273-274, 280-281, 283, 366, 472（→賛辞も参照）
ホレイショ・アルジャー神話：Horatio Alger myth……431, 459
本人性：authenticity……101-102, 108-110, 115, 118, 121, 183-185, 254, 271, 331, 349

マ行

ミーリー、アルフレッド：Mele, Alfred（→人名索引を参照）
♦ ──によるリベット批判：critique of Libet by……140-142
無意識的な理性推理に対する恐れ：fear of nonconscious reason……420-426
報い：desert……9, 26, 29, 52, 54, 67, 76, 90, 93, 187, 190, 194, 215, 219-220, 222, 226, 229, 251, 269, 273, 281, 304, 332, 341, 343, 351, 362, 377-378, 383-384, 386, 397, 399, 413, 421, 450, 452, 465, 478, 493（→相応しさ、相応しい報いも参照）
♦ ──拡張論：excuse-extensionism, excuse-extensionist model……234, 325, 328-329, 331-332, 334-336, 339-345, 347, 365, 377, 386, 393-394, 397, 490
モドゥス・トレンス（後件否定）：modus tollens（→道徳的責任のモドゥス・トレンスによる証明を参照）
モドゥス・ポネンス（前件肯定）：modus ponens……269, 288
物語的コントロール（フィッシャー）：narrative control……161-165

ヤ行

役割責任（ハート）：role responsibility……174-175
誘導コントロール：guidance control……16, 152, 156-158, 160-163, 165-166, 353, 469
四つの事例にもとづく論証（操作論証、ペレブーム）：four cases argument……48

ラ行

リバタリアン、リバタリアニズム：libertarian, libertarianism……10, 28, 37-38, 48, 70, 82, 84-85, 83n4, 87, 100, 107n7, 108, 123-126, 131-133, 144, 147, 149, 156, 170, 195, 240, 292-293, 331-332, 339, 342, 357, 385, 430-432, 434, 468, 474, 484, 490-491
両立論：compatibilism……37-38, 45-46, 82-84, 107n7, 113, 124, 144, 146, 148, 167, 332, 335, 339, 342, 348-349, 394, 397, 430, 468, 475
ローカス・オフ・コントロール：locus-of-control……54, 62, 64, 68, 71, 120, 127, 176, 214, 418-419, 421, 434, 471-472

人名索引

文献名のみ参照されている人物の片仮名表記は記載していない。ゴシック体は(文献ではなく)本文中での登場ページを示している。また謝辞のみに登場する人名は収録していない。「n ＋数字」は原注番号を示す。

A
Alfredsson, L.……179
Aljasem, Layla I.……55n11
Andre, Judith(アンドレ、ジュディス)……287n11
Anscombe, Elizabeth(アンスコム、エリザベス)……391
Arendt, Hannah(アレント、ハンナ)……385n13
Aristotle(アリストテレス)……8, 67, 90
Avorn, J.……406
Ayer, A. J.(エイヤー、A・J)……82
Azrin, N. H.……90

B
Bandura, Albert(バンデュラ、アルバート)……55n3, 127, 179, 181n9, 472
Banks, W.……51, 231, 259, 389
Banziger, George……160
Barash, David……32, 34
Bargh, John(バーグ、ジョン)……150, 151, 152
Baron, R. A.……130
Barrett, William(バレット、ウィリアム)……78, 405-406, 432
Batson, C. D.(バートソン、C・D)……51, 148, 231, 130, 389
Beauvoir, Simone de(ボーヴォワール、シモーヌ・ド)……106
Belcher, Ronald G.……106
Bennett, Jonathan(ベネット、ジョナサン)……288
Bernstein, Jared(バーンスティーン、ジャレド)……459
Bernstein, Mark(バーンスティーン、マーク)……350-351
Berzonsky, M. D.……63
Bjorklund, Fredrik(ビョークランド、フレデリック)……148, 154, 212, 470. 473, 477-478, 481, 485-486
Blum, Lawrence……287n11
Bowers, K. S. ……161
Braithewaite, John……456
Brasil-Neto, J. P.……130
Brod, Meryl……160
Bronfen, M. I.……130
Brown, Marshall……32
Brown, Warren S.(ブラウン、ウォレン・S)……210-212
Bush, George H. W.(ブッシュ、ジョージ・H・W)……381
Butler, Samuel(バトラー、サミュエル)……266

C
Cacioppo, J. T.……25, 62, 147, 472
Camp, C.……62
Campbell, C. A.(キャンベル、C・A)……37, 74, 80, 83, 85, 125-127, 286
Catania, Charles A.……99n5
Cavadino, Michael(キャヴァディーノ、マイケル)……381-382, 439-440, 482-483
Chan, F.……159
Chartrand, Tanya……150-151
Chisholm, Roderick(チザム、ロデリック)……16, 44, 85, 94, 331, 342, 463
Cicero, Marcus Tullius(キケロ、マルクス・トゥッリウス)……15
Clarke, Randolph(クラーク、ランドルフ)……11, 18-19, 102
Cohen, A. R.……62
Cohen, Daniel(コーエン、ダニエル)……38
Copleston, F. C.(コプルストン、F・C)……286
Copp, David(コップ、デイヴィッド)……294
Corlett, J. Angelo(コーレット、J・アンジェロ)……286-287
Corrigan, Janet M.……444, 447
Craig, K. P.……161

D
Damasio, Antonio R.……265
Darley, J. M.(ダーリー、J・M)……51, 130, 148, 231, 389
Darwin, Charles(ダーウィン、チャールズ)……124, 489, 490
Davis, Paul……159
Delgado, José(デルガード、ホセ)……24, 130

Dennett, Daniel（デネット、ダニエル）
……16, 19, 39, 45, 56-57, 74, 78, 82, 84, 86, 88, 118, 144, 146-150, 152, 168-171, 174, 177-178, 180, 182, 189, 191-194, 201-202, 215, 228, 232-234, 238-241, 251, 255, 272, 305, 323, 328, 334, 335n12, 336, 352, 355-356, 362, 364, 366-367, 369, 407, 469, 488, 490
Devins, G. M.……159
de Waal, Frans（ドゥ・ヴァール、フランス）
……35-36, 218
Dickens, Charles（ディケンズ、チャールズ）
……163, 256-257
Dignan, James（ディグナン、ジェームズ）
……381-382, 439-440, 482-482
Donaldson, Molla S.……444, 447
Doris, John（ドリス、ジョン）……165-166, 472
Dostoyevsky, Fyodor
（ドストエフスキー、フョードル）
……28, 78, 98-99, 401
Double, Richard（ダブル、リチャード）
……10, 21n2, 77
Dworkin, Gerald（ドゥオーキン、ジェラルド）
……78, 109-111, 113, 353

E
Eliot, T. S.（エリオット、T・S）……15
Epictetus（エピクテートス）……157
Epstein, Helen（エプスティーン、ヘレン）
……459

F
Feinberg, Joel（ファインバーグ、ジョエル）
……480
Ferguson, Melissa J. ……150
Fischer, John Martin
（フィッシャー、ジョン・マーティン）
……16, 19, 152-166, 353, 469
Fletcher, F. J. O.……62
Frankfurt, Harry G.
（フランクファート、ハリー・G）
……16, 18, 82, 84, 88, 96, 102-109, 118, 168, 170-171, 174, 182-186, 250, 255, 271-272, 283, 347-350, 353, 469
French, Peter（フレンチ、ピーター）……30, 387
Fuller, D.……62

G
Gage, Phineas（ゲージ、フィネアス）……265
Gaylin, Willard（ゲイリン、ウィラード）……80
Gill, Kathleen（ジル、キャスリーン）……31
Gilligan, James（ギリガン、ジェームズ）
……452, 457-459, 462-464
Ginet, Carl（ジネット、カール）……83, 102, 128
Glannon, Walter（グラノン、ウォルター）
……80-81
Glanzer, M.……99n5
Golding, Martin（ゴールディング、マーティン）
……310
Gomberg, P.（ゴンバーグ、P）……239
Govier, Trudy（ゴヴィア、トルーディ）
……310-311, 316
Green, David（グリーン、デイヴィッド）
……481-482

H
Haas, Pamela J.……129
Haidt, Jonathan（ハイト、ジョナサン）
……148, 154, 212, 470, 473, 477-481, 485, 488
Haji, Ishtiyaque（ハッジ、イシティヤック）
……290
Hammar, N.……179
Haney, Craig……51, 231, 259, 389-390
Hanusa, Barbara Hartman……160, 180n10
Harlow, H. F.……99n5
Harris, Don……442
Harris, Robert（ハリス、ロバート）
……205-209, 258, 272-284, 289, 292-296, 363, 367-368, 384-385, 391-392, 410-412, 440, 460-462, 481, 488
Hart, H. L. A.（ハート、H・L・A）……174-175
Harvey, William（ハーヴェイ、ウィリアム）
……124
Hearst, Patty（ハースト、パトリシア〈パティ〉）……
120, 383-385, 436, 488
Herrin, Richard（ヘリン、リチャード）
……373-374, 376-378, 488
Hersh, M. A.……481
Hieronymi, Paula（ハイロニミ、パウラ）
……262-263
Hill, H. F.……161
Hinckley, John（ヒンクリー、ジョン）
……120, 479-480
Hintz, Howard.……287n11
Hobbes, Thomas（ホッブズ、トマス）……90
Hocutt, Max……80
Holbach, Paul Henri Thiry, Baron d’

（ドルバック男爵、ポール＝アンリ・ティリ）
……47
Hospers, John（ホスパーズ、ジョン）
……287n11, 325
Hsieh, ChangChi（シェイ、チョンカイ）
……458
Hume, David（ヒューム、デイヴィッド）
……50, 82, 84, 118, 216, 218, 228, 238, 292, 430–431

I
Isen, A. M.（アイゼン、A・M）
……24, 51, 130, 230

J
Jacobs, Jonathan（ジェイコブズ、ジョナサン）
……197–198, 201–208, 292–293
Jacobson, J. W.……129
James, William（ジェームズ、ウィリアム）
……78, 401, 405, 432–433
Jarvis, W. B. G.……62
Johnson, J. V.……179
Johnstone, Gerry……456

K
Kahan, Dan M.（カーン、ダン・M）……472
Kane, Robert（ケイン、ロバート）
……10–11, 50, 70–72, 78–79, 170, 332, 399–400, 404
Kant, Immanuel（カント、イマヌエル）
……82, 85, 118, 282, 287, 289, 291–292
Karasek, Robert……179
Kavanau, J. Lee（キャヴァノウ、J・Lee）
……97–98
Kawamura, S.（川村俊蔵）……32, 89
Kelly, Erin（ケリー、エリン）……434
Kohn, Linda T.……444, 447
Kort, Louis F.（コート、ルイス）……310
Kruglanski, A. W.……62

L
Lakatos, Imré（ラカトシュ、イムレ）……468
Langer, Ellen J.……160, 406
Leape, Lucian L.（リープ、ルシアン・L）
……444–445
Lenman, James（レンマン、ジェームズ）
……81, 368–370
Levin, P. F.（レヴィン、P・F）
……24, 51, 130, 230, 389
Lewis, C. S.（ルイス、C・S）……374–375, 389
Lewis, John（ルイス、ジョン）
……402–403, 408–411, 426
Libet, Benjamin（リベット、ベンジャミン）
……135–142, 422
Luther, Martin（ルター、マルティン）
……92, 288–289

M
Major, John（メージャー、ジョン）
……435, 438, 440
Margolis, Joseph（マーゴリス、ジョセフ）……290
Marmot, M. G.……179
Marie Redergård, Silje（マリー・レジェラルド、シリー）……481–482
Mason, William A.……99n5
McKenna, Michael（マッケンナ、マイケル）
……11, 17–19, 81, 249–250, 276–280
Mele, Alfred（ミーリー、アルフレッド）
……11, 19, 58–65, 67, 74, 78, 84, 140–142, 335n12
Metz, Thaddeus（メッツ、サディアス）
……353–354
Milgram, Stanley（ミルグラム、スタンリー）
……51, 231, 258, 267, 314
Mill, John Stuart（ミル、ジョン・スチュアート）
……97, 288, 302, 441
Miller, William Ian（ミラー、ウィリアム・イアン）
……90
Mishel, Lawrence（ミシェル、ローレンス）
……459
Monty, R. A.……159
Moore, G. E.（ムーア、G・E）……82
Moore, Michael S.（ムーア、マイケル・S）
……28, 372–377, 383–384, 389, 436, 488
Morris, Allison……456
Morris, Herbert（モリス、ハーバート）……375
Morris, J.（モリス、J）……159
Morse, Jennifer Roback
（モース、ジェニファー・ロバック）……315–316
Morse, Stephen J.（モース、スティーヴン・J）
……332–333
Mostert, Mark P.……129
Moya, Carlos（モイヤ、カーロス）
……45, 408–409, 412–416, 419
Muir, Helen C.……442
Mulick, J. A.……129

Murphy, Jeffrie（マーフィー、ジェフリー）……286
Murphy, Nancey（マーフィー、ナンシー）
……210–213

N

Nagel, Thomas（ネーゲル、トマス）……437
Nair, K. Unnikrishnan……63
Netterstrom, B.……179
Newton, Isaac（ニュートン、アイザック）
……124, 292, 408–412, 425
Nowell-Smith, P.（ノウェル＝スミス）……86
Nozick, Robert（ノージック、ロバート）……250

O

O' Connor, Timothy（オコナー、ティモシー）
……68, 83, 132–135, 139–144, 166, 468
Olson, K.……62
Osberg, T.……62
Otsuka, Michael……287n11

P

Pereboom, Derk（ペレブーム、デーク）
……48, 131–132, 288
Perlmuter, L. C.……159
Petty, R. E.……25, 62, 146
Pico della Mirandola, Count Giovanni
（ピコ・デラ・ミランドラ、ジョヴァンニ伯爵）
……42–43, 94, 124–125, 187–189, 402
Pinker, Steven（ピンカー、スティーヴン）
……326, 328, 330
Pisciotta, Trevor（ピショッタ、トレヴァー）
……403–404
Popper, Karl（ポパー、カール）……115, 118
Potegal, Michael（ポーティガル、マイケル）
……89
Price, L. L.（プライス、L・L）……63
Pugh, M. D.（ピュー、M・D）……458

Q

Quine, Willard Van Orman
（クワイン、ウィラード・ヴァン・オーマン）
……38

R

Ramnarayan, S.……63
Rand, Ayn（ランド・アイン）……440
Reagan, Ronald（レーガン、ロナルド）
……381, 440, 479, 482
Reason, James……444
Reesor, K. A.……161
Rennert, K.……179
Richards, Janet Radcliffe……81
Richter, Daniel K.……90
Rodin, Judith……160–161, 179, 181n9, 434
Rosenstock, I. M.……55n3
Ross, L.……131, 232, 389, 438
Rotter, Julian B.……55, 127, 434, 472
Roush, Sharon……161
Rousseau, Jean-Jacques
（ルソー、ジャン＝ジャック）……182, 431
Royale, G. T.（ロイヤル、G・T）……159
Ruse, Michael（ルース、マイケル）……119
Rychlak, Joseph F.……287n11

S

Sabatini, Nicholas……442
Sapolsky, Robert……32–33
Sartre, Jean-Paul（サルトル、ジャン・ポール）
……188–189, 288, 374
Schlick, Moritz（シュリック、モーリッツ）
……216–218, 228–229
Schmitt, John（シュミット、ジョン）……459
Schneider, C. E.……179
Schooler, J. W.（スクーラー、J・W）
……430, 432–435
Schopenhauer, Arthur
（ショーペンハウアー、アルチュール）……47, 90
Schulz, Richard……160, 181n10
Schwartz, A. A.……129
Searle, John（サール、ジョン）……142–144
Seligman, Martin（セリグマン、マーティン）
……106, 127, 221–222, 246, 248, 388
Shakespeare, William
（シェイクスピア、ウィリアム）……29, 306, 322
Sharpe, Virginia A.（シャープ、ヴァージニア・A）
……177n8
Sher, George（シェー、ジョージ）
……74, 191–194, 202–203, 255–257, 259, 262, 267–272, 284, 353, 469
Shingo, Shigeo（新郷重夫）……442
Skinner, B. F.（スキナー、B・F）
……107n7, 124, 434
Smart, J. J. C.（スマート、J・J・C）
……217–218, 220–221, 228, 238
Smilansky, Saul（スミランスキー、ソール）
……19, 83n4, 322, 335–336, 391–401, 437, 472, 474, 476–477, 488, 490–492

Smith, Adam（スミス、アダム）……304, 307
Smith, Angela M.（スミス、アンジェラ・M）……353-354
Smith, Marcia Datlow……129
Smith, Nick……304, 307
Solomon, Robert C.（ソロモン、ロバート・C）……29
Solomon, S. K.……179
Spath, Patrice L.……444
Spector, Paul E.……179
Spenkelink, John（スペンケリンク、ジョン）……367-368
Spinoza, Baruch（スピノザ、バルフ）……47, 84, 132
Steiner, Jeanne L.（スタイナー、ジーン・L）……448
Stern, Robert（スターン、ロバート）……297
Stotland, E.……62
Strawson, Galen（ストローソン、ゲイレン）……18, 48, 58, 60, 153, 318-319, 350
Strawson, Peter F.（ストローソン、ピーター・F）……15, 37, 252, 302-303, 323-326, 328-330, 337, 339-340, 365-366, 369, 391, 393, 412, 469, 475-477, 492, 494
Sullivan, C.……63
Suomi , S. J.……99n5

T

Taylor, Charles（テイラー、チャールズ）……149-150, 166, 195-197, 422-423, 469
Taylor, Richard（テイラー、リチャード）……85, 468
Taylor, Shelley（テイラー、シェリー）……160
Thompson, S. C.……159, 161
Tolman, E. C.……99n5
Thatcher, Margaret（サッチャー、マーガレット）……482
Trakakis, Nick（トラカキス、ニック）……38
Tycho Brahe（ティコ・ブラーエ）……489

U

Ulrich, R. E.……90

V

Valla, Lorenzo（ヴァッラ、ロレンツォ）……47, 49, 82, 162
van den Haag, Ernest（ヴァン・デン・ハーグ、アーネスト）……455
van Inwagen, Peter（ヴァン・インワーゲン、ピーター）……15, 37-38, 48, 81, 83, 89, 286, 322, 344, 468, 475, 495
Vargas, Manuel（ヴァーガス、マニュエル）……217
Venkatraman, M. P. ……62-63
Verwoerd, Wilhelm（ヴァーウォード、ウィルヘルム）……310-311, 316
Virgin, Charle E.……32
Vohs, K. D.（ヴォース、K・D）……430, 432-435

W

Wallace, R. Jay（ウォレス、R・ジェイ）……325
Waller, Bruce N.……80, 97, 146, 160, 175, 179, 181n9, 224, 234
Wallhagen, Margaret（ウォールヘーゲン、マーガレット）……139, 160
Wallston, B. S.……179
Wallston, K. A.……179, 181n9
Watson, Gary（ワトソン、ギャリー）……107n6, 272-282, 367, 488
Wayne, John（ウェイン、ジョン）……440
Webster, D. M.……62
Wegner, Daniel（ウェグナー、ダニエル）……128, 132-135, 140, 142-144, 420, 424
Wheatley, T.（ウィートリー、T）……128
White, Stephen（ホワイト、スティーヴン）……39, 86
Wiedenfeld, S. A.……161
Williams, Bernard（ウィリアムズ、バーナード）……46, 83n42
Wilson, T. D.……150
Wittgenstein, Ludwig（ヴィトゲンシュタイン、ルードヴィッヒ）……38
Wolf, Susan（ウルフ、スーザン）……18, 21n1, 84, 96, 113-115, 286, 469
Wolfe, D. M.……62
Woods, Tiger（ウッズ、タイガー）……235-236
Woodward, N. J.……179
Wright, Robert（ライト、ロバート）……470

Z

Zimbardo, Philip……51, 231, 259, 389-390
Zuckerman, Marvin……99n2

文献

Aljasem, Layla I., Mark Peyrot, Larry Wissow, and Richard R. Rubin. 2001. The impact of barriers and self-efficacy on self-care behaviors in type 2 diabetes. *Diabetes Educator* 27:393–404.

Andre, Judith. 1983. Nagel, Williams, and moral luck. *Analysis* 43:202–207.

Arendt, Hannah. 2003. *Responsibility and judgment*, ed. Jerome Kohn. New York: Schocken Books.（ハンナ・アレント『責任と判断』中山元訳、ちくま学芸文庫、2016年）

Aristotle. 350 BC/1925. *Ethica Nicomachea. The works of Aristotle*, trans. W. D. Ross, vol. 9. Oxford: Clarendon Press.（アリストテレス『ニコマコス倫理学（上）』渡辺邦夫・立花幸司訳、光文社古典新訳文庫、2015年）

At issue: Crime and punishment. 1979. *Time*, June 4, 14–16.

Avorn, J., and E. Langer. 1982. Induced disability in nursing home patients. *Journal of the American Geriatrics Society* 30:397–400.

Bandura, Albert. 1997. *Self-efficacy: The exercise of control.* New York: W. H. Freeman.

Banziger, George, and Sharon Roush. 1983. Nursing homes for the birds: A control-relevant intervention with bird feeders. *Gerontologist* 23:527–531.

Barash, David P. 2005. Redirected aggression. CPS Working Papers No. 8:1–12.

Bargh, John A. 2008. Free will is un-natural. In *Are we free? Psychology and free will*, ed. John Baer, James C. Kaufman, and Roy F. Baumeister, 128–154. New York: Oxford University Press.

Bargh, John A., and T. L. Chartrand. 1999. The unbearable automaticity of being. *American Psychologist* 54:462–479.

Bargh, John A., and Melissa J. Ferguson. 2000. Beyond behaviorism: On the automaticity of higher mental processes. *Psychological Bulletin* 126:925–945.

Baron, R. A. 1997. The sweet smell of . . . helping: Effects of pleasant ambient fragrance on prosocial behavior in shopping malls. *Personality and Social Psychology Bulletin* 23:498–503.

Baron, R. A., and M. I. Bronfen. 1994. A whiff of reality: Empirical evidence concerning the effects of pleasant fragrances on work-related behavior. *Journal of Applied*

Social Psychology 24:1179–1203.

Barrett, William. 1958. Determinism and novelty. In *Determinism and freedom in the age of modern science*, ed. Sidney Hook, 46–54. New York: New York University Press.

Beauvoir, Simone de. 1947/1948. *The ethics of ambiguity*, trans. Bernard Frechtman. New York: Philosophical Library.

Bennett, Jonathan. 1980. Accountability. In *Philosophical subjects*, ed. Zak van Stratten, 14–47. Oxford: Clarendon Press.

Bernstein, Mark. 2005. Can we ever be really, truly, ultimately, free? *Midwest Studies in Philosophy* 29:1–12.

Berzonsky, M. D., and C. Sullivan. 1992. Social-cognitive aspects of identity style: Need for cognition, experiential openness, and introspection. *Journal of Adolescent Research* 7:140–155.

Blum, Lawrence A. 1980. *Friendship, altruism and morality*. London: Routledge & Kegan Paul.

Bowers, K. S. 1968. Pain, anxiety, and perceived control. *Journal of Consulting and Clinical Psychology* 32:596–602.

Braithwaite, John. 1999. Restorative justice: Assessing optimistic and pessimistic accounts. *Crime and Justice: A Review of Research* 25:1–110.

Braithwaite, John. 2002. *Restorative justice and response regulation*. Oxford: Oxford University Press.

Brasil-Neto, J. P., A. Pascual-Leone, J. Valls-Solé, L. G. Cohen, and M. Hallett. 1992. Focal transcranial magnet stimulation and response bias in a forced choice task. *Journal of Neurology, Neurosurgery, and Psychiatry* 55:964–966.

Brown, Marshall. 1899. *Wit and humor of bench and bar*. Chicago: T. H. Flood.

Butler, Samuel. 1872. *Erewhon, or, Over the range*. London: Trubner & Co.

Cacioppo, J. T., and R. E. Petty. 1982. The need for cognition. *Journal of Personality and Social Psychology* 42:116–131.

Cacioppo, J. T., R. E. Petty, J. A. Feinstein, and W. B. G. Jarvis. 1996. Dispositional differences in cognitive motivation: The life and times of individuals varying in need for cognition. *Psychological Bulletin* 119:197–253.

Campbell, C. A. 1957. *On selfhood and godhood*. London: George Allen & Unwin, Ltd.

Catania, Charles A., and Terje Sagvolden. 1980. Preference for free choice over forced

choice in pigeons. *Journal of the Experimental Analysis of Behavior* 34:77–86.

Cavadino, Michael, and James Dignan. 2006a. Penal policy and political economy.

Criminology & Criminal Justice 6:435–456.

Cavadino, Michael, and James Dignan. 2006b. *Penal systems: A comparative approach.* London: Sage Publications.

Chisholm, Roderick M. 1982. Human freedom and the self. In *Free will*, ed. Gary Watson, 24–35. New York: Oxford University Press.

Cicero, Marcus Tullius. 44 BCE/1923. *On divination*, trans. W. A. Falconer. In *On old age, On friendship, On divination.* Cambridge, MA: Loeb Classical Library of Harvard University Press.

Clarke, Randolph. 2005. On an argument for the impossibility of moral responsibility. *Midwest Studies in Philosophy* 29:13–24.

Cohen, A. R., E. Stotland, and D. M. Wolfe. 1955. An experimental investigation of need for cognition. *Journal of Abnormal and Social Psychology* 51:291–294.

Copleston, F. C. 1965. The existence of God: A debate. In *A modern introduction to philosophy*, rev. ed., ed. Paul Edwards and Arthur Pap. New York: Free Press.

Copp, David. 2003. "Ought" implies "can," blameworthiness, and the principle of alternate possibilities. In *Moral responsibility and alternative possibilities: Essays on the importance of alternative possibilities*, ed. David Widerker and Michael McKenna, 265–299. Burlington, VT: Ashgate.

Corlett, J. Angelo. 2006. *Responsibility and punishment*, 3rd ed. Dordrecht, The Netherlands: Springer.

Damasio, Antonio R. 1994. *Descartes' error: Emotion, reason, and the human brain.* New York: G. P. Putnam's Sons.

Darley, J. M., and C. D. Batson. 1973. From Jerusalem to Jericho: A study of situational and dispositional variables in helping behavior. *Journal of Personality and Social Psychology* 267:100–108.

Davis, Paul. 2002. On apologies. *Journal of Applied Philosophy* 19:169–173.

Delgado, José M. R. 1969. *Physical control of the mind: Toward a psychocivilized society.* New York: Harper and Row.

Dennett, Daniel. 1978. *Brainstorms.* Montgomery, VT: Bradford Books.（ダニエル・C・デネット「15　リバタリアンが欲しいと言うものを彼らに与えること」小草泰訳、青山拓央・柏端達也監修『自由意志　スキナー/デネット/リベット』岩波書店、2020年、149–175）

Dennett, Daniel. 1984. *Elbow room.* Cambridge, MA: MIT Press.（ダニエル・C・デネッ

ト『自由の余地』戸田山和久訳、名古屋大学出版会、2020年）

Dennett, Daniel. 2003. *Freedom evolves*. New York: Viking.（ダニエル・C・デネット『自由は進化する』山形浩生訳、NTT出版、2005年）

Dennett, Daniel. 2008. Some observations on the psychology of thinking about free will. In *Are we free? Psychology and free will*, ed. John Baer, James C. Kaufman, and Roy F. Baumeister, 248–259. New York: Oxford University Press.

Devins, G. M., Y. M. Binik, D. J. Hollomy, P. E. Barre, and R. D. Guttmann. 1981. Helplessness and depression in end-stage renal disease. *Journal of Abnormal Psychology* 90:531–545.

Devins, G. M., Y. M. Binik, T. A. Hutchinson, D. J. Hollomby, P. E. Barre, and R. D. Guttmann. 1984. The emotional impact of end-stage renal disease: Importance of patients' perception of intrusiveness and control. *International Journal of Psychiatry in Medicine* 13:327–343.

de Waal, Frans. 1982. *Chimpanzee politics: Power and sex among apes*. Baltimore: Johns Hopkins University Press.

de Waal, Frans. 1996. *Good natured: The origins of right and wrong in humans and other animals*. Cambridge, MA: Harvard University Press.

Dickens, Charles. 1843. *A Christmas Carol*. London: Chapman and Hall.（ディケンズ『クリスマス・キャロル』池央耿訳、光文社古典新訳文庫、2006年）

Doris, John M. 2002. *Lack of character: Personality and moral behavior*. Cambridge, UK: Cambridge University Press.

Dostoyevsky, F. 1864/1961. *Notes from Underground*, trans. Andrew R. MacAndrew. New York: New American Library.（ドストエフスキー『地下室の手記』安岡治子訳、光文社古典新訳文庫、2007年）

Double, Richard. 1991. *The non-reality of free will*. New York: Oxford University Press.

Double, Richard. 2002. The moral hardness of libertarianism. *Philo* 5:226–234.

Dworkin, Gerald. 1988. *The theory and practice of autonomy*. Cambridge, UK: Cambridge University Press.

Eliot, T. S. 1943. *Four quartets*. New York: Harcourt.（T・S・エリオット『四つの四重奏』岩崎宗治訳、岩波文庫、2011年）

Epictetus. 107/1865. *The works of Epictetus*, trans. Thomas Wentworth Higginson. Boston: Little, Brown.（エピクテトス『人生談義（下）』國方栄二訳、岩波文庫、2021年）

Epstein, Helen. 2009. America's prisons: Is there hope? *New York Review of Books* 11

(June):30–32.

Feinberg, Joel. 2003. Evil. In *Problems at the roots of law: Essays in legal and political theory*, 125–192. New York: Oxford University Press.

Fischer, John Martin. 1994. *The metaphysics of free will: An essay on control*. Oxford: Blackwell.

Fischer, John Martin. 2006a. *My Way: Essays on moral responsibility*. New York: Oxford University Press.

Fischer, John Martin. 2006b. The cards that are dealt you. *Journal of Ethics* 10: 107–129.

Fletcher, F. J. O., P. Danilovics, G. Fernandez, D. Peterson, and G. D. Reeder. 1986. Attributional complexity: An individual difference measure. *Journal of Personality and Social Psychology* 51:875–884.

Frankfurt, Harry G. 1969. Alternate possibilities and moral responsibility. *Journal of Philosophy* 66:829–839.（ハリー・G・フランクファート「選択可能性と道徳的責任」三ツ野陽介訳、門脇俊介、野矢茂樹編『自由と行為の哲学』春秋社、2010年、81–98）

Frankfurt, Harry G. 1971. Freedom of the will and the concept of a person. *Journal of Philosophy* 68:5–20.（ハリー・G・フランクファート「意志の自由と人格という概念」近藤智彦訳、門脇・野矢編『自由と行為の哲学』春秋社、2010年、99–127）

Frankfurt, Harry G. 1973. Coercion and moral responsibility. In *Essays on freedom of action*, ed. Ted Honderich, 65–86. London: Routledge & Kegan Paul.

Frankfurt, Harry G. 1975. Three concepts of free action. *Aristotelian Society Proceedings Supplementary* 49:113–125.

French, Peter. 2001. *The virtues of vengeance*. Lawrence, KS: University of Kansas Press.

Gaylin, Willard. 1982. *The killing of Bonnie Garland*. New York: Simon and Schuster.

Gill, Kathleen. 2000. The moral functions of an apology. *Philosophical Forum* 31: 11–27.

Gilligan, James. 2001. *Preventing violence*. New York: Thames & Hudson.（ジェームズ・ギリガン『男が暴力をふるうのはなぜか―そのメカニズムと予防』佐藤和夫訳、大月書店、2011年）

Ginet, Carl. 1990. *On action*. Cambridge, UK: Cambridge University Press.

Ginet, Carl. 1997. Freedom, responsibility and agency. *Journal of Ethics* 1:374–380.

Glannon, Walter. 1998. Responsibility, alcoholism and liver transplantation. *Journal of Medicine and Philosophy* 23:31–49.

Glanzer, M. 1953. Stimulus satiation: An exploration of spontaneous alteration and related phenomena. *Psychological Review* 60:257–268.

Golding, Martin. 1984–1985. Forgiveness and regret. *Philosophical Forum* 16: 121–137.

Gomberg, P. 1978. Free will as ultimate responsibility. *American Philosophical Quarterly* 15:205–211.

Govier, Trudy, and Wilhelm Verwoerd. 2002. The promise and pitfalls of apology. *Journal of Social Philosophy* 33:67–82.

Green, David A. 2008. Suitable vehicles: Framing blame and justice when children kill a child. *Crime Media Culture* 4:197–220.

Haidt, Jonathan. 2001. The emotional dog and its rational tail: A social intuitionist approach to moral judgment. *Psychological Review* 108:814–834.

Haidt, Jonathan. 2008. Morality. *Perspectives on Psychological Science* 3:65–72.

Haidt, Jonathan, and Fredrik Bjorklund. 2008. Social intuitionists answer six questions about morality. In *Moral psychology*. Vol. 2, *The cognitive science of morality*, ed. W. Sinnott-Armstrong, 181–217. Cambridge, MA: MIT Press.

Haidt, Jonathan, and M. A. Hersh. 2001. Sexual morality: The cultures and reasons of liberals and conservatives. *Journal of Applied Social Psychology* 31:191–221.

Haji, Ishtiyaque. 2000a. Control requirements for moral appraisals: An asymmetry. *Journal of Ethics* 4:351–356.

Haji, Ishtiyaque. 2000b. Excerpts from Ishtiyaque Haji's discussion with members of the audience. *Journal of Ethics* 4:368–381.

Hammar, N., L. Alfredsson, and J. V. Johnson. 1998. Job strain, social support at work, and incidence of myocardial infarction. *Occupational and Environmental Medicine* 55:548–553.

Haney, C., W. Banks, and P. Zimbardo. 1973. Interpersonal dynamics of a simulated prison. *International Journal of Criminology and Penology* 1:69–97.

Haney, Craig, and Philip Zimbardo. 1977. The socialization into criminality: On becoming a prisoner and a guard. In *Law, justice, and the individual in society: Psychological and legal issues*, ed. J. Tapp and F. Levine, 198–223. New York: Holt, Rinehart, and Winston.

Haney, Craig, and Philip Zimbardo. 1998. The past and future of U.S. prison policy: Twenty-five years after the Stanford prison experiment. *American Psychologist* 53:709–727.

Harris, Don, and Helen C. Muir, eds. 2005. *Contemporary issues in human factors and aviation safety*. Aldershot: Ashgate.

Hart, H. L. A. 1968. *Punishment and responsibility*. Oxford: Clarendon Press.

Hieronymi, Pamela. 2004. The force and fairness of blame. *Philosophical Perspectives* 18:115–148.

Hill, H. F., C. R. Chapman, J. A. Kornell, L. C. Saeger, and C. Benedetti. 1990. Self- administration of morphine in bone marrow transplant patients reduces drug requirement. *Pain* 40:121–129.

Hintz, Howard. 1958. Some further reflections on moral responsibility. In *Determinism and freedom in the age of modern science*, ed. Sidney Hook, 176–179. New York: New York University Press.

Hocutt, Max. 1992. A review of Bruce Waller's *Freedom without Responsibility*. *Behaviorism* 20:71–76.

Holbach, Paul Henri Thiry, Baron de. 1770/1970. *The system of nature*, trans. H. D. Robinson. New York: Burt Franklin.

Hospers, John. 1952. Free will and psychoanalysis. In *Readings in ethical theory*, ed. Wilfrid Sellars and John Hospers, 560–575. New York: Appleton-Century-Crofts.

Hospers, John. 1958. What means this freedom? In *Determinism and freedom in the age of modern science*, ed. Sidney Hook, 126–142. New York: New York University Press.

Hsieh, Chang-Chi, and M. D. Pugh. 1993. Poverty, income inequality, and violent crime: A meta-analysis of recent aggregate data studies. *Criminal Justice Review* 18:182–202.

Hume, David. 1748/2000. *An enquiry concerning human understanding*. Oxford: Clarendon Press.（デイヴィッド・ヒューム『人間知性研究』斎藤繁雄・一ノ瀬正樹訳、法政大学出版局、2004年）

Isen, A. M., and P. F. Levin. 1972. Effect of feeling good on helping: Cookies and kindness. *Journal of Personality and Social Psychology* 21:384–388.

Jacobs, Jonathan. 2001. *Choosing character: Responsibility for virtue and vice*. Ithaca, NY: Cornell University Press.

Jacobson, J. W., J. A. Mulick, and A. A. Schwartz. 1995. A history of facilitated communication: Science, pseudoscience, and anti-science. *American Psychologist* 50:750–765.

James, William. 1890. *Principles of psychology*. Boston: Henry Holt.

James, William. 1897. The dilemma of determinism. In *The will to believe and other essays in popular philosophy*, 145–183. New York: Longmans, Green & Co.

Johnstone, Gerry, ed. 2003. *A restorative justice reader*. Cullompton, Devon, UK:

Willan Publishing.

Kahan, Dan M. 1998a. Punishment incommensurability. *Buffalo Criminal Law Review* 1:691–709.

Kahan, Dan M. 1998b. The anatomy of disgust in criminal law. *Michigan Law Review* 96:1621–1657.

Kane, Robert. 1985. *Free will and values*. Albany: State University of New York Press.

Kane, Robert. 1996. *The significance of free will*. New York: Oxford University Press.

Kane, Robert. 2002. Free will: New directions for an ancient problem. In *Free Will*, ed. Robert Kane, 222–248. Malden, MA: Blackwell.

Kane, Robert. 2007. Libertarianism. In *Four views on free will*, ed. John Martin Fischer, Robert Kane, Derk Pereboom, and Manuel Vargas, 5–43. Oxford: Blackwell Publishing.

Kant, Immanuel. 1793/1960. *Religion within the limits of reason alone*, trans. T. M. Greene, Hoyt H. Hudson, and J. R. Silber. New York: Harper & Row.（カント『人倫の形而上学（カント全集11）』樽井正義・池尾恭一訳、岩波書店、2002年）

Karasek, Robert. 1979. Job decision latitude, job demands, and mental strain: Implications for job redesign. *Administrative Science Quarterly* 24:285–308.

Karasek, Robert. 1990. Lower health risk with increased job control among white collar workers. *Journal of Organizational Behavior* 11:171–185.

Karasek, R., D. Baker, F. Marxer, A. Ahlbom, and T. Theorell. 1981. Job decision latitude, job demands, and cardiovascular disease: A prospective study of Swedish men. *American Journal of Public Health* 71:694–705.

Kavanau, J. Lee. 1963. Compulsory regime and control of environment in animal behavior I. Wheel-running. *Behaviour* 20:251–281.

Kavanau, J. Lee. 1967. Behavior of captive white-footed mice. *Science* 155:1623–1639.

Kawamura, S. 1967. Aggression as studied in troops of Japanese monkeys. In *Aggression and defense, brain function*, ed. C. Clemente and D. Lindsley, 195–224. Berkeley: University of California Press.

Kelly, Erin I. 2009. Criminal justice without retribution. *Journal of Philosophy* 106:440–462.

Kohn, Linda T., Janet M. Corrigan, and Molla S. Donaldson. 2000. *To err is human: Building a safer health system*. Washington, DC: National Academy Press.

Kort, Louis F. 1975. What is an apology? *Philosophy Research Archives* 1:80–87.

Lakatos, Imré. 1970. Falsification and the methodology of scientific research programmes. In *Criticism and the growth of knowledge*, ed. Imré Lakatos and Alan Musgrave, 91–96. Cambridge, UK: Cambridge University Press.

Langer, Ellen J., and Judith Rodin. 1976. The effects of choice and enhanced personal responsibility for the aged: A field experiment in an institutional setting. *Journal of Personality and Social Psychology* 34:191–198.

Leape, Lucian L. 1994. Error in medicine. *Journal of the American Medical Association* 272:1851–1857.

Lenman, James. 2006. Compatibilism and contractualism: The possibility of moral responsibility. *Ethics* 111:7–31.

Lewis, C. S. 1971. The humanitarian theory of punishment. In *Undeceptions: Essays on theology and ethics*, 238–249. London: Curtis Brown.

Libet, Benjamin. 1999. Do we have free will? *Journal of Consciousness Studies* 6:47–57.

Libet, Benjamin, C. A. Gleason, E. W. Wright, and D. K. Pearl. 1983. Time of conscious intention to act in relation to onset of cerebral activity (readiness-potential): The unconscious initiation of a freely voluntary act. *Brain* 106:623–642.

Luther, Martin. 1525/1823. *The bondage of the will*, trans. Henry P. Cole. London: W. Simpkin and R. Marshall.（ルター「奴隷的意志について」山内宣訳、ルター著作集編集委員会『ルター著作集』第1集第7巻、聖文舎、1966年、1–532）

Major, John. 1992. Speech to the 1992 Conservative Party Conference, October 9. http://www.johnmajor.co.uk/page1208.html (accessed June 6, 2011).

Major, John. 1993. Interview with the editor of the *Mail* (London), Jonathan Holbrow, February 21, 8.

Marmot, M. G., G. Rose, M. Shipley, and P. J. S. Hamilton. 1978. Employment grade and coronary heart disease in British civil servants. *Journal of Epidemiology and Community Health* 32:244–249.

Mason, William A. 1993. The nature of social conflict: A psycho-ethological perspective. In *Primate social conflict*, ed. William A. Mason and Sally P. Mendoza, 13–47. Albany: State University of New York Press.

McKenna, Michael. 1998. The limits of evil and the role of moral address: A defense of Strawsonian compatibilism. *Journal of Ethics* 2:123–142.

McKenna, Michael. 2005. Where Frankfurt and Strawson meet. *Midwest Studies in Philosophy* 29:163–180.

McKenna, Michael. 2008. Ultimacy and Sweet Jane. In *Essays on free will and moral responsibility*, ed. Nick Trakakis and Daniel Cohen. Newcastle upon Tyne, UK: Cam-

bridge Scholars Publishing.

McKenna, Michael. 2009. Compatibilism and desert: Critical comments on *Four Views on Free Will. Philosophical Studies* 144:3–13.

Mele, Alfred R. 1995. *Autonomous agents*. New York: Oxford University Press.

Mele, Alfred R. 2005. Dennett on freedom. *Metaphilosophy* 36:414–426.

Mele, Alfred R. 2006. *Free will and luck*. New York: Oxford University Press.

Mele, Alfred R. 2009. *Effective intentions: The power of conscious will*. New York: Oxford University Press.

Metz, Thaddeus. 2006. Judging because understanding: A defence of retributive censure. In *Judging and understanding: Essays on free will, narrative, meaning, and the ethical limits of condemnation*, ed. Pedro Alexis Tabensky, 221–240. Burlington, VT: Ashgate.

Milgram, Stanley. 1963. Behavioral study of obedience. *Journal of Abnormal and Social Psychology* 67:371–378.

Mill, John Stuart. 1865/1979. On freedom of the will. In *The collected works of John Stuart Mill*. Vol. 9, An examination of Sir William Hamilton's philosophy. Toronto: University of Toronto Press.

Mill, John Stuart. 1869. *On liberty*. London: Longman, Roberts & Green.

Miller, William Ian. 2006. *Eye for an eye*. Cambridge, UK: Cambridge University Press.

Mishel, Lawrence, Jared Bernstein, and John Schmitt. 2001. *The state of working: America 2000–2001*. Ithaca, NY: Economic Policy Institute Report.

Moore, Michael S. 1997. *Placing blame: A general theory of the criminal law*. Oxford: Oxford University Press.

Morris, Allison. 2002. Critiquing the critics: A brief response to critics of restorative justice. *British Journal of Criminology* 42:596–615.

Morris, Herbert. 1968. Persons and punishment. *Monist* 52:475–501.

Morris, J., and G. T. Royale. 1988. Offering patients a choice of surgery for early breast cancer: A reduction in anxiety and depression in patients and their husbands. *Social Science & Medicine* 26:583–585.

Morse, Jennifer Roback. 2005. Rationality means being willing to say you're sorry. *Social Philosophy & Policy* 22:204–225.

Morse, Stephen J. 1996. Brain and blame. *Georgetown Law Journal* 84:527–549.

Mostert, Mark P. 2001. Facilitated communication since 1995: A review of published studies. *Journal of Autism and Developmental Disorders* 31:287–313.

Moya, Carlos. 2006. *Moral responsibility: The ways of skepticism*. New York: Routledge.

Murphy, Jeffrie G. 1988. Hatred: A qualified defense. In *Forgiveness and Mercy*, ed. Jeffrie G. Murphy and Jean Hampton. Cambridge, UK: Cambridge University Press.

Murphy, Nancey, and Warren S. Brown. 2007. *Did my neurons make me do it? Philosophical and neurobiological perspectives on moral responsibility and free will*. New York: Oxford University Press.

Nagel, Thomas. 1979. Moral Luck. In *Mortal questions*, 24–38. Cambridge, UK: Cambridge University Press.

Nair, K. Unnikrishnan, and S. Ramnarayan. 2000. Individual differences in need for cognition and complex problem solving. *Journal of Research in Personality* 34:305–328.

National Health Service. 2001. A commitment to quality, a quest for excellence: A statement on behalf of the government, the medical profession, and the NHS. Report. London: Department of Health.

Netterstrom, B., F. E. Nielsen, T. S. Krisfensen, E. Bach, and L. Moller. 1999. Relation between job strain and myocardial infarction: A case-control study. *Occupational and Environmental Medicine* 56:339–342.

Nikkan Kogyo Shimbun. 1988. *Poka-yoke: Improving product quality by preventing defects*. Portland, OR: Productivity Press.

Nowell-Smith, P. 1948. Free will and moral responsibility. *Mind* 57:45–61.

Nozick, Robert. 1981. *Philosophical explanations*. Cambridge, MA: Harvard University Press.（ロバート・ノージック『考えることを考える（下）』坂本百大ほか訳、青土社、1997年）

O'Connor, Timothy. 2005. Freedom with a human face. *Midwest Studies in Philosophy* 29:207–227.

Olson, K., C. Camp, and D. Fuller. 1984. Curiosity and need for cognition. *Psychological Reports* 54:71–74.

Osberg, T. 1987. The convergent and discriminant validity of need for cognition scale. *Journal of Personality Assessment* 51:441–450.

Otsuka, Michael. 1998. Incompatibilism and the avoidability of blame. *Ethics* 108:685–701.

Pereboom, Derk. 2001. *Living without free will*. New York: Cambridge University Press.

Pereboom, Derk. 2007. Hard incompatibilism. In *Four views on free will*, ed. John Martin Fischer, Robert Kane, Derk Pereboom, and Manuel Vargas, 85–124. Oxford: Blackwell Publishing.

Perlmuter, L. C., R. A. Monty, and F. Chan. 1986. Choice, control, and cognitive functioning. In *The psychology of control and aging*, ed. M. M. Baltes and P. B. Baltes, 91–118. Hillsdale, NJ: Lawrence Erlbaum.

Petty, R. E., and B. G. Jarvis. 1986. An individual difference perspective on assessing cognitive processes. In *Answering questions: Methodology for determining cognitive and communicative processes in survey research*, ed. N. Schwarz and S. Sudman, 221–257. San Francisco: Jossey-Bass.

Pico della Mirandola, Giovanni. 1496/1948. Oration on the dignity of man, trans. Paul O. Kristeller. In *The Renaissance philosophy of man*, ed. Ernst Cassirer, Paul O. Kristeller, and John H. Randall, 223–254. Chicago: University of Chicago Press.（ジョヴァンニ・ピコ・デッラ・ミランドラ『人間の尊厳について』大出哲・阿部包・伊藤博訳、国文社、1985年）

Pinker, Steven. 2008. The Fear of Determinism. In *Are we free? Psychology and free will*, ed. John Baer, James C. Kaufman, and Roy F. Baumeister, 311–324. New York: Oxford University Press.

Pisciotta, Trevor. 2008. Meaningfulness, hard determinism and objectivity. In *Essays on free will and moral responsibility*, ed. Nick Trakakis and Daniel Cohen, 71–89. Newcastle upon Tyne, UK: Cambridge Scholars Publishing.

Popper, Karl. 1959. *The logic of scientific discovery*. London: Hutchinson.

Popper, Karl. 1963. *Conjectures and refutations*. London: Routledge.

Popper, Karl. 1977. Natural selection and the emergence of mind. Lecture delivered at Darwin College, Cambridge, UK, Nov. 8, 1977.

Potegal, Michael. 1994. Aggressive arousal: The amygdala connection. In *The dynamics of aggression: Biological and social processes in dyads and groups*, ed. Michael Potegal and John F. Knutson, 73–106. Hillsdale, NJ: Lawrence Erlbaum Associates.

Quine, Willard Van Orman. 1951. Two dogmas of empiricism. *Philosophical Review* 60:20–43.（W. V. O. クワイン「経験主義のふたつのドグマ」『論理的観点から―論理と哲学をめぐる九章』飯田隆訳、勁草書房、1992年、31–70）

Reason, James. 2000. Human error: Models and management. *BMJ* 320:768–770.

Reesor, K. A., and K. P. Craig. 1987. Medically incongruent chronic back pain: Physical limitations, suffering, and ineffective coping. *Pain* 32:35–45.

Richards, Janet Radcliffe. 2000. *Human nature after Darwin: A philosophical introduction*. New York: Routledge.

Richter, Daniel K. 1983. War and culture: The Iroquois experience. *William and Mary Quarterly* 40:528–559.

Rodin, Judith. 1982. Patient-practitioner relationships: A Process of Social Influence. In *Contemporary health services: Social science perspectives*, ed. A. W. Johnson, O. Grusky, and B. H. Raven. Boston: Auburn House.

Rodin, Judith. 1986. Aging and health: Effects of the sense of control. *Science* 233:1271–1276.

Rodin, Judith, and E. J. Langer. 1978. Long-term effects of a control-relevant intervention with the institutionalized aged. *Journal of Personality and Social Psychology* 35:897–903.

Rodin, Judith, K. Rennert, and S. K. Solomon. 1980. Intrinsic motivation for control: Fact or fiction? In *Advances in environmental psychology*. Vol. 2, *Applications of personal control*, ed. A. Baum and J. E. Singer, 131–148. Hillsdale, NJ: Erlbaum.

Rosenstock, I. M. 1985. Understanding and enhancing patient compliance with diabetic regimes. *Diabetes Care* 8:610–616.

Ross, L. 1977. The intuitive psychologist and his shortcomings: Distortions in the attribution process. In *Advances in experimental social psychology 10*, ed. L. Berkowitz, 174–221. New York: Academic Press.

Rotter, Julian B. 1966. Generalized expectancies for internal versus external control of reinforcement. *Psychological Monographs* 80 (609): 1–28.

Rotter, Julian B. 1975. Some problems and misconceptions related to the construct of internal vs. external control of reinforcement. *Journal of Consulting and Clinical Psychology* 43:56–67.

Rotter, Julian B. 1979. Individual differences and perceived control. In *Choice and perceived control*, ed. L. C. Perlmuter and R. A. Monty, 263–269. Mahwah, NJ: Lawrence Erlbaum Associates.

Rotter, Julian B. 1989. Internal versus external control of reinforcement. *American Psychologist* 45:489–493.

Ruse, Michael. 1986. *Taking Darwin seriously*. Oxford: Basil Blackwell.

Rychlak, Joseph F. 1979. *Discovering free will and personal responsibility*. New York: Oxford University Press.

Sabatini, Nicholas. 2008. Reaching the next level of aviation safety. *FAASTeam News* (Federal Aviation Administration—FAASTeam—FAASafety.gov).

Sackett, G. P. 1972. Exploratory behavior of rhesus monkeys as a function of rearing experiences and sex. *Developmental Psychology* 6:266–270.

Sartre, Jean-Paul. 1946/1989. Existentialism is a humanism, trans. Philip Mairet. In *Existentialism from Dostoyevsky to Sartre*, ed. Walter Kaufmann, 345–368. New York: Meridian.

Schlick, Moritz. 1939. When is a man responsible? trans. David Rynin. In *Problems of ethics*, 141–158. New York: Prentice-Hall.

Schneider, C. E. 1994. Bioethics with a human face. *Indiana Law Journal* 69: 1075–1104.

Schneider, C. E. 1995. From consumer choice to consumer welfare. *Hastings Center Report* 25:S25–S27.

Schopenhauer, Arthur. 1841/1960. *Essay on the freedom of the will*, trans. Konstantin Kolenda. Indianapolis: Bobbs-Merrill.

Schulz, Richard. 1976. The effects of control and predictability on the psychological and physical well-being of the institutionalized aged. *Journal of Personality and Social Psychology* 33:563–573.

Schulz, Richard, and Barbara Hartman Hanusa. 1978. Long-term effects of control and predictability-enhancing interventions: Findings and ethical issues. *Journal of Personality and Social Psychology* 36:1194–1201.

Searle, John R. 2007. *Freedom and neurobiology: Reflections on free will, language, and political power*. New York: Columbia University Press.

Seligman, Martin E. P. 1975. *Helplessness: On depression, development, and death*. New York: W. H. Freeman.

Shakespeare, William. 1596–1598/1993. *The merchant of Venice*, ed. Jay L. Hightower. Oxford: Oxford World's Classics, Oxford University Press.（シェイクスピア『新訳　ヴェニスの商人』河合祥一郎訳、角川文庫、2005年）

Shakespeare, William. 1599/1998. *The tragedy of Julius Caesar*, ed. Arthur Humphreys. Oxford: Oxford World's Classics, Oxford University Press.（ウィリアム・シェイクスピア『ジュリアス・シーザー』福田恆存訳、新潮文庫、1968年）

Sharpe, Virginia A. 2000. Taking responsibility for medical mistakes. In *Margin of error: The ethics of mistakes in the practice of medicine*, ed. Susan B. Rubin and Laurie Zoloth, 183–192. Hagerstown, MD: University Publishing Group.

Sher, George. 1987. *Desert*. Princeton, NJ: Princeton University Press.

Sher, George. 2006. *In praise of blame*. Oxford: Oxford University Press.

Shingo, Shigeo. 1986. *Zero quality control: Source inspection and the poka-yoke system*. Portland, OR: Productivity Press.

Skinner, B. F. 1971. *Beyond freedom and dignity*. New York: Alfred A. Knopf.（B・F・

スキナー『自由と尊厳を超えて』山形浩生訳、春風社、2013年）

Skinner, B. F. 1974. *About behaviorism*. New York: Alfred A. Knopf.

Smart, J. J. C. 1961. Free will, praise, and blame. *Mind* 70:291–306.

Smilansky, Saul. 2000. *Free will and illusion*. Oxford: Clarendon Press.

Smilansky, Saul. 2005. Free will and respect for persons. *Midwest Studies in Philosophy* 29:248–261.

Smith, Adam. 1759/1976. *The theory of the moral sentiments*, ed. D. D. Raphael and A. L. Macfie. Oxford: Clarendon Press.（アダム・スミス『道徳感情論』高哲男訳、講談社学術文庫、2013年）

Smith, Adam. 1776/1854. Letter from Adam Smith, LL.D. to William Strachan, Esq. In *The philosophical works of David Hume*, vol. 1, xxiii–xxix. Edinburgh: Adam and Charles Black.

Smith, Angela M. 2008. Control, responsibility, and moral assessment. *Philosophical Studies* 138:367–382.

Smith, Marcia Datlow, Pamela J. Haas, and Ronald G. Belcher. 1994. Facilitated communication: The effects of facilitator knowledge and level of assistance on output. *Journal of Autism and Developmental Disorders* 24:357–367.

Smith, Nick. 2005. The categorical apology. *Journal of Social Philosophy* 36: 473–496.

Solomon, Robert C. 2004. *In defense of sentimentality*. New York: Oxford University Press.

Spath, Patrice L., ed. 2000. *Error reduction in health care: A systems approach to improving patient safety*. San Francisco: Jossey-Bass.

Spector, Paul E. 1986. Perceived control by employees: A meta-analysis of studies concerning autonomy and participation at work. *Human Relations* 39:1005– 1016.

Spinoza, Baruch. 1677/1985. Ethics, trans. Edwin Curley. *The collected writings of Spinoza*, vol. 1. Princeton: Princeton University Press.

Steiner, Jeanne L. 2006. Managing risk: Systems approach versus personal responsibility for hospital accidents. *Journal of the American Academy of Psychiatry and the Law* 34:96–98.

Stern, Robert. 2004. Does “ought” imply “can”? And did Kant think it does? *Utilitas* 16:42–61.

Strawson, Galen. 1986. *Freedom and belief*. Oxford: Clarendon Press.

Strawson, Galen. 2002. The bounds of freedom. In *The Oxford handbook of free will*,

ed. Robert Kane, 441–460. New York: Oxford University Press.

Strawson, Galen. 2010. Your move: The maze of free will. *New York Times Opinionator*, July 22, http://opinionator.blogs.nytimes.com/2010/07/22/your-move-the-maze-of-free-will (accessed July 22, 2010).

Strawson, P. F. 1962. Freedom and Resentment. *Proceedings of the British Academy* 36. Page references as reprinted in *Free Will*, ed. Gary Watson. New York: Oxford University Press, 1982.（P・F・ストローソン「自由と怒り」法野谷俊哉訳、門脇・野矢編『自由と行為の哲学』、春秋社、2010年、99–127）

Suomi, S. J., and H. F. Harlow. 1976. The facts and functions of fear. In *Emotions and anxiety: New concepts, methods, and applications*, ed. M. Zuckerman and C. D. Speilberger, 3–34. Hillsdale, NJ: Lawrence Erlbaum Associates.

Taylor, Charles. 1976. Responsibility for self. In *Identities of persons*, ed. Amelie Rorty. Berkeley: University of California Press.

Taylor, Richard. 1963. *Metaphysics*. Englewood Cliffs, NJ: Prentice-Hall.

Taylor, Shelley E. 1983. Adjustment to threatening events: A theory of cognitive adaptation. *American Psychologist* 38:1161–1173.

Taylor, Shelley E., V. S. Helgeson, G. M. Reed, and L. A. Skokan. 1991. Self-generated feelings of control and adjustment to physical illness. *Journal of Social Issues* 47:91–109.

Thompson, S. C., A. Sobolew-Shubin, M. E. Galbraith, L. Schwankovsky, and D. Cruzen. 1993. Maintaining perceptions of control: Finding perceived control in low-control circumstances. *Journal of Personality and Social Psychology* 64:293– 304.

Tolman, E. C. 1925. Purpose and cognition: The determiners of animal learning. *Psychological Review* 32:285–297.

Trakakis, Nick, and Daniel Cohen. 2008. Introduction. In *Essays on free will and moral responsibility*, ed. Nick Trakakis and Daniel Cohen, ix–xxii. Newcastle upon Tyne, UK: Cambridge Scholars Publishing.

Ulrich, R. E., and N. H. Azrin. 1962. Reflexive fighting in response to aversive stimulation. *Journal of the Experimental Analysis of Behavior* 5:511–520.

Valla, Lorenzo. 1443/1948. Dialogue on Free Will, trans. Charles Edward Trinkaus, Jr. In *The Renaissance philosophy of man*, ed. Ernst Cassirer, Paul O. Kristeller, and John H. Randall, 155–182. Chicago: University of Chicago Press.（ロレンツォ・ヴァッラ『自由意志について』佐藤三夫訳、『流通經濟大學論集』第18巻第1号、1983年、52–69）

van den Haag, Ernest. 1985. The death penalty once more. *University of California Davis Law Review* 18:957–972.

van Inwagen, Peter. 1983. *An essay on free will.* Oxford: Clarendon Press.

Vargas, Manuel. 2007. Revisionism. In *Four views on free will,* John Martin Fischer, Robert Kane, Derk Pereboom, and Manuel Vargas, 126–165. Oxford: Blackwell Publishing.

Venkatraman, M. P., D. Marlino, F. R. Kardes, and K. B. Sklar. 1990. Effects of individual difference variables on response to factual and evaluative ads. *Advances in Consumer Research* 17:761–765.

Venkatraman, M. P., and L. L. Price. 1990. Differentiating between cognitive and sensory innovativeness. *Journal of Business Research* 20:293–315.

Virgin, Charles E., and Robert Sapolsky. 1997. Styles of male social behavior and their endocrine correlates among low-ranking baboons. *American Journal of Primatology* 42:25–39.

Vohs, K. D., and J. W. Schooler. 2008. The value of believing in free will: Encouraging a belief in determinism increases cheating. *Psychological Science* 19:49–54.

Wallace, R. Jay. 1994. *Responsibility and the moral sentiments.* Cambridge, MA: Harvard University Press.

Waller, Bruce N. 1989. Denying responsibility: The difference it makes. *Analysis* 49:44–47.

Waller, Bruce N. 1990. *Freedom without responsibility.* Philadelphia: Temple University Press.

Waller, Bruce N. 1998. *The natural selection of autonomy.* Albany: State University of New York Press.

Waller, Bruce N. 1999. Deep thinkers, cognitive misers, and moral responsibility. *Analysis* 59:44–47.

Waller, Bruce N. 2001. Patient autonomy naturalized. *Perspectives in Biology and Medicine* 44:584–593.

Waller, Bruce N. 2002. The psychological structure of patient autonomy. *Cambridge Quarterly of Healthcare Ethics* 11:257–265.

Waller, Bruce N. 2004. Neglected psychological elements of free will. *Philosophy, Psychiatry, & Psychology* 11:111–118.

Waller, Bruce N. 2006. Denying responsibility without making excuses. *American Philosophical Quarterly* 43:81–89.

Wallhagen, Margaret I., and Meryl Brod. 1997. Perceived control and well-being in Parkinson's disease. *Western Journal of Nursing Research* 17:467–483.

Wallston, K. A. 1993. Psychological control and its impact in the management of rheumatological disorders. *Bailliere's Clinical Rheumatology* 7:281–295.

Watson, Gary. 1987a. Free action and free will. *Mind* 96:145–172.

Watson, Gary. 1987b. Responsibility and the limits of evil. In *Responsibility, character, and the emotions*, ed. Ferdinand Schoeman, 256–286. Cambridge, UK: Cambridge University Press.

Webster, D. M., and A. W. Kruglanski. 1994. Individual differences in need for cognitive closure. *Journal of Personality and Social Psychology* 67:1049–1062.

Wegner, Daniel. 2002. *The illusion of conscious will.* Cambridge, MA: MIT Press.

Wegner, Daniel, and T. Wheatley. 1999. Apparent mental causation: Sources of the experience of will. *American Psychologist* 54:480–491.

White, Stephen L. 1991. *The unity of the self.* Cambridge, MA: MIT Press.

Wiedenfeld, S. A., A. O'Leary, A. Bandura, S. Brown, S. Levine, and K. Raska. 1990. Impact of perceived self-efficacy in coping with stressors on components of the immune system. *Journal of Personality and Social Psychology* 59:1082–1094.

Wilkinson, Richard. 2004. Why is violence more common where inequality is greater? *Annals of the New York Academy of Sciences* 1036:1–12.

Williams, Bernard. 1995. How free does the will need to be? In *Making sense of humanity*, 3–21. Cambridge, UK: Cambridge University Press.

Wilson, T. D. 2002. *Strangers to ourselves: Discovering the adaptive unconscious.* Cambridge, MA: Belknap Press of Harvard University Press.

Wolf, Susan. 1980. Asymmetrical freedom. *Journal of Philosophy* 77:151–166. Wolf, Susan. 1981. The importance of free will. *Mind* 90:386–405.

Wolf, Susan. 1987. Sanity and the metaphysics of responsibility. In *Responsibility, character, and the emotions*, ed. Ferdinand Schoeman, 46–62. Cambridge, UK: Cambridge University Press.

Wolf, Susan. 1990. Freedom within reason. Oxford, UK: Oxford University Press.

Woodward, N. J., and B. S. Wallston. 1987. Age and health care beliefs: Self-efficacy as a mediator of low desire for control. *Psychology and Aging* 2:3–8.

Wright, Robert. 1994. *The moral animal.* New York: Pantheon.

Zuckerman, Marvin. 1983. A biological theory of sensation seeking. In *Biological bases of sensation seeking, impulsivity, and anxiety*, ed. Marvin Zuckerman, 37–76. Hillsdale, NJ: Lawrence Erlbaum Associates.

Zuckerman, Marvin. 2007. *Sensation seeking and risky behavior.* Washington, DC: American Psychological Association.

ブルース・N・ウォーラー（Bruce N. Waller）

１９４６年生まれ。現代アメリカの哲学者。２０２３年に逝去。１９９０年から２０１９年までオハイオ州立ヤングスタウン大学教授。著書に、哲学・倫理学の入門書等多数あり、本書『道徳的責任廃絶論』*Against Moral Responsibility* のテーマ（自由意志と道徳的責任）を準備するものとして、道徳的責任なしの自由意志を論じた *Free Will without Moral Responsibility* (Temple University Press, 1990)、自然主義的自由意志論としての *The Natural Selection of Autonomy* (SUNY Press, 1998)、本書のテーマをさらに掘り下げたものとして、道徳的責任のシステムを取り上げた *The Stubborn System of Moral Responsibility* (MIT Press, 2014)、自由意志概念の自然的自由意志への「修復」を訴える *Restorative Free Will: Back to the Biological Base* (Lexington Books, 2015)、刑罰制度の不正義を論じた *The Injustice of Punishment* (Routledge, 2018) これらのテーマのより深い視座からの考察と言える *Free Will, Moral Responsibility, and the Desire to Be a God* (Rowman & Littlefield, 2020) がある。本書が初の邦訳である。

木島泰三（きじま・たいぞう）

１９６９年生まれ。法政大学大学院人文科学研究科哲学専攻博士後期課程満期退学。現在、法政大学他で非常勤講師。博士（文学）。専門はスピノザおよびホッブズを中心にした西洋近世哲学。現代の自然主義的人間観や進化論の受容史研究。著書に『自由意志の向こう側――決定論をめぐる哲学史』（講談社選書メチエ、２０２０年）、『原子論の可能性――近現代哲学における古代的思惟の反響』（共著、田上孝一・本郷朝香編、法政大学出版局、２０１８年）など。訳書にキース・E・スタノヴィッチ『現代世界における意思決定と合理性』（太田出版、２０１７年）、ダニエル・C・デネット『心の進化を解明する――バクテリアからバッハへ』（青土社、２０１８年）、ダニエル・C・デネット＋グレッグ・D・カルーゾー『自由意志対話――自由・責任・報い』（青土社、２０２２年）など。

道徳的責任廃絶論
責めても何もよくならない

発行日　2025年2月13日　初版第1刷
著者　ブルース・N・ウォーラー
訳者　木島泰三
発行者　下中順平
発行所　株式会社 平凡社
〒101-0051
東京都千代田区神田神保町3-29
電話（03）3230-6573［営業］
平凡社ホームページ　https://www.heibonsha.co.jp/
印刷　株式会社東京印書館
製本　大口製本印刷株式会社

ISBN978-4-582-70372-6
乱丁・落丁本のお取り替えは直接小社読者サービス係まで
お送りください（送料は、小社で負担いたします）。

【お問い合わせ】
本書の内容に関するお問い合わせは
弊社お問い合わせフォームをご利用ください。
https://www.heibonsha.co.jp/contact/